H. J. Chr. von Grimmelshausen

Der abenteuerliche Simplicissimus

H. J. Chr. von Grimmelshausen

Der abenteuerliche Simplicissimus

ISBN/EAN: 9783743317079

Hergestellt in Europa, USA, Kanada, Australien, Japan

Cover: Foto ©ninafisch / pixelio.de

Manufactured and distributed by brebook publishing software (www.brebook.com)

H. J. Chr. von Grimmelshausen

Der abenteuerliche Simplicissimus

DER ABENTEUERLICHE
SIMPLICISSIMUS

von

H. J. Chr. v. Grimmelshausen.

Abdruck der ältesten Originalausgabe
1669.

Halle a/S.
Max Niemeyer.
1880.

Neudrucke deutscher Litteraturwerke des XVI. und XVII. Jahrhunderts
No. 19—25.

Ueber den Verfasser des Simplicissimus sind wir erst durch die Forschungen Echtermeyers (in den Hallischen Jahrbüchern 1836 S. 413—432) und W. A. Passows (in den Blättern für literarische Unterhaltung 1843 S. 1036—1059) etwas genauer unterrichtet. Vorher kannte man nicht einmal den Namen des Mannes, dem doch unter den Prosaisten seines Jahrhunderts die erste Stelle gebührt und dessen Hauptwerk, das hier nach der ältesten authentischen Ausgabe neugedruckt vorliegt, noch heute in den weitesten Kreisen mit grossem Interesse gelesen wird.

Dass die Lebensbeschreibung des Abenteuerlichen Simplicissimus nicht von German Schleifheim von Sulsfort „an ben Tag geben" sei, wie das Titelblatt aussagt, ergab sich bereits aus dem an das sechste Buch angehängten Beschlusse, wo der unterzeichnete H. J. C. V. G. P. zu Cernhein folgendes sagt: „Dieſer Simpliciſſimus iſt ein Werck von Samuel Greiffenſon von Hirſchfeld, maßen ich nicht allein dieſes nach ſeinem Abſterben unter ſeinen hinterlaſſenen Schrifften gefunden, ſondern er beziehet ſich auch ſelbſt in dieſem Buch auff den keuſchen Joſeph und in ſeinem Satyriſchen Pilger auff dieſen ſeinen Simpliciſſimum, welchen er in ſeiner Jugend zum theil geſchrieben, als er noch ein Mußquetirer geweſen; aus was Urſache er aber ſeinen Namen durch Verſetzung der Buchſtaben verändert, und German Schleifheim von Sulsfort an ſtat deſſen auff den Titul geſetzet, iſt mir unwiſſend." Diese Angaben des scheinbar vom Verfasser verschiedenen Herausgebers des letzten Buches sind insoweit richtig, als der keusche Joseph und der satyrische Pilgram in der That unter dem Namen des Samuel Greiffenson von Hirschfeld erschienen sind, und als aus diesem sich durch Buchstabenversetzung German

a*

Schleifheim von Sulsfort bis auf einige Kleinigkeiten herstellen lässt. Lange Zeit hindurch schenkte man nun dieser Notiz des Beschlusses blinden Glauben, und man kann daher in allen älteren Literaturgeschichten, z. B. auch bei Gervinus III³, 371 den Samuel Greiffenson von Hirschfeld als Verfasser des Simplicissimus genannt finden. Nun begegnet aber in der Ausgabe D (ohne Jahr, wahrscheinlich aber 1671 erschienen) eine Vorerinnerung*), worin Simplicius Simplicissimus den Lesern unter anderem folgendes mittheilt: „Im übrigen kan ich auch nicht unangedeutet lassen, daß mein Verleger meinen ewig wehrenden Calender vor kurtz verwichner Zeit mit grosser Müh und Unkosten auch zu Ende gebracht, ingleichem noch viel annemliche Tractätel, als das schwartz und weiß, oder Satyrische Pilgram; die Landstörtzerin Courage, den Abendtheurlichen Springinsfeld, Keuschen Joseph samt seinem getreuen Diener Musai, und die anmuthige Liebs und Leibs-Beschreibung Dietwalds und Amelinden samt den zween-köpffigten Ratio Status ans Tages-Liecht gebracht." Bei näherem Zusehen zeigt es sich nun, dass von diesen sieben Schriften des angeblichen Greiffenson von Hirschfeld nur jene beiden unter diesem Namen erschienen sind, die ihm bereits der Beschluss zuschreibt, während die übrigen fünf andere Verfassernamen aufweisen. Es sind dies folgende: 1) Melchior Sternfels von Fugsheim. Unter der Vorrede zum ewigwährenden Calender. Es ist dies der Name des abenteuerlichen Simplicissimus, wie er auf dem Titel des Romans genannt wird. Die Vorrede ist denn auch betitelt: „Simplicissimi des Aeltern Vorred und Erinnerung an seinen Natürlichen Sohn, den Jüngsten Simplicium". (S. die Ausgabe von Kurz IV, 205). 2) Philarchus Grossus von Trommenheim. Auf den Titeln der Landstörtzerin Courage und des seltzamen Springinsfeld. Bei ersterer Schrift heisst es: „Von der Couraschhe eigner Person ... dem Autori in die Feder dictirt, der sich vor dißmal nennet Philarchus Grossus von Trommenheim, auff Griffsberg, ꝛc. 3) H. J. Christoffel von Grimmelshausen. Auf dem Titel von Dietwalds und Amelinden anmuthiger Lieb- und Leids-Beschreibung und unter

---

*) Abgedruckt als Anhang zu diesem Neudrucke.

der Dedication der zweiköpfigen Ratio Status. Bemerkenswert ist, dass Grimmelshausen diese letztere Schrift in dem Nachlasse des Samuel Greiffenson von Hirschfeld gefunden zu haben erklärt. Der Name Grimmelshausen begegnet ausserdem noch zweimal, nemlich auf dem Titel von Proximi und Limpidä Liebs-Geschicht-Erzählung und unter einem Epigramm zu einem Bildnis des Buchhändlers Wolf Eberhard Felssecker in Nürnberg, der den keuschen Joseph, Dietwald und Amelinde und den ewigwährenden Calender verlegt hat und sich wahrscheinlich auch unter dem Johann Fillion verbirgt, der auf dem Titel des Simplicissimus als Verleger genannt ist. Es lohnt sich nicht, die vier inhaltslosen Zeilen hier wieder abzudrucken; der Schluss ist: „Zu stets beharrlicher Gunst Bezeugung aufgesetzt von Joh. Jac. Christoff von Grimmelshausen." (S. Kurz's Ausg. Bd. 1, S. XXXVIII).

Auf anderen Schriften, die demselben Verfasser angehören, begegnen aber noch mehr Namen. Nemlich 4) Signeur Messmahl (beim deutschen Michel). 5) Michael Regulin von Sehmsdorf (bei dem ersten Theile des Vogelnests). 6) Erich Stainfels von Grufensholm (beim Rathsstübel Plutonis). 7) Simon Lengfrisch von Hartenfels (bei der verkehrten Welt). 8) Israel Fromschmidt von Hugenfelss (beim Galgenmännlein).

Alle diese Namen sind nun jetzt als Anagramme von Hans Jacob Christoffel von Grimmelshausen nachgewiesen, der ohne allen Zweifel der wahre Verfasser des Simplicissimus und aller übrigen hier genannten Schriften ist. Die Gründe für diese Ansicht sind durchaus schlagend.

a) Wo dieser Name auf dem Titel oder unter der Vorrede genannt ist, haben wir es einestheils mit Werken zu thun, die der Modeliteratur jener Zeit angehören und daher dem Verfasser Ruhm und Ehre einbrachten, anderntheils mit einer unschuldigen politischen Schrift und einem nach jeder Seite hin gleichgültigen Gedicht, die den Zeitgenossen keinen Stein des Anstosses bieten konnten. Die beiden Liebesromane zeigen uns ja Grimmelshausen als Nachahmer des damals viel gelesenen Philipp von Zesen, der durch seine adriatische Rosemund die lange Reihe der Liebesgeschichten in Deutschland eröffnet. Was man hingegen in höheren

Kreisen von der volkethüm'ichen Literatur hielt, der fast
alle pseudonym erschienenen Schriften Grimmelshausens angehören, geht aus einer Stelle der literarhistorisch sehr
wichtigen und überhaupt höchst interessanten „Vorreb ober
Momi placat" zum Satyrischen Pilgram hervor, der mir in
einer bis jetzt wie es scheint unbekannten Ausgabe vorliegt,
die weder bei Keller noch bei Kurz verzeichnet ist.*) In
dieser Vorrede theilt uns Grimmelshausen eine ungemein
grobe Kritik mit, welche die erste Ausgabe seines Buches
von einem aus dem Kreise der „Gelehrten" erfahren hatte,
und er gibt offenbar die Worte des Tadlers ziemlich
wörtlich wieder, wenigstens hat er sie sicher nicht be-
schönigt. Der Kritiker sagt hier Blatt 5ᵇ f.: „Meine
Meynung und Warnu[n]g habe ich genugsamb entdeckt;
Allein möchte ich wissen, was doch den Tropffen verursacht hat,
diß Geschmir anzufangen; Ists Gewinsts halber beschehen? so begehre ich denselben weder mit ihme noch dem Verleger zu theilen,
dann wer wolte diese Thorheit kauffen? Ehr und Ruhms halber

---

*) Titel (auf der Rückseite des ersten Blattes): Saty-
rischer | Pilgram, | Das ist: | Kalt und Warm, Weiß | und Schwartz,
Lob und Schand, | über guths und böß, Tugend und | Laster, auch
Nutz und Schad | vieler Ständt und Ding | der Sichtbarn und
Unsicht- | barn der Zeitlichen und | Ewigen Welt. | Beydes lustig
und nützlich zulesen, | von Neuem zusamen getragen | durch |
Samuel Greifnson, | vom Hirschfeld. | Daselbst brucks | Hiero-
nymus Grisenius, | und in Leipzig | Bey Georg Heinrich Fro-
mannen | Buchhändlern zufinden, | Anno 1667. — Die nächste
Seite nimmt ein Kupfer ein, in dessen Mitte „Satyrischer
Pilgram" steht; die Rückseite ist frei. Bl. 3ᵃ bis 12ᵇ (Seiten
nicht gezählt) enthalten die drei Vorreden. Dann beginnt
S. 1 „Erster Satz von GOtt," S. 154 schliesst der erste Theil.
Der zweite Theil, der 152 Seiten füllt, hat auf der mitge-
zählten S. 1 folgenden Titel: Satyrischer | PILGRAM | Anderer
Theil, | Zusammengetragen durch | Samuel Greifnson | vom Hirsch-
felt. | Daselbst | brucks Hieronymus Grisenius, | und in Leipzig |
Bey Georg Heinrich Frommannen, | Buchhändlern zu finden. 1667.
Das Format ist Duodez. Bemerken will ich noch, dass die
dritte Vorrede genau so datirt ist, wie in der von Kurz be-
schriebenen Ausgabe von 1670. Da eine Ausgabe von 1666
bis jetzt nicht sicher nachgewiesen, sondern wie es scheint
nur aus dem datum der Vorrede (15. Febr. 1666) geschlossen
ist, so ist diese Ausgabe, welche die hiesige Stadtbibliothek
besitzt, die älteste, welche wir kennen.

lans auch nicht seyn, dann was wolte er vor Ehr davon zu
hoffen haben, wann er von Dingen ein vertrießliches Gebappel
daher macht, welche sonst jederman bekannt seyn; Ich könte mich
des lachens schier nicht enthalten, wann ich eigentlich wüste, daß
er dorthin zielet, sintemahl man wohl weiß, wie der zu æstimirn,
so Kalt und Warm auß einem Mund bläset; hat ers aber gethan
sich sehen zu lassen, und ihm einen Nahmen zu machen, oder der
posteritet zu hinderlassen, daß er auch einmal da gewesen, so
tauret mich baß er vergeblich so viel leer Stro gedroschen und
seine Zeit so übel angelegt hat; Es sey dann sach, daß er sich
biß Orts mit denen so Eulenspiegels und Claus Narren Legend,
den Rollwagen und andere dergleichen hohe Sachen beschrieben,
bemühen und außzahlen lassen will." Ueber die Volksromane
Grimmelshausens aber, die Bülow als den Eulenspiegel des
17. Jahrhunderts bezeichnen konnte, wird man wol in den
feineren Kreisen nicht viel besser geurtheilt haben als hier
der Kritiker über die drei Volksbücher, mithin hatte Grimmelshausen
guten Grund, sich nicht sofort als Verfasser zu
bekennen, wenn ihm daran lag, sich das Wohlwollen jener
Kreise zu erhalten. Daher das ununterbrochene Versteckspielen
und unablässige Irreführen der Leser. Wie ernst
er es damit nahm, geht daraus hervor, dass sein Name fast
200 Jahre lang verborgen bleiben konnte. Beiläufig sei bemerkt,
dass Grimmelshausen selbst über den Eulenspiegel
und andere Volksbücher wesentlich anders dachte: „Der
Eulenspiegels Possen und Schalckheiten beschrieben, hat Ehr
Lob und Nahmens genug", sagt er in der „Gegenschrifft des
Authors an Momum."

b) Dem mehrfach erwähnten Liebesroman Dietwald und
Ameiinde ist ein „Sonnet" und ein „Glückwünschender Zuruff"
an den Autor beigegeben, die einer Sitte der Zeit gemäss
wahrscheinlich von diesem selbst zum Lobe seines
Werkes verfertigt sind. In beiden wird der Simplicissimus
und die Courage, im Zuruf auch der Springinsfeld und der
ewigwährende Calender Grimmelshausen ausdrücklich zugeschrieben.
Da das Sonet von ziemlichem Interesse ist,
so setze ich es her, wiewol es oft gedruckt ist. Es lautet
in dem Einzeldruck von 1683, der mir vorliegt:

Der Grimmleshauser mag sich wie auch bey den Alten
der alt Protheus thät, in mancherley Gestalten
  verändern wie Er will, so wird Er doch erlaubt,
  an seiner Feder hier, an seiner treuen Hand.

Er schreibe was Er woll, von schlecht= von hohen Sachen
von Schimpf, von Ernst, von Schwäncken die zu lachen machen
  vom Simplicissimo, der Meuder und dem Knan
  von der Courage alt, von Weiber oder Mann

vom Frieden oder Krieg, von Bauren und Soldaten,
von Aenderung eins Staats, von Lieb von Heldenthaten,
  so blickt doch klar herfür, daß Er nur Fleiß ankehr
  wie er mit Lust und Nutz den Weg zur Tugend lehr.

Der 16 strophige „Zuruf" an Herrn Joh. Christoff von Grimmelshausen verdient kaum einen Abdruck. Es beweisen die beiden Gedichte übrigens, dass manche von den volksmässigen Schriften, worunter der Simplicissimus, auch unter den Liebhabern des Kunstromans Anklang genug gefunden hatten, so dass der Verfasser bald nach dem Erscheinen die Pseudonymität ohne Gefahr für sein Ansehen aufgeben konnte.

c) Die Schriften, welche den Autornamen Grimmelshausen führen, sind sämmtlich hohen Personen zugeeignet, denen gegenüber sich der Verfasser nicht wol unter der Hülle eines Pseudonyms verstecken durfte.*)

d) Christoffel von Grimmelshausen ist urkundlich nachweisbar. In das Todtenbuch des Badischen Städtchens Renchen ist nemlich von dem gleichzeitigen Pfarrer Kaspar Beyer folgende Notiz eingetragen (Passow, Bl. f. lit. Unt. 1847 S. 1091 f.): Anno 1676, 17. August. obiit in Domino

---

*) Ein Buch, das Anspruch auf die Beachtung der gelehrten Kreise machte, musste man einem hohen Gönner zueignen, vgl. den Schluss des Momi placat: „Sintemahl wann er selbst getraut daß seine Schrifften etwas würdigs waren, er solche wohl irgends einem maecenato dedicirt hette." Das brachte dann auch etwas ein, und der Autor entgegnet daher dem Tadler: „Du Stockfisch köntest aber leicht wohl gedencken, daß ichs Gewinns halber nicht gethan, [dass er nemlich den Pilgram geschrieben], dann sonst hette ichs jemand dedicirt."

Honestus et magno ingenio et cruditione Johannes Christophorus von Grimmelshaufen praetor hujus loci et quamvis ob tumultus belli nomen militiae dederit et pueri hinc inde dispersi fuerint, tamen hic casu omnes convenerunt, et parens sancto Eucharistiae [sacramento] pie munitus obiit et sepultus est, cujus anima requiescat in pace.

Es ergibt sich nun auch, dass die Unterschrift des Beschlusses des Simplicissimus, H. J. C. V. G. P. zu Cernhein vervollständigt werden muss zu: Hans Jacob Christoffel von Grimmelshausen, Praetor zu Renichen, denn Cernhein, sowie Rheinnec, woher der Beschluss datirt ist, sind nichts als Anagramme für diesen Stadtnamen.

Gebürtig war Grimmelshausen aus Gelnhausen in Hessen, denn er bezeichnet sich selbst stets als Gelnhusanus (z. B. auf dem Titel von Dietwald und Amelinde), und der Herausgeber der Gesammtausgabe (zuerst 1684, vgl. Kurz I, S. XLI), der am Schlusse einiger Capitel Nachrichten über den Verfasser enthält, vielleicht von diesem selbst unterrichtet, spricht bei Gelegenheit der Schilderung des Spessarter Bauernlebens im ersten Capitel des Simplicissimus von der „Dancliebe", welche „der redliche Author zu seinem Vatterland an Gehlhausen habe wollen erweisen und sehen lassen; weil es doch insgemein bey einem jeden heißet: Dulce natale solum." (S. Kellers Ausg. I, S. 35).*) Ferner wird im satirischen Pilgram II, 126 von einem „Bretrütscher" erzählt, „welcher noch bey Menschen Gedächtnüß zu Gelnhausen ertapt, und als ein Mörder uff das Rab gelegt worden"; er hätte schwerlich etwas

---

*) Wenn es im deutschen Michel zu Anfang des 11. Capitels heisst (Keller III, 1112): „den Ruhm dieser Ehr [das beste und zierlichste teutsch zu reden] hat von langen Zeiten her zwar die Stadt Maynz gehabt, welches ich ihr als meiner lieben Landsmännin von Herzen gern gönnen möchte," so darf man daraus keineswegs mit Kurz S. XIII wenn auch nur vermutbungsweise den Schluss ziehen, dass Grimmelshausen aus Mainz stammte. Mainz und Gelnhausen sind hier vielmehr in sprachlicher Beziehung als Landsmänninnen bezeichnet, weil die Mundarten, die in beiden Städten geredet worden, nahe verwandt sind, eine Beobachtung Grimmelshausens, die durch die wissenschaftlichen Untersuchungen unserer Tage bestätigt worden ist.

von dieser Geschichte gewusst, wenn er nicht dort zu Hause
gewesen wäre. So wird denn auch die Geschichte von dem
blinden Bettler II, 133 f., „der fich noch bey Gedächtnüß alter
Leute in unferer Nachbarfchafft uffgehalten", in der Umgegend
von Gelnhausen passirt sein.

Es ist hier der Ort, excursweise die volle Glaubwürdig-
keit des „satyrischen Pilgrams" als Quelle für Grimmelshausens Leben gegen Kurz I, S. XIV. XXVII ff. zu erhärten.
Nach diesem Gelehrten handelt es sich nemlich in den Vorreden nicht um den Verfasser selbst, sondern um den Simplicissimus, und er bezieht auch andere Stellen im Innern
der Schrift nicht auf Grimmelshausen, sondern auf den Helden des grossen Romans. In der ersten Vorrede, sagt
Kurz S. XXIX, stelle sich der Tadler, als ob er den Simplicissimus wirklich für den Verfasser des Pilgrams halte,
und daraus erklärten sich dann die vorgebrachten Einzel-
heiten. Derjenige nun, der wie ich die Ausgabe von 1667
vor sich hat, wird sich nur mit Mühe die Kurz'schen Ein-
wendungen überhaupt erklären können, geschweige denn,
dass er ihnen irgend welches Gewicht beilege. Denn auch
abgesehen davon, dass der Roman damals noch nicht erschienen war*), so kommt auf dem Titel dieser Ausgabe
der Name Simplicissimus gar nicht vor und statt der Lesart,
die von 1670 an erscheint: „Des abentheuerlichen Simpliciffimi
Satyrischer Pilgram", steht hier einfach: „Satyrischer Pilgram"
u. s. w. (s. o.). Kurz hat sich nun einzig durch diesen spä-

---

*) Doch arbeitete er schon daran, als er den zweiten
Teil des Pilgrams schrieb: II. 71 „wie ich dan hiervon auch von
andern Sachen mehr, so hieher gehörten, in meinem Simpl[ic]issimo
Anregung gethan, als ich beim Gubernator zu Hanau wahrfagte"
(bezieht sich auf Simpl. II, 11 S. 121 ff. unseres Drucks), wo
unter „ich" natürlich der Autor des Romans gemeint ist; erschienen war aber der Simpl. damals noch nicht, wie aus
II, 151 hervorgeht: „Mein Simplicissimus wird dem günstigen
Leser mit einer andern und zwar luftigern Manier viel Particularitäten von ihm erzehlen, indeffen halte ich dafür," u. s. w. Vgl.
auch II, 142: „Aller maffen ich hier der Teutfchen Kriegshelden
mit Fleiß gefchweige, bamit ich ihrer an einem andern Ort defto
beffer gedenken möge." Umgekehrt wird der Pilgram unter
seinem eigentlichen Titel „Schwarz und Weiss" im Simpl.
S. 92 citirt.

teren Titel irreführen lassen, denn die Schrift selbst, welche bei ihrem rein didactischen Inhalte irgend eine Beziehung zu dem Romanhelden naturgemäss nicht haben kann, bietet dazu keine Veranlassung. Wo daher persönliches mitgetheilt ist, sind die Angaben auf den Verfasser selbst zu beziehen, und diese Stellen gehören daher zu den besten Quellen von Grimmelshausens Leben.

Das Geburtsjahr können wir aus einigen Stellen des Pilgrams und des ewig währenden Calenders erschliessen. In letzterem sagt der Verfasser zu V. Cal. Martii (25. Febr.) folgendes (Cal. erster Druck v. 1670 S. 46 Sp. 2): „Anno 1635. wurde ich in Knabenweiß von den Hessen gefangen und nach Caffel geführt u. s. w." Diese genaue Angabe kann nicht auf den Simplicissimus gehen, sondern nur auf den Autor selbst*), und sie wird denn auch bestätigt durch die erste Vorrede zum Pilgram: „Dann lieber was wolten doch vor Nutzbarkeit und Lehren von einem solchen Kerl wie der Author ist, zu hoffen seyn? Man weiß ja wohl daß Er selbst nichts studirt, gelernet noch erfahren: sondern so bald er kaum das ABC begriffen hatt, in Krieg kommen, im zehenjährigen Alter ein rotziger Musquedirer worden, auch allwo in demselben lüderlichen Leben ohne gute disciplin und Unterweisungen wie ein anderer grober Schlingel, unwissender Esel, Ignorant und Idioth, Bernheuterisch uffgewachsen ist." Aus diesen beiden Stellen ergibt sich wie mir scheint mit völliger Sicherheit 1625 als Geburtsjahr des Schriftstellers. Sat. Pilgram I, 119, wo er sagt: „ich will vor dißmahl als ein alter Greiß davon [nemlich von der Schönheit] stillschweigen und die loben lassen so zu geniessen begehren" kann dagegen nicht aufkommen; wir haben es hier wohl mit einem etwas übertriebenen Ausdrucke zu thun, denn ein alter Greis war er selbst in seinem Todesjahre noch nicht.

Grimmelshausens Eltern gehörten dem Bauernstande an und mögen wol ihrem Sohne bis zu seinem zehnten Jahre,

---

*) Obwol auch der Held des Romans im Alter von 10 Jahren aus dem Spessexter Bauernleben durch die Soldaten herausgerissen wird, vgl. Simpl. I, 1 (S. 9 unseres Druckes) und die folgenden Capitel.

wo er ihnen entrissen wurde, nicht viel Bildung vermittelt
haben. Manches von den Schilderungen in den ersten drei
Capiteln des Simplicissimus hat der Verfasser sicher seinen
eigenen Erlebnissen entnommen, wenn er auch hie und da
etwas ins graue gezeichnet hat. Seine niedrige Herkunft
ist durch den Commentator zu Simpl. I, 2 mit voller Sicherheit bezeugt. Dass er von den Hessen geraubt und so in
das Leben hinausgeworfen wurde, war für ihn von der
grössten Bedeutung und der Wendepunkt in seinem Leben,
daher erklärt sich auch die Erwähnung dieses Tages im Calender unter den denkwürdigen historischen Ereignissen,
während er sonst nicht das geringste darin von sich mittheilt. Denn die Worte 143 c: „ich weiß mich zuerinnern baß
umb das Jahr 1643. da ich noch ein junger Soldat war, ein Geschrey erschollen" u. s. w. stehen unter den Erzählungen des
Simplicissimus und brauchen nicht auf den Verfasser selbst
zu gehen, wenn sie auch zu dem, was wir sonst über ihn
wissen, ganz gut stimmen würden.

In dem Kriege, den er bis zum Friedensschlusse mit-
machte*), hat er sich nun die gründliche Menschenkenntnis
und vielseitige Erfahrung erworben, die er dann in seinen
Volksromanen, besonders im Simplicissimus, niederlegte.
Viel Gelegenheit, sich gelehrte Kenntnisse zu erwerben,
boten ihm die Kriegszüge, die ihn von einem Ort zum andern warfen, freilich nicht (vgl. die oben ausgehobene Stelle
aus dem Momi placat), und es ist sehr wahrscheinlich, dass
er bis zu seinem 23. Jahre nicht viel mehr als Lesen und Schreiben gelernt hat. Daher auch der Tadel gelehrter Zeitgenossen:
„Zwar vermerdet man in seinem Stylo wohl, was Er weiß und
vermag; Jn deme er nicht recht orthographicè schreiben kan;
So ist auch kein Ordnung: viel weniger eine Liebligkeit in seinem

---

*) Dies ergibt sich auf das bestimmteste aus einer Stelle
des Momi placat: „Räthlicher und zuträglicher were ihme gewesen, wann er nach dem teutschen Friedenschluß seine Musquet
behalten: Jn Niederland, Dennemarck oder Polen den Armen
Bauren das Jhrig abgeschreckt und sich sonsten im Krieg also
dapffer gebraucht hette, ob ihme villeicht ein unsterblicher Name
eines braven Heldens zugewachsen were, denn er den Nachkömlingen zu seinem immerwehrenden Ruhm und löblicher Gedächtnuß
hinterlassen hette können."

gantzen Buch zu finden; Jn Summa es mangelt überall ohn Saltz und Schmaltz, nichts ist vorhanden als ein werckliches Mischmasch, von lauter Fähl und Mängeln zusammen gestickelt." (Momi placat.) An einer andern Stelle ruft derselbe Tadler aus: „So gehets aber, wann Musquetirer die Feder brauchen und ungelehrte Bücher schreiben wollen", und ein drittes mal sagt er: „Sintemahl der gantzen Welt bekant, daß wol ehe ein Roßbub zu einem General: Als ein ungelehrter Musquebirer zu einem rechtschaffenen Bücherschreiber worden."*) — Unter welchen Feldherrn er gedient und welche Schlachten des deutschen Kriegs er mitgemacht hat, wissen wir nicht. Er muss aber sehr weit in Deutschland herumgekommen sein, denn die Ortskenntnis in den verschiedensten Theilen Deutschlands von der Schweizergrenze bis nach Westfalen hinein, wie er sie im Simplicissimus zeigt, und die genaue Bekanntschaft mit den verschiedenen Mundarten kann er sich nicht gut später aus Büchern angeeignet haben. Sein Vergnügen am Kriegerleben bekundet eine Stelle des Pilgram (II, 145): „Ohne Ruhm zu melden, ich bin ehemalen auch barbey gewesen, da man einander das weisse in den Augen beschaute, kan derowegen wohl Zeugnüß geben, daß es einem ieben, der sonst keine Memme ist, eine Hertzenslust ist, so lange einer ohnbeschädigt verbleibt." Wie viele von den im Simplicissimus erzählten Abenteuern Grimmelshausen selbst erlebt hat, lässt sich nicht mehr ermitteln: Wahrheit und Dichtung sind hier unauflösbar in einander verwebt.

Nach dem deutschen Friedensschluss 1648 legte er die Muskete nieder, wie uns das Momi placat in der oben ausgehobenen Stelle mittheilt. Er scheint sich nun in den nächsten Jahren im Auslande aufgehalten zu haben, besonders in Holland, Frankreich und der Schweiz, da er sich in seinen Schriften mit diesen Ländern bekannt zeigt. Während des Krieges kann er dahin nicht gekommen sein. Merkwürdig ist, dass er an einer Stelle von seinem exilium

---

*) Der Autor giebt dann in der Entgegnung seinen Mangel an gelehrter Jugendbildung selbst zu: „Was mehnestu Bestia wohl, weil ich also ohngelehrter etwas unterstehe, was ich erst gethan haben würde, wann ich darzu auffgezogen und von Jugend uff angeführt worden were?"

spricht: „Daß nun schließlich du Mome und deine neidige über»
witzige Naßweiße Klügling und Schulfuchs mir mein Exilium
und geführtes Soldaten Leben vorwerffen und gleichsam uffrücken,
ob hette ich dem Landman das Seinig abgezwackt, damit handelt
ihr wider den allgemeinen Friedensschluß." (Sat. Pilgram, Gegenschrift des Autors.) In dem Momi placat ist aber [nichts
über das exilium gesagt, wenn man nicht die Seite XII
Anmerkung ausgehobene Stelle so erklären will, dass der
Tadler Niederland, Dänemark und Polen absichtlich erwähnt, weil er wusste, dass sich der Autor des Buchs
längere Zeit dort aufgehalten hatte.

Wie lange er sich von seinem Vaterlande fern gehalten
hat, ist unbekannt. Wahrscheinlich aber ist, dass die Zeit
seiner Rückkehr mit dem Beginn seiner schriftstellerischen
Thätigkeit zusammenfällt, da ihm einerseits auf der Reise
die Musse zum Schreiben gewis gefehlt und er andererseits
nach der Rückkehr nicht gezögert haben wird, das was er
erlebt hatte niederzuschreiben, denn „wer etwas weiß, sols
seinem Nebenmenschen communiciren", sagt er selbst im sat.
Pilgram. Da nun die älteste Grimmelshausensche Schrift,
der fliegende Wandersmann nach dem Mond (aus dem französischen übersetzt) 1659 erschienen ist, so können wir
seine Rückkehr kaum früher als 1658 setzen. Damit soll
übrigens nicht gesagt sein, dass er wirklich ein volles Jahrzehnt (1648—58) im Auslande zugebracht hat, denn es lässt
sich nicht beweisen, dass er gleich nach dem Friedensschlusse Deutschland verlassen habe. Während seiner
Wanderjahre hat er sich nun gewiss den grössten Theil
der umfassenden gelehrten Bildung erworben, von der seine
Schriften Zeugnis ablegen.

Nach seiner Rückkehr liess er sich im Schwarzwald
nieder und trat dann in Dienste des Bisthums Strassburg.
Wir finden ihn nemlich wieder als Schultheiss zu Renchen
im jetzigen Grossherzogthum Baden (Amt Oberkirch); in
dieser seiner Amtsstellung verfasste er eine noch jetzt dort
handschriftlich vorhandene Mühlenordnung, die vom 13. Oct.
1667 datirt ist. Sein „Schultzendienst" wird ausserdem bezeugt durch den Commentator (vgl. Keller I, 36) und durch
den Todtenschein, worin Grimmelshausen als praetor des

Ortes Renchen bezeichnet wird. Er trat hier in Beziehung
zu den hohen Persönlichkeiten, denen er dann seine Liebesromane und die Ratio status zueignete, und erwarb sich
„durch nimmermüde Mühe und recht wunderbares Glücks Fügen
beiderlei Abelheiten, den herrlichen Ritterabel und auch den Abel
der freien Studien." (Commentator a. a. O.). Sein magnum
ingenium und seine eruditio hebt auch der Todtenschein
hervor.

Schwierig ist die Frage, wann er sich verheirathet hat.
Im Renchner Kirchenbuch findet sich nichts über seine
Vermählung, wol aber ist darin notirt, dass ihm seine Frau
Katharina Henninger am 14. April 1669 eine Tochter gebar
und dass einer seiner Söhne ihm am 15. Febr. 1675 durch
den Tod entrissen wurde. Ferner aber wird darin berichtet, dass seine durch die Kriegswirren hierhin und
dorthin zerstreuten Söhne sich in Renchen alle wieder zu-
sammengefunden hätten. So scheint wenigstens das etwas
unklare Latein des damaligen Pfarrers „quamvis ob tumultus belli nomen militiae dederit et pueri hinc inde dispersi
fuerint, tamen hic casu omnes conveuerunt" verstanden
werden zu müssen. Da er nun am Ende des Krieges erst
23 Jahr alt war, so muss er sich sehr jung verheirathet
haben; es ist aber wol kaum glaublich, dass die Katharina
Henninger die Frau erster Ehe ist. Vielmehr werden wir
anzunehmen haben, dass seine erste Gemahlin jung starb,
da er sonst wol schwerlich jahrelange Reisen ins Ausland
hätte unternehmen können, und dass er die Kinder unter
Obhut von Freunden oder Verwandten zurückliess. Auch
Simplicissimus verheirathet sich während des Krieges in der
westfälischen Festung Lippstadt als sehr junger Mann,
und seine Gemahlin stirbt ihm früh; da aber in den Haupt-
zügen die Schicksale des Romanhelden sicher die des Autors
sind, so darf man sich wol auf diese Stelle berufen, um
Zusammenhang in die objectiven Zeugnisse zu bringen.
Nach der Rückkehr wird er dann bald die zweite Ehe einge-
gangen sein, vielleicht noch ehe er nach Renchen kam,
da sich sonst wol im Kirchenbuch etwas darüber finden
würde.

Dass die Uebernahme bischöflicher Dienste seinen Ueber-

tritt zum Katholicismus zur Folge gehabt habe, ist mir
sehr unwahrscheinlich. Denn obwol er schon 1669 den
Beschluss des Simplicissimus als Praetor unterzeichnet, er
also mindestens von diesem Jahre an (wahrscheinlich aber
viel früher schon) das Schulzenamt bekleidete, so bekennt
er sich doch noch 1670 im Calender S. 89a als Protestanten:
„Ich vermeine ihr Catholische seyt alle über einen laist geschla=
gen, und also daß man dannenhero so wenig Calendermacher
under euch findet weder bey uns Evangelischen, welche ihre Ta=
lenta dem Nebenmenschen lieber mittheilen." Das spricht nun
allerdings Simplicissimus, aber der Verfasser verbirgt sich
hier ohne Zweifel hinter ihm, wie überhaupt in allen wichtigen Zügen. Im Calender werden ausserdem eine Menge
den Catholischen nachtheilige Anekdoten erzählt, z. B. 20b,
44b, und der Todestag Luthers wird S. 154b unter den
denkwürdigen historischen Ereignissen aufgeführt, was ein
Katholik wol nicht gethan hätte. Im satyr. Pilgram I, 144
spricht er sich gegen das Cölibat aus*) und in der „verkehr=
ten Welt" wendet er sich gegen die Untugenden der catholischen Geistlichen (vgl. Kurz I, S. XIX). Wenn er also
wirklich zum Catholicismus übergetreten ist, was vielleicht
aus einer sehr späten Schrift „Simplicii Angeregte Ursachen,
Warumb er nicht Catholisch werden könne? Von Bonamico in
einem Gespräch widerlegt" geschlossen werden kann, weil sich
hier schliesslich Simplicius bekehrt, so kann dieses nur kurz
vor seinem Lebensende und jedenfalls unabhängig von
seiner Stellung geschehen sein. Was sonst noch für das
katholische Bekenntnis des Schriftstellers angeführt worden
ist, entbehrt meiner Meinung nach der Beweiskraft. Ein
fanatischer Protestant war er aber nicht, er dachte vielmehr
sehr frei über die beengenden Confessionen und stellte sich
über sie, indem es ihm genügte ein Christ zu sein. Das
ergibt sich aus Simpl. III, Cap. 20 (S. 268 unseres Drucks).

Seine Stellung als Schultheiss in Renchen behielt er

---

*) „Und ihr Weiberfeind was sagt ihr darzu, wann ein
Cælebs muß aller ehelichen Aembter Verwaltung zurückstehen;
macht nicht das Weib den Handwercksgesellen erst zum Meister?
muß nicht der Pfarrer auch neben der Pfarr sein Weib haben?

bis zu seinem Tode bei, der nach der Einzeichnung des damaligen Pfarrers Beyer am 17. August 1676 erfolgt ist. Er erreichte mithin nur ein Alter von 51 Jahren.

Grimmelshausen eröffnete seine schriftstellerische Thätigkeit wie schon erwähnt mit einer Uebersetzung aus dem französischen, betitelt „der fliegende Wandersmann nach dem Mond", die 1659 annonym erschien. Darauf folgte 1660 die „Traumgeschichte von Dir und Mir", wiederum ohne seinen Namen. Neudrucke beider Schriften fehlen zur Zeit noch.

Unter dem Namen Greiffensons trat er zuerst hervor mit dem „Satyrischen Pilgram", dessen älteste bekannte Ausgabe vom Jahr 1667 ist (s. o.). Dass er damals schon mehreres geschrieben hatte, sagt er selbst in der Entgegnung auf das Momi placat: „zumahlen [du] mich und meine Schrifften bereits mehr als zu grob angebastet." Der Tadler spricht sogar von „dieses Scribenten sambtlichen Schrifften", woraus hervorzugehen scheint, dass damals noch andere Schriften unter dem Namen Greiffensons existirten, die wir nicht mehr besitzen; auffällig ist jedenfalls, dass er 6 Jahre pausirt haben sollte. Wie schon erwähnt stiess er mit seiner volksmässigen Schreibweise bei einer gewissen Classe seiner Zeitgenossen auf den heftigsten Widerstand, wie auch aus folgendem nicht gerade schmeichelhaften Urteile des Tadlers in der ersten Vorrede des Pilgram (Momi placat) hervorgeht: „dieses Scribenten sambtliche Schrifften (wie Horatius mit einstimmet,) taugen nirgendshin besser, als den Würtz= Schmär= und Samen=Krämern daß sie Dutten drauß machen, oder wann dieselbe bereits mit dergleichen versehen daß man sie einhellig zu ständlichem Gebrauch in die Secreta contemniere."*) Grimmelshausen war sich aber der Richtigkeit seiner Bestrebungen viel zu klar bewusst, als dass er sich durch solche hämische Angriffe hätte beirren lassen sollen. Er schrieb daher eifrig an seinem Simplicissimus weiter (s. o.), aber noch vor diesem im Jahre

---

*) An einer anderen Stelle spricht er von des Autors „hoher unverschämbter Einbildung und Unterfangen Bücher zu schreiben", und nennt dann den Pilgram eine „elende Kleiberey".

1667*) erschien der „Keusche Joseph" (wiederum unter dem Namen Greifensons), über den er den Pfarrer von Lippstadt im Simpl. III, cap. 19 (S. 265 f.) sein Urteil aussprechen lässt. Eine Ausgabe dieser Schrift hat v. Keller besorgt (Simpl. IV, 707 ff.).

Hierauf folgte dann der Simplicissimus (s. u.) und dieser hatte eine Reihe von Fortsetzungen und inhaltlich ihn voraussetzenden Schriften zur Folge, die man nach dem Vorgange Grimmelshausens selbst als „Simplicianische" bezeichnet. Hierhin gehört die „Lebensbeschreibung der Ertzbetrügerin und Landstörtzerin Courasche", der „seltzame Springinsfeld" (beide 1670 unter dem Namen des Philarchus Grossus erschienen), das „wunderbarliche Vogelnest" in zwei Theilen, deren erster aus dem Jahre 1672 ist und Rechulin von Sehmsdorff als Verfasser fingirt; dem Roman ferner stehen**): „Simplicissimus wunderliche Gauckeltasche", die nach Kurzs Vermutung durch den Springinsfeld veranlasst ist, der „ewigwährende Calender" (1670 anonym erschienen), der „erste Bernhäuter, von Illiterato Ignorantio, zugenannt Idiota"***), der „stoltze Melcher", der „teutsche Michel" und das „Galgenmännlein" (1673). Alle diese Schriften liegen vor in der bequemen Ausgabe von Kurz (Grimmelshausens Simplicianische Schriften, 4 Bände, Leipzig 1863/64). Den Springinsfeld, die Courasche und die beiden Theile des Vogelnests hat auch v. Keller in Band III u. IV seines „Simplicissimus und andere Schriften Grimmelshausens" (Stuttgart 1854—62) edirt.

Kurz nach dem Simplicissimus war „Dietwalds und Amelinden anmuthige Liebs- und Leibsbeschreibung" erschienen (1670), und zwei Jahr später schrieb er seinen zweiten Liebesroman „des durchlauchtigen Printzen Proximi, und Seiner ohnvergleich-

---

*) Die erste Ausgabe mit dieser Jahreszahl befindet sich in der Universitätsbibliothek zu Leipzig.

**) In der Vorrede zum 2. Theile des Vogelnests nennt Gr. als Simplicianische Schriften nur die Courage, den Springinsfeld und die beiden Theile des Vogelnests (Keller IV, S. 507).

***) Der Titel mit Beziehung auf die Charakteristik Grimmelshausens durch den Tadler im Momi placat gewählt, wo es heisst, dass er „wie ein anderer grober Schlingel, unwissender Esel, Ignorant und Idioth, Bernheuterisch uffgewachsen ist."

lichen Olympiä Liebs=Geschicht=Erzehlung" (1672); beide, sowie
„der zweiköpffigte Ratio Status" (1670), eine politische Schrift,
erschienen wie schon erwähnt unter seinem wahren Namen.
In das Jahr 1672 fällt dann noch das „Rathstübel Plutonis"
und die „verkehrte Welt". Ohne Jahreszahl publicirt sind
folgende beide Schriften „Manifesta wider die jenige, welche die
roth= und güldenen Bärte verschimpfen" und „Simplicii An=
geregte Uhrsachen, Warumb er nicht katholisch werden könne".
Neue Ausgaben haben wir von keiner dieser Schriften. Die
genauen Titel der alten Drucke s. bei Kurz I, S. XXIV ff.

Wir besitzen demnach im ganzen 21 Schriften Grimmelshausens, die er in Zeit von höchstens 18 Jahren verfasst hat.

Um die Ermittlung des Verhältnisses der alten Drucke
des Simplicissimus zu einander hat sich Kurz in der Ein-
leitung zu seiner Ausgabe (vgl. auch die Nachträge II, 441 ff.)
entschiedene Verdienste erworben, besonders dadurch, dass
er den Irrthum v. Kellers über das Verhältniss von A und
B (Anmerk. zu seiner Ausgabe II, 1136 f. 1177.) aufge-
deckt hat.

Die beiden ältesten Drucke tragen auf dem Titel die
Jahreszahl 1669. Der Beschluss aber hat in E das Datum
„22. Apprilis Anno 1668", während in A 1669 steht. Nun
findet sich im ewigwährenden Calender (1670) S. 92c—204o
ein Abschnitt mit der Ueberschrift „Warhaffter Bericht, von
Erfinder dieses Calenders"; darin sind eine Menge Simplicianische Anecdoten erzählt, deren letzte unterzeichnet ist von
„Christian Brandsteller, Stattschreiber zu Schnackenhausen", mit
dem Datum „Griessbach den 29. Jul. 1669"; ohne Zweifel ist
dies der Tag, an welchem Grimmelshausen diesen Passus
niederschrieb, denn zu den erzählten Begebenheiten steht
die Zeitangabe durchaus in keiner ursächlichen Beziehung,
da sie im Kriege spielen. Im Anfange dieses Abschnittes
S. 92c heisst es nun: „Es hat diesen Calender der so genandte
Abentewrliche Simplicissimus, dessen Lebens=Beschreibung vorm
Jahr daß erste mahl getruckt worden, seinem jüngsten Sohn Simplicio .. zugefallen geschrieben." Daraus ergibt sich auf das

bestimmteste, dass die erste Ausgabe des Simplicissimus in das Jahr 1668 zu setzen ist.

Es können dies aber nur die ersten fünf Bücher gewesen sein, die ja, wie der Beschluss bezeugt, gesondert erschienen sind. Keller und ihm beistimmend Kurz (I, S. LXV) bemerken sehr richtig, dass das sechste Buch sicher mit den übrigen zusammen herausgekommen wäre, wenn es der Verfasser gleich anfänglich geplant und 1668 schon fertig gehabt hätte; wenn er es aber, worauf doch alles hinweist, erst nach dem Erscheinen der ersten 5 Bücher, die ja die eigentliche Handlung völlig zu Ende führen, begann, nachdem er den durchschlagenden Erfolg seines Werkes gesehen hatte, so ist undenkbar, dass es noch 1668 zur Ausgabe gebracht werden konnte. Diesen Gründen kann die Stelle aus dem Calender, die Kurz II, S. 443 zu Gunsten von 1668 anführt, die Wage nicht halten; denn wenn die Meuder dort Sp. 96ᶜ sagt, sie habe gehört, dass ihr Sohn sich jetzunder in der newen Welt befünde, und sein Lebtag wohl nimmermehr zu Land kommen würde, so bezieht sich dies zwar, wie Kurz ganz richtig bemerkt, auf das 6. Buch, aber da die Niederschrift dieses Calenderabschnittes wie oben bemerkt wurde in den Sommer des Jahres 1669 fällt, so lässt sich doch aus dieser Stelle in keiner Weise schliessen, dass das 6. Buch bereits 1668 erschienen sei; „jetzunder" ist eben 1669, und im Frühling dieses Jahres war der Beschluss (datirt vom 22. April) verfasst worden, gewis nachdem die übrigen Bogen des 6. Buchs schon gedruckt waren, so dass die Ausgabe wenige Wochen später erfolgen konnte und die Continuatio im Juli 1669 schon in den Händen des Publicums war.

Wie erwähnt trägt nun in E (an B angebunden) und danach in F (zu C gehörig) der Beschluss das Datum: „den 22. Apprilis Anno 1668", und man könnte sich dadurch verleiten lassen, nicht nur die Continuatio in das Jahr 1668 zu setzen, sondern auch dem Drucke E die Priorität gegenüber A zuzusprechen. Beides wäre indes falsch, denn es lässt sich beweisen, dass E ein simpler Nachdruck von A ist, wie denn auch auf dem Titel als Jahr des Erscheinens ganz richtig 1669 angegeben ist. Ich halte mit Kurz die Datirung des Beschlusses von 1668 für eine absichtliche Fälschung, die den Zweck hatte,

dem Verdacht eines Nachdruckes auszuweichen. Dass E
aus A abgedruckt ist, ergibt sich einmal aus einer Unzahl
gemeinsamer Fehler, deren Masse die Annahme einer gemeinsamen Quelle fast schon allein ausschliesst, zweitens
aber ganz besonders daraus, dass E eine Reihe Fehler von
A, die hier erklärbar sind aus Lesefehlern des Setzers beim
Absetzen des Manuscripts und zähem Festhalten an der
einmal gewonnenen wenn auch falschen Lesung seitens des
Correctors, in verkehrter Weise zu bessern sucht.

517,30 (unseres Druckes) ist das Wort feiner in A dadurch unkenntlich geworden, dass efiner steht, noch dazu
mit Umkehrung der beiden ersten Buchstaben. E conjicirt
ſpiner (d. i. Spinner), und F druckt es nach, während in D
das richtige steht. In dem an A angehängten Druckfehlerverzeichnis ist der Fehler übrigens verbessert, leider aber
wieder mit einem Druckfehler, indem ferner gesetzt ist.*)

571,1 fehlt in A und (im DV. verbessert). Dadurch ist
die Stelle unverständlich geworden. E ändert daher das
Ganze, und indem es die in A in der vorhergehenden Zeile
stehenden Worte „vermittelſt dem heiligen Leiben deß Erlöſers"
benutzt, schreibt es: „zukommen, und die ſeelige Ewigkeit nechſt
dem heiligen Leyben deß Erlöſers zu erlangen verhofft." Nächſt
ſtatt vermittelſt ist aber unverständlich.

478,24 habe ich mit Kurz müſte in den Text gesetzt
statt des sinnlosen würſt des Druckes. Der Fehler beruht,
wie klar ersichtlich ist, auf undeutlicher Schrift im MS.,
indem der Setzer, ohne sich um den Sinn weiter zu kümmern, müſt als würſt las. Dadurch ist der ganzen Stelle der

---

*) Es finden sich darin noch mehr Fehler. Z. 5 ist
statt 670 zu lesen 667, Z. 7 statt 683 zu l. 668, Z. 12 Reinen
statt Reimen. Ich will gleich hier erwähnen, dass dieses
übrigens sehr unvollständige Druckfehlerverzeichnis mit folgenden sicher vom Corrector herrührenden Worten schliesst:
„Die übrigen wenigen zumahl diejenigen, ſo etwa der teutſchen
Reinen Mundart entgegen (weil dieſes Orts Köpffe lieber bey
ihrer alten Unwiſſenheit bleiben, als eines beſſern ſich wolten berichten laſſen) wolle der geneigte Leſer ſeiner Beſcheidenheit nach,
ſelbſt verbeſſern. Er lebe in GOtt wohl, und ſey dem ergeben."
Es ist dieses Verzeichnis übrigens allen Nachdruckern und
auch der Ausgabe D entgangen.

Sinn entzogen. E fühlt denn auch das Bedürfnis einer
Aenderung; es setzt daher hinter Jungen einen Doppelpunkt und schreibt dann: Wärst bey meinem Gebenden von
Wolluſt und Hoffart erzeugten thun jetzt erſt u. ſ. w., worauf
dann hinter laſſen „müſte" eingeschoben wird. So ist der
absoluteste Unsinn herausgekommen, dessen Entstehen sich
aber nur aus dem Fehler von A erklärt.

Von gemeinsamen Fehlern will ich nur ein paar anführen:
471,2 und ſt. um; 477,24 Biſtamb ſt. Biſam (im DV.
verb.); 477,20 bor ſt. von; 490,3 Anfänger ſt. Anhänger (im
DV. verb.); 519,6 Raum ſt. Rahm (im DV. verb.); 547,23 warhafftig ſt. wonhafftig (im DV. verb.); 549,30 bedachte mich anbey
fehlt AE; 584,27 Lourboisie ſt. Courtoisie (Conj. Kellers).

Es ergibt sich also, dass A der älteste und überhaupt
erste Druck der Continuatio oder des 6. Buches ist. Dass
diese übrigens in A nicht nach einer gedruckten Vorlage,
wie die ersten 5 Bücher, sondern nach dem Manuscript gesetzt ist, lässt sich schon aus der Zahl der Druckfehler
schliessen, denn in dem 6. Buche hat der Setzer nicht
weniger Fehler gemacht als in den andern 5 zusammen genommen. Vgl. unten das Verzeichnis.

Was F anlangt, so ist es aus E geflossen, denn es
stimmt in allen Fehlern und Aenderungen damit überein,
z. B. in den drei eben besprochenen Stellen 517,36. 571,1.
478,24. D endlich beruht durchaus auf A, da es alle Fehler
mit diesem Drucke theilt und zwar auch die welche in EF
beseitigt sind, z. B. 477,13 glänße statt glänßte; 490,37
Gelern ſt. Gelbern; 522,14 Fürſtin ſt. Fürſten; 527,19 ernähern ſt. ernähren (EF ernährten); 530,6 Reuſſen ſt. Reuſſen;
543,6 nach auff; 571,1 und fehlt. Das Druckfehlerverzeichnis
ist wie schon erwähnt nicht beachtet.

So erhalten wir denn für die Continuatio folgenden
Stammbaum:

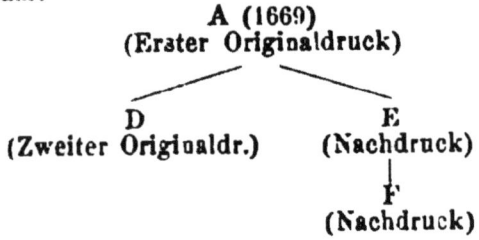

Was das Verhältnis der Drucke der ersten 5 Bücher, des eigentlichen Romans, anlangt, so bin ich im ganzen und grossen zu denselben Resultaten wie Kurz gekommen. Ich will hier den Stammbaum, wie ich ihn ansetzen zu müssen glaube, der Beweisführung voranstellen:

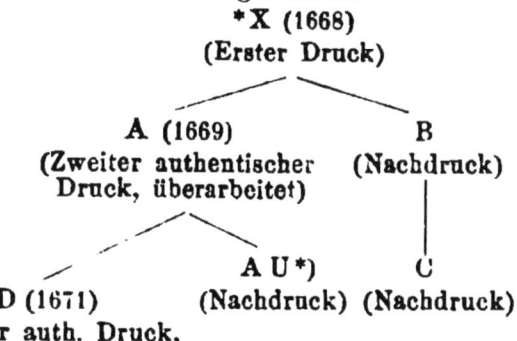

1. Da es erwiesen ist, dass die zu B gehörige Continuatio E ein Nachdruck ist, so ist von vorn herein wahrscheinlich, dass auch B selbst keine Originalausgabe ist. Indes lassen sich dafür auch directe Indicien finden. Erstens wimmelt B von Druckfehlern, im Gegensatz zu A, das in den ersten 5 Büchern nur etwa 100 hat, eine für jene Zeit geringe Zahl. Nicht einmal die verschiedenen Titel und Ueberschriften sind correct gedruckt; auf dem Haupttitel steht Am Tag geben statt An, Ssleifheim, in der Ueberschrift des 4. Buchs Abenbtheurlicher, eine Schreibung, die im Simpl. sonst nie begegnet, beim folgenden Buch gar Abenbtheurliche statt =cher und hinter Teutsch ein Fragezeichen. In der ersten Zeile der Erzählung liest man userer, dann kommt Paeienten statt Pacienten, neben statt neben, Betel statt Beutel, 4 Fehler in 6 Zeilen, und so geht es fort. Ferner ist Papier und Druck ganz miserabel, wenigstens in dem Exemplar, welches

---

*) D. i. Uhlands Exemplar von A, das Keller mit Recht für einen Nachdruck hält; freilich ist er dadurch verführt worden, die ganze Familie A für unoriginal zu erklären. Vgl. Kurz I, S. LVII Anm. Beiläufig bemerke ich, dass das Leipziger Exemplar, dessen Neudruck hier vorgelegt wird, mit dem Münchner übereinstimmt.

mir vorliegt*), während A auf starkes Papier mit scharfen Lettern gedruckt ist. Endlich sind zwei Stellen beweisend, in deren einer B einen Fehler von X, welcher in A erhalten und erst in D gebessert ist, durch Conjectur zu beseitigen sucht: 9,10 (nach unserem Druck) war in X (wie in A) pflegen ausgefallen (was dann in D eingefügt ist) und zu vor dem Infinitiv erschien nun überflüssig, daher tilgt es B und schreibt bekümmern. Zweitens kommt hier in Frage 351,10, wo in unserem Neudrucke meinen mit Unrecht in meinem umgeändert worden ist. A hat mit seinem Accusativ vollkommen recht; solches ist nemlich als Genitiv und meinen Vater als Object zu berichtete aufzufassen, denn dass in Grimmelshausens Dialekt berichten transitives Verbum war, ergibt sich aus der Vergleichung von 348,38 welches ihn sein Factor — berichtet und 349,24 mein Vater aber ward berichtet. Da nun hier alle Drucke (auch B) übereinstimmen, so muss in der obigen Stelle meinem als Aenderung des Nachdruckers betrachtet werden, dem diese Construction nicht geläufig war.

B ist also ein unrechtmässiger Druck. Aber trotzdem hat es für die Textkritik grosse Bedeutung, denn es vertritt für uns die Stelle von X, bis dieses etwa wieder auf-

---

*) Ich darf nicht unerwähnt lassen, dass dieses Exemplar (Eigenthum des Herrn Buchhändler Hirzel hier) nicht überall mit den von Keller und Kurz benutzten übereinstimmt. Es theilt vielmehr eine Reihe von Fehlern mit C, so dass die Vermutung nahe liegt, dass es nach B gesetzt, nach C aber corrigirt ist. So steht 9, 8 (ich citire nach Kurz) Betel auch in diesem Ex. v. B, ebenso 395, 7 Rachen st. Nachen, II, 28, 11 fehlt Bann ben; andere Abweichungen sind folgende: 109, 23 Getreppel; 311, 23 und fehlt nicht; 336, 2 ligenb; 343, 4 halen wie in A und C; 348, 15 Schwäbisch wie in A und C, nicht Schwäbisch; 400, 7 bey fehlt nicht; 454, 25 meinen; II, 14, 5 wol fehlt nicht; 22, 13 erpracticirte, nicht er=; 23, 32 in dem Krieg; 82, 21 Ingeweib wie C; 98, 14 die andere wie C; 99, 15 Obriste wie C, nicht Obrige; 104, 24 Baarn. Dazu kommt, dass das vorgeklebte Titelkupfer wie in C die Ueberschrift hat: der Abenteüerliche Simplicissimus Teütsch. Der folgende Titel stimmt zu A; von den oben angegebenen Druckfehlern desselben theilt C am Tag statt an.

gefunden wird. Wir haben hier noch fast durchaus echt volkstümliche Formen und Wendungen, ein Kleid, das dem Roman viel besser ansteht, als die modische Tracht der Schriftsprache „die reine deutsche Mundart", die der Corrector der zweiten Auflage (A) so sehr bemüht war herzustellen. In B gebraucht Gr. noch altertümlich der Luft, der Luft, der Band, der Butter, der Gewalt, der Last, das Eck, das Gesang, die Witze (Sing.), der Spalt, das Heimat, der Fahne, der Tauf, der See (A stets die See), mehr dialektisch der Leinwat, der Laune: in A ist überall das schriftgemässe Genus eingeführt. Viel wird in B noch wie im mhd. substantivisch gebraucht, für eher steht noch eh, gegen und wider werden mit Dativ verbunden, stahn begegnet für stehn, Inhalt, Ingeweide, inheimisch für Einhalt, Eingeweide, einheimisch, einig für einzig. In der Flexion ist die schwache Deklination der Feminina noch nicht durch die starke verdrängt; fünfe wird noch gesagt für fünf, ge= im Part. kann fehlen, die Neutra bilden den Nom. Plur. noch dem Sing. gleich. Neu zwar, aber sicher echt volkstümlich sind Verbalformen wie finge st. fing, liefe st. laufte, hintersonne st. sann, stunke st. stank, bucken st. backten, henkten st. hangen, verlierte, gewinnete, triesten st. trossen, leihete, aufgehebt st. gehoben, gewest, geweben st. gewebt, verbrennt st. verbrannt. Alles dies hat in A den schriftgemässen Formen weichen müssen. Von Aenderungen in A, welche Syntax und Wortschatz betreffen, erwähne ich: 185, 4 (Kurz) nachdem wir auf die Erde gesessen st. wir sich gesetzt hatten B; 300, 31 war — gar klug für thät — gar klug sein B, ebenso 412, 14 erzehlte für erzehlen thäte B; 327, 15 wann die Jugend schon des Zaums entwonet ist für den Zaum entwohnt hat B; weß Volks 413, 1. 3 st. was Volks B; Plackscheisser 57, 27 für Plandschmeisser B; 90, 30 Strasse für Sprossen B (=Leiter); 143, 21 Haarpulver für Haarpuder B; Pestilenz 230, 26 für Pest B; aufgehen immer statt ausgehen (= alle werden); 271, 8 eröset st. eröset B (erösen = verwüsten); einen etwas lehren st. lernen B (z. B. 318, 8); gehörige Oerter II, 28, 14 st. Gehörde B; übelriechend 112, 22 st. schmeckend B; gäbig 111, 15 st. giebig B. A trägt also durchaus den Charakter einer sprachlichen Ueberarbeitung. Diese hat sich auch auf die lateinischen Worte erstreckt, die vielfach in A berichtigt erscheinen,

z. B. ist 43, 33 (Kurz) der Sermon hergestellt statt die in B. 337, 1 der Consens statt die, und in der Ueberschrift zu I, 36 die Passion statt der; 84, 12 Cereri st. Cerere; 260, 23 ist Arabiam und 264, 15 Theologos aus dem Nom. in B gebessert; 265, 15 Plutoni aus Plutone; 385, 23 Liquorem aus Liquor. Stehen geblieben ist freilich 54, 7 Commissarios. Ferner wurden viele Fremdworte ausgemärzt, z. B. wird ging spatzieren 226, 21 in lufttwandelte, 296, 12 spatzieren geritten in spatzgeritten umgeändert, brav wird durchweg mit wacker, recht, hurtig, wol vertauscht, für darein consentirte 234, 3 wird gesetzt darein willigte, in Summa muss dem deutschen kurzab den Platz räumen, statt albere Fabeln steht in A albern dings (297, 4) Widerpart wird mit Widerstand vertauscht, für instruirte besser unterrichtete geschrieben (II, 90, 2), verfluchte an die Stelle von vermaledeyte gesetzt (II, 115, 25). Hier sieht man deutlich die bessernde Hand des Verfassers. Nur ihm selbst zuzutrauen ist auch die Abrundung des Gedichts auf S. 28 (Kurz). Ob die kurzen Zusätze, wie wir sie z. B. 73, 27. 75, 9. 118, 5. 121, 1. 199, 1. 204, 8. 211, 2. 293, 3. 373, 29. 418, 16. 431, 27 finden, alle ihm selbst zufallen, kann fraglich erscheinen, da vieles gleichgültige, manches entschieden verfehlte darunter ist. Entschieden unglücklich geändert ist 15, 27 unananger st. dunananger B; 160, 4 zu einer Zeit st. zu seiner Zeit B (= zur rechten Zeit); 175, 16 Grauen st. Grausen B; 300, 6 außsehen st. nauß sehen B; 311, 23 die Einschiebung von und; 317, 9 herfürragen st. herfürzucken B (viel lebendiger), an andern Stellen kann man zweifeln, ob B vorzuziehen ist.

Ich denke, das genügt, um die Bedeutung von B in das rechte Licht zu setzen. Obwol es nicht die erste Ausgabe selbst ist, vertritt es doch dieselbe fast vollständig und darf bei Constituirung des Textes an keiner Stelle ausser Acht gelassen werden.

2. Der eben geschilderte Charakter einer planmässigen Ueberarbeitung, die zum Theil nach Grimmelshausens eigensten Grundsätzen unternommen ist (in der Vertilgung der Fremdwörter besonders, vgl. das zweite und dritte Capitel des teutschen Michels), verbietet es, A als Nachdruck anzusehen. Es ist vielmehr die zweite authentische Ausgabe, die das

auf dem Titel stehende Prädicat „neueingerichtet und vielverbessert" wol verdient. „Neueingerichtet" ist sie insofern, als Capitel- und Columnenüberschriften gegeben sind, die in B fehlen, vielleicht auch in Bezug auf die sprachliche Form, die man recht wol zur „Einrichtung" eines Buches rechnen kann, „vielverbessert" durch kleine den Sinn verdeutlichende Zusätze und Aenderungen. So ist, um nur einiges anzuführen, 89, 11 (Kurz) ober eine entschiedene Verbesserung aus und B, ebenso 159, 9 unvernünfftig st. vernünfftig B; 171, 32 war und sagte überflüssig, ebenso 246, 20 und ich achte sie so gering; 333, 20 ist Tage sicher sinngemässer als Rechte B; 74, 16 wird der Sinn durch die Einschiebung von nicht gewis deutlicher. Die Anflügung der Continuatio wird der Verfasser wol kaum mit unter vielverbessert verstanden haben, er hätte vielmehr diese Vermehrung besonders bemerkt.

Die Ueberarbeitung hat Grimmelshausen theilweise der Druckerei überlassen, nachdem er die Richtung derselben angegeben und alle wichtigeren Aenderungen in sein Handexemplar eingetragen hatte. Denn nur so erklären sich verschiedene Verschlechterungen und verunglückte Versuche, Fehler der Vorlage zu heilen. 13, 11 (Kurz) ist das Wortspiel mit Eselsleben nur verständlich, wenn man vorher mit B ebels Leben liest: die Aenderung in ebeles A kann nur einem beschränkten Corrector zufallen, der alles nicht streng schriftgemässe ohne weitere Ueberlegung zu beseitigen trachtete; 15, 27 ist bunananger B das einzig richtige und die Aenderung in A ganz unmotivirt; II, 90, 15 ist milbreiche A st. milchreiche B unbegreiflich. Am schlagendsten aber ist 167, 27 f. (135,₃₅ unseres Dr.). Hier stand in der Vorlage X dorffte ich nicht auff Fourage reiten, Pferde strigeln, wie noch B hat, mit dem Fehler nicht statt mit. Dadurch war die Stelle natürlich unverständlich geworden. Was macht nun der Corrector? durch das nicht verleitet schiebt er hinter reiten die Worte sondern muste ein und tritt so in den entschiedensten Widerspruch mit dem folgenden, wo ausdrücklich gesagt ist, dass Simplicius mit auf Fourage geritten ist.

Diese Versehen abgerechnet ist A verhältnismässig

correct gedruckt und muss als älteste authentische Ausgabe, die wir besitzen, jedem Texte zu Grunde gelegt werden. Aus D wird abgesehen von den Einschiebungen wenig neues gewonnen und alle folgenden Drucke basiren auf D. Der Conjecturalkritik ist dabei immer noch einiger Spielraum gelassen, denn es kommt gar nicht selten vor, dass sich Fehler durch alle Drucke hindurchschleppen. Derart ist z. B. 55, 2 bem ABCD für benn; 138, 23 feiner ABCD für feiner; 147, 33 abgefeffen ABCD für abgeffen; 404, 12 je gröffer Glück, je gröffer Glück ABCD für je gröffer Tuch, je gröffer Glück (Kurz).

Das Uhlandische Exemplar muss nach den wenigen Varianten zu urteilen, die Kurz angibt, ein Nachdruck sein. Die Auslassung von ein 26, 8 ist ein offenbares Versehen und ganz albern ist 72, 23 die Aenderung von zwagte (wusch) in zwackte; kein anderer Druck hat diesen Unsinn.

3. Ueber die übrigen Drucke fasse ich mich kurz. C zunächst ist ein einfacher Abdruck von B; nicht einmal die gröbsten Fehler sind darin verbessert, so wird z. B. 110, 2 baß mir alle Berge gen Haar ftunben einfach nachgedruckt. Klar ersichtlich ist die Beschränktheit des Nachdruckers auch aus der Einschiebung von ich 165, 16 sowie aus der Aenderung von gefell in Efel 85, 16. In D haben wir den dritten authentischen Druck vor uns, denn die Kupfer, mit welchen diese Ausgabe und zwar nur diese geziert ist, werden im ersten Theile des Vogelnestes Cap. 11 erwähnt, was nicht geschehen sein würde, wenn der Druck ein unrechtmässiger wäre (Kurz II, 443). Diese Ausgabe ist stark erweitert, und zwar offenbar von Grimmelshausen selbst, da die Sprache der Zusätze durchaus das volkstümlichkräftige Gepräge des älteren Textes an sich trägt. Freilich, gebessert ist das Ganze durch diese Erweiterungen wenig, wenigstens entsprechen sie unserem Geschmacke nicht mehr. Aber D ist die Ausgabe letzter Hand und insofern für die Feststellung des Textes von Wichtigkeit. Kurz hat diesen Druck seiner Ausgabe zu Grunde gelegt. D beruht übrigens durchweg auf A und nimmt die meisten Fehler mit herüber. So gewinnen wir einen neuen Beweis für die Rechtmässigkeit des Druckes A, denn einen Nachdruck

würde Grimmelshausen der neuen Ausgabe sicher nicht zu Grunde gelegt haben.

Der hier vorgelegte Neudruck soll keine kritische Ausgabe sein, welche aus dem gesammten Material die echteste Lesart herzustellen hätte. Wer genauer auf die kritische Frage einzugehen wünscht, wird die grösseren Ausgaben von Keller und Kurz heranziehen müssen. Unser Druck soll in handlicher Form einen originalen Text bieten. Dass als solcher A gewählt wurde, empfahl sich nicht nur dadurch, dass A die erste uns erhaltene rechtmässige Ausgabe ist, sondern auch insofern, als die übrigen hauptsächlichen Texte schon neuern Ausgaben zu Grunde liegen, nämlich die letzte echte Recension D der von Kurz, der alte Nachdruck B des verlorenen ersten Druckes von Buch 1—5 der Kellerschen Ausgabe. Bei der Reproduction des Textes von A bestand die Aufgabe nur darin, die wirklichen Druckfehler die vom Corrector übersehen worden sind, auszumärzen. Alles übrige musste unverändert bleiben, auch wenn die Lesart falsch zu sein schien, sobald es uns wahrscheinlich war, dass sie mit Absicht die betreffende Gestalt bekommen hatte.

Ehe ich an die Aufzählung der Abweichungen unseres Textes von A gehe, muss ich dankbar erwähnen, dass Herr Dr. Milchsack in Wolfenbüttel die Güte hatte, den Druck von Bogen 25 an bis zu Ende zu überwachen, da mich meine Amtsgeschäfte verhinderten die Correcturen dieser Bogen selbst zu lesen. Wir sind nun in folgenden Fällen von A abgewichen (Citate nach unserem Texte): 9,$_{10}$ Fortificaton-weſen; 9,$_{10}$ pflegen fehlt A; 10,$_{34}$ Eudimion; 24,$_{22}$ buj bn A; 25,$_{21}$ ju Leute A; 26,$_{25}$ ihren; 26,$_{27}$ demſelben; 30,$_{37}$ jugleich; 36,$_{16}$ das Semikolon fehlt A; 38,$_{34}$ Grauſamkeit; 39,$_{15}$ fünffter; 41,$_{33}$ zuſammen; 13,$_{19}$ den l. denn] dem A; 45,$_{2}$ ihnen] Jhnen A; 46,$_{22}$ 57] 5 A; 56,$_{30}$ ſeiu; 60,$_{30}$ wacker war vielleicht beizubehalten, vgl. 487,$_{13}$; 61,$_{5}$ bedürffig wol richtig, vgl. 153,$_{37}$; 65,$_{4}$ ſihet] ſihet A; 66,$_{17}$ am ernſtlichen; 69,$_{11}$ Egyptier; 82,$_{22}$ gröſten] gröſen A; 87,$_{24}$ XXIII; 88,$_{14}$ hinter Seel Komma

A; 95,7 Calenner; 96,7 voll fehlt A; 111,1 damit ich diejenige]
ich fehlt A; 117,14 Thorheiten; 129,2 vielleichr; 129,20 kniete er;
136,23 Kundschafft; 144,9 demselben; 144,31 wie es dieses A;
152,2 gefallet; 152,9 das jenige; 153,37 dürffig vgl. 61,5; 155,12
Schelworte; 156,34 Diebeu; 157,37 Schreibrr; 161,2 jnnge; 168,26
Komma hinter gewissenhaft fehlt A; 169,17 219] 261 A; 176,3
bey fehlt A; 180,8 Basilianer; 188,3 Coboy; 188,23 hatte;
192,37 ber= elende; 196,37 EEler; 199,1 undhingegen, ausserdem
l. 256; 199,11 najagē; 208,30 einen; 214,12 eyfersichtiger; 223,6
lützelle; 224,1 Hessischen; 225,13 Zittern; 225,33 nachdemich;
229,21 begeben; 234,3 wäre; 237,16 hätte vor foppen fehlt A;
237,27 309] 109 A; 240,29 313] 31 A; 252,15 schickte; 257,4 bilte;
258,3 wehnenschier; 265,2 meiner; 268,29 daß es habe A; 291,15
beffer; 311,12 enflogen; 325,12 den] dem A; 338,7 von] vor A;
336,25 doch] noch A; 351,10 l. meinen; 362,7 zu mir?; 363,14 dem=
felbn; 365,27 Quartter; 374,8 entdecken; 369,13 was] war A;
390,5 Erzehtung; 392,30 fängt; 394,34 tollete; 395,21 hätten;
396,28 mnste; 398,17 hat fehlt A; 403,6 DDA; 406,8 gehen;
407 Columnenüberschr. l. 11; 416,4 daß fehlt A; 419,23 Ge=
bäube A] l. Gebäude; 420,39 Komma hinter aurea fehlt A;
421,1 hinter lapis Komma A; 422,28 welcher; 423,13 l. 553;
424,5 l. 554; 424,13 Hlmmel; 425,8 bekant; 427,3 frnbern; 428,26
war fehlt A; 431,11 Irben; 431,13 Embiß; 436,12 Latinischer;
440,32 mildreiche; 443,21 Beschaffenheit; 447,16 zuhehalten; 450,4
von ber; 452,10 Ftolocken; 459,20 verzehrrt; 461,16 augenblicktich;
465/69 Titelblatt und Inhaltsverzeichnis sind nicht mit pagi-
nirt A; 469,17 Seelē=Hail A; 465,5 einen; 470,22 stecket A war
beizubehalten, denn Kern ist mundartlich auch als Femininum
in Gebrauch (schon ahd. cherna fem.); 471,2 um] und A;
471,9 hinter hätte Punkt A; 476,4 verwunderlich; 476,5 insonder=
barer; 476,35 einzunisteln? A; 476,36 l. welchen; 477,13 glänze;
477,24 Biftam (im DV. verb.); 477,29 vor; 478,23 Jungen= A;
476,24 müste Kurz] wärst A, das Komma hinter müste ist zu
tilgen; 478,35 im DV. unerbendlichen, der Verf. schrieb sicher
unvorbendlichen (A), wie im Text steht; 479,4 fürfahren A]
der Corrector im DV. verfahren; 480,22 hinter gibet in A ein
kleines Semikolon; 480,23 warnm; 480,38 fhm A; 187,18 sicher
A wol beizubehalten, vgl. 60,30; 490,3 Anhänger A] im DV.
verb.; 490,37 l. Gelbern nach dem DV.] Gefern A; 493,1 leben;

493,₃₅ auff] auch A; 494,₉ zufódern A im DV. vom Corrector mit Unrecht in die schriftgemässe Form zufórbern verändert; 494,₃₆ einbiben; 495,₂₇ erſonn] im DV. mit Unrecht in erſann verändert; 496,₂₂ forthin= A; 496,₃₅ umůglich; 496,₃₆ Schulden] Sulben A; 497,₄ nicht] nich A; 497,₃₀ ſeinen A [die schwache Form hätte hier sowie 498,₃₂ (einen A), 500,₂₁ (ſeine A). 511,₁₄ (hochſte A), 556,₃₀ (einen A), 578,₁₀ (ihn), 578,₁₈ (einen A), 581,₂₂ (einen A) beibehalten werden sollen]; 500,₃₁ erlangten= balb; 501,₅ erfůhrete A; 504,₇ Simplteiſſimo; 505,₃₇ nevaco; 506,₁₁ einen] einem A; 506,₂₄ Auffenhalt; 508,₁₃ dich] mich A; 508,₂₉ ſchlaſſen; 509,₃₄ ſie mit Unrecht ergänzt, denn das Subject liegt in theils, ſie fehlt übrigens in allen Drucken; 511,₃₆ der Verf. schrieb einen Laſt, ber, der Setzer änderte eine Laſt, liess aber ber stehen, welches dann erst der Corr. im DV. in bie verbessert; 511,₃₈ herzu A, der Corr. im DV. hierzu; 515,₃₀ ſonbere; 515,₃₅ hinter Asbeston in A Punkt; 517,₂₀ Augeblicke A war vielleicht beizubehalten; 517,₃₆ eſiner (die beiden ersten Buchstaben umgekehrt) A, im DV. ferner; 518,₁₇ ſogargreulich; 519,₆ Raum nach dem DV.] Nahm A; 519,₃₁ ſeinen] ſeinen A; 522,₂₄ Fürſten nach dem DV.] Fürſtin A; 522,₁₆ mein] meine A; 522,₃₉ auch] áuch A; 523,₂₂ unmůg= lichſte A; 524,₁₉ Bebrohnngen; 524,₂₂ Bewůrthnng; 524,₁₇ hinter ine zwei Kommata A; 524,₃₀ asa] afa A; 525,₁ harsarierida; 526,₇ biſto; 526,₁₀ beſchützet; 527,₁₅ ben Astomis] bem Astomis A; 527,₁₈ ernähern] im DV. ernähren; 527,₁₈ bey ben] bey bem A; 527,₂₅ wohhafftig] warhafftig A, im DV. wohnhafftig; 529,₂ Sanen; 529,₉ ums] uns A; 530,₆ Reuſſen DV.] Reuſſen A; 530,₇ ben Amphr.] bem A; 531,₂₅ welchen] welche A; 533,₃₆ bey doppelt A; 534,₃₃ Secretatrius; 534,₃₉ hinterbrache; 537,₁₀ ſie] ſte A; 537,₂₂ ſiehe A] im DV. mit Unrecht in ſehe verändert; 538,₂₈ ESS; 539,₂ ichjhm; 540,₃₄ muſte; 542,₂₂ l. ietzt; 542,₂₂ lob DV.] I abgesprungen A; 543,₆ auff tilgt DV.; 545,₂ iſts] iſt A; 546,₃ ſehr] im DV. ſo; 547,₈ ge= gebachten; 549,₃₆ be= dachte mich anbey GHK] fehlt A; 550,₈ unb meiner] unb doppelt A; 550,₃₉ Capnt; 551,₂₀ welche fehlt A; 551,₃₄ je länger l. ie länger; 553,₁₂ einen] einem A; 556,₂ etlicher] etlicher A; 556,₁₂ etiche; 556,₃₁ hätten] hätte A; 528,₂₆ vor Geſchlecht Binde= striche A; 560,₁₈ Verzeihnng; 560,₂₂ wiber euch unb fehlt A; 566,₇ Uberffuß; 568,₁₀ Hanß; 568,₂₂ 744] 754 A; 569,₁₃ Wnuber=

werde; 570,₂₉ erfordern; 571,₁ und DV.] fehlt A; 572,₁₅ auber=
trauten; 573,₆ Klaffern; 574,₁₄ Gottlichen; 575,₂₁ uub; 580,₂ Be=
lägerern] Belägerten A; 580,₇ ban] bau A; 581,₃₂ Tages=Licht
A; 581,₃₅ unten] untem A; 582,₃₀ Hutten; 583,₈ Lebe; 583,₃₅
müffeu; 584,₂ Hollander; 584,₂₇ Courtoisie Keller] Lourboisie A.

Leipzig, Ostern 1880.

Rudolf Kögel.

Neueingerichter und vielverbesserter
Abentheurlicher
SIMPLICISSIMUS
Das ist:
Beschreibung deß Lebens eines selt‍zamen Vaganten / genant Melchior Stern‍fels von Fuchshaim / wie / wo und welcher ge‍stalt Er nemlich in diese Welt kommen / was er darin gesehen / gelernet / erfahren und auß‍gestanden / auch warum er solche wieder freywillig quittiret hat.

Überauß lustig / und männiglich nutzlich zulesen.

An Tag geben
Von
GERMAN SCHLEIFHEIM
von Sulsfort.

Mompelgart /
Gedruckt bey Johann Fillion /
Im Jahr M DC LXIX.

[3] Einhalt deß Ersten Buchs,

Das I. Capitel,

darin vermeldet Simplicii Bäurisches Herkommen, und gleichförmige Aufferziehung.

2. Beschreibet die erste Staffel der Hoheit, welche Simplicius gestiegen, sammt dem Lob der Hirten, und angehängter trefflichen Instruction.

3. Meldet von dem Mitleiden einer getreuen Sackpfeiffe.

4. Simplicii Residenz wird erobert, geplündert und zerstöret, darin die Krieger jämmerlich hausen.

5. Wie Simplicius das Reiß-auß spielt, und von faulen Bäumen erschrocket wird.

6. Ist kurtz, und so anbächtig, daß dem Simplicio darüber unmächtig wird.

7. Simplicius wird in einer armen Herberg freunblich tractirt.

8. Wie Simplicius durch hohe Reden seine Vortrefflichkeit zuerkennen gibt.

9. Simplicius wird auß einer Bestia zu einem Christenmenschen.

10. Was gestalten er im wilden Wald lesen und schreiben gelernet.

11. Redet von Essenspeise, Haußrath und andern nothwendigen Sachen, die man in diesem zeitlichen Leben haben muß.

12. Vermerckt eine schöne Art selig zusterben, und sich mit geringem Unkosten begraben zu lassen.

13. Simplicius läst sich wie ein Rohr im Weyer umtreiben.

14. Ist eine selzame Comödia, von 5. Bauern.

15. Simplicius wird spolirt, und läst ihm vor benen Bauren wunderlich träumen, wie es zu Kriegszeiten hergehet.

16. Deren Soldaten Thun und Lassen, und wie schwerlich ein gemeiner Kriegsmann heutigen Tags befördert werde.

17. Obschon im Krieg der Adel, wie billich, dem gemeinen Mann vorgezogen wird, so kommen doch viel auß verächtlichem Stand zu hohen Ehren.

18. Simplicius thut den ersten Sprung in die Welt, mit schlechtem Glück.

[4] 19. Wie Hanau von Simplicio, und Simplicius von Hanau eingenommen wird.

20. Was gestalten er von der Gefängnuß und der Folter errettet worden.

21. Das betrügliche Glück gibt Simplicio einen freunblichen Blick.

22. Wer der Einsidel gewesen, dessen Simplicius genossen.
23. Simplicius wird ein Page, item, wie deß Einsidlers Weib verloren worden.
24. Simplicius tadelt die Leute, und sihet viel Abgötter in der Welt.
25. Dem seltzamen Simplicio komt in der Welt alles seltzam vor, und er hingegen der Welt auch.
26. Ein sonderbarer neuer Brauch, einander Glück zuwünschen, und zubewillkommen.
27. Dem Secretario in der Cantzley, wird starck geräuchert.
28. Einer lehret den Simplicium auß Neid waarsagen: ja noch wol eine andre zierliche Kunst.
29. Simplicio werden zwey Augen auß einem Kalbskopff zutheil.
30. Wie man nach und nach einen Rausch bekomt, und endlich unvermerckt blind=voll wird.
31. Wie übel dem Simplicio die Kunst mißlingt, und wie man ihm die klopffende Passion singet.
32. Handelt abermal von nichts andern, als der Sáufferey, und wie man die Pfaffen davon sol abschaffen.
33. Wie der Herr Gubernator einen abscheulichen Fuchs geschossen.
34. Wie Simplicius den Tantz verderbet.

Das Erste Capitel.
Simplicij Báurisches Herkommen, und gleichmássige Auferziehung.

ES eröffnet sich zu dieser unsrer zeit (von welcher man glaubet, daß es die letzte sey) unter geringen Leuten eine Sucht, in deren die Patienten, wan sie daran kranck ligen, und soviel zusammen geraspelt und erschachert haben, daß sie neben ein paar [5] Hellern im Beutel, ein närrisches Kleid auff die neue Mode, mit tausenderley seidenen Bändern, antragen können, oder sonst etwan durch Glücksfall mannhafft und bekant worden, gleich Ritter= mássige Herren, und Adeliche Personen von uhraltem Geschlecht, seyn wollen; da sich doch offt befindet, daß ihre Vor=Eltern Taglöhner, Karchelzieher und Lastträger: ihre Vettern Eseltreiber: ihre Brüder Büttel und Schergen: ihre Schwestern Huren: ihre Mütter Kupplerinnen, oder gar Hexen: und in Summa, ihr gantzes Geschlecht von allen 32. Anichen her, also besudelt und befleckt gewesen, als deß Zuckerbastels Zunfft zu Prag immer seyn mögen; ja sie, diese neue Nobilisten, seynd offt selbst so schwartz, als wan sie in Guinea geboren und erzogen wären worden.

Solchen närrischen Leuten nun, mag ich mich nicht gleich stellen, obzwar, die Warheit zubekennen, nicht ohn ist, daß ich mir offt eingebildet, ich müsse ohnfehlbar auch von einem grossen Herrn, oder wenigst einem gemeinen Edelmann, meinen Ursprung haben, weil ich von Natur geneigt, das Junckern=Handwerck zutreiben, wan ich nur den Verlag und den Werckzeug darzu hätte; Zwar unge=schertzt, mein Herkommen und Aufferziehung läst sich noch wol mit eines Fürsten vergleichen, wan man nur den grossen Unterscheid nicht ansehen wolte, was? Mein Knán (dan also nennet man die Väter im Spessert) hatte einen eignen Pallast, sowol als ein andrer, ja so artlich, der=gleichen einjeder König mit eigenen Händen zubauen nicht vermag, sondern solches in Ewigkeit wol unterwegen lassen wird; er war mit Laimen gemahlet, und anstat deß un=fruchtbarn [6] Schifers, kalten Bleyes, und roten Kupffers, mit Stroh bedeckt, darauff das edel Getraid wächst; und damit er, mein Knán, mit seinem Adel und Reichthum recht prangen mögte, ließ er die Maur um sein Schloß nicht mit Maursteinen, die man am Weg findet, oder an unfruchtbaren Orten auß der Erde gräbet, viel weniger mit lieberlichen gebackenen Steinen, die in geringer Zeit verfertigt und gebränt werden können, wie andere grosse Herren zuthun pflegen, auffführen; sondern er nam Eichen=holtz darzu, welcher nutzliche edle Baum, als worauff Bratwürste und fette Schuncken wachsen, biß zu seinem vollständigen Alter über 100. Jahre erfodert: Wo ist ein Monarch, der ihm dergleichen nachthut? Seine Zimmer, Sál und Gemächer hatte er inwendig vom Rauch gantz erschwartzen lassen, nur darum, dieweil diß die beständigste Farbe von der Welt ist, und dergleichen Gemåhld biß zu seiner Perfection mehr Zeit brauchet, als ein künstlicher Mahler zu seinen trefflichen Kunststücken erheischet; Die Tapezereyen waren das zärteste Geweb auff dem gantzen Erdboden, dann diejenige machte uns solche, die sich vor Alters vermaß, mit der Minerva selbst um die wette zu=spinnen; seine Fenster waren keiner andern Ursache halber dem Sant Nitglaß gewidmet, als darum, dieweil er wuste, daß ein solches vom Hanff oder Flachssamen an zurechnen, biß es zu seiner vollkommenen Verfertigung gelanget, weit mehrere Zeit und Arbeit kostet, als das beste und durch=sichtigste Glas von Muran, dan sein Stand macht ihm ein Belieben zuglauben, daß alles dasjenige, was durch viel Mühe zuwege gebracht [7] würde, auch schätzbar, und desto köstlicher sey, was aber köstlich sey, das sey auch dem Adel am anständigsten; Anstat der Pagen, Laqueyen und Stallknechte, hatte er Schaf, Böcke und Säu, jedes sein ordentlich in seine natürliche Liberey gekleidet, welche mir auch offt auff der Waid auffgewartet, biß ich sie heim=getrieben; Die Rüst= oder Harnisch=Kammer war mit Pflügen, Kärsten, Aexten, Hauen, Schaufeln, Mist= und Heugabeln genugsam versehen, mit welchen Waffen er sich täglich übete; dan hacken und reuthen war seine disciplina militaris, wie bey den alten Römern zu Friedens=Zeiten, Ochsen anspannen, war sein Hauptmannschafftliches Com-mando, Mist außführen, sein Fortification-wesen, und Ackern sein Feldzug, Stall=außmisten aber, seine Adeliche Kurtzweile, und Turnierspiel; Hiermit bestritte er die gantze Weltkugel, soweit er reichen konte, und jagte ihr damit alle Ernden eine reiche Beute ab. Dieses alles setze ich hindan, und überhebe mich dessen gantz nicht, damit nie=mand Ursache habe, mich mit andern meines gleichen neuen Nobilisten außzulachen, dan ich schätze mich nicht besser, als mein Knán war, welcher diese seine Wohnung an einem sehr lustigen Ort, nemlich im Spessert (allwo die Wölffe einander gute Nacht geben) liegen hatte. Daß ich aber nichts außführliches von meines Knáns Geschlecht, Stamm und Namen vor dißmal bocirt, beschihet um ge=liebter Kürtze willen, vornemlich, weil es ohn das allhier um keine Adeliche Stifftung zuthun ist, da ich soll auff schwören; genug ist es, wan man weiß, daß ich im Spessert geboren bin.

Gleichwie nun aber meines Knáns Haußwesen [8] sehr Adelich vermerckt wird, also kan einjeder Verständiger auch leichtlich schliessen, daß meine Aufferziehung derselben gemäß und ähnlich gewesen; und wer solches davor hält,

findet sich auch nicht betrogen, dan in meinem zehen=jähri=
gen Alter, hatte ich schon die principia in obgemelten
meines Knáns Adelichen Exercitien begriffen, aber der
Studien halber konte ich neben dem berühmten Amplistibi
hin passiren, von welchem Suidas meldet, daß er nicht über
fünff zehlen können; dan mein Knán hatte vielleicht einen
viel zu hohen Geist, und folgte dahero dem gewöhnlichen
Gebrauch jetziger Zeit, in welcher viel vornehme Leute
mit studiren, oder wie sie es nennen, mit Schulpossen sich
nicht viel zubekümmern pflegen, weil sie ihre Leute haben,
der Plackscheisserey abzuwarten: Sonst war ich ein trefflicher
Musicus auff der Sackpfeiffe, mit deren ich schöne Jalemj=
Gesänge machen konte: Aber die Theologiam anbelangend,
lasse ich mich nicht bereden, daß einer meines Alters da=
mals in der gantzen Christenwelt gewesen sey, der mir
darin hätte gleichen mögen, dan ich kante weder Gott
noch Menschen, weder Himmel noch Hölle, weder Engel
noch Teufel, und wuste weder Gutes noch Böses zuunter=
scheiden: Dahero unschwer zugedencken, daß ich ver=
mittelst solcher Theologiæ wie unsere erste Eltern im Pa=
radiß gelebet, die in ihrer Unschuld von Kranckheit, Tod
und Sterben, weniger von der Aufferstehung nichts ge=
wust, O edeles Leben! (du mögst wol Eselsleben sagen)
in welchem man sich auch nichts um die Medicin beküm=
mert. Eben auff diesen Schlag kan man meine Erfah=
renheit in dem Studio legum und allen andern Künsten
und Wis=[9]senschafften, soviel in der Welt seyn, auch ver=
stehen; Ja ich war so perfect und vollkommen in der
Unwissenheit, daß mir unmöglich war zuwissen, daß ich so
gar nichts wuste: Ich sage noch einmal, O edeles Leben,
das ich damals führete! Aber mein Knán wolte mich
solche Glückseligkeit nicht länger geniessen lassen, sondern
schätzte billich seyn, daß ich meiner Adelichen Geburt ge=
mäß, auch Adelich thun und leben solte, derowegen fing
er an, mich zu höhern Dingen anzuziehen, und mir schwerere
Lectiones auffzugeben.

Das II. Capitel.
Simplicij erste Hoheits=Staffel, samt dem Lob der Hirten, und angehängten trefflichen Instruction.

ER begabte mich mit der herrlichsten Dignität, so sich nicht allein bey seiner Hofhaltung, sondern auch in der gantzen Welt befand, nemlich mit dem Hirten=Amt: Er vertrauete mir erstlich seine Säu, zweytens seine Ziegen, und zuletzt seine gantze Heerde Schafe, daß ich selbige hüten, wäiden, und vermittelst meiner Sackpfeiffe (welcher Klang ohn das, wie Strabo schreibet, die Schafe und Lämmer in Arabia fett machet) vor dem Wolff be=schützen solte; damal gleichete ich wol dem David, ausser daß jener, anstat der Sackpfeiffe, nur eine Harffe hatte, welches kein schlimmer Anfang, sondern ein gut Omen für mich war, daß ich noch mit der Zeit, wan ich anders das Glück darzu hätte, ein Weltberühmter Mann werden solte; dan von Anbegin der Welt seynd jeweils hohe Personen Hirten gewesen, wie wir dan vom Abel, Abra=ham, Isaac, Jacob, seinen Söhnen, und Moyse selbst, in H. Schrifft lesen, welcher zuvor seines Schwehers Schafe hüten muste, eh er Heerfüh=[10]rer und Legislator über 600000. Mann in Israel ward. Ja, mögte mir jemand vorwerffen, das waren heilige Gottergebene Menschen, und keine Spesserter Baurenbuben, die von GOtt nichts wusten; Ich muß gestehen, aber was hat meine damalige Unschuld dessen zuentgelten? Bey den alten Heyden fand man so wol solche Exempla, als bey dem außerwehlten Volck Gottes: Unter den Römern seynd vornehme Geschlechter gewesen, so sich ohn Zweiffel Bubulcos, Statilios, Pompo-nios, Vitulos, Vitellios, Annios, Capros, und dergleichen genennet, weil sie mit dergleichen Viehe umgangen, und solches auch vielleicht gehütet: Zwar Romulus und Remus seyn selbst Hirten gewesen; Spartacus, vor welchem sich die gantze Römische Macht so hoch entsetzet, war ein Hirt; Was? Hirten sind gewesen (wie Lucianus in seinem Dia-logo Helenæ bezeuget) Paris, Priami deß Königs Sohn, und Anchises, deß Trojanischen Fürsten Æneæ Vater: Der schöne Endimion, um welchen die keusche Luna selbst gebulet, war auch ein Hirt: Item, der greuliche Polyphemus: ja die Götter selbst (wie Phornutus saget) haben sich dieser Profession nicht geschämet, Apollo hütet Admeti deß Königs in Thessalia Kühe, Mercurius, sein Sohn Daphnis, Pan und Protheus, waren Ertzhirten, dahero seynd sie noch bey den närrischen Poeten der Hirten Patronen; Mesa, König in Moab, ist, wie man im 2. Buch der Könige lieset, ein Hirt gewesen, Cyrus der gewaltige König Persarum, ist nicht allein vom Mithridate, einem Hirten, erzogen worden, sondern hat auch selbst gehütet: Gygas war ein Hirt, und hernach durch Krafft eines Rings ein König: [11] Jßmael Sophj ein Persischer König, hat in seiner Jugend ebenmässig das Viehe gehütet, also daß Philo der Jud in vita Moysis trefflich wol von der Sache redet, wan er saget: Das Hirten-Amt sey eine Vorbereitung und Anfang zum Regiment; dan gleichwie die Bellicosa und Martialia Ingenia erstlich auff der Jagd geübt und angeführt werden, also sol man auch diejenige, so zum Regiment gezogen sollen werden, erstlich in dem lieblichen und freundlichen Hirten-Amt anleiten. Welches alles mein Knán wol verstanden haben muß, und mir noch biß auff diese Stunde keine geringe Hoffnung zu künfftiger Herrligkeit machet.

Aber indessen wieder zu meiner Heerde zukommen, so wisset, daß ich den Wolff eben so wenig kante, als meine eigne Unwissenheit selbsten; derowegen war mein Knán mit seiner Instruction desto fleissiger: Er sagte, Bub biß flissig, loß bi Schoff nit ze wit unnananger lassen, un spill wacker uff der Sackpfiffa, daß der Wolff nit kom, und Schada dau, dan he yß a sölcher veyrboinigter Schelm und Dieb, der Menscha und Vieha frisst, un wan dau awer farlässi bißt, so will eich bir da Buckel arauma. Ich antwortet mit gleicher Holdseeligkeit? Knáno, sag mir aa, wey der Wolff seyhet? Eich huun noch tan Wolff gesien: Ah dau grober Eselkopp, replicirt er hinwieder, dau bleiwest dein Lewelang a Narr, geith meich wunner, was auß dir wera wird, bißt schun su a grusser Dölpel, un waist noch neit, was der Wolff für a veyrfeussiger Schelm iß. Er gab mir noch mehr Unterweisungen, und ward zuletzt un=[12]willig, massen er mit einem Gebrümmel fortging, weil er sich bedüncken ließ, mein grober Verstand könte seine subtile Unterweisungen nicht fassen.

Das III. Capitel.
Meldet von dem Mitleiden einer getreuen Sackpfeiffe.

DA fing ich an mit meiner Sackpfeiffe so gut Geschirr zumachen, daß man den Krotten im Krautgarten damit hätte vergeben mögen, also daß ich vor dem Wolff, welcher mir stetig im Sinn lag, mich sicher genug zuseyn bedünckte; und weilen ich mich meiner Meüder erinnert (also heissen die Mütter im Spessert und am Vogelsberg) daß sie offt gesagt, sie besorge, die Hüner würden dermaleins von meinem Gesang sterben, als beliebte mir auch zusingen, damit das Remedium wider den Wolff desto krafftiger wäre, und zwar ein solch Lied, das ich von meiner Meüder selbst gelernet hatte.

DU sehr=verachter Bauren=Stand,
Bist doch der beste in dem Land,
Kein Mann dich gnugsam preisen kan,
Wan er dich nur recht sihet an.

Wie stünd es jetzund um die Welt,
Hätt Adam nicht gebaut das Feld,
Mit Hacken nährt sich anfangs der,
Von dem die Fürsten kommen her.

Es ist fast alles unter dir,
Ja was die Erde bringt herfür,
Wovon ernähret wird das Land,
Geht dir anfänglich durch die Hand.

Der Käiser, den uns GOtt gegebn,
Uns zubeschützen, muß doch lebn
[13] Von deiner Hand, auch der Soldat,
Der dir doch zufügt manchen Schad.

Fleisch zu der Speiß zeugst auff allein,
Von dir wird auch gebaut der Wein,

Dein Pflug der Erden thut so noth,
Daß sie uns gibt genugsam Brot.

Die Erde wär gantz wild durchauß,
Wan du auff ihr nicht hieltest Hauß,
Gantz traurig auff der Welt es stünd,
Wan man kein Bauersmann mehr fünd.

Drum bist du billich hoch zuehrn,
Weil du uns alle thust ernehrn,
Natur die liebt dich selber auch,
GOtt segnet deinen Bauren-Brauch.

Vom bitter-bösen Podagram,
Hört man nicht, daß an Bauren kam,
Das doch den Abel bringt in Noth,
Und manchen Reichen gar in Tod.

Der Hoffart bist du sehr befreyt,
Absonderlich zu dieser Zeit,
Und daß sie auch nicht sey dein Herr,
So gibt dir Gott deß Creutzes mehr.

Ja der Soldaten böser Brauch,
Dient gleichwol dir zum besten auch,
Daß Hochmut dich nicht nehme ein,
Sagt er: Dein Hab und Gut ist mein.

Biß hieher, und nicht weiter, kam ich mit meinem Gesang, dan ich ward gleichsam in einem Augenblick von einem Troup Courassirer samt meiner Heerde Schafen umgeben, welche im grossen Wald ver-[14]irret gewesen, und durch meine Music und Hirten-Geschrey wieder waren zurecht gebracht worden.

Hoho, gedachte ich, biß seynd die rechten Kautz! biß seynd die vierbeinigte Schelmen und Diebe, davon dir dein Knän sagte, dan ich sahe anfänglich Roß und Mann (wie hiebevor die Americaner die Spanische Cavallerie) vor eine einzige Creatur an, und vermeynete nicht anders, als es müsten Wölffe seyn, wolte derowegen diesen schröcklichen Centauris den Hundssprung weisen, und sie wieder abschaffen; Ich hatte aber zu solchem Ende meine Sackpfeiffe kaum auffgeblasen, da erdappte mich einer auß ihnen beym Flügel, und schleuderte mich so ungestüm auff ein låer Baurenpferd, so sie neben andern mehr auch erbeutet hatten, daß ich auff der andern Seite wieder herab auff meine liebe Sackpfeiffe fallen muste, welche so erbärmlich anfing zuschreyen, als wan sie alle Welt zur Barmhertzigkeit hätte bewegen wollen: aber es halff nichts, wiewol sie den letzten Athem nicht sparete, mein Ungefäll zubeklagen, ich muste einmal wieder zu Pferd, GOtt geb was mein Sackpfeiffe sang oder sagte; und was mich zum meisten verdroß, war dieses, daß die Reuter vorgaben, ich hätte der Sackpfeiffe im Fallen weh gethan, darum sie dan so Ketzerlich geschrien hätte; Also ging meine Mehr mit mir dahin, in einem stetigen Trab, wie das Primum mobile, biß in meines Knåns Hof. Wunderseltzame Dauben stiegen mir damals ins Hirn, dan ich bildete mir ein, weil ich auff einem solchen Thier såsse, dergleichen ich niemals gesehen hatte, so würde ich auch in einen eisernen Kerl verändert werden, weil aber solche Verwandlung nicht [15] folgte, kamen mir andere Grillen in Kopff, ich gedachte, diese fremde Dinger wåren nur zu dem Ende da, mir die Schafe helffen heimzutreiben, sintemal keiner von ihnen keines hinweg fraß, sondern alle so einhellig, und zwar beß geraden Wegs, meines Knåns Hof zu-eileten: Derowegen sahe ich mich fleissig nach meinem Knån um, ob er und mein Meúder uns nicht bald entgegen gehen, und uns willkommen seyn heissen wolten; aber vergebens, er und meine Meúder, samt unserm Ursele, welches meines Knåns einzige Tochter war, hatten die Hinterthür getroffen, und wolten dieser Gäste nicht erwarten.

Das IV. Capitel.
Simplicij Residenz wird erobert, geplündert und zerstöret, darin die Krieger jämmerlich hausen.

Wiewol ich nicht bin gesinnet gewesen, den friedliebenden Leser, mit diesen Reutern, in meines Knåns Hauß und Hof zuführen, weil es schlim genug darin hergehen wird: So erfodert jedoch die Folge meiner Histori, daß ich der lieben posterität hinterlasse, was vor Grausamkeiten in diesem unserm Teutschen Krieg hin und wieder verübet worden, zumalen mit meinem eigenen Exempel zu bezeugen, daß alle solche Ubel von der Güte deß Allerhöchsten, zu unserm Nutz, offt notwendig haben verhängt werden müssen: Dan lieber Leser, wer hätte mir gesagt, daß ein GOtt im Himmel wäre, wan keine Krieger meines Knäns Hauß zernichtet, und mich durch solche Fahung unter die Leute gezwungen hätten, von denen ich gnugsamen Bericht empfangen? Kurtz zuvor konte ich nichts anders wissen noch mir einbilden, als daß mein Knän, Meuder, ich und das [16] übrige Haußgesind, allein auff Erden sey, weil mir sonst kein Mensch, noch einzige andre menschliche Wohnung bekant war, als diejenige, darin ich täglich auß und einging: Aber bald hernach erfuhr ich die Herkunfft der Menschen in diese Welt, und daß sie wieder barauß müsten; ich war nur mit der Gestalt ein Mensch, und mit dem Namen ein Christen=Kind, im übrigen aber nur eine Bestia! Aber der Allerhöchste sahe meine Unschuld mit barmhertzigen Augen an, und wolte mich beydes zu seiner und meiner Erkantnus bringen: Und wiewol er tausenderley Wege hierzu hatte, wolte er sich doch ohn zweiffel nur deßjenigen bedienen, in welchem mein Knän und Meuder, andern zum Exempel, wegen ihrer liederlichen Aufferziehung gestrafft würden.

Das Erste, das diese Reuter thäten, war, daß sie ihre Pferde einställeten, hernach hatte jeglicher seine sonderbare Arbeit zuverrichten, deren jede lauter Untergang und Verderben anzeigte, dan obzwar etliche anfingen zumetzgen, zusieden und zubraten, daß es sahe, als solte ein lustig Panquet gehalten werden, so waren hingegen andere, die durch=stürmten das Hauß unten und oben, ja das heimliche Gemach war nicht sicher, gleichsam ob wäre das gölden Fell von Colchis darin verborgen; Andere machten von Tuch, Kleidungen und allerley Haußrath, grosse Päck zusammen, als ob sie irgends einen Krempelmarckt anrichten wolten, was sie aber nicht mitzunehmen gedachten, ward zerschlagen, etliche durchstachen Heu und Stroh mit ihren Degen, als ob sie nicht Schafe und

Schweine genug zustechen gehabt hätten, etliche schütteten die Federn auß den Betten, [17] und fülleten hingegen Speck, andere dürr Fleisch und sonst Geräth hinein, als ob alsdan besser darauff zuschlaffen wäre; Andere schlugen Ofen und Fenster ein, gleichsam als hätten sie einen ewigen Sommer zuverkündigen, Kupffer und Zinge=schirr schlugen sie zusammen, und packten die gebogene und verderbte Stücken ein, Bettladen, Tische, Stüle und Bäncke verbranten sie, da doch viel Claffter dürr Holtz im Hof lag, Häfen und Schüsseln muste endlich alles entzwey, ent=weder weil sie lieber Gebraten assen, oder weil sie bedacht waren, nur eine einzige Mahlzeit allda zuhalten, unsre Magd ward im Stall dermassen tractirt, daß sie nicht mehr darauß gehen konte, welches zwar eine Schande ist zumelden! den Knecht legten sie gebunden auff die Erde, steckten ihm ein Sperrholtz ins Maul, und schütteten ihm einen Melckkübel voll garstig Mistlachen=wasser in Leib, das nanten sie einen Schwedischen Trunck, wodurch sie ihn zwungen, eine Parthey anderwerts zuführen, allda sie Menschen und Viehe hinweg namen, und in unsern Hof brachten, unter welchen mein Knán, meine Meúder, und unsre Ursele auch waren.

Da fing man erst an, die Steine von den Pistolen, und hingegen anstat deren der Bauren Daumen auffzu=schrauben, und die armen Schelmen so zufoltern, als wan man hätte Hexen brennen wollen, massen sie auch einen von den gefangenen Bauren bereits in Backofen steckten, und mit Feuer hinter ihm her waren, unangesehen er noch nichts bekant hatte, einem andern machten sie ein Sail um den Kopff, und raitelten es mit einem Bengel zusammen, daß ihm das Blut zu Mund, Nas und Ohren herauß sprang. [18] In Summa, es hatte jeder seine eigne invention, die Bauren zupeinigen, und also auch jeder Baur seine sonderbare Marter: Allein mein Knán war meinem damaligen Bedüncken nach der glückligste, weil er mit lachendem Munde bekante, was andere mit Schmertzen und jämmerlicher Wehklage sagen musten, und solche Ehre wiederfuhr ihm ohn Zweiffel darum, weil er der Haußvater war, dan sie satzten ihn zu einem Feur, banden ihn, daß er weder Hände noch Füsse regen konte, und rieben seine Fußsolen mit angefeuchtem Saltz, welches ihm unsre alte Geiß wieder ablecken, und dadurch also kützeln muste, daß er vor Lachen hätte zerbersten mögen; das kam so artlich, daß ich Gesellschafft halber, oder weil ichs nicht besser verstund, von Hertzen mit lachen muste: In solchem Gelächter bekante er seine Schuldigkeit, und öffnete den verborgenen Schatz, welcher von Gold, Perlen und Cleinodien viel reicher war, als man hinter den Bauren hätte suchen mögen. Von den gefangenen Weibern, Mägden und Töchtern, weiß ich sonderlich nichts zusagen, weil mich die Krieger nicht zusehen liessen, wie sie mit ihnen umgingen: Das weiß ich noch wol, daß man theils hin und wieder in den Winckeln erbärmlich schreyen hörte, schätze wol, es sey meiner Meüder und unserm Ursele nit besser gangen, als den andern. Mitten in diesem Elend wante ich Braten, und halff Nachmittag die Pferde träncken, durch welches Mittel ich zu unsrer Magd in Stall kam, welche wunderwercklich zerstrobelt außsahe, ich kante sie nicht, sie aber sprach zu mir mit kräncklicher Stimme: O Bub lauff weg, sonst werden dich die Reuter mit nemen, guck daß du [19] davon kommst, du sihest wol, wie es so übel: mehrers konte sie nicht sagen.

Das V. Capitel.
Wie Simplicius das Reiß=auß spielt, und von faulen Bäumen erschröcket wird.

DA machte ich gleich den Anfang, meinen unglücklichen Zustand, den ich vor Augen sahe, zubetrachten, und zugedencken, wie ich mich forderlichst außdrehen mögte; Wohin aber? Dazu war mein Verstand viel zugering, einen Vorschlag zuthun, doch hat es mir so weit gelungen, daß ich gegen Abend in Wald bin entsprungen. Wo nun aber weiters hinauß? sintemal mir die Wege und der Wald so wenig bekant waren, als die Strasse durch das gefrorne Meer, hinter Nova Zembla, biß gen China hinein: die stockfinstre Nacht bedeckte mich zwar zu meiner Versicherung, jedoch bedauchte sie meinen finstern Verstand nicht finster genug, dahero verbarg ich mich in ein dickes

Geſträuch, da ich ſowol das Geſchrey der getrillten Bau=
ren, als das Geſang der Nachtigallen hören konte, welche
Vögelein ſie die Bauren, von welchen man theils auch
Vögel zunennen pflegt, nicht angeſehen hatten, mit ihnen
Mitleiden zutragen, oder ihres Unglücks halber das lieb=
liche Geſang einzuſtellen, darum legte ich mich auch ohn
alle Sorg auff ein Ohr, und entſchlieff. Als aber der
Morgenſtern im Oſten herfür flackerte, ſahe ich meines
Knäns Hauß in voller Flamme ſtehen, aber niemand der
zulöſchen begehrt; ich begab mich herfür, in Hoffnung,
jemanden von meinem Knän anzutreffen, ward aber gleich
von 5. Reutern erblickt, und angeſchryen: **Jung, kom
heröfer,** [20] **oder ſkall my de Tüfel halen, ick
ſchiete dik, dat di de Damff thom Hals ut
gaht;** Ich hingegen blieb gantz ſtockſtill ſtehen, und hatte
das Maul offen, weil ich nicht wuſte, was der Reuter
wolte oder meynte, und indem ich ſie ſo anſahe, wie eine
Katze ein neu Scheunthor, ſie aber wegen eines Moraſtes
nicht zu mir kommen konten, welches ſie ohn Zweiffel
rechtſchaffen vexirte, löſete der eine ſeinen Carbiner auff
mich, von welchem urplötzlichen Feur und unverſehnlichem
Klapff, den mir Echo durch vielfältige Verdoppelung grau=
ſamer machte, ich dermaſſen erſchröckt ward, weil ich derglei=
chen niemals gehöret oder geſehen hatte, daß ich alſobald
zur Erde niderfiel, ich regete vor Angſt keine Ader mehr,
und wiewol die Reuter ihres Wegs fort ritten, und mich
ohn Zweiffel vor tod ligen lieſſen, ſo hatte ich jedoch den=
ſelbigen gantzen Tag das Hertz nicht, mich auffzurichten;
Als mich aber die Nacht wieder ergriff, ſtund ich auff,
und wanderte ſo lang im Wald fort, biß ich von fern
einen faulen Baum ſchimmern ſahe, welcher mir ein neue
Forcht einjagte, kehrete derowegen Sporenſtreichs wieder
um, und ging ſolang, biß ich wieder einen andern der=
gleichen Baum erblickte, von dem ich mich gleichfalls wie=
der fort machte, und auff dieſe Weiſe die Nacht mit hin
und wieder rennen, von einem faulen Baum zum andern,
vertrieb, zuletzt kam mir der liebe Tag zuhülff, welcher
den Bäumen gebot, mich in ſeiner Gegenwart unbetrübt
zulaſſen, aber hiermit war mir noch nichts geholffen,

dan mein Hertz stack voll Angst und Forcht, die Schenckel voll
Müdigkeit, der läere Magen voll Hunger, das Maul voll
Turst, das Hirn voll närri-[21]scher Einbildung, und die
Augen voller Schlaff: Ich ging dannoch fürter, wuste
aber nicht wohin, je weiter ich aber ging, je tieffer ich
von den Leuten hinweg in Wald kam: Damals stund
ich auß, und empfand (jedoch gantz unvermerckt) die Würckung deß Unverstands und der Unwissenheit, wan ein
unvernünfftig Thier an meiner Stelle gewesen wäre, so
hätte es besser gewust, was es zu seiner Erhaltung hätte
thun sollen, als ich, doch war ich noch so witzig, als mich
abermal die Nacht ereilte, daß ich in einen holen Baum
kroch, mein Nachtläger darin zuhalten.

Das VI. Capitel.
Ist kurtz, und so andächtig, daß dem Simplicio darüber ohn-
mächtig wird.

KAum hatte ich mich zum Schlaff bequemet, da hörete
ich folgende Stimme: O grosse Liebe, gegen uns un-
danckbare Menschen! Ach mein einziger Trost! meine
Hoffnung, mein Reichthum, mein GOtt! und so dergleichen
mehr, das ich nicht alles mercken noch verstehen können.

Dieses waren wol Worte, die einen Christen menschen,
der sich in einem solchen Stand, wie ich mich dazumal
befunden, billich auffmuntern, trösten und erfreuen hätten
sollen: Aber, O Einfalt und Unwissenheit! es waren mir
nur Böhmische Dörffer, und alles eine gantz unverständ-
liche Sprache, auß deren ich nicht allein nichts fassen
konte, sondern auch eine solche, vor deren Seltzamkeit ich
mich entsatzte; da ich aber hörete, daß dessen, der sie
redete, Hunger und Durst gestillet werden solte, riethe mir
mein ohnerträglicher Hunger, mich auch zu gast zuladen,
derowegen faßte ich das Hertz, wieder auß meinem holen
[22] Baum zugehen, und mich der gehörten Stimme zunähern, da wurde ich eines grossen Manns gewahr, in
langen schwartzgrauen Haaren, die ihm gantz verworren
auff den Achseln herum lagen, er hatte einen wilden Bart,
fast formirt wie ein Schweitzer-Käß, sein Angesicht war
zwar bleich-gelb und mager, aber doch zimlich lieblich,

und sein langer Rock mit mehr als 1000 Stücken, von
allerhand Tuch überflickt und auffeinander gesetzt, um
Hals und Leib hatte er eine schwere eiserne Ketten ge=
wunden wie S. Wilhelmus, und sahe sonst in meinen
Augen so scheußlich und förchterlich auß, daß ich anfing
zuzittern, wie ein nasser Hund, was aber meine Angst
mehrete, war, daß er ein Crucifix ungefähr 6. Schuhe
lang, an seine Brust druckte, und weil ich ihn nicht kante,
konte ich nichts anders ersinnen, als dieser alte Greiß
müste ohn Zweiffel der Wolff seyn, davon mir mein Knän
kurtz zuvor gesagt hatte: In solcher Angst wischte ich mit
meiner Sackpfeiffe herfür, welche ich als meinen einzigen
Schatz noch vor den Reutern salvirt hatte; ich bließ zu,
stimmte an, und ließ mich gewaltig hören, diesen greulichen
Wolff zuvertreiben, über welcher gehlingen und ungewöhn=
lichen Music, an einem so wilden Ort, der Einsidel an=
fänglich nicht wenig stutzte, ohn Zweiffel vermeynende, es
sey etwan ein teufflisch Gespenst hinkommen, ihn, wie
etwan dem grossen Anthonio wiederfahren, zutribuliren,
und seine Andacht zuzerstören: So bald er sich aber wie=
der erholete, spottete er meiner, als seines Versuchers im
holen Baum, wo hinein ich mich wieder retiriret hatte,
ja er war so getrost, daß er gegen mir ging, den Feind
deß menschlichen Geschlechts genugsam außzuhöhnen; Ha,
sagte [23] er, du bist ein Gesell darzu, die Heiligen ohn
göttliche Verhängnus, ꝛc. mehrers habe ich nicht verstanden,
dan seine Näherung ein solch Grausen und Schröcken in
mir erregte, daß ich deß Amts meiner Sinne beraubt
ward, und dorthin in Ohnmacht nider sanck.

Das VII. Capitel.
Simplicius wird in einer armen Herberge freundlich tractirt.

Was gestalten mir wieder zu mir selbst geholffen wor=
den, weiß ich nicht, aber dieses wol, daß der Alte
meinen Kopff in seinem Schoß, und vorn meine
Juppe geöffnet gehabt, als ich mich wieder erholete, da
ich den Einsidler so nahe bey mir sahe, fing ich ein solch
grausam Geschrey an, als ob er mir im selben Augenblick
das Hertz auß dem Leib hätte reissen wollen: Er aber

sagte, mein Sohn, schweig, ich thue dir nichts, sey zufrieden, ꝛc. jemehr er mich aber tröstete, und mir liebkoste: jemehr ich schrie, O du frißt mich! O du frißt mich! du bist der Wolff, und wilst mich fressen: Ey ja wol nein, mein Sohn, sagte er, sey zu frieden, ich friß dich nicht. Diß Gefecht währete lang, biß ich mich endlich so weit ließ weisen, mit ihm in seine Hütte zugehen, darin war die Armut selbst Hofmeisterin, der Hunger Koch, und der Mangel Küchenmeister, da wurde mein Magen mit einem Gemüß und Trunck Wassers gelabet, und mein Gemüt, so gantz verwirrt war, durch deß Alten tröstliche Freundligkeit wieder auffgerichtet und zurecht gebracht: Derowegen ließ ich mich durch die Anreitzung deß süssen Schlaffes leicht bethören, der Natur solche Schuldigkeit abzulegen. Der Ein=[24]sidel merckte meine Nothdurfft, darum ließ er mir den Platz allein in seiner Hütte, weil nur einer darin ligen konte; ungefähr um Mitternacht erwachte ich wieder, und hörete ihn folgendes Lied singen, welches ich hernach auch gelernet:

Komm Trost der Nacht, O Nachtigal,
Laß deine Stimm mit Freudenschall,
  Auffs lieblichste erklingen :,:
Komm, komm, und lob den Schöpffer dein,
Weil andre Vöglein schlaffen seyn,
Und nicht mehr mögen singen:
   Laß dein, Stimmlein,
      Laut erschallen, dan vor allen
         Kanstu loben
GOtt im Himmel hoch dort oben.

Obschon ist hin der Sonnenschein,
Und wir im Finstern müssen seyn,
  So können wir doch singen :,:
Von Gottes Güt und seiner Macht,
Weil uns kan hindern keine Macht,
Sein Lob zuvollenbringen.
   Drum bein, Stimmlein,
      Laß erschallen, dan vor allen
         Kanstu loben
GOtt im Himmel hoch dort oben.

Echo, der wilde Widerhall,
Will seyn bey diesem Freudenschall,
Und lässet sich auch hören :,:
Verweist uns alle Müdigkeit,
Der wir ergeben allezeit,
Lehrt uns den Schlaff bethören.
   Drum bein, Stimmlein, ꝛc.

[25] Die Sterne, so am Himmel stehn,
Sich lassen zum Lob Gottes sehn,
Und Ehre ihm beweisen :,:
Die Eul auch die nicht singen kan,
Zeigt doch mit ihrem Heulen an,
Daß sie Gott auch thu preisen.
   Drum bein, Stimmlein, ꝛc.

Nur her mein liebstes Vögelein,
Wir wollen nicht die faulste seyn,
Und schlaffend ligen bleiben :,:
Vielmehr biß daß die Morgenröt,
Erfreuet diese Wälder öd,
In Gottes Lob vertreiben.
   Laß bein, Stimmlein,
     Laut erschallen, dan vor allen
      Kanstu loben,
GOtt im Himmel hoch dort oben.

Unter währendem diesem Gesang bedunckte mich warhafftig, als wan die Nachtigal sowol, als die Eule und Echo, mit eingestimmet hätten, und wan ich den Morgenstern jemals gehöret, oder dessen Melodey auff meiner Sackpfeiffe auffzumachen vermögt, so wäre ich auß der Hütte gewischt, meine Karte mit einzuwerffen, weil mich diese Harmonia so lieblich zuseyn bedunckte, aber ich entschlieff, und erwachte nicht wieder, biß wol in den Tag hinein, da der Einsidel vor mir stund, und sagte: Auff Kleiner, ich will dir Essen geben, und alsdan den Weg durch den Wald weisen, damit du wieder zu den Leuten, und noch vor Nacht in das näheste Dorff kommest; Ich fragte ihn, was sind das für Dinger, Leuten und Dorff? Er sagte, bist du dan niemalen in keinem [26] Dorff gewesen, und weist auch nicht, was Leute oder Menschen seynd? Nein, sagte ich, nirgends als hier bin ich gewesen, aber sage mir doch, was seynd Leute, Menschen und Dorff? Behüte Gott, antwortete der Einsidel, bist du närrisch oder gescheid? Nein, sagte ich meiner Meúder und meines Knáns Bub bin ich, und nicht der Närrisch oder der Gescheid: Der Einsidel verwunderte sich mit Seufftzen und Becreutzigung, und sagte: Wol liebes Kind, ich bin gehalten, dich um Gottes willen besser zuunterrichten: Darauff fielen unsere Reden und Gegen=Reden wie folgend Capitel außweiset.

Das VIII. Capitel.
Wie Simplicius durch hohe Reden seine Vortrefflichkeit zuerkennen gibt.

Einsidel: Wie heissestu? Simpl. Ich heisse Bub. Einsid. Ich sehe wol, daß du kein Mägdlein bist, wie hat dir aber dein Vater und Mutter geruffen? Simpl. Ich habe keinen Vater oder Mutter gehabt: Einsid. Wer hat dir dan das Hemd geben? Simpl. Ey mein Meúder: Eins. Wie hiesse dich dan dein Meúder? Simpl. Sie hat mich Bub geheissen, auch Schelm, ungeschickter Dölpel, und Galgenvogel: Eins. Wer ist dan deiner Mutter Mann gewesen? Simpl. Niemand: Eins. Bey wem hat dan deine Meúder deß Nachts geschlaffen? Simpl. bey meinem Knán: Eins. Wie hat dich dan dein Knán geheissen? Simpl. Er hat mich auch Bub genennet: Eins. Wie hieß aber dein Knán? Simpl. Er heist Knán. Eins. Wie hat ihn aber dein Meúder geruffen? Simpl. Knán, und auch Meister. Eins. Hat sie ihn niemals anders genennet? Simpl. Ja, [27] sie hat: Eins. Wie dan? Simpl. Rülp, grober Bengel, volle Sau, und noch wol anders, wan sie haberte: Eins. Du bist wol ein unwissender Tropff, daß du weder deiner Eltern noch deinen eignen Namen nicht weist! Simpl. Eya, weist dus doch auch nicht: Eins. Kanst du auch beten? Simpl. Nain, unser Ann und mein Meúder haben als das Bette gemacht: Eins. Ich frage nicht hiernach, sondern ob du das Vater unser kanst? Simpl. Ja ich: Eins. Nun so sprichs dan: Simpl. Unser lieber Vater, der du bist Himmel, hailiget werde nam, zukommes b Reich, dein Will schee Himmel ab Erden, gib uns Schuld, als wir unsern Schuldigern geba, führ uns nicht in kein böß Versucha, sondern erlöß uns von dem Reich, und die Krafft, und die Herrlichkeit, in Ewigkeit, Ama. Einf. Bistu nie in die Kirche gangen? Simpl. Ja ich kan wacker steigen, und hab als ein gantzen Busem voll Kirschen gebrochen: Einf. Ich sage nicht von Kirschen, sondern von der Kirchen: Simpl. Haha, Kriechen, gelt es seynd so kleine Pfläum=lein? gelt du? Einf. Ach daß GOtt walte, weist du nichts von unserm HERRN GOtt? Simpl. Ja, er ist daheim an unsrer Stubenthür gestanden auff dem Helgen, mein Meüder hat ihn von der Kürbe mitgebracht, und hin gekleibt: Einf. Ach gütiger GOtt, nun erkenne ich erst, was vor eine grosse Gnade und Wolthat es ist, wem du deine Erkantnus mittheilest, und wie gar nichts ein Mensch sey, dem du solche nicht gibest: Ach HErr, ver= leihe mir deinen heiligen Namen also zuehren, daß ich würdig werde, um diese hohe Gnade so eiferig zudancken, als freygebig du gewesen, mir solche [28] zuverleihen: Höre du Simpl. (dan anderst kan ich dich nicht nennen) wan du das Vater unser betest, so mustu also sprechen: Vater unser, der du bist im Himmel, geheiliget werde dein Nahme, zukomme uns dein Reich, dein Wille ge= schehe auff Erden wie im Himmel, unser täglich Brot gib uns heut, und: Simpl. Gelt du, auch Käß darzu? Einsid. Ach liebes Kind, schweig und lerne, solches ist dir viel nötiger als Käß, du bist wol ungeschickt, wie dein Meuder gesagt hat, solchen Buben wie du bist, stehet nicht an, einem alten Mann in die Rede zufallen, sondern zuschwei=gen, zuzuhören und zulernen, wüste ich nur, wo deine Eltern wohneten, so wolte ich dich gern wieder hin bringen, und sie zugleich lehren, wie sie Kinder erziehen solten; Simpl. Ich weiß nicht, wo ich hin soll, unser Hauß ist verbrant, und mein Meüder hinweg geloffen, und wieder kommen mit dem Ursele, und mein Knän auch, und unsre Magd ist kranck gewesen, und ist im Stall gelegen. Einsid. Wer hat dan das Hauß verbrant? Simpl. Ha, es sind so eiserne Männer kommen, die seynd so auff Dingern gesessen, groß wie Ochsen, haben aber keine Hörner, die=

selbe Männer haben Schafe und Kühe, und Säu gestochen, und da bin ich auch weg geloffen, und da ist darnach das Hauß verbrant gewesen: Einsid. Wo war dan dein Knän? Simpl. Ha, die eiserne Männer haben ihn angebunden, da hat ihm unsre alte Gaiß die Füsse gelecket, da hat mein Knän lachen müssen, und hat denselben eisernen Männern viel Weißpfennige geben, grosse und kleine, auch hübsche gelbe, und sonst schöne klitzerechte Dinger, und hübsche Schnüre voll weisse Kügelein. Einsid. Wan ist [29] diß geschehen? Simpl. Ey wie ich der Schafe habe hüten sollen, sie haben mir auch meine Sackpfeiffe wollen nemen: Einsid. Wan hastu der Schafe sollen hüten? Simpl. Ey hörstu es nicht, da die eiserne Männer kommen sind, und darnach hat unser Ann gesagt, ich soll auch weg lauffen, sonst würden mich die Krieger mit nehmen, sie hat aber die eiserne Männer gemeynet, und da seyn ich weg geloffen, und seyn hieher kommen: Einsid. Wo hinauß wilst du aber jetzt? Simpl. Ich weiß weger nit, ich will bey dir hier bleiben: Einsid. Dich hier zubehalten, ist weder meine noch deine Gelegenheit, iß, alsdan will ich dich wieder zu Leuten führen: Simpl. Ey so sage mir dan auch, was Leute vor Dinger seyn? Einsid. Leute seynd Menschen wie ich und du, dein Knän, deine Meüder und eure Ann seynd Menschen, und wan deren viel beyeinander seynd, so werden sie Leute genennet: Simpl. Haha; Einsid. Nun gehe und iß. Diß war unser Discurs. unter welchem mich der Einsidel offt mit den allertieffsten Seufftzen anschauete, nicht weiß ich, ob es darum geschahe, weil er ein so groß Mitleiden mit meiner Einfalt und Unwissenheit hatte, oder auß der Ursache, die ich erst über etliche Jahre hernach erfuhr.

Das IX. Capitel.
Simplicius wird auß einer Bestia zu einem Christenmenschen.

JCh fing an zuessen, und hörete auff zupappeln, welches nicht länger wärete, als biß ich nach Nothdurfft gefüttert hatte, und mich der Alte fortgehen hieß: Da suchte ich die allerzartesten Worte herfür, die mir meine bäurische Grobheit immermehr eingeben konte, welche alle dahin gingen, den Einsidel zu=[30]bewegen, daß er mich bey ihm behielte: Obzwar nun es ihm beschwerlich ge= fallen, meine verdrüßliche Gegenwart zugedulden, so hat er jedoch beschlossen, mich bey ihm zuleiden, mehr, daß er mich in der Christlichen Religion unterrichtete, als sich in seinem vorhandenen Alter meiner Dienste zubedienen, seine gröste Sorge war, meine zarte Jugend dörffte eine solche harte Art zuleben, in die Länge nicht außharren mögen.

Eine Zeit von ungefähr drey Wochen war mein Probier=Jahr, in welcher eben S. Gertraud mit den Gärt= nern zu Feld lag, also daß ich mich auch in deren Profession gebrauchen ließ, ich hielt mich sowol, daß der Ein= sidel ein sonderliches Gefallen an mir hatte, nicht zwar der Arbeit halber, so ich zuvor zuvollbringen gewohnet war, sondern weil er sahe, daß ich eben so begierig seine Unterweisungen hörete, als geschickt die Waxwaiche, und zwar noch glatte Tafel meines Hertzens solche zufassen, sich erzeigte: Solcher Ursachen halber ward er auch desto eyfriger, mich in allem Guten anzuführen, er machte den Anfang seiner Unterrichtung vom Fall Lucifers, von dannen kam er in das Paradeis, und als wir mit unsern Eltern darauß verstossen wurden, passirte er durch das Gesetz Mosis, und lernete mich vermittelst der zehen Gebote Gottes und ihrer Außlegungen (von denen er sagte, daß sie eine waare Richtschnure seyn, den Willen Gottes zu= erkennen, und nach denselben ein heiliges Gott wolgefäl= liges Leben anzustellen) die Tugenden von den Lastern zuunterscheiden, das Gute zuthun, und das Böse zulassen: Endlich kam er auff das Evangelium, und sagte mir [31] von Christi Geburt, Leiden, Sterben und Aufferstehung; zuletzt beschloß ers mit dem jüngsten Tag, und stellete mir Himmel und Hölle vor Augen, und solches alles mit gebührenden Umständen, doch nicht mit gar zu überflüssiger Weitläuffigkeit, sondern wie ihn dünckte, daß ichs am aller= besten fassen und verstehen mögte, wan er mit einer materia fertig war, hub er eine andre an, und wuste sich bißweilen in aller Gedult nach meinen Fragen so artlich zu reguliren, und mit mir zuverfahren, daß er mirs auch

nicht besser hätte eingiessen können, sein Leben und seine
Reden waren mir eine immerwärende Predigt, welche
mein Verstand, der eben nicht so gar dumm und hölzern
war, vermittels Göttlicher Gnade, nicht ohn Frucht abgehen ließ, allermassen ich alles dasjenige, was ein Christ
wissen soll, nicht allein in gedachten dreyen Wochen
gefasset, sondern auch eine solche Liebe zu dessen Unterricht gewonnen, daß ich deß Nachts nicht davor
schlaffen konte.

Ich habe seithero der Sache vielmal nachgebacht, und
befunden, daß Aristot. lib. 3. de Anima wol geschlossen,
als er die Seele eines Menschen einer lären unbeschrie-
benen Tafel verglichen, darauff man allerhand notiren
könne, und daß solches alles darum von dem höchsten
Schöpffer geschehen sey, damit solche glatte Tafel durch
fleissige Impression und Ubung gezeichnet, und zur Voll-
kommenheit und perfection gebracht werde; dahero dan
auch sein Commentator Averroes lib. 2. de Anima (da
der Philosophus saget, der Intellectus sey als potentia,
werde aber nichts in actum gebracht, als durch die
Scientiam, das ist, es sey deß Menschen Verstand [32]
aller Dings fähig, könne aber nichts ohn fleissige Ubung
hinein gebracht werden) diesen klaren Außschlag gibet:
nemlich, es sey diese Scientia oder Ubung die perfection
der Seele, welche für sich selbst überall nichts an sich
habe; Solches bestätiget Cicero lib. 2. Tuscul. quæst.
Welcher die Seele deß Menschen ohn Lehre, Wissenschafft
und Ubung, einem solchen Feld vergleichet, das zwar von
Natur fruchtbar sey, aber wan man es nicht baue und
besame, gleichwol keine Frucht bringe.

Solches alles erwiese ich mit meinem eigenen Exempel,
dan daß ich alles sobald gefasset, was mir der fromme
Einsidel vorgehalten, ist daher kommen, weil er die ge-
schlichte Tafel meiner Seele gantz lär, und ohn einzige
zuvor hinein gedruckte Bildnüssen gefunden, so etwas anders hinein zubringen hätte hindern mögen; gleichwol
aber ist die pure Einfalt gegen andern Menschen zurechnen, noch immerzu bey mir verblieben, dahero der Einsidel (weil weder er noch ich meinen rechten Namen gewust) mich nur Simplicium genennet.

Mithin lernete ich auch beten, und als er meinem steiffen Vorsatz, bey ihm zubleiben, ein Genügen zuthun entschlossen, baueten wir vor mich eine Hütte gleich der seinigen, von Holtz, Reisern und Erde, fast formirt wie der Musquetirer im Feld ihre Zelten, oder besser zusagen, die Bauren an theils Orten ihre Rubenlöcher haben, zwar so nider, daß ich kaum auffrecht darin sitzen konte, mein Bette war von dürrem Laub und Gras, und eben so groß als die Hütte selbst, so daß ich nicht weiß, ob ich dergleichen Wohnung oder Hölen eine bedeckte Lägerstatt, oder eine Hütte nennen soll.

[33] **Das X. Capitel.**
Was gestalt er im wilden Wald lesen und schreiben gelernet.

Als ich das erste mal den Einsidel in der Bibel lesen sahe, konte ich mir nicht einbilden, mit wem er doch ein solch heimlich, und meinem Bedüncken nach sehr ernstlich Gespräch haben müste; ich sahe wol die Bewegung seiner Lippen, hingegen aber niemand, der mit ihm redete, und obzwar ich nichts vom lesen und schreiben gewust, so merckte ich doch an seinen Augen, daß ers mit etwas in selbigem Buch zuthun hatte: Ich gab Achtung auff das Buch, und nachdem er solches beygelegt, machte ich mich darhinter, schlugs auff, und bekam im ersten Griff das erste Capitel deß Hiobs, und die davor stehende Figur, so ein feiner Holtzschnitt, und schön illuminiret war, in die Augen; ich fragte dieselbige Bilder selzame Sachen, weil mir aber keine Antwort wiederfahren wolte, ward ich ungedultig, und sagte eben, als der Einsidel hinter mich schlich: Ihr kleine Hudler, habet ihr dan keine Mäuler mehr? habet ihr nicht allererst mit meinem Vater (dan also muste ich den Einsidel nennen) lang genug schwätzen können? ich sehe wol, daß ihr auch dem armen Knän seine Schafe heim treibet, und das Hauß angezündet habet, halt, halt, ich will diß Feur noch wol löschen, damit stund ich auff Wasser zuholen, weil mich die Noth vorhanden zusehn bedünckte. Wohin Simplici? sagte der Einsidel, den ich hinter mir nicht wuste, Ey Vater, sagte ich, da sind auch Krieger, die haben Schafe, und wollen sie weg

treiben, sie habens dem armen Mann genommen, mit
dem du erst geredet hast, so brennet sein Hauß auch schon
liechterlohe, und wan ich nicht bald lösche, so wirds ver=
brennen; [34] mit diesen Worten zeigte ich ihm mit dem
Finger, was ich sahe: Bleib nur, sagte der Einsidel, es
ist noch keine Gefahr vorhanden; Ich antwortete, meiner
Höffligkeit nach, bist du dan blind, wehre du, daß sie die
Schafe nicht fort treiben, so will ich Wasser holen: Ey,
sagte der Einsidel, diese Bilder leben nicht, sie seynd nur
gemacht, uns vorlängst geschehene Dinge vor Augen zu=
stellen, ich antwortete, du hast ja erst mit ihnen geredet,
warum wolten sie dan nicht leben?

Der Einsidel muste wider seinen Willen und Gewon=
heit lachen, und sagte: Liebes Kind, diese Bilder können
nicht reden, was aber ihr Thun und Wesen sey, kan ich
auß diesen schwartzen Linien sehen, welches man lesen
nennet, und wan ich dergestalt lese, so hältest du davor,
ich rede mit den Bildern, so aber nichts ist: Ich ant=
wortete, wan ich ein Mensch bin wie du, so müste ich
auch an denen schwartzen Zeilen können sehen, was du
kanst, wie soll ich mich in dein Gespräch richten? Lieber
Vater, berichte mich doch eigentlich, wie ich die Sache
verstehen solle? Darauff sagte er, nun wolan mein Sohn,
ich will dich lehren, daß du so wol als ich mit diesen Bil=
dern wirst reden können, allein wird es Zeit brauchen,
in welcher ich Gedult, und du Fleiß anzulegen; demnach
schrieb er mir ein Alphabet auff birckene Rinden, nach
dem Druck formirt, und als ich die Buchstaben kante,
lernete ich buchstabiren, folgends lesen, und endlich besser
schreiben, als es der Einsidel selbst konte, weil ich alles
dem Druck nachmahlete.

[35] **Das XI. Capitel.**
Redet von Essenspeise, Haußrath und andern nothwendigen Sachen,
die man in diesem zeitlichen Leben haben muß.

Zwey Jahre ungefähr, nemlich biß der Einsidel gestor=
ben, und etwas länger als ein halbes Jahr nach
dessen Tod, bin ich in diesem Wald verblieben, dero=
halben sihet mich vor gut an, dem curiosen Leser, der auch

offt das geringste wissen will, unser Thun, Handel und
Wandel, und wie wir unser Leben durch gebracht, zuer=
zählen.

Unsre Speise war allerhand Gartengewächs, Rüben,
Kraut, Bonen, Erbsen und dergleichen, wir verschmäheten auch
keine Buchen, wilde Aepffel, Pirn, Kirschen, ja die Eicheln
machte uns der Hunger offt angenehm; das Brot, oder
besser zusagen, unsere Kuchen buchen wir in heisser Asche,
auß zerstossenem Welschen Korn, im Winter fingen wir
Vögel mit Sprinckeln und Stricken, im Frühling und
Sommer aber bescherte uns GOtt Junge auß den Nestern,
wir behalffen uns offt mit Schnecken und Fröschen, so
war uns auch mit Reussen und Anglen das Fischen nicht
zuwider, indem unweit von unsrer Wohnung ein Fisch=
und Krebsreicher Bach hinfloß, welches alles unser grob
Gemüß hinunter convoyren muste; Wir hatten auff eine
Zeit ein junges wildes Schweinlein auffgefangen, welches
wir in einen Pferch versperret, mit Eicheln und Buchen
aufferzogen, gemästet, und endlich verzehret, weil mein Ein=
sidel wuste, daß solches keine Sünde seyn könte, wan man
geniesset, was GOtt dem gantzen menschlichen Geschlecht
zu solchem End erschaffen, Saltz brauchten wir wenig,
und von Gewürtz gar [36] nichts, dan wir dörfften die
Lust zum Trunck nicht erwecken, weil wir keinen Keller
hatten, die Nothdurfft an Saltz gab uns ein Pfarrer,
der ungefähr 3. Meilwegs von uns wohnete, von welchem
ich noch viel zusagen habe.

Unsern Haußrath betreffende, dessen war genug vor=
handen, dan wir hatten eine Schauffel, eine Haue, eine
Axt, ein Beyl, und einen eisernen Hafen zum kochen,
welches zwar nicht unser eigen, sondern von obgemeltem
Pfarrer entlehnet war, jeder hatte ein abgenütztes stumpffes
Messer, selbige waren unser Eigenthum, und sonsten nichts;
ferner bedorfften wir auch weder Schüsseln, Deller, Löffel,
Gabeln, Kessel, Pfannen, Rost, Bratspieß, Saltzbüchs noch
ander Tisch= und Küchen=geschirr, dan unser Hafen war
zugleich unsre Schüssel, und unsere Hände waren auch
unsere Gabeln und Löffel, wolten wir aber trincken, so
geschahe es durch ein Rohr auß dem Brunnen, oder wir

hingen das Maul hinein, wie Gideons Kriegs-Leute; Von allerhand Gewand, Wolle, Seide, Baumwolle und Leinen, beydes zu Betten, Tischen und Tapezereyen, hatten wir nichts, als was wir auff dem Leib trugen, weil wir vor uns genug zuhaben schätzten, wan wir uns vor Regen und Frost beschützen könten: Sonsten hielten wir in unsrer Haußhaltung keine gewisse Regul oder Ordnung, ausserhalb an Sonn- und Feyertägen, an welchen wir schon um Mitternacht hinzugehen anfingen, damit wir noch frühe genug, ohn männigliches Vermercken, in obgemelten Pfarrherrn Kirche, die etwas vom Dorff abgelegen war, kommen, und dem Gottesdienst abwarten können, in derselben verfügten wir uns auff [37] die zerbrochene Orgel, an welchem Ort wir sowol auff den Altar, als zu der Cantzel sehen konten; Als ich das erste mal den Pfarherrn auff dieselbige steigen sahe, fragte ich meinen Einsidel, was er doch in demselben grossen Zuber machen wolte? Nach verrichtetem Gottesdienst aber, gingen wir eben so verstolen wieder heim, als wir hin kommen waren, und nachdem wir mit müdem Leib und Füssen zu unsrer Wohnung kamen, assen wir mit guten Zähnen übel, alsdan brachte der Einsidel die übrige Zeit zu mit beten, und mich in gottseeligen Dingen zuunterrichten.

An den Wercktägen thäten wir, was am nötigsten zuthun war, je nachdem sichs fügte, und solches die Zeit deß Jahrs, und unsre Gelegenheit erforderte, einmal arbeiteten wir im Garten, das ander mal suchten wir den feisten Grund an schattigen Orten, und auß holen Bäumen zusammen, unsern Garten, anstatt der Tung, damit zubessern, bald flochten wir Körbe oder Fisch-Reussen, oder machten Brennholtz, fischten, oder thäten ja so etwas wider den Müssiggang. Und unter allen diesen Geschäfften ließ der Einsidel nicht ab, mich in allem Guten getreulichst zuunterweisen, unterdessen lernete ich in solchem harten Leben Hunger, Durst, Hitze, Kälte, und grosse Arbeit überstehen, und zuvorderst auch Gott erkennen, und wie man Ihm rechtschaffen dienen solte, welches das vornehmste war. Zwar wolte mich mein getreuer Einsidel ein mehrers nicht wissen lassen, dan er hielte darvor, es sey einem Christen genug,

zu seinem Ziel und Zweck zugelangen, wann er nur
fleissig bete und arbeite, dahero es kommen, obzwar ich
in geistlichen Sachen zimlich berichtet ward, mein Christen=
thum [38] wol verstund, und die Teutsche Sprache so schön
redete, als wan sie die Orthographia selbst außspräche,
daß ich dannoch der Einfältigste verblieb; gestalten ich,
wie ich den Wald verlassen, ein solcher elender Tropff in
der Welt war, daß man keinen Hund mit mir auß dem
Ofen hätte locken können.

Das XII. Capitel.
Vermerckt eine schöne Art selig zusterben, und sich mit geringem
Unkosten begraben zulassen.

Bwey Jahre ungefähr hatte ich zugebracht, und das
harte Eremitische Leben kaum gewohnet, als mein
bester Freund auff Erden seine Haue nam, mir aber
die Schauffel gab, und mich seiner täglichen Gewonheit
nach, an der Hand in unsern Garten führete, da wir
unser Gebet zuverrichten pflegten: Nun Simplici, liebes
Kind, sagte er, dieweil GOtt Lob die Zeit vorhanden,
daß ich auß dieser Welt scheiden, die Schuld der Natur
bezahlen, und dich in dieser Welt hinter mir verlassen
solle, zumalen deines Lebens künfftige Begegnüssen bey=
läufftig sehe, und wol weiß, daß du in dieser Einöde nicht
lang verharren wirst, so habe ich dich auff dem angetretenen
Weg der Tugend stärcken, und dir einzige Lehren zum Un=
terricht geben wollen, vermittelst deren du, als nach einer
unfehlbaren Richtschnur, zur ewigen Seeligkeit zugelangen,
dein Leben anstellen sollest, damit du mit allen heiligen
Außerwehlten das Angesicht Gottes in jenem Leben ewig=
lich anzuschauen gewürdiget werdest.

Diese Worte setzten meine Augen ins Wasser, wie
hiebevor des Feindes Erfindung die Stat Villingen, ein=
mal, sie waren mir so unerträglich, daß ich sie [39] nicht
ertragen konte, doch sagte ich: Hertzliebster Vater, wilst
du mich dan allein in diesem wilden Wald verlassen?
soll dan: mehrers vermogte ich nicht herauß zubringen,
dan meines Hertzens Qual ward auß überflüssiger Lieb,
die ich zu meinem getreuen Vater trug, also hefftig, daß

ich gleichsam wie tod zu seinen Füssen nider sanck; Er hingegen richtete mich wieder auff, tröstete mich, so gut es Zeit und Gelegenheit zuließ, und verwiese mir gleichsam fragend, meinen Fehler, Ob ich nemlich der Ordnung deß Allerhöchsten widerstreben wolte? Weistu nicht, sagte er weiters, daß solches weder Himmel noch Hölle zuthun vermögen? nicht also mein Sohn! was unterstehest du dich, meinem schwachen Leib (welcher vor sich selbst der Ruhe begierig ist) auffzubürden? Vermeynest du mich zunötigen, länger in diesem Jammerthal zuleben? Ach nein, mein Sohn, laß mich fahren, sintemal du mich ohn das weder mit heulen noch weynen, und noch viel weniger mit meinem Willen, länger in diesem Elend zuverharren, wirst zwingen können, indem ich durch Gottes außdrücklichen Willen darauß gefodert werde; Folge anstat deines unnützen Geschreys meinen letzten Worten, welche seynd, daß du dich je-länger jemehr selbst erkennen sollest, und wangleich du so alt als Mathusalem würdest, so laß solche Ubung nicht auß dem Hertzen, dan daß die meiste Menschen verdammt werden, ist die Ursache, daß sie nicht gewust haben, was sie gewesen, und was sie werden können, oder werden müssen. Weiters riethe er mir getreulich, ich solte mich jederzeit vor böser Gesellschafft hüten, dan derselben Schädlichkeit wäre unaußsprechlich: [40] Er gab mir dessen ein Exempel, und sagte, wan du einen Tropffen Malvasier in ein Geschirr voll Essig schüttest, so wird er alsbald zu Essig; wirstu aber soviel Essig in Malvasier giessen, so wird er auch unter dem Malvasier hingehen: Liebster Sohn, sagt er, vor allen Dingen bleib standhafftig, dan wer verharret biß ans Ende, der wird selig, geschihets aber wider mein Verhoffen, daß du auß menschlicher Schwachheit fällst, so stehe durch eine rechtschaffene Busse geschwind wieder auff.

Dieser sorgfältige fromme Mann hielt mir allein biß wenige vor, nicht zwar, als hätte er nichts mehrers gewust, sondern darum, dieweil ich ihn erstlich meiner Jugend wegen, nicht fähig genug zuseyn bedünckte, ein mehrers in solchem Zustand zufassen, und dan weil wenig Worte besser, als ein langes Geplauder, im Gedächtnus zube-

halten seynd, und wan sie anders Safft und Nachdruck
haben, durch das Nachdencken grössern Nutzen schaffen, als
ein langer Sermon, den man außdrücklich verstanden hat,
und bald wieder zuvergessen pfleget.

Diese drey Stücke, sich selbst erkennen, böse Gesell=
schafft meiden, und beständig verbleiben, hat dieser fromme
Mann ohn Zweiffel deßwegen vor gut und nötig geachtet,
weil er solches selbsten practiciret, und daß es ihm dabey
nicht mißlungen ist; dan nachdem er sich selbst erkant, hat er
nicht allein böse Gesellschafften, sondern auch die gantze
Welt geflohen, ist auch in solchem Vorsatz biß an das
Ende verharret, an welchem ohn Zweiffel die Seeligkeit
hänget, welcher gestalt aber, folget hernach.

Nachdem er mir nun obige Stücke vorgehalten, [41]
hat er mit seiner Reithaue angefangen sein eigenes Grab
zumachen, ich halff so gut ich konte, wie er mir befahl,
und bildete mir doch dasjenige nicht ein, worauff es an=
gesehen war, indessen sagte er: Mein lieber und waarer
einziger Sohn (dan ich habe sonsten keine Creatur als
dich, zu Ehren unsers Schöpffers erzeuget) wan meine
Seele an ihren Ort gangen ist, so leiste meinem Leib
deine Schuldigkeit und die letzte Ehre, scharre mich mit
derjenigen Erde wieder zu, die wir anjetzo auß dieser
Grube gegraben haben, darauff nam er mich in seine
Arme, und druckte mich küssend, viel härter an seine Brust,
als einem Mann, wie er zusehn schiene, hätte müglich
seyn können: Liebes Kind, sagte er, ich befehle dich in
Gottes Schutz, und sterbe um soviel desto frölicher, weil
ich hoffe, er werde dich darin auffnemen; Ich hingegen
konte nichts anders, als klagen und heulen, ich hing mich
an seine Ketten, die er am Hals trug, und vermeynte ihn
damit zuhalten, damit er mir nicht entgehen solte: Er
aber sagte, Mein Sohn laß mich, daß ich sehe, ob mir
das Grab lang genug sey, legte demnach die Ketten ab,
samt dem Ober=Rock, und begab sich in das Grab, gleich=
sam wie einer, der sich sonst schlaffen legen will, sprechende:
Ach grosser GOtt, nun nimm wieder hin die Seele, die
du mir gegeben, HErr, in deine Hände befehl ich meinen
Geist, ꝛc. Hierauff beschloß er seine Lippen und Augen

sänfftiglich, ich aber stund da wie ein Stockfisch, und
meynte nicht, daß seine liebe Seele den Leib gar ver=
lassen haben solte, dieweil ich ihn öffters in dergleichen
Verzuckungen gesehen hatte.

Ich verharrete, wie meine Gewonheit in derglei=[42]
chen Begebenheiten war, etliche Stunden neben dem Grab
im Gebet, als sich aber mein allerliebster Einsidel nicht mehr
auffrichten wolte, stieg ich zu ihm ins Grab hinunter,
und fing an ihn zuschüttlen, zuküssen, und zuliebeln, aber
da war kein Leben mehr, weil der grimmige unerbittliche
Tod den armen Simplicium seiner holden Beywohnung
beraubet hatte; Ich begoß, oder besser zusagen, ich bal=
samirte den entseelten Cörper mit meinen Zähren, und
nachdem ich lang mit jämmerlichem Geschrey hin und her
geloffen, fing ich an, ihn mit mehr Seufftzen als Schauf=
feln voller Grund zuzuscharren, und wan ich kaum sein
Angesicht bedeckt hatte, stieg ich wieder hinunter, entblöste
es wieder, damit ichs noch einmal sehen und küssen mögte,
solches trieb ich den gantzen Tag, biß ich fertig worden,
und auff diese Weise die funeralia, exequias und luctus
gladiatorios allein geendet, weil ohn das weder Baare,
Sarg, Decke, Liechter, Todenträger noch Gelaits=Leute,
und auch keine Clerisey vorhanden gewesen, die den To=
den besungen hätten.

Das XIII. Capittel.
Simplicius läst sich wie ein Rohr im Weher umtreiben.

Wer etliche Tage nach deß Einsidels Ableiben, ver=
fügte ich mich zu obgemeltem Pfarrer, und offenbahrte
ihm meines Herrn Tod, begehrte benebens Rath von
ihm, wie ich mich bey so gestalter Sache verhalten solte?
Unangesehen er mir nun starck widerrathen, länger im
Wald zuverbleiben, so bin ich jedoch dapffer in meines
Vorgängers Fußstapffen getreten, massen ich den gantzen
Sommer hindurch thät, was ein frommer Monachus thun
soll; Aber [43] gleichwie die Zeit alles ändert, also ringerte
sich auch nach und nach das Leid, so ich um meinen Ein=
sidel trug und die äusserliche scharffe Winterskälte, löschte

die innerliche Hitze meines steiffen Vorsatzes zugleich auß, jemehr ich anfing zuwancken, je träger ward ich in meinem Gebet, weil ich anstat, göttliche und himmlische Dinge zubetrachten, mich die Begierde, die Welt auch zubeschauen, überherrschen ließ, und als ich dergestalt nichts nutz würde im Wald länger gut zuthun, gedachte ich wieder zu gedachtem Pfarrer zugehen, zuvernehmen, ob er mir noch wie zuvor auß dem Wald rathen wolte? Zu solchem Ende machte ich mich seinem Dorff zu, und als ich hin kam, fand ichs in voller Flamme stehen, dan es eben eine Partey Reuter außgeplündert, angezündet, theils Bauren nidergemacht, viel verjaget, und etliche gefangen hatten, darunter auch der Pfarrer selbst war. Ach GOtt! wie ist das menschliche Leben so voll Mühe und Widerwertigkeit, kaum hat ein Unglück auffgehöret, so stecken wir schon in einem andern; mich verwundert nicht, daß der Heidnische Philosophus Timon zu Athen viel Galgen auffrichtete, daran sich die Menschen selber auffknüpffen, und also ihrem elenden Leben durch eine kurtze Grausamkeit ein Ende machen solten; die Reuter waren eben wegfertig, und führten den Pfarrer an einem Strick daher, unterschiedliche schryen, schieß den Schelmen nider! andere aber wolten Gelt von ihm haben, er aber hub die Hände auff, und bat um deß Jüngsten Gerichts willen, um Verschonung und Christliche Barmhertzigkeit, aber umsonst, dan einer ritte ihn übern Hauffen, und versetzte ihm zu-
[44]gleich eins an Kopff, davon er alle vier von sich streckte, und Gott seine Seele befahl, den andern noch übrigen gefangenen Bauren gings gar nicht besser.

Da es nun sahe, als ob diese Reuter in ihrer tyrannischen Grausamkeit gantz unsinnig worden wären, kam ein solcher Schwarm bewehrter Bauren auß dem Wald, als wan man in ein Wespen-Nest gestochen hätte, die fingen an so greulich zuschreyen, so grimmig darein zusetzen, und darauff zuschiessen, daß mir alle Haar gen Berg stunden, weil ich noch niemals bey dergleichen Kürben gewesen, dan die Spessérter und Vogelsberger Bauren lassen sich fürwar so wenig als die Hessen, Sauerländer und Schwartzwälder, auff ihrem Mist foppen; davon rissen die Reuter auß, und liessen nicht allein das eroberte Rindviehe zurück, sondern warffen auch Sack und Pack von sich, schlugen also ihre gantze Beute in Wind, damit sie nicht selbst den Bauren selbst zur Beute würden, doch kamen ihnen theils in die Hände.

Diese Kurtzweile benam mir beynahe die Lust, die Welt zubeschauen, dan ich gedachte, wan es so darin hergehet, so ist die Wildnus weit anmutiger, doch wolte ich auch hören, was der Pfarrer darzu sagte, derselbe war wegen empfangener Wunden und Stösse gantz matt, schwach und krafftloß, doch hielt er mir vor, daß er mir weder zuhelffen noch zurathen wisse, weil er damalen selbst in einen solchen Stand geraten wäre, in welchem er besorglich das Brot am Bettelstab suchen müste, und wangleich ich noch länger im Wald verbleiben würde, so hätte ich mich seiner Hülff-leistung nichts zugetrösten, weil, wie ich vor Augen sehe, beydes seine Kirche und Pfarrhof im [45] Feur stünde. Hiermit verfügte ich mich gantz traurig gegen dem Wald zu meiner Wohnung, und demnach ich auff dieser Räis sehr wenig getröstet, hingegen aber um viel andächtiger worden, beschloß ich bey mir, die Wildnus nimmermehr zuverlassen; massen ich schon nachgedachte, ob nicht müglich wäre, daß ich ohn Saltz (so mir bißher der Pfarrer mitgetheilet hatte) leben, und also aller Menschen entberen könte?

Das XIV. Capitel.
Ist eine seltzame Comœdia, von 5. Bauern.

DAmit ich aber diesem meinem Entschluß nachkommen, und ein rechter Wald-Bruder seyn mögte, zog ich meines Einsiblers hinterlassen härin Hembd an, und gürtete seine Kette darüber; nicht zwar, als hätte ich sie bedörfft, mein unbändig Fleisch zumortificiren, sondern damit ich meinem Vorfahren so wol im Leben, als im Habit gleichen, mich auch durch solche Kleidung desto besser vor der rauhen Winters-Kälte beschützen mögte.

Den andern Tag, nachdem obgemeltes Dorff geplündert und verbrant worden, als ich eben in meiner Hütte saß, und zugleich neben dem Gebet gelbe Rüben, zu meinem Auffenthalt, im Feur briet, umringten mich bey 40. oder 50. Mußquetirer; diese, obzwar sie ob meiner Person Seltzamkeit erstauneten, so durchstürmten sie doch meine Hütte, und suchten, was da nicht zufinden war, dan nichts als Bücher hatte ich, die sie mir durcheinander geworffen, weil sie ihnen nichts taugten: Endlich, als sie mich besser betrachteten, und an meinen Federn sahen, was vor einen schlechten Vogel sie gefangen hätten, konten sie leicht die Rechnung machen, daß bey mir eine schlechte [46] Beute zuhoffen; Demnach verwunderten sie sich über mein hartes Leben, und hatten mit meiner zarten Jugend ein grosses mitleiden, sonderlich der Officirer, so sie commandirte; ja er ehrte mich, und begehrte gleichsam bittend, ich wolte ihm und den seinigen den Weg wieder auß dem Wald weisen, in welchem sie schon lang in der Irre herum gangen wären; Ich widerte mich gantz nicht, sondern führte sie den nächsten Weg gegen dem Dorff zu, allwo der obgemelte Pfarrer so übel tractirt worden, dieweil ich sonst keinen andern Weg wuste: Eh wir aber vor den Wald kamen, sahen wir ungefähr einen Bauren oder zehen, deren ein Theil mit Feur=rohren bewehrt, die übrigen aber geschäfftig waren, etwas einzugraben; die Mußquetierer gingen auff sie loß, und schrien, halt! halt! jene aber antworteten mit Rohren: Und wie sie sahen, daß sie von den Soldaten übermannet waren, gingen sie schnell durch, also daß die müden Mußquetierer keinen von ihnen ereilen konten; derowegen wolten sie wieder herauß graben, was die Bauren eingescharret, das schickte sich um soviel besto besser, weil sie die Hauen und Schauffeln, so sie gebraucht, ligen liessen: Sie hatten aber wenig Streiche gethan, da höreten sie eine Stimme von unten herauff, die sagte: O ihr leichtfertige Schelmen! O ihr Ertz=Bößwichter, vermeynet ihr wol, daß der Himmel eure un=Christliche Grausamkeit und Bubenstücke ungestrafft hingehen lassen werde? Nein, es lebet noch mancher redlicher Kerl, durch welche eure Unmenschlichkeit dermassen vergolten werden soll, daß euch keiner von euren Neben=Menschen mehr den Hindern lecken dörffe. Hierüber sahen die Soldaten [47] einander an, weil sie nicht wusten, was sie thun solten: Etliche vermeynten, sie hätten ein Gespenst, ich aber gedachte, es träume mir; Ihr Officier hieß dapffer zugraben: Sie kamen gleich auff ein Faß, schlugens auff, und fanden einen Kerl darin, der weder Nasen noch Ohren mehr hatte, und gleichwol noch lebte: Sobald sich derselbe einwenig ermunterte, und vom Hauffen etliche kante, erzehlete er, was massen die Bauren den vorigen Tag, als einzige seines Regiments auff Fütterung gewesen, ihrer 6. gefangen bekommen, davon sie allererst vor einer Stund fünffe, so hinter=einander stehen müssen, tod geschossen; und weil die Kugel ihn, weil er der sechste und letzte gewesen, nicht erlanget, indem sie schon zuvor durch fünff Cörper gedrungen, hätten sie ihm Nasen und Ohren abgeschnitten, zuvor aber gezwungen, daß er ihrer fünffen (s. v.) den Hindern lecken müssen: Als er sich nun von den Ehr= und Gotts=vergessenen Schelmen so gar geschmähet gesehen, hätte er ihnen, wiewol sie ihn mit dem Leben davon lassen wolten, die aller=unnützesten Worte gegeben, die er erdencken mögen, und sie alle drey bey ihrem rechten Namen genennet, der Hoffnung, es würde ihm etwan einer auß Ungedult eine Kugel schencken, aber vergebens; sondern nachdem er sie verbittert gemacht, hätten sie ihn in gegenwärtig Faß gesteckt, und also lebendig begraben, sprechend: Weil er deß Todes so eyferig begehre, wolten sie ihm zum Possen hierin nicht willfahren.

Indem dieser seinen überstandenen Jammer also klagte, kam eine andre Partey Soldaten zu Fuß über=zwergs den Wald herauff, die hatten obgedachte Bauren angetroffen, fünff davon gefangen bekom=[48]men, und die übrigen tod geschossen; Unter den Gefangenen waren vier, denen der übel=zugerichte Reuter kurtz zuvor so schändlich zu Willen seyn müssen. Als nun beyde Parteyen auß dem Anschreyen einander erkanten, einerley Volck zuseyn, traten sie zusammen, und vernamen wiederum vom Reuter selbst, was sich mit ihm und seinen Cammeraden zugetragen; Da solte man seinen blauen Wunder gesehen haben, wie die Bauren getrillt wurden, etliche wolten sie gleich in der ersten Furi tod schiessen,

andere aber sagten: Nein, man muß die leichtfertigen
Vögel zuvor rechtschaffen quälen, und ihnen einträncken,
was sie an diesem Reuter verdienet haben, indessen be=
kamen sie mit den Mußqueten so treffliche Ribbstösse, daß
sie hätten Blut speyen mögen; zuletzt trat ein Soldat
hervor, und sagte: Ihr Herren, dieweil es der gantzen
Soldatesca eine Schande ist, daß diesen Schurcken (deutet
damit auff den Reuter) fünff Bauren so greulich getrillt
haben, so ist billig, daß wir solchen Schandflecken wieder
außlöschen, und diese Schelmen den Reuter wieder hundert
mal lecken lassen: Hingegen sagte ein anderer, dieser
Kerl ist nicht werth, daß ihm solche Ehre wiederfahre,
dan wäre er kein Bernheuter gewesen, so hätte er allen
redlichen Soldaten zu Spott diese schändliche Arbeit nicht
verrichtet, sondern wäre tausend mal lieber gestorben.
Endlich ward einhellig beschlossen, daß einjeder von den
sauber=gemachten Bauren, solches an zehen Soldaten also
wett machen, und zu jedemmal sagen solte: Hiermit lösche
ich wieder auß, und wische ab die Schande, die sich die
Soldaten einbilden empfangen zuhaben, als uns ein Bern=
heuter [49] hinten leckte. Nachgehends wolten sie sich
erst resolviren, was sie mit den Bauren weiters anfahen
wolten, wan sie diese saubere Arbeit würden verrichtet
haben: Hierauff schritten sie zur Sache, aber die Bauren
waren so halsstarrig, daß sie weder durch Verheissung, sie
mit dem Leben davon zulassen, noch durch einzigerley
Marter, hierzu gezwungen werden kunten. Einer führete
den fünfften Baur, der nicht geleckt war worden, etwas
beyseits, und sagte zu ihm: Wan du GOtt und alle seine
Heiligen verläugnen wilt, so werde ich dich lauffen lassen,
wohin du begehrest; Hierauff antwortete der Baur, Er
hätte sein Lebtage nichts auff die Heilige gehalten, und
auch bißher noch geringe Kundschafft mit GOtt selbst ge=
habt, schwur auch darauff solenniter daß er Gott nicht
kenne, und kein Theil an seinem Reich zuhaben begehre;
Hierauff jagte ihm der Soldat eine Kugel an die Stirn,
welche aber so viel effectuirt, als wan sie an einen stäh=
lernen Berg gangen wäre, darauff zuckte er seine Plaute,
und sagte: Holla, bistu der Haar? ich habe versprochen,

dich lauffen zulassen, wohin du begehrest, sihe, so schicke
ich dich nun ins höllische Reich, weil du nicht in Himmel
wilt, und spaltete ihm damit den Kopff biß auff die Zähne
voneinander, als er dorthin fiel, sagte der Soldat: So
muß man sich rächen, und diese lose Schelmen zeitlich und
ewig straffen.

Indessen hatten die andern Soldaten die übrigen
vier Bauren, so geleckt waren worden, auch unterhanden,
die banden sie über einen umgefallenen Baum, mit Hän=
den und Füssen zusammen, so art=[50]lich, daß sie (s. v.)
den Hindern gerad in die Höhe kehrten, und nachdem sie
ihnen die Hosen abgezogen, namen sie etliche Klaffter
Lunden, machten Knöpffe daran, und fidelten ihnen so
unsauberlich durch solchen hindurch, daß der rothe Safft
hernach ging; Also, sagten sie, muß man euch Schelmen
den gereinigten Hindern außtröcknen. Die Bauren schryen
zwar jämmerlich, aber es war den Soldaten nur eine
Kurtzweil, dan sie höreten nicht auff zusägen, biß Haut
und Fleisch gantz auff das Bein hinweg war; mich aber
liessen sie wieder nach meiner Hütte gehen, weil die letzt=
gemelte Parthey den Weg wol wuste, also kan ich nicht
wissen, was sie endlich mit den Bauren vollends ange=
stellet haben.

Das XV. Capitel.
Simplicius wird spolirt, und läst jhm von denen Bauren
wunderlich träumen, wie es zu Kriegszeiten hergehet.

Als ich wieder heim kam, befand ich, daß mein Feur=
zeug und gantzer Haußrath, samt allem Vorrath an
meinen armseeligen Essenspeisen, die ich den Sommer
hindurch in meinem Garten erzogen, und auff künfftigen
Winter vor mein Maul ersparet hatte, miteinander fort=
war: Wo nun hinauß? gedachte ich, damals lernete mich
die Noth erst recht beten; Ich gebot aller meiner wenigen
Witz zusammen, zuberathschlagen, was mir zuthun oder
zulassen seyn mögte? Gleichwie aber meine Erfahrenheit
schlecht und gering war, als konte ich auch nichts recht=
schaffenes schliessen, das beste war, daß ich mich GOtt be=
fahl, und mein Vertrauen allein auff ihn zusetzen wuste,

sonst hätte ich ohn Zwei=[51]fel desperiren und zu grund gehen müssen: Uber das lagen mir die Sachen, so ich denselben Tag gehöret und gesehen, ohn Unterlaß im Sinn, ich dachte nicht soviel um Essenspeise und meiner Erhaltung nach, als derjenigen Antipathia, die sich zwischen Soldaten und Bauren enthält, doch konte meine Alberkeit nichts ersinnen, als daß ich schlosse, es müsten ohnfehlbar zweyerley Menschen in der Welt seyn, so nicht einerley Geschlechts von Adam her, sondern wilde und zahme wären, wie andere unvernünfftige Thiere, weil sie einander so grausam verfolgen.

In solchen Gedancken entschlieff ich vor Unmuth und Kälte, mit einem hungerigen Magen, da dünckte mich, gleichwie in einem Traum, als wan sich alle Bäume, die um meine Wohnung stunden, gähling veränderten, und ein gantz ander Ansehen gewönnen, auff jedem Gipffel saß ein Cavallier, und alle Aeste wurden anstat der Blätter mit allerhand Kerlen gezieret; von solchen hatten etliche lange Spiesse, andere Mußqueten, kurtze Gewehr, Partisanen, Fähnlein, auch Trommeln und Pfeiffen. Diß war lustig anzusehen, weil alles so ordentlich und fein grad=weis sich außeinander theilete; die Wurtzel aber war von ungültigen Leuten, als Handwerckern, Taglöhnern, mehrentheils Bauren und dergleichen, welche nichts destoweniger dem Baum seine Krafft verliehen, und wieder von neuem mittheilten, wan er solche zuzeiten verlor; ja sie ersetzten den Mangel der abgefallenen Blätter auß den ihrigen, zu ihrem eigenen noch grössern Verderben; Benebens seufftzeten sie über diejenige, so auff dem Baum sassen, und zwar nicht unbillich, dan die gantze Last deß Baums lag [52] auff ihnen, und druckte sie dermassen, daß ihnen alles Geld auß den Beuteln, ja hinter sieben Schlössern herfür ging, wan es aber nicht herfür wolte, so striegelten sie die Commissarios mit Besemen, die man militärische Execution nennet, daß ihnen die Seufftzer auß dem Hertzen, die Thränen auß den Augen, das Blut auß den Nägeln, und das Marck auß den Beinen herauß ging, noch dannoch waren Leute unter ihnen, die man Fatzvögel nante; diese bekümmerten sich wenig, namen

alles auff die leichte Achsel, und hatten in ihrem Creutz
anstat deß Trostes allerhand Gespey.

Das XVI. Capitel.
Deren Soldaten Thun und Lassen, und wie schwerlich ein gemeiner
Kriegsmann heutigen Tags befördert werde.

Also musten sich die Wurtzeln dieser Bäume in lauter
Mühseeligkeit und Lamentiren, diejenige aber auff den
untersten Aesten in viel grösser Mühe, Arbeit und
Ungemach gedulden und durchbringen; doch waren diese
jeweils lustiger als jene, darneben aber auch trotzig,
tyrannisch, mehrentheils gottlos, und der Wurtzel jederzeit
eine schwere unerträgliche Last, um sie stund dieser Reim:

Hunger und Durst, auch Hitz und Kält,
Arbeit und Armuth, wie es fällt,
Gewaltthat, Ungerechtigkeit,
Treiben wir Landsknecht allezeit.

Diese Reimen waren um soviel destoweniger erlogen,
weil sie mit ihren Wercken überein stimmten, den Fressen
und Sauffen, Hunger und Durst leiden, huren und buben,
raßlen und spielen, schlemmen und demmen, morden, und
wieder ermordet [53] werden, tob schlagen, und wieder zu
tob geschlagen werden, tribuliren, und wieder getrillt
werden, jagen, und wieder gejaget werden, ängstigen, und
wieder geängstiget werden, rauben, und wieder beraubt
werden, plündern, und wieder geplündert werden, sich
förchten, und wieder geförchtet werden, Jammer an=
stellen, und wieder jämmerlich leiden, schlagen, und wie=
der geschlagen werden; und in Summa nur verderben
und beschädigen, und hingegen wieder verderbt und be=
schädigt werden, war ihr gantzes Thun und Wesen;
Woran sie sich weder Winter noch Sommer, weder Schnee
noch Eiß, weder Hitze noch Kälte, weder Regen noch
Wind, weder Berg noch Thal, weder Felder noch Morast,
weder Gräben, Pässe, Meer, Mauren, Wasser, Feur, noch
Wälle, weder Vater noch Mutter, Brüder und Schwestern,
weder Gefahr ihrer eigenen Leiber, Seelen und Gewissen,
ja weder Verlust deß Lebens, noch deß Himmels, oder
sonst einzig ander Ding, wie das Namen haben mag,

verhindern liessen: Sondern sie weberten in ihren Wercken immer emsig fort, biß sie endlich nach und nach in Schlachten, Belägerungen, Stürmen, Feldzügen, und in den Quartieren selbsten (so doch der Soldaten irdische Paradeis sind, sonderlich wan sie fette Bauren antreffen) umkamen, starben, verdarben und crepirten; biß auff etliche wenige, die in ihrem Alter, wan sie nicht wacker geschunden und gestolen hatten, die allerbeste Bettler und Landstürtzer abgaben: Zu nächst über diesen mühseeligen Leuten sassen so alte Hünerfänger, die sich etliche Jahre mit höchster Gefahr auff den untersten Aesten beholf-[54]fen, durchgebissen, und das Glück gehabt hatten, dem Tod biß dahin zuentlauffen, diese sahen ernstlich und etwas reputirlicher auß, als die unterste, weil sie um einen gradum hinauff gestiegen waren; aber über ihnen befanden sich noch höhere, welche auch höhere Einbildungen hatten, weil sie die unterste zucommandiren, diese nante man Wammesklopffer, weil sie den Picquenirern mit ihren Prügeln und Hellenpotzmarter den Rucken so wol, als den Kopff abzufegen, und den Mußquetierern Baumöl zugeben pflegten, ihr Gewehr damit zuschmieren. Uber diesen hatte deß Baumes Stamm einen Absatz oder Unterscheid, welches ein glattes Stück war, ohn Aeste, mit wunderbarlichen Materialien und seltzamer Saiffen des Mißgunsts geschmieret, also daß kein Kerl, er sey dan vom Adel, weder durch Mannheit, Geschicklichkeit noch Wissenschafft hinauff steigen konte, Gott geb wie er auch klettern könte; dan es war glätter polirt, als eine marmorsteinerne Säule, oder stählerner Spiegel; Uber demselben Ort sassen die mit den Fähnlein, deren waren theils jung, und theils bey zimlichen Jahren, die Junge hatten ihre Vettern hinauff gehoben, die Alte aber waren zum theil von sich selbst hinauff gestiegen, entweder auff einer silbernen Läiter, die man Schmiralia nennet, oder sonst auff einem Steg, den ihnen das Glück auß Mangel anderer gelegt hatte. Besser oben sassen noch höhere, die auch ihre Mühe, Sorge und Anfechtung hatten, sie genossen aber diesen Vortheil, daß sie ihre Beutel mit demjenigen Speck am besten spicken können, welchen sie mit einem Messer, das sie

Contribution nanten, auß der Wurtzel schnitten; am thun=
[55]lichsten und geschicktesten fiel es ihnen, wan ein Commissarius daher kam, und eine Wanne voll Geld über
den Baum abschüttete, solchen zuerquicken, daß sie das
beste von oben herab auffftngen, und den untersten soviel
als nichts zukommen liessen; dahero pflegten von den
untersten mehr Hungers zusterben, als ihrer vom Feind
umkamen, welcher Gefahr miteinander die höchste ent=
übrigt zuseyn schienen. Dahero war ein unauffhörliches
gegrabel und auffklettern an diesen Baum, weil jeder gern
an den obristen glückseeligen Orten sitzen wolte, doch waren
etliche faule liederliche Schlingel, die das Commiß=Brot
zufressen nicht werth waren, welche sich wenig um eine
Oberstelle bemüheten, und einen weg als den andern thun
musten, was ihre Schuldigkeit erfoderte; Die Unterste,
was Ehrgeitzig war, hoffeten auff der Obern Fall, damit
sie an ihren Ort sitzen mögten, und wan es unter zehen=
tausenden einem gerieth, daß er so weit gelangte, so geschahe solches erst in ihrem verdrüßlichen Alter, da sie
besser hintern Ofen taugten Aepffel zubraten, als im
Feld vorm Feind zuligen, und wanschon einer wol stund,
und seine Sache rechtschaffen verrichtete, so ward er von
andern geneidet, oder sonst durch einen unversehenlichen
unglücklichen Dunst beydes der Scharge und deß Lebens
beraubt, nirgends hielt es härter, als an obgemeltem
glatten Ort, dan welcher einen guten Feldwaibel oder
Scherganten hatte, verlor ihn ungern, welches aber geschehen muste, wan man einen Fähnrich auß ihm gemachet hätte. Man nam dahero, anstat der alten Sol=
daten, viel lieber Plackscheisser, Cammerdiener, erwachsene
Pagen, [56] arme Edelleute, irgends Vettern und sonst
Schmarotzer und Hungerleider, die denen, so etwas meritirt,
das Brot vorm Maul abschnitten, und Fähnrich wurden.

Das XVII. Capitel.
Obschon im Krieg der Abel, wie billich, dem gemeinen Mann
vorgezogen wird, so kommen doch viel auß verächtlichem
Stand zu hohen Ehren.

Dieses verdroß einen Feldwaibel so sehr, daß er trefflich anfing zuschmälen, aber Adelhold sagte: Weistu
nicht, daß man je und allwegen die Kriegs=Aemter

mit Adelichen Personen besetzt hat? als welche hierzu am tauglichsten seyn; graue Bärte schlagen den Feind nicht, man könte sonst eine Heerde Böcke zu solchem Geschäfft dingen, es heist:

> Ein junger Stier wird vorgestellt
> Dem Hauffen, als erfahren,
> Den er auch hübsch beysammen hält,
> Trutz dem von vielen Jahren;
> Der Hirt darff ihm vertrauen auch,
> Ohn Anseh'n seiner Jugend,
> Man judicirt nach bösem Brauch,
> Auß Alterthum die Tugend.

Sage mir, du alter Krachwadel, ob nicht Edel=geborne Officirer von der Soldatesca besser respectiret werden, als diejenige, so zuvor gemeine Knechte gewesen? und was ist von Kriegs=Disciplin zuhalten, wo kein rechter Respect ist? darff nicht der Feldherr einem Cavallier mehr vertrauen, als einem Baurenbuben, der seinem Vater vom Pflug entlauffen, und seinen eigenen Eltern kein gut thun wollen? Ein rechtschaffener Edelmann, eh er seinem Geschlecht durch Untreu, Feldflucht, oder sonst etwas dergleic=[57]chen einen Schandflecken anhinge, eh würde er ehrlich sterben: Zudem gebührt dem Adel der Vorzug in allwege, wie solches leg. Honor. dig. de honor. zusehen. Joannes de Platea will außtrücklich, daß man in Bestallung der Aemter dem Adel den Vorzug lassen, und die Edelleute den Plebejis schlecht soll vorziehen; ja solches ist in allen Rechten bräuchlich, und wird in heiliger Schrifft bestetiget, dan Beata terra, cujus Rex nobilis est, saget Syrach. cap. 10. welches ein herrlich Zeugnuß ist deß Vorzugs, so dem Adel gebühret. Und wanschon einer von euch ein guter Soldat ist, der Pulver riechen, und in allen Begebenheiten treffliche Anschläge geben kan, so ist er darum nicht gleich tüchtig, andere zucommandiren; da hingegen diese Tugend dem Adel angeboren, oder von Jugend auff angewöhnet wird. Seneca saget: Habet hoc proprium generosus animus, quod concitatur ad honesta, & neminem excelsi Ingenii

Virum humilia delectant, & sordida. Welches auch
Faustus Poeta in diesem Dysticho exprimiret hat:

 Si te rusticitas vilem genuisset agrestis,
  Nobilitas animi non foret ista tui.

Über das hat der Abel mehr Mittel, ihren Untergehörigen mit Geld, und den schwachen Compagnien mit Volck zuhelffen, als ein Baur: So stünde es auch nach dem gemeinen Sprüchwort nicht sein, wan man den Baur über den Edelman setzte; auch würden die Bauren viel zuhoffärtig, wan man sie also strack zu Herren machte, dan man saget:

 Es ist kein Schwert das schärffer schiert,
 Als wan ein Baur zum Herren wird.

Hätten die Bauren durch lang=hergebrachte löbliche [58] Gewonheit die Kriegs= und andere Aemter in Possession, wie der Abel, so würden sie gewißlich sobald keinen Edelmann einkommen lassen; zudem, obschon euch Soldaten von Fortun (wie ihr genennet werdet) man offt gern helffen wolte, daß ihr zu höhern Ehren erhaben würdet, so seyt ihr aber alsban gemeiniglich schon so abgelebt, wan man euch probiret hat, und eines bessern würdig schätzet, daß man Bedencken haben muß, euch zubefördern; dan da ist die Hitze der Jugend verloschen, und gedencket ihr nur schlechts dahin, wie ihr eueren krancken Leibern, die durch viel erstandene Widerwertigkeit außgemergelt, und zu Kriegs=Diensten wenig mehr nutz seyn, gütlich thun, und wol pflegen möget, GOtt gebe, wer fechte und Ehre einlege; hingegen aber ist ein junger Hund zum Jagen viel freubiger, als ein alter Löw.

Der Feldwaibel antwortete: Welcher Narr wolte dan bienen, wan er nicht hoffen darff, durch sein Wolverhalten befördert, und also um seine getreue Dienste belohnt zuwerden: Der Teuffel hole solchen Krieg! Auff diese Weise gilt es gleich, ob sich einer wol hält, oder nicht. Ich habe von unserm alten Obristen vielmals gehöret, daß er keinen Soldaten unter sein Regiment begehre, der ihm nicht vestiglich einbilde, durch Wolverhalten ein General zuwerden. So muß auch alle Welt bekennen, daß diejenige Nationen, so gemeinen, aber doch rechtschaffenen Soldaten fort helffen, und ihre Dapfferkeit bedencken, gemeiniglich victorisiren, welches man an den Persern und Türcken wol sihet. Es heist, [59]

Die Lampe leucht dir fein, doch must du sie auch laben
  Mit fett Oliven-Safft, die Flamm sonst bald verlischt:
Getreuer Dienst durch Lohn gemehrt wird, und erfrischt;
Soldaten Dapfferkeit will Unterhaltung haben.

Adelhold antwortete: Wan man eines reblichen Manns rechtschaffene Qualitäten sihet, so wird er freylich nicht übersehen, massen man heutigen Tags viel findet, welche vom Pflug, von der Nadel, von dem Schuster-Läist, und vom Schäferstecken zum Schwert gegriffen, sich wol gehalten, und durch solche ihre Dapfferkeit, weit über den gemeinen Adel, in Grafen- und Freyherren-Stand geschwungen; Wer war der Käiserliche Johann von Werd? wer der Schwedische Stallhans? wer der Hessische Kleine Jacob und S. Andreas? Ihres gleichen sind noch viel bekant, die ich Kürtze halber nicht alle nennen mag. Ist also gegenwärtiger Zeit nichts neues, wird auch bey der Posterität nicht abgehen, daß geringe, doch redliche Leute, durch Krieg zu hohen Ehren gelangen, welches auch bey den Alten geschehen: Tamerlanes ist ein mächtiger König, und schröckliche Forcht der gantzen Welt worden, der doch zuvor nur ein Säuhirt war; Agathocles König in Sicilien, ist eines Häfners Sohn gewesen; Thelephas ein Wagner, ward König in Lydien; deß Käysers Valentiniani Vater war ein Säiler; Mauritius Cappadox, ein leib-eigener Knecht, ward nach Tiberio Käiser; Joannes Zemisces kam auß der Schule zum Käiserthum. So bezeuget Flavius Vobiscus, daß [60] Bonosus Imperator eines armen Schul-Meisters Sohn gewesen sey; Hyperbolus, Chermidis Sohn, war erstlich ein Laternen-macher, und nachgehends Fürst zu Athen; Justinus, so vor Justiniano regirte, war vor seinem Käiserthum ein Säuhirt; Hugo Capetus eines Metzgers Sohn, hernach König in Franckreich; Pizarius gleichfalls ein Schweinhirt, und hernach Marg=

graf in den West=Indischen Ländern, welcher das Gold mit Centnern außzuwägen hatte.

Der Feldwaibel antwortete: Diß alles lautet zwar wol auff meinen Schrot, indessen sehe ich aber, daß uns die Thüren, zu ein= und andrer Würde zugelangen, durch den Adel verschlossen gehalten werden. Man setzet den Adel, wan er nur auß der Schale gekrochen, gleich an solche örter, da wir uns nimmermehr keine Gedancken hin machen dörffen, wangleich wir mehr gethan haben, als mancher Nobilist, den man jetzt für einen Obristen vorstellet. Und gleichwie unter den Bauren manch edel Ingenium verdirbt, weil es auß Mangel der Mittel nicht zu den Studiis angehalten wird: Also veraltet mancher wackerer Soldat unter seiner Mußquet, der billicher ein Regiment meritirte, und dem Feldherrn grosse Dienste zuleisten wüste.

Das XVIII. Capitel.
Simplicius thut den ersten Sprung in die Welt, mit schlechtem Glück.

Ich mogte dem alten Esel nicht mehr zuhören, sondern gönnete ihm, was er klagte, weil er offt die arme Soldaten prügelte wie die Hunde: Ich wante mich wieder gegen die Bäume, deren das [61] gantze Land voll stund, und sahe, wie sie sich bewegten, und zusammen stiessen, da prasselten die Kerl Hauffenweise herunter, Knall und Fall war eins; augenblicklich frisch und tod, in einem Huy verlor einer einen Arm, der ander ein Bein, der dritte den Kopff gar. Als ich so zusahe, bedauchte mich, alle diejenige Bäume, die ich sahe, wären nur ein Baum, auff dessen Gipffel sasse der Kriegs=Gott Mars, und bedeckte mit deß Baums Aesten gantz Europam; Wie ich davor hielt, so hätte dieser Baum die gantze Welt überschatten können, weil er aber durch Neid und Haß, durch Argwahn und Mißgunst, durch Hoffart, Hochmuth und Geitz, und andere dergleichen schöne Tugenden, gleichwie von scharffen Nord=Winden angewehet ward, schien er gar dünn und durchsichtig, dahero einer folgende Reimen an den Stamm geschrieben hat:

Die Stein=Eych durch den Wind getrieben und verletzet, Ihr eigen Aest abbricht, sich ins Verderben setzet:
 Durch innerliche Krieg, und brüderlichen Streit,
 Wird alles umgekehrt, und folget lauter Leid.

Von dem gewaltigen Gerassel dieser schädlichen Winde, und Zerstümmlung des Baums selbsten, ward ich auß dem Schlaff erweckt, und sahe mich nur allein in meiner Hütte. Dahero fing ich wieder an zugedencken, was ich doch immermehr anfangen solte? im Wald zubleiben war mir unmüglich, weil mir alles so gar hinweg genommen worden, daß ich mich nicht mehr auffhalten konte, nichts war mehr übrig, als noch etliche Bücher, welche hin und her zerstreut, [62] und durcheinander geworffen lagen: Als ich solche mit weynenden Augen wieder aufflase, und zugleich Gott inniglich anrufte, er wolte mich doch leiten und führen, wohin ich solte, da fand ich ungefähr ein Briefflein, das mein Einsidel bey seinem Leben noch geschrieben hatte, das lautet also: Lieber Simplici, wan du diß Briefflein findest, so gehe alsbald auß dem Wald, und errette dich und den Pfarrer auß gegenwärtigen Nöthen, dan er hat mir viel gutes gethan: Gott, den du allweg vor Augen haben, und fleissig beten sollest, wird dich an ein Ort bringen, das dir am bequemsten ist. Allein habe denselbigen stets vor Augen, und befleissige dich, ihm jederzeit dergestalt zubienen, als wan du noch in meiner Gegenwart im Wald wärest, bedencke und thue ohn Unterlaß meine letzte Reden, so wirstu bestehen mögen: Vale.

Ich küßte diß Briefflein und deß Einsidlers Grab zu viel 1000. malen, und machte mich auff den Weg, Menschen zusuchen, biß ich deren finden mögte, ging also zween Tage einen geraden Weg fort, und wie mich die Nacht begriff, suchte ich einen holen Baum zu meiner Herberge, meine Zehrung war nichts anders als Buchen, die ich unterwegs aufflase, den dritten Tag aber kam ich ohnweit Gelnhausen auff ein zimlich eben Feld, da genosse ich gleichsam eines Hochzeitlichen Mahls, dan es es lag überall voller Garben auff dem Feld, welche die Bauren, weil sie nach der namhafften Schlacht vor Nörd=

lingen verjagt worden, zu meinem Glück nicht einführen können, in deren einer machte ich mein Nachtläger, weil es grausam kalt war, und sättigte mich mit außge-[63] riebenen Waitzen, dergleichen ich lang nicht genossen.

Das XIX. Capitel.
Wie Hanau von Simplicio, und Simplicius von Hanau eingenommen wird.

Da es tagete, fütterte ich mich wider mit Waitzen, begab mich zum nächsten auff Gelnhausen, und fand daselbst die Thore offen, welche zum theil verbrant, und jedoch noch halber mit Mist verschantzt waren: Ich ging hinein, konte aber keines lebendigen Menschen gewahr werden, hingegen lagen die Gassen hin und her mit Todten überstreut, deren etliche gantz, etliche aber biß auffs Hembd außgezogen waren. Dieser jämmerliche Anblick war mir ein erschröcklich Spectacul, massen ihm jederman selbsten wol einbilden kan, meine Einfalt konte nicht ersinnen, was vor ein Unglück das Ort in einen solchen Stand gesetzt haben müste. Ich erfuhre aber unlängst hernach, daß die Käiserliche Völcker etliche Weymarische daselbst überrumpelt. Kaum zween Steinwürffe weit kam ich in die Stat, als ich mich derselben schon satt gesehen hatte, derowegen kehrete ich wieder um, ging durch die Aue neben hin, und kam auf eine gänge Landstraffe, die mich vor die herrliche Vestung Hanau trug: Sobald ich deren erste Wacht ersahe, wolte ich durchgehen, aber mir kamen gleich zween Mußquetirer auff den Leib, die mich anpackten, und in ihre Corps de Guarde führten.

Ich muß dem Leser nur auch zuvor meinen damaligen visirlichen Auffzug erzehlen, eh daß ich ihm sage, wie mirs weiter ging, dan meine Kleidung und Geberden waren durchauß seltzam, verwunderlich [64] und widerwertig, so, daß mich auch der Gouverneur abmahlen lassen: Erstlich waren meine Haare in dritthalb Jahren weder auff Griechisch, Teutsch noch Frantzösisch abgeschnitten, gekampelt noch gekräuselt oder gebüfft worden, sondern sie stunden in ihrer natürlichen Verwirrung noch,

4*

mit mehr als jährigem Staub, anstat deß Haar=Plun=
ders, Puders oder Pulvers (wie man das Narren= oder
Närrin=werck nennet) durchstreut, so zierlich auff meinem
Kopff, daß ich darunter herfür sahe mit meinem bleichen
Angesicht, wie eine Schleyer=Eule, die knappen will, oder
sonst auff eine Mauß spannet. Und weil ich allzeit paar=
häuptig zugehen pflegte, meine Haare aber von Natur
krauß waren, hatte es das Ansehen, als wan ich einen
Türckischen Bund auffgehabt hätte; Der übrige Habit
stimmte mit der Hauptzier überein, dan ich hatte meines
Einsiblers Rock an, wan ich denselben anders noch einen
Rock nennen darff, dieweil das erste Gewand, darauß er
geschnitten worden, gäntzlich verschwunden, und nichts mehr
davon übrig gewesen, als die blosse Form, welche mehr
als tausend Stücklein allerhand färbiges zusammen ge=
setztes, oder durch vielfältiges flicken aneinander genähetes
Tuch, noch vor Augen stellte. Uber diesem abgangenem,
und doch zu vielmalen verbessertem Rock, trug ich das
härin Hemd, anstat eines Schulter=Kleides, (weil ich
die Ermel an Strümpffs stat brauchte, und dieselbe zu
solchem Ende herab getrennet hatte,) der gantze Leib aber
war mit eisernen Ketten, hinten und vorn sein Creutz=
weis, wie man S. Wilhelmum zumahlen pfleget, umgürtet,
so daß es fast eine Gattung abgab, wie mit denen, so
vom [65] Türcken gefangen, und vor ihre Freunde zu=
bettlen, im Land umziehen; meine Schuhe waren auß
Holtz geschnitten, und die Schuhbändel auß Rinden von
Lindenbäumen gewebet, die Füsse selbst aber sahen so
Krebs=roth auß, als wan ich ein paar Strümpffe von
Spanisch Leibfarbe angehabt, oder sonst die Haut mit
Fernambuc gefärbet hätte: Ich glaube, wan mich damals
ein Gauckler, Marcktschreyer oder Landfahrer gehabt, und
vor einen Samojeden oder Grünländer dargeben, daß er
manchen Narren angetroffen, der einen Creutzer an mir
versehen hätte. Obzwar nun einjeder Verständiger auß
meinem magern und außgehungerten Anblick, und hinläs=
siger Auffziehung unschwer schliessen können, daß ich auß
keiner Garküchen, oder auß dem Frauenzimmer, weniger
von irgend eines grossen Herrn Hofhaltung entlauffen, so

warb ich jedoch unter der Wacht streng examiniret, und gleichwie sich die Soldaten an mir vergafften, also betrachtete ich hingegen ihres Officirers tollen Auffzug, dem ich Red und Antwort geben muste; Ich wuste nicht, ob er Sie oder Er wäre, dan er trug Haare und Bart auff Frantzösisch, zu beyden Seiten hatte er lange Zöpffe herunter hangen wie Pferds=Schwäntze, und sein Bart war so elend zugerichtet, und verstümpelt, daß zwischen Maul und Nase nur noch etliche wenige Haare so kurtz davon kommen, daß man sie kaum sehen konte: Nicht weniger satzten mich seine weite Hosen, seines Geschlechts halber in nicht geringen Zweiffel, als welche mir vielmehr einen Weiber=Rock, als ein paar Manns=Hosen vorstelleten. Ich gedachte bey mir selbst, ist dieser ein Mann? so solte er [66] auch einen rechtschaffenen Bart haben, weil der Geck nicht mehr so jung ist, wie er sich stellet: Ist es aber ein Weib, warum hat die alte Hure dan so viel Stoppeln ums Maul? Gewißlich ist es ein Weib, gedachte ich, dan ein ehrlicher Mann wird seinen Bart wol nimmermehr so jämmerlich verketzern lassen; massen die Böcke auß grosser Schamhafftigkeit keinen Tritt unter fremde Heerden gehen, wan man ihnen die Bärte stutzet. Und demnach ich also im Zweiffel stund, und nicht wuste, was die jetzige Mode war, hielt ich ihn endlich vor Mann und Weib zugleich.

Dieses männische Weib, oder dieser weibische Mann, wie er mir vorkam, ließ mich überall besuchen, fand aber nichts bey mir, als ein Büchlein von Bircken=Rinden, darin ich meine tägliche Gebet geschrieben, und auch dasjenige Zettelein ligen hatte, das mir mein frommer Einsidel, wie in vorigem Capitel gemeldet worden, zum Valete hinterlassen, solches nam er mir; weil ichs aber ungern verlieren wolte, fiel ich vor ihm nieder, fassete ihn um beyde Knie, und sagte: Ach mein lieber Hermaphrodit, last mir doch mein Gebetbüchlein! Du Narr, antwortete er, wer Teufel hat dir gesagt, daß ich Herman heisse? Befahl darauff zweyen Soldaten, mich zum Gubernator zuführen, welchen er besagtes Buch mit gab, weil der Phantast ohn das, wie ich gleich merckte, selbst weder lesen noch schreiben konte.

Also führete man mich in die Stat, und jederman
lieff zu, als wan ein Meer=Wunder auff die Schau
geführet würde; und gleichwie mich jedweder sehen wolte,
also machte auch jeder etwas besonders auß mir, etliche
hielten mich vor einen Spionen, andere [67] vor einen
Unsinnigen, andere vor einen wilden Menschen, und
aber andere vor einen Geist, Gespenst, oder sonst vor
ein Wunder, welches etwas besonders bedeuten würde:
Auch waren etliche, die hielten mich vor einen Narren,
welche wol am nächsten zum Zweck geschossen haben móg=
ten, wan ich den lieben GOtt nicht gekant hätte.

Das XX. Capitel.
Was gestalt er von der Gefängnüß und der Folter errettet worden.

Als ich vor den Gubernator gebracht ward, fragte
er mich, wo ich herkäme? Ich aber antwortete, ich
wüste es nicht: Er fragte weiter, wo wilstu dan
hin? Ich antwortete abermal, ich weiß nicht: was Teuffel
weistu dan, fragte er ferner, was ist dan deine Hand=
tierung? Ich antwortete noch wie vor, ich wüste es
nicht: Er fragte, wo bistu zu Hauß? und als ich wie=
derum antwortete, ich wüste es nicht, veränderte er sich
im Gesicht, nicht weiß ich, obs auß Zorn oder Verwun=
derung geschahe? Dieweil aber jederman das Böse zu
argwähnen pfleget, zumalen der Feind in der Nähe war,
als welcher allererst, wie gemeldet, die vorige Nacht Geln=
hausen eingenommen, und ein Regiment Dragoner darin
zuschanden gemachet hatte, fiel er denen bey, die mich vor
einen Verräther oder Kundschaffter hielten, befahl darauff,
man solte mich besuchen; Als er aber von den Soldaten
von der Wacht, so mich zu ihm geführet hatten, vername,
daß solches schon beschehen, und anders nichts bey mir
wäre gefunden worden, als gegenwärtiges Büchlein, wel=
ches sie ihm zugleich überreichten, laß er ein paar Zeilen
darnach, und fragte [68] mich, wer mir das Büchlein
geben hätte? ich antwortete, es wäre von Anfang mein
eigen gewesen, dan ich hätte es selbst gemacht und über=
schrieben: Er fragte, warum eben auff birckene Rinden?
Ich antwortete, weil sich die Rinden von andern Bäumen

nicht darzu schicken: Du Flegel, sagte er, ich frage, warum du nicht auff Papier geschrieben hast? Ey, antwortete ich, wir haben keins mehr im Wald gehabt: Der Gubernator fragte, Wo? in welchem Wald? Ich antwortete wieder auff meinen alten Schrot, ich wüste es nicht.

Da wante sich der Gubernator zu etlichen von seinen Officirern, die ihm eben auffwarteten, und sagte: Entweder ist dieser ein Ertz=schelm, oder gar ein Narr! zwar kan er kein Narr seyn, weil er so schreibt; und indem als er so redet, blättert er in meinem Büchlein so starck herum, ihnen meine schöne Handschrifft zuweisen, daß deß Ein=sidlers Brieflein herauß fallen muste, solches ließ er auff=heben, ich aber entfärbte mich darüber, weil ich solches vor meinen höchsten Schatz und Heiligthum hielt; welches der Gubernator wol in acht nam, und daher noch einen grössern Argwahn der Verrätherey schöpffte, vornemlich als er das Briefflein auffgemacht und gelesen hatte, dan er sagte: Ich kenne einmal diese Hand, und weiß, daß sie von einem mir wolbekanten Kriegs=Officier ist ge=schrieben worden, ich kan mich aber nicht erinnern, von welchem? so kam ihm auch der Inhalt selbst gar seltzam und unverständlich vor, dan er sagte: Diß ist ohn Zweifel eine abgerebte Sprache, die sonst niemand verstehet, als derjenige, mit dem sie abgerebet worden. Mich [69] aber fragte er, wie ich hiesse? und als ich antwortete Simplicius. sagte er: Ja, ja, du bist eben deß rechten Krauts! fort, fort, daß man ihn alsobald an Hand und Fuß in Eisen schliesse: Also wanderten beyde obgemelte Soldaten mit mir nach meiner bestimmten neuen Herberge, nemlich dem Stock=Hauß zu, und überantworteten mich dem Ge=waltiger, welcher mich seinem Befehl gemäß, mit eisernen Banden und Ketten an Händen und Füssen, noch ein mehrers zierte, gleichsam als hätte ich nicht genug an deren zutragen gehabt, die ich bereits um den Leib herum gebunden hatte.

Dieser Anfang mich zubewillkommen, war der Welt noch nicht genug, sondern es kamen Hencker und Stecken=knechte, mit grausamen Folterungs=Instrumenten, welche mir, unangesehen ich mich meiner Unschuld zugetrösten hatte, meinen elenden Zustand allererst grausam machten: Ach Gott! sagte ich zu mir selber, wie geschiehet mir so recht, Simplicius ist darum auß dem Dienst GOttes in die Welt gelauffen, damit eine solche Mißgeburt deß Christenthums den billigen Lohn empfahe, den ich mit meiner Leichtfertigkeit verdienet habe: O du unglückseliger Simplici! wohin bringet dich deine Undanckbarkeit? Sihe, Gott hatte dich kaum zu seiner Erkantnuß und in seine Dienste gebracht, so laufst du hingegen auß seinen Diensten, und kehrest ihm den Rücken! Hättestu nicht mehr Eicheln und Bohnen essen können wie zuvor, deinem Schöpffer unverhindert zudienen? Hastu nicht gewust, daß dein getreuer Einsidel und Lehrmeister die Welt geflohen, und ihm die Wildnüs außerwehlet? O blindes Ploch, du hast [70] dieselbe verlassen, in Hoffnung, deinen schändlichen Begierden (die Welt zusehen) genug zuthun. Aber nun schaue, indem du vermeynest, deine Augen zuwäiden, mustu in diesem gefährlichen Irrgarten untergehen und verderben; Hastu unweiser Tropff dir nicht zuvor können einbilden, daß dein seeliger Vorgänger der Welt Freude um sein hartes Leben, das er in der Einöde geführet, nicht würde verdauschet haben, wan er in der Welt den waaren Frieden eine rechte Ruhe, und die ewige Seeligkeit zuerlangen getrauet hätte? Du armer Simplici, jetzt fahre hin, und empfahe den Lohn deiner gehabten eitelen Gedancken und vermessenen Thorheit; Du hast dich keines Unrechten zubeklagen, auch keiner Unschuld zugetrösten, weil du selber deiner Marter und darauff folgendem Tod bist entgegen geeilet. Also klagte ich mich selbst an, bat Gott um Vergebung, und befahl ihm meine Seele: Indessen näherten wir dem Diebs=Thurn, und als die Noth am grösten, da war die Hülffe Gottes am nähesten; dan als ich mit den Schergen umgeben war, und samt einer grossen Menge Volcks vorm Gefängnüß stund, zuwarten biß es auffgemachet, und ich hinein gethan würde, wolte mein Pfarrherr, dem neulich sein Dorff geplündert und verbrant worden, auch sehen, was da vorhanden wäre: (dan er lag zunächst dabey auch im Arrest) Als dieser zum Fenster außsahe, und mich erblickte, ruffte

er überlaut: O Simplici bistu es? Als ich ihn hörete
und sahe, konte ich nichts anders, als daß ich beyde Hände
gegen ihm auffhub, und schrye: O Vater! O Vater! O
Vater! Er aber fragte, was ich gethan hätte? Ich ant=
wortete, ich wüste es [71] nicht, man hätte gewißlich mich
darum daher geführet, weil ich auß dem Wald entlauffen
wäre: Als er aber vom Umstand vernam, daß man mich
vor einen Verräther hielte, bat er, man wolte mit mir
inhalten, biß er meine Beschaffenheit dem Herrn Gouverneur berichtet hätte, dan solches beydes zu meiner und
seiner Erledigung taugen, und verhüten würde, daß sich
der Herr Gouverneur an uns beyden nicht vergreiffe,
sintemal er mich besser kenne, als sonst kein Mensch.

Das XXI. Capitel.
Das betrügliche Glück gibt Simplicio einen freundlichen Blick.

Jhm ward erlaubt, zum Gubernator zugehen, und
über eine halbe Stunde hernach, ward ich auch ge=
holt, und in die Gesind=Stube gesetzet, allwo sich
schon zween Schneider, ein Schuster mit Schuhen, ein
Kauffmann mit Hüten und Strümpffen, und ein anderer
mit allerhand Gewand eingestellt, damit ich ehist gekleidet
würde, da zog man mir den Rock ab, samt der Ketten
und dem härinen Hemb, auf daß die Schneider das Maaß
recht nehmen könten; folgends erschiene ein Feldscherer,
mit scharffer Lauge und wolriechender Säiffe, und eben
als dieser seine Kunst an mir üben wolte, kam ein
ander Befelch, welcher mich gräulich erschreckte, weil er
lautete, ich solte meinen Habit wieder anziehen; solches
war nicht so böß gemeynt, wie ich wol besorgte, dan
es kam gleich ein Mahler mit seinem Werckzeug daher,
nemlich mit Minien und Zinober zu meinen Augliedern,
mit Lack, Endig und Lasur zu meinen Corallen=rothen
Lippen, mit Auripigmentum, [72] Rausch=schütt und Bley=
gelb zu meinen weissen Zähnen, die ich vor Hunger bleckte,
mit Kühnruß, Kohlschwärtz und Umbra zu meinen gelben
Haaren, mit Bleyweiß zu meinen greßlichen Augen, und
mit sonst vielerley Farben zu meinem Wetterfarbigen
Rock, auch hatte er eine gantze Hand voll Pensel. Dieser

fing an mich zubeschauen, abzureissen, zuuntermahlen, den
Kopff über eine Seite zuhengen, um seine Arbeit gegen
meiner Gestalt genau zubetrachten; bald änderte er die
Augen, bald die Haare, geschwind die Nasenlöcher, und
in Summa alles, was er im Anfang nicht recht gemachet,
biß er endlich ein natürliches Muster entworffen hatte,
wie Simplicius eins war: Alsdan dorffte allererst der
Feldscherer auch über mich herwischen, derselbe zwagte mir
den Kopff, und richtete wol anderthalbe Stunde an mei=
nen Haaren, folgends schnitt er sie ab auff die damalige
Mode, dan ich hatte Haar übrig. Nachgehends satzte er
mich in ein Badstüblein, und säuberte meinen magern
außgehungerten Leib von mehr als drey= oder vierjährigem
Unlust: Kaum war er fertig, da brachte man mir ein
weisses Hemd, Schuhe und Strümpffe, samt einem Uber=
schlag oder Kragen, auch Hut und Feder, so waren die
Hosen auch schön außgemacht, und überall mit Galaunen
verpremt, allein manglets noch am Wams, daran die
Schneider zwar auff die Eil arbeiteten; der Koch stellete
sich mit einem krässtigen Süpplein ein, und die Kellerin
mit einem Trunck: Da saß mein Herr Simplicius wie ein
junger Graf, zum besten accommodirt; Ich zehrte dapffer
zu, unangesehen ich nicht wuste, was man mit mir machen
wolte, dan ich wuste noch von [73] keinem Hencker=Mahl
nichts, dahero thät mir die Erkostung dieses herrlichen
Anfangs so trefflich kirr und sanfft, daß ichs keinem Men=
schen genugsam sagen, rühmen und außsprechen kan; Ja
ich glaube schwerlich, daß ich mein Lebtag einzigesmal
eine grössere Wolluft empfunden, als eben damals. Als
nun das Wams fertig war, zog ichs auch an, und stellete
in diesem neuen Kleid ein solch ungeschickte Postur vor
Augen, daß es sahe wie ein Trophæum, oder als wan
man einen Zaunstecken gezieret hätte, weil mir die Schnei=
der die Kleider mit Fleiß zuweit machen musten, um der
Hoffnung willen die man hatte, ich würde in kurtzer Zeit
zulegen, welches auch bey so gutem Futter augenscheinlich
geschahe. Mein Wald=Kleid, samt der Ketten und aller
Zugehör, ward hingegen in die Kunst=Kammer zu andern
raren Sachen und Antiquitäten gethan, und mein Bild=
nüß in Lebensgrösse darneben gestellet.

Nach dem Nacht=Essen ward mein Herr (der war ich) in ein Bette geleget, dergleichen mir niemals weder bey meinem Knán noch Einsidel zutheil worden; aber mein Bauch kurrete und murrete die gantze Nacht hindurch, daß ich nicht schlaffen konte, vielleicht keiner andern Ursache halber, als weil er entweder noch nicht wuste was gut war, oder weil er sich über die anmütige neue Speisen, die ihm zutheil worden, verwunderte, ich blieb aber einen Weg als den andern ligen, biß die liebe Sonne wieder leuchtete (dan es war kalt) und betrachtete, was vor seltzame Anstände ich nun etliche Tage gehabt, und wie mir der liebe GOtt so treulich durch geholffen, und mich an ein so gutes Ort geführet hätte.

[74] **Das XXII. Capitel.**
Wer der Einsidel gewesen, dessen Simplicius genossen.

DEnselben Morgen befahl mir deß Gouverneurs Hofmeister, ich solte zu obgemeltem Pfarrer gehen, und vernehmen, was sein Herr meinetwegen mit ihm geredet hätte: Er gab mir einen Leibschützen mit, der mich zu ihm brachte, der Pfarrer aber führete mich in sein Museum, satzte sich, hieß mich auch sitzen, und sagte: Lieber Simplici, der Einsidel, bey dem du dich im Wald auffgehalten, ist nicht allein deß hiesigen Gouverneurs Schwager, sondern auch im Krieg sein Beförderer und werthester Freund gewesen; wie dem Gubernator mir zuerzehlen beliebet, so ist demselben von Jugend auff weder an Dapfferkeit eines heroischen Soldaten, noch an Gottseligkeit und Andacht, die sonst einem Religioso zuständig, niemal nichts abgangen, welche beyde Tugenden man zwar selten beyeinander zufinden pflegt; Sein geistlicher Sinn und widerwertige Begegnüssen, hemmeten endlich den Lauff seiner weltlichen Glückseeligkeit, so, daß er seinen Adel und ansehenliche Güter in Schotten, da er gebürtig, verschmähete und hindan setzete, weil ihm alle Welthändel abgeschmack, eitel und verwerfflich vorkamen: Er verhoffte, mit einem Wort, seine gegenwärtige Hoheit, um eine künfftige bessere Glori zuverwechslen, weil sein hoher Geist einen Ekel an allem zeitlichen Pracht hatte, und sein Dichten und Trachten war nur nach einem solchen erbärmlichen Leben gerichtet, darin du ihn im Wald angetroffen, und biß in seinen Tod Gesellschafft geleistet hast: Meines Erachtens ist er durch Lesung vieler Papistischen Bücher, von dem Leben der Alten [75] Eremiten, (oder auch durch das widrige und ungünstige Glück) hierzu verleitet worden.

Ich wil dir aber auch nicht verhalten, wie er in den Spessert, und seinem Wunsch nach, zu solchem armseeligen Einsidler-Leben kommen sey, damit du ins künfftige auch andern Leuten etwas davon zuerzehlen weist: Die zweyte Nacht hernach, als die blutige Schlacht vor Höchst verlohren worden, kam er einzig und allein vor meinen Pfarrhof, als ich eben mit meinem Weib und Kindern gegen dem Morgen entschlaffen war, weil wir wegen deß Lermens im Land, den beydes die Flüchtige und Nachjagende in dergleichen Fällen zuerregen pflegen, die vorige gantze, und auch selbige halbe Nacht durch und durch gewachet hatten: Er klopffte erstlich sittig an, und folgends ungestüm genug, biß er mich und mein schlafftruncken Gesind erweckte, und nachdem ich auff sein Anhalten und wenig Wortwechseln, welches beyderseits gar bescheiden fiel, die Thüre geöffnet, sahe ich den Cavallier von seinem mutigen Pferd steigen, sein kostbarlich Kleid war eben so sehr mit seiner Feinde Blut besprengt, als mit Gold und Silber verprempt; und weil er seinen blossen Degen noch in der Faust hielt, so kam mich Forcht und Schrecken an, nachdem er ihn aber einsteckte, und nichts als lauter Höflichkeit vorbrachte, hatte ich Ursache mich zuverwundern, daß ein so wackerer Herr einen schlechten Dorff-Pfarr so freundlich um Herberge anredete: Ich sprach ihn seiner schönen Person, und seines herrlichen Ansehens halber, vor den Mannsfelder selbst an, Er aber sagte, er sey demselben vor dißmal nur in der Unglückseeligkeit nicht allein zu-[76]vergleichen, sondern auch vorzuziehen; drey Dinge beklagte er, nemlich 1. seine verlorne hoch-schwangre Gemahlin, 2. die verlorne Schlacht, und 3. daß er nicht gleich andern redlichen Soldaten, in derselben vor das Evangelium sein Leben zulassen, das Glück gehabt hätte.

Ich wolte ihn trösten, sahe aber bald, daß seine Großmüthigkeit keines Trostes bedorffte, demnach theilte ich mit, was das Hauß vermogte, und ließ ihm ein Soldaten=Bett von frischem Stroh machen, weil er in kein anders ligen wolte, wiewol er der Ruhe sehr bedürfftig war. Das erste, das er den folgenden Morgen thät, war, daß er mir sein Pferd schenckte, und sein Geld (so er an Gold in keiner kleinen Zahl bey sich hatte) samt etlich köstlichen Ringen, unter meine Frau, Kinder und Gesinde außtheilete. Ich wuste nicht wie ich mit ihm dran war, weil die Soldaten viel eher zunehmen als zugeben pflegen; trug derowegen Bedenckens, so grosse Verehrungen anzunehmen, und wante vor, daß ich solches um ihn nicht meritiret, noch hinwiederum zuverdienen wisse, zudem sagte ich, wan man solchen Reichthum, und sonderlich das köstliche Pferd, welches sich nicht verbergen liesse, bey mir und den Meinigen sehe, so würde männiglich schliessen, ich hätte ihn berauben, oder gar ermorden helffen. Er aber sagte, ich solte bißfalls ohn Sorg leben, er wolte mich vor solcher Gefahr mit seiner eigenen Handschrifft versichern, ja er begehre so gar sein Hemd, geschweige seine Kleider auß meinem Pfarrhof nicht zutragen, und mit dem öffnete er mir seinen Vorsatz, ein Einsidel zuwerden: Ich wehrete mit Händen und Füssen was ich konte, weil mich bedünckte, daß solch [77] Vorhaben zumal nach dem Pabstum schmäcke, mit Erinnerung, daß er dem Evangelio mehr mit seinem Degen würde dienen können; Aber vergeblich, dan er machte so lang und viel mit mir, biß ich alles einging, und ihn mit denjenigen Büchern, Bildern und Haußrath mondirte, die du bey ihm gefunden, wiewol er nur der wüllinen Decke, darunter er dieselbige Nacht auff dem Stroh geschlaffen, vor all dasjenige begehrte, das er mir verehret hatte, darauß ließ er ihm einen Rock machen; So muste ich auch meine Wagenketten, die er stetig getragen, mit ihm um eine goldene, daran er seiner Liebsten Conterfait trug, vertauschen, also daß er weder Gelt noch Geldes werth behielt, mein Knecht führte ihn an das einödiste Ort deß Walds, und halff ihm daselbst seine Hütte auffrichten.

Was gestalt er nun sein Leben daselbst zugebracht, und womit ich ihm zuzeiten an die Hand gangen und außgeholffen, weist du sowol, ja zum theil besser als ich.

Nachdem nun neulich die Schlacht vor Nörblingen verloren, und ich, wie du weist, rein außgeplündert, und zugleich übel beschädiget worden, habe ich mich hieher in Sicherheit geflehnet, weil ich ohn das schon meine beste Sachen hier hatte: Und als mir die paare Geltmittel auffgehen wolten, nam ich drey Ringe, und obgemelte göldene Kette, mit samt dem anhangenden Conterfait, so ich von deinem Einsidel hatte, massen sein Petschier=Ring auch darunter war, und trugs zu einem Juden, solches zuversilbern, der hat es aber der Köstlichkeit und schönen Arbeit wegen dem Gubernator käufflich angetragen, welcher das Wappen und Conterfait [78] stracks gekant, nach mir geschickt, und gefragt, woher ich solche Kleinodien bekommen? Ich sagte ihm die Warheit, wiese deß Einsiblers Handschrifft oder Ubergabs=Brieff auff, und erzehlete allen Verlauff, auch wie er im Wald gelebet und gestorben: Er wolte solches aber nicht glauben, sondern kündete mir den Arrest an, biß er die Warheit besser erführe, und indem er im Werck begriffen war, eine Partey außzuschicken, den Augenschein seiner Wohnung einzunehmen, und dich hieher holen zulassen, so sehe ich dich in Thurn führen. Weil dan der Gubernator nunmehr an meinem Vorgeben nicht zuzweiflen Ursache hat, indem ich mich auff den Ort, da der Einsidel gewohnet, item auff dich und andere lebendige Zeugen mehr, insonderheit aber auff meinen Meßner beruffen, der dich und ihn offt vor Tags in die Kirche gelassen, zumalen auch das Briefflein, so er in deinem Gebet=Büchlein gefunden, nicht allein der Warheit, sondern auch deß seeligen Einsiblers Heiligkeit, ein treffliches Zeugnüß gibet; Als will er dir und mir wegen seines Schwagers sel. gutes thun, du darffst dich jetzt nur resolviren, was du wilt, daß er dir thun soll? wiltu studiren, so will er die Unkosten darzu geben; hastu Lust ein Handwerck zulernen, so will er dich eins lernen lassen; wiltu aber bey ihm verbleiben, so will er dich wie sein eigen Kind halten, dan er sagte, wan auch ein Hund von seinem

Schwager ſel. zu ihm käme, ſo wolle er ihn auffnehmen: Ich antwortete, es gelte mir gleich, was der Herr Gubernator mit mir mache.

[79] Das XXIII. Capitel.
Simplicius wird ein Page, item, wie deß Einſiblers Weib verloren worden.

Der Pfarrer zögerte mich auff in ſeinem Loſament biß 10. Uhr, eh er mit mir zum Gouverneur ging, ihm meinen Entſchluß zuſagen, damit er bey demſelben, weil er eine freye Tafel hielt, zu Mittags Gaſt ſeyn könne; dan es war damals Hanau blocquirt, und eine ſolche klemme Zeit bey dem gemeinen Mann, bevorab den geſlehnten Leuten in ſelbiger Veſtung, daß auch etliche, die ſich etwas einbilbeten, die angefrorne Rübſchälen auff der Gaſſen, ſo die Reiche etwan hinwarffen, auffzuheben nicht verſchmäheten: Es glückte ihm auch ſowol, daß er neben dem Gouverneur ſelbſt über der Tafel zuſitzen kam, ich aber wartete auff mit einem Deller in der Hand, wie mich der Hofmeiſter anwieſe; in welches ich mich zuſchicken wuſte, wie ein Eſel ins Schach-Spiel: Aber der Pfarrer erſatzte allein mit ſeiner Zunge, was die Ungeſchicklichkeit meines Leibs nicht vermogte, Er ſagte, daß ich in der Wilbnüß erzogen, niemals bey Leuten geweſen, und dahero wol vor entſchuldigt zuhalten, weil ich noch nicht wiſſen könte, wie ich mich halten ſolte; meine Treue, die ich dem Einſidel erwieſen, und das harte Leben, ſo ich bey demſelben überſtanden, wären verwunderns würdig, und allein werth, nicht allein meine Ungeſchicklichkeit zugebulben, ſondern auch mich dem feinſten Edelknaben vorzuziehen. Weiters erzehlete er, daß der Einſidel alle ſeine Freude an mir gehabt, weil ich, wie er öffters geſagt, ſeiner Liebſten von Angeſicht ſo ähnlich ſey, und daß er ſich offt über meine Beſtändigkeit [80] und unveränderlichen Willen, bey ihm zubleiben, und ſonſt noch über viel Tugenden, die er an mir gerühmt, verwundert hätte. In Summa, er konte nicht genugſam außſprechen, wie mit ernſtlicher Inbrünſtigkeit er kurtz vor ſeinem Tod mich ihm Pfarrern recommendiret und bekant hätte, daß er mich ſoſehr als ſein eigen Kind liebe.

Dieses kützelte mich dermassen in Ohren, daß mich bedünckte, ich hätte schon Ergötzlichkeit genug vor alles dasjenige empfangen, daß ich je bey dem Einsidel außgestanden. Der Gouverneur fragte, ob sein seel. Schwager nicht gewust hätte, daß er der Zeit in Hanau commandire? Freylich, antwortete der Pfarrer, ich hab es ihm selbst gesagt; Er hat es aber (zwar mit einem frölichen Gesicht und kleinem Lächlen) so kaltsinnig angehört, als ob er niemals keinen Ramsay gekant hätte, also daß ich mich noch, wan ich der Sache nachdenke, über dieses Manns Beständigkeit und vesten Vorsatz verwundern muß, wie er nemlich über sein Hertz bringen können, nicht allein der Welt abzusagen, sondern auch seinen besten Freund, den er doch in der Nähe hatte, so gar auß dem Sinn zuschlagen! Dem Gouverneur, der sonst kein waichhertzig Weiber-Gemüt hatte, sondern ein dapfferer heroischer Soldat war, stunden die Augen voll Wasser: Er sagte, hätte ich gewust, daß er noch im Leben, und wo er anzutreffen gewest wäre, so wolte ich ihn auch wider seinen Willen haben zu mir holen lassen, damit ich ihm seine Gutthaten hätte erwiedern können, weil mirs aber das Glück mißgönnet, als wil ich anstat seiner seinen Simplicium versorgen: Ach! sagte er weiters, der redliche Cavallier hat [81] wol Ursache gehabt, seine schwangere Gemahlin zubeklagen, dan sie ist von einer Parthey Käiserl. Reuter im Nachhauen, und zwar auch im Spessert gefangen worden. Als ich solches erfahren, und nichts anders gewust, als mein Schwager sey bey Höchst tod geblieben, habe ich gleich einen Trompeter zum Gegentheil geschickt, meiner Schwester nachzufragen, und dieselbe zuranzioniren, habe aber nichts anders damit außgerichtet, als daß ich erfahren, gemelte Partey Reuter sey im Spessert von etlichen Bauren zertrennt, und in solchem Gefecht meine Schwester von ihnen wieder verloren worden, also daß ich noch biß auff diese Stunde nicht weiß, wohin sie kommen.

Dieses und dergleichen war deß Gouverneurs und Pfarrers Tisch-Gespräch, von meinem Einsidel und seiner Liebsten, welches paar Ehevolck um soviel bestomehr bebauret wurde, weil sie einander nur ein Jahr gehabt hatten. Aber ich ward also deß Gubernators Page, und ein solcher Kerl, den die Leute, sonderlich die Bauren, wan ich sie bey meinem Herrn anmelden solte, bereits Herr Jung nanten, wiewol man selten einen Jungen sihet, der ein Herr gewesen, aber wol Herren, die zuvor Jungen waren.

Das XXIV. Capitel.
Simplicius tadelt die Leute, und sihet viel Abgötter in der Welt.

Damals war bey mir nichts schätzbarliches, als ein reines Gewissen, und auffrichtig frommes Gemüt zufinden, welches mit der edlen Unschuld und Einfalt begleitet und umgeben war; ich wuste von den Lastern nichts anders, als daß ich sie etwan [82] hören nennen, oder davon gelesen hatte, und wan ich deren eins würcklich begehen sahe, war mirs eine erschröckliche und seltene Sache, weil ich erzogen und gewehnet worden, die Gegenwart Gottes allezeit vor Augen zuhaben, und auffs ernstlichste nach seinem heiligen Willen zuleben, und weil ich denselben wuste, pflegte ich der Menschen Thun und Wesen gegen demselben abzuwegen, in solcher Ubung bedünckte mich, ich sehe nichts als eitel Greuel: HErr GOtt! wie verwunderte ich mich anfänglich, wan ich das Gesetz und Evangelium, samt den getreuen Warnungen Christi betrachtete, und hingegen derjenigen Wercke ansahe, die sich vor seine Jünger und Nachfolger außgaben; Anstat der auffrichtigen Meynung, die einjedweder rechtschaffener Christ haben soll, fand ich eitel Heucheley, und sonst so unzehlbare Thorheiten bey allen Welt-Menschen, daß ich auch zweiffelte, ob ich Christen vor mir hätte oder nicht? dan ich konte leichtlich mercken, daß männiglich den ernstlichen Willen GOTTES wüste, ich merckte aber hingegen keinen Ernst, denselben zuvollbringen.

Also hatte ich wol tausenderley Grillen und seltzame Gedancken in meinem Gemüt, und gerieth in schwere Anfechtung, wegen deß Befelchs Christi, da er spricht: Richtet nicht, so werdet ihr auch nicht gerichtet. Nichts desto weniger kamen mir die Worte Pauli zu Gedächtnüß, die er zun Gal. am 5. Cap. schreibet: Offenbar sind alle Wercke deß Fleisches, als da sind Ehebruch, Hurerey, Unreinigkeit, Unzucht, Abgötterey, Zauberey, Feindschaft, Haber, Neid, Zorn, Zanck, Zweytracht, Rotten, Haß, [83] Mord, Sauffen, Fressen, und dergleichen, von welchen ich euch habe zuvor gesagt, und sage es noch wie zuvor, daß, die solches thun, werden das Reich Gottes nicht ererben! Da gedachte ich, das thut ja fast jederman offentlich, warum solte dan ich nicht auch auf deß Apostels Wort offenhertzig schliessen dörffen, daß auch nicht jederman selig werde.

Nächst der Hoffart und dem Geitz, samt deren erbaren Anhängen, waren Fressen und Sauffen, Huren und Buben, bey den Vermüglichen eine tägliche Ubung; was mir aber am aller=erschröcklichsten vorkam, war dieser Greuel, daß etliche, sonderlich Soldaten=Bursch, bey welchen man die Laster nicht am ernstlichsten zustraffen pfleget, beydes auß ihrer Gottlosigkeit und dem heiligen Willen Gottes selbsten, nur einen Schertz machten. Zum Exempel, ich hörete einsmals einen Ehebrecher, welcher wegen vollbrachter That noch gerühmt seyn wolte, diese gottlose Worte sagen: Es thuts dem gedultigen Hanrey genug, daß er meinetwegen ein paar Hörner trägt, und wan ich die Warheit bekennen soll, so hab ichs mehr dem Mann zuleid, als der Frau zulieb gethan, damit ich mich an ihm rächen möge. O kahle Rache! Antwortete ein ehrbar Gemüt, so dabey stund, dadurch man sein eigen Gewissen beflecket, und den schändlichen Namen eines Ehebrechers überkomt! Was Ehebrecher? Antwortete er ihm mit einem hönischen Gelächter, ich bin darum kein Ehebrecher, wanschon ich diese Ehe einwenig gebogen habe; Diß seynd Ehebrecher, wovon das sechste Gebot saget, allwo es verbeut, daß keiner einem andern in Garten steigen, und die Kirschen eher brechen solle, [84] als der Eigenthums=Herr! Und daß solches also zuverstehen sey, erklärte er gleich darauff, nach seinem Teuffels=Catechismo, das siebende Gebot, welches diese Meynung deutlicher vorbringe, indem es saget: Du solt nicht stelen, ꝛc. Solcher Worte trieb er viel, also daß ich bey mir selbst

seufftzete und gedachte: O Gottslästerlicher Sünder! du
nennest dich selbst einen Ehebieger, und den gütigen Gott
einen Ehebrecher, weil er Mann und Weib durch den Tod
voneinander trennet; meynestu nicht, sagte ich auß übri=
gem Eyfer und Verdruß zu ihm, wiewol er ein Officier
war, daß du dich mit diesen gottlosen Worten mehr ver=
sündigest, als mit dem Ehebruch selbst? Er aber ant=
wortete mir: Du Maußkopff, soll ich dir ein paar Ohrfeigen
geben? Ich glaube auch, daß ich solche dicht bekommen,
wan der Kerl meinen Herrn nicht hätte förchten müssen:
Ich aber schwieg still, und sahe nachgehends, daß es gar
keine seltene Sache war, wan sich Ledige nach Verehelich=
ten, und Verehelichte nach Ledigen umsahen.

Als ich noch bey meinem Einsidel den Weg zum
ewigen Leben studirete, verwunderte ich mich, warum doch
Gott seinem Volck die Abgötterey so hochsträfflich verbo=
ten? dan ich bildete mir ein, wer einmal den waaren
ewigen GOtt erkant hätte, der würde wol nimmermehr
keinen andern ehren und anbeten; schloß also in meinem
dummen Sinn, diß Gebot sey unnötig, und vergeblich ge=
geben worden: Aber ach! ich Narr wuste nicht was ich
gedachte, dan sobald ich in die Welt kam, vermerckte ich,
daß (diß Gebot unangesehen) beynahe jeder Welt=Mensch
einen besondern Neben=Gott hatte, ja etliche hatten wol
mehr, [85] als die alte und neue Heiden selbsten, etliche
hatten den Ihrigen in der Küsten, auff welchen sie allen
Trost und Zuversicht satzten, mancher hatte den seinen
bey Hof, zu welchem er alle Zuflucht gestellet, der doch
nur ein Favorit, und offt ein liederlicher Bernheuter war,
als sein Anbeter selbst, weil seine lüfftige Gottheit nur
auff deß Printzen Aprillenwetterischen Gunst bestund;
andere hatten den ihrigen in der Reputation, und bilde=
ten sich ein, wan sie nur dieselbige erhielten, so wären
sie selbst auch halbe Götter; noch andere hatten den
ihrigen im Kopff, nemlich diejenige, denen der waare GOtt
ein gesund Hirn verliehen, also daß sie einzige Künste
und Wissenschafften zufassen geschickt waren, dieselbe satzten
den gütigen Geber auff eine Seite, und verliessen sich
auff die Gabe, in Hoffnung, sie würde ihnen alle Wol=

fahrt verleihen; Auch waren viel, deren Gott ihr eigener Bauch war, welchem sie täglich die Opffer raichten, wie vorzeiten die Heiden dem Baccho und der Cereri gethan, und wan solcher sich unwillig erzeigte, oder sonst die menschliche Gebrechen sich anmeldeten, so machten die elende Menschen einen Gott auß dem Medico, und suchten ihres Lebens Auffenthalt in der Apothecke, auß welcher sie zwar öffters zum Tod befördert wurden. Manche Narren machten ihnen Göttinnen auß glatten Metzen, dieselbe nanten sie mit andern Namen, beteten sie Tag und Nacht an mit vielen tausend Seufftzen, und machten ihnen Lieder, welche nichts anders, als ihr Lob in sich hielten, benebens einem demütigen Bitten, daß solche mit ihrer Torheit ein barmhertziges Mitleiden tragen, und auch zu Närrinnen werden wolten, gleichwie sie selbst Narren seyn. [86]

Hingegen waren Weibsbilder, die hatten ihre eigne Schönheit vor ihren Gott auffgeworffen; diese, gedachten sie, wird mich wol vermannen, GOtt im Himmel sage darzu, was er will; dieser Abgott ward anstat anderer Opffer täglich mit allerhand Schmincke, Salben, Wassern, Pulvern und sonst Schmirsel unterhalten und verehret. Ich sahe Leute, die wolgelegene Häuser vor Götter hielten, dan sie sagten, solang sie darin gewohnet, wäre ihnen Glück und Heil zugestanden, und das Gelt gleichsam zum Fenster hinein gefallen; welcher Torheit ich mich höchstens verwunderte, weil ich die Ursache sahe, warum die Einwohner so guten Zuschlag gehabt: Ich kante einen Kerl, der konte in etlichen Jahren vor dem Taback-Handel nicht recht schlaffen, weil er demselben sein Hertz, Sinne und Gedancken, die allein GOtt gewidmet seyn solten, geschencket hatte, er schickte demselben so Tags als Nachts so viel tausend Seufftzer, weil er dadurch prosperirte; Aber was geschahe? der Phantast starb, und fuhr dahin, wie der Tabackrauch selbst. Da gedachte ich, O du elender Mensch! wäre dir deiner Seelen Seeligkeit und deß waaren Gottes Ehre, sohoch angelegen gewesen, als der Abgott, der in Gestalt eines Brasilianers mit einer Rolle Taback unterm Arm, und einer Pfeiffen im Maul, auff deinem Gaden stehet, so lebte ich der unzweifflichen Zu-

versicht, du hätteft ein herrliches Ehren=Kräntzlein in
jener Welt zutragen, erworben. Ein anber gEsell hatte
noch wol liederlichere Götter, dan als bey einer Gesell=
schafft von jedem erzehlet ward, auff was Weise er sich
in dem greulichen Hunger und theuren Zeit ernähret
und durchgebracht, sagte dieser mit Teut=[87]schen Worten:
die Schnecken und Frösche seyn sein Herr Gott gewesen,
er hätte sonst in Mangel ihrer müssen Hungers sterben:
Ich fragte ihn, was ihm dan damals GOtt selbst ge=
wesen wäre, der ihm solche Insecta zu seinem Auffenthalt
beschehret hätte? Der Tropff aber wuste nichts zuant=
worten, und ich muste mich um soviel desto mehr ver=
wundern, weil ich noch nirgends gelesen, daß die Alte
abgöttische Egyptier, noch die Neulichste Americaner, jemals
dergleichen Ungeziefer vor Gott außgeschrien, wie dieser
Geck thäte.

Ich kam einsmals mit einem vornehmen Herrn in
eine Kunst=Kammer, darin schöne Raritäten waren, unter
den Gemählden gefiel mir nichts besser, als ein Ecce Homo!
wegen seiner erbärmlichen Darstellung, mit welcher es
die Anschauer gleichsam zum Mitleiden verzuckte; Darneben
hing eine papierne Karte in China gemahlt, darauff stun=
den der Chineser Abgötter in ihrer Majestät sitzend, deren
theils wie die Teuffel gestaltet waren, der Herr im Hauß
fragte mich, welches Stück in seiner Kunst=Kammer mir
am besten gefiele? Ich deutete auff besagtes Ecce Homo;
Er aber sagte, ich irre mich, das Chineser Gemähld wäre
rarer, und dahero auch köstlicher, er wolle es nicht um
zehen solcher Ecce Homo manglen: Ich antwortete, Herr,
ist euer Hertz wie euer Mund? Er sagte, ich versehe
michs; Darauff sagte ich: So ist auch euers Hertzens
Gott derjenige, dessen Conterfait ihr mit dem Mund be=
kennet, das köstlichste zusehn: Phantast, sagte jener, ich
æstimire die Rarität! Ich antwortete, was ist seltener
und Verwunderns würdiger, als daß Gottes [88] Sohn
selbst unsert wegen gelitten, wie uns diß Bildnus vor=
stellet?

Das XXV. Capitel.
Dem seltzamen Simplicio komt in der Welt alles seltsam vor, und er hingegen der Welt auch.

SOsehr wurden nun diese und noch eine grössere Menge anderer Art Abgötter nicht geehret, sosehr ward hingegen die waare Göttliche Majestät verachtet, dan gleichwie ich niemand sahe, der sein Wort und Gebot zuhalten begehrte, also sahe ich hingegen viel, die ihm in allem widerstrebten, und die Zöllner (welche zu den Zeiten, als Christus noch auff Erden wandelte, offene Sünder waren) mit Boßheit übertraffen: Christus spricht, liebet euere Feinde, segnet die euch fluchen, thut wol denen die euch hassen, bittet vor die so euch beleidigen und verfolgen, auff daß ihr Kinder seyd euers Vaters im Himmel; dan so ihr liebet, die euch lieben, was werdet ihr für lohn haben? thun solches nicht auch die Zöllner? und so ihr euch nur zu eueren Brüdern freundlich thut, was thut ihr sonderliches? thun nicht die Zöllner auch also? Aber ich fand nicht allein niemand, der diesem Befelch Christi nachzukommen begehrte, sondern jederman thät gerad das Widerspiel, es hieß, viel Schwäger, viel Knebel=Spiesse; und nirgends fand sich mehr Neid, Haß, Mißgunst, Hader und Zanck, als zwischen Brüdern, Schwestern, und andern angebornen Freunden, sonderlich wan ihnen ein Erb zutheilen, zugefallen war; auch sonst haßte das Handwerck aller Orten einander, also, daß ich handgreifflich sehen und schliessen muste, daß vor diesem die offene Sünder, Publicanen und Zöllner, [89] welche wegen ihrer Boßheit und Gottlosigkeit bey männiglich verhaßt waren, uns heutigen Christen mit Ubung der brüderlichen Liebe weit überlegen gewesen; massen ihnen Christus selbsten das Zeugnus gibet, daß sie sich untereinander geliebet haben: Dahero betrachtete ich, wan wir keinen Lohn haben, so wir die Feinde nicht lieben, was vor grosse Straffen wir dan gewärtig seyn müssen, wan wir auch unsere Freunde hassen; wo die gröste Liebe und Treue seyn solte, fand ich die höchste Untreue, und den gewaltigsten Haß. Mancher Herr schund seine getreue Diener und Unterthanen, hingegen wurden etliche Unterthanen an ihren frommen Herren zu Schelmen. Den continuirlichen Zanck vermerckte ich zwischen vielen Eheleuten, mancher Tyrann hielt sein ehrlich Weib ärger als einen Hund, und manche lose Vettel ihren frommen Mann vor einen Narren und Esel. Viel hündische Herren und Meister betrogen ihre fleissige Dienstboten um ihren gebührenden Lohn, und schmälerten beydes Speiß und Tranck, hingegen sahe ich auch viel untreu Gesinde, die ihre fromme Herren entweder durch Diebstal oder Fahrlässigkeit ins Verderben satzten. Die Handels=Leute und Handwercker ranten mit dem Juden=Spieß gleichsam um die Wette, und sogen durch allerhand Fünde und Vörthel dem Bauersmann seinen sauren Schweiß ab; hingegen waren theils Bauren so gar gottloß, daß sie sich auch darum bekümmerten, wan sie nicht rechtschaffen genug mit Boßheit durchtrieben waren, andere Leute, oder auch wol ihre Herren selbst, unterm Schein der Einfalt zuberuffen. Ich sahe einsmals einen Soldaten einem andern eine [90] dichte Maulschelle geben, und bildete mir ein, der Geschlagene würde den andern Backen auch barbieten: (weil ich noch niemal bey keiner Schlägerey gewesen) Aber ich irrete, dan der Beleidigte zog von Leder, und versatzte dem Thäter eine Wunde davor an Kopff: Ich schrie ihm überlaut zu, und sagte: Ach Freund, was machstu? Da wär einer ein Bernheuter, antwortete jener, ich will mich der Teuffel hol ꝛc. selbst rächen, oder das Leben nicht haben! hey, müste doch einer ein Schelm seyn, der sich so coujoniren liesse. Der Lermen zwischen diesen zweyen Duellanten ergrösserte sich, weilen beyderseits Beyständer, samt dem Umstand und Zulauff, einander auch in die Hare kamen; da hörete ich schweren bey GOtt und ihren Seelen so leichtfertig, daß ich nicht glauben konte, daß sie diese vor ihr edelstes Kleinod hielten: Aber das war nur Kinderspiel, dan es blieb bey so geringen Kinderschwüren nicht, sondern es folgte gleich hernach: Schlag mich der Donner, der Blitz, der Hagel, zerreiß und hol mich der ꝛc. ja nicht einer allein, sondern hundert tausend, und führen mich in die Lufft hinweg! Die H. Sacramenta musten nicht nur siebenfältig, sondern auch mit hundert tausenden, so viel Tonnen, Galleren und Statgräben voll herauß, also daß mir abermal die Haare gen Berg stunden. Ich gedachte wiederum an den Befelch Christi, da er saget: Ihr sollet allerdings nicht schwören, weder bey dem Himmel, dan er ist Gottes Stul, noch bey der Erden, dan sie ist seiner Füsse Schemel, noch bey Jerusalem, dan sie ist eines grossen Königs Stat, auch solt du nicht bey deinem Haupt schwören, dan du vermagst nicht ein einziges Haar weiß oder [91] schwartz zumachen, eure Rede aber sey Ja, Ja, Nein, Nein, was drüber ist, das ist vom Ubel. Dieses alles, und was ich sahe und hörete, erwug ich, und schloß vestiglich, daß diese Balger keine Christen seyn, suchte derowegen eine andre Gesellschafft.

Zum aller-erschröcklichsten kam mir vor, wan ich etliche Großsprecher sich ihrer Boßheit, Sünden, Schande und Laster rühmen hörete, dan ich vernam zu unterschiedlichen Zeiten, und zwar täglich, daß sie sagten: Potz Blut, wie haben wir gestern gesoffen! Ich habe mich in einem Tag wol dreymal voll gesoffen, und eben so vielmal gekotzt. Potz Stern, wie haben wir die Bauren, die Schelmen, tribulirt. Potz Stral, wie haben wir Beuten gemacht. Potz hundert Gifft, wie haben wir einen Spaß mit den Weibern und Mägden gehabt. Item, ich habe ihn darnider gehauen, als wan ihn der Hagel hätte nider geschlagen. Ich habe ihn geschossen, daß er das Weisse über sich kehrte. Ich habe ihn so artlich über den Dölpel geworffen, daß ihn der Teuffel hätte holen mögen. Ich habe ihm den Stein gestossen, daß er den Hals hätte brechen mögen. Solche und dergleichen un-Christliche Reden erfülleten mir alle Tage die Ohren, und über das, so hörete und sahe ich auch in Gottes Namen sündigen, welches wol zuerbarmen ist; von den Kriegern ward es am meisten practicirt, wan sie nemlich sagten: Wir wollen in Gottes Namen auff Partey, Plündern, Mitnemen, Todschiessen, Nidermachen, Angreiffen, gefangen nemen, in Brand stecken, und was ihrer schröcklichen Arbeiten und Verrichtungen mehr seyn mögen. Also wagens auch die Wucherer mit dem Verkauff in Gottes Na-[92]men, damit sie ihrem Teufflischen Geitz nach schinden und schaben mögen. Ich habe zween Maußköpffe sehen hengen, die wolten einsmals bey der Nacht stelen, und als sie die Leiter angestellet, und der eine in Gottes Namen einsteigen wolte, warff ihn der wachtsame Haußvater ins Teuffels Namen wieder herunter, davon er ein Bein zerbrach, und also gefangen, und über etliche Tage hernach samt seinem Camerad aufgeknüpffet ward. Wan ich nun so etwas hörete, sahe, und beredete, und wie meine Gewonheit war, mit der H. Schrifft hervor wischte, oder sonst treuhertzig abmahnete, so hielten mich die Leute vor einen Narren, ja ich ward meiner guten Meynung halber so offt außgelachet, daß ich endlich auch unwillig ward, und mir vorsatzte, gar zuschweigen, welches ich doch auß Christlicher Liebe nicht halten konte. Ich wünschete, daß jederman bey meinem Einsibel wäre aufferzogen worden, der Meynung, es würde alsban auch männiglich der Welt Wesen mit Simplicii Augen ansehen, wie ichs damals beschauete. Ich war nicht so witzig, wan lauter Simplici in der Welt wären, daß man alsban auch nicht soviel Laster sehen werde. Indessen ist doch gewiß, daß ein Welt=Mensch, welcher aller Untugenden und Thorheiten gewohnt, und selbsten mit machet, im wenigsten nicht empfinden kan, auff was vor einer bösen Strasse er mit seinen Geferten wandelt.

Das XXVI. Capitel.
Ein sonderbarer neuer Brauch, einander Glück zuwünschen, und zubewillkommen.

Als ich nun vermeynete, ich hätte Ursache zuzweifeln, ob ich unter Christen wäre oder nicht? ging [93] ich zu dem Pfarrer, und erzehlte alles, was ich gehöret und gesehen, auch was ich vor Gedancken hatte, nemlich daß ich die Leute nur vor Spötter Christi und seines Worts, und vor keine Christen hielte, mit Bitte, er wolle mir doch auß dem Traum helffen, damit ich wisse, wovor ich meine Neben=Menschen halten solte; Der Pfarrer antwortete, freylich sind sie Christen, und wolte ich dir nicht rathen, daß du sie anderst nennen soltest. Mein GOtt! sagte ich, wie kan es seyn? dan wan ich einem ober dem andern seinen Fehler, den er wider GOtt begehet, verweise, so werde ich verspottet und außgelacht: Dessen verwundere dich nicht, antwortete der Pfarrer, ich glaube, wann unsere erste fromme Christen, die zu Christi Zeiten gelebt, ja die Aposteln selbst, anjetzo aufferstehen, und in die Welt kommen solten, daß sie mit dir eine gleiche Frage thun, und endlich auch so wol als du, von jedermänniglich vor Narren gehalten würden; das, was du bißher sihest und hörest, ist eine gemeine Sache, und nur Kinderspiel gegen demjenigen, das sonsten so heimlich als offentlich und mit Gewalt, wider GOtt und den Menschen vorgehet, und in der Welt verübet wird, aber laß dich das nicht ärgern, du wirst wenig Christen finden, wie Herr Samuel sel. einer gewesen ist.

Indem als wir so miteinander redeten, führet man etliche, so vom Gegentheil waren gefangen worden, übern Platz, welches unsern Discurs zerstörete, weil wir die Gefangene auch beschaueten: Da vernam ich eine Unsinnigkeit, dergleichen ich mir nicht hätte dörffen träumen lassen: Es war aber eine neue Mode einander zugrüssen und zubewillkommen, [94] dan einer von unsrer Guarnison, welcher hiebevor dem Käiser auch gedienet hatte, kante einen von den Gefangenen, zu dem ging er, gab ihm die Hand, druckte jenem dieseinige vor lauter Freude und Treuhertzigkeit, und sagte: Daß dich der Hagel erschlage, (Alt-Teutsch) lebstu auch noch Bruder? Potz Fickerment, wie führt uns der Teuffel hier zusammen! Ich habe schlag mich der Donner vorlängst gemeynt, du wärst gehengt worden: Darauff antwortete der anderre, potz Blitz Bruder, bistus, oder bistus nicht? daß dich der Teuffel hole, wie bistu hieher kommen? ich hätte mein Lebtag nicht gemeynt, daß ich dich wieder antreffen würde, sondern habe gedacht, der Teuffel hätte dich vorlängst hingeführet. Und als sie wieder voneinander gingen, sagte einer zum andern, anstat behüte dich Gott; Strick zu, Strick zu, morgen kommen wir vielleicht zusammen, dan wollen wir brav miteinander sauffen.

Ist das nicht ein schöner gottseliger Willkomm? sagte

ich zum Pfarrer, sind das nicht herrliche Christliche
wünsche? haben diese nicht einen heiligen Vorsatz auff den
morgenden Tag? wer wolte sie vor Christen erkennen,
oder ihnen ohn Erstaunen zuhören? wan sie einander auß
Christlicher Liebe so zusprechen, wie wird es dan hergehen,
wan sie miteinander zancken? Herr Pfarrer, wan diß
Schäfflein Christi sind, ihr aber dessen bestellter Hirt, so
wil euch gebühren, sie auff eine bessere Wäide zuführen;
Ja, antwortete der Pfarrer, Liebes Kind, es gehet bey
den gottlosen Soldaten nicht anders her, GOtt erbarm
es! wangleich ich etwas sagte, so wäre es soviel, als wan
ich den Tauben predigte, und ich hätte [95] nichts anders
davon, als dieser gottlosen Bursch gefährlichen haß. Ich
verwunderte mich, schwätzte noch eine Weile mit dem Pfar=
rer, und ging dem Gubernator auffzuwarten, dan ich
hatte gewisse Zeiten Erlaubnus, die Stat zubeschauen,
und zum Pfarrer zu gehen, weil mein Herr von meiner
Einfalt Wind hatte, und gedachte, solche würde sich legen,
wan ich herum terminirte, etwas sehe, hörete, und von
andern geschulet, oder wie man saget, gehobelt und ge=
rülpt würde.

Das XXVII. Capitel.
Dem Secretario in der Cantzley, wird starck geräuchert.

Eines Herrn Gunst vermehrte sich täglich, und ward
jelänger jegrösser gegen mir, weil ich nicht allein
seiner Schwester, die den Einsidel gehabt hatte, son=
dern auch ihm selbsten jelänger jegleicher sahe, indem die
gute Speisen und faule Täge mich in Kürtze glatthärig
machten. Diese Gunst genosse ich bey jedermänniglich,
dan wer etwas mit dem Gubernator zuthun hatte, der
erzeigte sich mir auch günstig, und sonderlich mogte mich
der Secretarius wol leiden, indem mich derselbe rechnen
lernen muste, hatte er manche Kurtzweile von meiner Ein=
falt und Unwissenheit; Er war erst von den Studien
kommen, und stack dahero noch voller Schulpossen, die
ihm zuzeiten ein Ansehen gaben, als wan er einen Sparrn
zuviel oder zuwenig gehabt hätte, er überredete mich offt,
schwartz sey weiß, und weiß sey schwartz, dahero kam es,

daß ich ihm in der erste alles, und auffs letzte gar nichts mehr glaubte: Ich tadelte ihm einsmahls sein schmierig Dintenfaß, er aber antwortete, solches sey sein bestes Stück in der [96] gantzen Cantzeley, dan auß demselben lange er herauß was er begehre, die schönste Ducaten, Kleider, und in Summa was er vermögte, hätte er nach und nach herauß gefischt: Ich wolte nicht glauben, daß auß einem so kleinen verächtlichen Ding so herrliche Sachen zubekommen wären; hingegen sagte er, solches vermöge der Spiritus Papyri (also nante er die Dinte) und das Dintenfaß würde darum ein Faß genennet, weil es grosse Sachen fasse: Ich fragte, wie mans dan herauß bringen könte, sintemal man kaum zween Finger hinein stecken mögte? Er antwortete, er hätte einen Arm im Kopff, der solche Arbeit verrichten müsse, er verhoffe ihm bald auch eine schöne reiche Jungfer herauß zulangen, und wan er das Glück hätte, so getraue er auch eigen Land und Leute herauß zubringen, welches wol ehemals geschehen wäre: Ich muste mich über diese künstliche Griffe verwundern, und fragte, ob noch mehr Leute solche Kunst könten? Freylich, antwortete er, alle Cantzler, Doctorn, Secretarii, Procuratorn oder Advocaten, Commissarii, Notarii, Kauff- und Handels-Herren, und sonst unzehlich viel andere mehr, welche gemeiniglich, wan sie nur fleissig fischen, zu reichen Herren darauß werden: Ich sagte, so seynd die Bauren und andere arbeitsame Leute nicht witzig, daß sie im Schweiß ihres Angesichts ihr Brot essen, und diese Kunst nicht auch lernen: Er antwortete, etliche wissen der Kunst Nutzen nicht, dahero begehren sie solche auch nicht zulernen; etliche woltens gern lernen, manglen aber deß Arms im Kopff, oder anderer Mittel; etliche lernen die Kunst, und haben Arms genug, wissen aber die Griffe nicht, so [97] die Kunst erfodert, wan man dadurch will reich werden; andere wissen und können alles was dazu gehöret, sie wohnen aber an der Fehlhalbe, und haben keine Gelegenheit wie ich, die Kunst rechtschaffen zuüben.

Als wir dergestalt vom Dintenfaß (welches mich allerdings an deß Fortunati Säckel gemahnete) discurirten, kam mir das Titular=Buch ungefähr in die Hände, darin fand ich, meines damaligen Davorhaltens, mehr Thorheiten, als mir bißhero noch nie vor Augen kommen; Ich sagte zum Secretario, dieses alles sind ja Adams=Kinder, und eines Gemächts miteinander, und zwar nur von Staub und Asche! Wo komt dan ein so grosser Unterscheid her? Allerheiligst, Unüberwindlichst, Durchleuchtigst! Sind das nicht Göttliche Eigenschafften? Hier ist einer Gnädig, dort ist der ander Gestreng; und was muß allzeit das Geborn darbey thun? man weiß ja wol, daß keiner vom Himmel fällt, auch keiner auß dem Wasser entstehet, und daß keiner auß der Erde wächst, wie ein Krautskopff; warum stehen nur Hoch=Wol=Vor= und Großgeachte da, und keine genennte? oder wo bleiben die gefünffte, gesechste, und gesibende? was ist das vor ein närrisch Wort, Vorsichtig? welchem stehen dan die Augen hinten im Kopff? Der Secretarius muste meiner lachen, und nam die Mühe, mir eines und deß andern Titul, und alle Worte insonderheit außzulegen, ich aber beharrete darauff, daß die Titul nicht recht geben würden, es wäre einem viel rühmlicher, wan er Freundlich tituliret würde, als Gestreng; Item, wan das Wort Edel an sich selb=[98]sten nichts anders, als hochschätzbarliche Tugenden bedeute, warum es dan, wan es zwischen Hochgeborn (welches Wort einen Fürsten oder Grafen anzeige) gesetzt werde, solchen Fürstlichen Titul verringere? Das Wort Wolgeborn sey eine gantze Unwarheit, solches würde eines jeden Barons Mutter bezeugen, wan man sie fragte, wie es ihr bey ihres Sohns Geburt ergangen wäre?

Indem ich nun dieses also belachte, entran mir unversehens ein solcher grausamer Leibs=Dunst, daß beydes ich und der Secretarius darüber erschracken; dieser meldete sich augenblicklich sowol in unsern Nasen, als in der gantzen Schreibstube so krafftig an, gleichsam als wan man ihn zuvor nicht genug gehöret hätte: Trolle dich du Sau, sagte der Secretarius zu mir, zu andern Säuen in Stall, mit denen du Rülp besser zustimmen, als mit ehrlichen Leuten conversiren kanst; Er muste aber sowol als ich den Ort räumen, und dem greulichen Gestanck den

Platz allein lassen. Und also habe ich meinen guten Handel, den ich in der Schreibstube hatte, dem gemeinen Sprüchwort nach, auff einmal verkerbt.

Das XXVIII. Capitel.
Einer lehret den Simplicium auß Neid waarsagen: ja noch wol eine andre zierliche Kunst.

JCh kam aber sehr unschuldig in diß Unglück, dan die ungewöhnliche Speisen und Artzeneyen, die man mir täglich gab, meinen zusammen geschrumpelten Magen und eingeschnorrtes Gedärm wieder zurecht zubringen, erregten in meinem Bauch viel gewaltige Wetter und starcke Sturmwinde, welche mich trefflich quäleten, wan sie ihren ungestümen [99] Außbruch suchten; und demnach ich mir nicht einbildete, daß es übel gethan sey, wan man diß Orts der Natur willfahre, massen einem solchen innerlichen Gewalt in die Läng zuwiderstehen, ohn das unmüglich, mich auch weder mein Einsidel (weil solche Gäste gar dünn bey uns gesäet wurden) niemal nichts davon unterrichtet, noch mein Knán verboten, solche Kerl ihres Wegs nicht ziehen zulassen, als ließ ich ihnen Lufft, und alles passiren, was nur fort wolte, biß ich erzehlter massen mein Credit beym Secretario verloren: Zwar wäre dessen Gunst noch wol zuentberen gewesen, wan ich in keinen grössern Unfall kommen wäre, dan mir gings, wie einem frommen Menschen der nach Hof kommt, da sich die Schlange wider den Nasicam, Goliath wider den David, Minotaurus wider Theseum, Medusa wider Perseum, Circe wider Ulyssem, Ægisthus wider Menelaum, Paludes wider Coræbum, Medea wider den Peliam, Nessus wider Herculem, und was mehr ist, Althea wider ihren eigenen Sohn Meleagrum rüstet.

Mein Herr hatte einen außgestochenen Essig zum Page neben mir, welcher schon ein paar Jahre bey ihm gewesen, demselben schenckte ich mein Hertz, weil er mit mir gleichen Alters war: Ich gedachte dieser ist Jonathan, und du bist David; aber er eyferte mit mir, wegen der grossen Gunst, die mein Herr zu mir trug, und täglich vermehrete; er besorgte, ich mögte ihm vielleicht die Schuhe

gar außtreten, sahe mich derowegen heimlich mit mißgün=
stigen neidigen Augen an, und gedachte auff Mittel, wie
er mir den Stein stossen, und durch meinen Unfall dem
seini=[100]gen vorkommen mögte: Ich aber hatte Dauben=
Augen, und auch einen andern Sinn als er, ja ich ver=
traute ihm alle meine Heimlichkeiten, die zwar auff nichts
anders, als auff kindischer Einfalt und Frömmigkeit bestun=
den, dahero er mir auch nirgends zukommen konte. Eins=
mals schwätzten wir im Bette lang mit einander, eh wir
entschliessen, und indem wir vom Waarsagen redeten, ver=
sprach er mich solches auch umsonst zulernen; hiesse mich
darauff den Kopff unter die Decke thun, dan er über=
redete mich, auff solche Weise müste er mir die Kunst
beybringen; Ich gehorchte fleissig, und gab auff die An=
kunfft deß Waarsager=Geistes genaue Achtung, potz Glück!
derselbe nam seinen Einzug in meiner Nase, und zwar
sostarck, daß ich den gantzen Kopff wieder unter der Decke
herfürthun muste: Was ist es? sagte mein Lehrmeister,
Ich antwortete, du hast einen streichen lassen; Und du,
antwortete er, hast waar gesagt, und kanst also die Kunst
am besten. Dieses empfand ich vor keinen Schimpff, dan
ich hatte damals noch keine Galle, sondern begehrte allein
von ihm zuwissen, durch was vor einen Vortel man diese
Kerl so stillschweigend abschaffen könte? mein Camerad
antwortete, diese Kunst ist gering, du darffst nur das
lincke Bein auffheben, wie ein Hund der an eine Ecke
brunzt, darneben heimlich sagen: Jo pete, Je pete, Je
pete, und mithin so starck gedruckt, als du kanst, so
spatziren sie so stillschweigends dahin, als wan sie ge=
stolen hätten. Es ist gut, sagte ich, und wanschon es
hernach stinckt, so wird man vermeynen, die Hunde haben
die Lufft verfälscht, sonderlich wan ich das lincke Bein
sein hoch werde auffgehoben [101] haben. Ach, dachte
ich, hätte ich doch diese Kunst heute in der Schreibstube
gewust.

Das XXIX. Capitel.
Simplicio werden zwey Augen auß einem Kalbskopff zutheil.

Eß andern Tages hatte mein Herr seinen Officierern und andern guten Freunden, eine Fürstliche Gasterey angestellet, weil er die angenehme Zeitung bekommen, daß die Seinigen das veste Hauß Braunfels ohn Verlust einzigen Manns eingenommen; da muste ich, wie dan mein Amt war, wie ein anderer Tisch-Diener helffen Speisen aufftragen, einschencken, und mit einem Deller in der Hand auffwarten: Den ersten Tag ward mir ein grosser fetter Kalbskopff (von welchen man zusagen pfleget, daß sie kein Armer fressen dörffe) auffzutragen eingehändiget; weil nun derselbig zimlich mürb gesotten war, ließ er das eine Aug mit zugehöriger gantzen Substanz zimlich weit herauß lappen, welches mir ein anmuthiger und verführischer Anblick war: Und weil mich der frische Geruch von der Speckbrühe und auffgestreutem Ingwer zugleich anreitzete, empfand ich einen solchen Appetit, daß mir das Maul gantz voll Wasser ward: In Summa, das Aug lachte meine Augen, meine Nase, und meinen Mund zugleich an, und bat mich gleichsam, ich wolte es doch meinem heiß-hungerigen Magen einverleiben: Ich ließ mir nicht lang den Rock zerreissen, sondern folgte meinen Begierden, im Gang hub ich das Aug mit meinem Löffel, den ich erst denselben Tag bekommen hatte, so meisterlich herauß, und schickte es ohn Anstoß so geschwind an seinen Ort, daß es auch kein Mensch inward, biß das [102] Schüppen-Essen auff den Tisch kam, und mich und sich selbst verrieth; dan als man ihn zerlegen wolte, und eins von seinen allerbesten Gliedmassen mangelte, sahe mein Herr gleich, warum der Vorschneider stutzte; Er wolte fürwar den Spott nicht haben, daß man ihm einen einäugigen Kalbskopff auffzustellen, das Hertz haben solte! Der Koch muste vor die Tafel, und die so auffgetragen hatten, wurden mit ihm examinirt; zuletzt kam das Facit über den armen Simplicium herauß, daß nemlich ihm der Kopff mit beyden Augen auffzutragen wäre gegeben worden, wie es aber weiter gangen, davon wuste niemand zusagen. Mein Herr fragte, meines Bedünckens mit einer

schröcklichen Mine, wohin ich mit dem Kalbs=Aug kommen
wäre? Geschwind wischte ich mit meinem Löffel wieder
auß dem Sack, gab dem Kalbskopff den andern Fang,
und wiese kurtz und gut, was man von mir wissen wolte,
massen ich das ander Aug, gleichwie das erste, in einem
Huy verschlang: Par Dieu, sagte mein Herr, dieser Act
schmäckt besser, als zehen Kälber! Die anwesende Herren
lobten diesen Außspruch, und nanten meine That, die ich
auß Einfalt begangen, eine Wunderkluge Erfindung, und
Vorbedeutung künfftiger Dapfferkeit und unerschrockenen
Resolution. Also daß ich vor dißmal meiner Straffe,
durch Wiederholung eben deßjenigen, damit ich solche ver=
dienet hatte, nicht allein glücklich entging, sondern auch
von etlichen kurtzweiligen Possenreissern, Fuchsschwäntzern
und Tisch=Räthen, diß Lob erlangte, ich hätte weißlich
gehandelt, daß ich beyde Augen zusammen logirt, damit
sie gleichwie in dieser, also auch in je=[103]ner Welt
einander Hülffe und Gesellschafft leisten könten, wozu sie
dan anfänglich von der Natur gewidmet wären. Mein
Herr aber sagte, ich solte ihm ein andermal nicht wieder
so kommen.

Das XXX. Capitel.
Wie man nach und nach einen Rausch bekomt, und endlich unvermerckt blind=voll wird.

Bey dieser Mahlzeit (ich schätze, es geschiehet bey an=
dern auch) trat man gantz Christlich zur Tafel, man
sprach das Tisch=Gebet sehr still, und allem Ansehen
nach auch sehr andächtig: Solche stille Andacht continuirte
so lang, als man mit der Suppe und den ersten Speisen
zuthun hatte, gleichsam als wan man in einem Capucciner=
Convent gessen hätte; Aber kaum hatte jeder drey oder
viermal gesegnet Gott gesagt, da ward schon alles viel
lauter: Ich kan nicht beschreiben, wie sich nach und nach
einesjeden Stimme je länger je höher erhub, ich wolte
dan die gantze Gesellschafft einem Orator vergleichen, der
erstlich sachte anfähet, und endlich herauß donnert: Man
brachte Gerichter, deßwegen Vor=Essen genant, weil sie
gewürtzt, und vor dem Trunck zugeniessen verordnet waren,

damit derselbe desto besser ein= und fort ginge: Item, Bey=
Essen, weil sie bey dem Trunck nicht übel schmecken solten,
allerhand Frantzösischen Potagen und Spanischen Olla Potri-
den zugeschweigen; welche durch tausendfältige künstliche
Zubereitungen und unzählbare Zusätze, dermassen verpfeffert,
überbummelt, vermummet, mixtirt, und zum Trunck ge-
rüstet waren, daß sie durch solche zufällige Sachen und
Gewürtz mit ihrer Substanz sich weit anders verändert
hatten, als [104] sie die Natur anfänglich hervor gebracht,
also daß sie Cneus Manlius selbsten, wanschon er erst
auß Asia kommen wäre, und die beste Köche bey sich gehabt, dannoch nicht gekant hätte. Ich gedachte, warum
wolten diese einem Menschen, der ihm solche, und den
Trunck dabey schmäcken lässet, (worzu sie dan vornemlich
bereitet sind) nicht auch seine Sinne zerstören, und ihn
verändern, oder gar zu einer Bestia machen können? Wer
weiß, ob Circe andere Mittel gebrauchet hat, als eben
diese, da sie deß Ulyssis Geferten in Schweine veränderte?
Ich sahe einmal, daß diese Gäste die Trachten frassen wie
die Säue, darauff soffen wie die Kühe, sich dabey stelleten
wie die Esel, und alle endlich kotzten wie die Gerber-
hunde! Den edlen Hochheimer, Bacheracher und Klingen-
berger, gossen sie mit Kübelmässigen Gläsern in Magen
hinunter, welche ihre Würckungen gleich oben im Kopff
verspüren liessen. Darauff sahe ich meinen Wunder, wie
sich alles veränderte; nemlich verständige Leute, die kurtz
zuvor ihre fünff Sinne noch gesund beyeinander gehabt,
wie sie jetzt urplötzlich anfingen närrisch zuthun, und die
alberste Dinge von der Welt vorzubringen; die grosse
Thorheiten die sie begingen, und die grosse Trüncke, die
sie einander zubrachten, wurden je länger je grösser, also
daß es schiene, als ob diese beyde um die Wette miteinander stritten, welches unter ihnen am grösten wäre,
zuletzt verkehrte sich ihr Kampff in eine unflätige Sauerey.
Nichts artlichers war, als daß ich nicht wuste, woher
ihnen der Dürmel kam, sintemal mir die Würckung deß
Weins, oder die Trunckenheit selbst, noch allerdings unbekant gewesen, [105] welches dan lustige Grillen und Phan-
tasten=Gedancken in meinem wercklichen Nachsinnen satzte,

ich sahe wol ihre seltzame Minas, ich wuste aber den Ursprung ihres Zustandes nicht. Biß dahin hatte jeder mit gutem Appetit das Geschirr geläert, als aber die Mägen gefüllet waren, hielt es härter als bey einem Fuhrmann, der mit geruhetem Gespann auff der Ebne wol fortkommt, am Berg aber nicht hotten kan. Nachdem aber die Köpffe auch voll wurden, ersatzte ihre Unmüglichkeit entweder deß einen Courage, die er im Wein eingesoffen; oder beym andern die Treuhertzigkeit, seinem Freund eins zubringen; oder beym dritten die Teutsche Redlichkeit, Ritterlich Bescheid zuthun: Nachdem aber solches die Länge auch nicht bestehen konte, beschwur je einer den andern bey grosser Herren und sonst lieber Freunde, oder bey seiner Liebsten Gesundheit, den Wein Maßweis in sich zuschütten, worüber manchem die Augen übergingen, und der Angstschweiß außbrach; doch muste es gesoffen seyn: Ja man machte zuletzt mit Trommeln, Pfeiffen und Säitenspiel Lermen, und schoß mit Stücken darzu, ohn Zweiffel darum, dieweil der Wein die Mägen mit Gewalt einnemen muste. Mich verwundert, wohin sie ihn doch alle schütten könten, weil ich noch nicht wuste, daß sie solchen, eh er recht warm bey ihnen ward, wiederum mit grossem Schmertzen auß eben dem Ort herfür gaben, wohinein sie ihn kurtz zuvor mit höchster Gefahr ihrer Gesundheit gegossen hatten.

Mein Pfarrer war auch bey dieser Gasterey, ihm beliebte so wol als andern, weil er auch so wol als andere ein Mensch war, einen Abtritt zunemen: Ich [106] ging ihm nach, und sagte: Mein Herr Pfarrer, warum thun doch die Leute so seltzam? woher kommt es doch, daß sie so hin und her bordeln? mich dünckt schier, sie seyn nicht mehr recht witzig, sie haben sich alle satt gessen und getruncken, und schwören bey Teuffel holen, wan sie mehr sauffen können, und dannoch hören sie nicht auff, sich außzuschoppen! müssen sie es thun, oder verschwenden sie GOtt zu Trutz, auß freyem Willen so unnützlich? Liebes Kind, antwortete der Pfarrer, Wein ein, Witz auß! das ist noch nichts gegen dem, das künfftig ist: Morgen gegen Tag ists noch schwerlich Zeit, bey ihnen vonein-

auber zugehen, dan wanschon ihre Mägen gedrungen voll
stecken, so sind sie jedoch noch nicht recht lustig gewesen;
zerbersten dan, sagte ich, ihre Bäuche nicht, wan sie im=
mer so unmässig einschieben? können dan ihre Seelen, die
Gottes Ebenbild seyn, in solchen Mastschwein=Cörpern
verharren? in welchen sie doch, gleichsam wie in finstern
Gefängnüssen und Ungezifer=mässigen Diebs=Thürnen, ohn
alle gottseelige Regungen gefangen ligen? Ihre edle See=
len, sage ich, wie mögen sich solche so martern lassen;
seynd nicht ihre Sinne, welcher sich ihre Seelen
bedienen solten, wie in dem Eingeweid der unvernünff=
tigen Thiere begraben? Halts Maul, antwortete der
Pfarrer, du dörfftest sonst greulich Pumpes kriegen, hier
ist keine Zeit zupredigen, ich wolts sonst besser als du
verrichten. Als ich dieses hörete, sahe ich ferner still=
schweigend zu, wie man Speise und Tranck muthwillig
verderbte, unangesehen der arme Lazarus, den man da=
mit hätte laben können, in Gestalt vieler 100. vertriebe=
nen Wetterauer, denen der [107] Hunger zu den Augen
herauß guckte, vor unsern Thüren verschmachtete, weil naut
im Schanck war.

Das XXXI. Capitel.
Wie übel dem Simplicio die neuerlernte Kunst mißlingt, und wie
man ihm die klopffende Passion singet.

Als ich dergestalt mit einem Deller in der Hand vor
der Tafel auffwartete, und in meinem Gemüt von
allerhand Tauben und wercklichen Gedancken geplagt
ward, ließ mich mein Bauch auch nicht zufrieden, er
kurrete und murrete ohn Unterlaß, und gab dadurch zu=
verstehen, daß Bursch in ihm vorhanden wären, die in
freyen Lufft begehrten; ich gedacht, mir von dem unge=
heuren Gerümpel abzuhelffen, den Paß zuöffnen, und mich
dabey meiner Kunst zubedienen, die mich erst die vorig
Nacht mein Camerad gelernet hatte; solchem Unterricht
zu folg, hub ich das lincke Bein samt dem Schenckel in
alle Höhe auff, druckte von allen Kräfften was ich konte,
und wolte meinen Spruch, Je peto, zugleich dreymal
heimlich sagen; Als aber der ungeheure Gespan, der zum

Hindern hinauß wischte, wider mein Verhoffen so greulich
thönete, wuste ich vor Schröcken nicht mehr was ich thäte,
mir ward einsmals so bang, als wan ich auff der Láiter
am Galgen gestanden wäre, und mir der Hencker bereits
den Strick hätte anlegen wollen, und in solcher gählingen
Angst so verwirret, daß ich auch meinen eigenen Gliedern nicht
mehr befehlen konte, massen mein Maul in diesem urplötzlichen Lermen auch rebellisch wurde, und dem Hindern
nichts bevor geben, noch gestatten wolte, daß er allein das
Wort haben, es aber, das zum reden und schreyen erschaffen, seine Reden [108] heimlich brumlen solte, derowegen ließ solches dasjenige, so ich heimlich zu reden im
Sinn hatte, dem Hindern zu Trutz überlaut hören, und
zwar so schröcklich, als wan man mir die Kehle hätte ab-
stechen wollen: Je gräulicher der Unterwind knallete, je
grausamer das Je pete oben herauß fuhr, gleichsam als
ob meines Magens Ein- und Außgang einen Wettstreit
miteinander gehalten hätten, welcher unter ihnen beyden
die schröcklichste Stimme von sich zudonnern vermögte.
Hierdurch bekam ich wol Linderung in meinem Eingeweid,
dargegen aber einen ungnädigen Herrn an meinem Gouverneur; Seine Gäste wurden über diesem unversehenen
Knall fast wieder alle nüchtern, ich aber, weil ich mit
aller meiner angewanten Mühe und Arbeit keinen Wind
bannen können, in eine Futterwanne gespannet, und also
zerkarbäitischt, daß ich noch biß auff diese Stunde daran
gedencke. Solches waren die erste Pastonaden die ich
kriegte, seit ich das erstemal Lufft geschöpfft, weil ich denselben so abscheulich verderbt hatte, in welchem wir doch
gemeinschafftlicher weise leben müssen, da brachte man
Rauch-täfelein und Kertzen, und die Gäste suchten ihre
Bisemknöpffe und Balsambüchslein, auch so gar ihren
Schnupfftaback hervor, aber die beste aromata wolten
schier nichts erklecken. Also hatte ich von diesem Actu,
den ich besser als der beste Comödiant in der Welt spielte,
Friede in meinem Bauch, hingegen Schläg auff den Buckel,
die Gäste aber ihre Nasen voller Gestanck, und die Auff-
warter ihre Mühe, wieder einen guten Geruch ins Zimmer zumachen.

[109] Das XXXII. Capitel.

Handelt abermal von nichts andern, als der Saufferey, und wie man die Pfaffen davon sol abschaffen.

Wie diß vorüber, muste ich wieder auffwarten, wie zuvor, mein Pfarrer war noch vorhanden, und wurd sowol als andere zum Trunck genötiget, er aber wolte nicht recht daran, sondern sagte: Er mögte so bestialisch nicht sauffen; hingegen erwiese ihm ein guter Zech-Bruder, daß er Pfarrer wie eine Bestia, er der Sauffer und andere Anwesende aber, wie Menschen söffen; dan, sagte er, ein Vieh saufft nur soviel als ihm wol schmäcket, und den Durst löschet, weil sie nicht wissen was gut ist, noch den Wein trincken mögen; uns Menschen aber beliebt, daß wir uns den Trunck zunutz machen, und den edlen Reben-Safft einschleichen lassen, wie unsere Vor-Eltern auch gethan haben: Sowol, sagte der Pfarrer, es gebühret mir aber rechte Maaß zu halten; Wol, antwortete jener, ein ehrlicher Mann hält sein Wort, und ließ ihm darauff einen mässigen Becher einschencken, denselben dem Pfarrer zuzuzottlen; er hingegen ging durch, und ließ den Sauffer mit seinem Eymer stehen.

Als dieser abgeschafft war, ging es drunter und drüber, und liesse sich ansehen, als wan diese Gasterey eine bestimte Zeit und Gelegenheit seyn solte, sich gegeneinander mit Vollsauffen zurächen, einander in Schande zubringen, oder sonst einen Possen zureissen, dan wan einer expedirt warb, daß er weder sitzen, gehen oder stehen mehr konte, so hieß es: Nun ist es Wett! Du hast mirs hiebevor auch so gekocht, jetzt ist dirs eingetränckt, und so fortan, ꝛc. Welcher [110] aber außbauren, und am besten sauffen konte, wuste sich dessen groß zumachen, und dünckte sich kein geringer Kerl zu seyn; zuletzt dürmelten sie alle herum, als wan sie Bilsensamen genossen hätten. Es war eben ein wunderliches Faßnacht-Spiel an ihnen zusehen, und war doch niemand, der sich darüber verwunderte, als ich; einer sang, der ander weynete, einer lachte, der ander traurete, einer fluchte, der ander betete, einer schrie überlaut Courage, der ander konte nicht mehr reden, einer war stille und friedlich, der ander wolte den Teuffel mit

Rauff=Händeln bannen, einer schlieff und schwieg still, der ander plauderte, daß sonst keiner vor ihm zukommen konte; Einer erzehlte seine liebliche Bulerey, der ander seine erschröckliche Kriegs=Thaten, etliche redeten von der Kirche und geistlichen Sachen, andere von Ratio Status, der Politic, Welt= und Reichs=Händeln; theils lieffen hin und wider, und konten an keiner Stelle bleiben, andere lagen und vermogten nicht, den kleinesten Finger zuregen, geschweige auffrecht zugehen, oder zustehen, etliche fraßen wie die Dröscher, und als ob sie acht Tage Hunger gelitten hätten, andere kotzten wieder, was sie denselbigen gantzen Tag eingeschlucket hatten. Einmal, ihr gantzes Thun und Lassen war dermassen possierlich, närrisch, seltzam, und dabey so sündhafftig und gottloß, daß der mir entwischte üble Geruch, darum ich gleichwol so greulich zerschlagen worden, nur ein Schertz dargegen zurechnen. Endlich satzte es unten an der Taffel ernstliche Streit=Händel, da warff man einander Gläser, Becher, Schüsseln und Deller an die Köpffe, und schlug nicht allein mit Fäusten, sondern auch mit [111] Stülen, Stul=Beinen, Degen, und allerhand siben=Sachen drein, daß etlichen der rothe Safft über die Ohren lieff, aber mein Herr stillete den Handel gleich wiederum.

Das XXXIII. Capitel.
Wie der Herr Gubernator einen abscheulichen Fuchs geschossen.

DA es nun wieder Friede worden, namen die Meister=Sauffer die Spielleute, samt dem Frauen=Zimmer, und wanderten in ein ander Hauß, dessen Saal auch zu einer andern Torheit erkoren und gewidmet war; Mein Herr aber satzte sich auff sein Lotter=Bette, weil ihm entweder vom Zorn oder der Uberfüllung wehe war, ich ließ ihn ligen, wo er lag, damit er ruhen und schlaffen könte, war aber kaum unter die Thür deß Zimmers kommen, als er mir pfeiffen wolte, und solches doch nicht konte: Er rieff, aber nicht anders als Simpls: Ich sprang zu ihm, und fand ihn die Augen verkehren wie ein Viehe, das man absticht; Ich stund da vor ihm wie ein Stockfisch, und wuste nicht was zuthun war: er aber deutet auffs Trysor, und lallete: Br, bra, bring da das; du Schufft, la, la, lang, langs Lavor, ichm, mu, muß e, ein, Fu, Fuchs schiessen: Ich eilete und brachte das Lavor=Becken, und als ich zu ihm kam, hatte er ein paar Backen wie ein Trompeter: Er erwischte mich geschwind bey dem Arm, und accommodirte mich zustehen, daß ich ihm das Lavor gerad vors Maul halten muste, solches brach ihm mit schmertzlichen Hertz=Stössen unversehens auff, und goß eine solche wüste Materi in bemeltes Lavor, daß mir vor unleidlichem Gestanck schier ohnmächtig ward, sonder=[112]lich weil mir etliche Brocken (sal. ven.) ins Gesicht sprützten: Ich hätte beynahe auch mit gemacht, aber als ich sahe, wie er verblaichte, liesse ichs auß Forcht unterwegen, und besorgte, die Seel würde ihm samt dem Unflat durch=gehen, weil ihm der kalte Schweiß außbrach, und sein Angesicht einem Sterbenden ähnlich sahe: Als er sich aber gleich wieder erholete, hieß er mich frisch Wasser bringen, damit er seinen Weinschlauch wieder außspülete.

Demnach befahl er mir den Fuchs hinweg zutragen, welcher mich, weil er in einem silbern Lavor lag, nichts verächtliches, sondern eine Schüssel voller Vor=Essen vor vier Mann zusehn, bedüncte, daß sich bei Leib nicht hin=weg zuschütten gebühre; zudem wuste ich wol, daß mein Herr nichts schlimmes in seinen Magen gesamlet, sondern herrliche und delicate Pastetlein, wie auch von allerhand Gebackens, Geflügel, Wildpret und zahmen Viehe, welches man alles noch artlich unterscheiden und kennen konte, ich schumelte mich damit, wuste aber nicht wohin, oder was ich darauß machen solte, dorffte auch meinen Herrn nicht fragen. Ich ging zum Hofmeister, dem wiese ich dieses schöne Tractament und fragte, was ich mit dem Fuchs machen solte? Er antwortete, Narr gehe, und bring ihn dem Kürschner, daß er den Balg bereite; Ich fragte, wo der Kürschner sey? Nein, antwortete er, da er meine Einfalt sahe, bring ihn dem Doctor, damit er daran sehe, was vor einen Zustand unser Herr habe: Solchen Aprillen=Gang hätte ich gethan, wan der Hofmeister nicht was anders geförchtet hätte, er hieß mich derowegen den Bettel in die Küche tragen, mit Befelch, die Mägde [113] sol=

tens auffheben, und einen Pfeffer drüber machen, welches ich ernstlich außrichtete, und deßwegen von den Schläpp=säcken mächtig agiret worden.

Das XXXIV. Capitel.
Wie Simplicius den Tantz verderbet.

Ein Herr ging eben auß, als ich meines Lavors loß worden, ich trat ihm nach, gegen einem grossen Hauß, allwo ich im Saal Männer, Weiber und ledige Personen, so schnell untereinander herum haspeln sahe, daß es frey wimmelte; die hatten ein solch Ge=trippel und Gejöhl, daß ich vermeynte, sie wären alle rasend worden, dan ich konte nicht ersinnen, was sie doch mit diesem Wüten und Toben vorhaben mögten? ja ihr Anblick kam mir so grausam, förchterlich und schröcklich vor, daß mir alle Haar gen Berg stunden, und konte nichts anders glauben, als sie müsten aller ihrer Ver=nunfft beraubt seyn: Da wir näher hinzu kamen, sahe ich, daß es unsere Gäste waren, welche den Vormittag noch witzig gewesen; Mein GOtt! gedachte ich, was haben doch diese arme Leute vor? Ach, es hat sie gewißlich eine Unsinnigkeit überfallen. Bald fiel mir ein, es mögten vielleicht höllische Geister seyn, welche in dieser ange=nommenen Weise dem gantzen menschlichen Geschlecht, durch solch leichtfertig Geläuff und Affenspiel spotteten, dan ich gedachte, hätten sie menschliche Seelen nnd Gottes Eben=bild in sich, so thäten sie auch wol nicht so unmenschlich. Als mein Herr in Hauß=ehren kam, und zum Saal ein=gehen wolte, hörete die Wut eben auff, ohn daß sie noch ein buckens und buckens mit den Köpffen, und ein kratzens [114] und Schuh=schleiffens mit den Füssen auff dem Boden machten, daß mich deuchte, sie wolten die Fuß=stapffen wieder außtilgen, die sie in währender Raserey getreten; Am Schweiß, der ihnen über die Gesichter floß, und an ihrem Geschnäuff, konte ich abnehmen, daß sie sich starck zerarbeitet hatten; aber ihre fröliche Angesichter gaben zuverstehen, daß sie solche Bemühungen nicht saur ankommen.

Ich hätte trefflich gern gewust, wohin doch das när=

rische Weſen gemeynt ſeyn möchte? fragte derowegen mei=
nen Camerad, und vertrauten Hertz=bruder, der mich erſt
kürtzlich das warſagen gelernet, was ſolche Wut bedeute?
oder worzu dieſes raſende trippen und trappen angeſehen
ſey? Der berichtete mich vor eine gründliche Warheit,
daß ſich die Anweſende vereinbart hätten, dem Saal den
Boden mit Gewalt einzutreten; Warum vermeynſt du
wol, ſagte er, daß ſie ſich ſonſt ſo dapffer bummlen ſol=
ten? haſtu nicht geſehen, wie ſie die Fenſter vor Kurtz=
weile ſchon außgeſchlagen? eben alſo wird es auch dieſem
Boden gehen: HErr GOtt, antwortete ich, ſo müſſen wir
ja mit zu Grund gehen, und im hinunter fallen, ſamt
ihnen, Hals uud Bein brechen? Ja, ſagte mein Camerad,
darauff iſts angeſehen, und da geheyen ſie ſich den Teuffel
darum, du wirſt ſehen, wan ſie ſich alſo in Todes=Gefahr
begeben, daß jeder eine hübſche Frau oder Jungfer er=
wiſcht, dan man ſagt, es pflege denen Paaren, ſo alſo
zuſammen haltend fallen, nicht bald wehe zugeſchehen.
Indem ich dieſes alles glaubte, überfiel mich eine ſolche
Angſt und Todes=Sorge, daß ich nicht mehr wuſte, wo
ich bleiben ſolte, und als die Muſicanten, deren ich bißher
noch [115] nicht wargenommen, noch darzu ſich hören
lieſſen, auch die Kerl den Damen zulieffen, wie die Sol=
daten ihrem Gewehr und Poſten, wan ſie die Trommel
hören Lermen rühren, und jeder eine bey der Hand er=
dappte, ward mir nicht anders, als wan ich allbereit den
Boden eingehen, und mich und viel andere mehr die Hälſe
abſtürtzen ſähe: Da ſie aber anfingen zugumpen, daß der
gantze Bau zitterte, weil man eben eim trollichten Gaſſen=
hauer aufmachte, gedachte ich, nun iſt es um dein Leben
geſchehen! Ich vermeynte nicht anders, als der gantze
Bau würde urplötzlich einfallen; Derowegen erwiſchte ich
in der allerhöchſten Angſt eine Dame von hohem Adel
und vortrefflichen Tugenden, mit welcher mein Herr eben
converſirte, unverſehens beym Arm wie ein Beer, und
hielte ſie wie eine Klette; Da ſie aber zuckte, und nicht
wuſte, was vor närriſche Grillen in meinem Kopff ſteckten,
ſpielte ich das Deſperat, und fing auß Verzweifflung an
zuſchreyen, als wan man mich hätte ermorden wollen:

Das war aber noch nicht genug, sondern es entwischte
mir auch ungefähr etwas in die Hosen, so einen über alle
massen üblen Geruch von sich gab, dergleichen meine Nase
lange Zeit nicht empfunden. Die Musicanten wurden
gähling still, die Tänzer und Tänzerinnen höreten auff,
und die ehrliche Dame, deren ich am Arm hing, befand
sich offendirt, weil sie ihr einbildete, mein Herr hätte ihr
solches zum Schimpff thun lassen: Darauff befahl mein
Herr, mich zuprügeln, und hernach irgendhin einzusperren,
weil ich ihm denselben Tag schon mehr Possen gerissen
hatte: Die Fourierschützen, so exequiren solten, hatten nicht
allein Mitleiden [116] mit mir, sondern konten auch vor
Gestanck nicht bey mir bleiben; entäbrigten mich dero=
halben der Stösse und sperreten mich unter eine Stege in
Gänsstall. Seithero hab ich der Sache vielmals nachge=
dacht, und bin der Meynung worden, daß solche Excre=
menta, die einem auß Angst und Schrecken entgehen, viel
üblern Geruch von sich geben, als wan einer eine starcke
Purgation eingenommen.

Das andere Buch.

Einhalt deß II. Buchs.

1. Wie sich ein Gänser und eine Gänsin gepaaret.
2. Wan trefflich gut zubaden sey.
3. Der ander Page bekomt sein Lehrgelt, und Simplicius wird zum Narren erwehlet.
4. Vom Manne der Geld gibt, und was vor Kriegs=Dienste Simplicius der Kron Schweden geleistet, wodurch er den Namen Simplicissimus bekommen.
5. Simplicius wird von 4. Teuffeln in die Hölle geführet, und mit Spanischem Wein tractiret.
6. Simplicius komt in Himmel, und wird in ein Kalb ver= wandelt.
7. Wie sich Simplicius in diesen bestialischen Stand geschickt.
8. Redet von Etlicher wunderbarlichem Gedächtnus, und von Anderer Vergessenheit.
9. Ein überzwerches Lob einer schönen Dame.
10. Redet von lauter Helden und namhafften Künstlern.

11. Von dem mühseeligen und gefährlichen Stand eines Regenten.
12. Von Verstand und Wissenschafft etlicher unvernünfftigen Thiere.
13. Hält allerley Sachen in sich, wer sie wissen will, muß es nur selbst lesen, oder ihm lesen lassen.
14. Was Simplicius ferner vor ein edel Leben geführet, und wie ihn dessen die Croaten beraubt, als sie ihn selbst raubten. [117]
15. Simplicii Reuter=Leben, und was er bey den Croaten gesehen und erfahren.
16. Simplicius erschnappet eine gute Beute, und wird darauff ein diebischer Waldbruder.
17. Wie Simplicius zu den Hexen auff den Tantz gefahren.
18. Warum man Simplicio nicht zutrauen solle, daß er sich deß grossen Messers bediene.
19. Simplicius wird wieder ein Narr, wie er zuvor einer gewesen.
20. Ist zimlich lang, und handelt vom Spielen mit Würffeln, und was dem anhängig.
21. Ist etwas kürtzer, und kurtzweiliger als das vorige.
22. Eine schelmische Diebs=Kunst, einander die Schuh auß=zutreten.
23. Ulrich Hertzbruder verkaufft sich um 100. Ducaten.
24. Zwo Waarsagungen werden auff einmal erfüllet.
25. Simplicius wird auß einem Jüngling in eine Jungfer verwandelt, und bekomt unterschiedliche Bulschafften.
26. Wie er vor einen Verräther und Zauberer gefangen gehalten wird.
27. Wie es dem Profos in der Schlacht bey Wittstock ergangen.
28. Von einer grossen Schlacht, in welcher der Triumphator über dem Obsiegen gefangen wird.
29. Wie es einem frommen Soldaten im Parabeiß so wol erging, eh er starb, und wie nach dessen Tod der Jäger an seine Stelle getreten.
30. Wie sich der Jäger angelassen, als er anfing das Soldaten=Handwerck zutreiben, darauß ein junger Soldat etwas zu=lernen.
31. Wie der Teuffel dem Pfaffen seinen Speck gestolen, und sich der Jäger selbst fängt.

Das I. Capitel.
Wie sich ein Gänser und eine Gänsin gepaaret.

IN meinem Gäns=Stall überlegte ich, was beydes vom Tantzen und Sauffen ich im er=[118]sten Theil meines Schwartz und Weiß hiebevor geschrieben, ist dero=

wegen unnötig, biß Orts etwas ferners davon zumelden: Doch kan ich nicht verschweigen, daß ich damals noch zweiffelte, ob die Täntzer den Boden einzutreten, so gewütet, oder ob ich nur so überredet worden? Jetzt wil ich ferner erzehlen, wie ich wieder auß dem Gäns-Kercker kam; Drey gantzer Stunden, nemlich biß sich das Præludium Veneris (der ehrliche Tantz solte ich gesagt haben) geendet hatte, muste ich in meinem eigenen Unlust sitzen bleiben, eh einer herzu schlich, und an dem Rigel anfing zurappeln; Ich laustert wie eine Sau die ins Wasser harnt, der Kerl aber, so an der Thür war, machte solche nicht allein auff, sondern wischte auch eben so geschwind hinein, als gern ich heraussen gewesen wäre, und schlepte noch darzu ein Weibsbild an der Hand mit sich daher, gleichwie ich beym Tantz hatte thun sehen: Ich konte nicht wissen, was es abgeben solte, weil ich aber vielen seltzamen Abentheuren, die meinem närrischen Sinn denselben Tag begegnet, schier gewohnt war, und ich mich drein ergeben hatte, fürterhin alles mit Gedult und Stillschweigen zuertragen, was mir mein Verhängnuß zuschicken würde; Als schmiegte ich mich zu der Thür mit Forcht und Zittern, das Ende erwartende; gleich darauf erhub sich zwischen diesen beyden ein Gelispel, darauß ich zwar nichts anders verstund, als daß sich das eine Theil über den bösen Geruch desselben Orts beklagte, und hingegen der ander Theil das erste hinwiederum tröstete: Gewißlich schönste Dame, sagte er, mir ist versichert von Hertzen leid, daß uns die Früchte der Liebe zugeniessen, vom mißgünstigen [119] Glück kein ehrlicher Ort gegönnet wird; Aber ich kan darneben betheuren, daß mir ihre holdselige Gegenwart diesen verächtlichen Winckel anmutiger machet, als das lieblichste Paradeis selbsten: Hierauff hörete ich küssen, und vermerckte seltzame Posturen, ich wuste aber nicht was es war oder bedeuten solte, schwieg derowegen noch fürters so still als eine Mauß. Wie sich aber auch sonst ein possirlich Geräusch erhub, und der Gänsstall, so nur von Bretern unter die Stege getäfelt war, zukrachen anfing, zumaln das Weibsbild sich anstellete, als ob ihr gar weh bey der Sache geschehe, da gedachte ich, das seynd zwey von denen wütenden Leuten, die den Boden helffen eintreten, und sich jetzt hieher begeben haben, da gleicher weis zuhausen, und dich ums Leben zubringen. Sobald diese Gedancken mich einnamen, sobald nam ich hingegen die Thür ein, dem Tod zuentfliehen, dadurch ich mit einem solchen Mordio=Geschrey hinauß wischte, das natürlich lautet, wie dasjenige, das mich an denselben Ort gebracht hatte, doch war ich so gescheid, daß ich die Thür hinter mir wieder zurigelte, und hingegen die offene Hauß= thür suchte. Dieses nun war die erste Hochzeit, bey deren ich mich mein Lebtag befunden, unangesehen ich nicht darzu geladen worden, hingegen dorffte ich aber auch nichts schencken, wiewol mir hernach der Hochzeiter die Zeche desto theurer rechnete, die ich auch redlich bezahlte. Günstiger Leser, ich erzehle diese Geschichte nicht darum, damit er viel darüber lachen solle, sondern damit meine Histori gantz sey, und der Leser zu Gemüt führe, was vor ehrbare Früchte von dem Tantzen zugewarten seyn. [120] Diß halte ich einmal vor gewiß, daß bey den Täntzen mancher Kauff gemacht wird, dessen sich hernach eine gantze Freundschafft zuschämen hat.

Das II. Capitel.
Wan trefflich gut zu baden sey.

Obzwar ich nun dergestalt auß dem Gänßstall glück= lich entkommen, so ward ich jedoch erst meines Un= glücks recht gewahr, dan meine Hosen waren voll, und ich wuste nicht wohin damit; in meines Herrn Quar= tier war alles still und schlaffend, dahero dorffte ich mich zur Schildwacht, die vorm Hauß stund, nicht nähern, in der Hauptwache Corps de Guarde wolte man mich nicht leiden, weil ich viel zu übel stanck, auff der Gasse zu= bleiben war mirs gar zukalt und unmüglich, also daß ich nicht wuste wo auß noch ein. Es war schon weit nach Mitternacht, als mir einfiel, ich solte meine Zuflucht zu dem vielgemelten Pfarrer nemen; Ich folgete meinem Gutbefinden, vor der Thür anzuklopffen, damit war ich so importun, daß mich endlich die Magd mit Unwillen ein= ließ. Als sie aber roche was ich mitbrachte, (dan ihre

lange Nase verrieth gleich meine Heimlichkeit) ward sie
noch schelliger; Derowegen fing sie an mit mir zukeifen,
welches ihr Herr, so nunmehr fast außgeschlaffen hatte,
bald hörete: Er ruffte uns beyden vor sich ans Bett,
sobald er aber merckte, wo der Haas im Pfeffer lag,
und die Nase einwenig gerümpfft hatte, sagte er: Es sey
niemals unangesehen was die Calender schreiben, besser
baben, als in solchem Stand, darin ich mich anjetzo befände, er befahl auch seiner Magd, sie solte biß es vollends
Tag würde, meine Hosen wäschen, und vor den Stuben-
[121] Ofen hängen, mich selbst aber in ein Bette legen,
dan er sahe wol, daß ich vor Frost gantz erstarrt war:
Ich war kaum erwarmt, da es anfing zutagen, so stund
der Pfarrer schon vorm Bette, zuvernehmen wie mirs
gangen, und wie meine Händel beschaffen wären, weil ich
meines nassen Hembdes und der Hosen halber nicht auffstehen konte, zu ihm zugehen: Ich erzehlte ihm alles, und
machte den Anfang an der Kunst, die mich mein Camerad
gelernet, und wie übel sie gerathen. Folgends meldete
ich, daß die Gäste, nachdem er der Pfarrer hinweg gewesen, gantz unsinnig wären worden, und (massen mich
mein Camerad also berichtet) ihnen vorgenommen hätten,
dem Hauß den Boden einzutreten; item in was vor eine
schröckliche Angst ich darüber gerahten, und auff was weise
ich mich vorm Untergang conserviren wollen, darüber aber
in Gänßstall gesperret worden, auch was ich in demselben
von den Zweyen, so mich wieder erlöset, vor Wort und
Wercke vernommen, und welcher gestalt ich sie beyde an
meine stat eingesperret hätte. Simplici, sagte der Pfarrer,
deine Sachen stehen lausig, du hattest einen guten Handel,
aber ich sorge! ich sorge! es sey verschertzt; packe dich nur
geschwind auß dem Bette, und trolle dich auß dem Hauß,
damit ich nicht samt dir in deines Herrn Ungnade komme,
wan man dich bey mir findet. Also muste ich mit meinem feuchten Gewand hinziehen, und zum erstenmal erfahren, wie wol einer bey männiglich daran ist, wan er
seines Herrn Gunst hat, und wie scheel einer hingegen
angesehen wird, wan solche hincket.

 Ich ging in meines Herrn Quartier, darin noch [122]

alles steinhart schlieff, biß auff den Koch und ein paar
Mägd, diese butzten das Zimmer, darin man gestern ge=
zecht, jener aber rüstete auß den Abschrötlin wieder ein
Frühstück, oder vielmehr ein Imbis zu; Am ersten kam
ich zu den Mägden, bey denen lag es hin und wieder
voller zerbrochener so Trinck= als Fenster=Gläser, an
theils Orten war es voll von dem, so unten und oben
weg gangen, und an andern Orten waren grosse Lachen
von verschüttetem Wein und Bier, also daß der Boden
einer Land=Karten gleich sahe, darin man unterschiedliche
Meere, Insulen und truckene oder Fußveste Länder hätte
abbilden, und vor Augen stellen wollen. Es stand im
gantzen Zimmer viel übler, als in meinem Gänsstall;
derowegen war auch meines bleibens nicht lang daselbsten,
sondern ich machte mich in die Küchen, und ließ meine
Kleider beym Feur am Leib vollends trücknen, mit Forcht
und Zittern erwartend, was das Glück, wan mein Herr
außgeschlaffen hätte, ferners in mir würcken wolte; Dar=
neben betrachtete ich der Welt Torheit nnd Unsinnigkeit,
und zog alles zu Gemüte, was mir verwichenen Tag und
selbige Nacht begegnet war, auch was ich sonst gesehen,
gehöret und erfahren hatte. Solche Gedancken verur=
sachten, daß ich damals meines Einsidlers geführtes dörfftig
und elend Leben vor glückseelig schätzte, und ihn und mich
wieder in vorigen Stand wünschete.

Das III. Capitel.
Der ander Page bekomt sein Lehrgelt, und Simplicius wird
zum Narren erwählet.

Als mein Herr auffgestanden, schickte er seinen Leib=
schützen hin, mich auß dem Gänsstall zuho=[123]len,
der brachte Zeitung, daß er bie Thür offen, und ein
Loch hinter dem Rigel mit einem Messer geschnitten ge=
funden, vermittelst dessen der Gefangene sich selbst erledigt
hätte: Eh aber solche Nachricht einkam, verstund mein
Herr von andern, daß ich vorlängst in der Küche ge=
wesen: Indessen musten die Diener hin und wieder lauf=
fen, die gestrige Gäste zum Frühestück einzuholen, unter
welchen der Pfarrer auch war, welcher zeitlicher als andere

erscheinen muste, weil mein Herr meinetwegen mit ihm reden wolte, eh man zur Tafel sässe. Er fragte ihn erstlich, ob er mich vor witzig oder vor närrisch hielte? oder ob ich so einfältig, oder so boßhafftig sey? und erzehlete ihm damit alles, wie unehrbarlich ich mich den vorigen Tag und Abend gehalten, welches theils von seinen Gästen übel empfunden, und auffgenommen werde, als wäre es ihnen zum Despect mit Fleiß so angestellet worden, item daß er mich hätte in einen Gänsstall versperren lassen, sich vor dergleichen Spott, so ich ihm noch hätte zufügen können, zuversichern, auß welchem ich aber gebrochen, und nun in der Küchen umgehe, wie ein Juncker, der ihm nicht mehr auffwarten dörffe, sein Lebtag sey ihm kein solcher Posse widerfahren, als ich ihm in Gegenwart so vieler ehrlichen Leute gerissen, er wisse nichts anders mit mir anzufangen, als daß er mich lasse abprügeln und weil ich mich so dumm anliesse, wieder vor den Teuffel hinjage.

Inzwischen als mein Herr so über mich klagte, samleten sich die Gäste nach und nach, da er aber außgeredet hatte, antwortete der Pfarrer: Wan ihm der Herr Gouverneur eine kleine Zeit mit ein wenig [124] Gedult zuzuhören beliebte, so wolte er von Simplicio der Sachen halber eines und anders erzehlen, darauß nicht allein seine Unschuld zuvernehmen seyn, sondern auch denen, so sich seines Verhaltens halber disgustiret befinden wolten, alle ungleiche Gedancken benommen würden.

Als man dergestalt oben in der Stube von mir redete, accordirte der dolle Fähnrich, den ich an meine Stelle selb ander eingesperrt hatte, unten mit mir in der Küchen, und brachte mich durch Drohworte und einen Thaler, den er mir zusteckte, dahin, daß ich ihm versprach, von seinen Händeln reinen Mund zuhalten.

Die Tafeln wurden gedeckt, und wie den vorigen Tag mit Speisen und Leuten besetzt, Wermut = Salbey = Alant = Quitten = und Citronen = Wein muste neben dem Hippocras den Säuffern ihre Köpffe und Mägen wieder begütigen, dan sie waren schier alle deß Teuffels Märtyrer. Ihr erstes Gespräch war von ihnen selbsten, nemlich wie sie gestern einander so brav voll gesoffen hätten, und war doch keiner unter ihnen, der gründlich gestehen wolte, daß er voll gewesen, wiewol den Abend zuvor theils bey Teuffel holen geschworen, sie könten nicht mehr sauffen, auch Wein mein Herr! geschrien und geschrieben hatten. Etliche zwar sagten, sie hätten gute Räusche gehabt, andere aber bekanten, daß sich keiner mehr voll söffe, sint die Räusche auffkommen. Als sie aber von ihren eigenen Thorheiten beydes zureden und zuhören müde waren, muste sich der arme Simplicius leiden: Der Gouverneur selbst erinnerte den Pfarrer, die lustige Sachen zueröffnen, wie er versprochen hätte.

[125] Dieser bat zuvörderst, man wolte ihm nichts vor ungut halten, dafern er etwan Wörter reden müste, die seiner geistlichen Person übel anständig zuseyn vermerckt würden; Fing darauff an zuerzehlen, erstlich auß was natürlichen Ursachen mich die Leibs=Dünste zuplagen pflegten, was ich durch solche dem Secretario vor eine Unlust in die Cantzley angerichtet: Was ich neben dem Waarsagen vor eine Kunst darwider gelernet, und wie schlim solche in der Prob bestanden. Item wie seltzam mir das Tantzen vorkommen, weil ich dergleichen niemalen gesehen, was ich vor Bericht beßhalber von meinem Cameraden eingenommen, welcher Ursachen halber ich dan die vornehme Dame ergriffen, und darüber in Gänßstall kommen. Solches aber brachte er mit einer wolanständigen Art zureden vor, daß sie sich trefflich zerlachen musten, entschuldigte dabey meine Einfalt und Unwissenheit so bescheidentlich, daß ich wieder in meines Herrn Gnade kam, und vor der Tafel auffwarten dorffte, aber von dem was mir im Gänßstall begegnet, und wie ich wieder darauß erlöset worden, wolte er nichts sagen, weil ihn bedünckte, es hätten sich an seiner Person etliche Saturnische Holtzböcke geärgert, die da vermeynten, Geistliche solten nur immer saur sehen; hingegen fragte mich mein Herr, seinen Gästen einen Spaß zumachen, was ich meinem Camerad geben hätte, daß er mich so saubere Künste gelehret? und als ich antwortete nichts! sagte er, so will ich ihm das Lehrgelt vor dich bezahlen, wie er ihn dan hierauff in eine Futterwanne spannen, und allerdings karbätschen ließ, wie man mirs den vorigen Tag ge=

macht, als ich die Kunst probirt, und falsch befunden hatte. [126]

Mein Herr hatte nunmehr genug Nachricht von meiner Einfalt, wolte mich derowegen stimmen, ihm und seinen Gästen mehr Lust zumachen, er sahe wol, daß die Musicanten nichts galten, solang man mich unterhanden haben würde, dan ich bedünckte mit meinen närrischen Einfällen jederman über 17. Lauten zusehn. Er fragte, warum ich die Thür an dem Gänsstall zerschnitten hätte? Ich antwortete, das mag jemand anders gethan haben; Er fragte, wer dan? Ich sagte, vielleicht der so zu mir kommen; Wer ist dan zu dir kommen? Ich antwortete, das darff ich niemand sagen; Mein Herr war ein geschwinder Kopff, und sahe wol wie man mir lausen muste, derowegen übereilte er mich, und fragte, wer mir solches dan verbotten hätte? Ich antwortete gleich, der dolle Fähnrich; demnach ich aber an jedermans Gelächter merckete, daß ich mich gewaltig verhauen haben müste, der dolle Fähnrich, so mit am Tisch saß, auch so roth warb, wie eine glüende Kohle; als wolte ich nichts mehr schwätzen, es würde mir dan von demselben erlaubt. Es war aber nur um einen Wünck zu thun, den mein Herr dem dollen Fähnrich anstat eines Befehls gab, da dorfft ich reden was ich muste. Darauff fragte mich mein Herr, was der dolle Fähnrich bey mir im Gänsstall zuthun gehabt? Ich antwortete, er brachte eine Jungfer zu mir hinein: Was thät er aber weiter? sagte mein Herr, ich antwortete, mich deuchte, er wolte im Stall sein Wasser abgeschlagen haben. Mein Herr fragte, was thät aber die Jungfer dabey, schämte sie sich nicht? Ja wol nein Herr! sagte ich, sie hub den Rock auff, und wolte darzu (mein hoch= [127]geehrter, Zucht= Ehr= und Tugendliebender Leser verzeihe meiner unhöflichen Feder, daß sie alles so grob schreibet, als ichs damals vorbrachte) scheissen. Hierüber erhub sich bey allen Anwesenden ein solch Gelächter, daß mich mein Herr nicht mehr hören, geschweige etwas weiters fragen konte, und zwar war es auch nicht weiters vonnöten, man hätte dan die ehrliche fromme Jungfer scil. auch in Spott bringen wollen.

Hierauff erzehlte der Hoffmeister vor der Tafel, daß ich neulich vom Bollwerck oder Wall heim kommen, und gesagt: Jch wüste wo der Donner und Blitz herkäme, ich hätte grosse Plöcher auff halben Wägen gesehen, die inwendig hol gewesen, in dieselbe hätte man Zwibelsamen samt einer eisernen weissen Rüben, deren der Schwantz abgeschnitten, gestopfft, hernach die Plöcher hintenher einwenig mit einem zinckigten Spieß gekützelt, davon wäre vornherauß Dampf, Donner und höllisch Feur geschlagen. Sie brachten noch mehr dergleichen Possen auff die Bahne, also daß man schier denselben gantzen Jmbiß von sonst nichts, als nur von mir zureden und zulachen hatte. Solches verursachte einen allgemeinen Schluß zu meinem Untergang, welcher war, daß man mich dapffer agiren solte, so würde ich mit der Zeit einen raren Tischrath abgeben, mit dem man auch den grösten Potentaten von der Welt verehren, und die Sterbende zulachen machen könte.

Das IV. Capitel.
Vom Mann der Gelt giebet, und was vor Kriegs-Dienste Simplicius der Kron Schweden geleistet, wodurch er den Namen Simplicissimus bekommen. [128]

WJe man nun also schlampampte, und wieder wie gestern gut Geschirr machen wolte, meldet die Wacht mit Einhändigung eines Schreibens an den Gouverneur, einen Commissarium an, der vor dem Thor sey, welcher von der Kron Schweden Kriegs-Räthen abgeordnet war, die Guarnison zumustern, und die Vestung zuvisitiren. Solches versalzte allen Spaß, und alles Freuden-Gelach verlummerte wie ein Sackpfeiffen-Zipffel, dem der Plast entgangen: Die Musicanten und die Gäste zerstoben wie Toback-Rauch verschwindet, der nur den Geruch hinter sich läst; mein Herr trollte selbst mit dem Adjutanten, der die Schlüssel trug, samt einem Außschuß von der Hauptwacht und vielen Windlichtern, dem Thor zu, den Plackschmeisser, wie er ihn nante, selbst einzulassen: Er wünschte, daß ihm der Teuffel den Hals in tausend Stücken breche, eh er in die Vestung käme! So bald er ihn aber eingelassen, und auff der innern Fallbrücke be=

willkommte, fehlte wenig oder gar nichts, daß er ihm
nicht selbst an Stegräiff griff, seine Devotion gegen ihm
zubezeugen, ja die Ehrerbietung ward augenblicklich zwi=
schen beyden so groß, daß der Commissarius abstieg, und
zu Fuß mit meinem Herrn gegen seinem Losament fort=
wanderte, da wolte jeder die lincke Hand haben, ꝛc. Ach!
gedachte ich, was vor ein Wunder=falscher Geist regiret
doch die Menschen, indem er je den einen durch den an=
dern zum Narren machet. Wir näherten also der Haupt=
Wacht, und die Schildwacht ruffte ihr Wer da? wiewol
sie sahe, daß es mein Herr war; Dieser wolte nicht ant=
worten, sondern jenem die Ehre lassen, daher stellete sich
die Schildwacht mit Wiederholung ih=[129]res Geschreys
desto hefftiger: Endlich antwortete er auff das letztere
Wer da? **Der Mann ders Geld gibt!** Wie wir nun
bey der Schildwacht vorbey passirten, und ich so hinten
nach zog, hörete ich ermelte Schildwacht, die ein neuge=
worbener Soldat, und zuvor ihres Handwercks ein wol=
häbiger junger Baursmann auff dem Vogelsberg gewesen
war, diese Worte brumlen: Du magst wol ein verlogener
Kund seyn; ein Mann ders Geld gibt! **Ein Schind=
hund ders Geld nimmt!** das bist du; Soviel Gelds
hastu mir abgeschweist, daß ich wolte, der Hagel erschlüge
dich, eh du wieder auß der Stat kämest. Von dieser
Stunde an, faßte ich die Gedancken, dieser frembde Herr
im sammeten Mutzen müsse ein heiliger Mann seyn, weil
nicht allein keine Flüche an ihm haffteten, sondern dieweil
ihm auch seine Hasser alle Ehre, alles Liebes und alles
Gutes erwiesen, er ward noch dieselbe Nacht Fürstlich
tractiret, blind voll gesoffen, und noch darzu in ein herr=
lich Bette gelegt.

Folgende Tage gings bey der Musterung bund über
Eck her, ich einfältiger Tropff war selbst geschickt genug
den klugen Commissarium (zu welchen Aemtern und Ver=
richtungen man warlich keine Kinder nimt) zubetrügen,
welches ich eher als in einer Stund lernete, weil die
gantze Kunst nur in 5. und 9. bestunde, selbige auff einer
Trommel zuschlagen, weil ich noch zuklein war, einen Muß=
quetirer zu præsentiren; man staffirte mich zu solchem

Ende mit einem entlehnten Kleid, und auch mit einer entlehnten Trommel, (dan meine geschürtzte Page=Hosen taugten nichts zum Handel) ohn Zweiffel [130] darum, weil ich selbst entlehnt war, damit passirte ich glücklich durch die Musterung: Demnach man aber meiner Einfalt nicht zugetraute, einen fremden Namen im Gedächtnüß zu behalten, auff welchen ich antworten und hervor treten solte, muste ich der Simplicius verbleiben, den Zunamen ersatzte der Gouverneur selbsten, und ließ mich Simplicius Simplicissimus in die Rolle einschreiben, mich also wie ein Hurenkind zum ersten meines Geschlechts zumachen, wiewol ich seiner eigenen Schwester, seiner selbst=Bekantnüß nach, ähnlich sahe. Ich behielt auch nachgehends diesen Namen und Zunamen, biß ich den rechten erfuhr, und spielte unter solchem meine Person zu Nutz deß Gouverneurs, und geringen Schaden der Kron Schweden zimlich wol, welches dan alle meine Kriegs Dienste seyn, die ich derselben mein Lebtag geleistet, derowegen dan ihre Feinde mich deßwegen zuneiden keine Ursache haben.

Das V. Capitel.
Simplicius wird von 4. Teuffeln in die Hölle geführet, und mit Spanischem Wein tractirt.

Als der Commissarius wieder hinweg war, ließ vielgemelter Pfarrer mich heimlich zu sich in sein Losament kommen, und sagte: ô Simplici, deine Jugend bauret mich, und deine künfftige Unglückseeligkeit bewegt mich zum Mitleiden; Höre mein Kind, und wisse gewiß, daß dein Herr dich aller Vernunfft zuberauben, und zum Narrn zumachen entschlossen, massen er zu solchem Ende, bereits ein Kleid vor dich verfertigen lässet, morgen must du in diejenige Schule, darin du deine Vernunfft verlernen solt; in derselben wird man dich ohn Zweiffel so greulich [131] trillen, daß du, wan anders GOtt und natürliche Mittel solches nicht verhindern, ohn Zweiffel zu einem Phantasten werden must. Weil aber solches ein mißlich und sorglich Handwerck ist, als habe ich um deines Einsidlers Frömmigkeit, und um beiner eignen Unschuld willen, auß getreuer Christlicher Liebe, dir mit Rath und noth=

wendigen guten Mitteln beyspringen, und gegenwärtige
Artzney zustellen wollen; Darum folge nun meiner Lehre,
und nimm dieses Pulver ein, welches dir das Hirn und
Gedächtnuß dermaſſen ſtärcken wird, daß du unverletzt
deines Verſtandes alles leicht überwinden magſt: Auch
haſtu hierbey einen Balſam, damit ſchmiere die Schläffe,
den Würbel, und das Genick ſamt den Naslöchern, und
dieſe beyde Stücke brauch auff den Abend, wan du ſchlaffen
geheſt, ſintemal du keine Stunde ſicher ſeyn wirſt, daß du
nicht auß dem Bette abgeholet werdeſt, aber ſihe zu, daß
niemand dieſer meiner Warnung und mitgetheilten Artzney gewahr werde, es mögte ſonſt dir und mir übel auß-
ſchlagen, und wan man dich in dieſer verfluchten Chur
haben wird, ſo achte und glaube nicht alles, was man
dich überreden will, und ſtelle dich doch, als wan du alles
glaubteſt, rede wenig, damit deine Zugeordnete nicht an
dir mercken, daß ſie lär Stroh dröſchen, ſonſten werden
ſich deine Plagen verändern, wiewol ich nit wiſſen kan,
auff was Weiſe ſie mit dir umgehen werden; Wan du
aber den Strauß und das Narrenkleid anhaben wirſt, ſo
komm wieder zu mir, damit ich deiner mit fernerm Rath
pflegen möge. Indeſſen will ich GOtt vor dich bitten,
daß er deinen Verſtand und Geſundheit erhalten wolle:
Hierauff ſtellete er [132] mir gemeltes Pulver und Sälb-
lein zu, und wanderte damit wieder nach Hauß.

Wie der Pfarrer geſagt hatte, alſo ging es; Im
erſten Schlaff kamen vier Kerl in ſchröcklichen Teufels-
Larven vermummt, zu mir ins Zimmer vors Bette, die
ſprungen herum wie Gauckler und Faſtnachts-Narren,
einer hatte einen glüenden Haken, und der ander eine
Fackel in Händen, die andere zween aber wiſchten über
mich her, zogen mich auß dem Bette, tantzten eine Weile
mit mir hin und her, und zwangen mir meine Kleider
an Leib, ich aber ſtellete mich, als wan ich ſie vor rechte
natürliche Teufel gehalten hätte, verführte ein jämmerliches Zettergeſchrey, und ließ die aller-forchtſamſten Geberden erſcheinen; aber ſie verkündigten mir, daß ich mit
ihnen fort müſte, hierauff verbanden ſie mir den Kopff
mit einer Handzwell, daß ich weder hören, ſehen noch

schreyen konte! Sie führten mich unterschiedliche Umwege, viel Stegen auff und ab, und endlich in einen Keller, darin ein grosses Feur brante, und nachdem sie mir die Hand=zwell wieder abgebunden, fingen sie an mir in Spanischen Wein und Malvasier zuzutrincken. Sie hatten mich gut überreden, ich wäre gestorben, und nunmehr im Abgrund der Höllen, weil ich mich mit Fleiß also stellete, als wan ich alles glaubte, was sie mir vorlogen: Sauff nur dapffer zu, sagten sie, weil du doch ewig bey uns bleiben must, wilstu aber nicht ein gut Gesell seyn, und mit machen, so mustu in gegenwärtiges Feur: Die arme Teuffel wolten ihre Sprache und Stimme verquanten, damit ich sie nicht kennen solte, ich merckte aber gleich, daß es mei=nes Herrn Fourierschützen waren, [133] doch ließ ichs mich nicht mercken, sondern lachte in die Faust, daß diese, so mich zum Narrn machen solten, meine Narren seyn musten. Ich tranck meinen Theil mit vom Spanischen Wein, sie aber soffen mehr als ich, weil solcher himmlischer Nectar selten an solche Gesellen komt, massen ich noch schwören dörffte, daß sie eher voll worden, als ich; Da michs aber Zeit zuseyn bedünckte, stellete ich mich mit hin und her borckeln, wie ichs neulich an meines Herrn Gästen ge=sehen hatte; und wolte endlich gar nicht mehr sauffen, sondern schlaffen, hingegen jagten und stiessen sie mich mit ihrem Haken, den sie allezeit im Feur ligen hatten, in allen Ecken deß Kellers herum, daß es sahe, als ob sie selbst närrisch wären worden, entweder daß ich mehr trincken, oder auffs wenigste nicht schlaffen solte, und wan ich in solcher Hatze niderfiel, wie ich dan offt mit Fleiß thät, so packten sie mich wieder auff, und stelleten sich, als wan sie mich ins Feur werffen wolten: Also ging mirs wie einem Falcken dem man wacht, welches mein grosses Creutz war. Ich hätte sie zwar Trunckenheit und Schlaffs halber wol außgedauret, aber sie verblieben nicht allweg beyein=ander, sondern lösten sich untereinander ab, darum hätte ich zuletzt den Kürtzern ziehen müssen: Drey Täge und zwo Nächte habe ich in diesem raucherichten Keller zubracht, welcher kein ander Liecht hatte, als was das Feur von sich gab, der Kopff fing mir dahero an zubrausen und

zumůten, als ob er zerreiſſen wolte, daß ich endlich einen
Fund erſinnen muſte, mich meiner Qual ſamt den Pei-
nigern zuentledigen, ich machte es wie der Fuchs, welcher
den Hunden ins Geſicht harnt, wan [134] er ihnen nicht
mehr zuentrinnen getrauet, dan weil mich eben die Natur
trieb, meine Nothburfft (s. v.) zuthun, bewegte ich mich
zugleich mit einem Finger im Hals zum Unwillen, dergeſtalt, daß ich mit einem unleiblichen Geſtanck die Zeche
bezahlte, alſo daß auch meine Teuffel ſelbſt ſchier nicht
mehr bey mir bleiben konten; damals legten ſie mich in
ein Leylach, und zerplotzten mich ſo unbarmhertzig, daß
mir alle innerliche Glieder ſamt der Seele herauß hätten
fahren mögen. Wovon ich dermaſſen auß mir ſelber
kam, und deß Gebrauchs meiner Sinnen beraubt ward,
daß ich gleichſam wie tod da lag, ich weiß auch nicht
was ſie ferners mit mir gemacht haben, ſo gar war ich
allerdings dahin.

Das VI. Capitel.
Simplicius komt in Himmel, und wird in ein Kalb verwandelt.

Als ich wieder zu mir ſelber kam, befand ich mich
nicht mehr in dem öden Keller bey den Teuffeln,
ſondern in einem ſchönen Saal, unter den Händen
dreyer der allergarſtigſten alten Weiber, ſo der Erdboden
je getragen; ich hielt ſie anfänglich, als ich die Augen
einwenig öffnete, vor natürliche hölliſche Geiſter, hätte
ich aber die alte Heydniſche Poeten ſchon geleſen gehabt,
ſo hätte ich ſie vor die Eumenides, oder wenigſt die eine
eigentlich vor die Thiſiphone gehalten, welche mich wie
den Athamantem meiner Sinne zuberauben, auß der Höllen
ankommen wäre, weil ich zuvor wol wuſte, daß ich darum
da war, zum Narren zuwerden: Dieſe hatte ein paar
Augen wie zween Irrwiſche, und zwiſchen denſelben eine
lange magere Habichs-Naſe, deren Ende oder Spitze die
[135] untere Lefftzen allerdings erreichte, nur zween Zähne
ſahe ich in ihrem Maul, ſie waren aber ſo vollkommen,
lang, rund und dick, daß ſich jeder bey nahe der Geſtalt
nach mit dem Goldfinger, der Farb nach aber ſich mit
dem Gold ſelbſt hätte vergleichen laſſen; In Summa, es

war Gebeins genug vorhanden zu einem gantzen Maul voll Zähne, es war aber gar übel außgetheilt, ihr Angesicht sahe wie Spanisch Leder, und ihre weisse Haare hingen ihr seltzam zerstrobelt um den Kopff herum, weil man sie erst auß dem Bette geholet hatte; ihre lange Brüste weiß ich nichts andern zuvergleichen, als zweyen lummerichten Küh=Blasen, denen zwey Drittel vom Blast entgangen, unten hing an jeder ein schwartz=brauner Zapff halb Fingers lang; Warhafftig ein erschröcklicher Anblick, der zu nichts andern, als vor eine treffliche Artzney wider die unsinnige Liebe der gailen Böcke hätte bienen mögen, die andere zwo waren gar nicht schöner, ohn daß dieselbe stumpffe Affen=Näslein, und ihre Kleider etwas ordentlicher angethan hatten: Als ich mich besser erkoberte, sahe ich, daß die eine unser Schüsselwäscherin, die andre zwo aber zweyer Fourierschützen Weiber waren. Ich stellete mich, als wan ich mich nicht zuregen vermogte, wie mich ban in Warheit auch nicht tantzerte, als diese ehrliche alte Mütterlein mich splitter=nackend außzogen, und von allem Unrath wie ein junges Kind säuberten: Doch thät mir solches trefflich sanfft, sie bezeugten unter währender Arbeit eine grosse Gedult und treffliches Mitleiben, also daß ich ihnen beynahe offenbaret hätte, wie wol mein Handel noch stünde; doch gedachte ich, Nein Simplici! vertraue keinem alten Weib, son=[136]bern gedencke, du habst Victori genug, wan du in deiner Jugend drey abgefäumte alte Betteln, mit denen man den Teuffel im weiten Feld fangen mögte, betrügen kanst; du kanst auß dieser Occasion Hoffnung schöpffen, im Alter mehrers zuleisten. Da sie nun mit mir fertig waren, legten sie mich in ein köstlich Bette, darin ich ungewiegt entschlieff, sie aber gingen, und namen ihre Kübel und andere Sachen, damit sie mich gewaschen hatten, samt meinen Kleidern und allen Unflat mit sich hinweg. Meines Davorhaltens schlieffe ich diesen Satz länger als 24. Stunden, und da ich wieder erwachte, stunden zween schöne geflügelte Knaben vorm Bette, welche mit weissen Hembdern, dafften Binden, Perlen, Cleinodien, göldenen Ketten und andern scheinbarlichen Sachen köstlich gezieret waren: Einer hatte ein vergöltes Lavor voller

Hippen, Zuckerbrot, Marzeban und ander Confect, der
ander aber einen vergölten Becher in Händen. Diese als
Engel, davor sie sich außgaben, wolten mich bereden, daß
ich nunmehr im Himmel sey, weil ich das Fegfeur so
glücklich überstanden, und dem Teuffel samt seiner Mutter
entgangen, derohalben solte ich nur begehren, was mein
Hertz wünsche, sintemal alles, was mir nur beliebe, genug
vorhanden wäre, oder doch sonst herbey zuschaffen, in ihrer
Macht stünde. Mich quälete der Durst, und weil ich den
Becher vor mir sahe, verlangte ich nur den Trunck, der
mir auch mehr als gutwillig gereichet ward; Solches war
aber kein Wein, sondern ein lieblicher Schlafftrunck, wel=
chen ich unabgesetzt zu mir nam, und davon wieder ent=
schlieff, so bald er bey mir war erwärmet.

[137] Den andern Tag erwachte ich wiederum, (dan
sonst schlieffe ich noch) befand mich aber nicht mehr
im Bette, noch in vorigem Saal, sondern in meinem alten
Gäns=Kärcker, da war abermal eine greuliche Finsternus
wie in vorigem Keller, und über das hatte ich ein Kleid
an von Kalb=Fellen, daran das rauhe Theil auch auß=
wendig gekehrt war, die Hosen waren auff Polnisch oder
Schwäbisch, und das Wams noch wol auff eine närrischere
Manier gemacht, oben am Hals stund eine Kappe wie
ein Mönchs=gugel, die war mir über den Kopff gestreifft,
und mit einem schönen paar grosser Esels=Ohren ge=
zieret. Ich muste meines Unsterns selbst lachen, weil ich
beydes am Nest und den Federn sahe, was ich vor ein
Vogel seyn solte: Damals fing ich erst an, in mich selbst
zugehen, und auff mein bestes zugedencken. Ich satzte
mir vor, mich auff das närrischte zustellen, als mir im=
mer müglich seyn mögte, und darneben mit Gedult zu=
erharren, wie sich mein Verhängnus weiters anlassen
würde.

Das VII. Capitel.
Wie sich Simplicius in diesen bestialischen Stand geschickt.

Vermittelst deß Lochs, so der dolle Fähnrich hiebevor
in die Thür geschnitten, hätte ich mich wol erledigen
können, weil ich aber ein Narr seyn solte, ließ ichs

bleiben, und thät nicht allein wie ein Narr, der nicht so witzig ist, von sich selbst herauß zugehen, sondern stellte mich gar wie ein hungrig Kalb, das sich nach seiner Mutter sehnet, mein Geplerr ward auch bald von denjenigen gehöret, die darzu bestellet waren; massen zween Soldaten vor den Gänßstall kamen, und fragten, wer darin wäre? Ich ant=[138]wortete, Ihr Narren, hört ihr dan nicht, daß ein Kalb da ist! Sie machten den Stall auff, namen mich herauß, und verwunderten sich, daß ein Kalb solte reden können! Welches ihnen anstund, wie die gezwungene Actionen eines neu=geworbenen ungeschickten Comödianten, der die Person, die er vertreten sol, nicht wol agiren kan, also daß ich offt meynete, ich müste ihnen selbst zum Possen helffen: Sie berathschlagten sich, was sie mit mir machen wolten, und wurden eins, mich dem Gubernator zuverehren, als welcher ihnen, weil ich reden könte, mehr schencken würde, als ihnen der Metzger vor mich bezahlte. Sie fragten mich, wie mein Handel stünde? Ich antwortet, liederlich genug; Sie fragten, Warumb? Ich sagte, darum, dieweil hier der Brauch ist, redliche Kälber in Gänßstall zusperren: Ihr Kerl müst wissen, dafern man will, daß ein rechtschaffener Ochs auß mir werden soll, daß man mich auch auffziehen muß, wie einem ehrlichen Stier zustehet. Nach solchem kurtzen Discurs führeten sie mich über die Gaß gegen deß Gouverneurs Quartier zu, uns folgte eine grosse Schaar Buben nach, und weil dieselbe eben so wol als ich das Kälbergeschrey schrien, hätte ein Blinder auß dem Gehör urtheilen mögen, man triebe eine Heerde Kälber daher, aber dem Gesicht nach sahe es einem Hauffen so junger als alter Narren gleich.

Also ward ich von den beyden Soldaten dem Gouverneur präsentirt, gleichsam als ob sie mich erst auff Partey erbeutet hätten, dieselbe beschenckte er mit einem Trinckgelt, mir selbst aber versprach er die beste Sach, so ich bey ihm haben solte: Ich gedachte wie [139] deß Goldschmids Jung, und sagte: Wol Herr, man muß mich aber in keinen Gänßstall sperren, dan wir Kälber können solches nicht erdulden, wan wir anders wachsen, und zu einem

Stück Haupt=Viehe werden sollen. Der Gouverneur vertröstete mich eines bessern, und dünckte sich gar gescheid seyn, daß er einen solchen visierlichen Narrn auß mir gemachet hätte; hingegen gedachte ich, harre mein lieber Herr, ich habe die Probe deß Feurs überstanden, und bin darin gehärtet worden; jetzt wollen wir probiren, welcher den andern am besten agiren wird können. Indem trieb ein geselehnter Baur sein Vieh zur Träncke, sobald ich das sahe, verließ ich den Gouverneur, und eylete mit einem Kälber=Geplerr den Kühen zu, gleichsam als ob ich an ihnen saugen wolte, diese, als ich zu ihnen kam, entsatzten sich ärger vor mir, als vor einem Wolff, wiewol ich ihrer Art Haar trug, ja sie wurden so schellig, und zerstoben dermassen voneinander, als wan im Augusto ein Nest voll Hornüssen unter sie gelassen wäre worden, also daß sie ihr Herr an selbigem Ort nicht mehr zusammen bringen konte, welches einen artlichen Spaß abgab. In einem Huy war ein Hauffen Volck beyeinander, das der Gauckelfuhr zusahe, und als mein Herr lachte, daß er hätte zerbersten mögen, sagte er endlich, ein Narr macht ihrer hundert; Ich aber gedachte, und eben du bist der jenige, dem du jetzt waarsagest.

Gleichwie mich nun jederman von selbiger Zeit an das Kalb nante, also nante ich hingegen auch einenjeden mit einem besondern spöttischen Nach=Namen, dieselbe fielen mehrentheils der Leute, und son-[140]derlich meines Herrn Bedüncken nach gar Sinreich, dan ich tauffte jedwedern nachdem seine Qualitäten erfoderten. Summariter davon zureden, so schätzte mich männiglich vor einen ohnweisen Thoren, und ich hielte jeglichen vor einen gescheiden Narren. Dieser Gebrauch ist meines Erachtens in der Welt noch üblich, massen einjeder mit seinem Witz zufrieden, und sich einbildet, er sey der Gescheibeste unter allen.

Obige Kurtzweile, die ich mit deß Bauren Rindern anstellete, machte uns den kurtzen Vormittag noch kürtzer, dan es war damals eben um die Winterliche Sonnenwende: Bey der Mittags=Mahlzeit wartete ich auff wie zuvor, brachte aber benebens seltzame Sachen auff die

Bahne, und als ich essen solte, konte niemand einzige menschliche Speise oder Tranck in mich bringen, ich wolte kurtzum nur Gras haben, so damals zubekommen unmüglich war. Mein Herr ließ ein paar frische Kalbfell von den Metzgern holen, und solche zweyen kleinen Knaben über die Köpff straiffen: Diese satzte er zu mir an den Tisch, tractirte uns in der ersten Tracht mit Winter-Salat, und hieß uns wacker zuhauen, auch ließ er ein lebendig Kalb hinbringen, und mit Saltz zum Salat anfrischen. Ich sahe so starr darein, als wan ich mich darüber verwunderte, aber der Umstand vermahnete mich mit zumachen; Ja wol sagten sie, wie sie mich so kaltsinnig sahen, es ist nichts neues, wan Kälber Fleisch, Fische, Käse, Butter und anders fressen: Was? sie sauffen auch zu Zeiten einen guten Rausch! die Bestien wissen nunmehr wol, was gut ist; Ja, sagten sie ferner, es ist heutigen Tags so- [141] weit kommen, daß sich nunmehr ein geringer Unterscheid zwischen ihnen und den Menschen befindet, woltest du dan allein nicht mit machen?

Dieses liesse ich mich um soviel desto ehender überreden, weil mich hungerte, und nicht darum, daß ich hiebevor schon selbst gesehen, wie theils Menschen säuischer als Schweine, grimmiger als Löwen, gäiler als Böcke, neidiger als Hunde, unbändiger als Pferde, gröber als Esel, versoffener als Rinder, listiger als Füchse, gefrässiger als Wölffe, närrischer als Affen, und gifftiger als Schlangen und Krotten waren, welche dannoch allesamt menschlicher Narung genossen, und nur durch die Gestalt von den Thieren unterschieden waren, zumalen auch die Unschuld eines Kalbs bey weitem nicht hatten. Ich fütterte mit meinen Mit-Kälbern, wie solches mein Appetit erfoderte, und wan ein Frembder uns unversehens also beyeinander zu Tisch hätte sitzen sehen, so hätte er sich ohn Zweiffel eingebildet, die alte Circe wäre wieder aufferstanden, auß Menschen Thiere zumachen, welche Kunst damals mein Herr konte und practicirte. Eben auff den Schlag, wie ich die Mittags-Mahlzeit vollbrachte, also ward ich auch auff den Nacht-Imbis tractiret; Und gleichwie meine Mit-Esser oder Schmarotzer mit mir zehrten, damit ich auch zehren solte, also musten sie auch mit mir zu Bette, wan mein Herr anders nicht zugeben wolte, daß ich im Küheſtall über Nacht ſchlieffe; und das thät ich darum, damit ich diejenige auch genug narrete, die mich zum Narrn zu haben vermehnten: Und machte dieſen veſten Schluß, daß der grundgütige GOtt einem jeden Menſchen in ſeinem [142] Stand, zu welchem er ihn beruffen, ſo viel Witz gebe und verleihe, als er zu ſeiner ſelbſt-Erhaltung vonnöthen, auch daß ſich dannenhero, Doctor hin oder Doctor her, viele vergeblich einbilden, ſie ſeyn allein witzig, und Hans in allen Gaſſen, dan hinter den Bergen wohnen auch Leute.

Das VIII. Capitel.
Redet von etlicher wunderbarlichem Gedächtnuß, und von anderer Vergeſſenheit.

AM Morgen als ich erwachte, waren meine beyde verkälberte Schlaff-Geſellen ſchon fort, derowegen ſtund ich auch auff, und ſchlich, als der Adjutant die Schlüſſel holete, die Stat zuöffnen, auß dem Hauß zu meinem Pfarrer, demſelben erzehlte ich alles, wie mirs ſo wol im Himmel als in der Hölle ergangen. Und wie er ſahe, daß ich mir ein Gewiſſen machte, weil ich ſo viel Leute, und ſonderlich meinen Herrn betröge, wan ich mich närriſch ſtellete, ſagte er: Hierum darffſt du dich nicht bekümmern, die närriſche Welt will betrogen ſeyn, hat man dir deine Witz noch übrig gelaſſen, ſo gebrauche dich derſelben zu deinem Vortheil, bilde dir ein, als ob du gleich dem Phönix, vom Unverſtand zum Verſtand durchs Feur, und alſo zu einem neuen menſchlichen Leben auch neu geboren worden ſeyſt: Doch wiſſe dabey, daß du noch nicht über den Graben, ſondern mit Gefahr deiner Ver= nunfft in dieſe Narren-Kappe geſchloſſen biſt, die Zeiten ſeyn ſo wunderlich, daß niemand wiſſen kan, ob du ohn Verluſt deines Lebens wieder herauß kommeſt, man kan geſchwind in die Hölle rennen, aber wieder herauß zuent= rinnen, wirds Schnauffens und Bartwiſchens brauchen, du biſt bey weitem noch nicht ſo ge=[143]mannet, deiner be= vorſtehenden Gefahr zuentgehen, wie du dir wol ein=

bilden mögtest, darum wird dir mehr Vorsichtigkeit und Verstand vonnöthen seyn, als zu der Zeit, da du noch nicht wustest, was Verstand oder Unverstand war, bleib bemütig, und erwarte der künfftigen Veränderung.

Sein Discurs war vorsetzlich so variabel, dan ich bilde mir ein, er habe mir an der Stirn gelesen, daß ich mich groß zuseyn bedüncke, weil ich mit so meisterlichem Betrug und seiner Kunst durch geschlossen; Und ich muth= massete hingegen auß seinem Angesicht, daß er unwillig, und meiner überdrüssig worden, dan seine Minen gabens, und was hatte er von mir? Derowegen veränderte ich auch meine Reden, und wuste ihm grossen Danck vor die herrliche Mittel, die er mir zu Erhaltung meines Ver= standes mitgetheilet hatte, ja ich thät unmügliche Promes- sen, alles, wie meine Schuldigkeit erfodere, wieder danck= barlich zuverschulden: Solches kützelte ihn, und brachte ihn auch wieder auff eine andre Laune, dan er rühmte gleich darauff seine Artzney trefflich, und erzehlte mir, daß Simonides Melicus eine Kunst auffgebracht, die Metrodo- rus Sceptius nicht ohn grosse Mühe perfectionirt hätte, vermittelst deren er die Menschen lehren können, daß sie alles, was sie einmal gehöret oder gelesen, bey einem Wort nachreden mögen, und solches wäre, sagte er, ohn Haupt= stärckende Artzneyen, deren er mir mitgetheilet, nicht zu= gangen! Ja, gedachte ich, mein lieber Herr Pfarrer, ich habe in deinen eigenen Büchern bey meinem Einsidel viel anders gelesen, worin Sceptii Gedächtnus=Gunst bestehe, doch war ich so schlau, daß [144] ich nichts sagte, dan wan ich die Warheit bekennen soll, so bin ich, als ich zum Narrn werden solte, allererst witzig, und in meinen Reden behutsamer worden. Er der Pfarrer fuhr fort, und sagte mir, wie Cyrus einemjeden von seinen 30000 Soldaten mit seinem rechten Namen hätte ruffen, Lucius Scipio alle Bürger zu Rom bey den ihrigen nennen, und Cyneas Pyrrhi Gesanter, gleich den andern Tag hernach, als er gen Rom kommen, aller Rahtsherren und Edelleute Namen daselbst, ordentlich hersagen können. Mithridates der König in Ponto und Bithynia, sagte er, hatte Völcker von 22. Sprachen unter ihm, denen er allen in ihrer Zunge

Recht sprechen, und mit einem jeden insonderheit, wie Sabell. lib. 10. cap. 9. schreibet, reden konte. Der gelehrte Griech Charmides sagte einem außwendig, was einer auß den Büchern wissen wolte, die in der gantzen Liberey lagen, wanschon er sie nur einmal überlesen hatte. Lucius Seneca konte 2000. Namen herwieder sagen, wie sie ihm vorgesprochen worden, und wie Ravisius meldet, 200. Vers von 200. Schülern geredet, vom letzten an biß zum ersten, hinwiederum erzehlen. Eßdras, wie Euseb. lib. temp. fulg. lib. 8. cap. 7 schreibet, konte die fünff Bücher Mosis außwendig, und selbige von Wort zu Wort den Schreibern in die Feder dictiren. Themistocles lernete die Persische Sprache in einem Jahr. Crassus konte in Asia die fünff unterschiedliche Dialectos der Griechischen Sprach außreden, und seinen Untergebenen darin Recht sprechen. Julius Cæsar laß, dictirte, und gab zugleich Audienz. Von Ælio Hadriano, Portio Latrone, den Römern und andern wil ich nichts mel=[145]den, sondern nur von dem heiligen Hieronymo sagen, daß er Hebräisch, Chaldäisch, Griechisch, Persisch, Medisch, Arabisch und Lateinisch gekönt. Der Einsidel Antonius konte die gantze Bibel nur vom hören lesen, außwendig. So schreibet auch Colerus lib. 18. cap. 21. Auß Marco Antonio Mureto, von einem Corsicaner, welcher 6000. Menschen = Namen angehöret, und dieselbige hernach in richtiger Ordnung schnell herwieder gesagt.

Dieses erzehle ich alles darum, sagte er ferner, damit du nicht vor unmüglich haltest, daß durch Medicin einem Menschen sein Gedächtnus trefflich gestärcket und erhalten werden könne, gleichwie es hingegen auch auff mancherley Weise geschwächet, und gar außgetilget wird, massen Plinius lib. 7. cap. 24. schreibet, daß am Menschen nichts so blöd sey, als eben das Gedächtnus, und daß sie durch Kranckheit, Schröcken, Forcht, Sorge und Bekümmernus entweder gantz verschwinde, oder doch einen grossen Theil ihrer Krafft verliere.

Von einem Gelährten zu Athen wird gelesen, daß er alles was er je studiert gehabt, so gar auch das A B C vergessen, nachdem ein Stein von oben herab auff ihn ge=

fallen. Ein anderer kam durch eine Kranckheit dahin, daß er seines Dieners Namen vergaß, und Messala Corvinus wuste seinen eigenen Namen nicht mehr, der doch vorhin ein gut Gedächtnus gehabt. Schramhans schreibet in fasciculo Historiarum, fol. 60 (welches aber so Auffschneiderisch klinget, als ob es Plinius selbst geschrieben) daß ein Priester auß seiner eigenen Ader Blut getruncken, und dadurch schreiben und lesen vergessen, sonst aber sein Gedächtnus unverruckt behalten, und als er übers Jahr [146] hernach eben an selbigem Ort, und damaliger Zeit, abermal desselbigen Bluts getruncken, hätte er wieder wie zuvor schreiben und lesen können. Zwar ist es glaublicher, was Jo. Wierus de præstigiis dæmon. lib. 3. cap. 8. schreibet, wan man Beeren=Hirn einfresse, daß man dadurch in solche Phantasey und starcke Imagination gerathe, als ob man selbst zu einem Beeren worden wäre, wie er dan solches mit dem Exempel eines Spanischen Edelmanns beweiset, der, nachdem er dessen genossen, in den Wildnussen umgeloffen, und sich nicht anders eingebildet, als er sey ein Beer. Lieber Simplici, hätte dein Herr diese Kunst gewust, so dörfftestu wol ehender in einen Beeren, wie die Callisto, als in einen Stier, wie Jupiter, verwandelt worden seyn.

Der Pfarrer erzehlte mir deß Dings noch viel, gab mir wieder etwas von Artzney, und instruirte mich wegen meines fernern Verhalts, damit machte ich mich wieder nach Hauß, und brachte mehr als 100. Buben mit, die mir nachlieffen, und abermals alle wie Kälber schrien, derowegen lieff mein Herr, der eben auffgestanden war, ans Fenster, sahe soviel Narren auff einmal, und liesse ihm belieben, darüber hertzlich zulachen.

Das IX. Capitel.
Ein überzwerch Lob, einer schönen Dame.

SO bald ich ins Hauß kam, muste ich auch in die Stube, weil Adelich Frauenzimmer bey meinem Herrn war, welches seinen neuen Narrn auch gern hätte sehen und hören mögen. Ich erschiene, und stund da wie ein Stummer, dahero die jenige, so ich hiebevor beym

Tantz erdappet hatte, Ursache nam zu=[147]sagen: Sie hätte ihr sagen lassen, dieses Kalb könne reden, so verspüre sie aber nunmehr, daß es nicht waar sey; Ich antwortete, so habe ich hingegen vermeynet, die Affen können nicht reden, höre aber wol, daß dem auch nicht also sey. Wie, sagte mein Herr, vermeynst du dan, diese Damen seyn Affen? Ich antwortete, seynd sie es nicht, so werden sie es doch bald werden, wer weiß wie es fällt, ich habe mich auch nicht versehen ein Kalb zuwerden, und bins doch! Mein Herr fragte, woran ich sehe, daß diese Affen werden sollen? Ich antwortete, unser Affe trägt seinen Hindern bloß, diese Damen aber allbereit ihre Brüste, dan andere Mägd=lein pflegten ja sonst solche zubedecken. Schlimmer Vogel, sagte mein Herr, du bist ein närrisch Kalb, und wie du bist, so redestu, diese lassen billich sehen was sehens werth ist, der Affe aber gehet auß Armuth nackend, ge=schwind bringe wieder ein, was du gesündiget hast, oder man wird dich karbäitschen, und mit Hunden in Gänsstall hetzen, wie man Kälbern thut, die sich nicht zuschicken wissen, laß hören, weist du auch eine Dam zuloben, wie sichs gebührt? Hierauff betrachtete ich die Dame von Füssen an biß oben auß, und hinwieder von oben biß unten, sahe sie auch so steiff und lieblich an, als hätte ich sie heuraten wollen. Endlich sagte ich, Herr, ich sehe wol wo der Fehler steckt, der Diebs=Schneider ist an allem schuldig, er hat das Gewand, das oben um den Hals gehört, und die Brüste bedecken solte, unten an dem Rock stehen lassen, darum schleifft er so weit hinten her=nach, man solt dem Hubler die Hände abhauen, wan er nicht besser schneidern kan, Jungfer, sagte ich zu ihr selbst, schafft ihn ab, wan [148] er euch nicht so verschänden soll, und sehet, daß ihr meines Knäns Schneider bekomt, der hieß Meister Paulgen, er hat meiner Meüder, unserer Ann und unserm Ursele so schöne gebrittelte Röcke machen können, die unten herum gantz eben gewesen seyn, sie haben wol nicht so im Dreck geschlappt wie eurer, ja ihr glaubet nicht, wie er den Huren so schöne Kleider machen können. Mein Herr fragte, obban meines Knäns Ann und Ursele schöner gewesen, als diese Jungfer? Ach wol Nein, Herr,

8*

sagte ich, diese Jungfer hat ja Haare, das ist so gelb wie
kleiner Kinder-Dreck, und ihre Schäiteln sind so weiß
und so gerad gemacht, als wan man Säubürsten auff die
Haut gekappt hätte, ja ihre Haare seyn so hübsch zusammen gerollt, daß es sihet, wie hole Pfeiffen, oder als wan
sie auff jeder Seite ein paar Pfund Liechter, oder ein
Dutzet Bratwürste hangen hätte: Ach sehet nur, wie hat
sie so eine schöne glatte Stirn; ist sie nicht feiner gewölbet
als ein fetter Kunstbacken? und weisser als ein Toden-
kopff, der viel Jahr lang im Wetter gehangen; Immer
Schad ist es, daß ihre zarte Haut durch das Haar-Pulver
so schlim bemackelt wird, dan wan es Leute sehen, die
es nicht verstehen, dörfften sie wol vermeynen, die Jungfer
habe den Erbgrind, der solche Schuppen von sich werffe;
welches noch grösser Schade wäre vor die funcklende Augen,
die von Schwärtze klärer zwitern, als der Ruß vor meines Knäns Ofenloch, welcher so schröcklich gläntzete, wan
unser Ann mit einem Strohwisch davor stund, die Stube
zuhitzen, als wan lauter Feur darin stecke, die gantze Welt
anzuzünden: Ihre Backen seyn so hübsch rotlecht, doch
nicht gar so [149] roth, als neulich die neue Nestel waren,
damit die Schwäbische Fuhrleute von Ulm ihre Lätz gezieret hatten: Aber die hohe Röte, die sie an den Lefftzen
hat, übertrifft solche Farbe weit, und wan sie lachet oder
redet (ich bitte, der Herr gebe nur Achtung darauff) so
sihet man zwey Reyhen Zähne in ihrem Maul stehen, so
schön Zeilweiß und Zucker-ähnlich, als wan sie auß
einem Stück von einer weissen Rübe geschnitzelt wären
worden: O Wunderbild, ich glaube nicht, daß es einem
wehe thut, wan du einen damit beissest: So ist ihr Hals
ja schier so weiß, als eine gestandene Saurmilch, und
ihre Brüstlein, die darunter ligen, seyn von gleicher Farbe,
und ohn Zweifel so hart anzugreiffen, wie ein Gaiß-
Mämm, die von übriger Milch strotzt: Sie seynd wol
nicht so schlapp, wie die alte Weiber hatten, die mir neulich den Hindern butzten, da ich in Himmel kam. Ach
Herr, sehet doch ihre Hände und Finger an, sie sind ja
so subtil, so lang, so gelenck, so geschmeidig, und so geschicklich gemacht, natürlich wie die Zügeinerinnen neulich

hatten, damit sie einem in Schubsack greiffen, wan sie
fischen wollen. Aber was soll dieses gegen ihrem gantzen
Leib selbst zurechnen seyn, den ich zwar nicht bloß sehen
kan; Ist er nicht so zart, schmal und anmuthig, als wan
sie acht gantzer Wochen die schnelle Catharina gehabt hätte?
Hierüber erhub sich ein solch Gelächter, daß man mich
nicht mehr hören, noch ich mehr reden konte, ging hiemit
durch wie ein Holländer, und ließ mich, so lang mirs
gefiel, von andern vexiern.

[150] **Das X. Capitel.**
Redet von lauter Helden und namhafften Künstlern.

Hierauff erfolgte die Mittags-Mahlzeit, bey welcher
ich mich wieder dapffer gebrauchen ließ, dan ich hatte
mir vorgesetzt, alle Thorheiten zubereden, und alle
Eitelkeiten zustraffen, worzu sich dan mein damaliger
Stand trefflich schickte; kein Tischgenoß war mir zu gut,
ihm sein Laster zuverweisen und auffzurupffen, und wan
sich einer fand, der sichs nicht gefallen liesse, so ward er
entweder noch darzu von andern außgelachet, oder ihm
von meinem Herrn vorgehalten, daß sich kein Weiser über
einen Narrn zuerzörnen pflege: Den dollen Fähnrich,
welcher mein ärgster Feind war, setzte ich gleich auff den
Esel. Der erste aber, der mir auß meines Herrn Wincken
mit Vernunfft begegnete, war der Secretarius, dan als
ich denselben einen Titul-Schmid nante, ihn wegen der
eiteln Titul außlachte, und fragte, wie man der Menschen
ersten Vater tituliret hätte? Antwortete er, du redest wie
ein unvernünfftig Kalb, weil du nicht weist, daß nach
unsern ersten Eltern unterschiedliche Leute gelebet, die durch
seltene Tugenden, als Weißheit, mannliche Helden-Thaten,
und Erfindung guter Künste, sich und ihr Geschlecht dermassen geadelt haben, daß sie auch von andern über alle
irrdische Dinge, ja gar übers Gestirn zu Göttern erhoben
worden; Wärest du ein Mensch, oder hättest auffs wenigste
wie ein Mensch die Historien gelesen, so verstündest du
auch den Unterscheid, der sich zwischen den Menschen enthält, und würdest bannenhero einemjeden seinen Ehren-
Titul gern gönnen, sintemal du aber ein Kalb, und keiner

menschlichen [151] Ehre würdig noch fähig bist, so redest du auch von der Sache wie ein dummes Kalb, und mißgönnest dem eblen menschlichen Geschlecht dasjenige, dessen es sich zuerfreuen hat. Ich antwortete, ich bin sowol ein Mensch gewesen als du, hab auch zimlich viel gelesen, kan dahero urtheilen, daß du den Handel entweder nicht recht verstehest, oder durch dein Interesse abgehalten wirst, anderst zureden als du weist: Sage mir, was seyn vor herrliche Thaten begangen, und vor löbliche Künste erfunden worden, die genugsam seyn, ein gantz Geschlecht etlich hundert Jahre nacheinander, auff Absterben der Helden und Künstler selbst, zuablen? Ist nicht beydes der Helden Stärcke, und der Künstler Weißheit und hoher Verstand, mit hinweg gestorben? Wan du diß nicht verstehest, und der Eltern Qualitäten auff die Kinder erben, so muß ich davor halten, dein Vater sey ein Stockfisch, und deine Mutter eine Plateissin gewesen: Ha! antwortete der Secretarius, wan es damit wol außgericht seyn wird, wan wir einander schänden wollen, so könte ich dir vorwerffen, daß dein Knän ein grober Spesserter Baur gewesen, und obzwar es in deiner Heimat und Geschlecht die gröste Knollfincken abgibt, daß du dich annoch noch mehr verringert habest, indem du zu einem unvernünfftigen Kalb worden bist. Da recht, antwortete ich, das ist es was ich behaupten will, daß nemlich der Eltern Tugenden nicht allweg auff die Kinder erben, und daß dahero die Kinder ihrer Eltern Tugend=Tituln auch nicht allweg würdig seyn; mir zwar ist es keine Schande, daß ich ein Kalb bin worden, dieweil ich in solchem Fall dem Großmächtigen König Nabu=[152]chodonosor nachzufolgen die Ehre habe, wer weiß, ob es nicht GOtt gefällt, daß ich auch wieder wie dieser, zu einem Menschen, und zwar noch grösser werde, als mein Knän gewesen? Ich rühme einmal diejenige, die sich durch eigene Tugenden edel machen. Nun gesetzt, aber nicht gestanden, sagte der Secretarius, daß die Kinder ihrer Eltern Ehren=Titul nicht allweg erben sollen, so must du doch gestehen, daß diejenige alles Lobs werth seyn, die sich selbst durch Wolverhalten Edel machen; wan dan dem also, so folget, daß man die Kinder wegen ihrer Eltern billich ehret, dan der

Apffel fällt nicht weit vom Stamm: Wer wolte in Alexandri M. Nachkömlingen, wan anders noch einzige vorhanden wären, ihres alten Ur-Anherrn hertzhaffte Dapfferkeit im Krieg nicht rühmen: Dieser erwiese seine Begierde zufechten in seiner Jugend mit Weynen, als er noch zu keinen Waffen tüchtig war, besorgend, sein Vater mögte alles gewinnen, und ihm nichts zubezwingen übrig lassen; hat er nicht noch vor dem dreissigsten Jahr seines Alters die Welt bezwungen, und noch ein andere zu bestreiten gewünschet? hat er nicht in einer Schlacht, die er mit den Indianern gehalten, da er von den Seinigen verlassen war, auß Zorn Blut geschwitzet? War er nicht anzusehen, als ob er mit lauter Feurflammen umgeben war, so, daß ihn auch die Barbaren vor Furcht streitend verlassen musten? Wer wolte ihn nicht höher und ebler, als andere Menschen schätzen, da doch Quintus Curtius von ihm bezeuget, daß sein Athem wie Balsam, der Schweiß nach Bisem, und sein todter Leib nach köstlicher Specerey gerochen: Hier könte ich auch ein=[153]führen den Julium Cæsarem und den Pompejum, deren der eine über und neben den Victorien, die er in den Bürgerlichen Kriegen behauptet, fünfftzig mal in offenen Feldschlachten gestritten, und 1152000. Mann erlegt und tod geschlagen hat, der ander hat neben 940. den Meer=Räubern abgenommenen Schiffen, vom Alpgebürg an biß in das äusserste Hispanien, 876. Stätte und Flecken eingenommen und überwunden. Den Ruhm Marci Sergii will ich verschweigen, und nur einwenig von dem Lucio Sucio Dentato sagen, welcher Zunfftmeister zu Rom war, als Spurius Turpejus und Aulus Eternius Burgermeister gewesen, dieser ist in 110. Feld=Schlachten gestanden, und hat achtmal diejenigen überwunden, so ihn herauß gefodert, er konte 45. Wundmähler an seinem Leib zeigen, die er alle vor dem Mann, und keine rückwarts empfangen, mit neun Obrist Feld=Herren ist er in ihren Triumphen (die sie vornemlich durch ihre Mannheit erlangt) eingezogen. Deß Manlii Capitolini Kriegs=Ehre wäre nicht geringer, wan er sie im Beschluß seines Lebens nicht selbst verkleinert, dan er konte auch 33. Wundmähler zeigen, ohn daß er einsmals das Capitolium mit allen Schätzen allein vor den Französen erhalten. Wo bleibet der starcke Hercules, Theseus und andere, die beynahe beydes zuerzehlen, und ihr unsterbliches Lob zubeschreiben unmüglich! Solten diese in ihren Nachkömlingen nicht zuehren seyn?

Ich will aber Wehre und Waffen fahren lassen, und mich zu den Künsten wenden, welche zwar etwas geringer zuseyn scheinen, nichts desto weniger aber ihre Meister gantz Ruhmreich machen. Was findet [154] sich nur für eine Geschicklichkeit am Zeuxe, welcher durch seinen Kunstreichen Kopff und geschickte Hand die Vögel in der Lufft betrog; Item, am Apelle, der eine Venus so natürlich, so schön, so außbündig, und mit allen Lineamenten so subtil und zart daher mahlete, daß sich auch die Junggesellen darein verliebten. Plutarchus schreibet, daß Archimedes ein groß Schiff mit Kauffmanns=Wahren beladen, mitten über den Marckt zu Syracusis nur mit einer Hand, an einem einzigen Säil daher gezogen, gleich als ob er ein Saumthier an einem Zaum geführet, welches 20. Ochsen, geschweige 200. deines gleichen Kälber, nicht hätten zuthun vermögt. Solte nun dieser rechtschaffene Meister nicht mit einem besondern Ehren=Titul, seiner Kunst gemäß, zubegaben seyn? Wer wolte nicht vor andern Menschen preisen denjenigen, der dem Persischen König Sapor ein gläsernes Werck machte, welches so weit und groß war, daß er mitten in demselben auff dessen Centro sitzen, und unter seinen Füssen das Gestirn auff und niber gehen sehen konte? Archimedes machte einen Spiegel, damit er der Feinde Kriegs=Schiffe mitten im Meer anzündete: So gedencket auch Ptolomeus eine wunderliche Art Spiegel, die so viel Angesichter zeigten, als Stunden im Tag waren. Welcher wolte den nicht preisen, der die Buchstaben zu erst erfunden? ja wer wolte nicht vielmehr den über alle Künstler erheben, welcher die Edle und der gantzen Welt höchst nutzliche Kunst der Buchdruckerey erfunden? Ist Ceres, weil sie den Ackerbau und das Mühlwerck erfunden haben solle, vor eine Göttin gehalten worden, warum solte dan unbillich seyn, wan man andern, [155] ihren Qualitäten gemäß, ihr Lob mit Ehren=

Tituln berühmt? Zwar ist wenig daran gelegen, ob du grobes Kalb solches in deinem unvernünfftigen Ochsenhirn fassest oder nicht: Es gehet dir eben wie jenem Hund, der auff einem Hauffen Heu lag, und solches dem Ochsen auch nicht gönnete, weil er es selbst nicht geniessen konte; du bist keiner Ehre fähig, und eben dieser Ursachen halber mißgönnest du solche denenjenigen, die solcher werth seyn.

Da ich mich so gehetzt sahe, antwortete ich, die herrliche Helden-Thaten wären höchlich zurühmen, wan sie nicht mit anderer Menschen Untergang und Schaden vollbracht wären worden. Was ist das aber vor ein Lob, welches mit so vielem unschuldig-vergossenem Menschen-Blut besudelt: Und was ist das vor ein Adel, der mit so vieler tausend anderer Menschen Verderben erobert und zuwegen gebracht worden ist? Die Künste betreffend, was seynds anders als lauter Vanitäten und Thorheiten? Ja sie seynd eben so leer, eitel und unnütz, als die Titul selbst, die einem von denselbigen zustehen mögten; dan entweder dienen sie zum Geitz, oder zur Wollust, oder zur Uppigkeit, oder zum Verderben anderer Leute, wie dan die schröckliche Dinger auch sind, die ich neulich auff den halben Wägen sahe; so könte man der Druckerey und Schrifften auch wol entberen, nach Außspruch und Meynung jenes heiligen Manns, welcher davorhielt, die gantze weite Welt sey ihm Buchs genug, die Wunder seines Schöpffers zubetrachten, und die göttliche Allmacht darauß zuerkennen. [156]

Das XI. Capitel.
Von dem mühseeligen und gefährlichen Stand eines Regenten.

Ein Herr wolte auch mit mir schertzen, und sagte: Ich merke wol, weil du nicht Edel zuwerden getrauest, so verachtest du beß Adels Ehren-Titul; Ich antwortete: Herr, wanschon ich in dieser Stunde an deine Ehrenstell treten solte, so wolte ich sie doch nicht annehmen! Mein Herr lachte, und sagte: Das glaube ich, dan dem Ochsen gehöret Haberstroh; wan du aber einen hohen Sinn hättest, wie Adeliche Gemüter haben sollen, so würdest du mit Fleiß nach hohen Ehren und Dignitäten trachten, Ich meinen theils, achte es für kein geringes, wan mich das Glück über andere erhebet. Ich seuffzete und sagte: Ach, arbeitseelige Glückseeligkeit! Herr, ich versichere dich, daß du der allerelendeste Mensch in gantz Hanau bist: Wie so? wie so? Kalb, sagte mein Herr, sag mir doch die Ursache, dan ich befinde solches bey mir nicht: Ich antwortete, wan du nicht weist und empfindest, daß du Gubernator in Hanau, und mit wieviel Sorgen und Unruhe du deßwegen beladen bist, so verblendet dich die allzugrosse Begierde der Ehre, deren du geniessest, oder du bist eisern und gantz unempfindlich, du hast zwar zubefehlen, und wer dir unter Augen komt, muß dir gehorsamen; thun sie es aber umsonst? bist du nicht ihrer aller Knecht? must du nicht vor einenjedwedern insonderheit sorgen? Schaue, du bist jetzt rund umher mit Feinden umgeben, und die Conservation dieser Vestung liget dir allein auff dem Hals, du must trachten, wie du deinem Gegentheil einen Abbruch [157] thun mögest, und must darneben sorgen, daß deine Anschläge nicht verkundschafftet werden; Bedörffte es nicht öffters, daß du selber, wie ein gemeiner Knecht, Schildwacht stündest? Uber das mustu bedacht seyn, daß kein Mangel an Geld, Munition, Proviant und Volck im Posten erscheine, deßwegen du dan das gantze Land durch stetiges exequiren und tribuliren in der Contribution erhalten must; Schickest du die Deinige zu solchem Ende hinauß, so ist rauben, plündern, stelen, brennen und morden ihre beste Arbeit, sie haben erst neulich Orb geplündert, Braunfels eingenommen, und Staden in die Asche gelegt, davon haben sie zwar ihnen Beuten, du aber eine schwere Verantwortung bey GOtt gemachet: Ich lasse seyn, daß dir vielleicht der Genuß neben der Ehre auch wol thut, weist du aber auch, wer solche Schätze, die du etwan samlest, geniessen wird? Und gesetzt, daß dir solcher Reichthum verbleibt (so doch mißlich stehet) so mustu sie doch in der Welt lassen, und nimmst nichts davon mit dir, als die Sünde, dadurch du selbigen erworben hast: Hast du dan das Glück, daß du dir deine Beuten zunutz machen kanst, so verschwendest du

der Armen Schweiß und Blut, die jetzt im Elend Mangel
leiden, oder gar verderben und Hungers sterben. O wie
offt sehe ich, daß deine Gedancken wegen Schwere deines
Amts hin und wieder zerstreut seyn, und daß hingegen
ich und andere Kälber ohn alle Bekümmernüß ruhig
schlaffen; thust du solches nicht, so kostet es deinen Kopff,
dafern anders etwas verabsäumet wird, das zu Conservation beiner untergebenen Völcker und der Vestung hätte
observirt werden sollen; Schaue solcher Sorgen bin ich
überhoben! Und weil ich [158] weiß, daß ich der Natur
einen Tod zuleisten schuldig bin, sorge ich nicht, daß
jemand meinen Stall stürmet, oder daß ich mit Arbeit
um mein Leben scharmützeln müsse, sterbe ich jung, so bin
ich der Mühseeligkeit eines Zug=Ochsens überhoben, dir
aber stellet man ohn Zweiffel auff tausendfältige weise
nach, beßwegen ist dein gantzes Leben nichts anders als
eine immerwährende Sorge und Schlaffbrechens, dan du
must Freunde und Feinde fürchten, die dich ohn Zweiffel,
wie du auch andern zuthun gedenckest, entweder um dein
Leben, oder um dein Geld, oder um deine Reputation,
oder um dein Commando, oder um sonsten etwas zu=
bringen nachsinnen, der Feind setzt dir offentlich zu, und
beine vermeynte Freunde beneiden heimlich dein Glück;
vor beinen Untergebenen aber bistu auch nicht allerdings
versichert. Ich geschweige hier, wie dich täglich deine
brennende Begierden quälen, und hin und wider treiben,
wan du gedenckest, wie du dir einen noch grössern Namen
und Ruhm zumachen, höher in Kriegs=Aemtern zusteigen,
grössern Reichthum zusamlen, dem Feind einen Tuck zube=
weisen, ein oder ander Ort zuüberrumpeln, und in Summa
fast alles zuthun, was andere Leute gehehet, und beiner
Seele schädlich, der Göttlichen Majestät aber mißfällig
ist! Und was das allerärgste ist, so bist du von beinen
Fuchsschwäntzern so verwöhnt, daß du dich selbsten nicht
kennest, und von ihnen so eingenommen und vergifftet,
daß du den gefährlichen Weg, den du gehest, nicht sehen
kanst, dan alles was du thust, heissen sie recht, und alle
beine Laster werden von ihnen zu lauter Tugenden ge=
machet und auffgeruffen; beine Grim=[159]migkeit ist

ihnen eine Gerechtigkeit, und wan du Land und Leute verderben lässest, so sagen sie, du seyst ein braver Soldat, hetzen dich also zu anderer Leute Schaden, damit sie deine Gunst behalten, und ihre Beutel darbey spicken mögen.

Du Bernheuter, sagte mein Herr, wer lernet dich so predigen? Ich antwortete, Liebster Herr, sage ich nicht waar, daß du von deinen Ohrenbläsern und Daumendrehern dergestalt verderbet seyst, daß dir bereits nicht mehr zuhelffen; Hingegen sehen andere Leute deine Laster gar bald, und urtheilen dich nicht allein in hohen und wichtigen Sachen, sondern finden auch genug in geringen Dingen, daran wenig gelegen, an dir zutadeln: Hastu nicht Exempel genug an hohen Personen, so vor der Zeit gelebt? die Athenienser murmelten wider ihren Simonidem, nur darum daß er zulaut redete; die Thebaner klagten über ihren Paniculum, dieweil er außwurff; die Lacedämonier schalten an ihrem Lycurgo daß er allezeit mit nider-geneigtem Haupt daher ging; die Römer vermeynten, es stünde dem Scipione gar übel an, daß er im Schlaff so laut schnarche; es dünckte sie heßlich zusehn, daß sich Pompejus nur mit einem Finger kratzte; deß Julii Cæsaris spotteten sie, weil er seinen Gürtel nicht artig und lustig antrug; die Uticenser verleumbeten ihren guten Catonem, weil er, wie sie bedünckte, allzugeitzig auff beyden Backen aß, und die Carthaginenser redeten dem Hannibali übel nach, weil er immerzu mit der Brust auffgedeckt und bloß daher ging. Wie dünckt dich nun, mein lieber Herr? vermeinest du wol noch, daß ich mit einem tauschen solte, der vielleicht neben zwölf [160] oder dreyzehen Tisch-Freunden, Fuchsschwäntzern und Schmarotzern, mehr als 100. oder vermuthlicher mehr als 10000. so heimliche als offentliche Feinde, Verleumder und mißgünstige Neider hat? Zudem, was vor Glückseeligkeit, was für Lust und was vor Freude solte doch wol ein solch Haupt haben können, unter welches Pfleg, Schutz und Schirm so viel Menschen leben? Ists nicht vonnöten, daß du vor alle die Deinige wachest, vor sie sorgest, und einesjeden Klage und Beschwerden anhörest? Wäre solches allein nicht müheseelig genug, wanschon du weder Feinde noch Mißgönner hättest? Ich sehe wol, wie saur du dirs must werden lassen, und wieviel Beschwerden du doch erträgst; Liebster Herr, was wird doch endlich dein Lohn seyn, sage mir, was hast du davon? Wan du es nicht weist, so laß dirs den Griechischen Demosthenem sagen, welcher, nachdem er den gemeinen Nutzen, und das Recht der Athenienser, dapffer und getreulich befördert und beschützet, wider alles Recht und Billigkeit, als einer so eine greuliche Missethat begangen, deß Landes verwiesen, und in das Elend verjaget ward; Dem Socrati ward mit Gifft vergeben; dem Hannibal ward von den seinen so übel gelohnet, daß er elendiglich in der Welt Landsflüchtig herum schwaiffen muste; also geschahe dem Römischen Camillo: und dergestalt bezahlten die Griechen den Lycurgum und Solonem, deren der eine gesteiniget ward, dem andern aber, nachdem ihm ein Aug außgestochen, wurde als einem Mörder endlich das Land verwiesen. Darum behalte dein Commando samt dem Lohn, den du davon haben wirst, du darfst deren keins mit mir theilen, dan wan [161] alles wol mit dir abgehet, so hastu aufs wenigste sonst nichts, das du davon bringest, als ein böses Gewissen; Wirstu aber dein Gewissen in acht nemen wollen, so wirstu als ein Untüchtiger beyzeiten von deinem Commando verstossen werden, nicht anders, als wan du auch, wie ich, zu einem bummen Kalb wärest worden.

Das XII. Capitel.
Von Verstand und Wissenschafft etlicher unvernünfftigen Thiere.

UNter währendem meinem Discours sahe mich jederman an, und verwunderten sich alle Gegenwärtige, daß ich solche Reden solte vorbringen können, welche wie sie vorgaben, auch einem verständigen Mann genug wären, wan er solche so gar ohn allen Vorbedacht hätte vortragen sollen; Ich aber machte den Schluß meiner Rede und sagte: Darum dan nun, mein liebster Herr, will ich nicht mit dir tauschen; zwar ich bedarffs auch im geringsten nicht, dan die Quellen geben mir einen gesunden

Tranck, anstat deiner köstlichen Weine, und derjenige, der mich zum Kalb werden zulassen beliebet, wird mir auch die Gewächse deß Erdbodens dergestalt zusegnen wissen, daß sie mir wie dem Nabuchodonosore zur Speiß und Auffenthalt meines Lebens auch nicht unbequem seyn werden; so hat mich die Natur auch mit einem guten Beltz versehen, da dir hingegen offt vor dem besten ekelt, der Wein deinen Kopff zerreist, und dich bald in diese oder jene Kranckheit wirfft.

Mein Herr antwortete: Ich weiß nicht was ich an dir habe? du bedünckest mich vor ein Kalb viel zuverständig zuseyn, ich vermeyne schier, du seyst unter [162] deiner Kalbs-Haut mit einer Schalcks-Haut überzogen? Ich stellete mich zornig und sagte: Vermeynet ihr Menschen dan wol, wir Thiere seyn gar Narren? Das dörfft ihr euch wol nicht einbilden! Ich halte davor, wann ältere Thiere als ich, sowol als ich reden könten, sie würden euch wol anders auffschneiden: Wan ihr vermeynet, wir seyn so gar dumm, so saget mir doch, wer die wilde Bloch-Dauben, Häher, Amseln und Rebhüner gelernet hat, wie sie sich mit Lorbeer-Blättern purgiren sollen? und die Dauben, Turteldäublein und Hüner mit S. Peters Kraut? Wer lehret Hunde und Katzen, daß sie das bethaute Graß fressen sollen, wan sie ihren vollen Bauch reinigen wollen? Wer die Schildkrot, wie sie die Bisse mit Schirling heilen? und den Hirsch, wan er geschossen, wie er seine Zuflucht zu dem Dictamno oder wilden Poley nehmen solle? Wer hat das Wieselin unterrichtet, daß es Raute gebrauchen solle, wan es mit der Fledermauß oder irgend einer Schlange kämpffen will? Wer gibet den wilden Schweinen den Epheu, und den Beeren den Alraun zuerkennen, und saget ihnen, daß es gut sey zu ihrer Artzney? Wer hat dem Adler gerathen, daß er den Adlerstein suchen und gebrauchen soll, wan er seine Eyer schwerlich legen kan? Und welcher gibet es der Schwalbe zuverstehen, daß sie ihrer Jungen blöde Augen mit dem Chelidonio artzneyen solle? Wer hat die Schlange instruirt, daß sie soll Fenchel essen, wan sie ihre Haut abstreiffen, und ihren duncklen Augen helffen will? Wer lehret den Storck, sich zu clystiren? den Pelican, sich Ader zulassen? und den Beeren, wie er ihm von den Bienen solle schröpffen lassen? Was, [163] ich dörffte schier sagen, daß ihr Menschen eure Künste und Wissenschafften von uns Thieren erlernet habet! Ihr fresst und saufft euch kranck und tod, das thun wir Thiere aber nicht! Ein Löw oder Wolff, wan er zufett werden will, so fastet er, biß er wieder mager, frisch und gesund wird. Welches Theil handelt nun am weißlichsten? Uber dieses alles betrachtet das Geflügel unter dem Himmel! betrachtet die unterschiedliche Gebäue ihrer artlichen Nester, und weil ihnen ihre Arbeit niemand nachmachen kan, so müst ihr ja bekennen, daß sie beydes verständiger und künstlicher seyn, als ihr Menschen selbst: Wer sagt den Sommer-vögeln, wan sie gegen dem Frühling zu uns kommen, und Junge hecken? und gegen dem Herbst, wan sie sich wieder von dannen in die warme Länder verfügen sollen? Wer unterrichtet sie, daß sie zu solchem Ende einen Sammelplatz bestimmen müssen? Wer führet sie, oder wer weiset ihnen den Weg, oder leihet ihr Menschen vielleicht ihnen euren See-Compaß, damit sie unterwegs nicht irr fahren? Nein, ihr lieben Leute, sie wissen den Weg ohn euch, und wielang sie darauff müssen wandern, auch wan sie von einem und dem andern Ort auffbrechen müssen; bedörffen also weder eures Compasses noch eures Calenders. Ferners beschauet die mühsame Spinne, deren Geweb beynahe ein Wunderwerck ist! Sehet ob ihr auch einen einzigen Knopff in aller ihrer Arbeit finden möget? Welcher Jäger oder Fischer hat sie gelehret, wie sie ihr Netz außspannen, und sich, je nachdem sie sich eines Netzes gebrauchet, ihr Wildpret zubelaustern, entweder in den hintersten Winckel oder gar in das Centrum ihres Gewebs setzen solle? [164] Ihr Menschen verwundert euch über den Raben, von welchem Plutarchus bezeuget, daß er soviel Steine in ein Geschirr, so halb voll Wasser gewesen, geworffen, biß das Wasser soweit oben gestanden, daß er bequemlich habe trincken mögen: Was würdet ihr erst thun, wan ihr bey und unter den Thieren wohnen, und ihre übrige Handlungen, Thun und Lassen ansehen und

betrachten würdet; alsdan würdet ihr erst bekennen, daß
es sich ansehen lasse, als hätten alle Thiere etwas beson=
derer eigener natürlicher Kräfften und Tugenden, in allen
ihren affectionibus und Gemüts=Neigungen, in der Für=
sichtigkeit, Stärcke, Mildigkeit, Forchtsamkeit, Rauchheit,
Lehre und Unterrichtung; es kennet je eines das andere,
sie unterscheiden sich vor einander, sie stellen dem nach, so
ihnen nützlich, fliehen das schädlich, meyden die Gefahr,
samlen zusammen, was ihnen zu ihrer Nahrung nothwendig
ist, und betrügen auch bißweilen euch Menschen selbst.
Dahero viel alte Philosophi solches ernstlich erwogen,
und sich nicht geschämet haben zufragen und zudisputiren,
ob die unvernünfftigen Thiere nicht auch Verstand hät=
ten? Ich mag aber nichts mehr von diesen Sachen
reden, gehet hin zu den Immen, und sehet, wie sich
Wachs und Honig machen, und alsdan sagt mir eure
Meynung wieder.

Das XIII. Capitel.
Hält allerley Sachen in sich, wer sie wissen will, muß es nur selbst lesen, oder ihm lesen lassen.

Herauff fielen unterschiedliche Urtheil über mich, die
meines Herrn Tischgenossen gaben, der Secretarius
hielt davor, ich sey vor närrisch zu halten [165], weil
ich mich selbst vor ein unvernünfftig Thier schätze und
dargebe, massen diejenige so einen Sparrn zuviel oder
zuwenig hätten, und sich jedoch weis zusehn dünckten, die
aller=artlichste oder visierlichste Narren wären: Andere
sagten, wan man mir die Imagination benehme, daß ich
ein Kalb sey, oder mich überreden könte, daß ich wieder
zu einem Menschen worden wäre, so würde ich vor ver=
nünftig oder witzig genug zuhalten seyn: Mein Herr
selbst sagte, Ich halte ihn vor einen Narrn, weil er jedem
die Warheit so ungescheut sagt, hingegen seynd seine Dis=
curfen so beschaffen, daß solche keinem Narrn zustehen.
Und solches alles redeten sie auff Latein, damit ichs nicht
verstehen solte. Er fragte mich, ob ich studirt hätte, als
ich noch ein Mensch gewesen? Ich wüste nicht, was stu=
biren sey, war meine Antwort, aber lieber Herr, sagte ich

weiters, sage mir, was Stuben vor Dinger seyn, damit
man studiret? Nennest du vielleicht die Kegel so, damit
man keglet? Hierauff antwortete der volle Fähnrich: **Wat
wolts met beesem Kerl sin, hey hett den Tüfel
in Liff, hey ist beseelen, de Tüfel de kühret ut
jehme:** Dahero nam mein Herr Ursache, mich zufragen,
sintemal ich dan nunmehr zu einem Kalb worden wäre,
ob ich noch wie vor diesem, gleich andern Menschen zu=
beten pflege, und in Himmel zukommen getraue? Freylich,
antwortete ich, ich habe ja meine unsterbliche menschliche
Seele noch, die wird ja, wie du leichtlich gedencken kanst,
nicht in die Hölle begehren, vornemlich weil mirs schon
einmal so übel darin ergangen; Ich bin nur verändert,
wie vor diesem Nabuchodonosor, und dörffte ich noch wol
zu einer Zeit wieder zu einem Menschen [166] werden.
Das wünsche ich dir, sagte mein Herr mit einem zimlichen
Seufftzen: Darauß ich leichtlich schliessen konte, daß ihn
eine Reue ankommen, weil er mich zu einem Narrn zu=
machen unterstanden. Aber laß hören, fuhr er weiter
fort, wie pflegst du zubeten? darauff kniete ich nieder,
hub Augen und Hände auff gut Einsidlerisch gen Himmel,
und weilen meines Herrn Reue, die ich gemerckt hatte,
mir das Hertz mit trefflichem Trost berührte, konte ich
auch die Thränen nicht enthalten, bat also dem äusser=
lichen Ansehen nach, mit höchster Andacht, nach gesproche=
nem Vater unser, vor alles Anliegen der Christenheit,
vor meine Freunde und Feinde, und daß mir GOtt in
dieser Zeitlichkeit also zuleben verleihen wolle, daß ich
würdig werden mögte, ihn in ewiger Seeligkeit zu=
loben; massen mich mein Einsidel ein solches Gebet mit
andächtigen concipirten Worten gelehret hat. Hiervon
fingen etliche waichhertzige Zuseher auch beynahe an zu=
weinen, weil sie ein trefflich Mitleiden mit mir trugen,
ja meinem Herrn selbst stunden die Augen voller Wasser.

Nach der Mahlzeit schickte mein Herr nach obgemeltem
Pfarrherrn, dem erzehlte er alles, was ich vorgebracht
hatte, und gab damit zuverstehen, daß er besorge, es
gehe nicht recht mit mir zu, und daß vielleicht der Teuffel
mit unter der Decke lege, dieweil ich vor diesem gantz

einfältig und unwissend mich erzeigt, nunmehr aber
Sachen vorzubringen wisse, daß sich darüber zuverwun=
dern! Der Pfarrer, dem meine Beschaffenheit am besten
bekant war, antwortete: Man solte solches bedacht haben,
eh man mich zum Narrn zumachen unterstanden hätte,
Menschen [167] seyn Ebenbilder Gottes, mit welchen,
und bevorab mit so zarter Jugend, nicht wie mit Bestien
zuschertzen sey, doch wolle er nimmermehr glauben, daß
dem bösen Geist zugelassen worden, sich mit in das Spiel
zumischen, bieweil ich mich jederzeit durch inbrünstiges
Gebet Gott befohlen gehabt, solte ihm aber wider Ver=
hoffen solches verhängt und zugelassen worden seyn, so
hätte man es bey GOtt schwerlich zuverantworten, massen
ohn das beynahe keine grössere Sünde sey, als wan ein
Mensch den andern seiner Vernunfft berauben, und also
dem Lob und Dienst GOttes, darzu er vornemlich er=
schaffen worden, entziehen wolte: Ich habe hiebevor Ver=
sicherung gethan, daß er Witz genug gehabt, daß er sich
aber in die Welt nicht schicken können, war die Ursache,
daß er bey seinem Vater einem groben Baur, und bey
euerm Schwager in der Wildnuß, in aller Einfalt erzogen
worden, hätte man sich anfänglich einwenig mit ihm ge=
buldet, so würde er sich mit der Zeit schon besser ange=
lassen haben, es war eben ein fromm einfältig Kind, das
die boßhafftige Welt noch nicht kante, doch zweiffle ich gar
nicht, daß er nicht wiederum zurecht zubringen sey, wan
man ihm nur die Einbildung benehmen kan, und ihn
dahin bringet, daß er nicht mehr glaubet, er sey zum
Kalb worden: Man lieset von einem, der hat vestiglich
geglaubt, er sey zu einem irrdinen Krug worden, bat
dahero die seinige, sie solten ihn wol in die Höhe stellen,
damit er nicht zerstossen würde: Ein anderer bildete sich
nicht anders ein, als er sey ein Han, dieser krähete in
seiner Kranckheit Tag und Nacht; noch ein anderer ver=
meynte nicht anders, als er sey [168] bereits gestorben,
und wandere als ein Geist herum, wolte derowegen weder
Artzney, noch Speise und Tranck mehr zu sich nehmen,
biß endlich ein kluger Artzt zween Kerl anstellete, die sich
auch vor Geister außgaben, darneben aber bapffer zechten,

sich zu jenem geselleten, und ihn überredeten, daß jetziger Zeit die Geister auch zuessen und zutrincken pflegen, wodurch er dan wieder zurecht gebracht worden. Ich habe selbsten einen krancken Baur in meiner Pfarr gehabt, als ich denselben besuchte, klagte er mir, daß er auff drey oder vier Ohm Wasser im Leib hätte, wan solches von ihm wäre, so getraute er wol wieder gesund zuwerden, mit Bitte, ich wolte ihn entweder auffschneiden lassen, damit solches von ihm lauffen könte, oder ihn in Rauch hengen lassen, damit dasselbe außtröckne: Darauff sprach ich ihm zu, und überredete ihn, ich könte das Wasser auff eine andre Manier wol von ihm bringen, nam demnach einen Han, wie man zu den Wein = oder Bier=Fässern brauchet, band einen Darm daran, und das ander Ende band ich an den Zapffen eines Bauch=Zubers, den ich zu solchem Ende voll Wasser tragen lassen, stellete mich darauff, als wan ich ihm den Hahn in Bauch steckte, welchen er überall mit Lumpen umwinden lassen, damit er nicht zerspringen solte: Hierauff ließ ich das Wasser auß dem Zuber durch den Hahn hinweg lauffen, darüber sich der Tropff hertzlich erfreuete, nach solcher Verrichtung die Lumpen von sich thät, und in wenig Tagen wieder allerdings zurecht kam. Auff solche Weise ist einem andern geholffen worden, der sich eingebildet, er habe allerhand Pferdgezeug, Zäume und sonst Sachen [169] im Leib, demselben gab sein Doctor eine Purgation ein, und legte dergleichen Dinge untern Nachtstul, also daß der Kerl glauben muste, solches sey durch den Stulgang von ihm kommen. So saget man auch von einem Phantasten, der geglaubt habe, seine Nase sey so lang, daß sie ihm biß auff den Boden reiche, dem habe man eine Wurst an die Nase gehengt, dieselbe nach und nach biß an die Nase selbst hinweg geschnitten, und als er das Messer an der Nase empfunden, hätte er geschrien, seine Nase sey jetzt wieder in rechter Form, kan also, wie diesen Personen, dem guten Simplicio wol auch wieder geholffen werden.

Dieses alles glaubte ich wol, antwortete mein Herr, allein liegt mir an, daß er zuvor so unwissend gewesen, nunmehr aber von Sachen zusagen weiß, solche auch so perfect daher erzehlet, dergleichen man bey älteren, erfahrnern und belesneren Leuten, als er ist, nicht leichtlich finden wird, er hat mir viel Eigenschafften der Thiere erzehlet, und meine eigne Person so artlich beschrieben, als wan er sein Lebtag in der Welt gewesen, also daß ich mich darüber verwundern, und seine Reden beynahe vor ein Oracul oder Warnung Gottes halten muß.

Herr, antwortete der Pfarrer, dieses kan natürlicher Weise wol seyn, ich weiß, daß er wol belesen ist, massen er sowol als sein Einsidel gleichsam alle meine Bücher die ich gehabt, und deren zwar nicht wenig gewesen, durchgangen, und weil der Knabe ein gut Gedächtnüß hat, jetzo aber in seinem Gemüth müssig ist, und seiner eignen Person vergist, kan er gleich hervor bringen, was er hiebevor ins Hirn gefast; ich versehe mich auch, daß er mit der Zeit wie=[170]der zurecht zubringen sey. Also satzte der Pfarrer den Gubernator zwischen Forcht und Hoffnung, er verantwortete mich und meine Sache auff das beste, und brachte mir gute Tage, ihm selbst aber einen Zutritt bey meinem Herrn zuwege. Ihr endlicher Schluß war, man solte noch eine Zeitlang mit mir zusehen; und solches thät der Pfarrer mehr um seines als meines Nutzens wegen, dan mit diesem, daß er so ab= und zuging, und sich stellete, als wan er meinet halben sich bemühe, und grosse Sorge trage, überkam er deß Gubernators Gunst, dahero gab ihm derselbige Dienste, und machte ihn bey der Guarnison zum Caplan, welches in so schwerer Zeit kein geringes war, und ich ihm hertzlich wol gönnete.

Das XIV. Capitel.
Was Simplicius ferner vor ein edel Leben geführet, und wie ihn dessen die Croaten beraubt, als sie ihn selbst raubten.

Von dieser Zeit an besaß ich meines Herrn Gnade, Gunst und Liebe vollkömlich, dessen ich mich wol mit Warheit rühmen kan; nichts mangelte mir zu meinem besserm Glück, als daß ich an meinem Kalbs=Kleid zuviel, und an Jahren noch zuwenig hatte, wiewol ich solches selbst nicht wuste; so wolte mich der Pfarrer auch noch nicht witzig haben, weil ihn solches noch nicht Zeit, und seinem Nutzen vorträglich zuseyn bedünckte. Und demnach mein Herr sahe, daß ich Lust zur Music hatte, ließ er mich solche lernen, und verdingete mich zugleich einem vortrefflichen Lautenisten, dessen Kunst ich in Bälde zimlich begriff, und ihn um soviel übertraff, weil ich besser als er darin singen konte: Also dienete ich meinem [171] Herrn zur Lust, Kurtzweile, Ergetzung und Verwunderung. Alle Officirer erzeigten mir ihren geneigten Willen, die reichste Bürger verehrten mich, und das Haußgesind neben den Soldaten wolten mir wol, weil sie sahen, wie mir mein Herr gewogen war; einer schenckte mir hier, der ander dort, dan sie wusten, daß Schalcks-Narren offt bey ihren Herren mehr vermügen, als etwas rechtschaffenes, und dahin hatten auch ihre Geschencke das Absehen, weil mir etliche darum gaben, daß ich sie nicht versuchsschwäntzen solte, andere aber eben deßwegen, daß ich ihrentwegen solches thun solte; Auff welche weise ich zimlich Geld zuwegen brachte, welches ich mehrentheils dem Pfarrer wieder zusteckte, weil ich noch nicht wuste, worzu es nutzete. Und gleichwie mich niemand scheel ansehen dörffte, als hatte ich auch von nirgends her keine Anfechtung, Sorge oder Bekümmernuß; Alle meine Gedancken legte ich auff die Music, und wie ich dem einen und dem andern seine Mängel artlich verweisen mögte, daher wuchs ich auff wie ein Narr im Zwibel-Land, und meine Leibs-Kräffte namen handgreifflich zu; man sahe mir in Bälde an, daß ich mich nicht mehr im Wald mit Wasser, Eicheln, Buchen, Wurtzeln und Kräutern mortificirte, sondern daß mir bey guten Bißlein der Rheinische Wein und das Hanauische Doppelbier wol zuschlug, welches in so elender Zeit vor eine grosse Gnade von GOtt zuschätzen war, dan damals stund gantz Teutschland in völligen Kriegsflammen, Hunger und Pestilentz, und Hanau selbst war mit Feinden umlagert, welches alles mich im geringsten nicht kräncken konte. Nach auffgeschlagner Belä-[172]gerung nam ihm mein Herr vor, mich entweder dem Cardinal Richelieu oder Hertzog Bernhard von Weymar zuschencken, dan ohn daß er hoffte einen grossen Danck mit mir zuverdienen, gab er auch vor, daß ihm schier unmüglich wäre, länger zuertragen, weil ich ihm seiner verlornen Schwester Gestalt, deren ich jelänger je ähnlicher würde, in so närrischem Habit täglich vor Augen stellete, solches widerrieth ihm der Pfarrer, dan er hielt davor, die Zeit wäre kommen, in welcher er ein Miracul thun, und mich wieder zu einem vernünfftigen Menschen machen wolte; gab demnach dem Gubernator den Rath, er solte ein paar Kalbfelle bereiten, und solche andern Knaben anthun lassen, hernach eine dritte Person bestellen, die in Gestalt eines Artzts, Propheten oder Landfahrers, mich und bemelte zween Knaben mit seltzamen Ceremonien außziehe, und vorwenden, daß er auß Thieren Menschen, und auß Menschen Thiere machen könte, auff solche Weise könte ich wol wieder zurecht gebracht, und mir ohn sonderliche grosse Mühe eingebildet werden, ich sey wie andere mehr, wieder zu einem Menschen worden: Als ihm der Gubernator solchen Vorschlag belieben liesse, communicirte mir der Pfarrer, was er mit meinem Herrn abgeredet hätte, und überredete mich leicht, daß ich meinen willen darein gab. Aber das neidige Glück wolte mich so leichtlich auß meinem Narrenkleid nicht schliessen, noch mich das herrliche gute Leben länger geniessen lassen; dan indem als Gerber und Schneider mit den Kleidern umgingen, die zu dieser Comoedia gehörten, terminirte ich mit etlichen andern Knaben [173] vor der Vestung auff dem Eiß herum; da führte, ich weiß nicht wer, unversehens eine Parthey Croaten daher, die uns miteinander anpackten, auff etliche läere Bauren=Pferde satzten, die sie erst gestolen hatten, und miteinander davon führeten. Zwar stunden sie erstlich im Zweiffel, ob sie mich mitnehmen wolten oder nicht? biß endlich einer auff Böhmisch sagte: Mih weme daho Blasna sebao, bovve deme ho gbabo Oberstovvi: Dem antwortete ein anderer, Prschis am bambo ano, mi ho nagonie possadeime, vvan rosumi niemezki, vvon bude mit Kratock vville sebao; Also muste ich zu Pferd, und inwerden, daß einem ein einzig unglückliches Stündlein aller Wolfahrt entsetzen, und von allem Glück und Heil dermassen entfernen kan, daß es einem sein Lebtag nachgehet.

Das XV. Capitel.

Simplicii Reuter=Leben, und was er bey den Croaten gesehen und erfahren.

Obzwar nun die Hanauer gleich Lermen hatten, sich zu Pferd herauß liessen, und die Croaten mit einem Scharmützel etwas auffhielten und bekümmerten, so mogten sie ihnen jedoch nichts abgewinnen, dan diese leichte Wahre ging sehr vortheilhafftig durch, und nam ihren Weg auff Büdingen zu, allwo sie fütterten, und den Bürgern daselbst die gefangene Hanauische reiche Söhn= lein wieder zulösen gaben, auch ihre gestolene Pferde und andere Wahre verkaufften, von dannen brachen sie wieder auff, schier eh es recht Nacht, geschweige wieder Tag worden, gingen schnell durch den Büdinger [174] Wald dem Stifft Fulda zu, und namen unterwegs mit, was sie fortbringen konten, das Rauben und Plündern hinderte sie an ihrem schleunigen Fortzug im geringsten nichts, dan sie kontens machen wie der Teuffel, von welchem man zusagen pflegt, daß er zugleich lauffe und (s. v.) hofire, und doch nichts am Wege versaume; massen wir noch denselben Abend im Stifft Hirschfeld, allwo sie ihr Quartier hatten, mit einer grossen Beute ankamen, das ward alles partirt, ich aber ward dem Obristen Corpes zu theil.

Bey diesem Herrn kam mir alles widerwertig und fast Spanisch vor, die Hanauische Schlecker=Bißlein hatten sich in schwartzes grobes Brot, und mager Rindfleisch, oder wans wol abging, in ein Stuck gestolnen Speck ver= ändert; Wein und Bier war mir zu Wasser worden, und ich muste anstat deß Bettes, bey den Pferden in der Streu vorlieb nemen; vor das Lauten schlagen, das sonst jederman belustiget, muste ich zuzeiten, gleich andern Jungen, untern Tisch kriechen, wie ein Hund heulen, und mich mit Sporen stechen lassen, welches mir ein schlechter Spaß war; vor das Hanauische spatziren gehen, dorffte ich nicht auff Fourage reiten, sondern muste Pferde strigeln, und denselben außmisten; das Fouragirn aber ist nichts anders, als daß man mit grosser Mühe und Arbeit, auch offt nicht ohn Leib= und Lebens=Gefahr hinauß auff die Dörffer

schwaiffet, drischt, mahlt, backt, stilt und nimt was man
findet, trillt und verderbt die Bauren, ja schändet wol
gar ihre Mägde, Weiber und Töchter! Und wan den
armen Bauren das Ding nicht gefallen wil, [175] oder
sie sich etwan erkühnen dörffen, einen oder den andern
Fouragirer über solcher Arbeit auff die Finger zu klopffen,
wie es dan damals dergleichen Gäste in Hessen viel gab,
so hauet man sie nieder, wan man sie hat, oder schicket
auffs wenigste ihre Häuser im Rauch gen Himmel. Mein
Herr hatte kein Weib (wie dan diese Art Krieger keine
Weiber mit zuführen pflegen) keinen Page, keinen Kammerdiener, keinen Koch, hingegen aber einen Hauffen Reut-
knechte und Jungen, welche ihm und den Pferden zugleich
abwarteten, und schämte er sich selbst nicht, ein Roß zu-
satteln, oder demselben Futter fürzuschütten; er schlieff
allezeit auff Stroh, oder auff der blossen Erde, und bedeckte sich mit seinem Beltz-Rock, daher sahe man offt die
Müllerflöhe auff seinen Kleidern herum wandern, deren
er sich im geringsten nicht schämete, sondern noch darzu
lachte, wan ihm jemand eine herab laß; er trug kurtze
Haupt-Haar und einen breiten Schweitzer-Bart, welches
ihm wol zustatten kam, weil er sich selbst in Bauren-
Kleider zuverstellen, und darin auff Kundschafft außzugehen
pflegte. Wiewol er nun, wie gehöret, keine Grandezza
speisete, so ward er jedoch von den Seinen und andern
die ihn kanten, geehrt, geliebt, und geförchtet; Wir waren
niemals ruhig, sondern bald hier, bald dort; bald fielen
wir ein, und bald ward uns eingefallen, so gar war keine
Ruhe da, der Hessen Macht zuringern, hingegen feyrete
uns Melander auch nicht, als welcher uns manchen Reuter
abjagte, und nach Cassel schickte.

 Dieses unruhige Leben schmäckte mir gantz nicht,
dahero wünschte ich mich offt vergeblich wieder nach [176]
Hanau; mein gröstes Creutz war, daß ich mit den Burschen nicht recht reden konte, und mich gleichsam von jed-
wederm hin und wieder stossen, plagen, schlagen und jagen
lassen muste, die gröste Kurtzweile, die mein Obrister mit
mir hatte, war, daß ich ihm auff Teutsch singen, und wie
andere Reuter-Jungen auffblasen muste, so zwar selten

geschahe, doch kriegte ich alsdan solche dichte Ohrfeigen,
daß der rothe Safft hernach ging, und ich lang genug
daran hatte, zuletzt fing ich an, mich deß Kochens zuunter=
winden, und meinem Herrn das Gewehr, darauff er viel
hielt, sauber zuhalten, weil ich ohn das auff Fourage
zureiten noch nichts nutz war, das schlug mir so trefflich
zu, daß ich endlich meines Herrn Gunst erwarb, massen
er mir wieder auß Kalbfellen ein neu Narren=Kleid
machen lassen, mit viel grössern Esels=Ohren, als ich
zuvor getragen; und weil meines Herrn Mund nicht
ekelicht war, bedorffte ich zu meiner Koch=Kunst desto we=
niger Geschicklichkeit; demnach mirs aber zum öfftern am
Saltz, Schmaltz und Gewürtz mangelte, ward ich meines
Handwercks auch müde, trachtete derowegen Tag und Nacht,
wie ich mit guter Manier außreissen mögte, vornemlich
weil ich den Frühling wieder erlanget hatte. Als ich nun
solches ins Werck setzen wolte, nam ich mich an, die
Schaf= und Kühkutteln, deren es voll um unser Quartier
lag, fern hinweg zuschläiffen, damit solche keinen so üblen
Geruch mehr machten; solches ließ ihm der Oberste ge=
fallen, als ich nun damit umbging, blieb ich, da es dunckel
ward, zuletzt gar auß, und entwischt in den nächsten
Wald. [177]

Das XVI. Capitel.
Simplicius erschnappet eine gute Beute, und wird darauff ein
biebischer Waldbruder.

MEin Handel und Wesen ward aber allem Ansehen
nach, je länger je ärger, ja so schlim, daß ich mir
einbildete, ich sey nur zum Unglück geboren, dan
ich war wenig Stunden von den Croaten hinweg, da er=
hascheten mich etliche Schnapphanen; diese vermeynten ohn
Zweiffel etwas rechts an mir gefangen zuhaben, weil
sie bey finstrer Nacht mein närrisch Kleid nicht sahen,
und mich gleich durch zween auß ihnen an einen gewissen
Ort, in Wald hinein führen lassen; Als mich diese
dahin brachten, und es zugleich stockfinster ward, wolte
der eine Kerl kurtzum Geld von mir haben, zu solchem
Ende legte er seine Handschuh samt dem Feurrohr nieder,

und fing an mich zuvisitiren, fragende, Wer bistu? hastu
Geld? Sobald er aber mein haarig Kleid, und die lange
Eselsohren an meiner Kappe (die er vor Hörner gehalten)
begriff, und zugleich die hellscheinende Funcken (welche ge=
meiniglich der Thiere Häute sehen lassen, wan man sie in
der Finstre streichet) gewahr ward, erschrack er, daß er in=
einander fuhr; solches merckete ich gleich, derowegen stri=
gelte ich, eh er sich wieder erholen, oder etwas besinnen
konte, mein Kleid mit beyden Händen dermassen, daß es
schimmerte, als wan ich inwendig voller brennenden Schwe=
fels gestocken wäre, und antwortete ihm mit erschröcklicher
Stimme: Der Teuffel bin ich, und will dir und deinem
Gesellen die Hälse umbdrähen! Welches diese zween also
erschreckte, daß sie sich alle beyde durch Stöcke und Stau=
ben so geschwind da=[178]von trolleten, als wan sie das
höllische Feuer gejaget hätte: Die finstre Nacht konte ihren
schnellen Lauff nicht hindern, und obgleich sie offt an
Stöcke, Steine, Stämme und Bäume lieffen, und noch
öffter zuhauffen fielen, rafften sie sich doch geschwind wie=
der auff, solches trieben sie, biß ich keinen mehr hören
konte; ich aber lachte unterdessen so schröcklich, daß es im
gantzen Wald erschallete, welches ohn Zweiffel in einer
solchen finstern Einöde förchterlich anzuhören war.

Als ich mich nun abwegs machen wolte, strauchelte
ich über das Feurrohr, das nam ich zu mir, weil ich be=
reits mit dem Geschoß umzugehen, bey den Croaten ge=
lernet hatte; da ich weiter schritte, stieß ich auch an einen
Knappsack, welcher gleich meinem Kleid von Kalbsellen
gemacht war, ich hub ihn ebenmässig auff, und fand, daß
eine Patron=Tasche mit Pulver, Bley und aller Zugehör
wol versehen, unten daran hing. Ich hing alles an mich,
nam das Rohr auff die Achsel wie ein Soldat, und ver=
barg mich unweit davon in einen dicken Busch, der Mey=
nung, daselbst eine Weile zuschlaffen: Aber sobald der
Tag anbrach, kam die gantze Parthey auff vorbenanten
Platz, und suchten das verlorne Feurrohr samt dem Knapp=
sack, ich spitzte die Ohren wie ein Fuchs, und hielt mich
stiller als eine Mauß, wie sie aber nichts fanden, ver=
lachten sie die zween, so von mir entflohen waren: Pfuy

ihr fäige Tropffen, sagten sie, schämet euch ins Hertz hinein, daß ihr euch von einem einigen Kerl erschröcken, verjagen, und das Gewehr nemen lasset! Aber der eine schwur, der Teuffel solt ihn holen, wans nicht der Teuffel selbst [179] gewesen sey, er hätte ja die Hörner und seine rauhe Haut wol begriffen; der ander aber gehub sich gar übel, und sagte: Es mag der Teuffel oder seine Mutter gewesen seyn, wan ich nur meinen Rantzen wieder hätte. Einer von ihnen, welchen ich vor den Vornehmsten hielt, antwortete diesem: Was meynestu wol, daß der Teuffel mit deinem Rantzen und dem Feur=Rohr machen wolte, ich dörffte meinen Hals verwetten, wo nicht der Kerl, den ihr so schändlich entlauffen lassen, beyde Stücke mit sich genommen. Diesem hielt ein ander Widerpart, und sagte: Es könne auch wol seyn, daß seither etliche Bauren da gewesen wären, welche die Sachen gefunden und auffgehoben hätten, solchem ward endlich von allen Beyfall gegeben, und von der gantzen Partey vestiglich geglaubt, daß sie den Teuffel selbst unter Händen gehabt hätten, vornemlich weil derjenige, so mich in der Finstere visitiren wollen, nicht allein solches mit grausamen Flüchen bekräfftiget, sondern auch die rauhe funcklende Haut und beyde Hörner, als gewisse Waarzeichen einer teufflischen Eigenschafft, gewaltig zubeschreiben und herauß zustreichen wuste. Ich vermeyne auch, wan ich mich unpersehens hätte wiederum sehen lassen, daß die gantze Partey entlauffen wäre.

Zuletzt, als sie lang genug gesuchet, und doch nichts funden hatten, namen sie ihren Weg weiters, ich aber machte den Rantzen auff zufrüstücken, und langte im ersten Griff einen Seckel herauß, in welchem dreyhundert und etliche sechtzig Ducaten waren. Ob ich nun hierüber erfreuet worden, bedarff zwar keines fragens: Aber der Leser sey versichert, daß mich [180] der Knappsack vielmehr erfreuete, weil ich ihn mit Proviant so wol versehen sahe, als diese schöne Summa Goldes selbst. Und demnach dergleichen Gesellen bey den gemeinen Soldaten viel zudünn gesäet zuseyn pflegen, daß sie solche mit sich auff Partey schleppen solten, als machte ich mir die Gedancken, der Kerl müsse diß Geld auff eben derselbigen

Partey erst heimlich erschnappt, und geschwind zu sich in Rantzen geschoben haben, damit er solches mit den andern nicht partirn dörffe.

Hierauff zehrte ich frölich zu morgen, fand auch bald ein lustig Brünnlein, bey welchem ich mich erquickte, und meine schöne Ducaten zehlete. Wan mirs allbereit das Leben gülte, ich solte anzeigen in welchem Land oder Gegend ich mich damals befunden, so könte ichs nicht; ich blieb anfangs so lang im Wald, als mein Proviant währete, mit welchem ich sparsam Hauß hielt, als aber mein Rantzen lär worden, jagte mich der Hunger in die Bauren-Häuser, da kroch ich bey Nacht in Keller und Küchen, und nam von Essenspeise, was ich fand und tragen mogte, das schleppte ich mit mir in Wald, wo er am allerwildesten war, darin führte ich wieder überall ein Einsidlerisch Leben wie hiebevor, ohn daß ich sehr viel stal, und bestoweniger betete, auch keine stetige Wohnung hatte, sondern bald hie bald dort hin schwäiffte. Es kam mir trefflich wol zustatten, daß es im Anfang deß Sommers war, doch konte ich auch mit meinem Rohr Feur machen, wan ich wolte.

Das XVII. Capitel.
Wie Simplicius zu denen Hexen auf den Tantz gefahren. [161]

Unter währendem diesem meinem Umschwäiffen haben mich hin und wieder in den Wäldern unterschiedliche Baursleute angetroffen, sie seynd aber allezeit vor mir geflohen, nicht weiß ich, wars die Ursache, daß sie ohn das durch den Krieg scheu gemacht, verjagt, und niemals recht beständig zu Hauß waren; oder ob die Schnapphanen diejenige Abendtheur, so ihnen mit mir begegnete, in dem Land außgesprengt haben? Also daß hernach diese, so mich nachgehends gesehen, ingleichem geglaubt, der böse Feind wandere warhafftig in selbiger Gegend umher, derowegen muste ich sorgen, der Proviant mögte mir auffgehen, und ich dadurch endlich ins äusserste Verderben kommen, ich wolte dan wieder Wurtzeln und Kräuter essen, deren ich nicht mehr gewohnt war. In solchen Gedancken hörete ich zween Holtzhäuer, so mich höchlich erfreuete, ich ging dem Schlag nach, und als ich sie sahe, nam ich eine Hand voll Ducaten auß meinem Säckel, schlich nahe zu ihnen, zeigte ihnen das anziehende Gold, und sagte: Ihr Herren, wan ihr meiner wartet, so will ich euch die Hand voll Gold schencken; Aber sobald sie mich und mein Gold sahen, eben sobald gaben sie auch Fersengelt, und liessen Schlegel und Keil, samt ihrem Käß und Brot=Sack ligen, mit solchem versahe ich meinen Rantzen wieder, verschlug mich in den Wald, und verzweiffelte schier, mein Lebtag wieder einmal zu Menschen zukommen.

Nach langem hin und her sinnen gedachte ich: Wer weiß wie dirs noch gehet, hastu doch Geld, und wan du solches zu guten Leuten in Sicherheit bringest, so kanstu zimlich lang wol darum leben; Also fiel mir [182] ein, ich solte es einnähen, derowegen machte ich mir auß meinen Esels=ohren, welche die Leute so flüchtig machten, zwey Armbänder, gesellete meine Hanauische zu den Schnapp=hanischen Ducaten, thät solche in besagte Armbänder wol arrestiren, und oberhalb den Elenbogen um meine Arme binden. Wie ich nun meinen Schatz dergestalt versichert hatte, fuhr ich den Bauren wieder ein, und holte von ihrem Vorrath was ich bedorffte und erschnappen konte, und wiewol ich noch einfältig gewesen, so war ich jedoch so schlau, daß ich niemal, wo ich einst einen Particul geholt, wieder an dasselbige Ort kam, dahero war ich sehr glückselig im stelen, und ward niemals auff der Mauserey erdappt.

Einsmals zu Ende deß May, als ich abermal durch mein gewöhnlich, obzwar verbotenes Mittel, meine Nahrung holen wolte, und zu dem Ende zu einem Baurn=Hof gestrichen war, kam ich in die Küche, merckte aber bald, daß noch Leute auff waren (Nota, wo sich Hunde befanden, da kam ich wol nicht hin) derowegen sperrete ich die eine Küchenthüre, die in Hof ging, Angelweit auff, damit wan es etwan Gefahr setzte, ich stracks außreissen könte, blieb also Maußstill sitzen, biß ich erwarten mögte, daß sich die Leute nidergeleget hätten: Unterdessen nam ich eine Spalte gewahr, die das Küchenschälterlein hatte, welches in die Stube ging; ich schlich hinzu, zusehen, ob die Leute nicht bald schlaffen gehen wolten? aber meine Hoffnung war nichts, dan sie hatten sich erst angezogen, und anstat deß Liechts, eine schwefflichte blaue Flamme auff der Banck stehen, bey welcher sie Stecken, Besem, Gablen, Stüle und Bäncke schmier=[183]ten, und nach= einander damit zum Fenster hinauß flogen. Ich verwun= derte mich schröcklich, und empfand ein grosses Grauen; weil ich aber grösserer Erschröcklichkeiten gewohnt war, zumal mein Lebtag von den Unholden weder gelesen noch gehöret hatte, achtete ichs nicht sonderlich, vornemlich weil alles so still herging, sondern verfügte mich, nachdem alles davon gefahren war, auch in die Stube, bedachte was ich mit nemen, und wo ich solches suchen wolte, und satzte mich in solchen Gedancken auff eine Banck schrittling nider; Ich war aber kaum auffgesessen, da fuhr ich samt der Banck gleichsam augenblicklich zum Fenster hinauß, und ließ meinen Rantzen und Feur=Rohr, so ich von mir gelegt hatte, vor den Schmirberlohn und so künstliche Salbe dahinten. Das Auffsitzen, davon fahren, und ab= steigen; geschahe gleichsam in einem Nu! dan ich kam, wie mich bedüncte, augenblicklich zu einer grossen Schaar Volcks, es sey dan, daß ich auß Schröcken nicht geachtet habe, wielang ich auff dieser weiten Räise zugebracht, diese tantzten einen wunderlichen Tantz, dergleichen ich mein Lebtag nie gesehen, dan sie hatten sich bey den Händen gefast, und viel Ring ineinander gemacht, mit zusammen gekehrten Rücken, wie man die drey Gratien abmahlet, also daß sie die Angesichter herauswarts kehrten; der inner Ring bestund etwan in 7. oder 8. Personen, der ander hatte wol noch so viel, der dritte mehr als diese beyde, und so fortan, also daß sich in dem äussern Ring über 200. Personen befanden; und weil ein Ring oder Cräiß um den andern lincks, und die andere rechts herum tantzten, konte ich nicht sehen, wieviel sie solcher Rin=[184]ge gemachet, noch was sie in der Mitten, darum sie tantzten, stehen hatten. Es sahe eben greulich seltzam auß, weil die Köpffe so possierlich durcheinander haspelten. Und gleichwie der Tantz seltzam war, also war auch ihre

Music, auch sang, wie ich vermeynte, einjeder am Tantz selber drein, welches eine wunderliche Harmoniam abgab, meine Banck die mich hin trug, ließ sich bey den Spielleuten niber, die ausserhalb der Ringe um den Tantz herum stunden, deren etliche hatten anstat der Flöten, Zwerchpfeiffen und Schalmeyen, nichts anders als Natern, Vipern, und Blindschleichen, darauff sie lustig daher pfiffen: Etliche hatten Katzen, denen sie in Hindern blisen, und auff dem Schwantz fingerten, das lautete den Sackpfeiffen gleich: Andere geigeten auff Roßköpffen, wie auff dem besten Discant, und aber andere schlugen die Harffe auff einem Kühgerippe, wie solche auff dem Wasen ligen, so war auch einer vorhanden, der hatte eine Hündin unterm Arm, deren leyerte er am Schwantz, und fingerte ihr an den Dütten, darunter trompeten die Teuffel durch die Nase, daß es im gantzen Wald erschallete, und wie dieser Tantz bald auß war, fing die gantze höllische Gesellschafft an zurasen, zuruffen, zurauschen, zubrausen, zuheulen, zuwüten und zutoben, als ob sie alle toll und thöricht gewesen wären. Da kan jeder gedencken, in was Schröcken und Forcht ich gesteckt.

In diesem Lermen kam ein Kerl auff mich dar, der hatte eine ungeheure Krotte unterm Arm, gern so groß als eine Heerpaucke, deren waren die Därme auß dem Hindern gezogen, und wieder zum Maul hinein geschoppt, welches so garstig außsahe, daß mich [185] darob kotzerte; Siehin Simplici, sagte er, ich weiß, daß du ein guter Lautenist bist, laß uns doch ein fein Stückgen hören: Ich erschrack daß ich schier umfiel, weil mich der Kerl mit Namen nante, und in solchem Schröcken verstummte ich gar, und bildete mir ein, ich lege in einem so schweren Traum, bat derowegen innerlich im Hertzen, daß ich doch erwachen mögte, der mit der Krott aber, den ich steiff ansahe, zog seine Nase auß und ein, wie ein Calecutscher Han, und stieß mich endlich auff die Brust, daß ich bald davon erstickte; derowegen fing ich an überlaut zu GOtt zu ruffen, da verschwand das gantze Heer. In einem Huy ward es stockfinster, und mir so förchterlich ums Hertz, daß ich zuboden fiel, und wol 100. Creutz vor mich machte.

Das XVIII. Capitel.
Warum man Simplicio nicht zutrauen solle, daß er sich
deß großen Messers bediene.

Demnach es etliche, und zwar auch vornehme gelährte Leute darunter gibt, die nicht glauben, daß Hexen oder Unholden seyn, geschweige daß sie in der Lufft hin und wieder fahren solten; Als zweifele ich nicht, es werden sich etliche finden, die sagen werden, Simplicius schneide hier mit dem grossen Messer auff: Mit denselben begehre ich nun nicht zufechten, dan weil auffschneiden keine Kunst, sondern jetziger Zeit fast das gemeineste Handwerck ist, als kan ich nicht läugnen, daß ichs nicht auch könte, dan ich müste ja sonst wol ein schlechter Tropff seyn. Welche aber der Hexen Außfahren verneinen, die stellen ihnen nur Simonem den Zauberer vor, welcher vom bösen Geist in die Lufft erhaben ward, [186] und auff S. Petri Gebet wieder herunter gefallen. Nicolaus Remigius, welcher ein dapfferer, gelehrter und verständiger Mann gewesen, und im Hertzogthum Lothringen nicht nur ein halb Dutzet Hexen verbrennen lassen, erzehlet von Johanne von Hembach, daß ihn seine Mutter, die eine Hexe war, im 16. Jahr seines Alters, mit sich auff ihre Versamlung genommen, daß er ihnen, weil er hatte lernen pfeiffen, beym Tantz auffspielen solte; zu solchem Ende stieg er auff einen Baum, pfiff daher, und sihet dem Tantz mit Fleiß zu (vielleicht weil ihm alles so wunderlich vorkam) Endlich spricht er: Behüte lieber Gott, woher komt soviel närrisch und unsinniges Gesind? Er hatte aber kaum diese Worte außgesaget, da fiel er vom Baum herab, verrenckte eine Schulter, und ruffte ihnen um Hülffe zu, aber da war niemand als er; Wie er dieses nachmals ruchbar machte, hieltens die meiste vor ein Fabel, biß man kurtz hernach Catharinam Prävotiam Zauberey halber fing, welche auch bey selbigem Tantz gewesen, die bekante alles wie es hergangen, wiewol sie von dem gemeinen Geschrey nichts wuste, das Hembach außgesprengt hatte. Majolus setzet zwey Exempel, von einem Knecht, so sich an seine Frau gehängt, und von einem Ehebrecher, so der Ehebrecherin Büchsen genommen, sich mit deren Salbe geschmiert, und also beyde zu der Zauberer Zusammenkunfft kommen seyn. So sagt man auch von einem Knecht, der frühe auffgestanden, und den Wagen geschmieret, weil er aber die unrechte Büchse in der Finstre erdappt, hat sich der Wagen in die Lufft erhoben, also daß man ihn wieder herab ziehen müssen. Olaus Magnus erzeh=[187]let in lib. 3. Hist. de gentibus Septentrional. I. c. 19. daß Hadingus König in Dennemarck wieder in sein Königreich, worauß er durch etliche Auffrührer vertrieben worden, fern über das Meer auff deß Othini Geist durch die Lufft gefahren, welcher sich in ein Pferd verstellet hätte. So ist auch mehr als genugsam bekant, was gestalt theils Weiber und ledige Dirnen in Böhmen, ihre Beyschläffer deß Nachts einen weiten Weg auff Böcken zu sich holen lassen. Was Torquemadius in seinem Hexamerono von seinem Schulgesellen erzehlet, mag bey ihm gelesen werden. Ghirlandus schreibt auch von einem vornehmen Mann, welcher als er gemerckt, daß sich sein Weib salbe, und darauff auß dem Hauß fahre, habe er sie einsmals gezwungen, ihn mit sich auff der Zauberer Zusammenkunfft zunehmen; Als sie daselbst assen, und kein Saltz vorhanden war, habe er dessen begehrt, mit grosser Mühe auch erhalten, und darauff gesagt: GOtt sey gelobt, jetzt komt Saltz! Darauff die Liechter erloschen, und alles verschwunden. Als es nun Tag worden, hat er von den Hirten verstanden, daß er nahend der Stat Benevento, im Königreich Neapolis, und also wol 100. Meil von seiner Heimat sey; Derowegen obwol er reich gewesen, habe er doch nach Hauß bettlen müssen, und als er heim kam, gab er alsbald sein Weib vor eine Zauberin bey der Obrigkeit an, welche auch verbrant worden. Wie Doctor Faust neben noch andern mehr, die gleichwol keine Zauberer waren, durch die Lufft von einem Ort zum andern gefahren, ist auß seiner Histori genugsam bekant. So habe ich selbst auch eine Frau und eine Magd getant, seynd aber, als ich [188] dieses schreibe, beyde tod, wiewol der Magd Vater noch im Leben, diese Magd schmierte einsmals auff dem Herd beym Feuer ihrer Frau die Schuhe, und als sie mit einem fertig war, und

solchen beyseit setzte, den andern auch zuschmieren, fuhr
der geschmierte unversehens zum Kamin hinauß; diese
Geschicht ist aber verduscht geblieben. Solches alles melde
ich nur darum, damit man eigentlich davorhalte, daß
die Zauberinnen und Hexenmeister zuzeiten leibhafftig auff
ihre Versamlungen fahren, und nicht deßwegen, daß
man mir eben glauben müsse, ich sey wie ich gemeldet
habe, auch so dahin gefahren, dan es gilt mir gleich,
es mags einer glauben oder nicht, und wers nicht glau=
ben wil, der mag einen andern Weg ersinnen, auff wel=
chem ich auß dem Stifft Hirschfeld oder Fulda (dan ich
weiß selbst nicht, wo ich in den Wäldern herum ge=
schwaifft hatte) in so kurtzer Zeit ins Ertzstifft Magdeburg
marchirt sey.

Das XIX. Capitel.
Simplicius wird wieder ein Narr, wie er zuvor einer gewesen ist.

JCh fange meine Histori wieder an, und versichere
den Leser, daß ich auff dem Bauch ligen blieb, biß
es allerdings heller Tag war, weil ich nicht das Hertz
hatte, mich auffzurichten; zudem zweiffelte ich noch, ob
mir die erzehlte Sachen geträumt hatten, oder nicht? Und
obzwar ich in zimlichen Aengsten stack, so war ich doch
so kühn zuentschlaffen, weil ich gedachte, ich könte an kei=
nem ärgern Ort, als in einem wilden Wald ligen, in
welchem ich die meiste Zeit, sint ich von meinem Knán
war, zubracht, und dahero derselben zimlich gewohnt hatte.
Ungefähr [189] um 9. Uhr Vormittag war es, als etliche
Fouragierer kamen, die mich auffweckten, da sahe ich erst,
daß ich mitten im freyen Feld war; diese namen mich
mit ihnen zu etlichen Windmühlen, und nachdem sie ihre
Früchte allda gemahlen hatten, folgends in das Läger
vor Magdeburg, allda ich einem Obristen zu Fuß zu theil
ward, der fragte mich, wo ich her käme, und was vor einem
Herrn ich zugehörig wäre? Ich erzehlte alles Haarklein,
und weil ich die Croaten nicht nennen konte, beschrieb ich
ihre Kleidungen, und gab Gleichnussen von ihrer Sprache,

auch daß ich von denselben Leuten geloffen wäre; von meinen Ducaten schwieg ich still, und was ich von meiner Lufftfahrt und dem Hexen-Tantz erzehlete, das hielt man vor Einfälle und Narrentheidungen, vornemlich weil ich auch sonst in meinem Discurs das tausendte ins hunderte warff: Indessen samlete sich ein Hauffen Volcks um mich her, (dan ein Narr machet 1000. Narren) unter denselben war einer, so das vorige Jahr in Hanau gefangen gewesen, und allda Dienste angenommen hatte, folgends aber wieder unter die Käiserl. kommen war, dieser kante mich und sagte gleich: Hoho, biß ist deß Commendanten Kalb zu Hanau! Der Obrist fragte ihn meinet wegen mehrere Umstände, der Kerl wuste aber nichts weiters von mir, als daß ich wol auff der Laute schlagen könte: Item, daß mich die Croaten von deß Obrist Corpes Regiment, zu Hanau vor der Vestung hinweg genommen hätten, so ban, daß mich besagter Commandant ungern verloren, weil ich gar ein artlicher Narr wäre. Hierauff schickte die Obristin zu einer andern Obristin, die zimlich wol auff der [190] Laute konte, und deßwegen stetigs eine nachführete, die liesse sie um ihre Laute bitten, solche kam, und ward mir präsentiret, mit Befelch, ich solte eins hören lassen; Aber meine Meynung war, man solte mir zuvor etwas zuessen geben, weil ein lärer und dicker Bauch, wie die Laut einen hatte, nicht wol zusammen stimmen würden; Solches geschahe, und demnach ich mich zimlich bekröpfft, und zugleich einen guten Trunck Zerbster Bier verschlucket hatte, ließ ich beydes mit der Lauten und meiner Stimme hören was ich konte, darneben redete ich allerley untereinander, wie mirs einfiel, so, daß ich mit geringer Mühe die Leute dahin brachte, daß sie glaubten, ich wäre von derjenigen Qualität, die meine Kleidung vorstellete. Der Obriste fragte mich, wo ich weiters hin wolte? und da ich antwortete, daß es mir gleich gelte; wurden wir deß Handels eins, daß ich bey ihm bleiben, und sein Hof-Juncker seyn solte. Er wolte auch wissen, wo meine Esels-Ohren hinkommen wären? Ja, sagte ich, wan du wüstest, wo sie wären, so würden sie dir nicht übel anstehen: Aber ich konte wol verschweigen, was sie vermogten, weil all mein Reichthum darin lagen.

Ich ward in kurtzer Zeit bey den meisten hohen Officirern, so wol im Chur=Sächsischen als Käiserl. Läger bekant, sonderlich bey dem Frauenzimmer, welches meine Kappe, Ermel und abgestutzte Ohren überall mit seidenen Banden zierte, von allerhand Farben, so daß ich schier glaube, daß etliche Stutzer die jetzige Mode darvon abgesehen. Was mir aber von den Officirern an Geld geschenckt ward, das theilte ich wieder mildiglich mit, dan ich verspendirte [191] alles bey einem Heller, in dem ichs mit guten Gesellen in Hamburger und Zerbster Bier, welche Gattungen mir trefflich wol zuschlugen, versoffe; unangesehen ich an allen Orten, wo ich nur hin kam, genug zu schmarotzen hatte.

Als mein Obrister aber eine eigne Laute vor mich überkam, dan er gedachte ewig an mir zuhaben, da dorfft ich nicht mehr in den beyden Lägern so hin und wieder schwermen, sondern er stellete mir einen Hofmeister dar, der mich beobachten, und dem ich hingegen gehorsamen solte: Dieser war ein Mann nach meinem Hertzen, dan er war still, verständig, wolgelährt, von guter, aber nicht überflüssiger Conversation, und was das gröste gewesen, überauß Gottsförchtig, wol belesen, und voll allerhand Wissenschafften und Künsten, bey ihm muste ich deß Nachts im seiner Zelten schlaffen, und bey Tag dorffte ich ihm auch nicht auß den Augen, er war eines vornehmen Fürsten Rath und Beamter, zumal auch sehr reich gewesen, weil er aber von den Schwedischen biß in Grund ruiniret worden, zumaln auch sein Weib mit tod abgangen, und sein einziger Sohn Armut halber nicht mehr studiren konte, sondern unter der Chur=Sächsischen Armee vor einen Musterschreiber dienete, hielt er sich bey diesem Obristen auff, und ließ sich vor einen Stallmeister gebrauchen, um zuverharren, biß die gefährliche Kriegsläuffte am Elbstrom sich änderten, und ihm alsban die Sonne seines vorigen Glücks wieder scheinen mögte.

Das XX. Capitel.
Handelt vom Spielen mit Würffeln, und was dem anhängig.

Weil mein Hofmeister mehr alt als jung war, [192] also konte er auch die gantze Nacht nicht durchgehend schlaffen, solches war eine Ursache, daß er mir in der ersten Woche hinter die Briefe kam, und außdrücklich vernam, daß ich kein solcher Narr war, wie ich mich stellete: Wie er dan zuvor auch etwas gemerckt, und von mir auß meinem Angesicht ein anders geurtheilet hatte, weil er sich wol auff die Phisiognomiam verstund. Ich erwachte einsmals um Mitternacht, und machte über mein eigen Leben und seltzame Begegnussen allerley Gedancken, stund auch auff, und erzehlete Dancksagungs-weise alle Gutthaten, die mir mein lieber Gott erwiesen, und alle Gefahren, auß welchen er mich errettet, legte mich hernach wieder niber mit schweren Seufftzen, und schlief vollends auß.

Mein Hofmeister hörete alles, thät aber, als wan er hart schlieffe, und solches geschahe etliche Nächte nacheinander, also daß er sich gnugsam versichert hielt, daß ich mehr Verstand hätte, als mancher Betagter, der sich viel einbilde; doch redete er nichts mit mir im Zelt hiervon, weil sie zu dinne Wände hatte, und er gewisser Ursachen halber nicht haben wolte, daß noch zur Zeit, und eh er meiner Unschuld versichert wäre, jemand anders dieses Geheimnus wüste. Einsmals ging ich hinter das Läger spatziren, welches er gern geschehen ließ, damit er Ursache hätte mich zusuchen, und also die Gelegenheit bekäme, allein mit mir zureden: Er fand mich nach Wunsch an einem einsamen Ort, da ich meinen Gedancken Audienz gab, und sagte: Lieber guter Freund, weil ich dein bestes zusuchen unterstehe, erfreue ich mich, daß ich hier allein mit dir reden kan. Ich weiß, daß [193] du kein Narr bist, wie du dich stellest, zumalen auch in diesem elenden und verächtlichen Stand nicht zuleben begehrest: Wan dir nun deine Wolfahrt lieb ist, auch zu mir als einem ehrlichen Man, dein Vertrauen setzen wilst, so kanstu mir deiner Sachen Bewandnus erzehlen, so wil ich hingegen, wo müglich, mit Rath und That bedacht seyn, wie dir

etwan zuhelffen seyn mögte, damit du auß deinem Narrn=
kleid kämest.

Hierauff fiel ich ihm um den Hals, und erzeigte
mich voll Frewden Freude nicht anders, als wan er ein Pro-
phet gewesen wäre, mich von meiner Narrn=Kappe zuerlösen; und nachdem wir auff die Erde gesessen, erzehlete
ich ihm mein gantzes Leben, er beschauete meine Hände,
und verwunderte sich beydes über die verwichene und
künfftige seltzame Zufälle; Wolte mir aber durchauß nicht
rathen, daß ich in Bälde mein Narrn=Kleid ablegen solte,
weil er, wie er sagte, vermittelst der Chiromantia sahe, daß
mir mein fatum eine Gefängnus androhe, die Leib= und
Lebensgefahr mit sich brächte. Ich bedanckte mich seiner
guten Neigung und mitgetheilten Raths, und bat Gott,
daß er ihm seine Treuhertzigkeit belohnen, Ihn selber aber,
daß er (weil ich von aller Welt verlassen wäre) mein getreuer Freund und Vater seyn und bleiben wolte.

Demnach stunden wir auff, und kamen auff den Spiel=
platz, da man mit Würffeln turniret, und alle Schwüre
mit hundert tausend mal tausend Galleen, Rennschifflein,
Tonnen und Stattgräben voll, rc. herauß fluchte; der
Platz war ungefähr so groß als der Alte Marckt zu Coln,
überall mit Mänteln über=[194]streut, und mit Tischen
bestellt, die alle mit Spielern umgeben waren; Jede Ge=
sellschafft hatte drey viereckigte Schelmenbeiner, denen sie
ihr Glück vertrauten, weil sie ihr Geld theilen, und solches
dem einen geben, dem andern aber nemen musten: So
hatte auch jeder Mantel oder Tisch einen Schunderer
(Scholderer wolte ich sagen, und hätte doch schier Schinder gesagt) dieser Amt war, daß sie Richter seyn, und
zusehen solten, daß keinem Unrecht geschehe; sie liehen auch
Mäntel, Tische und Würffel her, und wusten beßwegen
ihr Gebühr sowol vom Gewin einzunemen, daß sie gewöhnlich das meiste Geld erschnappten, doch faselt es nicht,
dan sie verspieltens gemeiniglich wieder, oder wans gar
wol angelegt ward, so bekams der Marquetender, oder
der Feldscherer, weil ihnen die Köpffe offt gewaltig geflickt
wurden.

An diesen närrischen Leuten sahe man sein blaues

Wunder, weil sie alle zugewinnen vermeyneten, welches doch unmüglich, sie hätten dan auß einer fremden Dasche gesetzt, und obzwar sie alle diese Hoffnung hatten, so hieß es doch: Viel Köpffe viel Sinne, weil sich jeder Kopff nach seinem Glück sinnete, dan etliche traffen, etliche fehlten; etliche gewannen, etliche verspielten: Derowegen auch etliche fluchten, etliche donnerten, etliche betrogen, und andere wurden beseelet; Dahero lachten die Gewinner, und die Verspieler bissen die Zähne auffeinander; theils verkaufften Kleider, und was sie sonst lieb hatten, andere aber gewannen ihnen das Geld wieder ab; etliche begehrten redliche Würffel, andere hingegen wünschten falsche auff den Platz, und führten solche unver=[195] merckt ein, die aber andere wieder hinweg wurffen, zerschlugen, mit Zähnen zerbissen, und den Scholderen die Mäntel zerrissen. Unter den falschen Würffeln befanden sich Niberländer, welche man schläiffend hinein rollen muste, diese hatten so spitzige Rucken, darauff sie die fünffer und sechser trugen, als wie die magere Esel darauff man die Soldaten setzt. Andere waren Oberländisch, denselben muste man die Bayrische Höhe geben, wan man werffen wolte: Etliche waren von Hirschhorn, leicht oben, und schwer unten gemacht: Andere waren mit Queck=silber oder Bley, und aber andere mit zerschnittenen Haaren, Schwämmen, Spreu und Kolen gefüttert; etliche hatten spitzige Ecken, an andern waren solche gar hinweg geschlieffen; theils waren lange Kolben, und theils sahen auß wie breite Schildkrotten. Und alle diese Gattungen waren auff nichts anders, als auff Betrug verfertigt, sie thaten dasjenige, worzu sie gemacht waren, man mogte sie gleich wippen, oder sanfft schleichen lassen, da halff kein knüpffens, geschweige jetzt deren, die entweder zween fünffer, oder zween sechser und im Gegentheil entweder zwey Eß oder zwey Dauß hatten: Mit diesen Schelmenbeinern zwackten, laureten und stalen sie einander ihr Geld ab, welches sie vielleicht auch geraubt, oder wenigst mit Leib= und Lebensgefahr, oder sonst saurer Mühe und Arbeit erobert hatten.

Als ich nun so da stund, und den Spielplatz samt den

Spielern in ihrer Torheit betrachtete, sagte mein Hof=
meister, wie mir das Wesen gefalle? Ich antwortete, daß
man so greulich GOtt lästert, gefällt mir nicht, im übrigen
aber lasse ichs in seinem Werth [196] und Unwerth be=
ruhen, als eine Sache die mir unbekant ist, und auff
welche ich mich noch nichts verstehe: Hierauff sagte mein
Hofmeister ferner: So wisse, daß dieses der aller=ärgste
und abscheulichste Ort im gantzen Läger ist, dann hier
suchet man eines andern Geld, und verlieret das seinige
darüber: Wan einer nur einen Fuß hieher setzt, in Mey=
nung zuspielen, so hat er das zehende Gebot schon über=
treten, welches wil, Du solt deines Nächsten Gut
nicht begehren! Spielest du und gewinnest, sonderlich
durch Betrug und falsche Würffel, so übertrittest du das
siebend und achte Gebot: Ja es kan kommen, daß du
auch zu einem Mörder an demjenigen wirst, dem du sein
Geld abgewonnen hast, wan nemlich dessen Verlust so
groß ist, daß er darüber in Armut, in die äusserste Noth
und Desperation, oder sonst in andere abscheuliche Laster
geräth, davor die Außrede nichts hilfft, wan du sagest:
Ich habe das Meinige daran gesetzt, und redlich gewonnen;
dan du Schalck bist auff den Spielplatz gangen, der Mey=
nung, mit eines andern Schaden reich zuwerden: Ver=
spielest du dan, so ist es mit der Busse darum nicht auß=
gericht, daß du deß Deinigen entberen must, sondern du
hast es, wie der reiche Mann, bey GOtt schwerlich zu=
verantworten, daß du dasjenige so unnütz verschwendet,
welches er dir zu dein und der Deinigen Lebens=Auffent=
halt verliehen gehabt! Wer sich auff den Spielplatz be=
gibt zuspielen, derselbe begibt sich in eine Gefahr, darin
er nicht allein sein Geld, sondern auch sein Leib, Leben,
ja was das allerschröcklichste ist, so gar seiner Seelen
Seeligkeit verlieren kan. Ich sage dir dieses zur Nach=
richt, liebster [197] Simplici, weil du vorgibst, das Spielen
sey dir unbekant, damit du dich all dein Lebenlang davor
hüten sollest.

Ich antwortete, Liebster Herr, wan dan das Spielen
ein so schröcklich und gefährlich Ding ist, warum lassens
dan die Vorgesetzte zu? Mein Hofmeister antwortete mir,

Ich wil nicht sagen darum, dieweil theils Officirer selbst mit machen; sondern es geschiehet deßwegen, weil es die Soldaten nicht mehr lassen wollen, ja auch nicht lassen können, dan wer sich dem Spielen einmal ergeben, oder welchen die Gewonheit, oder vielmehr der Spiel=Teuffel eingenommen, der wird nach und nach (er gewinne oder verspiele) so verpicht darauff, daß ers weniger lassen kan, als den natürlichen Schlaff; wie man dan sihet, daß etliche die gantze Nacht durch und durch raßlen, und vor das beste Essen und Trincken hinein spielen, und solten sie auch ohn Hemd davon gehen: Das Spielen ist bereits zu unterschiedlichen malen bey Leib= und Lebensstraffe verboten, und auß Befelch der Generalität durch Rumormeister, Provosen, Hencker und Steckenknechte, mit gewaffneter Hand offentlich und mit Gewalt verwehret worden; Aber das halff alles nichts, dan die Spieler kamen anderwerts in heimlichen Winckeln, und hinter den Hecken zusammen, gewannen einander das Geld ab, entzweyten sich, und brachen einander die Hälse darüber: Also, daß man solcher Mord und Todschläge halber, und vornehmlich auch, weil mancher sein Gewehr und Pferd, ja so gar sein weniges Commiß=Brot verspielete, das Spielen nicht allein wieder offentlich erlauben, sondern so gar diesen eigenen Platz [198] darzu widmen muste, damit die Hauptwacht bey der Hand wäre, die allem Unheil, so sich etwan ereignen mögte, vorkäme, welche doch nicht allezeit verhüten kan, daß nicht einer oder der ander auff dem Platz bleibet. Und weil das Spielen deß leidigen Teufels eigne Invention ist, und ihm nicht wenig einträget, also hat er auch absonderliche Spiel=Teufel geordnet, und in der Welt herum schwermen, die sonst nichts zuthun haben, als die Menschen zum Spielen anzuräitzen, diesen ergeben sich unterschiedliche leichtfertige Gesellen durch gewisse Pacten und Bündnus, daß er sie gewinnen lasse; und wird man doch unter zehentausend Spielern selten einen reichen finden, sondern sie sind gewöhnlich im Gegentheil arm und dürfftig, weil ihr Gewin leicht geschätzet, und dahero gleich entweder wieder verspielet, oder sonst lieberlich verschwendet wird: Hiervon ist das allzuwaare, aber sehr erbärmliche Sprüchwort entsprungen: Der Teuffel verlasse keinen Spieler, er lasse sie aber Blut=arm werden; dan er raubet ihnen Gut, Muth und Ehre, und verläst sie alsdan nicht mehr, biß er sie endlich auch gar (Gottes unendliche Barmhertzigkeit komme ihm dan zuvor) um ihrer Seelen Seeligkeit bringt. Ist aber ein Spieler von Natur eines so lustigen Humors, und so großmütig, daß er durch kein Unglück oder Verlust zur Melancholey, Unmuth und andere hierauß entspringende schädliche Laster gebracht werden mag, so läst ihn der arglistige böse Feind deßwegen dapffer gewinnen, damit er ihn durch Verschwendung, Hoffart, Fressen, Sauffen, Huren und Buben, endlich ins Netz bringe. [199]

Ich vercreutzigte und versegnete mich, daß man unter einem Christlichen Heer solche Sachen üben liesse, die der Teuffel erfunden solte haben, sonderlich weil augenscheinlich und handgreifflich soviel zeitliche und ewige Schäden und Nachtheile darauß folgeten; Aber mein Hofmeister sagte, das sey noch nichts was er mir erzehlt hätte, wer alles Unheil beschreiben wolte, das auß dem Spielen entstünde, der nehme ihm eine unmügliche Sache vor, weil man sagt, der Wurff, wan er auß der Hand gangen, sey deß Teuffels, so solte ich mir nichts anders einbilden, als daß mit jedem Würffel (wan er auß deß Spielers Hand auff dem Mantel oder Tisch daher rolle) ein kleines Teufelgen daher lauffe, welches ihn regire, und Augen geben lasse, wie es seiner Principalen Interesse erfodere. Dabey solte ich bedencken, daß sich der Teuffel freylich nicht umsonst deß Spielens so eyferig annehme, sondern ohn Zweiffel seinen trefflichen Gewin darbey zuschöpffen wisse. Dabey mercke ferner, daß gleichwie neben dem Spielplatz auch einzige Schacherer und Juden zustehen pflegen, die von den Spielern wolfail aufftauffen, was sie etwan an Ringen, Kleidern oder Cleinodien gewonnen, oder noch zuverspielen versilbern wollen, daß eben also auch allhier die Teufel auffpassen, damit sie bey den abgefertigten Spielern, sie haben gleich gewonnen oder verloren, andere Seelen=verderbliche Gedancken erregen und hegen; bey den Gewinnern zwar bauet er schröckliche Schlösser in die Lufft, bey denen aber so verspielt haben, deren Gemüt ohn das gantz verwirrt, und desto bequemer ist, seine schädliche Eingebungen anzunehmen, setzet er ohn Zweiffel [200] lauter solche Gedancken und Anschläge, die auff nichts anders als das endliche Verderben zielen. Ich versichere dich, Simplici, daß ich willens bin, von dieser Materi ein gantz Buch zuschreiben, sobald ich wieder bey den Meinigen zu Ruhe komme, da will ich den Verlust der edlen Zeit beschreiben, die man mit dem Spielen unnütz hinbringet; nicht weniger die grausamen Flüche, mit welchen man Gott bey dem Spielen lästert; Ich will die Scheltworte erzehlen, mit welchen man einander antastet, und viel schröckliche Exempel und Historien mit einbringen, die sich bey, mit, und in dem Spielen zutragen; dabey ich dan die Duell und Todschläge, so Spielens wegen entstanden, nicht vergessen will; ja ich will den Geitz, den Zorn, den Neid, den Eyfer, die Falschheit, den Betrug, die Vortelsucht, den Diebstal, und mit einem Wort, alle unsinnige Torheiten beydes der Würffel- und Kartenspieler mit ihren lebendigen Farben dermassen abmahlen und vor Augen stellen, daß diejenige, die solches Buch nur einmal lesen, ein solch Abscheuen vor dem Spielen gewinnen sollen, als wan sie Säu-Milch (welche man den Spielsüchtigen wider solche ihre Krancheit unwissend eingibt) gesoffen hätten. Und also damit der gantzen Christenheit darthun, daß der liebe GOtt von einer einzigen Compagnia Spieler mehr gelästert, als sonst von einer gantzen Armee bedienet werde. Ich lobte seinen Vorsatz, und wünschte ihm Gelegenheit, daß er solchen ins Werck setzen mögte.

Das XXI. Capitel.
Ist kürtzer, und kurtzweiliger als das vorgehende.

Ein Hofmeister ward mir je länger je holder, [201] und ich ihm hingegen wiederum, doch hielten wir unsere Verträuligkeit sehr geheim, ich agirte zwar einen Narrn, brachte aber keine grobe Zotten noch Büffelspossen vor, so daß meine Gaben und Auffzüge zwar einfältig genug, aber jedoch mehr sinnreich als närrisch

fielen. Mein Obrister, der eine treffliche Lust zum Wäid=
werck trug, nam mich einsmals mit, als er außspatzirte
Feldhüner zufangen mit dem Tyras, welche Invention
mir trefflich wol gefiel; Dieweil aber der vorstehende
Hund so hitzig war, daß er einzufallen pflegte, eh man
tyrassiren konte, deßwegen wir ban wenig fangen konten:
Da gab ich dem Obristen den Rath, er solte die Hündin
mit einem Falcken oder Stein=Adler belegen lassen, wie
man mit Pferden und Eseln zuthun pflege, wan man
gern Maulthiere hätte, damit die jungen Hunde Flügel
bekämen, so köute man alsban mit denselbigen die Hüner
in der Lufft fangen. Auch gab ich den Vorschlag, weil
es mit Eroberung der Stat Magdeburg, die wir belägert
hielten, so schläfferig herginge, man solte ein mächtig langes
Säil, so dick als ein halb Füderiges Faß verfertigen,
solches um die Stat ziehen, und alle Menschen samt dem
Vieh in beyden Lägern daran spannen, und dergestalt die
Stat in einem Tag über Hauffen schlaiffen lassen. Sol=
cher närrischen Dauben und Grillen ersan ich täglich einen
Uberfluß, weil es meines Handwercks war, so daß man
meine Werckstat nie lär fand: So gab mir auch meines
Herrn Schreiber, der ein arger Gast und durchtriebener
Schalck war, viel Materi an die Hand, dadurch ich auff
dem Weg, den die [202] Narren zuwandeln pflegen, un=
terhalten ward, dan was mich dieser Speyvogel überredte,
das glaubte ich nicht allein vor mich selbsten, sondern
theilte es auch andern mit, wan ich etwan discurirte, und
sich die Sache dahin schickte.

Als ich ihn einsmals fragte, was unser Regiments
Caplan vor einer sey, weil er mit Kleidungen von andern
unterschieden? sagte er: Es ist der Herr Dicis & non
facis, das ist auff Teutsch so viel geredt, als ein Kerl,
der andern Leuten Weiber gibet, und selbst keine nimt:
Dieser ist den Dieben Spinnenfeind, weil sie nicht sagen
was sie thun, er aber hingegen saget, was er nicht thut;
so können ihm hingegen die Diebe auch nicht so gar hold
seyn, weil sie gemeiniglich gehengt werden, wan sie die
beste Kundschafft mit diesen Leuten haben. Da ich nun
nachgehends den guten ehrlichen Pater so nante, ward

er außgelacht, ich aber vor einen bösen schalckhafftigen Narrn gehalten, und seinet wegen gebaum = ölt. Ferners überredete er mich, man hätte die offentliche gemeine Häuser zu Prag hinter der Maur abgebrochen und verbrant, davon die Funcken und der Staub, wie der Samen eines Unkrauts, in alle Welt zerstoben wäre. Item, es kämen von den Soldaten keine dapffere Helden und hertzhaffte Kerl in Himmel, sondern bloß einfältige Tropffen, Bernheuter und dergleichen, die sich an ihrem Sold genügen liessen; so dan keine politische Alamode Cavalliers und gallante Dames, sondern nur gedultige Job, Siemänner, langweilige Mönche, melancholische Pfaffen, Bett=Schwestern, arme Bettelhuren, allerhand Außwürfflinge, die in der Welt weder zu [203] sieden noch zubraten taugen, und junge Kinder, welche die Bäncke überall voll hofierten. Auch log er mir vor, man nenne die Gastgeber nur darum Würthe, weil sie in ihrer Handtierung unter allen Menschen am fleissigsten betrachteten, daß sie entweder GOtt oder dem Teuffel zutheil würden. Vom Kriegswesen überredte er mich, daß man zuzeiten mit göldenen Kuglen schiesse, und je kostbarer solche wären, je grössern Schaden pflegten sie zuthun; ja, sagte er, man führet wol eh gantze Kriegs = Heere, mit samt der Artollerey, Munition und Bagage, an göldenen Ketten gefangen daher! Weiters überredete er mich von den Weibern, daß mehr als der halbe Theil Hosen trügen, obschon man sie nicht sehe, und daß viel ihren Männern, wanschon sie nicht zaubern könten, noch Göttinnen wären, als Diana gewesen, grössere Hörner auff die Köpffe gauckelten, als Actæon getragen; Welches ich ihm alles glaubte, so ein dummer Narr war ich.

Hingegen unterhielte mich mein Hofmeister, wan er allein bey mir war, mit viel einem andern Discurs, er brachte mich auch in seines Sohns Kundschafft, welcher wie hiebevor gemeldet worden, bey der Chur = Sächsischen Armee ein Musterschreiber war, und weit andere Qualitäten an sich hatte, als meines Obristen Schreiber; dahero mogte ihn mein Obrister nicht allein gerne leiden, sondern er war auch bedacht, ihn von seinem Capitain loß

zuhandeln, und zu seinem Regiments=Secretario zu=
machen, auff welche Stelle obgemeldter sein Schreiber sich
auch spitzete.

Mit diesem Musterschreiber, welcher auch wie [204]
sein Vater Ulrich Hertzbruder hieß, machte ich eine solche
Freundschafft, daß wir ewige Brüderschafft zusammen
schwuren, krafft deren wir einander in Glück und Un=
glück, in Liebe und Leid, nimmermehr verlassen wolten:
Und weil dieses mit Wissen seines Vaters geschahe, hiel=
ten wir den Bund desto fester und steiffer, demnach lag
uns nichts härter an, als wie wir meines Narrenkleids
mit Ehren loßwerden, und einander rechtschaffen dienen
mögten; welches aber der alte Hertzbruder, den ich als
meinen Vater ehrete und vor Augen hatte, nicht gut
hieß, sondern außtrücklich sagte: Wan ich in kurtzer Zeit
meinen Stand änderte, daß mir solches eine schwere Ge=
fängnüß und grosse Leib= und Lebensgefahr gebären würde:
Und weil er auch ihm selbst und seinem Sohn einen
grossen bevorstehenden Spott prognosticirte, und daherp
Ursache zuhaben vermeynete, desto vorsichtiger und behut=
samer zuleben; Als wolte er sich um soviel bestoweniger
in einer Person Sachen mischen, deren künfftige grosse
Gefahr er vor Augen sehen konte, dan er besorgte, er
mögte meines künfftigen Unglücks theilhafftig werden, wan
ich mich offenbare, weil er bereits vorlängst meine Heimlichkeit
gewust, und mich gleichsam in= und außwendig gekant, meine
Beschaffenheit aber dem Obristen nicht kund gethan hatte.

Kurtz hernach merckte ich noch besser, daß meines
Obristen Schreiber meinen neuen Bruder schröcklich neibete,
weil er besorgte, er mögte vor ihm zu der Secretariat-
Stelle erhoben werden, dan ich sahe wol, wie er zuzeiten
grißgramete, wie ihm die Mißgunst so getrang thät, und
daß er in schweren Ge=[205]bancken allezeit seufftzete, wan
er entweder den Alten oder den jungen Hertzbruder an=
sahe; Darauß urtheilete ich, und glaubte ohn allen Zweiffel,
daß er Calender machte, wie er ihm ein Bein vorsetzen,
und zu Fall bringen mögte. Ich communicirte meinem
Bruder, beydes auß getreuer Affection und tragender Schul=
digkeit, dasjenige, was ich argwähnete, damit er sich vor

diesem Judas=Bruder einwenig vorsehen solte; Er aber
nam es auff die leichte Achsel, Ursache, weil er dem
Schreiber sowol mit der Feder, als mit dem Degen, mehr
als genug überlegen war, und darzu noch beß Obristen
grosse Gunst und Gnade hinweg hatte.

Das XXII. Capitel.
Eine schelmische Diebs=Kunst, einander die Schuh außzutreten.

Weil der Gebrauch im Krieg ist, daß man gemeinig=
lich alte versuchte Soldaten zu Provosen machet,
also hatten wir auch einen dergleichen bey unserm
Regiment, und zwar einen solchen abgefäumten Ertz=Vogel
und Kern=Bößwicht, daß man wol von ihm sagen konte,
er sey vielmehr als vonnöten, erfahren gewesen; dan er
war ein rechter Schwartzkünstler, Siebdreher und Teuffels=
banner, und von sich selbsten nicht allein so fest als Stahl,
sondern auch über das ein solcher Geselle, der andere
fest machen, und noch darzu gantze Esquadronen Reuter
ins Feld stellen konte: Sein Bildnuß sahe natürlich auß,
wie uns die Mahler und Poeten den Saturnum vorstellen,
ausser daß er weder Steltzen noch Sense trug. Obzwar
nun [206] die arme gefangene Soldaten, so ihm in seine
unbarmhertzige Hände kamen, wegen dieser seiner Be=
schaffenheit und stetigen Gegenwart sich desto unglückseliger
schätzten, so waren doch Leute, die gern mit diesem Wen=
denschimpff umgingen, sonderlich Olivier unser Schreiber,
und jemehr sich sein Neid wider den jungen Hertzbruder
(der eines sehr frölichen Humors war) vermehrete, je fester
wuchs die grosse Verträuligkeit zwischen ihm und dem
Provos; dahero konte ich mir gar leichtlich die Rech=
nung machen, daß die Conjunction Saturni und Mercurii
dem redlichen Hertzbruder nichts gutes bedeuten würde.

Eben damals ward meine Obristin mit einem jungen
Sohn erfreuet, und die Tauff=Suppe fast Fürstlich dar=
gereichet, bey welcher der junge Hertzbruder auffzuwarten
ersuchet war, und weil er sich auß Höflichkeit gern ein=
stellete, war solches dem Olivier eine erwünschte Gelegen=
heit, seine Schelmenstücke, mit welchen er lang schwanger
gangen, auff die Welt zubringen: Dan als nun alles

vorüber war, manglete meines Obristen grosser vergöldter Tisch=Becher, welchen er so leichtlich nicht verlohren haben wolte, weil er noch vorhanden gewesen, da alle frembde Gäste schon hinweg waren; der Page sagte zwar, daß er ihn das letzte mal bey dem Olivier gesehen, er war dessen aber nicht geständig; Hierauff ward der Provos geholet, der Sache Rath zuschaffen, und ward ihm benebens an=befohlen, wan er durch seine Kunst den Diebstal wieder herzu könte bringen, daß er das Werck so einrichten solte, damit der Dieb sonst niemand, als dem Obristen kund [207] würde, weil noch Officier von seinem Regiment vorhanden waren, welche er, wan sich vielleicht einer davon übersehen hätte, nicht gern zu schanden machen wolte.

Weil sich nun jeder unschuldig wuste, so kamen wir auch alle lustig in deß Obristen grosses Zelt, da der Zauberer die Sache vornam, da sahe je einer den andern an, und verlangte zuvernehmen, was es endlich abgeben, und wo der verlorne Becher doch herkommen würde: Als er nun etliche Worte gemurmelt hatte, sprangen einem hier, dem andern dort ein, zwey, drey, auch mehr junge Hündlein auß den Hosensäcken, Ermeln, Stiefeln, Hosen=Schlitzen, und wo sonst die Kleidungen offen waren: Diese wuselten behend in der Zelt hin und wieder herum, waren alle überauß schön, von mancherley Farben, und jeder auff eine sonderbare Manier gezeichnet, also daß es ein recht lustig Spectacul war, mir aber wurden meine enge Croatische Kälber=Hosen sovoll junger Hunde gegauckelt, daß ich solche abziehen, und weil mein Hemd im Wald vorlängst am Leib verfaulet war, nackend da stehen muste; zuletzt sprang eins dem jungen Hertzbruder auß dem Schlitz, welches das allerhurtigste war, und ein gölden Halsband anhatte, dieses verschlang alle andere Hündlein, deren es doch sovoll im Zelt herum grabbelte, daß man vor ihnen keinen Fuß weiters setzen konte: Wie es nun alle auffgerieben hatte, ward es selbsten je länger je kleiner, das Halsband aber nur desto grösser, biß es sich endlich gar in deß Obristen Tisch=Becher ver=wandelte.

Da muste nun nicht allein der Obriste, sondern [208]

auch alle andere Gegenwärtige davorhalten, daß sonst
niemand als der junge Hertzbruder den Becher gestolen,
derowegen sagte der Obriste zu ihm: Sihe da, du un=
danckbarer Gast, hab ich dieses Diebstücke, das ich dir nim=
mermehr zugetrauet hätte, mit meinen Gutthaten um
dich verdienet? Schaue, ich habe dich zu meinem Secretario deß morgenden Tags wollen machen, aber nun hast du
verdienet, daß ich dich noch heut auffhengen liesse! welches
auch unfehlbar geschehen solte, wan ich deines ehrlichen
alten Vaters nicht verschonete; geschwind packe dich auß
meinem Läger, und laß dich die Tage deines Lebens vor
meinen Augen nicht mehr sehen! Er wolte sich entschul=
bigen, ward aber nicht gehört, dieweil seine That so Sonnenklar am Tag lag; und indem er fortging, ward dem
guten alten Hertzbruder gantz ohnmächtig, also daß man
genug an ihm zulaben, und der Obrister selbst an ihm
zutrösten hatte, welcher sagte: Daß ein frommer Vater
seines ungerathenen Kindes gar nicht zuentgelten hätte.
Also erlangte Olivier durch Hülffe deß Teuffels dasjenige,
wornach er vorlängst gerungen, auff einem ehrlichen Weg
aber nicht ereilen mögen.

Das XXIII. Capitel.
Ulrich Hertzbruder verkaufft sich um 100. Ducaten.

SO bald deß jungen Hertzbruders Capitain diese Ge=
schicht erfuhr, nam er ihm auch die Musterschreiber=
Stelle, und lud ihm eine Bicque auff, von welcher
Zeit an er bey männiglich so veracht ward, daß ihn die
Hunde hätten anpissen mögen, darum er ihm dan offt den Tod
wünschete! Sein Vater aber bekümmerte sich dergestalt
darüber, daß er in eine schwere Kranckheit fiel, und sich auff
das Ster=[209]ben gefast machte. Demnach er aber ihm
ohn das hiebevor prognosticirt hatte, daß er den 26. Julij
Leib= und Lebensgefahr außstehen müste: (welcher Tag
dan nächst vor der Thüre war,) Als erlangte er bey dem
Obristen, daß sein Sohn noch einmal zu ihm kommen
dorffte, damit er wegen seiner Verlassenschaft mit ihm
reden, und seinen letzten Willen eröffnen mögte. Ich ward
bey ihrer Zusammenkunft nicht außgeschlossen, sondern

war der dritte Mitgesell ihres Leydes; Da sahe ich, daß der Sohn keiner Entschuldigung bedörfft gegen seinem Vater, weil er seine Art und gute Aufferziehung wol wuste, und dahero seiner Unschuld genugsam versichert war: Er als ein weiser, verständiger und tieffsinniger Mann ermaß unschwer auß den Umständen, daß Olivier seinem Sohn diß Bad durch den Provos hatte zurichten lassen, was vermogte er aber wider einen Zauberer? von dem er noch ärgers zubesorgen hatte, wan er sich anders einziger Rache hätte unterfangen wollen; Uber diß versahe er sich seines Todes, und wuste doch nicht geruhiglich zusterben, weil er seinen Sohn in solcher Schande hinter sich lassen solte: In welchem Stand der Sohn destoweniger zuleben getrauete, um wievielmehr er ohn das wünschete, vor dem Vater zusterben. Es war versichert dieser beyden Jammer so erbärmlich anzuschauen, daß ich von Hertzen weinen muste! zuletzt war ihr gemeiner einhelliger Schluß, GOtt ihre Sache in Gebult heimzustellen, und der Sohn solte auff Mittel und Wege gedencken, wie er sich von seiner Compagnia loß würcken und anderwerts sein Glück suchen könte; als sie aber die Sache bey dem Liecht besahen, da mangletß am Geld, mit welchem [210] er sich bey seinem Capitain loß kauffen solte, und indem sie betrachteten und bejammerten, in was vor einem Elend sie die Armuth gefangen hielt, und alle Hoffnung abschnitte, ihren gegenwärtigen Stand zuberbessern, erinnerte ich mich erst meiner Ducaten die ich noch in meinen Esels-Ohren vernähet hatte; Fragte derowegen, wieviel sie dan Gelds zu dieser ihrer Nothdurfft haben müsten? der Junge Hertzbruder antwortete, wan einer käme, und uns hundert Thaler brächte, so getraute ich auß allen meinen Nöthen zukommen; Ich antwortete, Bruder, wan dir damit geholffen wird, so habe ein gut Hertz, dan ich will dir hundert Ducaten geben: Ach Bruder antwortete er mir hinwiederum, was ist das? bistu dan ein rechter Narr? oder so leichtfertig, daß du uns in unsrer äussersten Trübseeligkeit noch schertzest? Nein, nein, sagte ich, ich will dir das Geld herschiessen; sträiffte darauff mein Wams ab, und thät das eine Esels-ohr von meinem

Arm, öffnete es, und ließ ihn selbst 100. Ducaten darauß
zehlen und zu sich nemen, das übrige behielt ich, und
sagte: Hiermit will ich deinem krancken Vater außwarten,
wan er dessen bedarff. Hierauff fielen sie mir um den
Hals, küßten mich, und wusten vor Freuden nicht was
sie thaten, wolten mir auch eine Handschrifft zustellen, und
mich darin versichern, daß ich an dem alten Hertzbruder
neben seinem Sohn ein Miterb seyn solte; oder daß sie
mich, wan ihnen Gott wieder zu dem Ihrigen hülffe, um
diese Summam samt dem Interesse wiederum mit grossem
Danck befriedigen wolten: Deren ich aber keines annam,
sondern allein mich in ihre beständige Freundschafft befahl.
[211] Hierauff wolte der junge Hertzbruder verschwören,
sich an dem Olivier zurächen, oder darum zusterben!
Aber sein Vater verbot ihm solches, und versicherte ihn,
daß derjenige, der den Olivier tod schlüge, wieder von
mir dem Simplicio den Rest kriegen werde; doch, sagte
er, bin ich dessen wol vergewissert, daß ihr beyde einander
nicht umbringen werdet, weil keiner von euch durch Waffen
umkommen solle. Demnach hielte er uns an, daß wir
Anblick zusammen schwuren, einander biß in den Tod zulieben, und in allen Nöthen beyzustehen. Der junge
Hertzbruder aber entledigte sich mit dreißig Reichsthalern,
davor ihm sein Capitain einen ehrlichen Abschied gab,
verfügte sich mit dem übrigen Geld und guter Gelegenheit nach Hamburg, mondirte sich allda mit zweyen Pferden, und ließ sich unter der Schwedischen Armee vor
einen Frey-Reuter gebrauchen, mir indessen unsern Vater
befehlende.

Das XXIV. Capitel.
Zwo Waarsagungen werden auff einmal erfüllet.

Einer von meines Obristen Leuten schickte sich besser,
dem alten Hertzbruder in seiner Kranckheit abzuwarten,
als ich, und weil der Krancke auch mehr als wol mit
mir zufrieden war, so ward mir auch solches Amt von
der Obristin auffgetragen, welche ihm viel Gutes erwiese,
und demnach er neben so guter Pflege auch wegen seines
Sohnes sattsam erquickt worden, besserte es sich von Tage

zu Tage mit ihm, also daß er noch vor dem 26. Julij fast wieder überall zu völliger Gesundheit gelangte, doch wolte er sich noch inhalten, und kranck stellen, biß bemeldter Tag, vor welchem er sich mercklich entsatzte, [212] vorbey wäre: Indessen besuchten ihn allerhand Officirer von beyden Armeen, die ihr künfftig Glück und Unglück von ihm wissen wolten, dan weil er ein guter Mathematicus und Nativitäten Steller, benebens auch ein vortrefflicher Phisiognomist und Chiromanticus war, fehlte ihm seine Außsag selten; ja er nante sogar den Tag, an welchem die Schlacht vor Wittstock nachgehends geschahe, sintemal ihm viel zukamen, denen um dieselbige Zeit einen gewaltthätigen Tod zuleiden angedrohet war; Die Obristin versicherte er, daß sie ihr Kindbette noch im Läger außhalten würde, weil vor Außgang der sechs Wochen Magdeburg an die Unserige nicht übergehen würde: Dem falschen Olivier, der sich gar zutäppisch bey ihm zumachen wuste, sagte er außdrücklich, daß er eines gewaltthätigen Todes sterben müste, und daß ich seinen Tod, er geschehe wan er wolle, rächen, und seinen Mörder wieder umbringen würde, weßwegen mich Olivier folgender Zeit hochhielt; mir selbsten aber erzehlete er meinen künfftigen gantzen Lebenslauff so umständlich, als wan er schon vollendet, und er allezeit bey mir gewesen wäre, welches ich aber wenig achtete, und mich jedoch nachgehends vielen Dings erinnerte, das er mir zuvor gesagt, nachdem es schon geschehen oder waar worden, vornemlich aber warnete er mich vorm Wasser, weil er besorgte, ich würde meinen Untergang darin leiden.

Als nun der 26. Julij eingetretten war, vermahnete er mich und einen Fourierschützen (den mir der Obrister auff sein Begehren denselben Tag zugegeben hatte) gantz treulich, wir solten niemand zu ihm ins Zelt lassen: Er lag also allein darin, und betete ohn [213] Unterlaß, da es aber um den Nachmittag ward, kam ein Leutenant auß dem Reuter=Läger daher geritten, welcher nach deß Obristen Stallmeister fragte; Er ward zu uns, und gleich darauff wieder von uns abgewiesen, er wolte sich aber nicht abweisen lassen, sondern bat den Fourierschützen

mit untergemischten Verheissungen, ihn vor den Stall=
meister zulassen, mit welchem er noch diesen Abend noth=
wendig reden müste, weil aber solches auch nicht helffen
wolte, fing er an zufluchen, mit Donner und Hagel
drein zukollern, und zusagen, er sey schon sovielmal
dem Stallmeister zugefallen geritten, und hätte ihn noch
niemals daheim angetroffen, so er nun jetzt einmal vor=
handen sey, solte er abermal die Ehre nicht haben,
nur ein einzig Wort mit ihm zureden; stieg darauff
ab, und ließ sich nicht verwehren, das Zelt selbst auff=
zuknüpffen, worüber ich ihn in die Hand biß, aber
eine dichte Maulschelle davor bekam. Sobald er meinen
Alten sahe, sagte er, der Herr sey gebeten, mir zuver=
zeihen, daß ich die Frechheit brauche, ein Wort mit ihm
zureden: Wol, antwortete der Stallmeister, was beliebt
dan dem Herrn? Nichts anders, sagte der Leutenant, als
daß ich den Herrn bitten wolte, ob er sich liesse belieben,
mir meine Nativität zustellen? Der Stallmeister ant=
wortete: Ich will verhoffen, mein hochgeehrter Herr werde
mir vergeben, daß ich demselben vor dißmal meiner Kranck=
heit halber nicht willfahren kan, dan weil diese Arbeit
viel Rechnens brauchet, wirds mein blöder Kopff jetzo
nicht verrichten können, wan er sich aber biß morgen zu=
gedulden beliebet, will ich ihm verhoffentlich genugsame
[214] Satisfaction thun; Herr, sagte hierauff der Leute=
nant, er sage mir nur etwas dieweil auß der Hand:
Mein Herr, antwortete der alte Hertzbruder, dieselbe Kunst
ist gar mißlich und betrüglich, derowegen bitte ich, der
Herr wolle mich damit so weit verschonen, ich will morgen
hergegen alles gern thun, was der Herr an mich be=
gehret. Der Leutenant wolte sich doch nicht abweisen
lassen, sondern trat meinem Vater vors Bette, streckte
ihm die Hand dar, und sagte: Herr, ich bitte nur
um ein paar Worte, meines Lebens Ende betreffend,
mit Versicherung, wan solches etwas böses seyn solte,
daß ich beß Herrn Rede, als eine Warnung von Gott
annehmen will, um mich desto besser vorzusehen, darum
bitte ich um Gottes willen, der Herr wolle mir die
Warheit nicht verschweigen! Der redliche Alte antwortete

ihm hierauff kurtz und sagte: Nun wolan so sehe sich der Herr dan wol vor, damit er nicht in dieser Stunde noch auffgehengt werde; Was, du alter Schelm, sagte der Leutenant, der eben einen rechten Hundsßoff hatte, soltest du einem Cavallier solche Worte vorhalten dörffen? zog damit von Leder, und stach meinen lieben alten Hertzbruder im Bette zu tode! Ich und der Fourierschütze rufften alsbald Lermen und Mordio, also daß alles dem Gewehr zulieff, der Leutenant aber machte sich unverweilet auff seinen Schnellfuß, wäre auch ohn Zweiffel entritten, wan nicht eben persönlich der Churfürst zu Sachsen mit vielen Pferden vorbey geritten wäre, und ihn hätte einholen lassen: Als derselbe den Handel vernam, wendte er sich zu dem von Hatzfeld, als unserm General, und sagte nichts anders als dieses: Das wäre [215] eine schlechte Disciplin in einem Käiserlichen Läger, wan auch ein Krancker im Bette vor den Mördern, seines Lebens, nicht sicher seyn solte! Das war ein scharffer Sententz, und gnugsam, den Leutenant um das Leben zubringen; gestalt ihn unser General alsbald an seinen allerbesten Hals auffhengen ließ.

Das XXV. Capitel.
Simplicius wird auß einem Jüngling in eine Jungfer verwandelt, und bekomt unterschiedliche Bulschafften.

Auß dieser warhafftigen Histori ist zusehen, daß nicht so gleich alle Waarsagungen zuverwerffen seyn, wie etliche Gecken thun, die gar nichts glauben können. So kan man auch hierauß abnehmen, daß der Mensch sein auffgesetztes Ziel schwerlich überschreiten mag, wangleich ihm sein Unglück lang oder kurtz zuvor durch dergleichen Weissagungen angedeutet worden. Auff die Frage, die sich ereignen mögte, ob einem Menschen nötig, nützlich oder gut sey, daß er sich waarsagen, und die Nativität stellen lasse? Antworte ich allein dieses, daß mir der alte Hertzbruder soviel gesagt habe, daß ich offt gewünschet, und noch wünsche, daß er geschwiegen hätte, dan die unglücklichen Fälle, die er mir angezeiget, habe ich niemals umgehen können, und diejenigen die mir noch bevorstehen, machen mir nur vergeblich graue Haare, weil mir besorglich dieselbige auch, wie die vorige, zuhanden gehen werden, ich sehe mich gleich für denselben vor oder nicht: Was aber die Glücksfälle anbelanget, von denen einem geweissaget wird, davon halte ich, daß sie öffter betrügen, oder aufs wenigste den Menschen nicht so wol gedeyen, als die [216] unglückselige Propheceihungen: Was half mich, daß mir der alte Hertzbruder hoch und theur schwur, ich wäre von eblen Eltern geboren und erzogen worden, da ich doch von niemand anders wuste, als von meinem Knán und meiner Meúder, die grobe Baurs=Leute im Speffert waren. Item was halffs den von Wallenstein, Hertzog in Friedland, daß ihm prophezeit ward, er werde gleichsam mit Säitenspiel zum König gekrönet werden? weiß man nicht, wie er zu Eger eingewieget worden? Mögen derowegen andere ihre Köpffe über dieser Frage zerbrechen, ich komme wieder auff meine Histori.

Als ich erzehlter massen meine beyde Hertzbrüder verloren hatte, verleidete mir das gantze Láger vor Magdeburg, welches ich ohn das nur eine leinene und ströherne Stat, mit irrdenen Mauren, zunennen pflegte. Ich ward meines Standes so müd und satt, als wan ichs mit lauter eisernen Kochleffeln gefressen hätte, einmal, ich gedachte mich nicht mehr von jederman so voppen zulassen, sondern meines Narrn=Kleides loß zuwerden, und solte ich gleich Leib und Leben darüber verlieren. Das setzte ich folgender gestalt sehr liederlich ins Werck, weil mir sonst keine bessere Gelegenheit anstehen wolte.

Olivier der Secretarius, welcher nach deß Alten Hertzbruders Tod mein Hofmeister worden war, erlaubte mir offt mit den Knechten auff Fourage zureiten, als wir nun einsmals in ein groß Dorff kamen, darin etliche ben Reutern zuständige Bagage logirte, und jeder hin und wieder in die Häuser ging, zusuchen was etwan mitzunehmen wäre, stal ich mich auch hinweg, und suchte, ob ich nicht [217] ein altes Baurenkleid finden mögte, um welches ich meine Narrnkappe verdauschen könte; Aber ich fand nicht was ich wolte, sondern muste mit einem

Weiber-Kleid vorlieb nemen; Ich zog selbiges an, weil ich mich allein sahe, und warff das meinige in ein Secret, mir nicht anders einbildende, als daß ich nunmehr auß allen meinen Nöthen errettet worden. In diesem Auffzug ging ich über die Gasse gegen etlichen Officiers-Weibern, und machte so enge Schrittlein, als etwan Achilles gethan, da ihn seine Mutter dem Licomedi recommendirte, ich war aber kaum auffer Dach hervor kommen, da mich etliche Fouragierer sahen, und besser springen lerneten, dan als sie schryen, Halt, halt! lieff ich nur desto stärcker, und kam ehender als sie zu obgemelten Officiererinnen, vor denselben fiel ich auff die Knye nider, und bat um aller Weiber Ehre und Tugend willen, sie wolten meine Jungferschafft vor diesen gäilen Buben beschützen! Allda meine Bitte nicht allein stat fand, sondern ich ward auch von einer Rittmeisterin vor eine Magd angenommen, bey welcher ich mich beholffen, biß Magdeburg, item die Werberschantze, auch Havelberg und Perleberg von den unsern eingenommen worden.

Diese Rittmeisterin war kein Kind mehr, wiewol sie noch jung war, und vernarrete sich dermassen in meinen glatten Spiegel und geraden Leib, daß sie mir endlich nach lang-gehabter Mühe und vergeblicher umschwaiffender Weitläuffigkeit nur allzu Teutsch zuverstehen gab, wo sie der Schuh am meisten drucke; ich aber war damals noch viel zu gewissenhaft, thät als wan ichs nicht merckte, und ließ keine an-[218]dere Anzeigungen scheinen, als solche, darauß man nichts anders als eine fromme Jungfer urtheilen mogte: Der Rittmeister und sein Knecht lagen in gleichem Spital kranck, derowegen befahl er seinem Weib, sie solte mich besser kleiben lassen, damit sie sich meines garstigen Baurenkuttels nicht schämen dörffte. Sie thät mehr als ihr befohlen war, und butzte mich herauß wie eine Frantzische Poppe, welches das Feur bey allen dreyen noch mehr schürete, ja es ward endlich bey ihnen so groß, daß Herr und Knecht eiferigst von mir begehrten, was ich ihnen nit leisten konte, und der Frau selbst mit einer schönen Manier verwaigerte. Zuletzt satzte ihm der Rittmeister vor, eine Gelegenheit zuergreiffen, bey deren er mit Gewalt von mir haben könte, was ihm doch zubekommen unmüglich war, solches merckete sein Weib, und weil sie mich noch endlich zuüberwinden verhoffte, verlegte sie ihm alle Pässe, und lieffe ihm alle Räncke ab, also daß er vermeynete, er müsse doll und thöricht darüber werden. Einsmals als Herr und Frau schlaffen war, stund der Knecht vor dem Wagen, in welchem ich alle Nacht schlaffen muste, klagte mir seine Liebe mit heissen Thränen, und bat eben so andächtig um Gnade und Barmhertzigkeit! Ich aber erzeigte mich härter als ein Stein, und gab ihm zuverstehen, daß ich meine Keuschheit biß in Ehestand bewahren wolte; Da er mir nun die Ehe wol 1000. mal anbot, und doch nichts anders dargegen vernam, als daß ich ihn versicherte, daß es unmüglich sey, mich mit ihm zuverehlichen, verzweiffelte er endlich gar, oder stellete sich doch auffs wenigste nur so, dan er zog seinen Degen auß, satzte [219] die Spitze an die Brust, und den Knopff an Wagen, und thät nicht anderst, als wan er sich jetzt erstechen wolte: Ich gedachte, der Teuffel ist ein Schelm, sprach ihm derowegen zu, und gab ihm Vertröstung, am morgen früh einen endlichen Bescheid zuertheilen, davon ward er content, und ging schlaffen, ich aber wachte desto länger, dieweil ich meinen seltzamen Stand betrachtete: Ich befand wol, daß meine Sache, in die Länge kein gut thun würde, dan die Rittmeisterin ward jelänger je importuner mit ihren Reitzungen, der Rittmeister verwegener mit seinen Zumuthungen, und der Knecht verzweiffelter in seiner beständigen Liebe, ich muste mir aber darum nicht auß solchem Labyrinth zuhelffen. Ich muste offt meiner Frau bey hellem Tag Flöhe fangen, nur darum, damit ich ihre Alabaster=weisse Brüste sehen, und ihren zarten Leib genug betasten solte, welches mir, weil ich auch Fleisch und Blut hatte, in die läng zuertragen schwer fallen wolte; ließ mich dan die Frau zufrieden, so quälete mich der Rittmeister, und wan ich vor diesen beyden bey Nacht Ruhe haben solte, so peinigte mich der Knecht, also daß mich das Weiber=Kleid viel saurer zutragen ankam, als meine Narrnkappe; Damal (aber viel zuspat) gedachte ich fleissig an meines seel. Hertzbruders

Weissag- und Warnung, und bildete mir nichts anders
ein, als daß ich schon würcklich in derjenigen Gefängnuß
auch Leib- und Lebensgefahr stecke, davon er mir gesaget hatte, dan das Weiber-Kleid hielt mich gefangen,
weil ich darin nicht außreissen konte, und der Rittmeister
würde übel mit mir gespielet haben, wan er mich erkant,
und einmal bey seiner [220] schönen Frau über dem
Flöh fangen erdappt hätte. Was solte ich thun? Ich
beschloß endlich dieselbe Nacht, mich dem Knecht zuoffenbaren, sobald es Tag würde, dan ich gedachte, seine
Liebesregungen werden sich alsdan legen, und wan du
ihm von deinen Ducaten spendirest, so wird er dir wieder
zu einem Mannskleid, und also in demselbigen auß allen
deinen Nöthen helffen. Es wäre wol außgesonnen gewesen, wan nur das Glück gewolt hätte, aber es war mir
zuwider.

Mein Hans ließ ihm gleich nach Mitternacht tagen,
das Jawort zuholen, und fing an am Wagen zurappeln,
als ich eben anfing am allerstärckstn zuschlaffen; Er rieff
etwas zulaut, Sabina, Sabina, Ach mein Schatz stehet
auff, und haltet mir euer Versprechen! also daß er den
Rittmeister eher als mich damit erweckte, weil er sein Zelt
am Wagen stehen hatte, diesem ward ohn Zweiffel grün
und gelb vor den Augen, weil ihn die Eifersucht ohn das
zuvor eingenommen, doch kam er nicht herauß unser Thun
zuzerstören, sondern stund nur auff, zusehen, wie der
Handel ablauffen wolte; Zuletzt weckte mich der Knecht
mit seiner Importunität und nötigte mich, entweder auß
dem Wagen zu ihm zukommen, oder ihn zu mir einzulassen, ich aber schalt ihn auß, und fragte, ob er mich
dan vor eine Hure ansehe? meine gestrige Zusage sey
auf den Ehestand gegründet, ausser dessen er meiner nicht
theilhafftig werden könte; Er antwortete, so solte ich je-
dannoch auffstehen, weil es anfinge zu tagen, damit ich dem
Gesind das Essen beyzeiten verfertigen könte, er wolte
Holtz und Wasser holen, und mir das Feur zugleich an-
machen, [221] Ich antwortete, wan du das thun wilt, so
kan ich desto länger schlaffen, gehe nur hin, ich will bald
folgen: Weil aber der Narr nicht ablassen wolte, stund

ich auff, mehr meine Arbeit zuverrichten, als ihm viel zu=
hofiren, sintemal wie mich deuchte, ihn die gestrige ver=
zweiffelte Torheit wieder verlassen hatte. Ich konte sonst
zimlich wol vor eine Magd im Feld passiren, dan kochen,
backen und wäschen hatte ich bey den Croaten gelernet,
so pflegen die Soldaten=Weiber ohn das im Feld nicht
zuspinnen, was ich aber sonst vor Frauenzimmer=Arbeit
nicht konte, als wan ich etwan die Frau bürsten, (strehlen)
und Zöpfe machen (flechten) solte, das übersahe mir
meine Rittmeisterin gern, dan sie wuste wol, daß ichs nicht
gelernet.

Wie ich nun mit meinen hintersich gestraifften Ermeln
vom Wagen herab stieg, ward mein Hans durch meine
weisse Arme so hefftig inflammiret, daß er ihm nicht ab=
brechen konte, mich zuküssen, und weil ich mich nicht son=
derlich wehrete, vermogte es der Rittmeister, vor dessen
Augen es geschahe, nicht zuerbulden, sondern sprang mit
blossem Degen auß dem Zelt, meinem armen Liebhaber
einen Fang zugeben, aber er ging durch, und vergaß das
Wiederkommen; der Rittmeister aber sagte zu mir, Du
Blut=Hure, ich will dich lernen rc. mehrers konte er vor
Zorn nicht sagen, sondern schlug auff mich zu, als wan
er unsinnig gewesen wäre; Ich fing an zuschreien, darum
muste er auffhören, damit er keinen Allarm erregte, dan
beyde Armeen, die Sächsische und Käiserliche, lagen da=
mals gegeneinander, weil sich die Schwedische unter dem
Banier näherte. [222]

Das XXVI. Capitel.
Wie er (Simpl.) vor einen Verräther und Zauberer gefangen
gehalten wird.

Als es nun Tag worden, gab mich mein Herr den
Reuter=Jungen preiß, eben als beyde Armeen völlig
auffbrachen; das war nun ein Schwarm von Lum=
pengesind, und dahero die Hatze desto grösser und erschröck=
licher, die ich außzustehen hatte, sie eileten mit mir einem
Busch zu, ihre viehische Begierden desto besser zusättigen,
wie ban diese Teuffelskinder im Brauch haben, wan ihnen
ein Weibsbild dergestalt übergeben wird: So folgeten

ihnen auch sonst viel Bursche nach, die dem elenden Spaß
zusahen, unter welchen mein Hans auch war, dieser ließ
mich nicht auß den Augen, und als er sahe, daß es mir
gelten solte, wolte er mich mit Gewalt erretten, und solte
es seinen Kopff kosten; Er bekam Beyständer, weil er
sagte, daß ich seine versprochne Braut wäre, diese trugen
Mitleiden mit mir und ihm, und begehrten ihm Hülffe
zuleisten, solches war aber den Jungen, die besser Recht
zu mir zuhaben vermeyneten, und eine so gute Beute
nicht auß Händen lassen wolten, allerdings ungelegen,
derowegen gedachten sie Gewalt mit Gewalt abzutreiben,
da fing man an Stöffe außzutheilen von beyden Seiten
her, der Zulauff und der Lermen ward jelänger je=
grösser, also daß es schier einem Turnier gleich sahe,
in welchem jeder um einer schönen Dame willen das
beste thut. Ihr schröcklich Geschrey lockte den Rumor=
meister herzu, welcher eben ankam, als sie mir die
Kleider vom Leib gerissen, und gesehen hatten, daß ich
kein Weibsbild war, seine Gegenwart machte [223] alles
stockstill, weil er vielmehr geförchtet ward, als der Teuffel
selbst, auch verstoben alle diejenige, die widereinander Hand
angeleget hatten, er informirte sich der Sache kurtz, und
indem ich hoffte, er würde mich erretten, nam er mich
dargegen gefangen, weil es ungewöhnlich und fast arg=
wöhnische Sache war, daß sich ein Mannsbild bey einer
Armee in Weiber=Kleidern solte finden lassen, dergestalt
wanderten er und seine Bursch mit mir neben den Regi=
mentern daher (welche alle im Feld stunden, und mar=
chiren wolten) der Meynung, mich dem General Auditor
oder General Gewaltiger zuüberliefern, da wir aber bey
meines Obristen Regiment vorbey wolten, wurde ich
erkant, angesprochen, schlechtlich durch meinen Obristen
bekleidet, und unserm alten Provos gefänglich über=
liefert, welcher mich an Händen und Füssen in die Eisen
schloß.

Es kam mich gewaltig saur an, so in Ketten und
Banden zumarchiren, so hätte mich auch der Schmalhans
trefflich gequälet, wan mir der Secretarius Olivier nicht
spendirt hätte, dan ich dorffte meine Ducaten, die ich noch

bißher davon bracht hatte, nicht an deß Tages Liecht
kommen lassen, ich hätte dan solche miteinander verlieren,
und mich noch darzu in grössere Gefahr stecken wollen.
Gedachter Olivier communicirte mir noch denselbigen
Abend, warum ich so hart gefangen gehalten würde, und
unser Regiments=Schultheiß bekam gleich Befelch, mich zu-
examiniren, damit meine Außsage dem General Auditor
desto eher zugestellet werden mögte, dan man hielt
mich nicht allein vor einen Kundschaffter und Spionen,
sondern auch gar vor einen der hexen könte, [224] dieweil
man kurtz hernach, als ich von meinem Obristen außge-
tretten, einzige Zauberinnen verbrant, die bekant hatten,
und darauff gestorben wären, daß sie mich auch bey ihrer
General=Zusammenkunfft gesehen hätten, da sie beyeinander
gewesen, die Elbe außzutrücknen, damit Magdeburg desto
eher eingenommen werden könte. Die Puncten, darauff
ich Antwort geben solte, waren diese;

Erstlich, ob ich nicht studirt hätte, oder auffs wenigste
schreibens und lesens erfahren wäre?

Zweytens, warum ich mich in Gestalt eines Narrn
dem Läger vor Magdeburg genähert, da ich doch in deß
Rittmeisters Diensten sowol als jetzt witzig genug sey?

Drittens, auß was Ursachen ich mich in Weiber=
Kleider verstellet?

Viertens, ob ich mich nicht auch neben andern Unholden auff dem Hexentantz befunden?

Fünfftens, wo mein Vaterland, und wer meine Eltern
gewesen seyn?

Sechstens, wo ich mich auffgehalten, eh ich in das
Läger vor Magdeburg kommen?

Sibendens, wo und zu was End ich die Weiber=
Arbeit, als wäschen, backen, kochen ꝛc. gelernet? Item das
Lautenschlagen?

Hierauff wolte ich mein gantzes Leben erzehlen, damit
die Umstände meiner seltzamen Begegnüssen alles recht er-
leutern, und diese Fragen mit der Warheit fein verständlich unterscheiden könten; der Regiments=Schultheiß war
aber nicht so curios, sondern vom marchiren müd und
verdrossen, derowegen begehrte er nur eine kurtze runde

Antwort auff das, [225] was gefragt wůrde. Demnach antwortete ich folgender gestalt, darauß man aber nichts eigentliches und gründliches fassen konte, und zwar

Auff die erste Frage, Ich hätte zwar nicht studirt, könte aber doch Teutsch lesen und schreiben.

Auff die Zweyte, weil ich kein ander Kleid gehabt, hätte ich wol im Narrnkleid auffziehen müssen.

Auff die Dritte, weil ich meines Narrnkleides müd gewesen, und keine Mannskleider haben können.

Auff die Vierte, Ja, ich sey aber wider meinen Willen hin gefahren, könte aber gleichwol nicht zaubern.

Auff die Fünffte, mein Vaterland sey der Speissert, und meine Eltern Bauersleute.

Auff die Sechste, zu Hanau bey dem Gubernator, und bey einem Croaten Obrist Corpes genant.

Auff die Siebende, bey den Croaten hab ich wäschen, backen und kochen wider meinen Willen müssen lernen, zu Hanau aber das Lauten schlagen, weil ich Lust darzu hatte.

Wie diese meine Außsage geschrieben war, sagte er: Wie kanstu leugnen und sagen, daß du nicht studirt habest, da du doch, als man dich noch vor einen Narrn hielt, einem Priester unter währender Messe, auff die Worte, Domine, non sum dignus, auch in Latein geantwortet, Er dörffte solches nicht sagen, man wisse es zuvor wol? Herr, antwortete ich, das haben mich damals andere Leute gelernet, und mich überredet, es sey ein Gebet, das man bey der Messe sprechen müsse, wan unser Caplan den Gottesdienst verrichte; Ja, ja, sagte der Regim. Schult= heiß, ich sehe dich vor den Rechten an, dem man die Zunge mit [226] der Folter lösen muß. Ich gedachte, so helffe GOtt! wans deinem närrischen Kopff nachgehet.

Am andern Morgen früh kam Befehl vom General Auditor an unsern Provos, daß er mich wol in acht nehmen solte, dan er war gesinnt, sobald die Armeen still lägen, mich selbst zu examiniren, auff welchen Fall ich ohn Zweiffel an die Folter gemůst, wan es Gott nicht anders gefügt hätte. In dieser Gefangenschafft dachte ich stetigs an meinen Pfarrer zu Hanau, und an den verstorbenen

alten Hertzbruder, weil sie beyde waar gesaget, wie
mirs ergehen würde, wan ich wieder auß meinem Narrn=
kleid käme.

Das XXVII. Capitel.
Wie es dem Profos in der Schlacht bey Wittstock ergangen.

DEnselben Abend, als wir uns kaum gelägert hatten,
ward ich zum General Auditor geführet, der hatte
meine Außsage samt einem Schreibzeug vor sich, und
fing an mich besser zu examiniren; ich hingegen erzählete
meine Händel, wie sie an sich selbst waren, es ward mir
aber nicht geglaubt, und konte der General Auditor nicht
wissen, ob er einen Narrn oder außgestochenen Böswicht
vor sich hatte, weil Frage und Antwort so artlich fiel, und
der Handel an sich selbst seltzam war; Er hieß mich eine
Feder nehmen und schreiben, zusehen was ich könte, und
ob etwan meine Handschrifft bekant, oder doch so beschaffen
wäre, daß man etwas darauß abnehmen mögte? Ich er=
griff Feder und Papier so geschicklich, als einer der sich
täglich damit übe, und fragte, was ich schreiben solte?
der General Auditor (welcher vielleicht unwillig war, weil
sich mein Examen [227] tieff in die Nacht hinein verzog)
antwortete: Hey, schreib deine Mutter die Hure! Ich satzte
ihm diese Worte dahin, und da sie gelesen wurden, mach=
ten sie meinen Handel nur desto schlimmer, dan der
General Auditor sagte, jetzt glaube er erst, daß ich ein
rechter Vogel sey; Er fragte den Provos, ob man mich
visitirt, und ob man nichts von Schrifften bey mir funden
hätte? Der Provos antwortete, Nein, was solte man an
ihm visitiren, weil ihn der Rumor=Meister gleichsam nackend
zu uns gebracht: Aber Ach! das halff nichts, der Provos
muste mich in Gegenwart ihrer aller besuchen, und indem er
solches mit Fleiß verrichtet, findet er, O Unglück! meine
beyde Eselsohren mit den Ducaten, um meine Arme herum=
gemacht. Da hieß es, was dörffen wir ferner Zeugnuß?
Dieser Verräther hat ohn Zweiffel ein groß Schelmstück
zuverrichten auff sich genommen, dan warum solte sich
sonst ein Gescheider in ein Narrenkleid stecken? oder ein
Mannsbild in ein Weiberkleid verstellen? Warum ver=

meynt man wol, zu was End er sonst mit einem so an=
sehenlichen Stück Geld versehen sey, als etwas grosses zu=
verrichten? Saget er nicht selbst, er habe bey dem Guber=
nator zu Hanau, den aller=verschlagnesten Soldaten in
der Welt, lernen auff der Lauten schlagen? Was ver=
meynet ihr Herren wol, was er sonst bey denselben Spitz=
köpffen vor listige Practiquen ins Werck zusetzen begriffen
habe? der nächste Weg ist, daß man morgen mit ihm
auff die Folter, und wie ers wird verdient haben, dem
Feur zueile, massen er sich ohn das bey den Zauberern
befunden, und nichts bessers werth ist. Wie mir damals
zu Muth gewesen, kan sich jeder leicht [228] einbilden,
ich wuste mich zwar unschuldig, und hatte ein starckes Ver=
trauen zu GOtt; Aber dannoch sahe ich meine Gefahr,
und bejammerte den Verlust meiner schönen Ducaten, welche
der General Auditor zu sich steckte.

Aber eh man diesen strengen Process mit mir ins
Werck satzte, geriethen die Bayerische den Unserigen in
die Haare, gleich anfänglich kämpfften die Armeen um den
Vorthel, und gleich darauff um das schwere Geschütz, dessen
die Unserige stracks verlustigt wurden: Unser Provos
hielt zwar zimlich weit mit seinen Leuten und den Ge=
fangenen hinter der Battalia, gleichwol aber waren wir
unsrer Brigade so nahe, daß wir jeden von hinterwerts
an den Kleidern erkennen konten; und als eine Schwedische
Esquadron auff die unsrige traff, waren wir so wol als
die Fechtende selbst in Todsgefahr, dan in einem Augen=
blick flog die Lufft so häuffig voller singenden Kugeln
über uns her, daß es das Ansehen hatte, als ob die
Salve uns zu gefallen wäre gegeben worden, davon
duckten sich die Forchtsame, als ob sie sich in sich selbst
hätten verbergen wollen; diejenige aber, so Courage hatten,
und mehr bey dergleichen Schertz gewesen, liessen solche
unverblichen über sich hin streichen; Im Treffen selbst
aber, suchte einjeder seinem Tod mit Nidermachung deß
Nechsten, der ihm auffstieß, vorzukommen, das greuliche
Schiessen, das gekläpper der Harnische, das krachen der
Piquen, und das Geschrey beydes der Verwundten und
Angreiffenden, machten neben den Trompeten, Trommeln

und Pfeiffen eine erschröckliche Music! da sahe man nichts als einen dicken Rauch und Staub, welcher [229] schien, als wolte er die Abscheuligkeit der Verwundten und Toden bedecken, in demselbigen hörete man ein jämmerliches Wehklagen der Sterbenden, und ein lustiges Geschrey derjenigen, die noch voller Muth stacken, die Pferde selbst hatten das Ansehen, als wan sie zu Vertheidigung ihrer Herren je länger je frischer würden, so hitzig erzeigten sie sich in dieser Schuldigkeit, welche sie zu leisten genötiget waren, deren sahe man etliche unter ihren Herrn tod darnider fallen, voller Wunden, welche sie unverschuldter Weise zu Vergeltung ihrer getreuen Dienste empfangen hatten; andere fielen um gleicher Ursache willen auff ihre Reuter, und hatten also in ihrem Tod die Ehre, daß sie von denjenigen getragen wurden, welche sie in währendem Leben tragen müssen; wiederum andere, nachdem sie ihrer hertzhafften Last, die sie commandirt hatte, entladen worden, verliessen die Menschen in ihrer Wut und Raserey, rissen auß, und suchten im weiten Feld ihre erste Freyheit: Die Erde, deren Gewonheit ist, die Toden zubedecken, war damals an selbigem Ort selbst mit Toden überstreut, welche auff unterschiedliche Manier gezeichnet waren, Köpff lagen dorten, welche ihre natürliche Herren verloren hatten, und hingegen Leiber, die ihrer Köpffe mangleten; etliche hatten grausam= und jämmerlicher Weise das Ingeweid herauß, und andern war der Kopff zerschmettert, und das Hirn zerspritzt; da sahe man, wie die entseelte Leiber ihres eigenen Gebluts beraubet, und hingegen die Lebendige mit frembden Blut beflossen waren, da lagen abgeschossene Aerme, an welchen sich die Finger noch regten, gleichsam als ob sie wieder mit in das Ge- [230]dräng wolten, hingegen rissen Kerles auß, die noch keinen Tropffen Blut vergossen hatten, dort lagen abgelöste Schenckel, welche obwol sie der Bürde ihres Cörpers entladen, dannoch viel schwerer waren worden, als sie zuvor gewesen; da sahe man zerstümmelte Soldaten um Beförderung ihres Tods, hingegen andere um Quartier und Verschonung ihres Lebens bitten. Summa Summarum, das war nichts anders als ein elender jämmerlicher Anblick! Die Schwedische Sieger trieben unsere Uberwundene von der Stelle, darauff sie so unglücklich gefochten, nachdem sie solche zuvor zertrennt hatten, sie mit ihrer schnellen Verfolgung vollends zerstreuende. Bey welcher Bewandnus mein Herr Provos mit seinen Gefangenen auch nach der Flucht griff, wiewol wir mit einziger Gegenwehr um die Uberwinder keine Feindseligkeit verdienet hatten, und indem er Provos uns mit dem Tod bedrohete, und also nötigte samt ihm durchzugehen, jagte der junge Hertzbruder daher mit noch fünff Pferden, und grüste ihn mit einer Pistoln: Sehe da, du alter Hund, sagte er, ist es noch Zeit, junge Hündlein zumachen? Ich wil dir deine Mühe bezahlen! Aber der Schuß beschädigte den Provos so wenig, als einen stählernen Amboß; Oho bist du der Haare? sagte Hertzbruder, ich wil dir nicht vergeblich zugefallen herkommen seyn, du must sterben, und wäre dir gleich die Seele angewachsen, nötigte darauff einen Mußquetierer von deß Provosen bey sich gehabter Wacht, daß er ihn, dafern er anderst selbst Quartier haben wolte, mit einer Axt zutod schlug. Also bekam der Provos seinen Lohn, ich aber ward vom Hertzbruder erkant, welcher mich meiner Ketten [231] und Bande entledigen, auff ein Pferd setzen, und durch seinen Knecht in Sicherheit führen ließ.

Das XXVIII. Capitel.
Von einer grossen Schlacht, in welcher der Triumphator über bem Obsiegen gefangen wird.

Gleichwie mich nun meines Erretters Knecht auß fernerer Gefahr führete, also ließ sich sein Herr hingegen erst durch Begierde der Ehre und Beute recht hinein treiben, allermassen er sich so weit verhauen, daß er gefangen ward. Demnach die sieghaffte Uberwinder die Beuten theilten, und ihre Toden begruben, mein Hertzbruder aber manglete, erbte dessen Rittmeister mich mit samt seinem Knecht und Pferden, bey welchem ich mich vor einen Reuter-Jungen muste gebrauchen lassen, wovor ich nichts hatte, als diese Promessen, wan ich mich wolhielte, und einwenig besser meiner Jugend entginge, daß er mich alsban auffsetzen, das ist, zu einem Reuter machen wolte, womit ich mich dan also dahin gedulden muste.

Gleich hernach warb mein Rittmeister zum Obr. Leutenant vorgestellet, ich aber bekam das Amt bey ihm, welches David vor alten Zeiten bey dem König Saul vertreten, dan in den Quartieren schlug ich auf der Laute, und im Marchiren muste ich ihm seinen Küriß nachführen, welches mir eine beschwerliche Sache war; Und obzwar diese Waffen, ihren Träger vor feindlichen Büffen zubeschützen, erfunden worden, so befand ich jedoch allerdings das Widerspiel, weil mich meine eigene Jungen, die ich außheckte, unter ihrem Schutz desto sicherer verfolgten, darunter hatten sie ihren freyen Paß, Spaß und [232] Tummelplatz, so daß es das Ansehen hatte, als ob ich den Harnisch ihnen und nicht mir, zur Beschützung antrüge, sintemal ich mit meinen Armen nicht darunter kommen, und keinen Streiff unter sie thun konte. Ich war auff allerhand Stratagemata bedacht, wie ich diese Armada vertilgen mögte, aber ich hatte weder Zeit noch Gelegenheit sie durchs Feur (wie in den Backöfen geschiehet) noch durchs Wasser, oder durch Gifft (massen ich wol wuste, was das Quecksilber vermogte) außzurotten; viel weniger vermogte ich die Mittel, sie durch ein anber Kleid oder weisse Hember abzuschaffen, sondern muste mich mit ihnen schleppen, und Leib und Blut zum besten geben, wan sie mich dan so unter dem Harnisch plagten und nagten, so wischte ich mit einer Pistoln herauß, als ob ich hätte Kugeln mit ihnen wechseln wollen, nam aber nur den Ladstecken, und stieß sie damit von der Kost; endlich erfand ich die Kunst, daß ich einen Beltzfleck darum wickelte, und ein artlich Klebgarn vor sie zurichtete, wan ich dan mit diesem Lauß-Angel unter den Harnisch fuhr, fischte ich sie Dutzet-weis auß ihrem Vortel, welchen ich miteinander die Häls über das Pferd abstürtzte, es mogte aber wenig erklecken.

Einsmals warb mein Obrist Leutenant commandiret, eine Cavalcaba mit einer starcken Parthey in Westphalen zuthun, und wäre er damals so starck an Reutern gewesen, als ich an Läusen, so hätte er die gantze Welt erschröckt, weil solches aber nicht war, muste er behutsam gehen, auch solcher Ursachen halber sich in der Gemmer Marck (das ist ein so genanter Wald zwischen Ham und Soest) heimlich [233] halten; Damals war es mit den Meinigen auffs höchste kommen, sie quäleten mich so hart mit Miniren, daß ich sorgte, sie mögten sich gar zwischen Fell und Fleisch hinein logiren. Kein Wunder ist es, daß die Brasilianer ihre Läuse auß Zorn und Rachgier fressen, weil sie einen so drängen! Einmal, ich getraute meine Pein nicht länger zugedulden, sondern ging als theils Reuter fütterten, theils schlieffen, und theils Schildwacht hielten, einwenig beyseits unter einen Baum, meinen Feinden eine Schlacht zuliefern, zu solchem Ende zog ich den Harnisch auß, unangesehen andere denselben anziehen, wan sie fechten wollen, und fing ein solches Würgen und Morden an, daß mir gleich beyde Schwerter an den Daumen von Blut troffen, und voller toden Córper, oder vielmehr Bälge hingen, welche ich aber nicht umbringen mogte, die verwieß ich ins Elend, und ließ sie unter dem Baum herum spatziren. Soofft mir diese Rencontre zu Gedächtnus komt, beist mich die Haut noch allenthalben, natürlich als ob ich noch mitten in der Schlacht begriffen wäre. Ich dachte zwar, ich solte nicht so wider mein eigen Geblüt wüten, vornemlich wider so getreue Diener, die sich mit einem hängen und rabbrechen liessen, und auff deren Menge ich offt im freyen Feld auff harter Erde sanfft gelegen wäre; Aber ich fuhr doch in meiner Tyranney so unbarmhertzig fort, daß ich auch nicht gewar ward, wie die Käiserl. meinen Obristen Leutenant chargirten, biß sie endlich auch an mich kamen, die arme Läus entsätzten, und mich selbst gefangen namen, dan diese scheueten meine Mannheit gar nicht, vermittelst deren ich kurtz zuvor viel tausent [234] erlegt, und den Titul eines Schneiders (sieben auff einen Streich) überstiegen hatte. Mich kriegte ein Dragoner, und die beste Beute die er von mir hatte, war meines Obristen Leutenants Küris, welchen er zu Soest, da er im Quartier lag, dem Commandanten zimlich wol verkauffte. Also ward er im Krieg mein sechster Herr, weil ich sein Jung seyn muste.

Das XXIX. Capitel.
Wie es einem frommen Soldaten im Parabeiß so wol erging, eh er starb, und wie nach dessen Tod der Jäger an seine Stelle getreten.

Unsere Wirthin, wolte sie nicht, daß ich sie und ihr gantzes Hauß mit meinen Völckern besetzte, so muste sie mich auch davon entlebigen; sie machte ihnen den Proceß kurtz und gut, steckte meine Lumpen in Backofen, und brante sie so sauber auß wie eine alte Tabackpfeiffe, also da ich wieder biß Ungeziefers halber wie in einem Rosengarten lebte, ja es kan niemand glauben, wie mir sowol, da ich auß dieser Qual war, in welcher ich etliche Monat wie in einem Ameißhauffen gesessen; Hingegen hatte ich gleich ein ander Creutz auff dem Hals, weil mein Herr einer von denjenigen Soldaten war, die in Himmel zukommen getrauen, er ließ sich glatt an seinem Sold genügen, und betrübte im übrigen kein Kind, seine gantze Prosperität bestund in dem, was er mit Wachen verdienete, und von seiner wochentlichen Lehnung erkargete, solches wiewol es wenig war, hub er höher auff, als mancher die Orientalische Perlen, einenjeden Blomeuser nähete er in seine Kleider, und damit er deren einzige in Vorrath kriegen mögte, [235] muste ich und sein armes Pferd daran sparen helffen, davon kams, daß ich den treugen Pumpernickel gewaltig beissen, und mich mit Wasser, oder wans wolging, mit dinn Bier behelffen muste, welches mir eine abgeschmackte Sache war, massen mir meine Keele von dem schwartzen truckenen Brot gantz rauh, und mein gantzer Leib gantz mager ward; wolte ich aber besser fressen, so mogte ich stelen, aber mit außdrücklicher Bescheidenheit, daß er nichts davon inwürde: Seinet halben hätte man weder Galgen, Esel, Hencker, Steckenknechte noch Feldscherer bedörfft, auch keine Marquetender noch Trommelschlager, die den Zapffenstreich gethan hätten, dan sein gantzes Thun war fern von Fressen, Sauffen, Spielen und allen Duellen, wan er aber irgends hin auff Convoy, Partey, oder sonst einen Anschlag commandiret ward, so schlenderte er mit dahin, wie ein alt Weib am Stecken. Ich glaube auch gäntzlich, wan dieser gute Dragoner solche heroische Soldaten-Tugenden nicht an sich gehabt, daß er mich auch nicht gefangen bekommen hätte, dan er wäre ja meinem Obrist Leutenant nachgerennt. Ich hatte mich keines Kleides bey ihm zugetrösten, weil er selbst über und über zerflickt daher ging, gleichsam wie mein Einsidel; So war sein Sattel und Zeug auch kaum drey Batzen werth, und das Pferd von Hunger so hinfällig, daß sich weder Schwede noch Hesse vor seinem bauerhafften Nachjagen zuförchten hatte.

Solches alles bewegte seinen Hauptmann, ihn ins Paradeiß, ein so genantes Frauen-Closter, auff Salvaguardi zulegen, nicht zwar, als wäre er viel [236] nutz darzu gewesen, sondern damit er sich begrasen, und wieder mondiren solte, vornemlich aber auch, weil die Nonnen um einen frommen, gewissenhafften und stillen Kerl gebeten hatten. Also ritt er dahin, und ich ging mit, weil er leider nur ein Pferd hatte: Botz Glück Simbrecht, (dan er konte den Namen Simplicius nicht behalten) sagte er unterwegs, kommen wir in das Paradeis, wie wollen wir fressen! Ich antwortete, der Name ist ein gut Omen, Gott gebe daß der Ort auch so beschaffen sey; Freylich, sagte er, (dan er verstand mich nicht recht) wan wir alle Tage zwey Ohmen von dem besten Bier sauffen könten, so wirds uns nicht abgeschlagen, halt dich nur wol, ich will mir jetzt bald einen braven neuen Mantel machen lassen, alsdan hast du den Alten, das gibet dir noch einen guten Rock. Er nante ihn recht den Alten, dan ich glaube, daß ihm die Schlacht vor Pavia noch gedachte, so gar Wetterfärbig und abgeschaben sahe er auß, also daß er mich wenig damit erfreuete.

Das Paradeis fanden wir, wie wirs begehrten, und noch darüber, anstat der Engel, schöne Jungfern darin, welche uns mit Speise und Tranck also tractirten, daß ich in Kürtze wieder einen glatten Balg bekam, dan da satzte es das fetteste Bier, die beste Westphälische Schincken und Knackwürste, wolgeschmack und sehr delicat Rindfleisch, das man auß dem Saltzwasser kochte, und kalt zuessen pflegte; da lernete ich das schwartze Brot Fingers dick mit gesaltzener Butter schmieren, und mit Käß belegen, damit es desto besser rutschte, und wan ich so über einen Hammelskolben kam, der mit Knoblauch gespickt [237] war, und eine gute Kanne Bier darneben stehen hatte, so erquickte ich Leib und Seele, und vergaß all meines außgestandenen Leydes. Kurtzab, diß Paradeiß schlug mir sowol zu, als ob es das rechte gewesen wäre; kein ander Anligen hatte ich, als daß ich wuste, daß es nicht ewig wären würde, und daß ich so zerlumpt daher gehen muste.

Aber gleichwie mich das Unglück Hauffenweiß überfiel, da es anfing mich hiebevor zureuten, also beduncte mich auch jetzt, das Glück wolte es wieder Wett spielen: Dan als mich mein Herr nach Soest schickte, seine Bagage vollends zuholen, fand ich unterwegs einen Pack, und in demselben etliche Ehlen Scharlach zu einem Mantel, samt rothem Sammet zum Futter, das nam ich mit, und verdauschte es zu Soest mit einem Tuch=Händler, um gemein grün wüllen Tuch zu einem Kleid, samt der Außstaffirung, mit dem Geding, daß er mir solches Kleid auch machen lassen, und noch darzu einen neuen Hut auffgeben solte; und demnach mir nur noch ein paar neuer Schuhe und ein Hemb abging, gab ich dem Krämer die silberne Knöpffe und Galaunen auch, die zu dem Mantel gehörten, wovor er mir dan schaffte was ich noch brauchte, und mich also Nagelneu herauß butzte. Also kehrete ich wieder ins Paradeis zu meinem Herrn, welcher gewaltig kollerte, daß ich ihm den Fund nicht gebracht hatte, ja er sagte mir vom Brügeln, und hätte ein geringes genommen (wan er sich nicht geschämt, und ihm das Kleid gerecht gewesen wäre) mich außzuziehen, und das Kleid selbst zutragen, wiewol ich mir eingebildet, gar wol gehandelt zuhaben. [238]

Indessen muste sich der karge Filtz schämen, daß sein Junge besser gekleidet war als er selbsten, derowegen ritt er nach Soest, borgte Geld von seinem Hauptmann, und mondirte sich damit auffs beste, mit Versprechen, solches von seinen wochentlichen Salvaguardi Geldern wieder zuerstatten, welches er auch fleissig thät, er hätte zwar selbsten noch wol so viel Mittel gehabt, er war aber viel zu schlau sich anzugreiffen, dan hätte ers gethan, so wäre ihm die Bernhaut entgangen, auff welcher er denselbigen Winter im Paradeis ligen konte, und wäre ein ander nackender Kerl an seine stat gesetzt worden, mit der Weise aber muste ihn der Hauptmann wol ligen lassen, wolte er anders sein außgeliehen Geld wieder haben. Von dieser Zeit an hatten wir das allerfäulste Leben von der Welt, in welchem Keglen unsre allergröste Arbeit war, wan ich meines Dragoners Klepper gestriegelt, gefüttert und getränckt hatte, so trieb ich das Junckern-Handwerck, und lustwandelte; Das Closter war auch von den Hessen unserm Gegentheil, von der Lippstat auß, mit einem Mußquetier salvaguardirt, derselbe war seines Handwercks ein Kürschner, und dahero nicht allein ein Meister-Sänger, sondern auch ein trefflicher Fechter, und damit er seine Kunst nicht vergässe, übte er sich täglich mit mir vor die lange Weile in allen Gewehren, wovon ich so fix ward, daß ich mich nicht scheuete ihm Bescheid zuthun wan er wolte; mein Dragoner aber kegelte anstat deß Fechtens mit ihm, und zwar um nichts anders, als wer über Tisch das meiste Bier außsauffen muste, damit ging einesjeden Verlust übers Closter. [239]

Das Stifft vermogte eine eigne Wildbahne, und hielt dahero auch einen eigenen Jäger, und weil ich auch grün gekleidet war, gesellete ich mich zu ihm, und lernete ihm denselben Herbst und Winter alle seine Künste ab, sonderlich was das kleine Waidwerck angelanget. Solcher Ursachen halber, und weil der Name Simplicius etwas ungewöhnlich, und den gemeinen Leuten vergeßlich, oder sonst schwer außzusprechen war, nante mich jederman dat Jäjerken; darbey wurden mir alle Wege und Stege bekant, welches ich mir hernach trefflich zunutz machte. Wän ich aber wegen üblen Wetters in Wäldern und Feldern nicht herum konte schwermen, so laß ich allerhand Bücher, die mir deß Closters Verwalter liehe. So bald aber die Adeliche Closterfrauen gewahr wurden, daß ich neben meiner guten Stimme auch auff der Laute, und etwas wenigs auff dem Instrument schlagen konte, ermassen sie auch mein Thun desto genauer, und weil eine zimliche Leibs=Proportion und schönes Angesicht darzu kam, hielten sie alle meine Sitten, Wesen, Thun und Lassen vor Adelich, dergestalt nun muste ich unversehens ein sehr beliebter Juncker seyn, über welchem man sich verwunderte, daß er sich bey einem so liederlichen Dragoner behülffe.

Als ich nun solcher gestalt denselben Winter in aller Wollust hingebracht hatte, ward mein Herr abgelöst, welches ihm auff das gute Leben so andthät, daß er darüber erkranckte, und weil auch ein starckes Fieber dazu schlug, zumalen auch die alte Mucken, die er sein Lebtag im Krieg auffgefangen, darzu kamen, machte ers kurtz, allermassen ich in drey Wochen [240] hernach etwas zubegraben hatte, ich machte ihm diese Grabschrifft:

Der Schmalhans liget hier, ein dapfferer Soldat,
Der all sein Lebetag kein Blut vergossen hat.

Von Rechts und Gewonheit wegen hätte der Hauptmann Pferd und Gewehr, der Führer aber die übrige Verlassenschafft zu sich nehmen und erben sollen, weil ich aber damals ein frischer auffgeschossener Jüngling war, und Hoffnung gab, ich würde mit der Zeit meinen Mann nicht fürchten, ward mir alles zuüberlassen angeboten, wan ich mich an stat meines verstorbenen Herrn unterhalten lassen wolte; ich nams um soviel desto lieber an, weil mir bekant, daß mein Herr in seinen alten Hosen eine zimliche Anzahl Ducaten eingenähet, verlassen, an welchen er sein Lebtag zusammen gekratzt hatte, und als ich zu solchem Ende meinen Namen, nemlich Simplicius Simplicissimus angab, der Musterschreiber (welcher Cyriacus genant war) solchen aber nicht orthographicè schreiben konte, sagte er: Es ist kein Teufel in der Hölle, der also heist; und weil ich ihn hierauff geschwind fragte, ob dan einer in der Hölle wäre, der Cyriacus hiesse? er aber nichts zuantworten wuste, obschon er sich klug zuseyn dünckte, gefiel solches meinem Hauptman sowol, daß er gleich im Anfang viel von mir hielt.

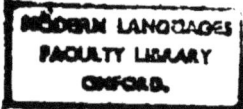

Das XXX. Capitel.
Wie sich der Jäger angelassen, als er anfing das Soldaten=
Handwerck zutreiben, darauß ein junger Soldat etwas
zulernen. [241]

Weil dem Commandanten in Soest ein Kerl im Stall mangelte, wie ich ihn einer zusehn gedünckte, sahe er nicht gern, daß ich ein Soldat worden war, sondern unterstund sich, mich noch zubekommen, massen er meine Jugend vorwandte, und mich vor keinen Mann passiren lassen wolte; und als er solches meinem Herrn vorhielt, schickte er auch nach mir, und sagte: Hör Jägergen, du solt mein Diener werden; Ich fragte, was dan meine Verrichtungen seyn solten? Er antwortete, du solst meiner Pferde helffen warten; Herr, sagte ich, wir sind nicht voreinander, ich hätte lieber einen Herrn, in dessen Diensten die Pferde auff mich warten, weil ich aber keinen solchen werde haben können, will ich ein Soldat bleiben; Er sagte, dein Bart ist noch viel zuklein! O Nein, sagte ich, ich getraue einen Mann zubestehen der achtzig Jahre alt ist, der Bart schlägt keinen Mann, sonst würden die Böcke hoch æstimiret werden; Er sagte, wan die Courage so gut ist, als das Maul=Leder, so wil ich dich noch passiren lassen; Ich antwortete, das kan in der nächsten Occasion probirt werden, und gab damit zuverstehen, daß ich mich vor keinen Stallknecht wolte gebrauchen lassen. Also ließ er mich bleiben der ich war, und sagte, das Werck würde den Meister loben.

Hierauff wischte ich hinter meines Dragoners alte Hosen her, und nachdem ich dieselbe anatomirt hatte, schaffte ich mir auß deren Eingeweid noch ein gut Sol=daten=Pferd, und das beste Gewehr so ich kriegen konte, das muste mir alles glänzen wie ein Spiegel: Ich ließ mich wieder von neuem grün kleiden, weil mir der Name Jäger sehr beliebete, mein [242] altes Kleid aber gab ich meinem Jungen, weil mirs zuklein worden, also ritt ich selb ander daher wie ein junger Edelmann, und dünckte mich fürwar keine Sau zusehn; Ich war so kühn, meinen Hut mit einem dollen Federbusch zuzieren wie ein Officier, dahero bekam ich bald Neider und Mißgönner, zwischen

denselben und mir satzte es zimlich empfindliche Worte,
und endlich gar Ohrfeigen: Ich hatte aber kaum einem
oder dreyen gewiesen, was ich im Paradeis vom Kürsch=
ner gelernet hatte, da ließ mich nicht allein jederman zu=
frieden, sondern es suchte auch einjeglicher meine Freund=
schafft. Darneben ließ ich mich beydes zu Roß und Fuß
auffs Partey gehen gebrauchen, dan ich war wol beritten,
und schneller auff den Füssen als einer meines gleichen,
und wan es etwas mit dem Feind zuthun gab, warff ich
mich herfür, wie das Böse in einer Wanne, und wolte
allzeit vorn bran seyn, davon ward ich in kurtzer Zeit
bey Freunden und Feinden bekant, und so berühmt, daß
beyde Theile viel von mir hielten, allermassen mir die
gefährlichste Anschläge zuverrichten, und zu solchem Ende
gantze Parteyen zucommandiren anvertraut wurden, da
fing ich an zuzugreiffen wie ein Böhme, und wan ich
etwas namhafftes erschnappte, gab ich meinen Officierern
so reich Part davon, daß ich selbig Handwerck auch an
verbotenen Orten treiben dorffte, weil mir überall durch=
geholffen ward. Der General Graf von Götz hatte in
Westphalen drey feindliche Guarnisonen übrig gelassen, nem=
lich zu Dorsten, Lippstat und Coeßfeld, denen war ich
gewaltig molest, dan ich lag ihnen mit geringen Par=
theyen bald hier bald dort schier täglich vor den [243]
Thoren, und erhaschte manche gute Beute, und weil ich
überall glücklich durch kam, hielten die Leute von mir, ich
könte mich unsichtbar machen, und wäre so vest wie Eisen
und Stahl, davon ward ich geförchtet wie die Pestilentz,
und schämten sich 30. Mann vom Gegentheil nicht, vor
mir durchzugehen, wan sie mich nur mit 15. in der Nähe
wusten. Zuletzt kam es dahin, wo nur ein Ort in Con=
tribution zusetzen war, daß ich solches alles verrichten
muste, davon ward mein Beutel so groß als mein Name,
meine Officierer und Cameraden liebten ihren Jäger, die
vornehmste Parteygänger vom Gegentheil entsatzten sich,
und den Landmann hielt ich durch Forcht und Liebe auff
meiner Seiten, dan ich wuste meine Widerwärtige zu=
straffen, und die so mir nur den geringsten Dienst thäten,
reichlich zubelohnen, allermassen ich beynahe die Helffte

meiner Beuten wieder verspendirte, und auff Kundschafften außlegte. Solcher Ursachen halber ging keine Partey, keine Convoy, noch keine Ráis auß deß Gegentheils Posten, deren Außfahrt mir nicht zuwissen gethan ward, alsdan conjecturirte ich ihr Vorhaben, und machte meine Anschläge darauff, und weil ich solchen mehrentheils durch Beystand deß Glücks wol ins Werck satzte, verwunderte sich jedweder über meine Jugend, so gar, daß mich auch viel Officirer und wackerer Soldaten vom Gegentheil nur zusehen wün= scheten, darneben erzeigte ich mich gegen meine Gefangenen überauß discret, also daß sie mich offt mehr kosteten, als meine Beuten werth waren, und wan ich einem vom Gegentheil, sonderlich den Officierern, obschon ich sie nicht kante, ohn Verletzung meiner Pflicht und Herrndienste eine Courtoisie thun konte, unterließ ichs nicht. [244]

Durch solch mein Verhalten wäre ich zeitlich zu Officien befördert worden, wan meine Jugend es nit ver= hindert hätte, dan welcher in solchem Alter als ich trug, ein Fähnlein haben wolte, muste ein guter von Adel seyn, zudem konte mich mein Hauptmann nicht befördern, weil keine ledige Stellen bey seiner Compagni waren, und kei= nem andern mogte er mich gönnen, weil er an mir mehr als eine melckende Kuhe verloren hätte, doch ward ich ein Gefreyter. Diese Ehre, daß ich alten Soldaten vor= zogen ward, wiewol es eine geringe Sache war, und das Lob, das man mir täglich verliehe, waren gleichsam wie Sporn, die mich zu höhern Dingen antrieben: Ich specu= lirte Tag und Nacht, wie ich etwas anstellen mögte, mich noch grösser zumachen, ja ich konte vor solchem närrischen Nachsinnen offt nicht schlaffen: Und weil ich sahe, daß es mir an Gelegenheit manglete, im Werck zuerweisen, was ich vor einen Muth trüge, bekümmerte ich mich, daß ich nicht täglich Gelegenheit haben solte, mich mit dem Ge= gentheil in Waffen zuüben, ich wünschte mir offt den Tro= janischen Krieg, oder eine Belägerung wie zu Ostende, und ich Narr gedachte nicht, daß der Krug so lang zum Brunnen gehet, biß er einmal zerbricht. Es gehet aber nicht anders, wan ein junger unbesonnener Soldat Geld, Glück und Courage hat, dan da folget Ubermuth und

Hoffart, und auß solcher Hoffart hielt ich anstat eines
Jungen zween Knechte, die ich trefflich herauß staffirte,
und beritten machte, womit ich mir aller Officierer Neid
auffbürdete.

[245] **Das XXXI. Capitel.**
Wie der Teuffel dem Pfaffen seinen Speck gestolen, und sich der
Jäger selbst fängt.

JCh muß ein Stücklein oder etliche erzehlen, die mir
hin und wieder begegnet, eh ich wieder von meinen
Dragonern kam, und obschon sie nicht von importanz
seyn, sind sie doch lustig zuhören, dan ich nam nicht allein
grosse Dinge vor, sondern verschmähete auch die geringe
nicht, wan ich nur muthmassete, daß ich Ruhm bey den
Leuten dadurch erwecken mögte. Mein Hauptmann ward
mit etlich und fünfftzig Mann zu Fuß in das Vest von
Recklinckhusen commandirt, einen Anschlag daselbst zuverrichten, und weil wir gedachten, wir würden, eh wir solchen ins Werck setzen könten, einen Tag oder etliche uns
in den Büschen heimlich halten müssen, nam jeder auff
acht Tage Proviant zu sich, demnach aber die reiche Cara-
vana, deren wir auffpaßten, die bestimte Zeit nicht ankam,
ging uns das Brot auff, welches wir nicht rauben dorfften, wir hätten uns dan selbst verrathen, und unser Vorhaben zu nichts werden lassen wollen, dahero uns der
Hunger gewaltig preßte, so hatte ich auch diß Orts keine
Kunden, wie anderswo, die mir und den Meinigen etwas
heimlich zutrugen, derowegen musten wir, Fütterung zubekommen, auff andere Mittel bedacht seyn, wan wir anders
nicht wieder lär heim wolten; Mein Camerad, ein Latinischer Handwercks-Gesell, der erst kürtzlich auß der Schule
entloffen, und sich unterhalten lassen, seufftzete vergeblich
nach den Gersten-Suppen, die ihm hiebevor seine Eltern
zum besten verordnet, er aber verschmähet und verlassen
hatte, [246] und als er so an seine vorige Speisen gedachte, erinnerte er sich auch seines Schulsacks, bey welchem er solche genossen: Ach Bruder, sagte er zu mir, ists
nicht eine Schande, daß ich nicht soviel Künste erstudirt
haben sol, vermittelst deren ich mich jetzund füttern könte,

Bruder, ich weiß revera, wan ich nur zum Pfaffen in jenes Dorff gehen dörffte, daß es ein trefflich Convivium bey ihm setzen solte; Ich überlieff diese Worte einwenig, und ermaß unsern Zustand, und weil diejenige so Wege und Stege wusten, nicht hinauß dörfften, dan sie wären sonst erkant worden, die Unbekante aber keine Gelegenheit wusten, etwas heimlich zustehlen oder zukauffen, als machte ich meinen Anschlag auff unsern Studenten, und hielt die Sache dem Hauptman vor, wiewol nun dasselbige Gefahr auff sich hatte, so war doch sein Vertrauen so gut zu mir, und unsere Sache so schlecht bestellet, daß er darein willigte.

Ich verwechselte meine Kleider mit einem andern, und zottelte mit meinem Studenten besagtem Dorff zu, durch einen weiten Umschweiff, wiewol es nur eine halbe Stunde von uns lag, in demselben erkanten wir das nächste Hauß bey der Kirche vor deß Pfarrers Wohnung, weil es auff Stättisch gebauet war, und an einer Maur stund, die um den gantzen Pfarrhof ging: Ich hatte meinen Cameraden schon instruirt was er reden solte, dan er hatte sein abgeschaben Studenten=Kleidlein noch an, ich aber gab mich vor einen Mahler=Gesellen auß, dan ich gedachte, ich würde dieselbe Kunst im Dorff nicht üben dörffen, weil die Bauren nicht bald gemahlte Häuser haben. Der Geistliche Herr war höfflich, als ihm mein Ge=[247]sell eine tieffe Lateinische Reverenz gemachet, und einen Hauffen daher gelogen hatte, was gestalt ihn die Soldaten auff der Reise geplündert, und aller seiner Zehrung beraubt hätten, bott er ihm selbst ein Stück Butter und Brot, neben einem Trunck Bier an, ich aber stellete mich, als ob ich nicht zu ihm gehörte, und sagte, ich wolte im Wirthshauß etwas essen, und ihm alsdan ruffen, damit wir noch denselben Tag ein stück Wegs hinter sich legen könten: Also ging ich dem Wirthshauß zu, mehr außzuspehen was ich dieselbe Nacht holen wolte, als meinen Hunger zustillen, hatte auch das Glück, daß ich unterwegs einen Baur antraff, der seinen Backofen zukläibte, welcher grosse Pumpernickel darin hatte, die 24. Stunden da sitzen und außbacken solten. Ich machte es beym

Wirth kurtz, weil ich schon wuste wo Brot zubekommen war, kauffte etliche Stutten, (das ist ein so genantes weiß Brot) solche meinem Hauptmann zubringen, und da ich in Pfarr=Hof kam, meinen Cameraden zumahnen, daß er gehen solte, hatte er sich auch schon gekröpfft, und dem Pfarrer gesagt, daß ich ein Mahler sey, und in Holland zuwandern vorhabens wäre, meine Kunst daselbsten vollends zuperfectioniren; der Pfarrherr hiesse mich sehr willkommen seyn, und bat mich, mit ihm in die Kirche zugehen, da er mir etliche Stücke weisen wolte, die zu repariren wären: Damit ich nun das Spiel nicht verderbte, muste ich folgen: Er führete uns durch die Küchen, und als er das Nachtschloß an der starcken eichenen Thür auffmachte, die auff den Kirchhof ging, ô mirum! da sahe ich, daß der schwartze Himmel auch schwartz voller Lauten, Flöten und Geigen hing, ich [248] vermeyne aber die Schincken, Knack= würste, und Speckseiten, die sich im Kamin befanden; diese blickte ich trostmütig an, weil mich bedünckte, als ob sie mit mir lachten, und wünschte sie, aber vergeblich, meinen Cameraden in Wald, dan sie waren so hartnäckig, daß sie mir zu Trotz hangen blieben, da gedachte ich auff Mittel, wie ich sie obgedachtem Back=Ofen voll Brot zugesellen mögte, konte aber so leicht keines ersinnen, weil, wie obgemeldt, der Pfarrhof ummauret, und alle Fenster mit eisernen Gittern genugsam verwahret waren, so lagen auch zween ungeheure grosse Hunde im Hof, welche, wie ich sorgte, bey Nacht gewißlich nicht schlaffen würden, wan man dasjenige hätte stehlen wollen, daran ihnen auch zu Belohnung ihrer getreuen Hut zunagen gebühretete.

Wie wir nun in die Kirche kamen, von den Gemähl= den allerhand discurirten, und mir der Pfarrer etliche Stücke außzubessern verdingen wolte, ich aber allerhand Außflüchte suchete, und meine Wanderschafft vorwante, sagte der Meßner oder Glöckner: Du Kerl, ich sehe dich eh vor einen verloffenen Soldaten=Jungen an, als vor einen Mahler=Gesellen: Ich war solcher Reden nicht mehr gewohnt, und solte sie doch verschmertzen, doch schüttelte ich nur den Kopff einwenig, und antwortete ihm: O du Kerl, gib mir nur geschwind Bensel und Farben her, so will ich dir in Hutz einen Narrn daher gemahlt haben, wie du einer bist; Der Pfarrer machte ein Gelächter darauß, und sagte zu uns beyden, es gezieme sich nicht an einem so heiligen Ort einander waarzusagen; gab damit zuverstehen, daß er uns beyden [249] glaubte, ließ uns noch einen Trunck langen, und also dahin ziehen. Ich aber ließ mein Hertz bey den Knackwürsten.

Wir kamen noch vor Nacht zu unsern Gesellen, da ich meine Kleider und Gewehr wieder nam, dem Hauptmann meine Verrichtung erzehlete, und sechs gute Kerl außlase, die das Brot heim tragen solten helffen, wir kamen um Mitternacht ins Dorff, und huben in aller Stille das Brot auß dem Ofen, weil wir einen bey uns hatten, der die Hunde bannen konte, und da wir bey dem Pfarrhof vorüber wolten, konte ichs nicht übers Hertz bringen, ohn Speck weiters zupassirn; Ich stund einsmals stille, und betrachtete mit Fleiß, ob nicht in deß Pfaffen Küchen zukommen seyn mögte? sahe aber keinen andern Eingang als das Kamin, welches vor dißmal meine Thür seyn muste; Wir trugen Brot und Gewehr auff den Kirchhof ins Beinhauß, und brachten ein Laiter und Sail auß einer Scheur zuwege, und weil ich so gut als ein Schornsteinfeger in den Kamin auff= und absteigen konte, (als welches ich von Jugend auff in den holen Bäumen gelernet hatte) stieg ich selb ander auffs Dach, welches von holen Ziegeln doppelt belegt, und zu meinem Vorhaben sehr bequem gebauet war: Ich wickelte meine lange Haare über dem Kopff auff einen Büschel zusammen, ließ mich mit einem End deß Sails hinunter zu meinem geliebten Speck, und band einen Schincken nach dem andern, und eine Speckseite nach der andern an das Sail, welches der auff dem Dach fein ordentlich zum Dach hinauß fischete, und den Andern in das Beinhäußlein zutragen gab: Aber potz Unstern! [250] da ich allerdings Feyrabend gemacht hatte, und wieder über sich wolte, brach eine Stange mit mir, also daß der arme Simplicius herunter fiele, und der elende Jäger sich selbst, wie in einer Maußfalle gefangen befand: Meine Cameraden auff dem Dach liessen das Sail herunter, mich wieder hinauff zuziehen, aber es zerbrach, eh sie mich vom Boden brachten. Ich gedachte, nun Jäger, jetzt must du eine Hatze außstehen, in welcher dir selbst, wie dem Actäon, das Fell gewaltig zerrissen wird werden, dan der Pfarrer war von meinem Fall erwacht, und befahl seiner Köchin, alsbald ein Liecht anzuzünden: Sie kam im Hemd zu mir in die Küchen, hatte den Rock über der Achsel hangen, und stund so nahe neben mich, daß sich mich damit rührete; sie griff nach einem Brand, hielt das Liecht daran, und fing an zublasen, ich aber bließ viel stärcker zu, als sie selbsten, davon das gute Mensch so erschrack, daß sie Feur und Liecht fallen ließ, und sich zu ihrem Herrn retirirte; Also bekam ich Lufft, mich zu bedencken, durch was Mittel ich mir davon helffen mögte, es wolte mir aber nichts einfallen: Meine Cameraden gaben mir durchs Kamin herunter zuverstehen, daß sie das Hauß auffstossen, und mich mit Gewalt herauß nemen wolten, ich gabs ihnen aber nicht zu, sondern befahl, sie solten ihr Gewehr in acht nemen, und allein den Spring-ins-Feld oben bey dem Kamin lassen, und erwarten, ob ich ohn Lermen und Rumor davon kommen könte, damit unser Anschlag nicht zu Wasser würde, wofern aber solches nicht seyn mögte, solten sie alsdan ihr bestes thun; Interim schlug der Geistliche selbst ein Liecht an, sei-[251]ne Köchin aber erzehlete ihm, daß ein greulich Gespenst in der Küchen wäre, welches zween Köpffe hätte (dan sie hatte vielleicht meinen Büschel Haar auff dem Kopff gesehen, und auch vor einen Kopff gehalten) das hörete ich alles, machte mich derowegen mit meinen schmutzigen Händen, darin ich Asche, Ruß und Kohlen rieb, im Angesicht und an Händen so abscheulich, daß ich ohn Zweiffel keinem Engel mehr (wie hiebevor die Closter-Frauen im Paradeis sagten) gleich sahe; und der Meßner, wan ers gesehen, mich wol vor einen geschwinden Mahler hätte passiren lassen. Ich fing an in der Küchen schröcklich zupoldern, und allerley Küchen-Geschirr untereinander zuwerffen, der Kessel-Ring gerieth mir in die Händ, den hing ich an den Hals, den Feur-Hacken aber behielt ich in den Händen, mich damit auff den Nothfall zuwehren; Solches ließ sich aber der fromme

Pfaffe nicht irren, dan er kam mit seiner Köchin Processions=weis daher, welche zwey Wachsliechter in den Händen, und einen Weyhwasser=Kessel am Arm trug, er selbsten aber war mit dem Chor=Rock bewaffnet, samt den Stollen, und hatte den Sprengel in der einen, und ein Buch in der andern Hand, auß demselben fing er an mich zuexorciren, fragende: Wer ich sey, und was ich da zuschaffen hätte? Weil er mich dan nun vor den Teuffel selbst hielt, so gedachte ich, es wäre billich, daß ich auch wie der Teuffel thäte, daß ich mich mit Lügen behülffe, antwortete derowegen: Ich bin der Teuffel, und will dir und deiner Köchin die Hälse umbdrähen! Er fuhr mit seinem Exorcismo weiter fort, und hielt mir vor, daß ich weder mit ihm noch seiner Köchin nichts zu=[252] schaffen hätte, hieß mich auch mit der allerhöchsten Beschwörung wieder hinfahren, wo ich herkommen wäre; Ich aber antwortete mit gantz förchterlicher Stimme, daß solches unmüglich sey, wanschon ich gern wolte. Indessen hatte Spring=ins=feld, der ein abgefäumter Ertz=Vogel war, und kein Latin verstund, seine seltzame Tausend=händel auff dem Dach, dan da er hörete, um welche Zeit es in der Küche war, daß ich mich nemlich vor den Teuffel außgab, mich auch der Geistliche also hielt, wixte er wie eine Eule, bellete wie ein Hund, wiherte wie ein Pferd, plehcte wie ein Geißbock, schrie wie ein Esel, und ließ sich bald durch den Kamin herunter hören, wie ein Hauffen Katzen, die im Hornung rammeln; bald wie eine Henne die legen wolte, dan dieser Kerl konte aller Thiere Stimmen nachmachen, und wan er wolte, so natürlich heulen, als ob ein gantzer Hauffen Wölffe beyeinander gewesen wäre. Solches ängstigte den Pfarrer und seine Köchin auff das höchste, ich aber machte mir ein Gewissen, daß ich mich vor den Teuffel beschwören liesse, vor welchen er mich eigentlich hielt, weil er etwan gelesen oder gehöret hatte, daß sich der Teuffel gern in grünen Kleidern sehen lasse.

Mitten in solchen Aengsten, die uns beyderseits umgeben hatten, ward ich zu allem Glück gewahr, daß das Nacht=Schloß an der Thüre, die auff den Kirchhof ging,

nicht eingeschlagen, sondern der Rigel nur vorgeschoben
war: Ich schob denselben geschwind zurück, wischte zur
Thüre hinauß auff den Kirchhof (da ich dan meine Ge=
sellen mit auffgezogenen Hanen stehen fand,) und ließ den
Pfaffen [253] Teuffel beschwören, solang er immer wolte.
Und demnach Spring=ins=feld mir meinen Hut von dem
Dach gebracht, wir auch unsern Proviant auffgesackt hatten,
gingen wir zu unsrer Bursch, weil wir im Dorff nichts
mehr zuverrichten hatten, als daß wir die entlehnte Laiter
samt dem Sail wieder hätten heim liefern sollen.

 Die gantze Partey erquickte sich mit demjenigen das
wir gestolen hatten, und bekam doch kein einziger den
Klucksen davon, so gesegnete Leute waren wir! Auch hatten
alle über diese meine Farth genugsam zulachen, nur dem
Studenten wolte es nicht gefallen, daß ich den Pfaffen
bestolen, der ihm das Münckelspiel so grandig bestackt
hatte, ja er schwur auch hoch und theur, daß er ihm sei=
nen Speck gern bezahlen wolte, wan er die Mittel nur
bey der Hand hätte, und fraß doch nichts destoweniger
mit, als ob ers verdingt hätte. Also lagen wir noch
zween Tage an selbigem Ort, und erwarteten diejenige,
denen wir schon so lang auffgepaßt hatten, wir verloren
keinen einzigen Mann im Angriff, und bekamen doch über
dreissig Gefangene, und so herrliche Beuten, als ich jemals
theilen helffen: Ich hatte doppelt Part, weil ich das
beste gethan, das waren drey schöner Friesländischer
Hengst, mit Kauffmanns=Wahren beladen, was sie in Eyl
fort tragen mögten, und wan wir Zeit gehabt, die Beuten
recht zusuchen, und solche in Salvo zubringen, so wäre
jeder vor sein Theil reich genug worden, massen wir mehr
stehen lassen, als wir davon brachten, weil wir mit dem
was wir fort bringen konten, sich in schnellster Eile dumlen
musten, und zwar so reterirten wir uns [254] mehrer Sicher=
heit halber auff Rehnen, da wir fütterten, und die Beuten
theileten, weil unsers Volcks da lag. Daselbst gedachte
ich wieder an den Pfaffen, dem ich den Speck gestolen
hatte; der Leser mag dencken, was ich vor einen ver=
wegenen, freveln und ehrgeitzigen Kopff hatte, indem mirs
nicht genug war, daß ich den frommen Geistlichen be=

stolen, und so schröcklich geängstiget, sondern ich wolte noch Ehre davon haben; derowegen nam ich einen Sapphier, in einen goldenen Ring gefast, den ich auff selbiger Partey erschnappt hatte, und schickte ihn von Rehnen auß durch einen gewissen Boten meinem Pfarrer, mit folgendem Briefflein:

Wol=Ehrwürdiger, ꝛc. Wan ich dieser Tagen im Wald noch etwas von Speisen zuleben gehabt hätte, so hätte ich nicht Ursache gehabt, E. Wol=Ehrw. ihren Speck zustelen, worbey sie vermuthlich sehr erschröckt worden. Ich bezeuge beym Höchsten, daß sie solche Angst wider meinen Willen eingenommen, hoffe derowegen die Vergebung desto ehender: Was aber den Speck selbst anbelangt, so ists billich, daß selbiger bezahlt werde, schicke derohalben anstat der Bezahlung gegenwertigen Ring, den diejenige hergeben, um welcher willen die Wahre außgenommen werden müssen, mit Bitte, E. Wol=Ehrwürd. belieben damit vorlieb zunehmen; versichere darneben, daß dieselbe im übrigen auff alle Begebenheit einen dienstfertigen und getreuen Diener hat an dem, den dero Meßner vor keinen Mahler hält, welcher sonst genant wird

Der Jäger.

[255] Dem Bauren aber, welchem sie den Back=Ofen außgeläert hatten, schickte die Partey auß gemeiner Beute 16. Reichsthaler, dan ich hatte sie gelernet, daß sie solcher gestalt den Landmann auff ihre Seite bringen müssen, als welche einer Partey offt auß allen Nöthen helffen, oder hingegen eine andere verrathen, verkauffen, und um die Hälse bringen könten. Von Rehnen giengen wir auff Münster, und von dar auff Ham, und heim nach Soest in unser Quartier, allwo ich nach wenig Tagen eine Antwort von dem Pfaffen empfing, die also lautet:

Edler Jäger, ꝛc. Wan derjenige, dem ihr den Speck gestolen, hätte gewust, daß ihr ihm in teufflischer Gestalt erscheinen würdet, hätte er sich nicht so offt gewünscht, den Land=beruffenen Jäger auch zusehen: Gleichwie aber das geborgte Fleisch und Brot viel zutheur bezahlt wor=den, also ist auch der eingenommene Schrecken desto leichter zuverschmertzen, vornemlich weil er von einer so berühmten Person wider ihren Willen verursachet worden, deren hiemit allerdings verziehen wird, mit Bitte, dieselbe wolle ein andermal ohn Scheu zusprechen, bey dem der sich nicht scheuet, den Teuffel zubeschwören. Vale.

Also machte ichs aller Orten, und überkam dadurch einen grossen Ruff, und jemehr ich außgab und verspen=dirte, jemehr flossen mir Beuten zu, und bildete ich mir ein, daß ich diesen Ring, wiewol er bey 100. Reichsthaler werth war, gar wol angelegt hätte. Aber hiemit hat dieses andere Buch ein Ende.

[256] Das dritte Buch.
Einhalt deß III. Buchs.
1. Wie der Jäger zuweit auff die linde Hand gehet.
2. Der Jäger von Soest schafft den Jäger von Werle ab.
3. Der grosse Gott Jupiter wird gefangen, und eröffnet der Götter Rathschläge.
4. Von dem Teutschen Helden, der die gantze Welt bezwingen, und zwischen allen Völckern Friede stifften wird.
5. Wie er die Religionen miteinander vereinigen, und in ein Model giessen wird.
6. Was die Legation der Flöhe beym Jove verrichtet.
7. Der Jäger erjaget abermals Ehre und Beuten.
8. Wie er den Teuffel im Trog gefunden, Spring=ins=feld aber schöne Pferde erwischet.
9. Ein ungleicher Kampff, in welchem der Schwächste ob=sieget, und der Überwinder gefangen wird.
10. Der General Feld=Zeugmeister schencket dem Jäger das Leben, und macht ihm sonst gute Hoffnung.
11. Hält allerhand Sachen in sich, von geringer Wichtigkeit und grosser Einbildung.
12. Das Glück thut dem Jäger unversehens eine Adeliche Verehrung.

13. Simplicii seltzame Grillen und Lufftgebäu, auch wie er seinen Schatz verwahret.
14. Wie der Jäger vom Gegentheil gefangen wird.
15. Mit welchen Conditionibus der Jäger wieder loß worden.
16. Wie Simplicius ein Freyherr wird.
17. Womit der Jäger die sechs Monat hinzubringen gedencket, auch etwas von der Waarsagerin.
18. Wie der Jäger anfähet zubulen, und ein Handwerck darauß machet.
19. Durch was Mittel ihm der Jäger Freunde gemachet, und was vor Andacht er bey einer Predigt hatte.
20. Wie er dem treuhertzigen Pfarrer ander Werck an die [257] Kunckel legte, damit er sein Epicurisch Leben zu corrigiren vergesse.
21. Wie der Jäger unversehens zum Ehemann wird.
22. Wie es bey der Hochzeit ablieff, und was er weiter anzufangen sich vorgestellet.
23. Simplicius komt in eine Stat, die er nur zwar pro forma Cöln nennet, seinen Schatz abzuholen.
24. Der Jäger fänget einen Hasen mitten in einer Stat.

Das Erste Capitel.
Wie der Jäger zuweit auff die lincke Hand gehet.

Der günstige Leser wird in vorhergehendem Buch verstanden haben, wie ehrgeitzig ich in Soest worden, und daß ich Ehre, Ruhm und Gunst in Handlungen suchte und auch gefunden, die sonst bey andern wären Straffwürdig gewesen: Jetzt will ich erzehlen, wie ich mich meine Thorheit weiter verleiten lassen, und dadurch in stetiger Leib= und Lebensgefahr gelebet; Ich war (wie bereits erwehnet,) so beflissen Ehre und Ruhm zuerjagen, daß ich auch nicht davor schlaffen konte, und wan ich so Grillen hatte, und manche Nacht lag, neue Fündgen und List zuersinnen, hatte ich wunderliche Einfälle; daher erfand ich eine Gattung Schuhe, die man das hinderst zu vorderst anziehen konte, also daß die Absätze unter den Zähen stunden, deren liesse ich auff meinen Kosten bey dreissig unterschiedliche Paar machen, und wan ich solche unter meine Bursch außtheilete, und damit auff Partey ging, war unmüglich uns außzuspüren, dan wir trugen bald diese, und bald unsere rechte Schuhe an den Füssen, und hingegen die übrige im [257] Rantzen, und wan jemand an einen Ort kam, da ich die Schuhe verwechseln lassen, sahe es nicht anders in der Spure, als wan zwo Parteyen allda zusammen kommen, auch miteinander wieder verschwunden wären; behielt ich aber meine letzte Schuhe an, so sahe es, als ob ich erst hingangen wäre, wo ich schon gewesen, oder als ob ich von dem Ort her= käme, dahin ich erst ging: So waren ohn das meine Gänge, wan eine Spure, viel verwirrter als in einem Irrgarten, also, daß es denjenigen, die mich vermittelst der Spure hätten außkündigen, oder sonst nachjagen sollen, unmüglich gefallen wäre, mich zukriegen. Ich war offt allernächst bey denen vom Gegentheil, die mich in der Fern solten suchen, und noch öffters etliche Meilwegs von demjenigen Busch, den sie jetzt umstelleten und durch= streifften, mich darin zufangen, und gleichwie ichs machte mit den Parteyen zu Fuß, also thät ich ihm auch, wan ich zuPferd draussen war, dan das war mir nichts seltzams, daß ich an Scheid= und Creutzwegen unversehens absteigen, und den Pferden die Eisen das hinderst zu= vörderst auffschlagen ließ; Die gemeine Vörtel aber, die man brauchet, wan man schwach auff Partey ist, und doch vor starck auß der Spure judiciret, oder wan man starck ist, und doch vor schwach gehalten werden wil, waren mir so gemein, daß ich selbige zuerzehlen, nicht achte: Darneben erdachte ich ein Instrument, mit welchem ich bey Nacht, wan es Windstill war, eine Trompette auff drey Stundwegs von mir blasen, ein Pferd auf zwo Stunden schreyen, oder Hunde bellen, und auff eine Stunde weit die Menschen reden hören konte, welche Kunst ich sehr geheim hielt, und mir damit ein [259] Ansehen machte, weil es bey jederman unmüglich zusehn schien, bey Tag aber war mir besagtes Instrument, (welches ich gemeinig= lich neben einem Perspectiv im Hosensack trug) nicht soviel nutz, es wäre dan an einem einsamen stillen Ort gewesen, dan man muste von den Pferden und dem Rindvieh an, biß auff den geringsten Vogel in der Lufft, oder Frosch im Wasser alles hören, was sich in der gantzen Gegend nur regte, und eine Stimme von sich gab, welches dan nicht anderst lautete, als ob man sich (wie mitten auff einem Marckt) unter viel Menschen und Thieren befände, deren jedes sich hören läst, da man vor beß einen Geschrey den andern nicht verstehen kan.

Ich weiß zwar wol, daß auff diese Stunde Leute seyn, die mir dieses nicht glauben, aber sie mögen es glauben oder nicht, so ists doch die Warheit: Ich wil einen Menschen bey Nacht, der nur so laut redet als seine Gewonheit ist, an der Stimme durch ein solches Instrument erkennen, er sey gleich so weit von mir als ihn einer durch ein gut Perspectiv bey Tag an den Kleidern erkennen mag. Ich kan aber keinen verdencken, wan er mir nicht glaubet, was ich jetzund schreibe, dan es wolte mir keiner glauben von denjenigen, die mit ihren Augen sahen, als ich mehrbedeut Instrument gebrauchte, und ihnen sagte: Ich höre Reuter reiten, dan die Pferde seyn beschlagen; Ich höre Bauren kommen, dan die Pferde gehen barfuß; ich höre Fuhrleute, aber es sind nur Bauren, ich kenne sie an der Sprache; es kommen Mußquetierer, ungefähr soviel, dan ich höre es am Geklapper ihrer Bandelier; es ist ein Dorff um diese oder jene Ge=[260]gend, ich höre die Hanen krähen, Hunde bellen, ꝛc. dort gehet eine Herde Vieh, ich höre Schafe plehcken, Kühe schreyen, Schweine gruntzen, und so fortan: Meine eigene Cameraden hielten anfangs diese Reden vor Auffschneiderey, und als sie im Werck befanden, daß ich jederzeit waarsagte, muste alles Zauberey, und mir, was ich ihnen gesaget, vom Teuffel und seiner Mutter offenbaret worden seyn: Also, glaube ich, wird der günstige Leser auch gedencken. Nichts destoweniger bin ich dem Gegentheil hierdurch offtmals wunderlich entronnen, wan er Nachricht von mir kriegte, und mich auffzuheben kam; halte auch davor, wan ich diese Wissenschafft offenbaret hätte, daß sie seither sehr gemein worden wäre, weil sie denen im Krieg trefflich zustatten käme, sonderlich in Belagerungen: Ich schreite aber zu meiner Histori.

Wan ich nicht auff Partey dorffte, so ging ich sonst auß zustelen, und dan waren weder Pferde, Kühe, Schweine noch Schafe in den Stellen vor mir sicher, welche ich auff etliche Meilwegs holete; Rindviehe und Pferden wuste ich Stiffeln oder Schuhe anzulegen, biß ich sie auff eine gänge Straffe brachte, damit man sie nicht spüren konte, alsban schlug ich den Pferden die Eisen hinterst zuvörderst auff, oder wans Küh und Ochsen waren, thät ich ihnen Schuh an die ich darzu gemacht hatte, und brachte sie also in Sicherheit; die grosse fette Schweins=Personen, die Faulheit halber bey Nacht nicht raisen mögen, wuste ich auch meisterlich fort zubringen, wan sie schon gruntzten, und nicht dran wolten, ich machte ihnen mit Meel und Wasser einen wolgesaltzenen Brey, ließ solchen einen Ba=derschwamm in sich sauffen, an welchen [261] ich einen starcken Bindfaden gebunden hatte, ließ nachgehends die=jenige um welche ich löffelte, den Schwamm voll Muß fressen, und behielt die Schnur in der Hand, worauff sie ohn fernern Wortwechsel gedultig mitgingen, und mir die Zeche mit Schincken und Würsten bezahleten, und wan ich so was heimbrachte, theilte ich sowol den Officirern als meinen Cameraden getreulich mit, dahero dorffte ich ein andermal wieder hinauß, und da mein Diebstal verrathen oder außgekundschafftet ward, halffen sie mir hübsch durch: Im übrigen dunckte ich mich viel zugut darzu seyn, daß ich die Arme bestelen, oder Hüner fangen, und andere geringe Sachen hätte mausen sollen. Dahero fing ich an, nach und nach mit Fressen und Sauffen ein Epicurisch Leben zuführen, weil ich meines Einsidlers Lehre ver=gessen, und niemand hatte, der meine Jugend regirte, oder auff den ich sehen dorffte, dan meine Officierer machten selbst mit, wan sie bey mir schmarotzten, und die mich hätten straffen und abmahnen sollen, reitzten mich vielmehr zu allen Lastern, davon ward ich endlich so gottloß und verrucht, daß mir kein Schelmstück, solches zube=gehen, zu groß war. Zuletzt ward ich auch heimlich ge=neidet, zumal von meinen Cameraden, daß ich eine glück=lichere Hand zustelen hatte, als ein anderer; von meinen Officierern aber, daß ich mich so doll hielt, glücklich auff Parteyen handelte, und mir einen grössern Namen und Ansehen machte, als sie selbst hatten. Ich halte auch gäntzlich davor, daß mich ein oder ander Theil zeitlich auffgeopffert hätte, wann ich nicht so spendiret hätte. [262]

Das II. Capitel.
Der Jäger von Soest schafft den Jäger von Werle ab.

Als ich nun so fort hausete, und im Werck begriffen war, mir einzige Teuffels=Larven und darzu gehörige schröckliche Kleidungen mit Roß= und Ochsenfüssen machen zulassen, vermittelst deren ich die Feinde erschrecken, zumal auch den Freunden als unerkant das Ihrige zunehmen, darzu mir dan die Begebenheit mit dem Speck=stehlen Anlaß gab, bekam ich Zeitung, daß ein Kerl sich in Werle auffhielte, welcher ein trefflicher Parteygänger sey, sich grün kleiden lassen, und hin und her auff dem Land, sonderlich aber bey unsern Contribuenten, unter meinem Namen mit Weiberschänden und Plünderungen allerhand Exorbitantien verübe, massen dahero greuliche Klagen auff mich einkamen, dergestalt, daß ich übel eingebüst hätte, da ich nicht außdrücklich dargethan, daß ich in denjenigen Zeiten, da er ein und ander Stücklein auff mich verrichtet, mich anderswo befunden. Solches gedachte ich ihm nicht zuschencken, vielweniger zuleiden, daß er sich länger meines Namens bedienen, unter meiner Gestalt Beuten machen, und mich dadurch so schänden solte. Ich ließ ihn mit Wissen deß Commandanten in Soest auff einen Degen oder paar Pistolen ins freye Feld zu Gast laden, nachdem er aber das Hertz nicht hatte zuerscheinen, ließ ich mich vernehmen, daß ich mich an ihm revangiren wolte, und solte es zu Werle in desselbigen Commandanten Schoes geschehen, als der ihn nicht drum straffe: Ja ich sagte offentlich, daß, so ich ihn auff Partey erdappte, er als ein Feind von mir tractirt werden solte! Das machte, daß ich [263] meine Larven ligen ließ, mit denen ich ein grosses anzustellen vor hatte, sondern auch mein gantz grünes Kleid in kleine Stücken zerhackte, und in Soest vor meinem Quartier offentlich verbrante, unangesehen allein meine Kleider, ohn Federn und Pferdgezeug, über die 100. Ducaten werth ware; ja ich fluchte in solcher Wuth noch drüber hin, daß der nächste, der mich mehr einen Jäger nenne, entweder mich ermorden, oder von meinen Händen sterben müsse, und solte es auch meinen Hals kosten! Wolte auch keine Partey mehr führen (so ich ohn das nicht schuldig, weil ich noch kein Officier war) ich hätte mich dan zuvor an meinem Widerpart zu Werle gerochen. Also hielt ich mich ein, und thät nichts Soldatisches mehr, als daß ich meine Wacht versahe, ich wäre dan absonderlich irgends hin commandiret worden, welches jedoch alles wie ein anderer Bernheuter, sehr schläfferig verrichtete. Diß erscholl gar bald in der Nachbarschafft, und wurden die Parteyen vom Gegentheil so kühn und sicher davon, daß sie schier täglich vor unsern Schlagbäumen lagen, so ich in die Länge auch nicht ertragen konte. Was mir aber gar zu unleidlich fiel, war, daß der Jäger von Werle noch immerzu fortfuhr, sich vor mich außzugeben, und zimliche Beute zumachen.

Indessen nun, als jederman vermeynete, ich hätte mich auff eine Bernhaut schlaffen gelegt, von deren ich so bald nicht wieder auffstehen würde, kündigte ich meines Gegentheils von Werle Thun und Lassen auß, und befand, daß er mir nicht nur mit dem Namen und in den Kleidern nachäffte, sondern auch bey Nacht heimlich zustehlen pflegte, wan er etwas [264] erhaschen konte, derhalben erwachte ich wieder unversehens, und machte meinen Anschlag darauff: Meine beyden Knechte hatte ich nach und nach abgerichtet wie die Wachtelhunde, so waren sie mir auch dermassen getreu, daß jeder auff den Nothfall für mich durch ein Feur geloffen wäre, weil sie ihr gut Fressen und Sauffen bey mir hatten, und treffliche Beuten machten: Deren schickte ich einen nach Werle zu meinem Gegentheil, der wante vor, weil ich, als sein gewesener Herr, nunmehr anfinge zuleben wie ein ander Coujon, und verschworen hätte, nimmermehr auff Partey zugehen, so hätte er nicht mehr bey mir bleiben mögen, sondern sey kommen ihm zudienen, weil er anstat seines Herrn ein Jägerkleid angenommen, und sich wie ein rechtschaffener Soldat gebrauchen lasse; er wisse alle Wege und Stege im Lande und könte ihm manchen Anschlag geben, gute Beuten zumachen, ꝛc. Mein guter einfältiger Narr glaubte meinem Knecht, und ließ sich bereden, daß er ihn annam, und auff eine bestimte Nacht mit seinem Cameraden und ihm auf eine Schäferey ging, etliche fette Hämmel zuholen, da ich und Spring=ins=feld mit meinem andern Knecht schon auffpaßten, und den Schäfer bestochen hatten, daß er seine Hunde anbinden, und die Ankömlinge in die Scheure unverhindert miniren lassen solte, so wolte ich ihnen das Hamelfleisch schon gesegnen. Da sie nun ein Loch durch die Wand gemachet hatten, wolte der Jäger von Werle haben, mein Knecht solte gleich zum ersten hinein schlieffen; Er aber sagte Nein, es mögte jemand darin auffpassen, und mir eins vorn Kopff geben, ich sehe wol, daß ihr nicht recht mausen könnet, [265] man muß zuvor visitiren; zog darauff seinen Degen auß, und hing seinen Hut an die Spitze, stieß ihn also etlichemal durchs Loch, und sagte, so muß man zuvor sehen, ob Bläsy zu Hauß sey oder nicht? Als solches geschehen, war der Jäger von Werle selbst der erste so hinein kroch; Aber Spring=ins= Feld erwischte ihn gleich beym Arm, darin er seinen Degen hatte, und fragte ihn, ob er Quartier wolte? Das hörete sein Geselle, und wolte durchgehen, weil ich aber nicht wuste, welches der Jäger, und geschwinder als dieser auff den Füssen war, eylete ich ihm nach, und erdappte ihn in wenig Sprüngen; Ich fragte, was Volcks? Er ant= wortete, Käiserisch; Ich fragte, was Regiments? Ich bin auch Käiserisch, ein Schelm der seinen Herrn verleugnet! Jener antwortete, wir seyn von den Dragonern auß Soest, und kommen ein par Hämel zuholen, Bruder ich hoffe, wan ihr auch Käiserisch seyd, ihr werdet uns passiren lassen: Ich antwortete, wer seyd ihr dan auß Soest? jener antwortete, mein Camerad im Stall ist der Jäger; Schelmen seyd ihr! sagte ich, warum plündert ihr dan euer eigen Quartier? der Jäger von Soest ist so kein Narr, daß er sich in einem Schafstall fangen lässet: Ach von Werle wolt ich sagen, antwortete mir jener wiederum; und indem ich so disputirte, kam mein Knecht und Spring= ins=feld mit meinem Gegentheil auch daher; Sihe da, du ehrlicher Vogel, kommen wir hier zusammen? wan ich die Käiserliche Waffen, die du wider den Feind zutragen auffgenommen hast, nicht respectirte, so wolte ich dir gleich eine Kugel durch den Kopff jagen! Ich bin der Jäger von Soest biß dahero gewesen, und dich halte ich vor

[266] einen Schelmen, biß du einen von gegenwärtigen Degen zu dir nimmst, und den andern auff Soldaten Manier mir mir missest! Indem legte mein Knecht (der so wol als Spring=ins=Feld ein abscheuliches Teuffels=Kleid mit grossen Bockshörnern anhatte) uns zween gleiche Degen vor die Füsse, die ich mit auß Soest genommen hatte, und gab dem Jäger von Werle die Wahl, einen davon zunemen welchen er wolte; davon der arme Jäger so erschrack, daß es ihm ging wie mir zu Hanau, da ich den Tantz verderbte, dan er hofierte die Hosen so voll, daß schier niemand bey ihm bleiben konte, er und sein Camerad zitterten wie nasse Hunde, sie fielen nieder auff die Knye, und baten um Gnade! Aber Spring=ins=feld kollerte wie auß einem holen Hasen herauß, und sagte zum Jäger: Du must einmal rauffen, oder ich will dir den Hals brechen! Ach hochgeehrter Herr Teuffel, ich bin nicht rauffens halber herkommen, der Herr Teuffel übe=hebe mich dessen, so will ich hingegen thun was du wilt; In solchen verwirrten Reden gab ihm mein Knecht den einen Degen in die Hand, und mir den andern, er zitterte aber so sehr, daß er ihn nicht halten konte: Der Mond schien sehr hell, so daß der Schäfer und sein Gesinde alles auß ihrer Hütten sehen und hören konten, Ich ruffte demselben, herbey zukommen, damit ich einen Zeugen dieses Handels hätte, dieser als er kam, stellete sich, als ob er die zween in den Teuffels=Kleidern nicht sehe, und sagte, was ich mit diesen Kerlen lang in seiner Schäferey zu=zancken, wan ich etwas mit ihnen hätte, solte ichs an einem andern Ort außmachen, unsere Händel gingen ihn nichts an, er gebe monatlich [267] seine Konterbission, hoffte darum bey seiner Schäferey in Ruhe zuleben. Zu jenen zweyen aber sagte er, warum sie sich nur so von mir gehöyen liessen, und mich nicht nieder schlügen? Ich sagte, du Flegel, sie haben dir deine Schafe wollen stehlen; Der Baur antwortete, so wolte ich, daß sie mich und meine Schafe müsten im Hindern lecken, und ging damit hinweg. Hierauff drang ich wieder auff das Fechten, mein armer Jäger aber konte schier nicht mehr vor Forcht auff den Füssen stehen, also daß er mich baurete, ja er und

sein Camerad brachten so bewegliche Worte vor, daß ich ihm endlich alles verziehe und vergab: Aber Spring=ins=feld war damit nicht zufrieden, sondern zwang den Jäger, daß er drey Schafe (ban soviel hatten sie stelen wollen) muste im Hindern küssen, und zerkratzte ihn noch dazu so abscheulich im Gesicht, daß er außsahe, als ob er mit den Katzen gefressen hätte, mit welcher schlechten Rache ich zufrieden war. Aber der Jäger verschwand bald auß Werle, weil er sich viel zusehr schämte, ban sein Ca=merad sprengte aller Orten auß, und betheuret es mit hefftigen Flüchen, daß ich warhafftig zween leibhafftiger Teuffel hätte, die mir auff den Dienst warteten, darum ich noch mehr geförchtet, hingegen aber destoweniger ge=liebet ward.

Das III. Capitel.
Der grosse Gott Jupiter wird gefangen, und eröffnet der Götter Rathschläge.

SOlches ward ich bald gewar, derhalben stellete ich mein vorig gottloß Leben allerdings ab, und befliß mich allein der Tugend und Frömmmigkeit; ich ging zwar wie zuvor, wieder auff Partey, er=[268]zeigte mich aber gegen Freunden und Feinden so leutselig und discret, daß alle diejenige, so mir unter die Hände kamen, ein anders glaubten, als sie von mir gehöret hatten, über das hielt ich auch in mit den überflüssigen Verschwendungen, und samlete mir viel schöne Ducaten und Cleinodien, welche ich hin und wieder in der Soestischen Böerde auff dem Land in hole Bäume verbarg, weil mir solches die be=kante Waarsagerin zu Soest rieth, und mich versicherte, daß ich mehr Feinde in derselben Stat und unter meinem Regiment, als ausserhalb und in den feindlichen Guarni=sonen hätte, die mir und meinem Geld nachstelleten. Und indem man hin und her Zeitung hatte, daß der Jäger außgerissen wäre, saß ich denen, die sich damit kützelten, wieder unversehens auff der Haube, und eh ein Ort recht erfuhr, daß ich an einem andern Schaden gethan, empfand dasselbige schon, daß ich noch vorhanden war; dan ich fuhr herum wie eine Windsbraut, war bald hie bald dort, also daß man mehr von mir zusagen wuste als zuvor, da sich noch einer vor mich außgab.

Ich saß einsmals mit 25. Feur=Röhren nicht weit von Dorsten, und paßte einer Convoy mit etlichen Fuhr=leuten auff, die nach Dorsten kommen solte; Ich hielt meiner Gewonheit nach selbst Schildwacht, weil wir dem Feind nahe waren; da kam ein einziger Mann daher, fein ehrbar gekleidet, der redte mit ihm selbst, und hatte mit seinem Meerrohr, das er in Händen trug, ein seltzam Gefechte; Ich konte nichts anders verstehen, als daß er sagte: Ich will einmal die Welt straffen, es wolle mirs dan das grosse Numen nicht zu=geben! Worauß ich [269] muthmassete, es mögte etwan ein mächtiger Fürst seyn, der so verkleidter weise herum=ginge, seiner Unterthanen Leben und Sitten zuerkündigen, und sich nun vorgenommen hätte, solche (weil er sie viel=leicht nicht nach seinem Willen gefunden) gebührend zu=straffen: Ich gedachte, ist dieser Mann vom Feind, so setzt es eine gute Ranzion, wo nicht, so wiltu ihn so höff=lich tractiren, und ihm dadurch das Hertz dermassen ab=stehlen, daß es dir künfftig dein Lebtag wol bekommen soll, sprang derhalben hervor, präsentirte mein Gewehr mit auffgezogenem Hahn, und sagte: Der Herr wird ihm belieben lassen, vor mir hin in Busch zugehen, wofern er nicht als Feind wil tractirt seyn; Er antwortete sehr ernst=hafftig: Solcher Tractation ist meines gleichen nicht ge=wohnt. Ich aber dummelte ihn höflich fort, und sagte: Der Herr wird ihm nicht zuwider seyn lassen, sich vor dißmal in die Zeit zuschicken, und als ich ihn in den Busch zu meinen Leuten gebracht, und die Schildwachten wieder besetzt hatte, fragte ich ihn, wer er sey? Er antwortete gar großmütig, es würde mir wenig daran gelegen seyn, wanschon ich es wüste, Er sey auch ein grosser Gott! Ich gedachte, er mögte mich vielleicht kennen, und etwan ein Edelmann von Soest seyn, und so sagen mich zuhetzen, weil man die Soester mit dem grossen Gott und seinem gölbenen Fürtuch zuvexiren pfleget, ward aber bald in, daß ich anstat eines Fürsten einen Phantasten gefangen hätte, der sich überstudiret, und in der Poeterey gewaltig verstiegen, dan da er bey mir einwenig erwarmete, gab er sich vor den Gott Jupiter auß. [270]

Ich wünschte zwar, daß ich diesen Fang nicht gethan, weil ich den Narrn aber hatte, muste ich ihn wol behalten, biß wir von dannen rückten, und demnach mir die Zeit ohn das zimlich lang ward, gedachte ich, diesen Kerl zustimmen, und mir seine Gaben zunutz zumachen, sagte derowegen zu ihm: Nun dan mein lieber Jove, wie komt es doch, daß deine hohe Gottheit ihren himmlischen Thron verlässet, und zu uns auff Erden steiget? vergib mir, o Jupiter, meine Frage, die du vor fürwitzig halten mögtest, dan wir seynd den himmlischen Göttern auch verwant, und eitel Sylvani, von den Faunis und Nimphis geboren, denen diese Heimlichkeit billich unverborgen seyn solle; Ich schwöre dir beym Styx, antwortete Jupiter, daß du hiervon nichts erfahren soltest, wan du meinem Mundschencken Ganymede nicht so ähnlich sehest, und wanschon du Pans eigener Sohn wärest, aber von seinetwegen communicire ich dir, daß ein groß Geschrey über der Welt Laster zu mir durch die Wolcken gedrungen, darüber in aller Götter Rath beschlossen worden, ich könte mit Billichkeit, wie zu Lycaons Zeiten, den Erdboden wieder mit Wasser außtilgen, weil ich aber dem menschlichen Geschlecht mit sonderbarer Gunst gewogen bin, und ohn das allezeit lieber die Güte, als eine strenge Verfahrung brauche, vagire ich jetzt herum, der Menschen Thun und Lassen selbst zuerkündigen, und obwol ich alles ärger finde, als mirs vorkommen, so bin ich doch nicht gesinnt, alle Menschen zugleich und ohn Unterscheid außzureuten, sondern nur diejenige zustraffen, die zustraffen sind, und hernach die übrige nach meinem Willen zuziehen. [271]

Ich muste zwar lachen, verbiß es doch so gut ich konte, und sagte: Ach Jupiter, deine Mühe und Arbeit wird besorglich allerdings umsonst seyn, wan du nicht wieder, wie vor diesem, die Welt mit Wasser, oder gar mit Feur heimsucheft; dan schickest du einen Krieg, so lauffen alle böse verwegene Buben mit, welche die friedliebende fromme Menschen nur quälen werden; schickestu eine Theurung, so ists eine erwünschte Sache vor die Wucherer, weil alsdan denselben ihr Korn viel gilt; schickestu aber ein Sterben, so haben die Geißhälse und alle übrige Menschen ein gewonnen Spiel, indem sie hernach viel erben; wirst derhalben die gantze Welt mit Butzen und Stil außrotten müssen, wan du anders straffen wilt.

Das IV. Capitel.
Von dem Teutschen Held, der die gantze Welt bezwingen, und zwischen allen Völckern Friede stifften wird.

Jupiter antwortete, du redest von der Sache wie ein natürlicher Mensch, als ob du nicht wüstest, daß uns Göttern müglich sey, etwas anzustellen, daß nur die Bösen gestrafft, und die Guten erhalten werden; ich will einen Teutschen Helden erwecken, der soll alles mit der Schärffe deß Schwerts vollenden, er wird alle verruchte Menschen umbringen, und die fromme erhalten und erhöhen; Ich sagte, so muß ja ein solcher Held auch Soldaten haben, und wo man Soldaten braucht, da ist auch Krieg, und wo Krieg ist, da muß der Unschuldige sowol als der Schuldige herhalten! Seyd ihr irdische Götter dan auch gesinnt wie die irdische Menschen, sagte Jupiter hierauf, daß ihr so gar nichts verstehen könnet? Ich wil einen solchen Helden schicken, der keiner Soldaten bedarff, [272] und doch die gantze Welt reformiren soll; in seiner Geburt-Stunde will ich ihm verleihen einen wolgestalten und stärckern Leib, als Hercules einen hatte, mit Fürsichtigkeit, Weißheit und Verstand überflüssig geziert, hierzu soll ihm Venus geben ein schön Angesicht, also daß er auch Narcissum, Adonidem und meinen Ganymedem selbst übertreffen solle, sie soll ihm zu allen seinen Tugenden eine sonderbare Zierlichkeit, Auffsehen und Anmütigkeit vorstrecken, und dahero ihn bey aller Welt beliebt machen, weil ich sie eben der Ursachen halber in seiner Nativität desto freundlicher anblicken werde; Mercurius aber soll ihn mit unvergleichlich-sinnreicher Vernunft begaben, und der unbeständige Mond soll ihm nicht schädlich, sondern nützlich seyn, weil er ihm eine unglaubliche Geschwindigkeit einpflantzen wird; die Pallas soll ihn auff dem Parnasso aufferziehen, und Vulcanus soll ihm in Hora Martis seine Waffen, sonderlich aber ein Schwert schmiden, mit welchem er die gantze Welt bezwingen, und alle Gottlosen nider machen wird, ohn fernere Hülffe eines einzigen Menschen, der ihm etwan als ein Soldat beystehen mögte, er soll keines Beystandes bedörffen, eine jede grosse Stat soll von seiner Gegenwart erzittern, und einejede Vestung, die sonst unüberwindlich ist, wird er in der ersten Viertelstunde in seinem Gehorsam haben, zuletzt wird er den grösten Potentaten in der Welt befehlen, und die Regirung über Meer und Erden so löblich anstellen, daß beydes Götter und Menschen ein Wolgefallen darob haben sollen.

Ich sagte, wie kan die Nidermachung aller Gottlosen ohn Blutvergiessen, und das Commando über [273] die gantze weite Welt ohn sonderbare grosse Gewalt und starcken Arm beschehen, und zuwegen gebracht werden? ô Jupiter, ich bekenne dir unverholen, daß ich diese Dinge weniger als ein sterblicher Mensch begreiffen kan! Jupiter antwortete, das gibt mich nicht Wunder, weil du nicht weist, was meines Helden Schwert vor eine seltene Krafft an sich haben wird, Vulcanus wirds auß denen Materialien verfertigen, darauß er mir meine Donnerkeil machet, und dessen Tugenden dahin richten, daß mein Held, wan er solches entblösset, und nur einen Streich damit in die Lufft thut, einer gantzen Armada, wangleich sie hinter einem Berg eine gantze Schweitzer=Meilwegs weit von ihm stünde, auff einmal die Köpfe herunter hauen kan, also daß die arme Teuffel ohn Köpffe da ligen müssen, eh sie einmal wissen wie ihnen geschehen! Wan er dan nun seinem Lauff den Anfang machet, und vor eine Stat oder Vestung komt, so wird er deß Tamerlanis Manier brauchen, und zum Zeichen, daß er Friedens halber, und zu Beförderung aller Wolfahrt vorhanden sey, ein weisses Fähnlein auffstecken, kommen sie dan zu ihm herauß, und bequemen sich, wol gut; wo nicht, so wird er von Leder ziehen, und durch Krafft mehrgedachten Schwerts, allen Zauberern und Zauberinnen, so in der gantzen Stat seyn, die Köpffe herunter hauen, und ein rothes Fähnlein auffstecken; wird sich aber dannoch niemand einstellen, so wird er alle Mörder, Wucherer, Diebe, Schelmen, Ehebrecher, Huren und Buben auff die vorige Manier umbringen, und ein schwartzes Fähnlein sehen lassen, wofern aber nicht sobald diejenige, so noch in der Stat übrig [274] blieben, zu ihm kommen, und sich bemütig einstellen, so wird er die gantze Stat und ihre Inwohner als ein halsstarrig und ungehorsam Volck außrotten wollen, wird aber nur diejenige hinrichten, die den andern abgewehrt haben, und eine Ursache gewesen, daß sich das Volck nicht eh ergeben. Also wird er von einer Stat zur andern ziehen, einerjeden Stat ihr Theil Laudes um sie her gelegen, im Frieden zu regieren übergeben, und von jeder Stat durch gantz Teutschland zween von den klügsten und gelehrtesten Männern zu sich nemen, auß denselben ein Parlament machen, die Stäte miteinander auff ewig vereinigen, die Leibeigenschafften samt allen Zöllen, Accisen, Zinsen, Gülten und Umgelten durch gantz Teutschland auffheben, und solche Anstalten machen, daß man von keinem Fronen, Wachen, Contribuiren, Gelt geben, Kriegen, noch einziger Beschwerung beym Volck mehr wissen, sondern viel seeliger als in den Elysischen Feldern leben wird: Alsban (sagte Jupiter ferner) werde ich offtmals den gantzen Chorum Deorum nemen, und herunter zu den Teutschen steigen, mich unter ihren Weinstöcken und Feigenbäumen zuergötzen, da werde ich den Helicon mitten in ihre Grentzen setzen, und die Musen von neuem darauff pflantzen, ich werde Teutschland höher segnen mit allem Uberfluß, als das glückseelige Arabiam, Mesopotamiam, und die Gegend um Damasco; die Griechische Sprache werde ich alsban verschwören, und nur Teutsch reden, und mit einem Wort mich so gut Teutsch erzeigen, daß ich ihnen auch endlich, wie vor diesem den Römern, die Beherrschung über die gantze Welt werde zukommen lassen. [275] Ich sagte, Höchster Jupiter, was werden aber Fürsten und Herren darzu sagen, wan sich der künfftige Held unterstehet, ihnen das Jhrige so unrechtmässiger Weis abzunehmen, und den Stäten zu unterwerffen? werden sie sich nicht mit Gewalt widersetzen, oder

wenigst vor Göttern und Menschen darwider protestiren?
Jupiter antwortete, hierum wird sich der Held wenig be=
kümmern, er wird alle Grosse in drey Theile unterschei=
den, und diejenige, so unexemplarisch und verrucht leben,
gleich den Gemeinen straffen, weil seinem Schwert keine
irrdische Gewalt widerstehen mag, denen übrigen aber wird
er die Wahl geben, im Land zubleiben oder nicht; was
bleibet, und sein Vaterland liebet, die werden leben müssen
wie andere gemeine Leute, aber das Privat=Leben der
Teutschen wird alsdan viel vergnügsamer und glückseeliger
seyn, als jetzund das Leben und der Stand eines Königs,
und die Teutsche werden alsdan lauter Fabricii seyn,
welcher mit dem König Pyrrho sein Königreich nicht
theilen wolte, weil er sein Vaterland neben Ehre und
Tugend so hoch liebte, und das seyn die andern; die
dritte aber, die Ja=Herrn bleiben, und immerzu herrschen
wollen, wird er durch Ungarn und Italien in die Moldau,
Wallachey, in Macedoniam, Thraciam, Graeciam, ja über
den Hellespontum in Asiam hinein führen, ihnen dieselbe
Länder gewinnen, alle Kriegsgurgeln in gantz Teutschland
mit geben, und sie allort zu lauter Königen machen; Als=
dan wird er Constantinopel in einem Tag einnehmen,
und allen Türcken, die sich nicht bekehren oder gehorsamen
werden, die Köpffe vor den Hindern legen, daselbst wird
er das Römische [276] Käiserthum wieder auffrichten, und
sich wieder in Teutschland begeben, und mit seinen Par=
laments=Herren (welche er, wie ich schon gesagt habe, auß
allen Teutschen Stäten paarweiß samlen, und die Vor=
steher und Väter seines Teutschen Vaterlandes nennen wird)
eine Stat mitten in Teutschland bauen, welche viel grösser
seyn wird, als Manoah in America und Goldreicher als
Jerusalem zu Salomons Zeiten gewesen, deren Wälle sich
dem Tyrolischen Gebürg, und ihre Wassergräben der
Breite deß Meers zwischen Hispania und Africa vergleichen
sol, er wird einen Tempel hinein bauen von lauter Dia=
manten, Rubinen, Smaragden, und Saphiren; und in der
Kunst=Kammer die er auffrichten wird, werden sich alle
Raritäten in der gantzen Welt versamlen, von den reichen
Geschencken, die ihm die Könige in China, in Persia, der

Grosse Mogol in den Orientalischen Indien, der Grosse
Tartar Cham, Priester Johann in Africa, und der Grosse
Czar in der Moscau schicken; der Türckische Käiser würde
sich noch fleissiger einstellen, wofern ihm bemelter Held
sein Käiserthum nicht genommen, und solches dem Römi=
schen Käiser zu Lehen gegeben hätte.

Ich fragte meinen Jovem, was dan die Christlichen
Könige bey der Sache thun würden? Er antwortete,
der in Engeland, Schweden und Dennemarck werden,
weil sie Teutschen Geblüts und Herkommens: Der in
Hispania, Franckreich und Portugall aber, weil die Alte
Teutschen selbige Länder hiebevor auch eingenommen und
regiret haben, ihre Kronen, Königreiche und incorporirte
Länder, von der Teutschen Nation auß freyen Stücken zu
Lehen [277] empfahen, und alsdan wird, wie zu Augusti
Zeiten, ein ewiger beständiger Friede zwischen allen Völ=
ckern in der gantzen Welt seyn.

Das V. Capitel.
Wie er die Religionen miteinander vereinigen, und in ein Model giessen wird.

SPring=ins=feld, der uns auch zuhörete, hätte den
Jupiter schier unwillig gemacht, und den Handel bey=
nahe verderbet, weil er sagte: Und alsdan wirds in
Teutschland hergehen wie im Schlauraffen=Land, da es
lauter Muscateller regnet, und die Creutzer=Pastetlein über
Nacht wie die Pfifferlinge wachsen! da werde ich mit
beyden Backen fressen müssen wie ein Drescher, und Mal=
vasier sauffen, daß mir die Augen übergehen. Ja frey=
lich, antwortete Jupiter, vornemlich wan ich dir die Plage
Erisichtonis anhängen würde, weil du, wie mich düncken
will, meine Hoheit verspottest; Zu mir aber sagte er, ich
habe vermeynt, ich sey bey lauter Sylvanis, so sehe ich
aber wol, daß ich den neidigen Momum oder Zoilum
angetroffen habe; Ja man solte solchen Verräthern das
was der Himmel beschlossen, offenbaren, und so edle
Perlen vor die Säue werffen, ja freylich, auff den Buckel
geschiffen vor ein Brust=Tuch! Ich gedachte, diß ist mir
wol ein visierlicher und unflätiger Abgott, weil er neben

so hohen Dingen auch mit so weicher Materi umgehet. Ich sahe wol, daß er nicht gern hatte, daß man lachte, verbiß es derowegen sogut als ich immer konte, und sagte zu ihm: Allergütigster Jove, du wirst ja eines groben Waldgotts Unbescheidenheit halber deinem andern Ganymede nit verhalten, wie es weiter in Teutschland hergehen [278] wird? O Nein, antwortete er, aber befihle zuvor diesem Theoni, daß er seine Hipponacis Zunge fürterhin im Zaum halten solle, eh ich ihn (wie Mercurius den Battum) in einen Stein verwandele; Du selbst aber gestehe mir, daß du mein Ganymedes seyst, und ob dich nicht mein eyfersichtige Juno in meiner Abwesenheit auß dem himmlischen Reich gejaget habe? Ich versprach ihm alles zuerzehlen, da ich zuvor würde gehört haben, was ich zuwissen verlange: Darauff sagte er, Lieber Ganymede, (läugne nur nicht mehr, dan ich sehe wol daß du es bist) es wird alsdan in Teutschland das Goldmachen so gewiß und so gemein werden, als das Hafner-Handwerck, also daß schier einjeder Roßbub den Lapidem Philosophorum wird umschleppen! Ich fragte, wie wird aber Teutschland bey so unterschiedlichen Religionen einen so langwierigen Frieden haben können? werden so unterschiedliche Pfaffen nicht die Jhrige hetzen, und wegen ihres Glaubens wiederum einen Krieg anspinnen? O Nein! sagte Jupiter, mein Held wird dieser Sorge weißlich vorkommen, und vor allen Dingen alle Christliche Religionen in der gantzen Welt mit einander vereinigen; Ich sagte, O Wunder, das wäre ein groß Werck! wie müste das zugehen? Jupiter antwortete, das will ich dir hertzlich gern offenbaren: Nachdem mein Held den Universal-Frieden der gantzen Welt verschafft, wird er die Geist- und Weltliche Vorsteher und Häupter der Christlichen Völcker und unterschiedlichen Kirchen mit einer sehr beweglichen Sermon anreden, und ihnen die bißherige hochschädliche Spaltungen in den Glaubens-sachen trefflich zu Gemüth führen, sie [279] auch durch hochvernünfftige Gründe und unwidertreibliche Argumenta dahin bringen, daß sie von sich selbst eine allgemeine Vereinigung wünschen, und ihm das gantze Werck, seiner hohen Vernunfft nach zudirigirn, übergeben werden: Alsdan wird er die allergeistreichste, gelährteste und frömmste Theologos von allen Orten und Enden her, auß allen Religionen zusammen bringen, und ihnen einen Ort, wie vor diesem Ptolomäus Philadelphus den 72. Dolmetschen gethan, in einer lustigen doch stillen Gegend, da man wichtigen Sachen ungehindert nachsinnen kan, zurichten lassen, sie daselbst mit Speise und Tranck, auch aller anderer Nothwendigkeit versehen, und ihnen aufflegen, daß sie, so bald immer müglich, und jedoch mit der aller=reiffsten und fleissigsten Wolerwegung die Strittigkeiten, so sich zwischen ihren Religionen enthalten, erstlich beylegen, und nachgehends mit rechter Einhelligkeit die rechte, waare, heilige und Christliche Religion, der H. Schrifft, der uhralten Tradition, und der probirten H. Väter Meynung gemäß, schrifftlich verfassen sollen: Um dieselbige Zeit wird sich Pluto gewaltig hintern Ohren kratzen, weil er alsdan die Schmälerung seines Reichs besorgen wird, ja er wird allerley Fünd und List erdencken, ein Que darein zumachen, und die Sache, wonicht gar zuhintertreiben, jedoch solche ad infinitum oder indefinitum zubringen, sich gewaltig bemühen; Er wird sich unterstehen, einemjeden Theologo sein Interesse, seinen Stand, sein geruhig Leben, sein Weib und Kinder, sein Ansehen, und je so etwas, das ihm seine Opinion zubehaupten einrathen mögte, vorzumahlen: Aber mein dapfferer [280] Held wird auch nicht feyren, er wird, so lang dieses Concilium wäret, in der gantzen Christenheit alle Glocken läuten, und damit das Christliche Volck zum Gebet an das höchste Numen unabläßig anmahnen, und um Sendung deß Geistes der Warheit bitten lassen: Wan er aber mercken würde, daß sich einer oder ander von Plutone einnemen läst, so wird er die gantze Congregation, wie in einem Conclave, mit Hunger quälen, und wan sie noch nicht daran wollen, ein so hohes Werck zubefördern, so wird er ihnen allen vom Hängen predigen, oder ihnen sein wunderbarlich Schwert weisen, und sie alle erstlich mit Güte, endlich mit Ernst und Bedrohungen dahin bringen, daß sie ad rem schreiten, und mit ihren halsstarrigen falschen Meynungen, die Welt nicht mehr wie vor Alters foppen: Nach erlangter Einigkeit wird er ein groß Jubelfest anstellen, und der gantzen Welt diese geläuterte Religion publiciren, und welcher alsdan darwider glaubet, den wird er mit Schwefel und Bech martyrisiren, oder einen solchen Ketzer mit Buxbaum bestecken, und dem Plutoni zum Neuen Jahr schencken. Jetzt weistu, lieber Ganymede, alles was du zuwissen begehret hast, nun sage mir aber auch, was die Ursache ist, daß du den Himmel verlassen, in welchem du mir so manchen Trunck Nectar eingeschenckt hast?

Das VI. Capitel.
Was die Legation der Flöhe beym Jove verrichtet.

JCh gedachte bey mir selbst, der Kerl dörffte vielleicht kein Narr seyn wie er sich stellet, sondern mirs kochen, wie ichs zu Hanau gemacht, um bestobesser von uns durch zukommen; gedachte ihn dero=[281]wegen mit dem Zorn zuprobiren, weil man einen Narrn am besten bey solchem erkennet, und sagte, die Ursache, daß ich auß dem Himmel kommen, ist, daß ich dich selbst darin manglete, nam derowegen deß Dädali Flügel, und flog auff Erden dich zusuchen, wo ich aber nach dir fragte, fand ich, daß man dir aller Orten und Enden ein schlechtes Lob verliehe, dan Zoilus und Moscus haben dich und alle andere Götter, in der gantzen weiten Welt vor so verrucht, leichtfertig und stinckend außgeschrien, daß ihr bey den Menschen allen Credit verloren; du selbst, sagen sie, seyst ein Filtzlausiger Ehebrecherischer Hurenhengst, mit was vor Billichkeit du dan die Welt wegen solcher Laster straffen mögest? Vulcanus sey ein gedultiger Hanrey, und habe den Ehebruch Martis ohn sonderbare namhaffte Rache müssen hingehen lassen, was der hinckende Gauch dan vor Waffen werde schmiden können? Venus sey selbsten die verhaßteste Vettel von der Welt, wegen ihrer Unkeuschheit, was sie dan vor Gnade und Gunst einem andern werde mittheilen können? Mars sey ein Mörder und Rauber; Apollo ein unverschämter Huren=Jäger; Mercurius ein unnützer Plauderer, Dieb und Kupler; Priapus ein Unflat, Hercules ein Hirnschälliger Wüterich, und kurtzab, die gantze Schaar der Götter so verrucht, daß man sie sonst nirgends hin als in beß Augei Stall logiren solte, welcher ohn das durch die gantze Welt stinckt. Ach! sagte Jupiter, wäre es ein Wunder, wan ich meine Güte beyseit setzte, und diese heillose Ehrendiebe und Gottsschändende Verleumber mit Donner und Blitz verfolgte? Was dünckt dich mein getreuer und aller=[282]liebster Ganymede? Soll ich diese Schwätzer mit ewigem Durst plagen wie den Tantalum? oder soll ich sie neben den muthwilligen Plauderer Daphitas auff dem Berg Therace auffhängen lassen? oder sie mit Anaxarcho in einem Mörsel zerstossen? oder soll ich sie zu Agrigento in Phalaris glühenden Ochsen stecken? Nein, Nein, Ganymede! diese Straffen und Plagen sind alle miteinander viel zugering; ich will der Pandorá Büchse von neuem füllen, und selbe den Schelmen auff die Köpffe außlären lassen, die Nemesis soll die Alecto, Megára und Thesiphone erwecken, und ihnen über den Hals schicken, und Hercules soll den Cerberum vom Pluto entlehnen, und diese böse Buben damit hetzen wie die Wölffe, wan ich sie dan dergestalt genugsam gejaget und geplaget haben werde, so will ich sie erst neben den Hesiodum und Homerum in das höllische Hauß an eine Säule binden, und sie durch die Eumenides ohn einzige Erbarmung ewiglich abstraffen lassen. Indem Jupiter so drohete, zog er in Gegenwart meiner und der gantzen Partey die Hosen herunter ohn einzige Scham, und stöberte die Flöhe darauß, welche ihn, wie man an seiner sprencklichten Haut wol sahe, schröcklich tribulirt hatten: Ich konte mir nicht einbilden, was es abgeben solte, biß er sagte: Schert euch fort ihr kleine Schinder, ich schwöre euch beym Styx, daß ihr in Ewigkeit nicht erhalten sollet, was ihr so sorgfältig sollicitirt! Ich fragte ihn, was er mit solchen Worten meyne? Er antwortete, daß das Geschlecht der Flöhe, als sie vernommen, daß er auff Erden kommen sey, ihre Gesanten zu ihm geschickt hätten, ihn zu complimentiren: Diese hätten ihm darneben [283] angebracht, obzwar er ihnen die Hunds=Häute zu=

bewohnen assignirt, daß dannoch zuzeiten wegen etlicher
Eigenschafften, welche die Weiber an sich hätten, theils
auß ihnen sich verirreten, und den Weibern in die Beltze
geriethen; solche verirrete arme Tropffen aber würden von
den Weibern übel tractiret, gefangen, und nicht allein er=
mordet, sondern auch zuvor zwischen ihren Fingern so
elendiglich gemartert und zerrieben, daß es einen Stein
erbarmen mögte: Ja, (sagte Jupiter ferner) sie brachten
mir die Sache so beweglich und erbärmlich vor, daß ich
Mitleiden mit ihnen haben muste, und also ihnen Hülffe
zusagte, jedoch mit Vorbehalt, daß ich die Weiber zuvor
auch hören mögte: sie aber wanten vor, wan den Wei=
bern erlaubet würde, Widerpart zuhalten, und ihnen zu=
widersprechen, so wüsten sie wol, daß sie mit ihren gifft=
tigen Hunds=Zungen entweder meine Frömmigkeit und
Güte beteuben, die Flöhe selbsten aber überschreyen, oder
aber durch ihre liebliche Worte und Schönheit mich be=
thören, und zu einem falschen Urtheil verleiten würden;
mit fernerer Bitte, ich wolte sie ihrer unterthänigen Treue
geniessen lassen, welche sie mir allezeit erzeiget, und ferner
zuleisten gedächten, indem sie allezeit am nächsten darbey
gewesen, und am besten gewust hätten, was zwischen mir
und der Jo, Calisto, Europa, und andern mehr vorgangen,
hätten aber niemals nichts auß der Schule geschwäkt,
noch der Juno, wiewol sie sich auch bey ihr pflegten auff=
zuhalten, einziges Wort gesagt, massen sie sich noch solcher
Verschwiegenheit beflissen, wie dan kein Mensch biß dato
(unangesehen sie sich gar nahe bey allen Bulschafften finden
liessen) von ihnen, wie [284] Apollo von den Raben,
etwas dergleichen erfahren hätte: Wan ich aber je zu=
lassen wolte, daß die Weiber sie in ihren Bann jagen,
fangen, und nach Waidmanns Recht metzeln dörfften, so
wäre ihre Bitte, zuverschaffen, daß sie hinfort mit einem
heroischen Tod hingerichtet, und entweder mit einer Axt
wie Ochsen nidergeschlagen, oder wie Wildpret gefället
würden, und nicht mehr so schimpfflich zwischen ihren
Fingern zerquetschen und radbrechen solten, wodurch sie
ohn das ihre eigene Glieder, damit sie offt was anders
berührten, zu Henckers=Instrumenten machten, welches

allen ehrlichen Mannsbildern eine Schande wäre! Ich
sagte, ihr Herren müſt ſie greulich quälen, weil ſie euch
ſo ſchröcklich tyranniſiren? Ja wol, gaben ſie mir zur
Antwort, ſie ſind uns ſonſt ſo neidig, und vielleicht darum,
daß ſie ſorgen, wir ſehen, hören und empfinden zuviel,
eben als ob ſie unſrer Verſchwiegenheit nicht genugſam
verſichert wären. Was wolte es ſeyn? können ſie uns
doch in unſerm eigenen Territorio nicht leiden, geſtalt
manche ihr Schoshündlein mit Bürſten, Kämmen, Säiffen,
Laugen und andern Dingen dermaſſen durchſtreifft, daß
wir unſer Vaterland nothbringlich quittiren, und andere
Wohnungen ſuchen müſſen, unangeſehen ſie ſolche Zeit
beſſer anlegen, und etwan ihre eigene Kinder von den
Läuſen ſäubern könten: Darauff erlaubte ich ihnen, bey
mir einzukehren, und meinen menſchlichen Leib ihre Bey=
wohnung, Thun und Laſſen empfinden zumachen, damit
ich ein Urtheil darnach faſſen könte; da fing das Lum=
pengeſind an, mich zugeheyen, daß ich ſie, wie ihr geſehen
habet, wieder abſchaffen müſſen: Ich will ih=[285]nen ein
Privilegium auff die Naſe hofiren, daß ſie die Weiber
verrieblen und vertrieblen mögen, wie ſie wollen, ja wan
ich ſelbſt ſo einen ſchlimmen Kunden erdappe, will ichs ihm
nicht beſſer machen.

Das VII. Capitel.
Der Jäger erjaget abermahls Ehre und Beuten.

WIr dorfften nicht rechtſchaffen lachen, beydes weil
wir ſich ſtill halten muſten, und weils der Phantaſt
nicht gern hatte, wovon Spring=ins=feld hätte zer=
ſpringen mögen. Eben damals zeigte unſre Hohewacht
an, die wir auff einem Baum hatten daß er in der Ferne
etwas kommen ſehe; Ich ſtieg auch hinauff, und ſahe durch
mein Perspectiv, daß es zwar die Fuhrleute ſeyn müſten,
denen wir auffpaßten, ſie hatten aber niemand zu Fuß,
ſondern ungefähr etlich und dreiſſig Reuter zur Convoy
bey ſich, dahero konte ich mir die Rechnung leicht machen,
daß ſie nicht oben durch den Wald, darin wir lagen,
gehen, ſondern ſich im freyen Feld behelffen würden, da
wir ihnen nichts hätten abgewinnen mögen, wiewol es

daſelbſt einen böſen Weg hatte, der ungefähr 600. Schritte von uns, und etwan 300. Schritte vom Ende deß Waldes oder Berges durch die Ebne vorbey ging. Ich wolte ungern ſolang daſelbſt umſonſt gelegen, oder nur einen Narrn erbeutet haben, machte derhalben geſchwind einen andern Anſchlag, der mir auch anging.

Von unſrer Lågerſtat ging eine Waſſer-runtze in einer Klämme hinunter (die bequem zureuten war) gegen dem Feld warts, deren Außgang beſatzte ich mit 20. Mann, nam auch ſelbſt meinen Stand bey ihnen, und ließ den Spring-ins-feld ſchier an dem [286] Ort, wo wir zuvor gelegen waren, ſich in ſeinem Vortheil halten, befahl auch meiner Burſch, wan die Convoy hinkomme, daß jeder ſeinen Mann gewiß nemen ſolte, ſagte auch jedem, wer Feur geben, und welcher ſeinen Schuß im Rohr zum Vorrath behalten ſolte. Etliche alte Kerl ſagten, was ich gedåchte? und ob ich wol vermeynte, daß die Convoy an dieſen Ort kommen würde, da ſie nichts zuthun hätten, und dahin wol in 100. Jahren kein Baur kommen ſey? Andere aber, die da glaubten, ich könne zaubern, (maſſen ich damals deßwegen in einem groſſen Ruff war) gedachten, ich würde den Feind in unſere Hånde bannen. Aber ich brauchte hierzu keine Teuffels-Kunſt, ſondern nur den Spring-ins-Feld, dan als die Convoy, welche zimlich Trouppen hielte, recta gegen uns über vorbey paſſiren wolte, fing Spring-ins-feld auß meinem Befelch ſo ſchröcklich an zu brüllen wie ein Ochs, und zu wiehern wie ein Pferd, daß der gantze Wald einen Wider-ſchall davon gab, und einer hoch geſchworen hätte, es wåren Roſſe und Rinder vorhanden: Sobald die Convoy das hörete, gedachten ſie Beuten zumachen, und an dieſem Ort etwas zuerſchnappen, das doch in derſelben gantzen Gegend nicht anzutreffen, weil das Land zimlich eröbet war; ſie ritten ſämtlich ſo geſchwind und unordentlich in unſern Halt, als wan einjeder der erſte hätte ſeyn wollen, die beſte Schlappe zuholen, welche es ban ſo dichte ſetzte, daß gleich im erſten Willkommen, den wir ihnen gaben, 13. Såttel geläret, und ſonſt noch etliche auß ihnen ge-quetſcht wurden; Hierauff lieff Spring-ins-feld gegen ihnen die Klamme herunter, und schrie: Jäger, hieher! davon die Kerl noch mehr [287] erschröckt, und so irr wurden, daß sie weder hinter sich, fürsich, noch neben auß reiten konten, absprangen, und sich zu Fuß davon machen wolten: Aber ich bekam sie alle sibenzehen, samt dem Leutenant der sie commandirt hatte, gefangen, und ging damit auff die Wägen loß, spannete 24. Pferde auß, und bekam nur etliche wenige Seidenwahre und Holländische Tücher, dan ich dorffte nicht soviel Zeit nemen, die Tode zuplündern, geschweige die Wägen recht zu durchsuchen, weil sich die Fuhrleute zu Pferd bald auß dem Staub gemacht, als die Action anging, durch welche ich zu Dorsten hätte verrathen, und unterwegs wieder auffgehoben werden können. Da wir nun auffgepackt hatten, lieff Jupiter auch auß dem Wald, und schrie uns nach, ob ihn dan Ganymedes verlassen wolte? Ich antwortete ihm ja, wan er den Flöhen das begehrte Privilegium nicht mittheilen wolte: Ich wolte lieber (antwortete er wieder) daß sie miteinander im Cocyto legen! Ich muste lachen, und weil ich ohn das noch läre Pferde hatte, ließ ich ihn auffsitzen, demnach er aber nicht besser reuten konte, als eine Nuß, muste ich ihn auffs Pferd binten lassen, da sagte er, daß ihn unser Scharmützel an diejenige Schlacht gemahnet hätte, welche die Lapithä hiebevor mit den Centhauris bey deß Pirithoj Hochzeit angefangen hätten.

Wie nun alles vorüber war, und wir mit unsern Gefangenen davon postirten, als ob uns jemand jagte, bedachte erst der gefangene Leutenant, was er vor einen groben Fehler begangen, daß er nemlich einen so schönen Troupp Reuter dem Feind so unvorsichtig in die Hände geführet, und 13. so wackere Kerl [288] auff die Fleischbanck geliefert hätte, fing berowegen an zubesperiren, und kündete mir das Quartier wieder auff, daß ich ihm selbsten gegeben hatte, ja er wolte mich gleichsam zwingen, ich solte ihn todschiessen lassen, dan er gedachte nicht allein, daß dieses Ubersehen ihm eine grosse Schande seyn, und unverantwortlich fallen, sondern auch an seiner künfftigen Beförderung verhinderlich seyn würde, wofern es anders nicht gar darzu käme, daß er den Schaden mit seinem Kopff bezahlen müste: Ich aber sprach ihm zu, und hielt ihm vor, daß manchem rechtschaffenem Soldaten das unbeständige Glück seine Tücke bewiesen, ich hätte aber darum noch keinen gesehen, der deßwegen verzagt, oder gar verzweiffelt sey, sein Beginnen sey ein Zeichen der Kleinmütigkeit, dapffere Soldaten aber gedächten, die empfangene Schäden ein andermal wieder einzubringen; mich würde er nimmermehr dahin bringen, daß ich das Cartel verletze, oder eine so schändliche That wider alle Billichkeit, und löblicher Soldaten Gewonheit und Herkommen beginge. Da er nun sahe, daß ich nicht dran wolte, fing er an mich zuschmähen, in Meynung, mich zum Zorn zubewegen, und sagte: Ich hätte nicht auffrecht und redlich mit ihm gefochten, sondern wie ein Schelm und Strauch-Mörder gehandelt, und seinen bey sich gehabten Soldaten das Leben als ein Dieb abgestolen; worüber seine eigene Bursch, die wir gefangen hatten, mächtig erschracken, die Meinige aber eben so sehr ergrimmten, also daß sie ihn wie ein Sieb durchlöchert hätten, wan ichs nur zugelassen, massen ich genug abzuwehren bekam. Ich aber bewegte mich nicht einmal über seine Re-[289]den, sondern nam beydes Freund und Feind zum Zeugen dessen was da geschahe, und ließ ihn Leutenant binden, und als einen Unsinnigen verwahren; Versprach auch, ihn Leutenant, sobald wir in unsern Posten kämen, und es meine Officirer zulassen wolten, mit meinen eigenen Pferden und Gewehr, worunter er dan die Wahl haben solte, außzustaffiren, und ihm offentlich mit Pistolen und Degen zuweisen, daß Betrug im Krieg wider seinen Gegentheil zuüben, in Rechten erlaubt sey, warum er nicht bey seinen Wägen geblieben, darauff er bestellt gewesen; oder da er ja hätte sehen wollen, was im Walde stecke, warum er dan zuvor nicht rechtschaffen hätte recognosciren lassen, welches ihm besser angestanden wäre, als daß er jetzund so unsinnige Narrenpossen anfinge, daran sich doch niemand kehren würde. Hierüber gaben mir beydes Freund und Feind recht, und sagten: Sie hätten unter hundert Parteygängern nicht einen angetroffen, der auff solche Schmähworte nicht nur den

Leutenant tod geschossen, sondern auch alle Gefangene mit
der Leiche geschicket hätte. Also brachte ich meine Beute
und Gefangene den andern Morgen glücklich in Soest,
und bekam mehr Ehre und Ruhm von dieser Partey,
als zuvor nimmer, jeder sagte: Diß gibt wieder einen
jungen Joh. de Werd! Welches mich trefflich kützelte;
aber mit dem Leutenant Kugeln zuwechseln oder zurauffen,
wolte der Commandant nicht zugeben, dan er sagte, ich
hätte ihn schon zweymal überwunden. Jemehr sich nun
dergestalt mein Lob wieder vermehrte, jemehr nam der
Neid bey denen zu, die mir ohn das mein Glück nicht
gönneten. [290]

Das VIII. Capitel.
Wie er den Teufel im Trog gefunden, Spring=ins=feld aber schöne Pferde erwischet.

MEines Jupiters konte ich nicht loß werden, dan
der Commandant begehrte ihn nicht, weil nichts an
ihm zuropffen war, sondern sagte, er wolte mir ihn
schencken; Also bekam ich einen eigenen Narrn, und dorffte
keinen kauffen, wiewol ich das Jahr zuvor selbst vor einen
mich hatte gebrauchen lassen müssen. So wunderlich ist
das Glück, und so veränderlich ist die Zeit! Kurtz zuvor
tribulierten mich die Läuse, und jetzt habe ich den Flöhe=
Gott in meiner Gewalt; Vor einem halben Jahr dienete
ich einem schlechten Dragoner vor einen Jungen; nun=
mehro aber vermogte ich zween Knechte, die mich Herr
hiessen; Es war noch kein Jahr vergangen, daß mir die
Buben nachlieffen, mich zur Hure zumachen, jetzt war es
an dem, daß die Mägdlein selbst auß Liebe sich gegen
mir vernarrten: Also ward ich beyzeiten gewahr, daß
nichts beständigers in der Welt ist, als die Unbeständig=
keit selbsten. Dahero muste ich sorgen, wan das Glück
einmal seine Mucken gegen mich außlasse, daß es mir
meine jetzige Wolfahrt gewaltig eintrencken würde.

Damals zog der Graf von der Wahl, als Obrister
Gubernator deß Westphälischen Cräises, auß allen Guar=
nisonen einzige Völcker zusammen, eine Cavalcada durchs
Stifft Münster gegen der Vecht, Meppen, Lingen, und der

Orten zuthun, vornemlich aber zwo Compagnien Hessische Reuter im Stifft Paterborn außzuheben, welche zwo Meilen von Paterborn lagen, und den Unserigen daselbsten viel [291] Dampffs anthäten; Ich ward unter unsern Dragonern mit commandirt, und als sie einzige Trouppen zum Ham gesamlet, gingen wir schnell fort, und beranten bemelter Reuter Quartier, welches ein schlecht-verwahrtes Stätlein war, biß die Unserige hernach kamen; Sie unterstunden durch zugehen, wir jagten sie aber wieder zurück in ihr Nest, es ward ihnen angeboten, sie ohn Pferd und Gewehr, jedoch mit dem was der Gürtel beschliesse, passiren zulassen; Aber sie wolten sich nicht darzu verstehen, sondern mit ihren Carbinern wie Mußquetierer wehren: Also kam es darzu, daß ich noch dieselbe Nacht probiren muste, was ich vor Glück in Stürmen hätte, weil die Dragoner vorangingen, da gelang es mir so wol, daß ich samt dem Spring-ins-feld gleichsam mit den ersten gantz unbeschädigt in das Stätlein kam, wir läerten die Gassen bald, weil niber gemacht ward, was sich im Gewehr befand, und sich die Bürger nicht hatten wehren wollen, also ging es mit uns in die Häuser, Spring-ins-feld sagte: Wir müssen ein Hauß vornehmen, vor welchem ein grosser Hauffen Mist lege, dan in denselben pflegten die reichste Kaußen zusitzen, denen man gemeiniglich die Officierer einlogirte, darauff griffen wir ein solches an, in welchem Spring-ins-feld den Stall, ich aber das Hauß zuvisitiren vornam, mit dieser Abrede, daß jeder dasjenige was er bekám, mit dem andern parten solte; Also zündete jeder seinen Wagstock an, ich ruffte nach dem Vater im Hauß, kriegte aber keine Antwort, weil sich jederman versteckt hatte, gerieth indessen in eine Kammer, fand aber nichts als ein läer Bette darinn, und einen beschlossenen [292] Trog, den hämmerte ich auff, in Hoffnung etwas kostbares zufinden, aber da ich den Deckel auffthät, richtete sich ein kohlschwartzes Ding gegen mir auff, welches ich vor den Lucifer selbst ansahe: Ich kan schwören, daß ich mein Lebtag nie so erschrocken bin, als eben damals, da ich diesen schwartzen Teuffel so unversehens erblickte; Daß dich dieser und jener erschlage, sagte ich gleichwol in sol-

chem Schröcken, und zuckte mein Aextlein, damit ich den
Trog auffgemacht, und hatte doch das Hertz nicht, ihm
solches in Kopff zuhauen; Er aber kniete niber, hub die
Hände auff, und sagte: Min leve Heer, ick bidde ju
doer Gott, schinckt mi min Levend! Da hörete
ich erst, daß es kein Teufel war, weil er von Gott redete,
und um sein Leben bat; Sagte demnach, er solte sich auß
dem Trog geheyen, das thät er, und ging mit mir so
nackend, wie ihn GOtt erschaffen hatte. Ich schnitt ein
Stück von meinem Waxsstock und gabs ihm mir zuleuchten,
das thät er gehorsamlich, und führete mich in ein Stüb=
lein, da ich den Haußvater fand, der samt seinem Gesind
diß lustige Spectacul ansahe, und mit Zittern um Gnade
bat! Diese erhielte er leicht, weil wir den Bürgern ohn
das nichts thun dorfften, und er mir deß Rittmeisters
Bagage, darunter ein zimlich wolgespickt verschlossen Fell=
eisen war, einhändigte, mit Bericht, daß der Rittmeister
und seine Leute, biß auff einen Knecht und gegenwärtigen
Mohren, sich zuwehren auff ihre Posten gangen wären;
indessen hatte der Spring=ins=feld besagten Knecht mit
sechs gesattelten schönen Pferden auch im Stall erwischt,
die stellten wir ins Hauß, verrigelten solches, und liessen
den Moh=[293]ren sich anziehen, den Wirth aber auff=
tragen, was er vor seinen Rittmeister zurichten müssen.
Als aber die Thore geöffnet, die Posten besetzt, und unser
General Feldzeugmeister Herr Graf von der Wahl einge=
lassen ward, nam er sein Logiment in eben demselben
Hauß darin wir uns befanden, darum musten wir bey
finstrer Nacht wieder ein ander Quartier suchen. Das
fanden wir bey unsern Cameraden, die auch mit Sturm
ins Städtlein kommen waren, bey denselbigen liessen wir
uns wol sehn, und brachten den übrigen Theil der Nacht
mit Fressen und Sauffen zu, nachdem ich und Spring=
ins=feld miteinander unsere Beuten getheilet hatten, ich
bekam vor mein Theil den Mohren und die zwey besten
Pferde, darunter ein Spanisches war, auff welchem ein
Soldat sich gegen seinem Gegentheil dorffte sehen lassen,
mit dem ich nachgehends nicht wenig prangte, auß dem
Felleisen aber kriegte ich unterschiedliche köstliche Ringe,

und in einer gülbenen Capſel mit Rubinen beſetzt, deß
Printzen von Uranien Conterfáit, weil ich dem Spring=
ins=feld das übrige alles lieſſe, kam alſo, wan ich alles
halber hinweg hätte ſchencken wollen, mit Pferden und
allem über die 200. Ducaten, vor den Mohren aber, der
mich am allerſaurſten ankommen war, ward mir vom
Gen. Feldzeugmeiſter, als welchen ich ihm präſentirte,
nicht mehr als zwey Dutzet Thaler verehret. Von dannen
gingen wir ſchnell an die Ems, richteten aber wenig auß,
und weil ſichs eben traff, daß wir auch gegen Reckling=
hauſen zukamen, nam ich Erlaubnus, mit Spring=ins=
feld meinem Pfaffen zuzuſprechen, dem ich hiebevor den
Speck geſtohlen [294] hatte, mit demſelben machte ich mich
luſtig, und erzehlte ihm, daß mir der Mohr den Schröcken,
den er und ſeine Köchin neulich empfunden, wieder ein=
getränckt hätte, verehrete ihm auch eine ſchöne ſchlagende
Hals=Uhr zum freunblichen Valete, ſo ich auß deß Ritt=
meiſters Felleiſen bekommen hatte, pflegte alſo aller Orten
diejenige zu Freunden zumachen, ſo ſonſten Urſache gehabt
hätten, mich zuhaſſen.

Das IX. Capitel.
Ein ungleicher Kampff, in welchem der Schwächſte obſieget, und
der Uberwinder gefangen wird.

MEine Hoffart vermehrete ſich mit meinem Glük,
darauß endlich nichts anders als mein Fall er=
folgen konte; Ungefähr eine halbe Stunde von
Rehnen campirten wir, als ich mit meinem beſten Came=
raden Erlaubnus begehrte, in daſſelbe Stättlein zugehen,
etwas an unſerm Gewehr flicken zulaſſen, ſo wir auch er=
hielten. Weil aber unſre Meynung war, ſich einmal recht=
ſchaffen miteinander luſtig zumachen, kehreten wir im
beſten Wirtshauß ein, und lieſſen Spielleute kommen, die
uns Wein und Bier hinunter geigen muſten: Da gings
in floribus her, und blieb nichts unterwegen, was nur
dem Geld wehe thun mögte, ja ich hielt Burſch von an=
dern Regimentern zu Gaſt, und ſtellete mich nicht anders,
als wie ein junger Printz, der Land und Leute vermag,
und alle Jahre ein groß Geld zuverzehren hat. Dahero

ward uns auch besser, als einer Gesellschafft Reuter, die gleichfalls dort zehrete, auffgewartet, weils jene nicht so doll hergehen liessen, das verdroß sie, und fiengen an mit uns zukippeln: woher komts, sagten sie untereinander, daß diese Stigelhupffer [295] (dan sie hielten uns vor Mußquetierer, massen kein Thier in der Welt ist, das einem Mußquetierer gleicher sihet als ein Dragoner, und wan ein Dragoner vom Pferd fällt, so stehet ein Mußquetierer wieder auff) ihre Heller so weisen? Ein anderer antwortet, jener Säugling ist gewiß ein Stroh=Juncker, dem seine Mutter etliche Milch=Pfennige geschicket, die er jetzo seinen Cameraden spendirt, damit sie ihn künfftig irgendswo auß dem Dreck, oder etwan durch einen Graben tragen sollen. Mit diesen Worten zieleten sie auff mich, dan ich ward vor einen jungen Edelmann bey ihnen angesehen. Solches ward mir durch die Kellerin hinterbracht, weil ichs aber nicht selbst gehört, konte ich anders nichts darzu thun, als daß ich ein groß Bierglas mit Wein einschencken, und solches auff Gesundheit aller rechtschaffenen Mußquetierer herumgehen, auch jedesmal solchen Alarm darzu machen ließ, daß keiner sein eigen Wort hören konte; das verdroß sie noch mehr, derowegen sagten sie offentlich: Was Teuffels haben doch die Stiegelhüpffer vor ein Leben? Spring=ins=feld antwortete, was gehets die Stieffelschmierer an? Das ging ihm hin, dan er sahe so gräßlich drein, und machte so grausame und bedrohliche Minen, daß sich keiner an ihn reiben dorffte. Doch stieß es ihnen wieder auf, und zwar einen ansehnlichen Kerl, der sagte: Und wan sich die Maurenscheisser auch auff ihrem Mist (er vermeynte, wir lägen da in der Guarnison, weil unsere Kleidungen nicht so Wetterfärbig außsahen, wie derjenigen Mußquetierer, die Tag und Nacht im Feld ligen) nicht so breit machen dörfften, wo wolten sie sich dan sehen lassen? Man weiß ja [296] wol, daß jeder von ihnen in offenen Feldschlachten unser Raub seyn muß, gleich wie die Daube einesjeden Stoß=Falcken! Ich antwortete ihm: Wir müssen Stät und Vestungen einnehmen, und solche werden uns auch zuverwahren vertrauet, dahingegen ihr Reuter auch vor dem geringsten Ratten=Nest keinen Hund

auß dem Ofen locken könnet; warum wolten wir sich dan
in dem, was mehr unser als euer ist, nicht dörffen lustig
machen? Der Reuter antwortete, wer Meister im Felde
ist, dem folgen die Vestungen, daß wir aber die Feld=
schlachten gewinnen müssen, folget auß dem, daß ich so
drey Kinder, wie du eins bist, mit samt ihren Mußqueten
nicht allein nicht förchten, sondern ein paar davon auff
den Hut stecken, und den dritten erst fragen wolte, wo
deiner noch mehr wären? und sässe ich nur bey dir, sagte
er gar hönisch, so wolte ich dem Juncker zu Vestätigung
der Warheit ein paar Dachteln geben! Ich antwortete
ihm, obzwar ich vermeyne, ein so gut paar Pistolen zu=
haben als du, wiewol ich kein Reuter, sondern nur ein
Zwidder zwischen ihnen und den Mußquetierern bin, schau!
so hat doch ein Kind das Hertz, mit seiner Mußqueten
allein, einem solchen Praler zu Pferd, wie du einer bist,
gegen all seinem Gewehr im freyen Feld, nur zu Fuß
zuerscheinen. Ach du Coujon, sagte der Kerl, ich halte
dich vor einen Schelmen, wan du nicht wie ein redlicher
von Adel alsbald deinen Worten eine Krafft gibest. Hierauff
warff ich ihm einen Handschuh zu, und sagte: Sihe da,
wan ich diesen im freyen Feld durch meine Mußquete
nicht zu Fuß wieder von dir bekomme, so habe gnugsame
Macht und Gewalt, mich vor denjeni=[297]gen zuhalten
und außzuschreyen, wie mich deine Vermessenheit gescholten
hat. Hierauff zahlten wir den Wirth, und der Reuter
machte seinen Carbiner und Pistolen, ich aber meine Muß=
quete fertig, und da er mit seinen Cameraden von uns
an den bestimten Ort ritt, sagte er zu meinem Spring=
ins=feld: Er solte mir nur allgemach das Grab bestellen;
Dieser aber antwortete ihm, er mögte solches auff eine
Vorsorge seinen eigenen Cameraden, vor ihn selbst zube=
stellen, anbefehlen; mir aber verwieß er meine Frechheit
und sagte unverholen, Er besorge, ich werde auß dem
letzten Loch pfeiffen. Ich lachte hingegen, weil ich mich
schon vorlängst besonnen hatte, wie ich einem wolmon=
dirten Reuter begegnen müsse, wan mich einmal einer
zu Fuß mit meiner Mußquete im weiten Feld feindlich an=
greiffen solte. Da wir nun an den Ort kamen, wo der

Betteltantz angehen solte, hatte ich meine Mußquete bereits mit zweyen Kuglen geladen, frisch Zindkraut auffgerührt, und den Deckel auf der Zindpfanne mit Unschlit verschmiert, wie vorsichtige Mußquetierer zuthun pflegen, wan sie das Zindloch und Pulver auff der Pfannen im Regenwetter vor Wasser verwahren wollen.

Eh wir nun auffeinander gingen, bedingten beyderseits Cameraden miteinander, daß wir uns im freyen Feld angreiffen, und zu solchem Ende der eine von Ost, der ander aber von West, in ein umzäuntes Feld eintreten solten, und alsdan möge einjeder sein bestes gegen dem andern thun, wie ein Soldat thun soll, welcher dergestalt seinen Feind vor Augen kriegt; Es solte sich auch weder vor, in, noch nach dem Kampff, keiner von beyden Parteyen unterste=[298]hen, seinem Cameraden zuhelffen, noch dessen Tod oder Beschädigung zurächen. Als sie solches einander mit Mund und Hand versprochen hatten, gaben ich und mein Gegner einander auch die Hände, und verziehe je einer dem andern seinen Tod: In welcher aller=unsinnigsten Torheit, welche je ein vernünfftiger Mensch begehen kan, einjeder hoffte, seiner Gattung Soldaten das Præ zuerhalten, gleichsam als ob deß einen oder andern Theils Ehre und Reputation an dem Außgang unsers trefflichen Beginnens gelegen gewesen wäre. Da ich nun an meinem bestimten Ende mit doppelt=brennendem Lunden in angeregtes Feld trat, und meinen Gegentheil vor Augen sahe, stellete ich mich, als ob ich das alte Zindkraut im Gang abschütte, ich thäts aber nicht, sondern rührte Zindpulver nur auff den Deckel meiner Zindpfanne, bließ ab, und baßte mit zween Fingern auff der Pfanne auff, wie bräuchlich ist, und eh ich meinem Gegentheil, der mich auch wol im Gesicht hielt, das Weisse in Augen sehen konte, schlug ich auff ihn an, und brante mein falsch Zindkraut auff dem Deckel der Pfannen vergeblich hinweg; Mein Gegner vermeynte, die Mußquete hätte mir versagt, und das Zündloch wäre mir verstopfft, sprengte derowegen, mit einer Pistol in der Hand, gar zu begierig recta auff mich dar, in Meynung, mir meinen Frevel zubezahlen; Aber eh er sichs versahe, hatte ich die Pfanne offen, und wieder angeschlagen, hieß ihn auch dergestalt willkommen seyn, daß Knall und Fall eins war.

Ich retirirte mich hierauff ļzu meinen Cameraden, die mich gleichsam küssend empfingen, die Seinige [299] aber entledigten ihn auß seinem Stegraiff, und thäten gegen ihm und uns, wie redliche Kerl, massen sie mir auch meinen Handschuh mit grossem Lob wieder schickten. Aber da ich mein Ehre am grösten zusehn schätzte, kamen 25. Mußquetierer auß Rehnen, welche mich und meine Cameraden gefangen namen: Ich zwar ward alsbald in Ketten und Banden geschlossen, und der Generalität überschickt, weil alle Duell bey Leib= und Lebensstraff verboten waren.

Das X. Capitel.
Der General Feld=Zeugmeister schencket dem Jäger das Leben, und macht ihm sonst gute Hoffnung.

DEmnach unser General Feldzeugmeister strenge Kriegs Disciplin zuhalten pflegte, besorgte ich die Verlierung meines Kopffs; Hingegen hatte ich noch Hoffnung davon zukommen, weil ich bereits in so blühender Jugend jederzeit mich gegen dem Feind wol gehalten, und einen grossen Ruff und Namen der Dapfferkeit erworben. Doch war solche Hoffnung ungewiß, weil dergleichen täglichen Händel halber die Nothdurfft erfodert, ein Exempel zustatuiren. Die Unserige hatten eben damals ein vestes Rattennest berennet und aufffordern lassen, aber eine abschlägige Antwort bekommen, weil der Feind wuste, daß wir kein grob Geschütz führten. Derowegen ruckte unser Graf von der Wahl mit dem gantzen Corpo vor besagten Ort, begehrte durch einen Trompeter abermal die Übergabe, und drohete zustürmen, es erfolgte aber nichts anders, als dieses nachgesetzte Schreiben:

Hoch=Wolgeborner Graf, ꝛc. Auß E. Gräfl. Excell. an mich abgelassenem habe vernommen, [300] was Dieselbe im Namen der Röm. Käis. Maj. an mich gesinnen: Nun wissen aber Euer Hoch=Gräfl. Excell. Dero hohen Vernunfft nach, wie übel=anständig, ja unverantwortlich einem

Soldaten fallen würde, wan er einen solchen Ort, wie
dieser ist, dem Gegentheil ohn sonderbare Noth ein=
händigte: Wessentwegen Dieselbe mich dan verhoffentlich
nicht verdencken werden, wan ich mich befleissige zuver=
harren, biß die Waffen Euer Excell. dem Ort zusprechen.
Kan aber E. Excell. meine Wenigkeit ausserhalb Herren=
Diensten in ichtwas zugehorsamen die Gelegenheit haben,
so werde ich seyn

Eu. Excell.
Aller=dienstwilligster Diener
N. N.

Hierauf ward in unserm Láger unterschiedlich von
dem Ort discurirt, dan solches ligen zulassen, war gar
nicht rathsam, zustürmen ohn eine Presse, hätte viel Blut
gekostet, und wäre doch noch mißlich gestanden, ob mans
übermeistert hätte oder nicht? hätte man aber erst die
Stücke und alle Zugehör von Münster oder Ham herholen
sollen, so wäre gar viel Mühe, Zeit und Unkosten darauff
geloffen. Indem man nun bey Grossen und Kleinen rath=
schlagte, fiel mir ein, ich solte mir diese Occasion zunutz
machen, um mich zuerlebigen; Also gebot ich meinem
Witz zusammen, und bedachte mich, wie man den Feind
betrügen mögte, weils nur an den Stücken mangelte.
Und weil mir gleich zufiel, wie der Sache zuthun seyn
mögte, ließ ich meinen Obrist Leutenant wissen, daß ich
Anschläge hätte, durch welche der Ort ohn Mühe und Un=
kosten zubekommen wäre, wan [301] ich nur Perdon erlangen,
und wieder auff freyen Fuß gestellet werden könte. Etliche
alte und versuchte Soldaten lachten darüber, und sagten,
Wer hangt, der langt; der gute Geselle gedencket sich loß
zuschwätzen! Aber der Obrist Leutenant selbst und andere
die mich kanten, namen meine Reden an wie einen Glau=
bens=Articul: Weßwegen er selbsten zum General Feld=
zeugmeister ging, und demselben mein Vorgeben anbrachte,
mit Erzehlung vielen Dings, das er von mir zusagen
wuste: Weil dan nun der Graf hiebevor auch vom Jäger
gehöret hatte, ließ er mich vor ihn bringen, und solang
meiner Bande entledigen; Der Graf hielt eben Tafel,

als ich hinkam, und mein Obrist Leutenant erzehlte ihm, als ich verwichenen Frühling meine erste Stunde unter S. Jacobs Pforte zu Soest Schildwacht gestanden, sey unversehens ein starcker Platzregen mit grossem Donner und Sturmwind kommen, deßwegen sich jederman auß dem Feld und den Gärten in die Stat salvirt, und weil das Gebräng beydes von lauffenden und reitenden zimlich dick worden, hätte ich schon damals den Verstand gehabt, der Wacht ins Gewehr zuruffen, weil in solchem Geläuff eine Stat am besten einzunehmen sey; zuletzt (sagte der Obrist Leutenant ferner) kam ein altes Weib gantz tropff= naß daher, die sagte, eben als sie beym Jäger vorbey passirte: Ja, ich habe diß Wetter schon wol 14. Tage in meinem Rucken stecken gehabt! Als der Jäger solches hörete, und eben einen Stecken in Händen hatte, schlug er sie damit übern Buckel, und sagte: Du alte Hex, hastus dan nicht eher herauslassen können? hastu eben müssen warten, biß ich anfahe Schild=[302]wacht zustehen? Da ihm aber sein Officier abwehrete, antwortete er: Es ge= schiehet ihr recht, das alte Raben=Aaß hat schon vor vier Wochen gehört, daß jederman nach einem guten Regen geschrien, warum hat sie ihn den ehrlichen Leuten nicht eher gegönnet? so wäre vielleicht Gerste und Hopffen besser gerathen. Worüber der General Feldzeugmeister, wiewol er sonst ein ernsthaffter Herr war, trefflich lachte: Ich aber gedachte, erzehlt der Obrist Leutenant dem Grafen solche Narrnpossen, so hat er ihm gewißlich auch nicht verschwiegen, was ich sonst angestellet habe. Ich aber ward vorgelassen.

Als mich nun der General Feldzeugmeister fragte, was mein Anbringen wäre? Antwortete ich, Gnädiger Herr, rc. Obzwar mein Verbrechen und E. Excell. recht= mässig Gebot und Verbot, mir beyde das Leben absprechen; So heisset mich jedoch meine allerunterthänigste Treue (die ich Dero Röm. Käis. Maj. meinem Allergnädigsten Herrn biß in Tod zuleisten schulbig bin) einen weg als den andern meines wenigen Orts dem Feind einen Ab= bruch thun, und erst=Allerhöchstgedachter Röm. Käis. Maj. Nutzen und Kriegswaffen befördern; Der Graf fiel mir

in die Rede, und sagte, hastu mir nicht neulich den Mohren
gebracht? Ich antwortete, ja Gnädiger Herr; Da sagte
er, Wol, dein Fleiß und Treue, mögte vielleicht meritirn,
dir das Leben zuschencken, was hastu aber vor einen An=
schlag den Feind auß gegenwärtigem Ort zubringen, ohn
sonderbaren Verlust der Zeit und Mannschafft? Ich ant=
wortete, weil der Ort vor grobem Geschütz nicht bestehen
kan, so hält meine Wenigkeit davor, der Feind würde
bald [303] accordirn, wan er nur eigentlich glaubte, daß
wir Stücke bey uns haben; Das hätte mir wol ein Narr
gesagt, antwortete der Graf, wer wird sie aber überreden,
solches zugläuben? Ich antwortete, ihre eigene Augen;
Ich habe ihre hohe Wacht mit einem Perspectiv gesehen,
die kan man betrügen, wan man nur etliche Plöcher, den
Brunnen=Teichlen gleich, auff Wägen ladet, und dieselbe
mit einem starcken Gespann in das Feld führet, so wer=
den sie schon glauben, es seyn grobe Stück, vornemlich
wan E. Gräfl. Excell. irgendswo im Feld etwas auff=
werffen läst, als ob man Stücke dahin pflantzen wolte;
Mein liebes Bürschlein, antwortete der Graf, es seyn
keine Kinder darin, sie werden diesem Spiegelfechten nicht
glauben, sondern die Stücke auch hören wollen, und wan
der Posse dan nicht angehet, sagte er zu den umstehenden
Officierern, so werden wir von aller Welt verspottet! Ich
antwortete, Gnäd. Herr, ich will schon Stücke in ihren
Ohren lassen klingen, wan man nur ein paar Doppel=
hacken und ein zimlich groß Faß haben kan, allein wird
ohn den Knall sonst kein Effect vorhanden seyn; solte
man aber ja wider Verhoffen nur Spott damit erlangen,
so werde ich der Inventor, weil ich ohn das sterben muß,
solchen Spott mit mir dahin nehmen, und denselben mit
meinem Leben auffheben. Obzwar nun der Graf nicht daran
wolte, so persuadirte ihn jedoch mein Obrist Leutenant
dahin, dan er sagte, daß ich in dergleichen Sachen so
glückseelig sey, daß er im wenigsten zweiffele, daß dieser
Posse nicht auch angehen werde. Derowegen befahl ihm
der Graf die Sache anzustellen, wie er vermeynte, daß
sichs thun liesse, [304] und sagte im Schertz zu ihm: Die
Ehre, so er damit erwürbe, solte ihm allein zustehen.

Also wurden drey solcher Plöcher zuwegen gebracht, und vor jedes 24. Pferde gespannet, wiewol nur zwey genug gewesen wären, diese führten wir gegen Abend dem Feind ins Gesicht, indessen aber hatte ich auch drey Doppelhacken, und ein Stück=Faß, so wir von einem Schloß bekamen, unterhanden, und richtete ein und anders zu, wie ichs haben wolte, das ward bey Nacht zu unsrer visierlichen Artollerey verschafft; Den Doppelhacken gab ich zweyfache Ladung, und ließ sie durch berührtes Faß (dem der vordere Boden benommen war) loßgehen, gleich ob es drey Losung=Schüsse hätten seyn sollen, das donnerte dermassen, daß jederman Stein und Bein geschworen hätte, es wären Quartier=Schlangen, oder halbe Carthaunen gewesen; unser General Feld=Zeugmeister muste der Gauckel= fuhre lachen, und ließ dem Feind abermal einen Accord anbieten, mit dem Anhang, wan sie sich nicht noch diesen Abend bequemen würden, daß es ihnen morgen nicht mehr so gut werden solte: Darauff wurden alsbald beyderseits Geisel geschickt, der Accord geschlossen, und uns noch die= selbige Nacht ein Thor der Stat eingegeben. Welches mir trefflich zugut kam, dan der Graf schenckte mir nicht allein das Leben, das ich Krafft seines Verbotts verwürckt hatte, sondern ließ mich noch selbige Nacht auff freyen Fuß stellen, und befahl dem Obrist Leutenant in meiner Gegenwart, daß er mir das erste Fähnlein, so ledig würde, geben solte: Welches ihm aber ungelegen war, dan er hatte der Vettern und Schwäger soviel, die auff= [305]paßten, daß ich vor denselben nicht zugelassen wer= den konte.

Das XI. Capitel.
Hält allerhand Sachen in sich, von geringer Wichtigkeit und grosser Einbildung.

ES begegnete mir auff demselbigen March nichts merck= würdiges mehr; Da ich aber wieder nach Soest kam, hatten mir die Lippstättische Hessen meinen Knecht, den ich bey meiner Bagage im Quartier gelassen, samt einem Pferd auff der Waid hinweg gefangen, von dem= selben erkündigte der Gegentheil mein Thun und Lassen, dahero hielten sie mehr von mir als zuvor, weil sie hiebevor durch das gemeine Geschrey beredet worden, zuglauben, daß ich zaubern könte. Er erzehlte ihnen auch, daß er einer von denen Teuffeln gewesen sey, die den Jäger von Werle auff der Schäferey so erschröckt hätten; da solches erstbesagter Jäger erfuhr, schämte er sich so sehr, daß er abermal das Reißauß spielete, und von Lippstatt zu den Holländern lieff: Aber es war mein grôstes Glück, daß mir dieser Knecht gefangen worden, massen auß der Folge meiner Histori zuvernehmen seyn wird.

Ich fing an mich etwas reputierlicher zuhalten als zuvor, weil ich so stattliche Hoffnung hatte, in Bälde ein Fähnlein zuhaben; Ich gesellete mich allgemach zu den Officierern nnd jungen Edelleuten, die eben auff dasjenige spannten, was ich in Bälde zukriegen mir einbildete; Diese waren beßwegen meine ärgste Feinde, und stelleten sich doch gegen mir, als meine beste Freunde, so war mir der Obrist Leutenant auch nicht so gar grün, weil er Befelch hatte, [306] mich vor seinen Verwanten zubefördern; Mein Hauptmann war mir darum abhold, weil ich mich an Pferden, Kleidern und Gewehr viel prächtiger hielt, als er, und dem alten Geitzhals nicht mehr wie hiebevor spendirte, er hätte lieber gesehen, daß mir neulich der Kopff hinweg geschlagen, als ein Fähnlein versprochen worden wäre, dan er gedachte meine schöne Pferde zuerben; so haßte mich mein Leutenant eines einzigen Worts halber, das ich neulich unbedachtsam lauffen lassen, das fügte sich also: Wir waren miteinander in letzter Cavalcada commandirt, eine gleichsam verlorne Wacht zuhalten, als nun das Schildwacht halten an mir war, (welches ligend geschehen muste, unangesehen es stockfinstre Nacht war) kroch er Leutenant auch auff dem Bauch zu mir, wie eine Schlange, und sagte: Schildwacht merckstu was? Ich antwortete, ja Herr Leutenant; Was da? Was da? sagte er: Ich antwortete, Ich mercke, daß sich der Herr fôrchtet. Von dieser Zeit an hatte ich keine Gunst mehr bey ihm, und wo es am ungeheursten war, ward ich zum ersten hin commandiret, ja er suchte an allen Orten und Enden Gelegenheit und Ursache, mir, noch eh ich Fähnrich würde, das Wams außzuklopffen, weil ich mich gegen ihm nicht wehren dörffte. Nicht weniger feindeten mich auch alle Feldwaibel an, weil ich ihnen allen vorgezogen ward. Was aber gemeine Knechte waren, die fingen auch an, in ihrer Liebe und Freundschafft zuwancken, weil es das Ansehen hatte, als ob ich sie verachte, indem ich mich nicht sonderlich mehr zu ihnen, sondern wie obgemeldt, zu grössern Hansen gesellete, die mich drum nicht desto lieber sa=[307]hen. Das alleràrgste war, daß mir kein einziger Mensch sagte, wie jederman gegen mir gesinnet, so konte ichs auch nicht mercken, weil mir mancher die besten Worte unter Augen gab, der mich doch lieber tod gesehen hätte! Ich lebte eben dahin wie ein Blinder, in aller Sicherheit, und ward länger je hoffärtiger, und wanschon ich wuste, daß es ein oder andern verdroß, so ichs etwan denen von Abel und vornehmen Officierern mit Pracht bevor thät, so ließ ichs drum nicht unterwegen; ich scheuete mich nicht, nachdem ich Gefreyter worden, ein Koller von sechtzig Reichsthalern, rothe Scharlachne Hosen, und weisse Attlassene Ermel, überall mit Gold und Silber verbremt, zutragen, welches damals eine Tracht der höchsten Officierer war, darum stachs einenjeden in die Augen; ich war aber ein schröcklich junger Narr, daß ich den Hasen so lauffen ließ, dan hätte ich mich anders gehalten, und das Geld, das ich so unnütlich an den Leib hing, an gehörige Ort und Ende verschmieret, so hätte ich nicht allein das Fähnlein bald bekommen, sondern mir auch nicht so viel zu Feinden gemacht. Ich ließ es aber hierbey noch nicht bleiben, sondern butzte mein bestes Pferd, das Spring=ins=Feld vom Hessischen Rittmeister bekommen hatte, mit Sattel, Zeug und Gewehr dergestalt herauß, daß man mich, wan ich darauff saß, gar wol vor einen andern Ritter S. Georgen hätte ansehen mögen. Nichts vezirte mich mehr, als daß ich mich keinen Edelmann zu=seyn wuste, damit ich meinen Knecht und Jungen auch in meine Liberey hätte kleiden mögen: Ich gedachte, alle Dinge haben ihren Anfang, wan du ein Wappen hast, so hast du [308] schon ein eigne Liberey, und wan du Fähnrich wirst, so mustu ja ein Petschier haben, wanschon du kein Juncker bist. Ich war nicht lang mit solchen Gedancken schwanger gangen, als ich mir durch einen Comitem Palatinum ein Wappen geben ließ, das waren drey rothe Larven in einem weissen Feld, und auf dem Helm ein Brustbild eines jungen Narrn, in Kälbernem Habit, mit einem paar Hasen=Ohren, vorn mit Schellen gezieret: dan ich dachte, diß schickte sich am besten zu meinem Namen, weil ich Simplicius hiesse; so wolte ich mich auch deß Narrn gebrauchen, mich in meinem künfftigen hohen Stand dabey zuerinnern, was ich zu Hanau vor ein Gesell gewesen, damit ich nicht gar zu hoffärtig würde, weil ich mich schon jetzt keine Sau zuseyn bedüncken ließ: Also ward ich erst rechtschaffen der erste meines Namens, Stammens und Wappens, und wan mich jemand damit hätte foppen wollen, so hätte ich ihm ohn Zweiffel einen Degen oder paar Pistolen anpräsentiret.

Wiewol ich damals noch nichts nach dem Weibervolck fragte, so ging ich doch gleichwol mit denen von Adel, wan sie irgends Jungfern besuchten, deren es dan viel in der Stat gab, mich sehen zulassen, und mit meinen schönen Haaren, Kleidern und Federbüschen zuprangen. Ich muß bekennen, daß ich meiner Gestalt halber allen andern vorgezogen ward, muste aber darneben hören, daß mich die verwehnte Schleppsäcke einem schönen und wolgeschnitzten hölzernen Bild verglichen, an welchem ausser der Schönheit sonst weder Krafft noch Safft wäre, dan es war sonst nichts an mir das ihnen ge=[309]fiele, so konte ich auch ohn das Lautenschlagen sonst noch nichts machen oder vorbringen, das ihnen angenehm gewesen wäre, weil ich noch nichts vom Lieben wuste. Als mich aber auch diejenige, die sich um das Frauenzimmer umthun konten, meiner Holtzböckischen Art und Ungeschicklichkeit halber anstachen, um sich selbst dadurch beliebter zumachen, und ihre Wolredenheit zurühmen: sagte ich hingegen, daß mirs genug sey, wan ich noch zur Zeit meine Freude an einem blancken Degen und einer guten Mußquete hätte; Nachdem auch das Frauenzimmer diese meine Rede billigte, verdroß es sie sosehr, daß sie mir heimlich den Tod schwuren, unangesehen keiner war, der das Hertz hatte,

mich herauß zufodern, oder Ursache zugeben, daß ich einen
von ihnen gefodert hätte, darzu ein paar Ohrfeigen, oder
sonst zimlich empfindliche Worte, genug wären gewesen,
zubem ich mich auch zimlich breit machte. Worauß das
Frauenzimmer muthmassete, daß ich ein resoluter Jüng=
ling seyn müste; sagten auch unverholen, daß bloß meine
Gestalt und rühmlicher Sinn, bey einer Jungfer das Wort
besser thun könne, als alle andere Complimenten, die
Amor je erfunden, welches die Anwesende noch mehr ver=
bitterte.

Das XII. Capitel.
Das Glück thut dem Jäger unverſehens eine Abeliche Verehrung.

JCh hatte zwey ſchöne Pferde, die waren alle meine
Freude, die ich ſelbiger Zeit in der Welt genoß; alle
Tage ritt ich mit denſelben auff die Reitſchule, oder
ſonſt ſpatziren, wan ich ſonſt nichts zuthun hatte; nicht
zwar, als hätten die Pferde noch etwas [310] bebörfft
zulernen, ſondern ich thäts darum, damit die Leute ſehen
ſolten, daß die ſchöne Creaturen mir zugehörten. Wan
ich ban ſo durch eine Gaſſe daher prangete, oder vielmehr
das Pferd mit mir dahin tantzte, und das albere Volck
zuſahe, und zueinander ſagte: Sehet, das iſt der Jäger!
Ach welch ein ſchön Pferd! Ach wie ein ſchöner Feder=
buſch! oder: M i n G o d, w a t v o r e n p r a v e K e r l
i s m i d a t! ſo ſpitzte ich die Ohren gewaltig, und ließ
mirs ſo ſanfft thun, als ob mich die Königin Nichaula
dem Weiſen Salomon in ſeiner höchſten Majeſtät ſitzend,
verglichen hätte: Aber ich Narr hörete nicht, was vielleicht
damals verſtändige Leute von mir hielten, oder meine
Mißgönner von mir ſagten; dieſe letztere wünſchten mir
ohn Zweiffel, daß ich Hals und Bein brechen ſolte, weil
ſie mirs nicht gleich thun konten; Andere aber gedachten
gewißlich, wan jederman das Seinige hätte, daß ich nicht
ſo doll daher ziehen würde; Kurtz, die Allerklügſte müſſen
mich ohn allen Zweiffel vor einen jungen Lappen ge=
halten haben, deſſen Hoffart nothwendig nicht lang dauren
würde, weil ſie auff einem ſchlechten Fundament beſtünde,
und nur auß ungewiſſen Beuten unterhalten werden müſte.

Und wan ich selber die Warheit bekennen soll, muß ich gestehen, daß diese letztere nicht unrecht urtheilten, wiewol ichs damals nicht verstand, dan es war nichts anders mit mir, als daß ich meinem Mann oder Gegentheil, wan einer mit mir zuthun bekommen, das Hemb rechtschaffen heiß machen, also wol vor einen einfachen guten Soldaten passiren hätte können, wiewol ich gleichsam noch ein Kind war. Aber diese Ursache machte mich sogroß, [311] daß jetziger Zeit der geringste Roß=Bub den allerdapffersten Held von der Welt tod schiessen kan, wäre aber das Pulver noch nicht erfunden gewesen, so hätte ich die Pfeiffe wol im Sack müssen stecken lassen.

Meine Gewonheit war, wan ich so herum terminirte, daß ich alle Wege und Stege, alle Gräben, Moräste, Büsche, Bühel und Wasser beritten, dieselbige mir bekant machte, und ins Gedächtnuß faßte, damit wans etwan an ein oder anderm Ort künfftig eine Occasion setzte, mit dem Feind zuscharmützeln, ich mir deß Orts Gelegenheit beydes offensivè und defensivè zunutz machen könte. Zusolchem Ende ritt ich einsmals unweit der Stat bey einem alten Gemäur vorüber, darauff vorzeiten ein Hauß gestanden; Im ersten Anblick gedachte ich, diß wäre ein gelegener Ort darin auffzupassen, oder sich dahin zuretiriren, sonderlich vor uns Dragoner, wan wir von Reutern übermannt und gejagt werden solten: Ich ritt in den Hof, dessen Gemäur zimlich verfallen war, zusehen, ob man sich auch auff den Nothfall zupferd dahin salviren, und wie man sich zufuß darauß wehren könte. Als ich nun zu solchem Ende alles genau besichtigen, und bey dem Keller, dessen Gemäur noch rund umher auffrecht stund, vorüber reiten wolte, konte ich mein Pferd, welches sonst im geringsten nichts scheuete, weder mit Liebe noch Leid nicht hinbringen, wo ich hin wolte, ich sporte es, daß michs baurte, aber es halff nichts! ich stieg ab, und führte es an der Hand die verfallene Keller=Stegen hinunter, wovon es doch scheuete, damit ich mich ein andermal darnach richten könte; Aber es hupffte zurück, so sehr es immer mogte, doch [312] brachte ichs endlich mit guten Worten und Streichen hinunter, und indem ichs

strich, und ihm liebkoste, warb ich gewahr, daß es vor
Angst schwitzte, und die Augen stets in eine Ecke deß
Kellers richtete, dahin es am allerwenigsten wolte, und
ich auch das geringste nicht sahe, darob der schlimste
Kollerer hätte Wetterläunisch werden mögen. Als ich nun
so mit Verwunderung da stund, und dem Pferd zusahe,
wie es vor Furcht zitterte, kam mich auch ein solches
Grausen an, daß mir nicht anderst ward, als ob man
mich bey den Haaren über sich zöge, und einen Kübel
voll kalt Wasser über mich abgösse, doch konte ich nichts
sehen, aber das Pferd stellete sich viel seltzamer, also
daß ich mir nichts anders einbilden konte, als ich müste
vielleicht mit samt dem Pferd verzaubert seyn, und in dem=
selben Keller mein Ende nehmen; derowegen wolte ich
wieder zurück, aber mein Pferd folgte mir nicht, dahero
warb ich noch ängstiger, und so verwirrt, daß ich schier
nicht wuste was ich thät. Zuletzt nam ich eine Pistol auff
den Arm, und band das Pferd an einen starcken Holder=
stock (der im Keller auffgewachsen war) der Meynung,
auß dem Keller zugehen, und Leute in der Nähe zu=
suchen, die meinem Pferd wieder herauf hülffen, und in=
dem ich hiermit umgehe, fällt mir ein, ob nicht vielleicht
in diesem alten Gemäur ein Schatz verborgen lege, dahero
es so ungeheur seyn mögte? Ich glaubte meinem Einfall,
und sahe mich genauer um, und sonderlich in der Ecke,
dahin mein Pferd so gar nicht wolte, ward ich eines
Stück Gemäurs gewahr, ungefähr so groß als ein ge=
meiner Kammer=Laden, welches dem andern alten Ge=
mäur beydes [313] an der Farbe und Arbeit nicht aller=
dings gleichte, da ich aber hinzu gehen wolte, ward mir
abermal wie zuvor, nemlich als ob mir alle Haare gen
Berg stünden, welches mich in meiner Meynung stärckte,
daß nemlich ein Schatz daselbst verborgen seyn müste.

Zehen, ja hundertmal lieber hätte ich Kugeln ge=
wechselt, als mich in solcher Angst befunden. Ich ward
gequält, und wuste doch nicht von wem, dan ich sahe
oder hörete nichts; ich nam das ander Pistol auch von
meinem Pferd, und wolte damit durchgehen, und das
Pferd stehen lassen, vermochte aber die Stegen nicht hinauff

zukommen, weil mich, wie mich deuchte, eine starcke Lufft
auffhielt; Da lieff mir erst die Katze den Buckel hinauff!
Zuletzt fiel mir ein, ich solte meine Pistolen lösen, damit
die Bauren, so in der Nähe im Feld arbeiteten, mir zulieffen, und mit Rath und That zuhülff kämen; das thät
ich, weil ich sonst kein Mittel, Rath noch Hoffnung hatte
oder wuste auß diesem ungeheuren Wunder-ort zukommen,
ich war auch so erzörnt, oder vielmehr so desperat, (dan
ich weiß selber nicht mehr wie mir gewesen ist) daß ich
im loßschiessen meine Pistolen gerad an den Ort kehrete,
allwo ich vermeynte, daß die Ursache meiner seltzamen
Begegnus stecke, und traff obangeregtes stück Gemäur
mit zweyen Kuglen so hart, daß es ein Loch gab, darein
man zwo Fäuste hätte stecken mögen. Als der Schuß geschehen, wieherte mein Pferd, und spitzte die Ohren, welches mich hertzlich erquickte, nicht weiß ich, ist damals das
Ungeheur oder Gespenst verschwunden, oder hat sich das
arme Thier über das schiessen erfreuet? Einmal, ich faßte
wieder ein frisch Hertz, und ging gantz [314] unverhindert
und ohn alle Furcht zu dem Loch, das ich erst durch den
Schuß geöffnet hatte, da fing ich an, die Maur vollends
einzubrechen, und fand von Silber, Gold und Edelgesteinen
einen solchen reichen Schatz, der mir noch biß auff diese
Stunde wol bekäme, wan ich ihn nur recht zuverwahren
und anzulegen gewust hätte: Es waren aber sechs Dutzet
altfränckische silberne Tischbecher, ein groß gülden Pocal,
etliche Duplet, vier silberne und ein güldenes Saltzfaß,
eine altfränckische güldne Kette, unterschibliche Diamanten, Rubinen, Saphiere, und Schmaragde, beydes in Ringen
und andern Cleinodien gefasset, item ein gantz Lädlein
voll grosser Perlen, aber alle verdorben oder abgestanden,
und dan in einem versporten ledernen Sack achtzig von
den ältisten Joachims-Thalern auß feinem Silber, so dan
893. Goldstücke mit dem Frantzösischen Wappen und einem
Adler, welche Müntze niemand kennen wolte, weil man,
wie sie sagten, die Schrifft nicht lesen konte. Diese Müntze,
die Ringe und Kleinodien steckte ich in meine Hosensäcke,
Stiffeln, Hosen und Pistolhulfstern, und weil ich keinen
Sack bey mir hatte, sintemal ich nur spatzgeritten war,

schnitt ich meine Schaberacke vom Sattel, und packte in
dieselbige, (weil sie gefüttert war, und mir gar wol vor
einen Sack dienen konte) das übrige Silbergeschirr, hing
die göldene Kette an Hals, saß frölich zu Pferd, und ritt
meinem Quartier zu. Wie ich aber auß dem Hoff kam,
ward ich zweyer Bauren gewahr, welche davon lauffen
wolten, sobald sie mich sahen, ich ereilte sie leichtlich,
weil ich sechs Füsse und ein eben Feld hatte, und fragte
sie, warum sie hätten wollen außreiß=[315]sen? und warum
sie sich so schröcklich förchteten? Da erzehlten sie mir, daß
sie vermeynt hätten, ich wäre das Gespenst, das in gegen=
wärtigem öben Edelhof wohne, welches die Leute, wan
man ihm zunahe käme, elenbiglich zutractiren pflege; Und
als ich ferner um dessen Beschaffenheit fragte, gaben sie
mir zur Antwort, daß auß Furcht deß Ungeheurs offt in
vielen Jahren kein Mensch an denselben Ort komme, es
sey dan jemand frembder, der verirre, und ungefehr dahin
gerathe: Die gemeine Sage ginge im Land, es wäre ein
eiserner Trog voller Geldes darin, den ein schwarzer Hund
hütte, zusamt einer verfluchten Jungfer, und wie die alte
Sage ginge, sie auch selbsten von ihren Groß=Eltern ge=
hört hätten, so solte ein frembder Edelmann, der weder sei=
nen Vater noch Mutter kenne, ins Land kommen, die=
selbe Jungfer erlösen, den eisernen Trog mit einem
feurigen Schlüssel auffschliessen, und das verborgene Geld
davon bringen. Dergleichen albere Fabeln erzehlten sie
mir noch viel, weil sie aber gar zuschlecht klingen, wil ich
geliebter Kürtze halber abbrechen. Hernach fragte ich sie,
was dan sie beyde da gewolt hätten, da sie doch ohn
das nicht in das Gemäur gehen dörfften? Sie antworteten,
sie hätten einen Schuß samt einem lauten Schrey gehöret,
da seyn sie zugeloffen, zusehen, was da zuthun seyn mögte?
Als ich ihnen aber sagte, daß ich zwar geschossen hätte,
der Hoffnung, es würden Leute zu mir ins Gemäur kom=
men, weil mir auch zimlich angst worden, wüste aber von
keinem Geschrey nichts: Da antworteten sie, man mögte
in diesem Schloß lang hören schiessen, biß jemand hinein
laufft auß unsrer Nachbarschafft, dan es ist in Warheit
so [316] abentheurlich damit beschaffen, daß wir dem

Junckern nicht glauben würden, wan er sagte, er wäre darin gewesen, dafern wir ihn nicht selbst wieder hätten sehen herauß reuten. Hierauf wolten sie viel Dings von mir wissen, vornemlich wie es darin beschaffen wäre, und ob ich die Jungfer samt dem schwartzen Hund auff dem eisernen Trog nicht gesehen hätte? Also daß ich ihnen, wan ich nur auffschneiden wollen, seltzame Bäeren hätte anbinden können, aber ich sagte ihnen im gerinsten nichts, auch nicht einmal, daß ich den köstlichen Schatz außgehoben, sondern ritt meines Wegs in mein Quartier, und beschauete meinen Fund, der mich hertzlich erfreuete.

Das XIII. Capitel.
Simplicii seltzame Grillen und Lufftgebäu, auch wie er seinen Schatz verwahret.

Diejenige, die wissen was das Geld gilt, und dahero solches vor ihren GOtt halten, haben dessen nicht geringe Ursache; dan ist jemand in der Welt, der dessen Kräffte und beynahe göttliche Tugenden erfahren hat, so bin ichs: Ich weiß, wie einem zumuth ist, der dessen einen zimlichen Vorrath hat, so habe ich auch nicht nur einmal erfahren, wie derjenige gesinnet sey, der keinen einzigen Heller vermag. Ja ich dürffte mich vermessen zuerweisen, daß es alle Tugend= und Würckungen viel kräfftiger hat und vermag, als alle Edelgestein, dan es vertreibet alle Melancholey, wie der Diamant; es machet Lust und Beliebung zu den Studiis wie der Smaragd, darum werden gemeiniglich mehr reicher als armer Leute Kinder Studenten; es nimt hinweg Forcht=[317]samkeit, machet den Menschen frölich und glückselig wie der Rubin; Es ist dem Schlaff offt hinderlich, wie die Granaten, hingegen hat es auch eine grosse Krafft, die Ruhe und den Schlaff zubefördern, wie der Hiacint; es stärcket das Hertz, und machet den Menschen freudig, sittsam, frisch und mild, wie der Saphir und Amethist; es vertreibet böse Träume, machet frölich, schärffet den Verstand, und so man mit jemand zancket, machet es daß man sieget, wie der Sarbus, vornemlich wan man alsdan den Richter brav damit schmieret; es löschet auß die gäile und unkeusche Be=

16*

gierden, sonderlich weil man schöne Weiber um Geld kriegen kan. In Kürtze, es ist nicht außzusprechen, was das liebe Geld vermag, wie ich dan hiebevor in meinem Schwartz und Weiß etwas davon geschrieben, wan man es nur recht zugebrauchen und anzulegen weiß.

Was das Meinige anbelanget, das ich damals beydes mit Rauben und Findung dieses Schatzes zuwegen gebracht, so hatte dasselbe eine seltzame Natur an sich, dan erstlich machte es mich hoffärtiger, als ich zuvor war, so gar daß mich auch im Hertzen verdroß, daß ich nur Simplicius heissen solte; Es hinderte mir den Schlaff, wie der Amethist, dan ich lag manche Nacht, und speculirte, wie ich solches anlegen, und noch mehr darzu bekommen mögte. Es machte mich zu einem perfecten Rechenmeister, dan ich überschlug, was mein ungemüntztes Silber und Gold werth seyn mögte, summirte solches zu demjenigen, das ich hin und wieder verborgen, und noch bey mir im Seckel hatte, und befand ohn die Edelgesteine ein namhafftes Facit! Es gab [318] mir auch seine eigne angeborne Schalckheit und böse Natur zuversuchen, indem es mir das Sprichwort (wo viel ist, begehrt man immer mehr) rechtschaffen außlegte, und mich so geitzig machte, daß mir jederman hätte feind werden mögen. Ich bekam von ihm wol närrische Anschläge, und seltzame Grillen ins Hirn, und folgte doch keinem einzigen Einfall, den ich kriegte: Einmal kam mirs in Sinn, ich solte den Krieg qnitiren, mich irgends hin setzen, und mit einem schmutzigen Maul zum Fenster außsehen; Aber geschwind reuete michs wieder, vornemlich da ich bedachte, was vor ein freyes Leben ich führe, und was vor Hoffnung ich hätte, ein grosser Hans zuwerden; da gedachte ich dan, Huy Simplici, laß dich Adeln, und wirb dem Käiser eine eigne Compagni Dragoner auß deinem Seckel, so bistu schon ein außgemachter junger Herr, der mit der Zeit noch hoch steigen kan. Sobald ich aber zu Gemüt führete, daß meine Hoheit durch ein einzig unglücklich Treffen fallen, oder sonst durch ein Friedenschluß samt dem Krieg in Bälde ein End nemen könte; ließ ich mir diesen Anschlag auch nicht mehr belieben. Alsdan fing ich an, mir mein vollkommen männlich Alter zuwünschen, dan wan ich solches hätte, sagte ich zu mir selber, so nehmestu eine schöne junge reiche Frau, alsban kauffteſtu irgends einen Adelichen Sitz, und führteſt ein geruhiges Leben; Ich wolte mich auff die Viehzucht legen, und mein ehrlich Außkommen reichlich haben können, da ich aber wuſte, daß ich noch viel zujung hierzu war, muſte ich diesen Anschlag auch fahren laſſen. Solcher und dergleichen Einfälle hatte ich viel, biß ich endlich resol-[319]virte, meine beſte Sachen irgend hin in einer wolverwahrten Stat einem begüterten Mann in Verwahrung zugeben, und zuverharren, was das Glück ferner mit mir machen würde. Damals hatte ich meinen Jupiter noch bey mir, dan ich konte seiner nicht loß werden, derselbe redte zuzeiten sehr subtil, und war etliche Wochen gar klug, hatte mich auch über alle maſſen lieb, weil ich ihm viel Gutes thäte, und demnach er mich immer in tieffen Gedancken gehen sahe, sagte er zu mir: Liebſter Sohn, schencket euer Schindgeld, Gold und Silber hinweg; ich ſagte, warum mein lieber Jove? darum antwortete er, damit ihr euch Freunde dadurch machet, und eurer unnützen Sorgen loß werdet: Ich sagte, daß ich lieber gern mehr hätte: Darauff sagte er, so sehet, wo ihr mehr bekomt, aber auff solche Weiſe werdet ihr euch euer Lebtag weder Ruhe noch Freunde schaffen, laſſet die alte Schabhälſe geitzig ſeyn, ihr aber haltet euch, wie es einem jungen wackern Kerl zuſtehet, ihr solt noch viel eher Mangel an guten Freunden, als Geld erfahren; Ich dachte der Sache nach, und befand zwar, daß Jupiter wol rede, der Geitz aber hatte mich schon dergestalt eingenommen, daß ich gar nicht gedachte etwas hinzuschencken, doch verehrte ich zuletzt dem Commandanten ein paar silberne und übergoldte Duplet, meinem Hauptmann aber ein paar silberne Saltzfäſſer, damit ich aber nichts anders außrichtete, als daß ich ihnen nur das Maul auch nach dem übrigen wäſſerig machte, weil es rare Antiquitäten waren: meinem getreuſten Cameraden Spring=ins=feld schenckte ich zwölff Reichsthaler, der rieth mir dargegen, ich solte mein Reichthum [320] von mir thun, oder gewärtig seyn, daß ich dadurch in Unglück käme, dan die Officierer ſehen nicht

gern, daß ein gemeiner Soldat mehr Geld hätte als sie;
So hätte er auch wol ehemals gesehen, daß ein Camerad
den andern um Geldes halber heimlich ermordet; bißher
hätte ich wol heimlich halten können, was ich an Beuten
erschnappt, dan jederman glaubete, ich hätte alles wieder
an Kleider, Pferde und Gewehr gehengt, nunmehr aber
würde ich niemand kein Ding mehr verklaiben, oder
weiß machen können, daß ich kein übrig Geld hätte, dan
jeder machte den gefundenen Schatz jetzt grösser, als er an sich
selbst sey, und ich ohn das nicht mehr wie hiebevor spen=
dirte, er müsse offt hören, was unter der Bursch vor ein
Gemurmel gehe, solte er an stat meiner seyn, so liesse er
den Krieg Krieg seyn, setzte sich irgend hin in Sicherheit,
und liesse den lieben GOtt walten: Ich antwortete, Höre
Bruder, wie kan ich die Hofnung, die ich zu einem Fähn=
lein habe, so leichtlich in wind schlagen? Ja, ja, sagte
Spring=ins=feld, hole mich dieser und jener, wan du ein
Fähnlein bekomst, die andere so auch darauff hoffen, solten
dir eh tausendmal den Hals brechen helffen, wan sie sehen,
daß eins lebig, und du bekommen soltest, lerne mich nur
keine Karpffen kennen, dan mein Vater war ein Fischer:
Halt mirs zu gut Bruder, dan ich habe länger zugesehen,
wie es im Krieg hergehet, als du; sihestu nicht, wie
mancher Feldwaibel bey seinem kurtzen Gewehr grau wird,
der vor vielen eine Compagni zuhaben meritirte, vermeynestu,
sie seyn nicht auch Kerl, die etwas haben hoffen dörffen?
zudem so gebühret ihnen von Rechts wegen mehr als
[321] dir solche Beförderung, wie du selber erkennest. Ich
muste schweigen, weil Spring=ins=feld auß einem Teutschen
auffrichtigen Hertzen mir die Warheit so getreulich sagte,
und nicht heuchelte, jedoch biß ich die Zähne heimlich
übereinander, dan ich bildete mir damals trefflich viel ein.

Doch erwug ich diese und meines Jupiters Reden
sehr fleissig, und bedachte, daß ich keinen einzigen ange=
bornen Freund hätte, der sich meiner in Nöthen annehmen,
oder meinen Tod, er geschehe heimlich oder öffentlich, rächen
würde; Auch konte ich mir leicht einbilden, wie die
Sache an sich selbsten war, dannoch aber ließ weder

mein Ehr= noch Geldgeitz zu, viel weniger die Hoff=
nung groß zuwerden, den Krieg zuquittiren, und mir Ruhe
zuschaffen, sondern ich verblieb bey meinem ersten Vorsatz,
und indem sich eben eine Gelegenheit auff Cöln präsen=
tirte, (indem ich neben 100. Dragonern etliche Kauffleute
und Güter=Wägen von Münster dorthin convojirn helffen
muste) packte ich meinen gefundenen Schatz zusammen,
nam ihn mit, und gab ihn einem von den vornehmsten
Kauffleuten daselbst, gegen Außhändigung einer specificirten
Handschrifft auffzuheben, das waren vier und siebenzig
Marck ungemüntzt fein Silber, fünffzehen Marck Gold,
achtzig Joachimsthaler, und in einem verpetschierten Käst=
lein unterschiedliche Ringe und Kleinodien, so mit Gold
und Edelgesteinen achthalb Pfund in allem gewogen, samt
893. antiquische gemüntzte Goldstücke, deren jedes andert=
halb Goldgülden schwer war. Meinen Jupiter brachte
ich auch [322] dahin, weil ers begehrte, und in Cöln an=
sehenliche Verwanten hatte, gegen denselben rühmte er die
Gutthaten, die er von mir empfangen, und machte, daß
sie mir viel Ehre erwiesen. Mir aber rieth er noch alle=
zeit, ich solte mein Geld besser anlegen, und mir Freunde
davor kauffen, die mich mehr als das Gold in den Kisten
nutzen würden.

Das XIV. Capitel.
Wie der Jäger vom Gegentheil gefangen wird.

Auf dem Zuruckweg machte ich mir allerhand Ge=
dancken, wie ich mich ins künfftige halten wolte, damit
ich doch jedermans Gunst erlangen mögte, dan
Spring=ins=feld hatte mir einen unruhigen Floh ins Ohr
gesetzt, und mich zuglauben persuadiret als ob mich jeder=
man neide, wie es dan in der Warheit auch nicht anders
war. So erinnerte ich mich auch dessen, was mir die
berühmte Waarsagerin zu Soest ehemals gesagt, und belud
mich deßhalber mit noch grössern Sorgen. Mit diesen
Gedancken schärffte ich meinen Verstand trefflich, und nam
gewahr, daß ein Mensch, der ohn Sorgen dahin lebet,
fast wie ein Vieh sey. Ich sann auß, welcher Ursache
halber mich ein oder ander hassen mögte, und erwug,

wie ich einemjeden begegnen müsse, damit ich dessen Gunst
wieder erlange, verwunderte mich darneben zum höchsten,
daß die Kerl so falsch seyn, und mir lauter gute Worte
geben solten, da sie mich nicht liebten! Derowegen gedachte
ich mich anzustellen, wie die andere, und zureden was
jedem gefiel, auch jedem mit Ehrerbietung zubegegnen,
obschon es mir nicht ums Hertz wäre; vornemlich aber
merckte ich klar, daß meine eigne Hoffart mich mit den
meisten Fein=[323]den beladen hatte, deßwegen hielt ich
vor nötig, mich wieder demütig zustellen, obschon ichs
nicht sey, mit den gemeinen Kerlen wieder unten und
oben zuligen, vor den Höhern aber den Hut in Händen
zutragen, und mich deß Kleider=Prachts in etwas abzu=
thun, biß sich etwan mein Stand änderte. Ich hatte mir
von dem Kauff=Herrn in Cöln 100. Thaler geben lassen,
solche samt Interesse wieder zuerlegen, wan er mir mei=
nen Schatz außhändigte, dieselbe gedachte ich unterwegs
der Convoy halb zuverspendirn, weil ich nunmehr erkante,
daß der Geitz keine Freunde machet. Solcher gestalt war
ich resolvirt, mich zuändern, und noch auff diesem Weg
den Anfang zumachen: Ich machte aber die Zeche ohn
den Wirth. Dan da wir durch das Bergische Land
passiren wolten, paßten uns an einem sehr vortelhafften
Ort 80. Feur=Röhrer, und 50. Reuter auff, eben als ich
selb fünfft mit einem Corporal geschickt ward voran zu=
reuten, und die Strasse zupartiren: Der Feind hielt sich
still, als wir in ihren Halt kamen, ließ uns auch passiren,
damit wan sie uns angegriffen hätten, die Convoy nicht
gewarnet würde, biß sie auch zu ihnen in die Enge käme;
Schickte uns aber einen Cornet mit acht Reutern nach, die
uns im Gesicht behielten, biß die Jhrige unser Convoy
selbst angriffen, und wir umkehrten, uns auch zun Wägen
zuthun; Da gingen sie auff uns loß, und fragten ob wir
Quartier wolten? Ich vor meine Person war wol be=
ritten, dann ich hatte mein bestes Pferd unter mir, ich
wolte aber gleichwol nicht außreissen, schwang mich herum
auff eine kleine Ebne, zusehen, ob da Ehre einzulegen seyn
mögte. Indessen hörte ich stracks an der [324] Salve,
welche die Unserigen empfingen, was die Glocke geschlagen,

trachtete derowegen nach der Flucht, aber der Cornet hatte alles vor bedacht, und uns den Paß schon abgeschnitten, und indem ich durch zuhauen bedacht war, bot er mir, weil er mich vor einen Officier ansahe, nochmals Quartier an. Ich gedachte, das Leben eigentlich davon zubringen, ist besser als eine ungewisse Hazart, sagte derowegen: Ob er mir Quartier halten wolte, als ein redlicher Soldat? Er antwortete, ja rechtschaffen! Also præsentirte ich ihm meinen Degen, und gab mich dergestalt gefangen; Er fragte mich gleich, was ich vor einer sey, dan er sehe mich vor einen Edelmann, und also auch vor einen Officier an? Da ich ihm aber antwortete, ich würde der Jäger von Soest genant, antwortete er: So hat er gut Glück, daß er uns vor 4. Wochen nicht in die Hände gerathen, dan zu selbiger Zeit hätte ich ihm kein Quartier geben noch halten dörffen, bieweil man ihn damal bey uns vor einen offentlichen Zauberer gehalten hat.

Dieser Cornet war ein dapfferer junger Cavallier, und nicht über zwey Jahre älter als ich, er erfreuete sich trefflich, daß er die Ehre hatte, den berühmten Jäger gefangen zuhaben, deßwegen hielt er auch das versprochene Quartier sehr ehrlich und auff Holländisch, deren Gebrauch ist, ihren gefangenen Spanischen Feinden von demjenigen, was der Gürtel beschleust, nichts zunemen; Ja er ließ mich nicht einmal visitiren, ich aber war selbst der Bescheidenheit, das Geld auß meinen Schubsäcken zuthun, und ihnen solches zuzustellen, da es an ein Partens ging; sagte auch dem Cornet heimlich, Er solte sehen, daß ihm [325] mein Pferd, Sattel und Zeuch zutheil würde, dan er im Sattel 30. Ducaten finden würde, und das Pferd ohn das seines gleichen schwerlich hätte. Von deßwegen ward mir der Cornet so hold, als ob ich sein leiblicher Bruder wäre, er saß auch gleich auff mein Pferd, und ließ mich auff dem seinigen reuten, von der Convoy aber blieben nicht mehr als 6. tod, und 13. wurden gefangen, darunter 8. beschädigt, die übrige gingen durch, und hatten das Hertz nicht, dem Feind im freyen Feld die Beute wieder abzujagen, das sie fein hätten thun können, weil sie alle zupferd waren.

Nachdem die Beuten und Gefangene getheilet worden, gingen die Schweden und Hessen (dan sie waren auß unterschiedlichen Guarnisonen) noch selbigen Abend voneinander, mich und den Corporal, samt noch dreyen Dragonern, behielt der Cornet, weil er uns gefangen bekommen, dahero wurden wir in eine Vestung geführet, die nicht gar zwey Meilen von unsrer Guarnison lag. Und weil ich hiebevor demselben Ort viel Dampffs angethan, war mein Name daselbst wol bekant, ich selber aber mehr geförcht als geliebt: Da wir die Stat vor Augen hatten, schickte der Cornet einen Reuter voran, seine Ankunfft dem Commandanten zuverkünden, auch anzuzeigen, wie es abgeloffen, und wer die Gefangene seyn; davon es ein Geläuff in der Stat geben, daß nit außzusagen, weil jeder den Jäger gern sehen wolte; Da sagte einer diß, der ander jenes von mir, und war nicht anders anzusehen, als ob ein grosser Potentat seinen Einzug gehalten hätte.

Wir Gefangene wurden strack zum Commandan=[326]ten geführet, welcher sich sehr über meine Jugend verwunderte; Er fragte mich, ob ich nie auff Schwedischer Seite gedienet hätte, und was ich vor ein Landsmann wäre? Als ich ihm nun die Warheit sagte, wolte er wissen, ob ich nicht Lust hätte, wieder auff ihrer Seite zubleiben? Ich antwortete ihm, daß es mir sonst gleich gülte, allein weil ich dem Römischen Käiser einen Eyd geschworen hätte, so dünckte mich, es gebühre mir solchen zuhalten. Darauff befahl er uns zum Gewaltiger zuführen, und erlaubte doch dem Cornet auff sein Anhalten, uns zugastirn, weil ich hiebevor meine Gefangene (darunter sein Bruder sich befunden) auch solcher gestalt tractiret hätte. Da nun der Abend kam, fanden sich unterschiedliche Officirer, sowol Soldaten von Fortun, als geborne Cavalliers, beym Cornet ein, der mich und den Corporal auch holen ließ; da ward ich, die Warheit zubekennen, von ihnen überauß höflich tractirt: Ich machte mich so lustig, als ob ich nichts verloren gehabt, und ließ mich so vertreulich und offenhertzig vernehmen, als ob ich bey keinem Feind gefangen, sondern bey meinen allerbesten Freunden wäre, darbey beflisse ich mich der Bescheidenheit, soviel mir immer müglich war, dan ich konte mir leicht einbilden, daß dem Commandanten mein Verhalten wieder notificirt würde, so auch geschehen, massen ich nachmals erfahren.

Den andern Tag wurden wir Gefangene, und zwar einer nach dem andern vor den Regim. Schultzen geführet, welcher uns examinirte; der Corporal war der erste, und ich der ander. Sobald ich in den Saal trat, verwunderte er sich auch über meine Ju=[327]gend, und sagte, mir solche vorzurücken: Mein Kind, was hat dir der Schwede gethan, daß du wider ihn kriegest? Das verdroß mich, vornemlich da ich eben so junge Soldaten bey ihnen gesehen, als ich war, antwortete derhalben: Die Schwedische Krieger haben mir meine Schnellkugeln oder Klicker genommen, die wolte ich gern wieder holen; Da ich ihn nun dergestalt bezahlte, schämten sich seine beysitzende Officierer, massen einer anfing auff Latin zusagen: Er solte von ernstlichen Sachen mit mir reden, er hörte wol, daß er kein Kind vor sich hätte. Da merckte ich, daß er Eusebius hiesse, weil ihn derselbe Officier so nante; Darauff fragte er mich um meinen Namen, und nachdem ich ihm denselben genennet, sagte er: Es ist kein Teuffel in der Hölle, der Simplicissimus heisset: Da antwortete ich, so ist auch vermuthlich keiner in der Hölle, der Eusebius heist! Bezahlte ihn also wie unsern Musterschreiber Cyriacum, so aber von den Officierern nicht am besten aufgenommen ward, massen sie mir sagten, ich solte mich erinnern, daß ich ihr Gefangener sey, und nicht schertzens halber wäre hergeholet worden. Ich ward dieses Verweises wegen drum nicht roth, bat auch nicht um Verzeihung, sondern antwortete: Weil sie mich vor einen Soldaten gefangen hielten, und nicht vor ein Kind wieder lauffen lassen würden, so hätte ich mich versehen, daß man mich auch nicht als ein Kind gefoppt hätte, wie man mich gefragt, so hätte ich geantwortet, hoffte auch, ich würde nicht unrecht daran gethan haben. Darauff fragten sie mich um mein Vaterland, Herkommen und Geburt, und vornemlich, ob ich nicht auch auf Schwedischer Seiten gedient hätte? Item, [328] wie es in Soest beschaffen? wie starck selbige Guarnison sey, und was deß Dings mehr ist, ꝛc. Ich antwortete auff alles behend, kurtz und gut, und zwar wegen Soest und selbiger Guarnison, soviel als ich zuverantworten getrauete, konte aber wol verschweigen, daß ich das Narrn=Handwerck getrieben, weil ich mich dessen schämte.

Das XV. Capitel.
Mit welchen Conditionibus der Jäger wieder loß worden.

INdessen erfuhr man zu Soest, wie es mit der Convoy abgeloffen, und daß ich mit dem Corporal und andern mehr gefangen, auch wo wir hingeführet worden, derhalben kam gleich den andern Tag ein Trommelschläger, uns abzuholen, dem ward der Corporal und die drey andere gefolget, und ein Schreiben mitgegeben folgenden Einhalts, das mir der Commandant zulesen überschickte:

MOnsieur, &c. Durch Wiederbringern diesen Tambour ist mir dessen Schreiben eingehändigt worden, schicke darauff hiermit gegen empfangener Rantzion den Corporal, samt den übrigen dreyen Gefangenen; Was aber Simplicium den Jäger anbelanget, kan selbiger, weil er hiebevor auff dieser Seite gedienet, nicht wieder hinüber gelassen werden. Kan ich aber dem Herrn im übrigen ausserhalb Herrn=Pflichten in etwas bedient seyn, so hat derselbe an mir einen willigen Diener, als der ich so weit bin und verbleibe
Deß Herrn
Dienst=bereitwilliger
N. de S. A.

Dieses Schreiben gefiel mir nicht halb, und muste mich doch vor diese Communication bedancken. Ich [329] begehrte mit dem Commandanten zureden, bekam aber die Antwort, daß er schon selbst nach mir schicken würde, wan er zuvor den Trommelschlager abgefertiget hätte, so morgen früh geschehen solte, biß dahin ich mich zugedulden.

Da ich nun die bestimte Zeit überwartet hatte, schickte der Commandant nach mir, als es eben Essens=Zeit war, da wiederfuhr mir das erste mal die Ehre, zu ihm an seine Tafel zusitzen, so lang man aß, ließ er mir mit dem Trunck zusprechen, und gedachte weder klein noch grosses von demjenigen, was er mit mir vorhatte, und mir wolte es auch nicht anstehen, etwas davon anzufangen. Demnach man aber abgesessen, und ich einen zimlichen Dummel hatte, sagte er: Lieber Jäger, ihr habet auß meinem Schreiben verstanden, unter was vor einem Prætext ich euch hier behalte; und zwar, so habe ich gar keine unrechtmässige Sache, oder etwas vor, das wider Raison oder Kriegsgebrauch wäre, dan ihr habet mir und dem Regim. Schultheiß selbst gestanden, daß ihr hiebevor auff unsrer Seite bey der Haupt=Armee gedienet, werdet euch derhalben resolviren müssen, unter meinem Regiment Dienst anzunehmen, so will ich euch mit der Zeit, und wan ihr euch wol verhaltet, dergestalt accommodiren, dergleichen ihr bey den Käiserl. nimmer hättet hoffen dörffen: Widrigen falls werdet ihr mich nicht verdencken, wan ich euch wiederum demjenigen Obrist Leutenant überschicke, welchem euch die Dragoner hiebevor abgefangen haben. Ich antwortete, Hochgeehrter Herr Obrister, (dan damals war noch nicht der Brauch, daß man [330] Soldaten von Fortun Ihr Gnaden titulirte, obgleich sie Obristen waren) ich hoffe, weil ich der Krone Schweden, noch deren Confœderirten, vielweniger dem Obrist=Leutenant niemalen mit Eyd verpflichtet, sondern nur ein Pferdjung gewesen, das dannenher ich nicht verbunden sey, Schwedische Dienste anzunehmen, und dadurch den Eyd zubrechen, den ich dem Römischen Käiser geschworen, derowegen meinen Hochg. Herrn Obristen allergehorsamst bittend, Er beliebe mich dieser Zumuthung zuüberheben: Was, sagte der Obrister, verachtet ihr dan die Schwedische Dienste? Ihr müsset wissen, daß ihr mein Gefangener seyd, und eh ich euch wieder nach Soest lasse, dem Gegentheil zudienen, eh will ich euch einen andern Process weisen, oder im Gefängnus verderben lassen, darnach wisse ich mich zurichten. Ich erschrack zwar über diese Worte, gab mich aber darum noch nicht, sondern antwortete: GOtt wolle mich vor solcher Verachtung so wol als vor dem Meineyd behüten; Jm übrigen stünde ich in unterthäniger Hoffnung, der

Herr Obrister würde mich seiner weitberühmten Discretion nach, wie einen Soldaten tractiren: Ja, sagte er, Ich wüste wol wie ich euch tractiren könte, da ich der Strenge nach prodediren wolte, aber bedencket euch besser, damit ich nicht Ursachen ergreiffe, euch etwas anders zuweisen. Darauff ward ich wieder ins Stockhauß geführet.

Jederman kan unschwer erachten, daß ich dieselbe Nacht nicht viel geschlaffen, sondern allerhand Gedancken gehabt habe; Den Morgen aber kamen etliche Officierer mit dem Cornet, so mich gefangen be-[331]kommen, zu mir, unterm Schein, mir die Zeit zukürtzen, in Warheit aber mir weiß zumachen, als ob der Obrister gesinnet wäre, mir als einem Zauberer den Process machen zu-lassen, da ich mich nicht anders bequemen würde. Wolten mich also erschröcken, und sehen was hinter mir stecke, weil ich mich aber meines guten Gewissens tröstete, nam ich alles gar kaltsinnig an, und redete nicht viel, merckte dabey, daß es dem Obristen um nichts anders zuthun war, als daß er mich ungern in Soest sahe, so konte er sich auch leicht einbilden, daß ich selbigen Ort, wan er mich ledig liesse, wol nicht verlassen würde, weil ich meine Beförderung dort hoffte, und noch zwey schöne Pferde, und sonst köstliche Sachen allda hatte. Den folgenden Tag ließ er mich wieder zu sich kommen, und fragte, ob ich mich auff ein und anders resolvirt hätte? Ich antwortete, diß, Herr Obrister, ist mein Entschluß, daß ich eh sterben, als meineydig werden will! Wan aber mein Hochg. Herr Obrister mich auff freyen Fuß zustellen, und mit keinen Kriegsdiensten zubelegen belieben wird, so will ich dem Herrn Obristen mit Hertz, Mund und Hand versprechen, in 6. Monaten keine Waffen wider die Schwed- und Hessische zutragen oder zugebrauchen. Solches ließ ihm der Obrister stracks gefallen, bot mir darauff die Hand, und schenckte mir zugleich die Rantzion, befahl auch dem Secretario, daß er beßwegen einen Revers in duplo auffsetzte, den wir beyde unterschrieben, darin er mir Schutz, Schirm, und alle Freyheit, solang ich in der ihm anvertrauten Vestung verbliebe, versprach: Ich hingegen reversirte mich über obige zwey Puncten, daß ich, solang ich mich in derselben [332] Vestung auffhalten würde, nichts nachtheiliges wider dieselbige Guarnison und ihren Commandanten practiciren, noch etwas das ihr zu Nachtheil und Schaden vorgenommen würde, verhelen, sondern vielmehr deren Nutzen und Frommen fördern, und ihren Schaden nach Müglichkeit wenden, ja wan der Ort feindlich attaquiret würde, denselben defendiren helffen solte und wolte.

Hierauff behielt er mich wieder bey dem Mittag-Imbiß, und thät mir mehr Ehre an, als ich von den Käiserl. mein Lebtag hätte hoffen dörffen, dadurch gewan er mich dergestalt nach und nach, daß ich nicht wieder nach Soest gangen wäre, wanschon er mich dahin lassen, und meines Versprechens lebig zehlen wollen.

Das XVI. Capitel.
Wie Simplicius ein Freyherr wird.

WAn ein Ding seyn soll, so schickt sichs alles darzu, ich vermeynte, das Glück hätte mich zur Ehe genommen, oder wenigst sich so eng zu mir verbunden, daß mir die aller-widerwertigste Begegnussen zum besten gedeyen müsten, da ich über deß Commandanten Tafel saß, und vernam, daß mein Knecht mit meinen zwey schönen Pferden von Soest zu mir kommen wäre; Ich wuste aber nicht (wie ichs hernach im Außkehren befand) daß das tückische Glück der Syrenen Art an sich hat, die demjenigen am übelsten wollen, denen sie sich am geneigtesten erzeigen, und einen der Ursache halber desto höher hebet, damit es ihn hernach desto tieffer stürtze.

Dieser Knecht (den ich hiebevor von den Schweden gefangen bekommen hatte) war mir über alle mas-[333]sen getreu, weil ich ihm viel gutes thät, dahero sattelte er alle Tage meine Pferde, und ritt dem Trommelschlager, der mich abholen solte, ein gut stück Wegs von Soest auß entgegen, so lang er auß war, damit ich nicht allein nicht so weit gehen, sondern auch nicht nackend oder zerlumpt (dan er vermeynte, ich wäre außgezogen worden) in Soest kommen dörffte. Also begegnete er dem Trommelschläger und seinen Gefangenen, und hatte mein bestes Kleid auffgepackt. Da er mich aber nicht sahe, sondern vernam daß ich bey dem Gegentheil Dienste anzunehmen auffgehalten werde, gab er den Pferden die Sporen, und sagte: Adjeu Tambour und ihr Corporal, wo mein Herr ist, da will ich auch seyn; ging also durch, und kam zu mir, eben als mich der Commandant ledig gesprochen hatte, und mir grosse Ehre anthät. Er verschaffte darauff meine Pferde in ein Wirthshauß, biß ich mir selbsten ein Logiment nach meinem Willen bestellen mögte, und priese mich glückselig wegen meines Knechts Treue, verwunderte sich auch, daß ich als ein gemeiner Dragoner, und noch so junger Kerl, so schöne Pferde vermögen, und sowol mondirt seyn solte, lobte auch das eine Pferd, als ich Valet nam, und in besagtes Wirthshauß ging, so trefflich, daß ich gleich merckte, daß er mirs gern abgekaufft hätte, weil er mirs aber auß Discretion nicht feil machte, sagte ich, wan ich die Ehre begehren dörffte, daß ers von meinet wegen behalten wolte, so stünde es zu seinen Diensten; Er schlugs aber anzunehmen rund ab, mehr darum, dieweil ich einen zimlichen Rausch hatte, und er die Nachrede nicht haben wolte, daß er einem Trunckenen etwas abgeschwätzt, so ihn vielleicht [334] nüchtern reuen mögte, also daß er deß edlen Pferdes gern gemangelt.

Dieselbige Nacht bedachte ich, wie ich künfftig mein Leben anstellen wolte: Entschloß mich derohalben, die 6. Monat über zuverbleiben wo ich wäre, und also den Winter, der nunmehr vor der Thür war, in Ruhe dahin zubringen, worzu ich dan Geldes genug wuste hinauß zulangen, wanschon ich meinen Schatz zu Cöln nicht angriffe: In solcher Zeit, gedachte ich, wächst du vollends auß, und erlangest deine völlige Stärcke, und kanst dich darnach auff den künfftigen Frühling wieder desto dapfferer unter die Käiserl. Armee ins Feld begeben.

Deß morgens frühe anatomirete ich meinen Sattel, welcher weit besser gespickt war, als derjenige, den der Cornet von mir bekommen, nachgehends ließ ich mein bestes Pferd vor deß Obristen Quartier bringen, und sagte zu ihm: Demnach ich mich resolvirt, die 6. Monat, in

welchen ich nicht kriegen dörffte, unter deß Herrn Obristen
Schutz allhier ruhig zuzubringen, als seyn mir meine
Pferde nichts nutz, um welche es schad wäre, wan sie ver=
derben solten, bitte Ihn derowegen, er wolte belieben,
gegenwärtigem Soldaten=Klepper einen Platz unter den
Seinigen zugönnen, und solches von mir als ein Zeichen
danckbarer Erkantnus vor empfangene Gnaden unschwer
annehmen: Der Obrister bedanckte sich mit grosser Höfligkeit
und sehr courtoisen Offerten, schickte mir auch denselben
Nachmittag seinen Hofmeister mit einem gemästen leben=
digen Ochsen, 2. fetten Schweinen, 1. Tonne Wein, 4.
Tonnen Bier, 12. Fuder Brennholtz, welches alles er mir
vor mein neu Losa=[335]ment, daß ich eben auff ein halb
Jahr bestellet hatte, bringen, und sagen ließ: Weil er
sehe, daß ich bey ihm hausen wolte, und sich leicht ein=
bilden könte, daß es im Anfang mit Victualien schlecht
bestellet sey, so schicke er mir zur Haußsteur neben einem
Trunck, ein stück Fleisch mit samt dem Holtz, solches dabey
kochen zulassen, mit fernerm Anhang, dafern er mir in
etwas behülfflichen seyn könte, daß ers nicht unterlassen
wolte: Ich bedanckte mich so hüfflich als ich konte, verehrete
dem Hofmeister zwo Ducaten, und bat ihn, mich seinem
Herrn bestens zurecommendiren.

Da ich sahe, daß ich meiner Freygebigkeit halber bey
dem Obristen so hoch geehret ward, gedachte ich mir auch
bey dem gemeinen Mann ein gutes Lob zumachen, damit
man mich vor keinen kahlen Bernheuter hielte; ließ dero=
wegen in Gegenwart meines Haußwirths meinen Knecht
vor mich kommen, zu demselben sagte ich: Lieber Niclas,
du hast mir mehr Treue erwiesen, als ein Herr seinem
Knecht zumuthen darff, nun aber da ichs um dich nicht
zuverschulden weiß, weil ich dieser Zeit keinen Herrn,
und also auch keinen Krieg habe, daß ich etwas erobern
könte, dich zubelohnen, wie mirs wol anstünde; zumalen
auch wegen meines stillen Lebens, das ich hinfort zu=
führen gedencke, keinen Knecht mehr zuhalten bedacht, als
gebe ich dir hiemit vor deinen Lohn das ander Pferd,
samt Sattel, Zeug und Pistolen, mit Bitte, du wollest
damit vorlieb nehmen, und dir vor dißmal einen andern

Herrn suchen, kan ich dir ins künfftige in etwas bedient
seyn, so magstu jederzeit mich darum ersuchen. Hierauff
küßte er mir die Hände, und konte vor weynen schier
nicht reden, wolte auch [336] durchauß das Pferd nicht
nemen, sondern hielt vor besser, ich solte es versilbern,
und zu meinem Unterhalt gebrauchen, zuletzt überredete
ich ihn doch, daß ers annam, nachdem ich ihm versprochen,
ihn wieder in Dienste zunehmen, sobald ich jemand brauche.
Uber diesem Abscheid ward mein Hauß=Vater so mit=
leidig, daß ihm auch die Augen übergingen, und gleichwie
mich mein Knecht bey der Soldatesca, also erhub mich
mein Hauß=Vater bey der Bürgerschafft, wegen dieser
That mit grossem Lob über alle schwangere Bauren; der
Commandant hielt mich vor einen so resoluten Kerl, daß
er auch getraute Schlösser auff meine Parole zubauen,
weil ich meinen Eyd, dem Käiser geschworen, nicht allein
treulich, sondern auch dasjenige daß ich mich gegen ihm
verschrieben, desto steiffer zuhalten, mich selbst meiner
herrlichen Pferde, Gewehrs und deß getreuen Knechts ent=
blöste.

Das XVII. Capitel.
Womit der Jäger die sechs Monat hinzubringen gedencket, auch
etwas von der Waarsagerin.

ICh glaube, es sey kein Mensch in der Welt, der nicht
einen Hasen im Busen habe, dan wir sind ja alle
einerley Gemächts, und kan ich bey meinen Pirn wol
mercken, wan andere zeitig seyn. Huy Geck, mögte mir
einer antworten, wan du ein Narr bist, meynest du darum,
andere seyn es auch? Nein, das sage ich nicht, dan es
wäre zuviel geredt; Aber biß halte ich davor, daß einer
den Narrn besser verbirgt als der ander: Es ist einer
darum kein Narr, wanschon er närrische Einfälle hat,
dan wir haben in der Jugend gemeiniglich alle der=
gleichen, welcher aber solche herauß läst, wird vor einen
gehalten, weil [337] theils ihn gar nicht, andere aber nur
halb sehen lassen: Welche ihren gar unterdrücken, seyn
rechte Saurtöpffe; die aber den Jhrigen nach Gelegen=
heit der Zeit bißweilen einwenig mit den Ohren herfür=

ragen, und Athem schöpffen lassen, damit er nicht gar bey ihnen erstick, dieselbige halte ich vor die beste und verständigste Leute. Ich ließ den Meinen nur zuweit herauß, da ich mich in einem so freyen Stand sahe, und noch Geld wuste, massen ich einen Jungen annam, den ich als einen Edel-Page kleidete, und zwar in die närrischte Farben, nemlich Veyelbraun, und gelb außgemacht, so meine Liberey seyn muste, weil mirs so gefiel; derselbe muste mir auffwarten, als wan ich ein Freyherr, und kurtz zuvor kein Dragoner, oder vor einem halben Jahr ein armer Roßbub gewesen wäre.

Diß war die erste Torheit, so ich in dieser Stat beging, welche, obgleich sie zimlich groß war, ward sie doch von niemand gemerckt, viel weniger getadelt: Aber was machet es? Die Welt ist deren sovoll, daß sie keiner mehr acht, noch selbige verlacht, oder sich darüber verwundert, weil sie deren gewohnt ist; So hatte ich auch den Ruff eines klugen und guten Soldaten, und nicht eines Narrn, der die Kinder-Schuhe noch träget. Ich dingte mich und meinen Jungen meinem Haußvater in die Kost, und gab ihm an Bezahlung auff Abschlag, was mir der Commandant wegen meines Pferdes an Fleisch und Holtz verehret hatte, zum Getränck aber muste mein Jung den Schlüssel haben, weil ich denen, die mich besuchten, gern davon mittheilete, dan sintemal ich weder Bürger noch Soldat war, und also keinen meines [338] gleichen hatte, der mir Gesellschafft leisten mögen, hielt ich mich zu beyden Theilen, und bekam dahero täglich Cameraden genug, die ich ungetränckt nicht bey mir ließ. Zum Organisten allda machte ich auß den Bürgern die beste Kundschafft, weil ich die Music liebte, und (ohn Ruhm zumelden) eine treffliche gute Stimme hatte, die ich bey mir nicht verschimlen lassen wolte; dieser lehrete mich, wie ich componiren solte, item, auff dem Instrument besser schlagen, sowol als auch auff der Harffe, so war ich ohn das auff der Laute ein Meister, schaffte mir dahero eine eigne, und hatte schier täglich meinen Spaß damit: Wan ich dan satt war zu musiciren, ließ ich den Kürschner kommen, der mich im Parabeiß in allen Gewehren unter-

17*

wiesen, mit demselben exercirte ich mich, um noch perfecter zu werden. So erlangte ich auch beym Commandanten, daß mich einer von seinen Constablen die Büchsenmeisterey Kunst, und etwas mit dem Feurwerck umzugehen, um die Gebühr lernete. Im übrigen hielt ich mich sehr still und eingezogen, also daß sich die Leute verwunderten, wan sie sahen, daß ich stets über den Büchern saß wie ein Student, da ich doch Raubens und Blutvergiessens gewohnt gewesen.

Mein Haußvater war deß Commandanten Spür=Hund und mein Hüter, massen ich merckte, daß er all mein Thun und Lassen demselben hinterbrachte, ich konte mich aber artlich darein schicken, dan ich gedachte deß Kriegswesens kein einzig mal, und wan man davon redte, thät ich, als ob ich niemals kein Soldat gewesen, und nur darum da wäre, meinen täglichen Exercitien, deren ich erst gedacht, abzuwar-[339]ten. Ich wünschte zwar, daß meine 6. Monat bald herum wären, es konte aber niemand abnehmen, welchem Theil ich alsdan dienen wolte. Soofft ich dem Obristen auffwartete, behielt er mich auch an seiner Tafel, da setzte es dan jezuweilen solche Discurse, dadurch mein Vorsatz außgeholt werden solte, ich antwortete aber jederzeit so vorsichtig, daß man nicht wissen konte, was Sinns ich sey. Einsmals sagte er zu mir: Wie stehet es Jäger, wollet ihr noch nicht Schwedisch werden, gestern ist mir ein Fähnrich gestorben? Ich antwortete, Hochg. Herr Obrister, stehet doch einem Weib wol an, wan sie nach ihres Manns Tod nicht gleich wieder heuratet, warum solte ich mich dan nicht 6. Monat patientiren: Dergestalt entgieng ich jederzeit, und kriegte doch deß Obristen Gunst länger je mehr, so gar, daß er mir so wol in= als ausserhalb der Vestung herum zuspatziren, ja ich dorffte endlich den Hasen, Feldhünern und Vögeln nachstellen, welches seinen eigenen Soldaten nicht gegönnet war: So fischte ich auch in der Lippe, und war so glücklich damit, daß es das Ansehen hatte, als ob ich beydes Fische und Krebse auß dem Wasser bannen könte. Darum ließ ich mir nur ein schlechtes Jägerkleid machen, in demselbigen strich ich bey Nacht (dan ich wuste alle Wege und Stege) in die Soestische Böerde, und holete meine verborgene Schätze hin und wieder zusammen, schleppte solche in gedachte Vestung, und ließ mich an, als ob ich ewig bey den Schweden wohnen wolte.

Auff demselbigen Weg kam die Waarsagerin von Soest zu mir, die sagte: Schaue mein Sohn, habe ich dir hiebevor nicht wol gerathen, daß du dein Geld [340] ausserhalb der Stat Soest verbergen soltest? Ich versichere dich, daß es dein grösstes Glück gewesen, daß du gefangen worden, dan wärest du heimkommen, so hätten dich einzige Kerl, welche dir den Tod geschworen, weil du ihnen beym Frauenzimmer bist vorgezogen worden, auff der Jagt erwürgt. Ich antwortete, wie kan jemand mit mir eifern, da ich doch dem Frauenzimmer nichts nachfrage? Versichert, sagte sie, wirstu deß Sinns nicht verbleiben, wie du jetzt bist, so wird dich das Frauenzimmer mit Spott und Schande zum Land hinauß jagen, du hast mich jederzeit verlacht, wan ich dir etwas zuvor gesagt habe, woltest du mir abermal nicht glauben, wan ich dir mehr sagte, findestu an dem Ort, wo du jetzt bist, nicht geneigtere Leute als in Soest? Ich schwöre dir, daß sie dich nur gar zulieb haben, und daß dir solche übermachte Liebe zum Schaden gereichen wird, wan du dich nicht nach derselbigen accommodirest. Ich antwortete ihr, wan sie ja soviel wüste, als sie sich davor außgebe, so solte sie mir davor sagen, wie es mit meinen Eltern stünde, und ob ich mein Lebtag wieder zu denselben kommen würde? sie solte aber nicht so dunckel, sondern fein Teutsch mit der Sprache herauß: Darauff sagte sie, ich solte alsdan nach meinen Eltern fragen, wan mir mein Pflegvater unversehens begegne, und führe meiner Säug=Ammen Tochter am Strick daher; Lachte darauff überlaut, und hinge daran, daß sie mir von sich selbst mehr gesagt, als andern die sie darum gebeten hätten: Hernach machte sie sich, weil ich sie nur anfing zufoppen, geschwind von mir, als ich ihr zuvor etliche Thaler verehret, weil ich doch schwer [341] am Silbergeld zutragen hatte. Ich hatte damals ein schön stück Geld, und viel köstliche Ringe und Kleinodien beyeinander, dan wo ich hiebevor unter den Solbaten etwas von Edelgesteinen wuste, oder auff Parthey und sonst antraff, brachte ichs an mich, und darzu nicht einmal um halb Geld, was es gültig war. Solches schrye mich immerzu an, es wolte gern wieder unter die Leute; ich folgte auch gar gern, dan weil ich zimlich hoffärtig war, prangte ich mit meinem Gut, und ließ solches meinen Wirth ohn Scheu sehen, der bey den Leuten mehr darauß machte, als es war: Dieselbige aber verwunderten sich, wo ich doch alles hergebracht haben müste, dan es war genugsam erschollen, daß ich meinen gefundenen Schatz zu Cöln ligen hatte, weil der Cornet deß Kauffmanns Handschrifft gelesen, da er mich gefangen bekommen.

Das XVIII. Capitel.
Wie der Jäger anfähet zubulen, und ein Handwerck darauß machet.

MEin Vorsatz, die Büchsenmeisterey= und Fecht=Kunst in diesen 6. Monaten vollkommen zulernen, war gut, und ich begriffs auch: Aber es war nit genug, mich vorm Müssiggang, der ein Ursprung vielen Ubels ist, allerdings zubehüten, vornehmlich weil niemand war, der mir zugebieten hatte. Ich saß zwar emsig über allerhand Büchern, auß denen ich viel Gutes lernete, es kamen mir aber auch theils unter die Hände, die mir wie dem Hund das Gras gesegnet wurden: Die unvergleichliche Arcadia, auß deren ich die Wolredenheit lernen wolte, war das erste Stück, das mich von den rechten Historien zu [342] den Liebe=Büchern, und von den warhafften Geschichten zu den Helden=Gedichten zog: Solcherley Gattungen brachte ich zuwege wo ich konte, und wan mir eins zutheil ward, hörete ich nicht auff, biß ichs durchgelesen, und solte ich Tag und Nacht darüber gesessen seyn; Diese lerneten mich vor das Wol=reden mit der Leimstange lauffen. Doch ward dieser Mangel damals bey mir nicht so hässtig und starck, daß man ihn mit Seneca ein göttliches Rasen, oder wie er in Thomæ Tomaj Welt=Gärtlein beschrieben wird, eine beschwerliche Kranckheit hätte nennen können; dan wo meine Liebe hinfiel, da erhielt ich leichtlich und ohn sonderbare Mühe, was ich begehrete, also daß ich keine Ursache zuklagen

bekam, wie andere Buler und Leimstängler, die voller
phantastischer Gedancken, Mühe, Begierden, heimlich Lei=
den, Zorn, Eyfer, Rachgier, Rasen, Weynen, Protzen,
Drohen, und dergleichen tausendfältigen Torheiten stecken,
und ihnen vor Ungedult den Tod wünschen; Ich hatte Geld,
und ließ mich dasselbe nicht dauren, und über das eine
gute Stimme, übte mich stetig auff allerhand Instrumen=
ten; Anstat deß Tantzens, dem ich nie bin hold worden,
wiese ich die Gerade meines Leibes, wan ich mit meinem
Kürschner fochte; Uber das hatte ich einen trefflichen glatten
Spiegel, und gewöhnte mich zu einer freundlichen Lieb=
ligkeit, also daß mir das Frauenzimmer, wanschon ich
mich dessen nicht sonderlich annam (wie Aurora dem Clito,
Cephalo und Vitoni, Venus dem Anchise, Atibi und Adoni,
Ceres dem Glauco, Ulysse und Jasoni, und die keusche
Diana selbst ihrem Endimione) von sich selbst nachlieff,
mehr als ich dessen begehrete. [343]

Um dieselbige Zeit fiel Martini ein, da fängt bey
uns Teutschen das Fressen und Sauffen an, und wäret
bey theils biß in die Faßnacht, da ward ich an unter=
schiedliche örter, sowol bey Officierern als Bürgern, die
Martins=Gans verzehren zuhelffen, eingeladen; Da satzte
es dan zuzeiten so etwas, weil ich bey solchen Gelegen=
heiten mit dem Frauenzimmer in Kundschafft kam; meine
Laute und Gesang die zwangen eine jede, mich anzuschauen,
und wan sie mich also betrachteten, wuste ich zu meinen
neuen Bulen=Liedern, die ich selber machte, so anmuthige
Blicke und Geberden hervor zubringen, daß sich manches
hübsches Mägdlein darüber vernarrte, und mir unversehens
hold ward. Und damit ich nicht vor einen Hungerleider
gehalten würde, stellete ich auch zwo Gastereyen, die eine
zwar vor die Officierer, und die andere vor die vornehmste
Bürger an, dadurch ich mir bey beyden Theilen Gunst,
und einen Zutritt vermittelte, weil ich kostbar aufftragen
ließ. Es war mir aber alles um die liebe Jungfern zu=
thun, und obgleich ich bey einer oder der andern nicht
fand, was ich suchte (dan es gab auch noch etliche, die
es verhalten konten) so ging ich doch einen weg als den
andern zu ihnen, damit sie diejenige, die mir mehr Gunst

erzeigeten, als ehrlichen Jungfern gebühret, in keinen bösen
Verdacht bringen, sondern glauben solten, daß ich mich
bey denselbigen auch nur Discurs halber auffhielte. Und
das überredete ich eine jede insonderheit, daß sie es von
den andern glaubte, und nit anders meynete, als wäre
sie allein diejenige, die sich meiner erfreuete.

Ich hatte gerad sechs die mich liebten, und ich sie
[344] hin wiederum, doch hatte keine mein Hertz gar, oder
mich allein; an der einen gefielen mir nur die schwartze
Augen, an der andern die Goldgelbe Haare, an der dritten
die liebliche Holdseligkeit, und an den übrigen auch so
etwas, das die andere nicht hatte. Wan ich aber ohn
diese andere besuchte, so geschahe es nur entweder auß
obgesagter Ursache, oder weilen es fremd und neu war,
und ich ohn das nichts außschlug oder verachtete, indem ich
nicht immer an demselben Ort zubleiben gedachte. Mein
Jung, der ein Ertz=Schelm war, hatte genug zuthun
mit Kupplen und Bulen=Brieflein hin und wieder zu=
tragen, und wuste reinen Mund, und meine lose Händel
gegen einer und der andern so geheim zuhalten, daß
nichts drüber war; davon bekam er von den Schlepp=
säcken ein hauffen Favor, so mich aber am meisten kosteten,
massen ich hierdurch ein Ansehnliches verschwendete, und
wol sagen konte: Was mit Trommeln gewonnen wird,
gehet mit Pfeiffen wieder dahin. Dabey hielt ich meine
Sachen so geheim, daß mich der hunderte vor keinen Buler
halten konte, ohn der Pfarrer, bey welchem ich nicht mehr
so viel geistliche Bücher entlehnete, als zuvor.

Das XIX. Capitel.
Durch was Mittel ihm der Jäger Freunde gemachet, und was
vor Andacht er bey einer Predigt hatte.

WAn das Glück einen stürtzen will, so hebet es ihn
zuvor in alle Höhe, und der gütige GOtt lässet auch
einenjeden vor seinem Fall so treulich warnen. Das
wiederfuhr mir auch, ich nams aber nicht an! Ich hielt
in meinem Sinn gäntzlich davor, daß mein damaliger
Stand so vest gegründet wäre, daß mich [345] kein
Unglück davon stürtzen könte, weil mir jederman, in=

sonderheit aber der Commandant selbst sowol wolte; diejenige, auff welche er viel hielt, gewan ich mit allerhand Ehrerbietungen, seine getreue Diener brachte ich durch Geschencke auff meine Seite, und mit denen, so etwas mehr als meines gleichen waren, soff ich Brüderschafft, und schwur ihnen unverbrüchliche Treue und Freundschafft; die gemeine Bürger und Soldaten waren mir deßwegen hold, weil ich jedem freundlich zusprach. Ach was vor ein freundlicher Mensch, sagten sie offt zusammen, ist doch der Jäger, er redet ja mit dem Kind auff der Gasse, und erzörnt keinen Menschen! Wan ich ein Häsgen oder etliche Feldhüner fing, so schickte ichs denen in die Küchen, deren Freundschafft ich suchte, lud mich darbey zu Gast, und ließ etwan einen Trunck Wein, welcher der Orten theur war, darzu holen, ja ich stellete es also an, daß schier aller Kosten über mich ging. Wan ich dan mit jemand bey solchen Gelachen in ein Gespräch kam, so lobte ich jederman ohn mich selbst nicht, und wuste mich so demütig zustellen, als ob ich die Hoffart nie getant hätte. Weil ich dan nun hierdurch eines jeden Gunst kriegte, und jederman viel von mir hielt, gedachte ich nicht, daß mir etwas unglückliches widerfahren könte, vornehmlich weil mein Säckel noch zimlich gespickt war.

Ich ging offt zum ältesten Pfarrer derselbigen Stat, als der mir auß seiner Bibliothec viel Bücher lehnete, und wan ich ihm eins wieder brachte, so discurirte er von allerhand Sachen mit mir, dan wir accommodirten uns so miteinander, daß einer den andern gern leiden mögte: Als nun nicht nur die [346] Martins-Gäns und Metzelsuppen hin und wieder, sondern auch die heilige Weyhnacht-Feyertäge vorbey waren, verehrete ich ihm eine Flaschen voll Straßburger Brantewein zum Neuen Jahr, welchen er, der Westphälinger Gebrauch nach, mit Candel-Zucker gern einläpperte, und kam darauff hin, ihn zubesuchen, als er eben in meinem Joseph laß, welchen ihm mein Wirth ohn mein Wissen geliehen hatte: Ich entfärbte mich, daß einem solchen gelährten Mann meine Arbeit in die Hände kommen solte, sonderlich weil man davorhält, daß einer am besten auß seinen Schrifften erkant werde; Er aber machte mich zu ihm sitzen, und lobte zwar meine Invention, schalt aber, daß ich mich so lang in der Seliche (die Potiphars Weib gewesen) Liebe = Händeln hätte auff= gehalten; Wessen das Hertz voll ist, gehet der Mund über, sagte er ferners, wan der Herr nicht selbsten wüste wie einem Buler ums Hertz ist, so hätte er dieses Weibes Passiones nicht so wol außführen, oder vor Augen stellen können: Ich antwortete, was ich geschrieben hätte, das wäre meine eigne Erfindung nicht, sondern hätte es auß andern Büchern extrahirt, mich um etwas im Schreiben zuüben: Ja, ja, antwortete er, das glaub ich gern, (scil.) aber er versichere sich, daß ich mehr von ihm weiß, als er sich einbildet! Ich erschrack, da ich diese Worte hörete, und gedachte, hat dirs dan S. Velten gesagt; Und weil er sahe, daß ich meine Farbe änderte, fuhr er ferner fort, und sagte: Der Herr ist frisch und jung, er ist müssig und schön, er lebet ohn Sorge, und wie ich vernehme, in allem Überfluß; darum bitte und ermahne ich ihn im HErrn, daß er bedencken wolle, [347] in was vor einem gefährlichen Stand er sich befindet, er hüte sich vor dem Thier das Zöpffe hat, will er anders sein Glück und Heil beobachten; Der Herr mögte zwar gedencken, was gehts den Pfaffen an, was ich thu und lasse, (Ich gedachte, du hast es errathen,) oder was hat er mir zubefehlen? Es ist waar, ich bin ein Seelsorger! Aber, Herr seyd ver= sichert, daß mir eure, als meines Gutthäters, zeitliche Wolfahrt auß Christlicher Liebe so hoch angelegen ist, als ob ihr mein eigener Sohn wäret; immer Schade ist es, und ihr könnet es bey euerm himlischen Vater in Ewig= keit nicht verantworten, wan ihr euer Talent, das er euch verliehen, vergrabet, und euer edel ingenium, das ich auß gegenwärtiger Schrifft erkenne, verderben lasset, mein ge= treuer und väterlicher Rath wäre, ihr legtet eure Jugend und eure Mittel, die ihr hier so unnützlich verschwendet, zum Studiren an, damit ihr heut oder morgen beydes GOtt und den Menschen und euch selbst bedient seyn könnet, und liesset das Kriegswesen, zu welchem ihr, wie ich höre, so grosse Lust traget, seyn wie es ist, eh ihr eine Schlappe davon traget, und dasjenige Sprüchwort waar zusehn an

euch befindet, welches heist: Junge Soldaten, alte
Bettler. Ich hörete diesen Sentenz mit grosser Unge-
bult, weil ich dergleichen zuvernehmen nicht gewohnt war,
jedoch stellete ich mich viel anders als mirs ums Hertz
war, damit ich mein Lob, daß ich ein feiner Mensch wäre,
nicht verliere; bedanckte mich zumal auch sehr vor seine
erwiesene Treuhertzigkeit, und versprach, mich auff sein Einrathen zubedencken, gedachte aber bey mir selbst, wie deß
Goldschmieds Junge, und was es den [348] Pfaffen geheye,
wie ich mein Leben anstelle, weil es damals mit mir auffs
höchste kommen war, und ich die nunmehr gekostete Liebe-
Wollüste nicht mehr entberen wolte; Es gehet aber mit
solchen Warnungen nicht anders her, wan die Jugend
schon des Zaums und der Sporen der Tugenden entwonet
ist, und in vollen Sprüngen ihrem Verderben zurennet.

Das XX. Capitel.
Wie er dem treuhertzigen Pfarrer ander Werck an die Kunckel
legte, damit er sein Epicurisch Leben zucorrigiren vergesse.

Ich war in den Wollüsten doch nicht so gar ersoffen,
oder so dumm, daß ich nicht gedacht hätte, jedermans
Freundschafft zubehalten, solang ich noch in derselbigen
Vestung zuverbleiben (nemlich biß der Winter vorüber)
willens war; So erkante ich auch wol, was es einen
vor Unrath bringen könte, wan er der Geistlichen Haß
hätte, als welche Leute bey allen Völckern, sie seyn gleich
was Religion sie wollen, einen grossen Credit haben; derowegen nam ich meinen Kopff zwischen die Ohren, und
trat gleich den andern Tag wieder auff frischem Fuß zu
obgedachtem Pfarrer, und log ihm mit gelehrten Worten
einen solchen zierlichen Hauffen daher, was gestalten ich
mich resolvirt hätte, ihm zufolgen, daß er sich, wie ich
auß seinen Geberden sehen konte, hertzlich darüber erfreuete; Ja, sagte ich, es hat mir seithero, auch schon in
Soest, nichts anders als ein solcher Englischer Rathgeber
gemangelt, wie ich einen an meinem hochgeehrten Herrn
angetroffen habe; Wan nur der Winter bald vorüber, oder
sonst das Wetter bequem wäre, daß ich forträisen könte,
bat [349] ihn darneben, er wolte mir doch ferner mit

gutem Rath beförderlich seyn, auff welche Academiam ich mich begeben solte? Er antwortete, was ihn anbelange, so hätte er zu Leiden studiret, mir aber wolte er nach Genff gerathen haben, weil ich, der Außsprache nach, ein Hochteutscher wäre! Jesus Maria! antwortete ich, Genff ist weiter von meiner Heimat, als Leiden: Was vernehme ich? sagte er hierauff mit grosser Bestürtzung, ich höre wol, der Herr ist ein Papist, O mein Gott, wie finde ich mich betrogen! Wie so, wie so Herr Pfarrer, sagte ich, muß ich darum ein Papist seyn, weil ich nicht nach Genff will? O nein, sagte er, sondern daran höre ichs, weil ihr die Mariam anruffet; Ich sagte, solte dan einem Christen nicht gebühren, die Mutter seines Erlösers zunennen? Das wol, antwortete er, aber ich ermahne und bitte ihn so hoch als ich kan, er wolle GOtt die Ehre geben, und mir gestehen, welcher Religion er beygethan sey? dan ich zweiffle sehr, daß er dem Evangelio glaube (obzwar ich ihn alle Sontage in meiner Kirche gesehen) weil er das verwichene Fest der Geburt Christi weder bey uns noch den Lutherischen zum Tisch deß Herrn gangen! Ich antwortete, der Herr Pfarrer höret ja wol, daß ich ein Christ bin, und wan ich keiner wäre, so würde ich mich nicht sooft in der Predigt haben eingefunden, im übrigen aber gestehe ich, daß ich weder Petrisch noch Paulisch bin, sondern allein simpliciter glaube, was die 12. Articul deß Allgemeinen heil. Christlichen Glaubens in sich halten, werde mich auch zu keinem Theil vollkommen verpflichten, biß mich ein oder ander durch genugsame Erweisungen persuadiret zuglau=[350]ben, daß er vor den andern die rechte waare und allein seeligmachende Religion habe. Jetzt, sagte er, glaube ich erst recht, daß er ein kühnes Soldaten=Hertz habe, sein Leben dapffer dran zuwagen, weil er gleichsam ohn Religion und Gottesdienst auff den alten Käiser hinein dahin leben, und so frevelhafftig seine Seeligkeit in die Schantze schlagen darf! Mein Gott, wie kan aber ein sterblicher Mensch, der entweder verdamt oder seelig werden muß, immermehr so keck seyn? Ist der Herr in Hanau erzogen, und nicht anders im Christenthum unterrichtet worden? Er sage mir doch,

warum er seiner Eltern Fußstapffen in der reinen Christ=
lichen Religion nicht nachfolget? Oder warum er sich eben
sowenig zu dieser, als zu einer andern begeben will, deren
Fundamenta sowol in der Natur als heil. Schrifft, doch
so Sonnenklar am Tag ligen, daß sie auch in Ewigkeit
weder Papist noch Lutheraner nimmermehr wird umstossen
können? Ich antwortete, Herr Pfarrer, das sagen auch
alle andere von ihrer Religion, welchem sol ich aber
glauben? vermeynet der Herr wol, es sey so ein geringes,
wan ich einem Theil, den die andern zwey lästern, und
einer falschen Lehre bezüchtigen, meiner Seelen Seeligkeit
vertraue? Er sehe doch (aber mit meinen unparteischen
Augen) was Conrad Vetter und Johannes Naß wider
Lutherum, und hingegen Luther und die Seinige wider
den Pabst, sonderlich aber Spangenberg wider Franciscum,
der etliche hundert Jahre vor einen heiligen und gottseeligen
Mann gehalten worden, in offenen Druck außgehen lassen;
zu welchem Theil soll ich mich dan thun, wan je eins
das ander außschreiet, es sey kein gut Haar an [351]
ihm! vermeynet der Herr Pfarrer, ich thue unrecht, wan
ich einhalte, biß ich meinen Verstand völliger bekomme,
und weiß was Schwartz oder Weiß ist? Solte mir wol
jemand rathen, hinein zuplumpen, wie die Fliege in einen
heissen Brey? O nein, das wird der Herr Pfarrer ver=
hoffentlich mit gutem Gewissen nicht thun können; Es
muß unumgänglich eine Religion recht haben, und die
andern beyde unrecht, solte ich mich nun zu einer ohn
reifflichen Vorbedacht bekennen, so könte ich eben so bald
eine unrechte als die rechte erwischen, so mich hernach in
Ewigkeit reuen würde, ich will lieber gar von der Strasse
bleiben, als nur irr lauffen; zudem seynd noch mehr
Religionen, dan nur die in Europa, als die Armenier,
Abyssiner, Griechen, Georgianer und dergleichen, und Gott
geb was ich vor eine davon annehme, so muß ich mit
meinen Religionsgenossen den andern allen widersprechen.
Wird nun der Herr Pfarrer mein Ananias seyn, so wil
ich ihm mit grosser Danckbarkeit folgen, und die Religion
annehmen, die er selbst bekennet.

Darauff sagte er: Der Herr steckt in grossem Irrthum,

aber ich hoffe zu GOtt, er werde ihn erleuchten, und auß
dem Schlamm helffen; zu welchem Ende ich ihm dan
unsere Confession ins künfftige dergestalt auß heil. Schrift
bewähren will, daß sie auch wider die Pforten der Hölle
bestehen solle: Ich antwortete, dessen würde ich mit grossem
Verlangen gewärtig seyn, gedachte aber bey mir selber,
wan du mir nur nichts mehr von meinen Liebgern vor=
hältst, so bin ich mit deinem Glauben wol zufrieden.
Hierbey kan der Leser abnehmen, was ich damals vor ein
[352] gottloser böser Bub gewesen, dan ich machte dem
guten Pfarrer deßwegen vergebliche Mühe, damit er mich
in meinem ruchlosen Leben ungehindert liesse, und ge=
dachte: Biß du mit deinen Beweißthümen fertig bist, so
bin ich vielleicht wo der Pfeffer wächset.

Das XXI. Capitel.
Wie der Jäger unversehens zum Ehemann wird.

GEgen meinem Quartier über wohnete ein Reformirter
Obrist=Leutenant, der hatte eine überauß schöne
Tochter, die sich gantz Adelich trug; ich hätte längst
gern Kundschafft zu ihr gemachet, unangesehen sie mir
anfänglich nicht beschaffen zuseyn deuchte, daß ich sie allein
lieben, und auff ewig haben möchte, doch schenckte ich ihr
manchen Gang, und noch vielmehr liebreicher Blicke, sie
ward mir aber so fleissig verhütet, daß ich kein einzig
mal, als ich mir wünschete, mit ihr zureden kommen konte,
so dorffte ich auch so unverschämt nicht hinein platzen, weil
ich mit ihren Eltern keine Kundschafft hatte, und mir der
Ort vor einen Kerl von so geringen Herkommen, als mir
das meinige bewust war, viel zuhoch vorkam. Am aller=
nächsten gelangte ich zu ihr, wan wir etwan in oder auß
der Kirche gingen, da nam ich dan die Zeit so fleissig in
acht, mich ihr zunähern, daß ich offt ein paar Seufftzer
anbrachte, das ich meisterlich konte, obzwar sie alle auß
falschem Hertzen gingen: Hingegen nam sie solche auch
so kaltsinnig an, daß ich mir einbilden muste, daß sie
sich nicht so leicht wie eines schlechten Bürgers Tochter
verführen lassen würde, und indem ich gedachte, sie würde

mir schwerlich zutheil, wurden meine Begierden nach ihr nur desto hefftiger. [353]

Mein Stern, der mich das erstemal zu ihr vermittelte, war derjenige, den die Schüler zu immerwärendem Gedächtnüß um selbige Zeit deß Jahrs herumtragen, damit anzuzeigen, daß die 3. Weisen durch einen solchen nach Bethlehem begleitet worden, so ich anfänglich vor ein gut Omen hielt, weil mir dergleichen einer in ihre Wohnung leuchtete, da ihr Vater selbst nach mir schickte: Monsieur, sagte er zu mir, seine Neutralität, die er zwischen Bürgern und Soldaten hält, ist eine Ursache, daß ich ihn zu mir bitten lassen, weil ich wegen einer Sache, die ich zwischen beyden Theilen ins Werck zurichten vorhabe, einen unpartheischen Zeugen bedarff; ich vermeynte, er hätte was wundergrosses im Sinn, weil Schreibzeug und Papier auff dem Tisch war, bot ihm derowegen zu allen ehrlichen Geschäfften meine bereitfertigste Dienste an, mit sondern Complimenten, daß ich mirs nemlich vor eine grosse Ehre halten würde, wan ich so glückseelig sey, ihm beliebige Dienste zuleisten. Es war aber nichts anders, als (wie an vielen Orten der Gebrauch ist) ein Königreich zumachen, massen es eben an der heil. drey Könige Abend war, dabey solte ich zusehen, daß es recht zuginge, und die Aemter ohn Ansehung der Personen durch das Loß außgetheilet würden. Zu diesem Geschäfft, bey welchem deß Obristen Secretarius auch war, ließ der ObristLeutenant Wein und Confect langen, weil er ein trefflicher Zechbruder, und es ohn das nach dem Nacht=Essen war; der Secretarius schrieb, ich las die Namen, und die Jungfer zog die Zettel, ihre Eltern aber sahen zu; und ich mag eben nicht außführlich erzehlen, wie es hergangen, dan die erste [354] Kundschafft an diesem Orte machte. Sie beklagten sich über die lange Winter=Nächte, und gaben mir damit zuverstehen, daß ich solche desto leichter zupassiren, wol zu ihnen zu Liecht kommen dörffte, indem sie ohn das keine besonders grosse Geschäffte hätten. Diß war nun eben das, was ich vor längsten gewünschet.

Von diesem Abend an (da ich mich zwar nur einwenig bey der Jungfer zutäppisch machte) fing ich wieder

auf ein neues an mit der Leimstangen zulauffen, und
am Narren-Sail zuziehen; also daß sich beydes die
Jungfer und ihre Eltern einbilden musten, ich hätte den
Angel geschluckt, wiewol mirs nicht halber Ernst war;
Ich butzte mich als nur gegen der Nacht, wan ich zu ihr
wolte, wie die Hexen, und den Tag über hatte ich mit
den Liebs-Büchern (Liebe-Grillen) zuthun, darauß stellete
ich Bulenbrieefflein an meine Liebste, eben als ob ich
hundert Meilwegs von ihr gewohnt hätte, oder in viel
Jahren nicht zu ihr käme; zuletzt machte ich mich gar
gemein, weil mir meine Löffeley nicht sonderlich von den
Eltern gewehret, sondern zugemuthet ward, ich solte ihre
Tochter auff der Lauten lernen schlagen. Da hatte ich nun
einen freyen Zutritt, bey Tag sowol, als hiebevor deß
Abends, also daß ich meinen gewöhnlichen Reimen,

> Ich und eine Fledermauß,
> Fliegen nur bey Nachtzeit auß:

änderte, und ein Liedlein machte, in welchem ich mein
Glück lobte, weil es mir auff so manchen guten Abend
auch so freudenreiche Täge verliehe, an denen ich in meiner
Liebsten Gegenwart meine Augen waiden, [355] und mein
Hertz um etwas erquicken könte, hingegen klagte ich auch
in eben demselbigen Lied über mein Unglück, und be-
züchtigte dasselbige, daß es mir die Nächte verbittere, und
mir nicht gönnete, solche auch wie die Täge mit liebreicher
Ergetzung hinzubringen; und obzwar es um etwas zufrey
kam, so sang ichs doch meiner Liebsten mit andächtigen
Seufftzen und einer Lustreitzenden Melodey, darbey die
Laute das ihrige trefflich thät, und gleichsam die Jungfer
mit mir bat, sie wolte doch cooperiren, daß mir die Nächte
so glücklich als die Täge bekommen mögten; Aber ich
bekam zimlich abschlägige Antwort, dan sie war trefflich
klug, und konte mich auff meine Erfindungen, die ich bißweilen artlich anbrachte, gar höfflich beschlagen. Ich nam
mich gar wol in acht, von der Verehligung zuschweigen,
ja wanschon Discurs-weiß davon geredet ward, stellete ich
doch alle meine Worte auff Schrauben. Welches meiner
Jungfer Schwester, die schon verheuratet war, bald merckte,

und dahero mir und meinem lieben Mägdlein alle Päſſe verlegte, damit wir nicht ſooftt wie zuvor allein beyſammen ſeyn ſolten, dan ſie ſahe wol, daß mich ihre Schweſter von Hertzen liebete, und daß die Sache in die Länge kein gutthun würde.

Es iſt unnötig, alle Torheiten meiner Leſſelen umſtändlich zuerzehlen, weil dergleichen Poſſen ohn das alle Liebs-Schrifften voll ſeyn. Genug iſt es, wan der günſtige Leſer weiß, daß es zuletzt dahin kam, daß ich erſtlich mein liebes Dingelgen zuküſſen, und endlich auch andere Narrenpoſſen zuthun mich erkühnen dorffte, ſolchen erwünſchten Fortgang verfolgte ich mit allerhand Reitzungen, biß ich beynacht [356] von meiner Liebſten eingelaſſen ward, und mich ſo hübſch zu ihr ins Bette fügte, als wan ich zu ihr gehört hätte. Weil jederman weiß, wie es bey dergleichen Kürben pfleget gemeiniglich herzugehen, ſo dürfte ſich wol der Leſer einbilden, ich hätte etwas ungebührliches begangen: Ja wol nein! dan alle meine Gedancken waren umſonſt, ich fand einen ſolchen Widerſtand, dergleichen ich mir nimmermehr bey keinem Weibsbild anzutreffen gedencken können, weil ihr Abſehen einzig und allein auff Ehre, und den Eheſtand gegründet war, und wangleich ich ihr ſolchen mit den allergrauſamſten Flüchen verſprach, ſo wolte ſie jedoch vor der ehelichen Copulation kurtzum nichts geſchehen laſſen, doch gönnete ſie mir, auff ihrem Bette neben ihr ligen zubleiben, auff welchem ich auch gantz ermüdet vor Unmuth ſanfft einſchlummerte. Ich ward aber gar ungeſtüm auffgeweckt, dan morgens um 4. Uhr ſtund der ObriſtLeutenant vorm Bette, mit einer Piſtol in der einen, und einer Jackel in der andern Hand: Crabat, ſchrie er überlaut ſeinem Diener zu, der auch mit einem bloſſen Sebel neben ihm ſtund, geſchwind Crabat, hole den Pfaffen! Wovon ich dan erwachte, und ſahe, in was vor einer Gefahr ich mich befand; O Weh, gedachte ich, du ſollſt gewiß zuvor beichten, eh er dir den Reſt gibet! Es ward mir gantz grün und gelb vor den Augen, und wuſte nicht, ob ich ſie recht auffthun ſolte, oder nicht? Du leichtfertiger Geſelle ſagte er zu mir, ſoll ich dich finden, daß du mein Hauß ſchändeſt? thät ich dir unrecht, wan ich dir und dieser Vettel, die deine Hure worden ist, den Hals breche? Ach du Bestia, wie kan ich mich doch nur enthalten, daß ich dir nit das Hertz [357] auß dem Leib herauß reisse, und zu kleinen Stücken zerhackt den Hunden darwerffe? damit biß er die Zähne übereinander, und verkehrte die Augen, als ein unsinnig Thier. Ich muste nicht was ich solte, und meine Beyschläfferin konte nichts als weynen; endlich da ich mich einwenig erholete, wolte ich etwas von unsrer Unschuld vorbringen, er aber hieß mich das Maul halten, indem er wieder auff ein neues anfing, mir auffzurucken, daß er mir viel ein anders vertrauet, ich aber hingegen ihn mit der allergrösten Untreue von der Welt gemeynt hätte: Indessen kam seine Frau auch darzu, die fing eine nagelneue Predigt an, also daß ich wünschte, ich lege irgends in einer Dornhecke, ich glaube auch, sie hätte in zweyen Stunden nicht auffgehört, wan der Crabat mit dem Pfarrer nicht kommen wäre.

Eh dieser ankam, unterstund ich etliche mal auffzustehen, aber der Obrist Leutenant machte mich mit bedrohlichen Minen ligend bleiben, also daß ich erfahren muste, wie gar keine Courage ein Kerl hat, der auff einer bösen That erdappt wird, und wie einem Dieb ums Hertz ist, den man erwischt, wan er eingebrochen, obgleich er noch nichts gestolen hat; ich gedencke der lieben Zeit, wan mir der Obr. Leutenant samt zwey solchen Croaten auffgestossen wäre, daß ich sie alle drey zujagen unterstanden, aber jetzt lag ich da wie ein ander Bernheuter, und hatte nicht das Hertz, nur das Maul, geschweige die Fäuste recht auffzuthun. Sehet Herr Pfarrer, sagte er, das schöne Spectacul zu welchem ich euch zum Zeugen meiner Schande beruffen muß! und kaum hatte er dise Worte ordentlich vorgebracht, da fing er wieder an zuwüten, [358] und das tausendste ins hundertste zuwerffen, daß ich nichts anders als vom Halsbrechen, und Hände in Blut wäschen verstehen konte; er schaumte ums Maul wie ein Eber, und stellete sich nicht anders, als ob er gar von Sinnen kommen wolte, also daß ich alle Augenblicke gedachte, jetzt jagt er dir eine Kugel durch den Kopff! Der Pfarrer

aber wehrte mit Händen und Füssen, daß nichts tödliches geschehe, so ihn hernach reuen mögte; Was? sagte er, Herr Obrist Leutenant, brauchet eure hohe Vernunfft, und bedencket das Sprüchwort, daß man zu geschehenen Dingen das beste reden soll; biß schöne junge Paar, das seines gleichen schwerlich im Land hat, ist nicht das erste, und auch nicht das letzte, so sich von den unüberwindlichen Kräfften der Liebe meistern lassen; dieser Fehler, den sie beyde begangen, kan auch durch sie, da es anders ein Fehler zunennen, wieder leichtlich gebessert werden; Zwar lobe ichs nicht, sich auff diese Art zuverehlichen, aber gleichwol hat dieses junge Paar hierdurch weder Galgen noch Rad verdienet, der Herr ObristLeutenant auch keine Schande davon zugewarten, wan er nur diesen Fehler (der ohn das noch niemand bewust) heimlich halten und verzeihen, seinen Consens zu beyder Verehelichung geben, und diese Ehe durch den gewöhnlichen Kirchgang offent=
lich bestetigen lassen wird. Was? antwortete er, solte ich ihnen anstat billicher Straffe, erst noch hofiren, und grosse Ehre anthun? ich wolte sie eh morgenden Tags beyde zusammen binden, und in der Lippe erträncken lassen! Ihr müsset mir sie in diesem Augenblick copuliren, massen ich euch deßwegen holen lassen, oder ich will sie alle beyde wie die Hüner erwürgen. [359]

Ich gedachte, was wiltu thun, es heist: Vogel friß, oder stirb; zudem so ist es eine solche Jungfer, deren du dich nicht schämen darffst, ja wan du dein Her=
kommen bedenckest, so bistu kaum werth, hinzusitzen, wo sie ihre Schuh hinstellet; doch schwur ich, und bezeugte hoch und theur, daß wir nichts unehrliches miteinander zuschaffen gehabt hätten; Aber mir ward geantwortet, wir solten uns gehalten haben, daß man nichts Böses von uns argwähnen können, diesen Weg aber würden wir dem einmal gefasten Verdacht niemand benehmen. Hierauff wurden wir von gemeltem Pfarrer im Bette sitzend zu=
sammen gegeben, und nachdem solches geschehen, auffzustehen, und miteinander auß dem Hauß zugehen gemüssiget. Unter der Thür sagte der Obrist=Leutenant zu mir und seiner Tochter, wir solten sich in Ewigkeit vor seinen Augen

nicht mehr sehen lassen. Ich aber, als ich mich wieder erholte, und den Degen auch an der Seite hatte, antwortete gleichsam im Schertz: Ich weiß nicht, Herr Schwehrvater, warum er alles so widersinns anstellet, wan andere neue Eheleute copulirt werden, so führen sie die nächste Verwante schlaffen, er aber jaget mich nach der Copulation nicht allein auß dem Bette, sondern auch gar auß dem Hauß, und anstat deß Glücks, das er mir in Ehestand wünschen solte, will er mich nicht so glückseelig wissen, meines Schwehers Angesicht zusehen und ihm zudienen; Warlich, wan dieser Brauch auffkommen solte, so würden die Verehlichungen wenig Freundschafft mehr in der Welt stifften. [360]

Das XXII. Capitel.
Wie es bey der Hochzeit ablieff, und was er weiter anzufangen sich vorgestellet.

DJe Leute in meinem Losament verwunderten sich alle, da ich diese Jungfer mit mir heim brachte, und noch vielmehr, da sie sahen, daß sie so ungescheut mit mir schlaffen ging; dan obzwar mir dieser Posse, so mir widerfahren, grandige Grillen in Kopff brachte, so war ich doch so närrisch nicht, meine Braut zuverschmähen; ich hatte zwar die Liebste im Arm, hingegen aber tausenderley Gedancken im Kopf, wie ich meine Sache heben und legen wolte; bald gedachte ich, es ist dir recht geschehen, und bald vermeynte ich, es wäre mir der allergröste Schimpff von der Welt widerfahren, welchen ich ohn billige Rache mit Ehren nicht verschmertzen könte: Wan ich aber besann, daß solche Rache wider meinen Schwehrvater, und also auch wider meine unschuldige fromme Liebste lauffen müste, fielen alle meine Anschläge dahin. Ich schämete mich sosehr, daß ich mir vornam, mich einzuhalten, und vor keinem Menschen mehr sehen zulassen, befand aber, daß ich alsdan erst die allergröste Narrheit begehen würde. Endlich war mein Schluß ich wolte vor allen Dingen meines Schwehr-Vaters Freundschafft wieder gewinnen, und mich im übrigen gegen jederman anlassen, als ob mir nichts übels widerfahren, und wegen meiner Hochzeit alles wol

außgerichtet hätte. Ich sagte zu mir selber, weil alles
auff eine seltzame ungewöhnliche Weise sich geschickt und
seinen Anfang genommen, so mustu es auch auff solche
Gattung außmachen, solten die Leute erfahren, daß du
Verdruß an deiner Heurath hättest, und wi=[361]der deinen
Willen copulirt worden wärest, wie eine arme Jungfer an
einen alten reichen Ehekrippel, so hättestu nur Spott davon.

In solchen Gedancken ließ ich mir früh tagen, wiewol
ich lieber länger im Bette verblieben wäre; Ich schickte
am allererſten nach meinem Schwager, der meines Weibes
Schweſter hatte, und hielt ihm kurtz vor, wie nahe ich
ihm verwandt worden, erſuchte ihn darneben, er wolte
seine Liebste kommen lassen, um etwas zurichten zuhelffen,
damit ich den Leuten auch bey meiner Hochzeit zueſſen
geben könte, er aber wolte belieben, unsern Schwehr und
Schwiger meinetwegen zubegütigen, so wolte ich indeſſen
außgehen, Gäſte zubitten, die den Frieden zwiſchen mir
und ihm vollends machten. Solches nam er zuverrichten
auff sich, und ich verfügte mich zum Commandanten, dem
erzehlte ich mit einer kurtzweiligen und artlichen Manier,
was ich und mein Schwehrvater vor eine neue Mode an=
gefangen hätten, Hochzeit zumachen, welche Gattung so ge=
schwind zugehe, daß ich in einer Stunde die Heurats=
Abrede, den Kirchgang und die Hochzeit auff einmal vollzogen,
allein weil mein Schwehrvater die Morgenſuppe geſparet
hätte, wäre ich bedacht, anſtat deren ehrlichen Leuten von
der Specksuppen mitzutheilen, zu deren ich ihn unterthänig
eingeladen haben wolte. Der Commandant wolte ſich
meines luſtigen Vortrags ſchier zu Stückern lachen, und
weil ich ſahe, daß sein Kopff recht ſtund, ließ ich mich
noch freyer herauß, und entschuldigte mich deßwegen, daß
ich nothwendig jetzt nicht wol klug ſeyn müſte, weil andere
Hochzeiter 4. Wochen vor und nach der Hochzeit nicht
recht bey [362] Sinnnen seyn; andere Hochzeiter zwar
hätten vier Wochen Zeit, in welchen sie allgemach ihre
Torheiten unvermerckt herauß laſſen, und also ihren Mangel
an der Witz zimlich verbergen könten; weil. mich aber
die gantze Bräuterey vollkommen überfallen, so müſte ich
auch die Narrenpoſſen häuffig fliegen laſſen, damit ich

mich hernach desto vernünfftiger im Eheſtand anlaſſen
könte. Er fragte mich, wie es mit der Heurats=Notul
beſchaffen wäre, und wieviel mir mein Schwehrvater Füchſe,
deren der alte Schabhals viel hätte, zum Heurat=Gut
gebe? Ich antwortete, daß unſer Heurats=Abrede nur in
einem Punct beſtünde, der laute, daß ich und ſeine Tochter
ſich in Ewigkeit vor ſeinen Augen nicht mehr ſolten ſehen
laſſen, dieweil aber weder Notarien noch Zeugen dabey
geweſen, hoffe ich, er ſolte wieder revocirt werden, vor=
nemlich weil alle Heurat zu Fortpflantzung guter Freund=
ſchafft geſtifftet würden, es wäre dan Sache, daß er mir
ſeine Tochter, wie Pythagoras die ſeinige verheuratet hätte,
ſo ich aber nimmermehr glauben könte, weil ich ihn meines
Wiſſens niemal beleidiget.

Mit ſolchen Schwäncken, deren man an mir biß Orts
ſonſt nicht gewohnt war, erhielt ich, daß der Commandant
ſamt meinem Schwehrvater, welchen er hierzu wol perſua=
diren wolte, bey meiner Speckſuppe zuerſcheinen ver=
ſprach: Er ſchickte auch gleich ein Faß Wein, und einen
Hirſch in meine Küchen, ich aber ließ dergeſtalt zurichten,
als ob ich Fürſten hätte tractiren wollen, brachte auch
eine anſehenliche Geſellſchafft zuwege, die ſich nicht allein
miteinander recht luſtig machten, ſondern auch vor allen
Dingen meinen Schwehrvater und Schwiger dergeſtalt mit
[363] mir und meinem Weib verſühneten, daß ſie uns
mehr Glücks wünſchten, als ſie uns die vorige Nacht
fluchten. In der gantzen Stat aber ward außgeſprengt,
daß unſre Copulation mit Fleiß auff ſo eine fremde
Gattung wäre angeſtellet worden, damit uns beyden kein
Poſſe von böſen Leuten widerfahre; mir aber war dieſe
ſchnelle Hochzeit trefflich geſund, dan wan ich doch ver=
ehlichet, und gemeinem Gebrauch nach über die Cantzel
hätte abgeworffen werden ſollen, ſo hätten ſich beſorglich
Schleppſäcke gefunden, die mir ein verhinderliches Gewirr
drein zumachen unterſtanden, dan ich hatte ſolcher unter
den Bürgers=Töchtern ein gantz halb Dutzet, die mich
mehr als allzuwol kanten.

Den andern Tag tractirte mein Schwehrvater meine
Hochzeitgäſte, aber bey weitem nicht ſowol als ich, dan

er war karg, da ward erst mit mir geredet, was ich vor eine Handtierung treiben, und wie ich die Haußhaltung anstellen wolte, da merckte ich erst, daß ich meine edle Freyheit verlohren hatte, und unter einer Bottmäſſigkeit leben ſolte. Ich ließ mich gar gehorſamlich an, und begehrte zuvor meines lieben Schwehrvaters als eines verſtändigen Cavalliers, getreuen Rath zuvernehmen, und dem zufolgen, welche Antwort der Commandant lobte, und ſagte, dieweil er ein junger friſcher Soldat iſt, ſo wäre es eine groſſe Torheit, wan er mitten in jetzigen Kriegsläufften ein anders, als das Soldaten-Handwerck zutreiben, vor die Hand nehme, es iſt weit beſſer, ſein Pferd in eines andern Stall zuſtellen, als eines andern in dem ſeinigen zufüttern; Was mich anbelangt, ſo wil ich ihm ein Fähnlein geben, wan er [364] will. Mein Schweher und ich bedanckten ſich, und ich ſchlugs nicht mehr auß, wie zuvor, wieſe doch dem Commandanten deß Kauffmanns Handſchrifft, der meinen Schatz zu Cöln in Verwahrung hat, dieſes, ſagte ich, muß ich zuvor holen, eh ich Schwediſche Dienſte annehme, dan ſolte man gewahr werden, daß ich ihrem Gegentheil diene, ſo werden ſie mir zu Cöln die Feige weiſen, und das meinige behalten, welches ſich ſo leichtlich nicht im Weg finden läſſet: Sie gaben mir beyde recht, und ward alſo zwiſchen uns dreyen abgeredet, zugeſaget und beſchloſſen, daß ich in wenig Tagen mich nach Cöln begeben, meinen Schatz dort erheben, mich nachgehends wieder damit in der Veſtung einſtellen, und ein Fähnlein annehmen ſolte; dabey ward auch ein Tag ernennet, an welchem meinem Schwehervater eine Compagnie ſamt der Obriſt-Leutenant-Stelle bey deß Commandanten Regiment übergeben werden ſolte, dan ſintemal der Graf von Götz damals mit vielen Käiſerlichen Völckern in Weſtphalen lag, und ſein Quartier zu Dortmund hatte, verſahe ſich der Commandant auff den künfftigen Frühling einer Belägerung, und bewarb ſich dahero um gute Soldaten, wiewol dieſe Sorge vergeblich war, dieweil ermelter Graf von Götz, weil Johann de Werd im Brißgäu geſchlagen worden, ſelbigen Frühling Weſtphalen quitiren, und am Ober-Rheinſtrom wegen Bryſach wider den Fürſten von Weymar agiren muſte.

Das XXIII. Capitel.
Simplicius komt in eine Stat, die er nur zwar pro forma Cöln nennet, seinen Schatz abzuholen. [365]

ES schicket sich ein Ding auff mancherley Weise, deß einen Unstern komt Staffelweis und allgemach, und einen andern überfällt das Seinige mit Hauffen; das meinige aber hatte einen so süssen und angenehmen Anfang, daß ich mirs wol vor kein Unglück, sondern vor das höchste Glück rechnete. Kaum über acht Tage hatte ich mit meinem lieben Weib im Ehestand zugebracht, da ich in meinem Jägerkleid, mit einem Feurrohr auff der Achsel, von ihr und ihren Freunden meinen Abschied nam, ich schlich mich glücklich durch, weil mir alle Wege bekant, also daß mir keine Gefahr unterwegs auffstieß, ja ich ward von keinem Menschen gesehen, biß ich nacher Dütz, so gegen Cöln über, dißseits Rhein liget, vor den Schlagbaum kam. Ich aber sahe viel Leute, sonderlich einen Bauren im Bergischen Land, der mich allerdings an meinen Knän im Spessert gemahnete, sein Sohn aber dessen Simplicio sich am besten vergliche. Dieser Baurenbub hütete der Schweine, als ich bey ihm vorüber passiren wolte, und weil die Säue mich spüreten, fingen sie an zugruntzen, der Knabe aber über sie zusluchen, daß sie der Donner und Hagel erschlagen, und de Tüfel bartho halen skolde; das hörete die Magd, und schrie dem Jungen zu, er solte auffhören zusluchen, oder sie wolts dem Vater sagen: Deren antwortete der Knabe, sie solte ihn im Hintern lecken, und ihre Mour bartho brühen; Der Baur hörete seinem Sohn gleichfalls zu, lieff derowegen mit seinem Brügel auß dem Hauß, und schrie: Halt du hundert tausend rc. Schelm, ick sall di lehren sweren, de Hagel schla di dan, bat di der Tüfel int Liff fahr, erwischte ihn [366] darmit bey der Cartause, brügelte ihn wie einen Tantzbär, und sagte zu jedem Streich: Du böse Bof, ick sall di leeren sloeken, de Tüfel hal di dan, ick sall di im Arse lecken, ick sall di leeren dine Mour brühen, rc. Diese Zucht erinnerte mich natürlich an mich und meinen Knän, und ich war doch nicht so ehrlich oder gottselig, daß ich

Gott gedancket hätte, weil er mich auß solcher Finsternuß
und Ignorantz gezogen, und zu einer bessern Wissenschaft
und Erkantnuß gebracht, warum wolte dan mein Glück,
das er mir täglich zuschickete, in die Länge haben harren
können? Da ich nun nach Cöln kam, kehrete ich bey
meinem Jupiter ein, so damals gantz klug war; Als ich ihm
nun vertraute, warum ich da wäre, sagte er mir gleich,
daß ich besorglich láer Stro dreschen würde, weil der
Kauffmann, dem ich das meinige auffzuheben geben,
Bancquerot gespielet, und außgerissen wäre, zwar seyn
meine Sachen Obrigkeitlich verpetschirt, er selbst aber, sich
wieder einzustellen, citiret worden, aber man zweiffle sehr
an seiner Wiederkunfft, weil er das beste so fortzubringen
gewesen, mit sich genommen, biß nun die Sache erörtert
würde, könte viel Wasser den Rhein hinunter lauffen. Wie
angenehm mir diese Bottschaft war, kan einjeder leicht
ermessen; ich fluchte ärger als ein Fuhrmann, aber was
halffs, ich hatte darum meine Sachen nicht wieder, und
über das keine Hoffnung, solche zubekommen; so hatte ich
auch über 10. Thaler Zehrgelt nit zu mir genommen, daß
ich also mich nit so lang auffhalten konte, als es die Zeit
erfoderte. Uber das hatte es auch Gefahr auff sich, so
lang da zubleiben, dan ich muste sorgen, daß, weil ich
einer [367] feindlichen Guarnison zugethan wäre, ich ver=
kundschafftt würde, und also nicht allein gar um das meinige,
sondern noch darzu in grössre Ungelegenheit kommen, solte
ich dan unverrichter Sache wieder zurück, das meinige
muthwillig dahinden lassen, und den Hingang vor den
Hergang haben, das dünckte mich auch nicht rathsam seyn.
Zuletzt ward ich mit mir selber eins, ich wolte mich in
Cöln auffhalten, biß die Sache erörtert würde, und die
Ursache meines Außbleibens meiner Liebsten berichten,
verfügte mich demnach zu einem Procurator der ein Notarius war, und erzehlete ihm mein Thun, bat ihn, mir
um die Gebühr mit Rath und That beyzuspringen, ich
wolte ihm neben dem Tax, wan er meine Sache be-
schleunigte, mit einer guten Verehrung begegnen. Weil
er dan hoffte, es würde an mir etwas zufischen seyn, nam
er mich gutwillig an, und dingte mich auch in die Kost,

darauff ging er andern Tags mit mir zu denjenigen Herren, welche die Falliments Sachen zuerörtern haben, gab vidimirte Copey von deß Kauffmanns Handschrifft ein, und legte das Original vor, worauff wir zur Antwort bekamen, daß wir uns biß zu gäntzlicher Erörterung der Sache patientiren müsten, weil die Sachen, davon die Handschrifft sage, nicht alle vorhanden wären.

Also versahe ich mich deß Müssiggangs wieder auf eine Zeitlang, biß ich sehen wolte, wie es in grossen Stäten hergehet; mein Kost=Herr war, wie gehört, ein Notarius und Procurator, darneben hatte er etwan ein halb dutzet Kostgänger, und hielt stets 8. Pferde auff der Streu, welche er den Räisenden um Geld hinzuleihen pflegte, darbey hatte er einen Teutschen [368] und einen Welschen Knecht, die sich beydes zum fahren und reiten gebrauchen liessen, und der Pferde warteten, mit welcher drey= oder vierthalbfachen Handtierung er nicht allein seine Nahrung reichlich gewann, sondern auch ohnzweiffel trefflich vorschlug, dan weil keine Juden in selbige Stat kommen dörffen, konte er mit allerley Sachen desto besser wuchern.

Ich lernete viel in der geringen Zeit die ich bey ihm war, vornemlich aber alle Kranckheiten kennen, so die gröste Kunst an einem Doctor Medicinæ ist, dan man sagt, wan man eine Kranckheit recht erkenne, so sey dem Patienten schon halb geholffen. Daß ich nun solche Wissenschafft begriffe, daran war mein Wirth Ursacher, dan von seiner Person fing ich an, auch auf andere und deren Complexion zusehen. Da fand ich manchen todtkranck, der seine Kranckheit offt selbst nicht wuste, und auch von andern Menschen, ja von den Doctoribus selbst, vor einen Gesunden gehalten ward. Ich fand Leute, die waren vor Zorn kranck, und wan sie die Kranckheit anstieß, so verstelleten sie die Gesichter wie die Teuffel, brülleten wie die Löwen, kratzten wie die Katzen, schlugen um sich wie die Bären, bissen drein wie die Hunde, und damit sie sich ärger stellen mögten als die rasende Thiere, warffen sie auch mit allem das sie in die Hände kriegten, um sich wie die Narren. Man saget, diese Kranckheit komme von der Galle her, aber ich glaube, daß sie ihren Ursprung daher habe, wan ein Narr hoffärtig sey, derhalben wan du einen Zornigen rasen hörest, sonderlich über ein gering Ding, so halt kecklich davor, daß er mehr stolz als klug sey. Auß dieser Kranckheit folget unzehlich viel Unglück, so wol dem Kran=[369]cken selbst als andern; dem Krancken zwar endlich die Lähme, Gicht, und ein frühzeitiger, wo nicht gar ewiger Tod! Und kan man diese Krancken, obschon sie gefährlich kranck seyn, mit gutem Gewissen keine Patienten nennen, weil ihnen die Patientz am allermeisten mangelt. Etliche sahe ich am Neid darnider ligen, von welchen man saget, daß sie ihr eigen Hertz fressen, weil sie immer so bleich und traurig daher treten. Diese Kranckheit halte ich vor die allergefährlichste, weil sie vom Teuffel ihren Ursprung hat, wiewol sie von lauter Glück herrühret, das deß Krancken Feind hat, und welcher einen solchen von Grund auß curiret, der dörffte sich beynahe rühmen, er hätte einen Verlornen zum Christlichen Glauben bekehrt, weil diese Kranckheit keinen rechtschaffenen Christen anstöst, als die da nur die Sünde und Laster neiden. Die Spielsucht halte ich auch vor eine Kranckheit, nit allein weil es der Name mit sich bringet, sondern weil diejenige so damit behafftet, gantz gifftig darauf verpicht seyn. Diese hat ihren Ursprung vom Müssiggang, und nicht vom Geitz, wie etliche vermeynen, und wan du Wollust und Müssiggang hinweg nimmest, vergehet diese Kranckheit von sich selbst. So befand ich, daß Fressen und Sauffen auch eine Kranckheit ist, und daß solche auß der Gewonheit, und nicht auß dem Uberfluß herkomt, Armuth ist zwar gut davor, aber sie wird dadurch nicht von Grund auß geheilet, dan ich sahe Bettler im Luder, und reiche Filtze Hunger leiden, sie bringet ihre Artzney auf dem Rucken mit sich, der heist Mangel, wonicht am Gut, doch an der übrigen Gesundheit deß Leibes, also daß endlich diese Krancke gemeiniglich von sich selbst ge=[370]sund werden müssen, wan sie nemlich entweder auß Armut oder andrer Kranckheit halber nicht mehr zehren können. Die Hoffart hielt ich vor eine Art der Phantasterey, welche ihren Ursprung auß der Unwissenheit habe, dan wan sich einer selbst kennet, und weiß wo er her ist, und endlich heimkomt, so ists unmüglich, daß er mehr so ein hoffärtiger Narr seyn kan. Wan ich einen Pfau oder Welschen Hahn sehe, der sich außspreitet, und so etwas daher kollert, muß ich mich vernarren, daß diese unvernünfftige Thiere dem armen Menschen in seiner grossen Kranckheit so artlich spotten können; ich habe keine sonderliche Artzney darwider finden können, weil diese so daran kranck ligen, ohn die Demut eben sowenig als andere Narren zucuriren seyn. Ich fand auch, daß Lachen eine Kranckheit ist, dan Philemon ist ja dran gestorben, und Democritus ist biß an sein Ende damit inficirt gewesen. So sagen auch noch auf den heutigen Tag unsere Weiber, Sie mögten sich zutod lachen! Man saget, es habe seinen Ursprung von der Leber, aber ich glaube ehender, es komme auß übriger Torheit her, sintemal viel Lachen kein Anzeigen eines vernünftigen Mannes ist. Es ist unvonnöthen, eine Artzney darwider zuverordnen, weil es nicht allein eine lustige Kranckheit ist, sondern auch manchem vergehet, eh ers gern hat. Nicht weniger merckte ich, daß der Fürwitz auch eine Kranckheit, und sonderlich dem Weiblichen Geschlecht schier angeboren sey; ist zwar gering anzusehen, aber in Warheit sehr gefährlich, massen wir noch alle an unsrer ersten Mutter Curiosität zubäuen haben. Von den übrigen, als Faulheit, Rachgier, Eifer, Frevel, Gebrechen der [371] Liebe, und andern dergleichen Kranckheiten und Lastern, will ich vor dißmal schweigen, weil ich mir niemals vorgenommen, etwas davon zuschreiben, sondern wieder auff meinen Kost=Herrn kommen, der mir Ursache gab, dergleichen Gebrechen nachzusinnen, weil er vom Geitz biß auffs äusserste Haar eingenommen und besessen war.

Das XXIV. Capitel.
Der Jäger fänget einen Hasen mitten in einer Stat.

Dieser hatte, wie obgemeldet, unterschiedliche Handierungen, dadurch er Geld zusammen kratzte, er zehrte mit seinen Kostgängern, und seine Kostgänger nicht mit ihm, und er hätte sich und sein Haußgesind mit demjenigen was sie ihm eintrugen, gar reichlich ernehren können, wans der Schindhund nur darzu hätte angewendet, aber er mästete uns auf Schwäbisch, und hielt gewaltig zurück; Ich aß anfangs nicht mit seinen Kostgängern, sondern mit seinen Kindern und Gesind, weil ich nicht viel Geld bey mir hatte, da satzte es schmale Bißlein, so meinem Magen, der nunmehr zu den Westphälischen Tractamenten gewöhnet war, gantz Spanisch vorkam, kein gut stück Fleisch kriegten wir auff den Tisch, sondern nur dasjenige, so acht Tage zuvor von der Studenten Tafel getragen, von denselben zuvor überall wol benagt, und nunmehr vor Alter so grau als Mathusalem worden war; darüber machte dan die Kostfrau (welche die Küche selbst versehen muste, dan er dingte ihr keine Magd) eine schwartze saure Brühe, und überteufelts mit Pfeffer, da wurden dan die Beiner so sauber abgeschleckt, daß man alsbald Schachsteine darauß hätte drehen können, und doch waren sie als=[372]dan noch nicht recht außgenutzt, sondern sie kamen in einen hierzu verordneten Behalter, und wan unser Geitzhals deren ein Quantität beysammen hatte, musten sie erst klein zerhackt, und das übrige Fett biß auff das aller= äusserste herauß gesotten werden, nicht weiß ich, wurden die Suppen darauß geschmältzt, oder die Schuhe damit geschmieret. An den Fasttägen, deren mehr als genug einfielen, und alle solenniter gehalten wurden, weil der Haußvater bißfalls gar gewissenhafft war, musten wir uns mit stinckenden Bückingen, versaltznen Polchen, faulen Stock= und andern abgestandenen Fischen herumbeissen, dan er kauffte alles der Wolfeile nach, und ließ sich die Mühe nicht dauren, zu solchem Ende selbst auff den Fisch= marckt zugehen, und anzupacken, was jetzt die Fischer auß= zuschmeissen im Sinn hatten. Unser Brot war gemeinig= lich schwartz und altbacken, der Tranck aber ein dinn saur Bier, das mir die Därme hätte zerschneiden mögen, und muste doch gut abgelegen Mertz=Bier heissen. Uber das vernam ich von seinem Teutschen Knecht, daß es Som= merszeit noch schlimmer hergehe, dan da sey das Brot schimlich, das Fleisch voller Würme, und ihre beste Speisen wäre irgends zu Mittags ein paar Rettige, und auf den Abend eine Hand voll Salat. Ich fragte, warum er dan bey dem Filtz bleibe? da antwortete er mir, daß er die meiste Zeit auff der Reise sey, und derhalben mehr auff der Räisenden Trinckgelder, als seinen Schimmel=Juden bedacht seyn müste; Er getraute seinem Weib und Kindern nicht in Keller, weil er ihm selbsten den Tropff=Wein kaum gönne, und sey in Summa ein solcher Geld=Wolff, dergleichen kaum noch einer zufinden, das so ich bißher gesehen, sey noch nichts, [373] wan ich noch eine Weile da verbliebe, würde ich gewahr nehmen, daß er sich nicht schäme, einen Esel um einen Fettmönch zuschinden. Einsmahls brachte er sechs Pfund Sültzen oder Rindern=Kutteln heim, das setzte er in seinen Speiß=Keller, und weil zu seiner Kinder grossem Glück das Tagfenster offen stund, banden sie eine Eßgabel an einen Stecken, und angelten damit alle Kuttelflecke herauß, welche sie also bald gekocht in grosser Eil verschlangen, und vorgaben, die Katze hätte es gethan; Aber der Erbsenzehler wolte es nicht glauben, fing derhalben die Katze, wug sie, und befand, daß sie mit Haut und Haar nit so schwer war, als seine Kutteln gewesen. Weil er dan so gar unverschämt handlete, als begehrte ich nicht mehr an seiner Leute, sondern an gemelter Studenten Tafel, es koste auch was es wolle, zu essen, worbey es zwar etwas herrlicher herging, ward mir aber wenig damit geholffen, dan alle Speisen die man uns fürsatzte, waren nur halb gar, so unserm Kost=Herrn an 2. Orten zupaß kam, erstlich am Holtz, so er gesparet, und daß wir nicht soviel verdauen konten: über das so dünckte mich, er zehlete uns alle Mund voll in Hals hinein, und kratzte sich hintern Ohren, wan wir recht fütterten; sein Wein war zimlich gewässert, und nit der Art, die Däuung zubefördern; der Käß, den man am Ende jeder Mahlzeit auffstellete, war gemeinlich Steinhart, die Holländische Butter aber dermassen versaltzen, daß keiner über ein Lot davon auff einen Imbiß geniessen konte, das Obs muste man wol solang auff und abtragen, biß es mürbe, und zuessen tauglich war, wan dan etwan ein oder ander dar=[373]auff stichelte, so fing er einen erbärmlichen Haber mit seinem Weibe an, daß wirs hörten, heimlich aber befahl er ihr, sie solte nur bey ihrer alten Geigen bleiben. Einsmals brachte ihm einer von seinen Clienten einen Hasen zur Verehrung, den sahe ich in der Speißkammer hangen, und gedachte, wir würden einmal Wildpret essen dörffen, aber der Teutsche Knecht sagte mir, daß er uns nicht an die Zähne brennen würde, dan sein Herr hätte den Kostgängern außgedingt, daß er so keine Schnabelwaide speisen dörffte, ich solte nur Nachmittag auff den Alten Marckt gehen, und sehen, ob ich ihn nicht dorten zuverkauffen finden würde: Darauff schnit ich dem Hasen ein Stücklein vom Ohr, und als wir über dem Mittag-Imbiß sassen, und unser Kosther nicht bey uns war, erzehlete ich, daß unser Geitzhals einen Hasen zuverkauffen hätte, um den ich ihn zubetrügen gedächte, wan mir einer auß ihnen folgen wolte, also, daß wir nicht allein Kurtzweile anrichten, sondern den Hasen selbst kriegen wollen; Jeder sagte ja, dan sie hätten unserm Wirth gern vorlängst einen Schabernack angethan, dessen er sich nicht beklagen dorffte. Also verfügten wir uns den Nachmittag an denjenigen Ort, den ich vom Knecht erlernt hatte, da unser Kost-Herr zustehen pflegte, wan er so etwas zuverkauffen hingab, um auffzupassen, was der Verkäuffer lösete, damit er nicht etwan um ein Fettmönchlein betrogen würde. Wir sahen ihn bey vornehmen Leuten, mit denen er discurirte; ich hatte einen Kerl angestellet, der ging zu dem Hocken, der den Hasen verkauffen solte, und sagte: Landsman, der Has ist mein, und ich neme ihn als ein gestolen Gut auff Recht hinweg, er ist mir [375] heunt Nacht von meinem Fenster hinweg gefischet worden, und läst du ihn nicht gutwillig folgen, so gehe ich auff deine Gefahr und Unrechts Kosten mit dir hin, wo du wilt; Der Unterkäuffer antwortete, er solte sehen, was er zuthun hätte, dort stünde ein vornehmer Herr, der ihm den Hasen zuverkauffen geben hätte, welcher ihn ohn zweiffel nicht gestolen haben würde: Als nun diese zween so Wortwechselten, bekamen sie gleich einen Umstand, so unser Geitzhals stracks in acht nam, und hörete, wieviel die Glocke schlug, winckte derowegen dem Unterkäuffer, daß er den Hasen folgen lassen solte, weil er wegen der vielen Kostgänger noch mehr Schimpff beforge. Mein Kerl aber, den ich hierzu angestellet hatte, muste dem Umstand gar artlich das Stück vom Ohr zuweisen, und dasselbe in dem Riß zumessen, daß ihm also jederman recht gab, und den Hasen zusprach. Indessen näherte ich mich auch mit meiner Gesellschafft, als ob wir ungefähr daher kämen, stund an dem Kerl der den Hasen hatte, und fing an mit ihm darum zumarcken; und nachdem wir deß Kauffs eins wurden, stellete ich den Hasen meinem Kost=Herrn zu, mit Bitte, solchen mit sich heimzunehmen, und auff unsern Tisch zurichten zulassen, dem Kerl aber, den ich hierzu bestellet, gab ich an=statt der Bezahlung vor den Hasen, ein Trinckgelt zu zwey Kannen Bier. Also muste uns unser Geißhals den Hasen wider seinen Willen zukommen lassen, und dorffte noch darzu nichts sagen, dessen wir genug zulachen hatten, und wan ich länger in seinem Hauß hätte verbleiben sollen, wolte ich ihm noch viel dergleichen Stücklein bewiesen haben. [376]

Das vierte Buch.

Einhalt deß IV. Buchs.

1. Wie und auß was Ursachen der Jäger in Franckreich practicirt worden.
2. Simplicius bekomt einen bessern Kostherrn, als er zuvor einen gehabt.
3. Wie er sich vor einen Comödianten gebrauchen läst, und einen neuen Namen bekomt.
4. Beau Alman wird wider seinen Willen in den Venus-Berg geführet.
5. Wie es ihm darin erging, und wie er wieder herauß kam.
6. Simplicius machet sich heimlich hinweg, und wie ihm der Stein geschnitten wird, als er vermehnet, er habe mal be Rable.
7. Wie Simplicius Calender machet, und als ihm das Wasser ans Maul ging, schwimmen lernte.
8. Wie er ein Landfahrender Storger und Leutbetrüger worden.

9. Wie dem Doctor die Musquete zuschläget, unter dem Hauptmann Schmalhansen.
10. Simplicius überstehet ein unlustiges Bad im Rhein.
11. Warum die Geistliche keine Hasen essen sollen, die mit Stricken gefangen worden.
12. Simplicius wird unverhofft von der Musquet erlöset.
13. Handelt von dem Orden der Merode=Brüder.
14. Ein gefährlicher Zwey=kampff um Leib und Leben, in welchem doch jeder dem Tod entrinnet.
15. Wie Olivier seine Busch=klöpfferische Ubelthaten noch wol zuentschuldigen vermeynte.
16. Wie er Hertzbruders Weissagung zu seinem Vorthel auß= leget, und deßhalb seinen ärgsten Feind liebet.
17. Simplicii Gedancken sind anbächtiger, wan er auf die Rauberey gehet, als deß Oliviers in der Kirche.
18. Olivier erzehlt sein Herkommen, und wie er sich in seiner Jugend, vornemlich aber in der Schule gehalten.
19. Wie er zu Lüttig studiret, und sich daselbst gehalten habe. [377]
20. Heimkunfft und Abschied deß ehrbaren Studiosi, und wie er im Krieg seine Beförderung gesuchet.
21. Wie deß Hertzbruders Prophecey Simplicius dem Olivier erfüllt, als keiner von den andern kante.
22. Wie es einem gehet, und was es sey, wan es ihm Hund= und Katzen=übel gehet.
23. Ein Stücklein, zum Exempel deß jenigen Handwercks das Olivier trieb, worin er ein Meister war, und Simplicius ein Lehr=Jung seyn solte.
24. Olivier beist ins Gras, und nimt noch ihrer sechs mit sich.
25. Simplicius komt reich davon, hingegen zeucht Hertzbruder sehr elend auff.
26. Hertzbruders elenden Zustandes Begebenheit.

Das I. Capittel.
Wie und auß was Ursachen der Jäger in Franckreich practiciret worden.

Alzuscharff machet schartig, und wan man den Bogen überspannet, so muß er endlich zerbrechen; Der Posse, den ich meinem Kost=Herrn mit dem Hasen riß, war mir nicht genug, sondern ich unterstund noch mehr seinen unersättlichen Geitz zustraffen, ich lernete seine Kostgänger, wie sie die versaltzne Butter wässern, und dadurch das überflüssige Saltz herauß ziehen, die harte

Käß aber, wie die Parmesaner, schaben, und mit Wein anfeuchten solten, welches dem Geißhals lauter Stiche ins Hertz waren; Ich zog durch meine Kunststücke über Tisch das Wasser auß dem Wein, und machte ein Lied, in welchem ich den Geitzigen einer Sau vergliche, von welcher man nichts gutes zuhoffen, biß sie der Metzger tod auff dem Schragen lie=[378]gen hätte. Damit verursachte ich, daß er mich mit folgender Untreue wieder hurtig bezahlete, weil ich solche Sachen in seinem Hauß zuüben nit bestellet war.

Die zween Junge von Adel bekamen einen Wexel, und Befelch von ihren Eltern, sich in Franckreich zubegeben, und die Sprache zulernen, eben als unsers Kost=Herrn Teutscher Knecht anderwerts auff der Räise war, und dem Welschen (sagte unser Kostherr) dörffte er die Pferde in Franckreich nicht vertrauen, weil er ihn noch nicht recht kennet, dan er besorge, wie er vorgab, er mögte das Wiederkommen vergessen, und ihn um die Pferde bringen; bat mich derowegen, ob ich ihm nicht den grossen Dienst thun, und beyde Edelleute mit seinen Pferden, weil ohn das meine Sache in 4. Wochen noch nicht erörtert werden könte, nach Pariß führen wolte? Er hingegen wolte indessen meine Geschäffte, wan ich ihm deßwegen vollkommen Gewalt geben würde, so getreulich befördern, als ob ich persöhnlich gegenwärtig wäre. Die von Adel ersuchten mich deßwegen auch, und mein eigener Fürwitz, Franckreich zubesehen, rieth mir solches gleichfalls, weil ichs jetzt ohn sondere Unkosten thun konte, und ich ohn das die vier Wochen auff der faulen Berenhaut da ligen, und noch Geld darzu verzehren müste: Also machte ich mich mit diesen Edelleuten anstat eines Postilions auff den Weg, auff welchem mir nichts merckwürdiges zuhanden stieß: Da wir aber nach Pariß kamen, und bey unsers Kost=Herrn Correspondenten, bey dem die Edelleute auch ihren Wexel empfingen, einkehreten, warb ich den andern Tag nicht allein mit den Pferden arrestirt, sondern derjenige, so vorgab, mein Kost=Herr wäre ihm [379] eine Summa Geldes zuthun schulbig, griffe mit Gutheissung desselben Viertels=Commissario zu, und versilberte die Pferde, Gott gebe, was ich darzu sagte; Also saß ich da, wie Matz von Dreßden, und wuste mir selbst nicht zuhelffen, viel weniger zurathen, wie ich einen so weiten und damals sehr unsichern Weg wieder zurück kommen solte. Die von Abel bezeugten ein groß Mitleiden mit mir, und verehreten mich desto ehrlicher mit einem guten Trinckgelt, wolten mich auch nicht ehender von sich lassen, biß ich entweder einen guten Herrn, oder eine gute Gelegenheit hätte, wieder in Teutschland zukommen: Sie bingten ihnen ein Losament, und ich hielt mich etliche Tage bey ihnen auff, damit ich dem einen, so wegen der fernen Råise, deren er nicht gewohnt, etwas unpäßlich worden, außwartete. Und demnach ich mich so fein anließ, schenckte er mir sein Kleid, so er ablegte, dan er sich auff die neue Mode kleiden ließ. Ihr Rath war, ich solte nur immer ein paar Jahre in Pariß bleiben, und die Sprache lernen, das ich zu Cöln zu holen hätte, würde mir nicht entlauffen. Da ich nun so in der Wahl stund, und noch zweiffelte, was ich thun wolte, hörte mich einsmals der Medicus, so meinen krancken Juncker zucuriren, alle Tage zu uns kam, auff der Laute schlagen, und ein Teutsch Liedlein darein singen, das ihm sowol gefiel, daß er mir eine gute Bestallung anbot, samt seinem Tisch, da ich mich zu ihm begeben, und seine zween Söhne unterrichten wolte, dan er wuste schon besser wie mein Handel stund, als ich selbst, und daß ich einen guten Herrn nicht außschlagen würde: Also wurden wir beß Handels miteinander bald eins, weil beyde Edelleute das [380] beste darzu redeten, und mich trefflich recommendirten, ich verdingte mich aber nicht länger, als von einem Vierteljahr zum andern.

Dieser Doctor redte so gut Teutsch, als ich, und das Italiänisch, wie seine Muttersprache, derhalben versprach ich mich desto lieber zu ihm. Als ich nun die Letze zehrte mit meinen Edelleuten, war er auch dabey, und mir gingen üble Grillen im Kopff herum, dan da lag mir mein frisch=genommen Weib, mein versprochen Fähnlein, und mein Schatz zu Cöln im Sinn, von welchem allem ich mich so leichtfertig hinweg zubegeben bereden lassen,

und da wir von unsers gewesenen Kost=Herrn Geiz zu=
reden kamen, fiel mir zu, und ich sagte auch über Tisch:
Wer weiß, ob vielleicht unser Kost=Herr mich nicht mit
Fleiß hieher practiciret, damit er das Meinige zu Cöln
erheben und behalten möge: Der Doctor antwortete, das
könne wol seyn, vornemlich wan er glaube, daß ich ein
Kerl von geringen Herkommen sey; Nein, antwortete der
eine Edelmann, wan er zu solchem Ende hieher geschickt
worden ist, daß er hier bleiben solle, so ists darum ge=
schehen, weil er ihm seines Geitzes wegen so viel Drangsal
anthäte. Der Kranke fing an, Ich glaube aber eine andre
Ursache; Als ich neulich in meiner Kammer stund, und
unser Kost=Herr mit seinem Welschen ein laut Gespräch
hielt, horchte ich, warum es doch zuthun seyn mögte?
und vernam endlich auß deß Welschen geradbrechten
Worten: Der Jäger verfuchsschwäntze ihn bey der Frau,
und sage, er warte der Pferde nicht recht! Welches aber
der eifersichtige Gauch, wegen seiner übeln Redkunst, un=
recht, und auff etwas unehrliches verstund, und de=[381]
rowegen dem Welschen zusprach, er solte nur bleiben, der
Jäger müsse bald hinweg. Er hatte auch seither sein
Weib scheel angesehen, und mit ihr viel ernstlicher ge=
kollert, als zuvor, so ich an dem Narrn mit Fleiß inacht
genommen.

Der Doctor sagte, es sey geschehen auß was vor
einer Ursache es wolle, so lasse ich wol gelten, daß die
Sache so angestellet worden, daß er hier bleiben muß; Er
lasse sich aber das nicht irren, ich will ihm schon wieder
mit guter Gelegenheit nach Teutschland verhelffen, er schreibe
ihm nur, daß er den Schatz wol beobachte, sonst werde er
scharffe Rechenschafft darum geben müssen. Diß gibet mir
einen Argwahn, daß es ein angestellter Handel sey, weil
derjenige, so sich vor den Creditor dargeben, euers Kost=
Herrn und seines hiesigen Correspondenten sehr guter
Freund ist, und ich will glauben, daß ihr die Obligation,
Krafft deren er die Pferde angepacket und verkaufft hat,
jetzt erst mit euch gebracht habet.

Das 11. Capitel.
Simplicius bekomt einen bessern Kostherrn, weder er zuvor einen gehabt.

Monsigneur Canard, so hieß mein neuer Herr, erbot sich, mir mit Rath und That beholffen zuseyn, damit ich deß Meinigen zu Cöln nicht verlustigt würde, dan er sahe wol, daß ich traurig war. Sobald er mich in seine Wohnung brachte, begehrte er, ich wolte ihm erzehlen, wie meine Sachen beschaffen wären, damit er sich drein finden, und Rathschläg ersinnen könte, wie mir am besten zuhelffen sey. Ich gedachte wol, daß ich nicht viel gülte, wan ich mein Herkommen öffnen solte, gab mich derhal=[382]ben vor einen armen Teutschen Edelmann auß, der weder Vater noch Mutter, sondern nur noch etliche Verwante in einer Vestung hätte, darin Schwedische Guarnison lege. Welches ich aber vor meinem Kost=Herrn und beyden von Adel, als welche Käis. Partey hielten, verborgen halten müssen, damit sie das Meinige, als ein Gut so dem Feind zuständig, nicht an sich zögen: Meine Meynung wäre, ich wolte an den Commandanten bemelter Vestung schreiben, als unter dessen Regiment ich die Stelle eines Fähnrichs hätte, und ihn nicht allein berichten, was gestalten ich hieher practicirt worden, sondern ihn auch bitten, daß er belieben wolte, sich deß Meinigen habhafft zumachen, und solches biß ich wieder Gelegenheit kriege, zum Regiment zukommen, indessen meinen Freunden zuzustellen. Canard befand mein Vorhaben rathsam, und versprach mir, die Schreiben an ihren Ort zubestellen, und solten sie gleich nach Mexico oder in China lauten. Demnach verfertigte ich Schreiben an meine Liebste, an meinen Schwehr=Vater, und an den Obristen de S. A. Commandanten in L. an welchen ich auch das Copert richtete, und ihm die übrige beyde beyschloß: Der Einhalt war, daß ich mit ehistem mich wieder einstellen wolte, da ich nur Mittel an die Hand kriegte, eine so weite Reise zuvollenden, und bat beydes meinen Schwehr und den Obristen, daß sie vermittels der Militiæ das Meinige zubekommen unterstehen wolten, eh Gras darüber wüchse, berichtete darneben, wieviel es an Gold, Silber, und Klei=

nobien sey. Solche Brieffe verfertigte ich in duplo, ein
Theil bestellete Mons. Canard, das ander gab ich auff die
Post, damit wan irgend das [383] eine nicht überkäme,
jedoch das ander einlieffe. Also ward ich wieder frölich,
und instruirte meines Herrn zween Söhne desto leichter,
die als junge Printzen erzogen wurden, dan weil Mons.
Canard sehr reich, als war er auch überauß hoffärtig, und
wolte sich sehen lassen; Welche Kranckheit er von grossen
Herren an sich genommen, weil er gleichsam täglich mit
Fürsten umging, und ihnen alles nachäffte; Sein Hauß
war wie eines Grafen Hofhaltung, in welcher kein anderer
Mangel erschien, als daß man ihn nicht auch einen gnä=
digen Herrn nante, und seine Imagination war so groß,
daß er auch einen Marquis, da ihn etwan einer zube=
suchen kam, nicht höher, als seines gleichen tractirete; Er
theilete zwar geringen Leuten auch von seinen Mitteln
mit, er nam aber kein gering Geld, sondern schenckte ihnen
eher ihre Schuldigkeit, damit er einen grossen Namen
haben mögte. Weil ich zimlich curiös war, und wuste,
daß er mit meiner Person prangte, wan ich neben andern
Dienern hinter ihm her trat, und er Krancke besuchte, als
halff ich ihm auch stets in seinem Laboratorio artzneyen,
davon ward ich zimlich gemein mit ihm, wie er dan ohn
das die Teutsche Sprache gern redete, sagte derowegen
einsmals zu ihm: Warum er sich nicht von seinem Adelichen
Sitz schreibe, den er neulich nahend Pariß um 20000.
Kronen gekaufft hätte? Item, warum er lauter Doctores
auß seinen Söhnen zumachen gedencke, und sie so streng
studiren lasse, ob nicht besser wäre, daß er ihnen (indem
er doch den Adel schon hätte) wie andere Cavalliers,
irgends Aemter kauffe, und sie also vollkommen in den
Adelichen Stand treten lasse? Nein, antwortete [384] er,
wan ich zu einem Fürsten komme, so heist es: Herr
Doctor, er setze sich nider; zum Edelmann aber wird ge=
sagt: Wart auff! Ich sagte, weiß aber der Herr Doctor
nicht, daß ein Artzt dreyerley Angesichter hat, das erste
eines Engels, wan ihn der Krancke ansichtig wird, das
ander eines Gottes, wan er hilfft, das dritte eines Teuffels,
wan man gesund ist, und ihn wieder abschaffet: Also

währt solche Ehre nicht länger, als solang dem Krancken der Wind im Leib herum gehet, wan er aber hinauß ist, und das rumpeln auffhöret, so hat die Ehre ein Ende, und heist alsdan auch: Doctor, vor der Thür ists dein! Hat demnach der Edelmann mehr Ehre von seinem sitzen, weil er nemlich seinem Printzen beständig auffwartet, und die Ehr hat, niemals von seiner Seite zukommen; Der Herr Doctor hat neulich etwas von einem Fürsten in Mund genommen, und demselben seinen Geschmack abgewinnen müssen, ich wolte lieber zehn Jahr stehen und auffwarten, eh ich eines andern Koth versuchen wolte, und wangleich man mich auff lauter Rosen setzen wolte: Er antwortete, das müste ich nicht thun, sondern thäts gern, damit, wan der Fürst sehe, wie saur michs ankäme, seinen Zustand recht zuerkündigen, meine Verehrung desto grösser würde; und warum wolte ich dessen Koth nicht versuchen, der mir etliche hundert Pistolen davor zulohn gibet, ich aber hingegen ihm nichts gebe, wan er noch gar was anders von mir muß fressen? ihr redet von der Sache wie ein Teutscher, wan ihr aber einer andern Nation wäret, so wolte ich sagen, ihr hättet davon geredet wie ein Narr! Mit diesem Sentenz nam ich vor lieb, weil ich sahe, daß er sich erzörnen [385] wolte, und damit ich ihn wieder auf einen guten Laun brächte, bat ich, er wolte meiner Einfalt etwas zugut halten, und brachte etwas annehmlichers auff die Bahne.

Das III. Capitel.
Wie er sich vor einen Comödianten gebrauchen läst, und einen neuen Namen bekomt.

Gleichwie Mons. Canard mehr Wildpret hinweg zuwerffen, als mancher zufressen hatte, der eine eigne Wildbahne vermag, und ihm mehr zahmes verehrt ward, als er und die seinigen verzehren konten; Also hatte er täglich viel Schmarotzer, so daß es bey ihm gleichsam einen ansahe, als ob er eine freye Tafel gehalten hätte: Einsmals besuchten ihn deß Königs Ceremonien-Meister, und andere vorneme Personen vom Hof, denen er eine Fürstliche Collation darstellete, weil er wol wuste, wen

er zum Freund behalten solte, nemlich diejenige, so stets
um den König waren, oder sonst bey demselbigen wol
stunden, damit er nun denselben den aller=geneigtesten
Willen erzeigte, und ihnen alle Lust machen mögte, begehrete
er, ich wolte ihm zu Ehren, und der ansehnlichen Gesell=
schafft zugefallen, ein Teutsch Lieblein in meine Laute
hören lassen; ich folgte gern, weil ich eben in Laune war,
wie dan die Musici gemeiniglich seltzame Grillenfänger
sind, befliß mich derhalben das beste Geschirr zumachen,
und contentirte demnach die Anwesende sowol, daß der
Ceremonien=Meister sagte: Es wäre immer Schade, daß
ich nicht die Frantzsche Sprache könte, er wolte mich
sonst trefflich wol beym König und der Königin anbringen;
Mein Herr aber, so besorgte, ich mögte ihm auß seinen
Diensten entzuckt [386] werden, antwortete ihm, daß ich
einer von Adel sey, und nicht lang in Franckreich zuver=
bleiben gedächte, würde mich demnach schwerlich vor einen
Musicanten gebrauchen lassen: Darauff sagte der Ceremo-
nien=Meister, daß er seine Tage nicht eine so seltne Schönheit, eine so klare Stimme, und einen so künstlichen Lautenisten an einer Person gefunden, es solte ehist vorm König
im Louvre eine Comœdia gespielet werden, wan er mich
darzu gebrauchen könte, so verhoffte er grosse Ehre mit
mir einzulegen; Das hielt mir Mons. Canard vor, ich
antwortete ihm, wan man mir saget, was vor eine Person
ich präsentiren, und was vor Lieder ich in meine Laute
singen solte, so könte ich ja beydes die Melodeyen und
Lieder außwendig lernen, und solche in meine Laute singen,
wanschon sie in Frantzs. Sprache wären, es mögte ja leicht
mein Verstand so gut seyn, als eines Schüler=Knabens,
die man hierzu auch zugebrauchen pflege, unangesehen sie
erst beydes Worte und Geberden lernen müsten. Als mich
der Ceremonien=Meister so willig sahe, muste ich ihm versprechen, den andern Tag ins Louvre zukommen, um zu=
probiren, ob ich mich darzu schicke; Also stellete ich mich
auff die bestimte Zeit ein, die Melodeyen der unter=
schieblichen Lieder, so ich zusingen hatte, schlug ich gleich
perfect auff dem Instrument, weil ich das Tabulatur-
Buch vor mir hatte, empfing demnach die Frantzsche

Lieder, solche außwendig, und die Außsprache recht zulernen, welche mir zugleich verteutscht wurden, damit ich mich mit den Geberden darnach richten könte; Solches kam mich gar nicht schwer an, also daß ichs eher konte, als sichs jemand versahe, und zwar berge=[387]stalt, wan man mich singen hörte (massen mir Mons. Canard das Lob gab) daß der tausendste geschworen hätte, ich wäre ein geborner Frantzos. Und da wir die Comœdia zuprobiren das erste mal zusammen kamen, wuste ich mich so kläglich mit meinen Liedern, Melodeyen und Geberden zustellen, daß sie alle glaubten, ich hätte deß Orphei Person mehr agirt, als den ich damals präsentiren, und mich um meine Euridice so übel gehaben muste. Ich habe die Tage meines Lebens keinen so angenehmen Tag gehabt, als mir derjenige war, an welchem diese Comœdia gespielet ward: Mons. Canard gab mir etwas ein, meine Stimme desto klärer zumachen, und da er meine Schönheit mit Oleo Talci erhöhern, und meine halb krause Haare, die von Schwärtze glitzerten, verpudern wolte, fand er, daß er mich nur damit verstellte, ich ward mit einem Lorbeer=Krantz bekrönet, und in ein Antiquisch Meergrün Kleid angethan, in welchem man mir den gantzen Hals, das Obertheil der Brust, die Arme biß hinter die Elenbogen, und die Knye von den halben Schenckeln an biß auf die halbe Waden, nackend und bloß sehen konte, um solches schlug ich einen Leibfarben daffeten Mantel, der sich mehr einem Feldzeichen vergliche; In solchem Kleid lesselte ich um meine Euridice, ruffte die Venus mit einem schönen Liedlein um Beystand an, und brachte endlich meine Liebste davon; In welchem Actu ich mich trefflich zustellen, und meine Liebste mit Seufftzen und spielenden Augen anzublicken wuste. Nachdem ich aber meine Euridicen verloren, zog ich einen gantz schwartzen Habit an auff die vorige Mode gemacht, auß welchem meine weisse Haut hervor schien, wie [388] der Schnee; in solchem beklagte ich meine verlorne Gemahlin, und bildete mir die Sache so erbärmlich ein, daß mir mitten in meinen traurigen Liedern und Melodeyen die Thränen herauß rucken, und das weynen dem singen den Paß verlegen wolte, doch langte ich mit einer schönen Manier hinauß, biß ich vor Plutonem und Proserpinam in die Hölle kam, denselben stellete ich in einem sehr beweglichen Lied ihre Liebe, die sie beyde zusammen trügen, vor Augen, und erinnerte sie, dabey abzunehmen, mit was grossem Schmertzen ich und Euridice voneinander wären geschieden worden, bat demnach mit den aller=andächtigsten Geberden, und zwar alles in meine Harffe singend, sie wolten mir solche wieder zukommen lassen, und nachdem ich das Jawort erhalten, bedanckte ich mich mit einem frölichen Lied gegen ihnen, und wuste das Angesicht samt Geberden und Stimme so frölich zuverkehren, daß sich alle anwesende Zuseher darüber verwunderten. Da ich aber meine Euridice wieder unversehens verlor, bildete ich mir die gröste Gefahr ein, darein je ein Mensch geraten könte, und ward davon so bleich, als ob mir ohnmächtig werden wollen, dan weil ich damals allein auff der Schaubühne war, und alle Spectatores auff mich sahen, befliß ich mich meiner Sachen desto eiferiger, und bekam die Ehre davon, daß ich am besten agiret hätte. Nachgehends satzte ich mich auff einen Felß, und fing an den Verlust meiner Liebsten mit erbärmlichen Worten und einer traurigen Melodey zubeklagen, und alle Creaturen um Mitleiden anzuruffen, darauff stelleten sich allerhand zahme und wilde Thiere, Berge, Bäume und dergleichen bey mir ein, also daß es in [389] Warheit ein Ansehen hatte, als ob alles mit Zauberey über=natürlicher weise wäre zugerichtet worden. Keinen andern Fehler beging ich, als zuletzt, da ich allen Weibern abgesagt, von den Bacchis erwürget, und ins Wasser geworffen war (welches zugerichtet gewesen, daß man nur meinen Kopff sahe, dan mein übriger Leib stund unter der Schau=Bühne in guter Sicherheit) da mich der Drache benagen solte, der Kerl aber so im Drachen stack, denselben zuregiren, meinen Kopff nicht sehen konte, und dahero deß Drachen Kopff neben dem meinigen grassen ließ, das kam mir so lächerlich vor, daß ich mir nicht abbrechen konte, darüber zuschmollen, welches die Dames, so mich gar wol betrachteten, in acht namen.

Von dieser Comödia bekam ich neben dem Lob, das mir männiglich gab, nicht allein eine treffliche Verehrung, sondern ich kriegte auch einen andern Namen, indem mich forthin die Frantzosen nicht anders als Beau Alman nanten. Es wurden noch mehr dergleichen Spiele und Ballet gehalten, dieweil man die Faßnacht celebrirete, in welchen ich mich gleichfalls gebrauchen ließ, befand aber zuletzt, daß ich von andern geneidet ward, weil ich die Spectatores, und sonderlich die Weiber gewaltig zog, ihre Augen auff mich zuwenden, thät michs derowegen ab, sonderlich als ich einsmals zimlich Stösse kriegte, da ich als ein Hercules, gleichsam nackend in einer Löwenhaut, mit Acheloo um die Dejaniram kämpffete, da man mirs gröber machte, als in einem Spiel der Gebrauch ist.

Das IV. Capitel.
Beau Alman wird wider seinen Willen in den Venus-Berg geführet. [390]

Hierdurch ward ich bey hohen Personen bekant, und es schien, als ob mir das Glück wieder auff ein neues hätte leuchten wollen, dan mir wurden gar deß Königs Dienste angeboten, welches manchem grossen Hansen nicht widerfähret. Einsmals kam ein Laquey, der sprach meinen Mons. Canard an, und brachte ihm meinetwegen ein Brief= lein, eben als ich bey ihm in seinem Laboratorio saß, und reverberirte, (dan ich hatte auß Lust bey meinem Doctor schon perlutiren, resolviren, sublimiren, coaguliren, digeriren, calciniren, filtriren, und dergleichen unzehlich viel Alkühmistische Arbeit gelernet, dadurch er seine Artz= neyen zuzurichten pflegte) Monsieur Beau Alman, sagte er zu mir, diß Schreiben betrifft euch: Es schicket ein vornehmer Herr nach euch, der begehret, ihr wollet gleich zu ihm kommen, er wolle euch ansprechen, und vernehmen, ob euch nicht beliebe, seinen Sohn auff der Laute zuinfor= miren? Er bittet mich, euch zuzusprechen, daß ihr ihm diesen Gang nit abschlagen wollet, mit sehr cortoisem Ver= sprechen, euch diese Mühe mit freundlicher Danckbarkeit zu= belohnen: Ich antwortete, wan ich seinet (verstehe Mons. Canard) wegen jemand dienen könne, so würde ich meinen Fleiß nicht sparen; Darauff sagte er, ich solte mich nur anders anziehen, mit diesem Laqueyen zugehen, indessen

biß ich fertig, wolte er mir etwas zueſſen machen laſſen,
dan ich hätte einen zimlich weiten Weg zugehen, daß ich
kaum vor Abend an den beſtimten Ort kommen würde:
Alſo butzte ich mich zimlich, und verſchluckte in Eyl etwas
von der Collation, ſonderlich aber ein paar kleiner delicaten
Würſtlein, welche, als mich beuchte, zimlich ſtarck [391]
apothecerten; ging demnach mit gedachtem Laquey durch
ſeltzame Umwege einer Stunde lang, biß wir gegen Abend
vor eine Gartenthür kamen, die nur zugelähnt war, dieſelbe
ſtieß der Laquey vollends auff, und demnach ich hinter
ihm hinein getreten, ſchlug er ſelbige wieder zu, führete
mich nachgehends in das Luſt-Hauß, ſo in einer Ecke deß
Gartens ſtund, und demnach wir einen zimlich langen
Gang paſſirten, klopffte er vor einer Thür, ſo von einer
alten Abelichen Dame ſtracks auffgemachet ward; dieſe hieß
mich in Teutſcher Sprache ſehr höflich Willkommen ſeyn,
und zu ihr vollends hinein treten, der Laquey aber, ſo
kein Teutſch konte, nam mit tieffer Reverenz ſeinen Ab-
ſchied. Die Alte nam mich bey der Hand, und führete
mich vollend ins Zimmer, das rund umher mit den köſt-
lichſten Tapeten behengt, ſonſten auch zumal ſchön gezieret
war; Sie hieß mich niderſitzen, damit ich verſchnauben,
und zugleich vernehmen könte, auß was Urſachen ich an
dieſen Ort geholet; Ich folgte gern, und ſatzte mich auff
einen Seſſel, den ſie mir zu einem Feur ſtellete, ſo in
demſelben Saal wegen zimlicher Kälte brante, ſie aber ſatzte
ſich neben mich auff einen andern, und ſagte: Monsieur,
wan er etwas von den Kräfften der Liebe weiß, daß nemlich ſolche die allerdapfferſte, ſtärckſte und klügſte Männer
überwältige und zubeherrſchen pflege, ſo wird er ſich um
ſoviel beſtoweniger verwundern, wan dieſelbe auch ein
ſchwaches Weibsbild meiſtert; Er iſt nicht ſeiner Laute
halber, wie man ihn und Mons. Canard überredet gehabt,
von einem Herrn, aber wol ſeiner übertrefflichen Schönheit
halber von der aller-vortrefflichſten Dame in Pariß hieher
be-[392]ruffen worden, die ſich allbereit deß Todes verſihet,
da ſie nicht bald deß Herrn über-irrdiſche Geſtalt zubeſchauen, und ſich damit zuerquicken, das Glück haben ſolte:
Derowegen hat ſie mir befohlen, dem Herrn, als meinem

Landsmann, solches anzuzeigen, und ihn höher zubitten, als Venus ihren Adonidem, daß er diesen Abend sich bey ihr einfinden, und seine Schönheit genugsam von ihr betrachten lasse, welches er ihr verhoffentlich als einer vornehmen Damen nicht abschlagen wird. Ich antwortete, Madame, ich weiß nicht was ich gedencken, viel weniger hierauff sagen solle! Ich erkenne mich nicht darnach beschaffen zu seyn, daß eine Dame von so hoher Qualität nach meiner Wenigkeit verlangen solte; Uber das komt mir in Sinn, wan die Dame, so mich zusehen begehret, so vortrefflich und vornehm sey, als mir meine hochgeehrte Frau Landsmännin vorbracht, daß sie wol bey früher Tagszeit nach mir schicken dörffen, und mich nicht erst hieher an diesen einsamen Ort, bey so spätem Abend, hätte beruffen lassen; Warum hat sie nicht befohlen, ich solle stracks Wegs zu ihr kommen? Was habe ich in diesem Garten zuthun? Mein hochg. Frau Landsmännin vergebe mir, wan ich als ein verlassener Frember in die Forcht gerathe, man wolle mich sonst hintergehen, sintemal man mir gesagt, ich solte zu einem Herrn kommen, so sich schon im Werck anders befindet; solte ich aber mercken, daß man mir so verrätherisch mit bösen Tücken an Leib wolte kommen, würde ich vor meinem Tod meinen Degen noch zugebrauchen wissen! Sachte, sachte, mein hochgeehrter Herr Landsmann, er lasse diese unnötige Gedancken auß dem Sinn, (antwortete [393] sie mir) die Weibsbilder sind seltzam und vorsichtig in ihren Anschlägen, daß man sich nicht gleich anfangs so leicht darein schicken kan; Wan diejenige, die ihn über alles liebet, gern hätte, daß er Wissenschafft von ihrer Person haben solte, so hätte sie ihn freylich nicht erst hieher, sondern den geraden Weg zu sich kommen lassen, dort ligt eine Kappe (wiese damit auff den Tisch) die muß der Herr ohn das auffsetzen, wan er von herauß zu ihr geführet wird, weil sie auch so gar nicht will, daß er den Ort, geschweige bey wem er gesteckt, wissen solte; Bitte und ermahne demnach den Herrn so hoch als ich immer kan, er erzeige sich gegen dieser Dame, sowol wie es ihre Hoheit, als ihre gegen ihm tragende unaußsprechliche Liebe meritiret, da er anders nicht ge=

wärtig seyn will zuerfahren, daß sie mächtig genug sey, seinen Hochmuth und Verachtung, auch in diesem Augenblick, zustraffen: Wird er sich aber der Gebühr nach gegen Ihr einstellen, so sey er versichert, daß ihm auch der geringste Tritt, den er ihrentwegen gethan, nicht unbelohnt verbleiben wird.

Es ward allgemach finster, und ich hatte allerhand Sorgen und forchtsame Gedancken, also daß ich da saß wie ein geschnitzt Bild, konte mir auch wol einbilden, daß ich von diesem Ort so leicht nicht wieder entrinnen könte, ich willigte dan in alles, so man mir zumuthete, sagte derhalben zu der Alten: Nun dan, meine hochgeehrte Frau Landsmännin, wan ihm dan so ist, wie sie mir vorgebracht, so vertraue ich meine Person ihrer angebornen Teutschen Redlichkeit, der Hoffnung, sie werde nicht zulassen, vielweniger selbst vermittlen, daß einem unschuldi=[394]gen Teutschen eine Untreue widerfahre, Sie vollbringe, was ihr meinetwegen befohlen ist, die Dame, von deren sie mir gesagt, wird verhoffentlich keine Basilißken=Augen haben, mir den Hals abzusehen; Ey behüte GOtt, sagte sie, es wäre Schade, wan ein solcher Leib, mit welchem unsre gantze Nation prangen kan, jetzt schon sterben solte, Er wird mehr Ergetzung finden, als er sich sein Tag niemals einbilden dörffen. Wie sie meine Einwilligung hatte, ruffte sie Jean und Piere, diese traten alsobald, jeder in vollem plancken Küris, von der Scheitel biß auff die Fußsolen gewaffnet, mit einer Helleparten und Pistol in der Hand, hinter einer Tapezerey herfür, davon ich dergestalt erschrack, daß ich mich gantz entfärbte; die Alte nam solches wahr, und sagte lächlend: Man muß sich so nicht fürchten, wan man zum Frauenzimmer gehet, befahl darauff ihnen beyden, sie solten ihren Harnisch ablegen, die Latern nehmen, und nur mit ihren Pistolen mit gehen, demnach streiffte sie mir die Kappe, die von schwartzem Sammet war, übern Kopff, trug meinen Hut unterm Arm, und führete mich durch seltzame Wege an der Hand: Ich spürete wol, daß ich durch viel Thüren, und auch über einen gepflasterten Weg passirte, endlich muste ich etwan nach einer halben Viertelstunde eine kleine steinerne Stege steigen, da thät

sich ein klein Thürlein auff, von dannen kam ich über
einen besetzten Gang, und muste eine Windelstege hinauff,
folgends etliche Staffeln wieder hinab, allda sich etwa
sechs Schritte weiters eine Thür öffnete, als ich endlich
durch solche kam, zog mir die Alte die Kappe wieder
herunter, da befand ich mich in einem Saal, der da überauß
zierlich auffgebutzet war, die Wände waren mit schönen
Gemählden, das Trysur mit Silber=Geschirr, und das
Bette so darin stund, mit Umhängen von güldenen Stücken
gezieret; In der Mitten stund der Tisch prächtig gedeckt,
und bey dem Feur befand sich eine Bad=wanne, die wol
hübsch war, aber meinem Bedüncken nach schändete sie
den gantzen Saal; Die Alte sagte zu mir, nun willkom=
men Herr Landsmann, kan er noch sagen, daß man ihn
mit Verrätherey hintergehe? er lege nur allen Unmuth
ab, und erzeige sich wie neulich auff dem Theatro, da
er seine Euridicen vom Plutone wieder erhielt, ich ver=
sichere ihn, er wird hier eine schönere antreffen, als er
dort eine verloren.

Das V. Capitel.
Wie es ihm darin erging, und wie er wieder herauskam.

Ich hörete schon an diesen Worten, daß ich mich nicht
nur an diesem Ort beschauen lassen, sondern noch gar
was anders thun solte; Sagte derowegen zu meiner
alten Landsmännin: Es wäre einem Durstigen wenig damit
geholffen, wan er bey einem verbotenen Brunn säße; Sie
aber sagte, man sey in Franckreich nit so mißgünstig, daß
man einem das Wasser verbiete, sonderlich wo dessen ein
Uberfluß sey; Ja, sagte ich, Madame, sie saget mir
wol davon, wan ich nicht schon verheuratet wäre! Das
sind Possen, (antwortete das gottlose Weib) man wird
euch solches heunt Nacht nicht glauben, dan die verehelichte
Cavalliers ziehen selten in Franckreich, und obgleich dem
so wäre, kan ich doch nicht glauben, daß der Herr so alber
sey, eher Durst zusterben, als auß einem fremden Brunn
zutrincken, sonderlich wan er [396] vielleicht lustiger ist,
und besser Wasser hat, als sein eigener. Diß war unser
Discurs, bieweil mir eine Adeliche Jungfer, so dem Feur

pflegte, Schuhe und Strümpffe außzog, die ich überall im Finstern besudelt hatte, wie dan Pariß ohn das eine sehr kothige Stat ist. Gleich hierauff kam Befehl, daß man mich noch vor dem Essen baden solte, dan bemeltes Jungfräulein ging ab und zu, und brachte das Badgezeug, so alles nach Bisem und wolriechender Säiffe roch, das Leinen Geräth war vom reinesten Cammertuch, und mit theuren Holländischen Spitzen besetzt; Ich wolte mich schämen, und vor der Alten nicht nackend sehen lassen, aber es halff nichts, ich muste dran, und mich von ihr außreiben lassen, das Jungfergen aber muste eine Weile abtreten; Nach dem Bad ward mir ein zartes Hemd gegeben, und ein köstlicher Schlaffbeltz von Veyelblauem Daffet angelegt, samt einem paar seidener Strümpfe von gleicher Farbe, so war die Schlaffhaube, samt den Pantoffeln mit Gold und Perlen gestickt, also daß ich nach dem Bad dort saß zuprotzen, wie der Hertz=König. Indessen mir nun meine Alte das Haar trücknete und kämpelte, dan sie pflegte meiner, wie einem Fürsten oder kleinen Kind, trug mehrgemeltes Jungfräulein die Speisen auff, und nachdem der Tisch überstellet war, traten drey heroische junge Damen in den Saal, welche ihre Alabasterweisse Brüste zwar zimlich weit entblöst trugen, vor den Angesichtern aber gantz vermasquirt; Sie dünckten mich alle drey vortrefflich schön zuseyn, aber doch war eine viel schöner als die andre; ich machte ihnen gantz stillschweigend einen tieffen Bückling, [397] und sie bedanckten sich gegen mir mit gleichen Ceremonien, welches natürlich sahe, als ob etliche Stumme beyeinander gewesen, so die Redende agiret hätten, sie satzten sich alle drey zugleich nider, daß ich also nicht errathen konte, welche die vornehmste unter ihnen gewesen, vielweniger welcher ich zubienen da war; Die erste Rede war, ob ich nicht Frantzösisch könte? meine Landsmännin sagte Nein; Hierauff versetzte die andre: Sie solte mir sagen, ich wolte belieben nider zusitzen, als solches geschehen, befahl die dritte meiner Dolmetschin, sie solte sich auch setzen: Worauß ich abermal nicht abnehmen mögen, welche die vornehmste unter ihnen war. Ich saß neben der Alten gerad gegen diesen dreyen Damen über, und ist demnach meine Schönheit ohnzweiffel neben einem so alten Gerippe, desto besser hervor geschienen. Sie blickten mich alle drey sehr anmühtig lieb- und huldreich an, und ich dörffte schwören, daß sie viel hundert Seufftzen gehen liessen: Ihre Augen konte ich nit sehen funcklen wegen der Masquen, die sie vor sich hatten. Meine Alte fragte mich, (sonst konte niemand mit mir reden,) welche ich unter diesen dreyen vor die schönste hielte? Ich antwortete, daß ich keine Wahl darunter sehen könte; Hierüber fing sie an zulachen, daß man ihr alle vier Zähne sahe, die sie noch im Maul hatte, und fragte, warum das? Ich antwortete, weil ich sie nit recht sehen könte, doch soviel ich sehe, wären sie alle drey nit heßlich. Dieses, was die Alte gefraget, und ich geantwortet, wolten die Damen wissen; meine Alte verdolmetschte es, und log noch darzu, Ich hätte gesagt, einerjeden Mund wäre hundert tausend mal küssens werth! dan ich konte ihnen die Mäu-[398]ler unter den Masquen wol sehen, sonderlich deren, so gerad gegen mir über saß. Mit diesem Fuxschwantz machte die Alte, daß ich dieselbe vor die vornehmste hielt, und sie auch desto eiferiger betrachtete. Diß war all unser Discurs über Tisch, und ich stellete mich, als ob ich kein Frantzösisch Wort verstünde. Weil es dan so still herging, machten wir desto eher Feyrabend: Darauff wünschten mir die Damen eine gute Nacht, und gingen ihres Wegs, denen ich das Geleite nicht weiter, als biß an die Thür geben dörffte, so die Alte gleich nach ihnen zurigelte. Da ich das sahe, fragte ich, Wo ich dan schlaffen müste? Sie antwortete ich müste bey ihr in gegenwärtigem Bette vorliebnehmen; Ich sagte, das Bette wäre gut genug, wan nur auch eine von jenen dreyen darin lege! ja, sagte die Alte, es wird euch fürwar heunt keine von ihnen zutheil. Indem wir so plauderten, zog eine schöne Dame, die im Bette lag, den Umhang etwas zurück, und sagte zu der Alten, sie solte auffhören zuschwätzen, und schlaffen gehen! Darauff nam ich ihr das Liecht, und wolte sehen, wer im Bette lege? Sie aber leschte solches auß, und sagte: Herr, wan ihm sein Kopff lieb ist, so unterstehe er sich dessen nicht, was er im Sinn hat, Er lege sich, und sey ver-

sichert, da er mit Ernst sich bemühen wird, diese Dame
wider ihren Willen zusehen, daß er nimmermehr lebendig
von hinnen komt! Damit ging sie durch, und beschloß die
Thür, die Jungfer aber, so dem Feur gewartet, leschte
das auch vollend auß, und ging hinter einer Tapezerey,
durch eine verborgne Thür, auch hinweg. Hierauff sagte
die Dame, so im Bette lag, Allo Mons. Beau Alman,
gee schlaff mein Hertz, [399] gom, rick su mir! So viel
hatte sie die Alte Teutsch gelernet; Ich begab mich zum
Bette, zu sehen, wie dan dem Ding zuthun seyn mögte?
und sobald ich hinzu kam, fiel sie mir um den Hals,
bewillkommte mich mit vielem küssen, und bisse mir vor
hitziger Begierde schier die unter Lefftzen herab, ja sie fing
an, meinen Schlaffbeltz auffzuknöpffeln, und das Hembde
gleichsam zuzerreissen, zog mich also zu ihr, und stellete
sich vor unsinniger Liebe also an, daß nicht außzusagen.
Sie konte nichts anders Teutsch, als Rick su mir mein
Hertz! das übrige gab sie sonst mit Geberden zuverstehen.
Ich gedachte zwar heim an meine Liebste, aber was halff
es, ich war leider ein Mensch, und fand eine solche wol-
proportionirte Creatur, und zwar von solcher Lieblichkeit,
daß ich wol ein Ploch hätte seyn müssen, wan ich keusch
hätte davon kommen sollen.

Dergestalt brachte ich acht Täg und soviel Nächte
an diesem Ort zu, und ich glaube, daß die andern drey
auch bey mir gelegen seyn, dan sie redeten nicht alle wie
die erste, und stelleten sich auch nicht so närrisch. Wiewol
ich nun acht gantzer Tage bey diesen vier Damen war, so
kan ich doch nicht sagen, daß mir zugelassen worden, eine
einzige anders als durch eine Florhauben, oder es sey
dan finster gewesen, im blossen Angesicht zubeschauen. Nach
geendigter Zeit der acht Tage satzte man mich im Hof,
mit verbundenen Augen, in eine zugemachte Gutsche, zu
meiner Alten, die mir unterwegs die Augen wieder auff-
band, und führete mich in meines Herrn Hof, alsdan fuhr
die Gutsche wieder schnell hinweg. Meine Verehrung
war 200. Pistolet, und da ich die Alte fragte, ob [400]
ich niemand kein Trinckgeld davon geben solte? sagte sie,
bey Leib nicht, dan wan ihr solches thätet, so würde es

die Dames verdriessen; ja sie würden gedencken, Ihr bildet euch ein, ihr wäret in einem Huren=Hauß gewesen, da man alles belohnen muß. Nachgehends bekam ich noch=mehr dergleichen Kunden, welche es mir so grob machten, daß ich endlich auß Unvermügen der Narrenpossen gantz überdrüssig ward.

Das VI. Capitel.
Simplicius machet sich heimlich hinweg, und wie ihm der Stein geschnitten wird, als er vermeynet, er habe mal de Nable.

Durch diese meine Handtierung brachte ich beydes an Geld und andern Sachen soviel Verehrungen zusam=men, daß mir angst dabey ward, und verwunderte ich mich nicht mehr, daß sich die Weibsbilder ins Bordell be=geben, und ein Handwerck auß dieser viehischen Unfläterey machen, weil es so trefflich wol einträget; Aber ich fing an, und ging in mich selber, nicht zwar auß Gottseeligkeit oder Trieb meines Gewissens, sondern auß Sorge, daß ich einmal auff so einer Kurbe erdappt, und nach Verdienst bezahlt werden mögte: Derhalben trachtete ich, wieder in Teutschland zukommen, und das um soviel destomehr, weil der Commandant zur L. mir geschrieben, daß er etliche Cölnische Kauffleute bey den Köpffen gekriegt, die er nit auß Händen lassen wolte, es seyn ihm dan meine Sachen zuvor eingehändigt: Item daß er mir das versprochene Fähnlein noch auffhalte, und meiner noch vor dem Früh=ling gewärtig seyn wolte, dan sonst, wo ich in der Zeit nit käme, müste [401] er die Stelle mit einem andern be=setzen; So schickte mir mein Weib auch ein Brieflein dabey, das voll liebreicher Bezeugungen ihres grossen Verlangens war: Hätte sie aber gewust, wie ich so ehrbar gelebet, so solte sie mir wol einen andern Gruß hinein gesetzt haben.

Ich konte mir wol einbilden, daß ich mit Monsig. Canard Consens schwerlich hinweg käme, gedachte der=halben heimlich durchzugehen, sobald ich Gelegenheit haben könte, so mir zu meinem grossen Unglück auch anging; Dan als ich einsmals etliche Officierer von der Weymarischen Armee antraff, gab ich mich ihnen zuerkennen, daß ich nemlich ein Fähnrich von deß Obristen de S. A. Regiment, und in meinen eigenen Geschäfften eine Zeitlang in Pariß gewesen, nunmehr aber entschlossen sey, mich wieder zum Regiment zubegeben, mit Bitte, sie wolten mich in ihre Gesellschafft zu einem Reißgesehrten mitnehmen: Also eröffneten sie mir den Tag ihres Aufbruchs, und namen mich willig auff, ich kauffte mir einen Klepper, und mondirte mich auf die Raise so heimlich als ich konte, packte mein Geld zusammen (so ungefähr bey 500. Duplonen waren, die ich alle den gottlosen Weibsbildern abverdienet hatte) und machte mich ohn von Mons. Canard gegebne Erlaubnüß mit ihnen fort; schrieb ihm aber zurück, und datirte das Schreiben zu Mastrich, damit er meynen solte, ich wäre auf Cöln gangen, darin nam ich meinen Abschied, mit Vermelden, daß mir unmüglich gewesen länger zubleiben, weil ich seine Aromatische Würste nicht mehr hätte verdauen können.

Im zweyten Nachtläger von Pariß auß ward [402] mir natürlich wie einem der den Rotlauff bekomt, und mein Kopff thät mir so grausam weh, daß mir unmüglich war auffzustehen. Es war in einem gar schlechten Dorff, darin ich keinen Medicum haben konte, und was das ärgste war, so hatte ich auch niemand der mir wartete, dan die Officierer räisten deß morgens früh ihres Wegs fort, gegen dem Elsaz zu, und liessen mich, als einen der sie nichts anginge, gleichsam todkrank da ligen, doch befahlen sie bey ihrem Abschied dem Wirth mich und mein Pferd, und hinterliessen bey dem Schultzen im Dorff, daß er mich als einen Kriegs=Officier, der dem König diene, beobachten solte.

Also lag ich ein paar Tage dort, daß ich nichts von mir selber wuste, sondern wie ein Hirnschelliger fabelte, man brachte den Pfaffen, derselbe konte aber nichts verständiges von mir vernehmen. Und weil er sahe, daß er mir die Seele nicht artzneyen konte, gedachte er auff Mittel, dem Leib nach Vermögen zuhülff zukommen, allermassen er mir eine Ader öffnen, einen Schweißtrank eingeben, und in ein warmes Bette legen lassen, zuschwitzen; Das bekam mir sowol, daß ich mich in derselben Nacht wieder besann wo ich war, und wie ich dahin kommen, und kranck worden wäre. Am folgenden Morgen kam obgemelter Pfaff wieder zu mir, und fand mich gantz desperat, dieweil mir nicht allein all mein Geld entführt war, sondern auch nicht anders meynete, als hätte ich (s. v.) die liebe Frantzosen, weil sie mir billicher als soviel Pistolen gebühreten, und ich auch über dem gantzen Leib so voller Flecken war, als ein Tyger, ich konte weder gehen, stehen, sitzen noch ligen, da war [403] keine Gedult bey mir, dan gleichwie ich nicht glauben konte, daß mir Gott das verlorne Geld bescheret hätte, also war ich jetzt so ungehalten, daß ich sagte, der Teuffel hätte mirs wieder weggeführet! Ja ich stellete mich nicht anders, als ob ich gantz hätte verzweiffeln wollen, daß also der gute Pfarrer genug an mir zutrösten hatte, weil mich der Schuh an zweyen Orten so hefftig druckte; Mein Freund, (sagte er) stellet euch doch als ein vernünfftiger Mensch, wan ihr euch ja nicht in euerm Creutz anlassen könnet wie ein frommer Christ, was machet ihr, wollet ihr zu euerm Geld auch das Leben, und was mehr ist, auch die Seeligkeit verlieren? Ich antwortete, nach dem Geld frage ich nichts, wan ich nur diese abscheuliche verfluchte Kranckheit nicht am Hals hätte, oder wäre nur an Ort und Enden, da ich wieder curirt werden könte! Ihr müst euch gedulden, antwortete der Geistliche, wie müssen die arme kleine Kinder thun, deren in hiesigem Dorff über 50. daran kranck ligen? Wie ich hörete, daß auch Kinder damit behafftet, war ich alsbald hertzhaffter, dan ich konte ja leicht gedencken, daß selbige diese garstige Seuch nit kriegen würden; nam derowegen mein Felleisen zur Hand, und suchte, was es etwan noch vermögte, aber da war ohn das weisse Gezeug nichts schätzbares in, als eine Capsel mit einer Damen Conterfáit, rund herum mit Rubinen besetzt, so mir eine zu Pariß verehret hatte, ich nam das Conterfáit herauß, und stellete das übrige dem Geistlichen zu, mit Bitte, solches in der nächsten Stat zuversilbern, damit ich etwas zuverzehren haben mögte: Diß ging dahin, daß ich kaum den dritten Theil seines Werths davor kriegte, und [404] weil es nicht lang daurte, muste auch mein Klepper fort, damit reichte ich kärglich hinauß, biß die Purpeln anfingen zudörren, und mir wieder besser ward.

Das VII. Capitel.
Wie Simplicius Calender machet, und als ihm das Wasser ans Maul ging, schwimmen lernte.

Womit einer sündiget, damit pflegt einer auch gestrafft zuwerden, diese Kinds=Blattern richteten mich dergestalt zu, daß ich hinfüro vor den Weibsbildern gute Ruhe hatte; ich kriegte Gruben im Gesicht, daß ich außsahe wie eine Scheur=Denne, darin man Erbsen gedroschen, ja ich ward so heßlich, daß sich meine schöne krause Haar, in welchen sich so manch Weibsbild verstrickt, meiner schämten, und ihre Heimat verliessen; Anstat deren bekam ich andere, die sich den Säuborsten vergleichen liessen, daß ich also nothwendig eine Barucque tragen muste, und gleichwie auswendig an der Haut keine Zierde mehr übrig blieb, also ging meine liebliche Stimme auch dahin, dan ich den Hals voller Blattern gehabt, meine Augen, die man hiebevor niemal ohn Liebefeur finden können, einejede zuentzünden, sahen jetzt so roth und trieffend auß, wie eines 80.jährigen Weibes, das den Cornelium hat. Und über das alles so war ich in frembden Landen, kante weder Hund noch Menschen, der es treulich mit mir meynte, verstund die Sprache nicht, und hatte allbereit kein Geld mehr übrig.

Da fing ich erst an hintersich zugedencken, und die herrliche Gelegenheiten zubejammern, die mir hiebevor zu Beförderung meiner Wolfart angestanden, ich aber so liederlich hatte verstreichen lassen; Ich [405] sahe erst zurück, und merckte, daß mein extra ordinari Glück im Krieg, und mein gefundener Schatz, nichts anders als eine Ursache und Vorbereitung zu meinem Unglück gewesen, welches mich nimmermehr so weit hinunter hätte werffen können, da es mich nicht zuvor durch solche falsche Blicke angeschauet, und so hoch erhaben hätte, ja ich fand, daß dasjenige Gute, so mir begegnet, und ich vor gut gehalten, böß gewesen, und mich in das äusserste Verderben geleitet hatte, da war kein Einsidel mehr, der es treulich mit mir gemeynet, kein Obrister Ramsay, der mich in meinem Elend auffgenommen, kein Pfarrer, der mir das Beste gerathen, und in Summa kein einziger Mensch, der mir etwas zugut gethan hätte, sondern da mein Geld hin war, hieß es, ich solte auch fort, und meine Gelegenheit anderswo suchen, und hätte ich wie der verlorne Sohn mit den Säuen vorlieb nehmen sollen. Damals gedachte ich erst an deßjenigen Pfarrherrn guten Rath, der da vermeynte, ich solte meine Mittel und Jugend zu den Studiis anwenden, aber es war viel zuspät mit der Scheer, dem Vogel die Flügel zubeschneiden, weil er schon entflogen! O schnelle und unglückselige Veränderung! vor 4. Wochen war ich ein Kerl, der die Fürsten zur Verwunderung bewegte, das Frauenzimmer entzuckte, und dem Volck als ein Meisterstück der Natur, ja wie ein Engel vorkam, jetzt aber so unwerth, daß mich die Hunde anpißten. Ich machte wol tausend und aber tausenderley Gedancken, was ich angreiffen wolte, dan der Wirth stieß mich auß dem Hauß, da ich nichts mehr bezahlen konte, ich hätte mich gern unterhalten lassen, es wolte mich aber kein Werber vor einen Sol=[406]baten annehmen, weil ich als ein grindiger Guckuck außsahe, arbeiten konte ich nit, dan ich war noch zumatt, und über das noch keiner Arbeit gewohnt. Nichts tröstete mich mehr, als daß es gegen den Sommer ging, und ich mich zur Noth hinter einer Hecken behelffen konte, weil mich niemand mehr im Hauß wolte leiden. Ich hatte mein statlich Kleid noch, das ich mir auf die Räise machen lassen, samt einem Felleisen voll kostbar Leinengezeug, das mir aber niemand abkauffen wolte, weil jeder sorgte, ich mögte ihm auch eine Kranckheit damit an Hals hengen. Solches nam ich auff den Buckel, den Degen in die Hand, und den Weg unter die Füsse, der mich in ein klein Stätlein trug, so gleichwol eine eigne Apothecke vermogte, in dieselbe ging ich, und ließ mir eine Salbe zurichten, die mir die Urschlechtenmähler im Gesicht vertreiben solten, und weil ich kein Geld hatte, gab ich dem Apothecker=Gesellen ein schön zart Hemb davor, der nicht so ekel war, wie andere Narren, so keine Kleider von mir haben wolten. Ich gedachte, wan du nur der schandlichen Flecken loß wirst, so wird sichs schon auch wieder mit deinem Elend bessern; und weil mich der Apothecker tröstete, man würde mir über acht Tage, ohn die tieffe Narben, so mir die Purpeln in die Haut gefressen, wenig mehr ansehen, war ich schon behertzter. Es war eben Marckt daselbst, und auff demselben befand sich ein Zahnbrecher, der trefflich Geld lösete, da er doch liederlich Ding den Leuten dafür anhing: Narr, sagte ich zu mir selber, was machstu, daß du nicht auch so einen Kram auffrichtest? bistu solang bey Mons. Canard gewesen, und hast nicht [407] so viel gelernet, einen einfältigen Bauer zubetrügen, und dein Maulfutter davon zugewinnen, so mustu wol ein elender Tropff seyn.

Das VIII. Capitel.
Wie er ein Landfahrender Storger und Leutbetrüger worden.

Ich mogte damals fressen wie ein Drescher, dan mein Magen war nicht zu ersättigen, wiewol ich nichts mehr im Vorrath hatte, als noch einen einzigen göldenen Ring mit einem Diamant, der etwa 20. Cronen werth war, den versilberte ich um zwölffe, und demnach ich mir leicht einbilden konte, daß diß bald auß seyn würde, da ich nichts darzu gewinne, resolvirte ich mich, ein Artzt zuwerden. Ich kauffte mir die Materialia zu dem Theriaca Diatessaron, und richtete ihn zu, um denselben in kleinen Städten und Flecken zuverkauffen; vor die Bauren aber, nam ich ein Theil Wachholder Latwerge, vermischte solche mit Eichenlaub, Weydenblättern und dergleichen herben ingredientien; alsdan machte ich auch auß Kräutern, Wurtzeln, Butter, und etlichen Olitäten eine grüne Salbe zu allerhand Wunden, damit man auch wol ein gedruckt Pferd hätte heilen können, item auß Galmey, Kiselsteinen, Krebsaugen, Schmirgel und Trippel ein Pulver, weisse Zähne damit zumachen; ferner ein blau Wasser auß Lauge, Kupffer, Sal armoniacum und Camphor, vor den Scharbock, Mundfäule, Zahn- und Augenwehe, bekam auch ein hauffen plecherne und hölzerne Büchslein, Papier

und Gläslein, meine Wahre darein zuschmieren, und damit
es auch ein Ansehen haben mögte, ließ ich mir einen
Frantzös. Zettel concipiren und drucken, [408] darin man
sehen konte, worzu ein und anders gut war. In dreyen
Tagen war ich mit meiner Arbeit fertig, und hatte kaum
drey Cronen in die Apothecke und vor Geschirr angewen=
det, da ich diß Státlein verließ. Also packte ich auff, und
nam mir vor, von einem Dorff zum andern biß in das
Elsaß hinein zuwandern, und meine Wahre unterwegs an
Mann zubringen, folgends zu Straßburg, als in einer
neutralen Stat, mich mit Gelegenheit auff den Rhein
zusetzen, mit Kaufsleuten wieder nach Cöln zubegeben und
von dort auß meinen Weg zu meinem Weib zunehmen;
Das Vorhaben war gut, aber der Anschlag fehlete weit!

Da ich das erstemal mit meiner Quacksalberey vor
eine Kirche kam, und sail hatte, war die Losung gar
schlecht, weil ich viel zublöd war, mir auch sowol die
Sprache als Storgerische Auffschneiderey nicht von statten
gehen wolte; sahe demnach gleich, daß ichs anderst an=
greiffen müste, wan ich Geld einnehmen wolte. Ich ging
mit meinem Kram in das Wirthshauß, und vernam über
Tisch vom Wirth, daß den Nachmittag allerhand Leute
unter der Linden vor seinem Hauß zusammen kommen
würden, da dörffte ich dan wol so etwas verkauffen, wan
ich gute Wahre hätte, allein es gebe der Betrüger soviel
im Land, daß die Leute gewaltig mit dem Geld zurück
hielten, wan sie keine gewisse Probe vor Augen sehen, daß
der Theriac außbündig gut wäre. Als ich dergestalt ver=
nam, wo es mangele, bekam ich ein halbes Trinckgläßlein
voll guten Straßburger Brantewein, und fing eine Art
Krotten, die man Reling oder Möhmlein nennet, so im
Frühling und Sommer in den unsaubern Pfützen sitzen
und singen, sind goldgelb oder fast rothgelb, und [409]
unten am Bauch schwartzgescheckigt, gar unlustig anzusehen:
Ein solches satzte ich in ein Schoppen=Glas mit Wasser,
und stellets neben meine Wahre auff einen Tisch unter der
Linden. Wie sich nun die Leute anfingen zuversamlen,
und um mich herumstunden, vermeyneten etliche, ich würde
mit der Klufft, so ich von der Wirthin auß ihrer Küchen

entlehnt, die Zähne außbrechen, ich aber fing an: Ihr
Herren und gueti Freund, (dan ich konte noch gar
wenig Französisch reden) bin ich kein brech dir die
Zahn auß, allein hab ich gut Wasser vor die Aug,
es mag all die Flüß auß die robe Aug; Ja, ant=
wortet einer, man sihets an euren Augen wol die schen
ja auß, wie zween Irrwische; Ich sagte, Das ist waar,
wan ich aber der Wasser vor mich nicht hab, so
wär ich wol gar blind werd, ich verkauff sonst der
Wasser nit, der Theriac und der Pulver vor die
weisse Zähn, und das Wundsalb will ich verkauff,
und der Wasser noch darzu schenck, Ich bin kein
Schreyer oder bescheiß dir die Leut, hab ich mein
Theriac feil, wan ich sie habe probirt, und sie
dir nit gefalt, so darffstu sie mir nit kauffab.
Indem ließ ich einen von dem Umstand eins von meinen
Theriac-Büchslein außwehlen, auß demselben thät ich etwan
einer Erbse groß in meinen Brantewein, den die Leute
vor Wasser ansahen, zertrieb ihn darin, und kriegte hier=
auff mit der Klufft das Möhmlein auß dem Glas mit
Wasser, und sagte: Secht ihr gueti Freund, wan diß
gifftig Wurm kan mein Theriac trinck, und sterbe
nit, so ist der Ding nit nuß, dan kauff ihr mir
nit ab. Hiemit steckte ich die [410] arme Krotte, welche
im Wasser geboren und erzogen, und kein ander Element
oder Liquorem leiden konte, in meinen Brantewein, und
hielt es mit einem Papier zu, daß es nicht herauß springen
konte, da fing es dergestalt an darin zuwüten und zu=
zablen, ja viel ärger zuthun, als ob ichs auf glüende
Kohlen geworffen hätte, weil ihm der Brantewein viel
zustarck war, und nachdem es so eine kleine Weil getrieben,
verreckte es, und streckte alle viere von sich. Die Bauren
sperreten Maul und Beutel auff, da sie diese so gewisse
Probe mit ihren Augen angesehen hatten; da war in
ihrem Sinn kein besserer Theriac in der Welt, als der
meinige, und hatte ich genug zuthun, den Plunder in die
Zettel zuwickeln, und Geld davor einzunehmen, es waren
etliche unter ihnen, die laufftens wol 3. 4. 5. und sechsfach,
damit sie auff den Nothfall mit so köstlicher Gifftlatwerge

versehen wären, ja sie laufften auch vor ihre Freunde und
Verwante, die an andern Orten wohneten, daß ich also
mit der Narrnweise da doch kein Marcktag war, denselben
Abend zehen Cronen löste, und doch noch mehr als die
Helffte meiner Wahre behielt. Ich machte mich noch die=
selbe Nacht in ein ander Dorff, weil ich besorgte, es mögte
etwan auch ein Baur so curios seyn, und eine Krotte in
ein Wasser setzen, meinen Theriac zuprobiren, und wan es
dan mißlinge, mir der Buckel geraumt werden. Damit
ich aber gleichwol auch die Vortrefflichkeit meiner Gifft=
Latwerge auff eine andere Manier erweisen könte, machte
ich mir auß Meel, Saffran und Gallus, einen gelben
Arsenicum, und auß Meel und Victril einen Mercurium
Sublimatum, und wan ich die Probe thun wolte, hatte
ich zwey [411] gleiche Gläser mit frischem Wasser auff dem
Tisch, davon das eine zimlich starck mit Aqua fort oder
Spiritus Victril vermischt war, in dasselbe zerrührte ich
einwenig von meinem Theriac, und schabte alsban von
meinen beyden Gifften soviel als genug war, hinein,
davon ward das eine Wasser, so keinen Theriac, und also
auch kein Aqua fort hatte, so schwartz wie eine Dinte,
das ander aber blieb wegen deß Scheidwassers wie es
war; Ha, sagten dan die Leut, sehet, das ist fürwar ein
köstlicher Theriac, so um ein gering Gelt! Wan ich dan
beyde untereinander goß, so ward wieder alles klar; davon
zogen dan die gute Bauren ihre Beutel, und laufften mir
ab, welches nicht allein meinem hungerigen Magen wol
zupaß kam, sondern ich machte mich auch wieder beritten,
prosperirte noch darzu viel Geld auff meiner Reise, und
kam glücklich an die Teutsche Grentze. Darum ihr liebe
Bauren, glaubet den fremden Marcktschreyern so leicht nicht,
ihr werdet sonst von ihnen betrogen, als welche nicht eure
Gesundheit, sondern euer Geld suchen.

Das IX. Capitel.
Wie dem Doctor die Mußquete zuschläget, unter dem Hauptmann
Schmalhausen.

Da ich durch Lothringen passirte, ging mir meine Wahre
auß, und weilen ich die Guarnisonen scheuete, hatte
ich keine Gelegenheit andere zuzurichten, derhalben

muste ich wol was anders anfangen, biß ich wieder Theriac
machen könte. Ich kauffte mir 2. Maas Brantewein, färbte
ihn mit Saffran, füllete ihn in halb-löthige Gläslein, und
verkauffte solchen den Leuten vor ein köstlich Göldenwasser,
das gut [412] vors Fieber sey, brachte also diesen Brante=
wein auff 30. Gülden. Demnach mirs auch an kleinen
Gläslein zerrinnen wolte, ich aber von einer Glashütte
hörete, die in dem Fleckensteinischen Gebiet lege, begab ich
mich darauff zu, mich wieder zumondiren, und indem ich
so Abwege suchte, ward ich ungefähr von einer Partey
auß Philipsburg, die sich auf dem Schloß Wagelnburg
auffhielt, gefangen; kam also um all dasjenige, was ich
den Leuten auff der Räise durch meine Betrügerey abge=
zwackt hatte, und weil der Baur, so mir den Weg zu=
weisen mit ging, zu den Kerln gesagt, ich wäre ein Doctor,
ward ich wider deß Teuffels Danck vor einen Doctor nach
Philipsburg geführet.

Daselbst ward ich examiniret, und scheuete mich gar
nicht zusagen wer ich wäre, so man mir aber nicht glauben,
sondern mehr auß mir machen wolte, als ich hätte seyn
können, dan ich solte und müste ein Doctor seyn; ich muste
schwören, daß ich unter die Käiserliche Dragoner in Soest
gehörig, und erzehlte ferner bey Eydespflicht alles so
mir von selbiger Zeit an biß hieher begegnet, und was ich
jetzo zuthun vorhabens: Aber es hieß, der Käiser brauche
so wol in Philipsburg als in Soest Soldaten, man würde
mir bey ihnen Auffenthalt geben, biß ich gleichwol mit guter
Gelegenheit zu meinem Regiment kommen könte; wan mir
aber dieser Vorschlag nicht schmäcke, so mögte ich im
Stockhauß vorlieb nehmen, und mich, biß ich wieder loß
käme, als einen Doctor tractiren lassen, vor welchen sie
mich dan auch gefangen bekommen hätten.

Also kam ich vom Pferd auf den Esel, und muste
ein Mußquetirer werden wider meinen Willen; das [413]
kam mich blutsaur an, weil der Schmalhans dort herrschte,
und das Commißbrot daselbst schröcklich klein war; ich
sage nicht vergeblich schröcklich klein, dan ich erschrack alle
Morgen, wan ichs empfing, weil ich wuste, daß ich mich
denselben gantzen Tag damit behelffen muste, da ichs doch

ohn einzige Mühe auff einmal auffreiben konte. Und die
Warheit zubekennen, so ist es wol eine elende Creatur um
einen Mußquetierer, der solcher gestalt sein Leben in einer
Guarnison zubringen, und sich allein mit dem lieben trocken
Brot, und noch darzu kaum halb satt, behelffen muß;
dan da ist keiner anders, als ein Gefangener, der mit Wasser
und Brot der Trübsal sein armseelig Leben verzögert, ja
ein Gefangener hat es noch besser, dan er darff weder
wachen, Runden gehen, noch Schildwacht stehen, sondern
bleibet in seiner Ruhe ligen, und hat sowol Hoffnung, als
ein so elender Guarnisoner, mit der Zeit einmal auß
solcher Gefängnus zukommen. Zwar waren auch etliche,
die ihr Außkommen um ein kleines besser hatten, und auff
unterschiedliche Gattungen, doch keine einzige Manier die
mir beliebte, und solcher gestalt mein Maulfutter zuerobern,
anständig seyn wolte: Dan etliche namen (und solten
es auch verloffene Huren gewesen seyn) in solchem Elend
keiner andern Ursache halber Weiber, als daß sie durch
solche entweder mit Arbeiten, als nähen, wäschen, spinnen,
oder mit krämpeln und schachern, oder wol gar mit stelen
ernährt werden sollen; da war eine Fähnrichin unter den
Weibern, die hatte ihre Gage wie ein Gefreyter; eine
andre war Hebamme, und brachte dardurch sich selbsten und
ihrem Mann manchen guten [414] Schmauß zuwege; eine
andre konte stärcken und wäschen, diese wuschen den ledigen
Officierern und Soldaten, Hembde, Strümpffe, Schlaffhosen,
und ich weiß nicht was als mehr, davon sie ihre sondere
Namen kriegten; andere verkaufften Toback, und versahen
der Kerl ihre Pfeiffen, die dessen Mangel hatten; andere
handelten mit Brantewein, und waren im Ruff, daß sie
ihn mit Wasser, so sich von ihnen selbsten distillirt, verfälsch=
ten, davon es doch seine Probe nicht verlohr; eine andre
war eine Näherin, und konte allerhand Stich und Mödel
machen, damit sie Geld erwarb; eine andre wuste sich
blößlich auß dem Feld zuernähren, im Winter grub sie
Schnecken, im Frühling grasete sie Salat, im Sommer
nam sie Vogelnester auß, und im Herbst wuste sie sonst
tausenderley Schnabelwaide zukriegen; etliche trugen Holtz
zuverkauffen, wie die Esel; und andere handelten auch mit

etwas anders. Solcher gestalt nun meine Nahrung zuhaben, war nicht vor mich, dan ich hatte schon ein Weib. Etliche Kerl ernährten sich mit spielen, weil sie es besser als Spitzbuben konten, und ihren einfältigen Cameraden das ihrige mit falschen Würffeln und Karten abzuzwacken wusten, solche Profession aber war mir ein Eckel. Andere arbeiteten auff der Schantze, und sonsten wie die Bestien, aber hierzu war ich zufaul; etliche konten und trieben etwan ein Handwerck, ich Tropff aber hatte keins gelernet, zwar wan man einen Musicanten vonnöthen gehabt hätte, so wäre ich wol bestanden, aber dasselbe Hungerland behalff sich nur mit Trommeln und Pfeiffen, etliche schillerten vor andere, und kamen Tag und Nacht niemal von der Wacht. Ich [415] aber wolte lieber hungern, als meinen Leib so abmergeln; etliche brachten sich mit Partey gehen durch, mir aber ward nicht einmal vor das Thor zugehen vertraut; etliche konten besser mausen als Katzen, ich aber haßte solche Handtierung wie die Pest. In Summa, wo ich mich nur hinkehrte, da konte ich nichts ergreiffen, das meinen Magen hätte stillen mögen. Und was mich am allermeisten verdroß, war dieses, daß ich mich noch darzu muste foppen lassen, wan die Bursch sagten, soltest du ein Doctor seyn, und kanst anders keine Kunst, als Hunger leiden? Endlich zwang mich die Noth, daß ich etliche schöne Karpffen auß dem Graben zu mir auff den Wall gauckelte, sobald es aber der Obrister inward, muste ich den Esel davor reiten, und war mir meine Kunst ferner zuüben bey hengen verboten. Zuletzt war anderer Unglück mein Glück, dan nachdem ich etliche Gelbsüchtige und ein paar Febricitanten curirte, die einen besondern Glauben an mir gehabt haben müssen, ward mir erlaubt, vor die Vestung zugehen, meinem Vorwand nach, Wurzeln und Kräuter zu meinen Artzneyen zusamlen, da richtete ich hingegen den Hasen mit Stricken, und hatte das Glück, daß ich die erste Nacht zween bekam, dieselbe brachte ich dem Obristen, und erhielt dadurch nicht allein einen Thaler zur Verehrung, sondern auch Erlaubnuß, daß ich hinauß dürffte gehen, den Hasen nachzustellen, wan ich die Wacht nicht hätte. Weil dan nun das Land zimlich eröbet, und

niemand war, der diese Thiere aufffing, zumal sie sich
trefflich gemehret hatten, als kam das Wasser wieder auff
meine Mühle, massen es das Ansehen hatte, als ob es
mit [416] Hasen schneiete, oder ich in meine Stricke bannen
könte. Da die Officierer sahen, daß man mir trauen
dörffte, ward ich auch mit andern hinauß auff Partey
gelassen, da fing ich nun mein Soestisch Leben wieder an,
ausser daß ich keine Parteyen führen und commandiren
dörffte, wie hiebevor in Westphalen, dan es war vonnöten,
zuvor Wege und Stege zuwissen, und den Rheinstrom
zukennen.

Das X. Capitel.
Simplicius übersteht ein unlustiges Bad im Rhein.

Noch ein paar Stücklein will ich erzehlen, eh ich sage,
wie ich wieder von der Mußquete erlöset worden; eins
von grosser Leib= und Lebensgefahr, darauß ich durch
Gottes Gnade entronnen, das ander von der Seelengefahr,
darin ich hartnäckiger Weise stecken blieb, dan ich will
meine Untugenden so wenig verhelen, als meine Tugenden,
damit nicht allein meine Histori zimlich gantz sey, sondern
der ungewanderte Leser auch erfahre, was vor seltzame
Kautzen es in der Welt gibet.

Wie zu Ende deß vorigen Capitels gemeldet, so
dorffte ich auch mit andern auff Partey, so in Guarnisonen
nit jedem liederlichen Kunden, sondern rechtschaffenen
Soldaten gegönnet wird: Also gingen nun unser 19.
einsmals miteinander durch die Unter=Marggraffschafft
hinauff, oberhalb Straßburg einem Baslerischen Schiff
auffzupassen, worbey heimlich etliche Weymarische Officierer
und Güter seyn solten. Wir kriegten oberhalb Ottenheim
einen Fischer=Nachen, uns damit überzusetzen, und in ein
Werder zulegen, so gar vortelhafftig lag, die ankommende
Schiffe ans Land zuzwingen, massen zehen [417] von uns
durch den Fischer glücklich übergeführet wurden. Als aber
einer auß uns, der sonst wol fahren konte, darunter ich
mich befand, auch holete, schlug der Nachen unversehens
um, daß wir also urplötzlich miteinander im Rhein lagen.
Ich sahe mich nit viel nach den andern um, sondern

gedachte auff mich selbst. Obzwar nun ich mich auß allen Kräfften spreitzte, und alle Vörtel der guten Schwimmer brauchte, so spielte dannoch der Strom mit mir wie mit einem Ball, indem er mich bald über= bald untersich in Grund warff, ich hielt mich so ritterlich, daß ich offt über sich kam, Athem zuschöpffen; wäre es aber um etwas kälter gewesen, so hätte ich mich nimmermehr so lang enthalten, und mit dem Leben entrinnen können: Ich versuchte offt ans Ufer zugelangen, so mir aber die Würbel nicht zu= liessen, als die mich von einer Seite zur andern warffen, und obzwar ich in Kürtze unter Goldscheur kam, so ward mir doch die Zeit so lang, daß ich schier an meinem Leben verzweiffelte. Demnach ich aber die Gegend bey dem Dorff Goldscheur passirt hatte, und mich bereits drein ergeben, ich würde meinen Weg durch die Straßburger Rheinbrücke entweder tod oder lebendig nehmen müssen, ward ich eines grossen Baums gewahr, dessen Aeste unweit vor mir auß dem Wasser herfür reichten, der Strom ging streng, und rectâ darauf zu, derhalben wante ich alle übrige Kräfte an, den Baum zuerlangen, welches mir dan treflich glückte, also daß ich beydes durchs Wasser und meine Mühe auf den grösten Ast, den ich anfänglich vor einen Baum angesehen, zu sitzen kam, derselbe ward aber von den Strudeln und Wellen dergestalt tribulirt, daß er ohn Unterlaß auff [418] und nieder knappen muste, und derhalben mein Magen also erschüttert, daß ich Lung und Leber hätte außspeyen mögen. Ich konte mich kümmerlich darauff halten, weil mir gantz seltzam vor den Augen ward, ich hätte mich gern wieder ins Wasser gelassen, befand aber wol, daß ich nit Manns genug wäre, nur den hunderten Theil solcher Arbeit außzustehen, dergleichen ich schon überstritten hatte, muste derowegen verbleiben, und auff eine ungewisse Erlösung hoffen, die mir Gott ungefähr schicken müste, da ich anderst mit dem Leben davon kommen solte. Aber mein Gewissen gab mir hierzu einen schlechten Trost, indem es mir vorhielt, daß ich solche gnadenreiche Hülffe nun ein par Jahre her so liederlich verschertzt; jedoch hoffte ich ein bessers, und fing so andächtig an zubeten, als ob ich in einem Closter wäre erzogen worden, ich satzte mir vor, ins künfftige frömmer zuleben, und thät unterschiedliche Gelübde: Ich widersagte dem Soldaten-Leben, und verschwur das Partey gehen auff ewig, schmiß auch meine Patrondäsch sammt dem Rantzen von mir, und ließ mich nicht anderst an, als ob ich wieder ein Einsidel werden, meine Sünden büssen, und der Barmhertzigkeit GOttes vor meine hoffende Erlösung biß in mein Ende dancken wolte: Und indem ich dergestalt auff dem Ast bey 2. oder 3. Stunden lang zwischen Furcht und Hoffnung zugebracht, kam dasjenige Schiff den Rhein herunter, dem ich hätte auffpassen helffen sollen. Ich erhub meine Stimme erbärmlich, und schrie um Gottes und deß Jüngsten Gerichts willen um Hülffe, und nachdem sie unweit von mir vorüber fahren musten, und dahero meine Gefahr und elenden Stand desto ei=[419]gentlicher sahen, ward jeder im Schiff zur Barmhertzigkeit bewegt, massen sie gleich ans Land fuhren, sich zuunterreden, wie mir mögte zu-helffen seyn.

Weil dan wegen der vielen Würbel, die es rund um mich herum gab, und von den Wurtzeln und Aesten deß Baums verursachet wurden, ohn Lebens-Gefahr weder zu mir zu schwimmen, noch mit grossen und kleinen Schiffen zu mir zufahren war, als erforderte meine Hülffe lange Bedenckzeit; wie aber mir unterdessen zumuth gewesen, ist leicht zuerachten: Zuletzt schickten sie zween Kerl mit einem Nachen oberhalb meiner in den Fluß, die mir ein Sail zufliessen liessen, und das eine Ende davon bey sich behielten, das ander Ende aber brachte ich mit grosser Mühe zuwege, und band es um meinen Leib so gut ich konte, daß ich also an demselben, wie ein Fisch an einer Angelschnur, in den Nachen gezogen, und auff das Schiff gebracht ward.

Da ich nun dergestalt dem Tod entronnen, hätte ich billich am Ufer auff die Knye fallen, und der göttlichen Güte vor meine Erlösung dancken, auch sonst mein Leben zubessern, einen Anfang machen sollen, wie ich dan solches in meinen höchsten Nöthen gelobt und versprochen. Ja hinter sich hinauß! Dan da man mich fragte, wer ich sey? und wie ich in diese Gefahr gerathen wäre? fing ich

an, diesen Burschen vorzulügen, daß der Himmel hätte
erschwartzen mögen; dan ich dachte, wan du ihnen sagst,
daß du sie hast plündern helffen wollen, so schmeissen sie
dich alsbald wieder in Rhein, gab mich also vor einen
vertriebenen Organisten auß, und sagte, nachdem ich auff
Straßburg gewolt, um über Rhein irgend einen Schul=
[420] oder andern Dienst zusuchen, hätte mich eine Partey
erdappt, außgezogen, und in den Rhein geworffen, welcher
mich auf gegenwärtigen Baum geführet. Und nachdem
ich diese meine Lügen wol füttern konte, zumalen auch mit
Schwüren bekrafftigte, ward mir geglaubt, und mit Speiß
und Tranck alles Gutes erwiesen, mich wieder zuerquicken,
wie ich es ban trefflich vonnöten hatte.

Beym Zoll zu Straßburg stiegen die meiste ans Land,
und ich mit ihnen, da ich mich dan gegen dieselbe hoch
bedanckte, und unter andern eines jungen Kauffherrn ge=
wahr ward, dessen Angesicht, Gang und Geberden mir
zuerkennen gaben, daß ich ihn zuvor mehr gesehen, konte
mich aber nicht besinnen, wo? Vernam aber an der
Sprache, daß es eben derjenige Cornet war, so mich
hiebevor gefangen bekommen, ich wuste aber nicht zuersinnen,
wie er auß einem so wackern jungen Soldaten zu einem
Kauffmann worden, vornemlich weil er ein geborner
Cavallier war; Die Begierde zuwissen, ob mich meine
Augen und Ohren betrügen oder nicht, trieben mich dahin,
daß ich zu ihm ging, und sagte: Monsieur Schönstein, ist
ers, oder ist ers nicht? Er aber antwortete, ich bin keiner
von Schönstein, sondern ein Kauffmann; da sagte ich, so
bin ich auch kein Jäger von Soest nicht, sondern ein
Organist, oder vielmehr ein Landläuffiger Bettler! O
Bruder, sagte hingegen jener, was Teuffels machstu, wo
ziehest du herum? Ich sagte, Bruder, wan du vom
Himmel versehen bist, mir das Leben erhalten zuhelffen,
wie nun zum zweyten mal geschehen ist, so erfodert ohn
Zweiffel mein fatum, daß ich alsdan nicht weit von dir
sey. Hierauff [421] namen wir einander in die Arme,
als zwey getreue Freunde, die hiebevor beyderseits ver=
sprochen, einander biß in Tod zulieben. Ich muste bey
ihm einkehren, und alles erzehlen, wie mirs ergangen, sint

ich von L. nach Cöln verreist, meinen Schatz abzuholen, verschwieg ihm auch nicht, was gestalt ich mit einer Partey ihrem Schiff hätte auffpassen wollen, und wie es uns darüber erging; Aber wie ich zu Pariß gehaust, davon schwieg ich stockstill, dan ich sorgte, er mögte es zu L. außbringen, und mir beßwegen bey meinem Weib einen bösen Rauch machen. Hingegen vertraute er mir, daß er von der Hessischen Generalität zu Hertzog Bernhard, dem Fürsten von Weymar, geschickt worden, wegen allerhand Sachen von grosser Importanz, das Kriegswesen betreffend, Relation zuthun, und künfftiger Campagne und Anschläg halber zuconferiren, welches er nunmehr verrichtet, und in Gestalt eines Kauffmanns, wie ich dan vor Augen sehe, auff der Zuruckräis begriffen sey. Benebens erzehlte er mir auch, daß meine Liebste bey seiner Abräise grossen Leibes, und neben ihren Eltern und Verwanten noch in gutem Wolstand gewesen; Item daß mir der Obrister das Fähnlein noch auffhalte, und vexirte mich darneben, weil mich die Urschlechte so verderbt hätten, daß mich weder mein Weib noch das andre Frauenzimmer zu L. vor den Jäger mehr annemen werde, 2c. Demnach redten wir miteinander ab, daß ich bey ihm verbleiben, und mit solcher Gelegenheit wieder nach L. kehren solte, so eine erwünschte Sache vor mich war. Und weil ich nichts als Lumpen an mir hatte, streckte er mir etwas an Geld vor, damit ich mich wie ein Gaben=Diener mondirte.

[422] Man saget aber, wan ein Ding nit seyn soll, so geschiehet es nicht, das erfuhr ich auch, dan da wir den Rhein hinunter fuhren, und das Schiff zu Rheinhausen visitirt ward, erkanten mich die Philipsburger, welche mich wieder anpackten, und nach Philipsburg führeten, allda ich wieder wie zuvor einen Mußquetierer abgeben muste, welches meinen guten Cornet ja so sehr verdroß, als mich selbsten, weil wir uns wiederum scheiden musten, so dorffte er sich auch meiner nicht hoch annehmen, dan er hatte mit ihm selbst zuthun, sich durchzubringen.

Das XI. Capitel.
Warum die Geistliche keine Hasen essen sollen, die mit Stricken gefangen worden.

Also hat nun der günstige Leser vernommen, in was vor einer Lebensgefahr ich gesteckt; Betreffend aber die Gefahr meiner Seelen, ist zuwissen, daß ich unter meiner Mußquete ein recht wilder Mensch war, der sich um Gott und sein Wort nichts bekümmerte, keine Boßheit war mir zuviel, da waren alle Gnaden und Wolthaten, die ich von GOtt jemals empfangen, allerdings vergessen, so bat ich auch weder um das Zeitliche noch Ewige, sondern lebete auff den alten Käiser hinein wie ein Viehe. Niemand hätte mir glauben können, daß ich bey einem so frommen Einsidel wäre erzogen worden; selten kam ich in die Kirche, und gar nicht zur Beichte, und gleichwie mir meiner Seelen Heil nichts anlag, als betrübte ich meinen Nebenmenschen destomehr: Wo ich nur jemand berücken konte, unterließ ichs nicht, ja ich wolte noch Ruhm davon haben; so daß schier keiner ungeschimpfft von mir kam, davon kriegte ich offt dichte [423] Stöffe, und noch öffter den Esel zureuten, ja man bedrohete mich mit Galgen und Wippe, aber es halff alles nichts, ich trieb meine gottlose Weise fort, daß es das Ansehen hatte, als ob ich desperat spiele, und mit Fleiß der Höllen zurenne. Und obgleich ich keine Ubelthat beging, dadurch ich das Leben verwürckt hätte, so war ich jedoch so ruchlos, daß man (ausser den Zauberern und Sodomiten) kaum einen wüstern Menschen antreffen mögen.

Diß nam unser Regiments-Caplan an mir in acht, und weil er ein rechter frommer Seelen-Eiferer war, schickte er auff die Oesterliche Zeit nach mir, zuvernemen, warum ich mich nicht bey der Beichte und Communion eingestellet hätte? Ich tractirte ihn aber nach seinen vielen treuherzigen Erinnerungen, wie hiebevor den Pfarrer zu L. Also daß der gute Herr nichts mit mir außrichten konte. Und indem es schien, als ob Christus und Tauff an mir verloren wäre, sagte er zum Beschluß: Ach du elender Mensch! ich habe vermeynt, du irrest auß Unwissenheit, aber nun merke ich, daß du auß lauter Boßheit, und gleichsam vorsetzlicher Weis zusündigen fortfähreft, Ach wer vermeynstu wol, der ein Mitleiden mit deiner armen Seele und ihrer Verdamnus haben werde? Meines theils proteftire ich vor GOtt und der Welt, daß ich an deiner Verdamnus keine Schuld habe, weil ich gethan, und noch ferner gern unverdroffen thun wolte, was zu Beförderung deiner Seeligkeit vonnöthen wäre. Es wird mir aber beforglich künfftig mehrers zuthun nicht obligen, dan daß ich deinen Leib, wan ihn deine arme Seele in folchem verdamten Stand verläft, an kein geweyht Ort zu andern frommen abge-[424]storbenen Chriften begraben, fondern auf den Schind-Wafen bey die Cadavera deß verrecten Viehs hinfchleppen laffe, oder an denjenigen Ort, da man andere Gotts-vergeffene und Verzweiffelte hin thut!

Diese ernftliche Bedrohung fruchtete eben so wenig, als die vorige Ermahnungen, und zwar nur der Ursache halber, weil ich mich vorm Beichten fchämte; O ich groffer Narr! Ich erzehlte offt meine Bubenftücke bey gantzen Gefellfchafften, und log noch darzu, aber jetzt, da ich mich bekehren, und einem einzigen Menfchen, anftat Gottes, meine Sünde demütig bekennen folte, Vergebung zuempfangen, war ich ein verftockter Stummer! Ich fage recht, verftockt, blieb auch verftockt, dan ich antwortete: Ich diene dem Käifer vor einen Soldaten, wan ich nun auch fterbe als ein Soldat, fo wirds kein Wunder feyn, da ich gleich andern Soldaten (die nicht allezeit auff das Geweyhte begraben werden können, fondern irgends auff dem Felde, in Gräben, oder in der Wölff- und Raben-Mägen vorlieb nehmen müffen) mich auch aufferhalb deß Kirchhofs behelffen werde.

Alfo fchied ich vom Geiftlichen, der mit feinem heiligen Seelen-Eyfer anders nichts um mich verdienet, als daß ich ihm einsmals einen Hafen abfchlug, den er inftändig von mir begehrte, mit Vorwand, weil er fich felbft an einem Strick erhangen und ums Leben gebracht, daß fich dannenhero nicht gebühre, daß er als ein Verzweiffelter, in ein geweyhtes Erdreich folte begraben werden.

Das XII. Capitel.
Simplicius wird unverhofft von der Mußquete erlöset.

Also folgte bey mir keine Besserung, sondern ich [425] ward jelänger jeärger, der Obriste sagte einsmals zu mir, Er wolte mich, da ich kein gut thun wolte, mit einem Schelmen hinweg schicken; Weil ich aber wol wuste, daß es ihm nicht Ernst war, sagte ich, diß könne leicht geschehen, wan er mir nur den Steckenknecht mit gebe; Also ließ er mich wieder passiren, weil er sich wol einbilden konte, daß ichs vor keine Straffe, sondern vor eine Wolthat halten würde, wan er mich lauffen liesse. Muste demnach wider meines Hertzens Willen ein Mußquetier bleiben, und Hunger leiden, biß in den Sommer hinein. Jemehr sich aber der Graf von Götz mit seiner Armee näherte, je mehrers näherte sich auch meine Erlösung: Dan als selbiger zu Brusal das Haupt=Quartier hatte, ward mein Hertzbruder, dem ich im Läger vor Magdeburg mit meinem Geld getreulich geholffen, von der Generalität mit etlichen Verrichtungen in die Vestung geschickt, da man Ihm die höchste Ehre anthät. Ich stund eben vor deß Obristen Quartier Schildwacht, und obzwar er einen schwartzen Sammeten Rock antrug, so erkante ich ihn jedoch gleich im ersten Anblick, hatte aber nicht das Hertz, ihn so gleich anzusprechen, dan ich muste sorgen, er würde der Welt Lauff nach sich meiner schämen, oder mich sonst nicht kennen wollen, weil er den Kleidern nach in einem hohen Stand, ich aber nur ein lausiger Mußquetier wäre. Nachdem ich aber abgelöst ward, erkundigte ich bey dessen Dienern seinen Stand und Namen, damit ich versichert sey, daß ich vielleicht keinen andern vor ihn anspräche, und hatte dannoch das Hertz nicht, ihn anzureden, sondern schrieb dieses Brieflein, und ließ es ihm am Morgen durch seinen Kammerdiener einhändigen: [426]

MOnsieur, &c. Wan meinem Hochg. Herrn beliebte, denjenigen, den er hiebevor durch seine Dapfferkeit, in der Schlacht bey Wittstock auß Eisen und Banden errettet, auch anjetzo durch sein vortrefflich Ansehen auß dem alleramrseeligsten Stand von der Welt zuerlösen, wohinein er, als ein Ball deß unbeständigen Glücks, gerathen; So würde Ihm solches nicht allein nicht schwer fallen, sondern Er würde Ihm auch vor einen ewigen Diener obligirn, seinen ohn das getreu verbundenen, anjetzo aber aller=elendesten und verlassenen

S. Simplicissimum.

Sobald er solches gelesen, ließ er mich zu ihm hinein kommen, sagte: Landsmann, wo ist der Kerl, der euch diß Schreiben gegeben hat? Ich antwortete, Herr, er ligt in hiesiger Vestung gefangen; Wol, sagte er, so gehet zu ihm, und saget, ich wolle ihm davon helffen, und solte er schon den Strick an Hals kriegen. Ich sagte: Herr, es wird solcher Mühe nicht bedörffen, ich bin der arme Simplicius selbsten, der jetzt komt, demselben sowol vor die Erlösung bey Wittstock zudancken, als Ihn zubitten, mich wieder von der Mußquet zuerledigen, so ich wider meinen Willen zutragen gezwungen würde. Er ließ mich nicht völlig außreden, sondern bezeugte mit umfahen, wie geneigt er sey, mir zuhelffen; In Summa, Er thät alles was ein getreuer Freund gegen dem andern thun solle, und eh er mich fragte, wie ich in die Vestung, und in solche Dienstbarkeit gerathen? schickte er seinen Diener zum Juden, Pferd und Kleider vor mich zukauffen; indessen erzehlte ich ihm, wie mirs ergangen sint sein Vater vor Magdeburg gestorben, [427] und als er vernam, daß ich der Jäger von Soest (von dem er so manch rühmlich Soldatenstück gehöret) gewesen, beklagte er, daß er solches nit eher gewust hätte, dan er mir damals gar wol zu einer Compagni hätte verhelffen können.

Als nun der Jud mit einer gantzen Taglöhner=Last von allerhand Soldaten=Kleidern daher kam, laß er mir das beste herauß, ließ michs anziehen, und nam mich mit ihm zum Obristen, zu bem sagte er: Herr, ich habe in seiner Guarnison gegenwärtigen Kerl angetroffen, dem ich so hoch verobligirt bin, daß ich ihn in so nidrigem Stand, wanschon seine Qualitäten keinen bessern meritirten, nicht lassen kan; Bitte derowegen den Herrn Obristen, er wolle mir den Gefallen erweisen; und ihn entweder besser acco=

mobiren, oder zulassen, daß ich ihn mit mir neme, um ihm bey der Armee fort zuhelffen, worzu vielleicht der Herr Obrister hier die Gelegenheit nicht hat. Der Obrister vercreutzigte sich vor Verwunderung, daß er mich einmal loben hörte, und sagte: Mein hochgeehrter Herr vergebe mir, wan ich glaube, ihm beliebe nur zu probiren, ob ich ihm auch so willig zudienen sey, als er dessen wol werth ist, und wofern er so gesinnet, so begehre er etwas anders, das in meiner Gewalt stehet, so wird er meine Willfährig= keit im Werck erfahren: Was aber diesen Kerl anbelanget, ist solcher nicht eigentlich mir, sondern seinem Vorgeben nach, unter ein Regiment Tragoner gehörig, darneben ein solch schlimmer Gast, der meinem Provosen, sint er hier ist, mehr Arbeit geben, als sonst eine gantze Compagni, so daß ich von ihm glauben muß, er könne in keinem Wasser ersauffen. Endete damit seine Rede lächlende, und wünschte mir Glück ins Feld. [428]

Diß war meinem Hertzbruder noch nicht genug, son= dern er bat den Obristen auch, Er wolle sich nicht zuwider seyn lassen, mich mit an seine Tafel zunemen, so er auch erhielt; Er thäts aber zu dem Ende, daß er dem Obristen in meiner Gegenwart erzehle, was er in Westphalen nur discursent von dem Grafen von der Wahl und dem Com= mandanten in Soest von mir gehöret hätte: Welches alles er nun dergestalt herauß striche, daß alle Zuhörer mich vor einen guten Soldaten halten musten; dabey hielt ich mich so bescheiden, daß der Obrister und seine Leute, die mich zuvor gekant, nicht anders glauben konten, als ich wäre mit andern Kleidern, auch ein gantz anderer Mensch worden. Und demnach der Obrister auch wissen wolte, woher mir der Name Doctor zukommen wäre? erzehlte ich ihm meine gantze Reise von Pariß auß biß nach Philips= burg, und wieviel Bauern ich betrogen, mein Maulfutter zugewinnen, darüber sie zimlich lachten. Endlich gestund ich unverholen, daß ich willens gewesen, Jhn Obristen mit allerhand Boßheiten dergestalt zuperturbirn und ab= zumatten, daß er mich endlich auß der Guarnison hätte schaffen müssen, dafern er anders wegen der vielen Klagen in Ruhe vor mir leben wollen.

Darauff erzehlte der Obrister viel Bubenstücklein, die ich begangen, so lang ich in der Guarnison gewesen, wie ich nemlich Erbsen gesotten, oben mit Schmaltz übergossen, und solche vor eitel Schmaltz verkaufft; Item, gantze Säck voll Sand für Saltz, indem ich die Säcke unten mit Sand, und oben mit Saltz gefüllet, so dan, wie ich einem hier, dem andern dort einen Beern angebunden, und die Leute mit Pasquil=[429]len vexiret. Also daß man die gantze Mahlzeit nur von mir zureden hatte; hätte ich aber keinen so ansehenlichen Freund gehabt, so wären alle meine Thaten straffwürdig gewesen. Darbey nam ich ein Exempel, wie es bey Hof hergehen müsse, wan ein böser Bub deß Fürsten Gunst hat.

Nach geendigtem Imbiß hatte der Jud kein Pferd, so meinem Hertzbruder vor mich gefallen wolte, weil er aber in solcher Æstimation war, daß der Obrister seine Gunst schwerlich entberen konte, als verehrete er ihm eins mit Sattel und Zeug auß seinem Stall, auff welches sich Herr Simplicius satzte, und mit seinem Hertzbruder Freudenvoll zur Vestung hinauß ritte, theils seiner Cameraden rieffen ihm nach, Glück zu Bruder, Glück zu! theils aber auß Neid: Je grösser Glück, je grösser Glück.

Das XIII. Capitel.
Handelt von dem Orden der Merode=Brüder.

Unterwegs redete Hertzbruder mit mir ab, daß ich mich vor seinen Vetter außgeben solte, damit ich desto mehr geehret würde, hingegen wolte er mir noch ein Pferd samt einem Knecht verschaffen, und mich zum Neun=Eckischen Regiment thun, bey dem ich mich als ein Freyreuter auffhalten könte, biß eine Officier=Stelle bey der Armee ledig würde, zu deren er mir helffen könte.

Also ward ich in Eyl wieder ein Kerl, der einem braven Soldaten gleich sahe, ich thät aber denselben Sommer wenig Thaten, als daß ich am Schwartzwald hin und wieder etliche Kühe stehlen halff, und mir das Brißgäu und Elsaß zimlich bekant machte. Im übrigen hatte ich abermal wenig Stern, dan [430] nachdem mir mein Knecht samt dem Pferd bey Kentzingen von den Weymarischen gefangen ward, muste ich das ander besto härter strapezirn, und endlich gar hinreuten, daß ich mich also in den Orden der Merode=Brüder begeben muste. Mein Hertzbruder hätte mich zwar gern wieder monbiret, weil ich aber so=bald mit den ersten zweyen Pferden fertig worden, hielt er zurück, und gedachte mich zappeln zulassen, biß ich mich besser vorzusehen lernete; so begehrte ich solches auch nicht, dan ich fand an meinen Mit=Consorten eine so angenehme Gesellschafft, daß ich mir biß an die Winter=Quartier keinen bessern Handel wünschte.

Ich muß nur einwenig erzehlen, was die Merode=Brüder vor Leute sind, weilen sich ohn Zweiffel etliche finden, sonderlich die Kriegs=Unerfahrne, so nichts davon wissen: So habe ich bißher noch keinen Scribenten ange=troffen, der etwas von ihren Gebräuchen, Gewonheiten, Rechten, und Privilegien, seinen Schrifften einverleibt hätte, unangesehen es wol werth ist, daß nicht allein die jetzige Feldherrn, sondern auch der Baursmann wisse, was es vor eine Zunfft sey. Betreffend nun erstlich ihren Namen, will ich nicht hoffen, daß es demjenigen dapffern Ca=vallier, unter dem sie solchen bekommen, ein Schimpff sey, sonst wolte ichs nicht einemjeden so offentlich auff die Nase binden: Ich habe eine Art Schuhe gesehen, die hatten anstat der Löcher krumme Nähte, damit sie desto besser durch den Koth stampffen solten; solte nun einer beßwegen den Mansfelder selbst vor einen Pechfartzer schelten, den wolte ich vor einen Phantasten halten. Eben so muß man diesen Namen auch verstehen, der nicht ab=gehen wird, so lang die Teutsche [431] kriegen, es hat aber eine solche Beschaffenheit damit: Als dieser Cavallier einsmals ein neugeworben Regiment zur Armee brachte, waren die Kerl so schwacher baufälliger Natur, wie die Frantzösische Britanier, daß sie also das Marchiren und ander Ungemach, das ein Soldat im Feld außstehen muß, nicht erleiden konten, derowegen dan ihre Brigade zeitlich so schwach ward, daß sie kaum die Fähnlein mehr be=decken konte, und wo man einen oder mehr Krancke und Lahme auff dem Marckt, in Häusern und hinter den Zäunen und Hecken antraff, und fragte, wes Regiments?

so war gemeiniglich die Antwort, von Merode! Davon entsprang, daß man endlich alle diejenige, sie wären gleich kranck oder gesund, verwundt oder nit, wan sie nur ausserhalb der Zug=Ordnung daher zottelten, oder sonst nicht bey ihren Regimentern ihr Quartier im Feld namen, Merode=Brüder nante, welche Bursch man zuvor Säusenger und Immenschneider geheissen hatte, dan sie sind wie die Brumser in den Immenfässern, welche, wan sie ihren Stachel verloren haben, nicht mehr arbeiten noch Honig machen, sondern nur fressen können; Wan ein Reuter sein Pferd, und ein Mußquetier seine Gesundheit verleurt, oder ihm Weib und Kind erkranckt und zurück bleiben will, so ists schon anderthalb paar Merode=Brüder, ein Gesindlein, so sich mit nichts besser als mit den Zügeinern vergleichet, weil es nicht allein nach seinem Belieben vor, nach, neben und mitten unter der Armee herumstreicht, sondern auch demselben beydes an Sitten und Gewonheit ähnlich ist, da sihet man sie Hauffenweis beyeinander (wie die Feld=Hüner im Winter) hinter den Hecken, im [432] Schatten, oder nach ihrer Gelegenheit an der Sonne, oder irgends um ein Feur herum ligen, Taback zusauffen und zu faullentzen, wan unterdessen anderwerts ein rechtschaffener Soldat beym Fähnlein Hitze, Durst, Hunger, Frost, und allerhand Elend überstehet. Dort gehet eine Schaar neben dem March her auff die Mauserey, wan indessen manch armer Soldat vor Mattigkeit unter seinen Waffen versincken mögte. Sie spoliren vor, neben und hinter der Armee alles was sie antreffen, und was sie nicht geniessen können, verderben sie, also daß die Regimenter, wan sie in die Quartier oder ins Läger kommen, offt nicht einen guten Trunck Wasser finden, und wan sie alles Ernstes angehalten werden, bey der Bagage zubleiben, so wird man offt beynahe dieselbe stärcker finden, als die Armee selbst ist; Wan sie aber Gesellenweiß marchiren, quartiren, campiren und hausiren, so haben sie keinen Wachtmeister, der sie commandirt, keinen Feldwaibel oder Schergianten, der ihnen das Wams außklopfft, keinen Corporal, der sie wachen heist, keinen Tambour, der sie beß Zapffenstreichs, der Schaar= und Tagwacht erinnert, und in Summa niemand, der sie anstat deß Adjutanten in Battaglia stellet, oder anstat deß Fourirs einlogiret, sondern leben vielmehr wie die Frey=Herren. Wan aber etwas an Commiß der Soldatesca zukomt, so sind sie die erste, die ihr Theil holen, obgleich sie es nicht verdienet. Hingegen sind die Rumormeister und General Gewaltiger ihr allergröste Pest, als welche ihnen zuzeiten, wan sie es zubunt machen, eiserne Silbergeschirr an Hände und Füsse legen, oder sie wol gar mit einem hänffinen Kragen zieren, und an ihre allerbeste Hälse anhängen lassen. [433]

Sie machen nicht, sie schantzen nicht, sie stürmen nicht, und kommen auch in keine Schlacht=ordnung, und sie ernähren sich doch! Was aber der Feld=Herr, der Land=mann, und die Armada selbst, bey deren sich viel solches Gesindes befindet, vor Schaden davon haben, ist nicht zu=beschreiben. Der heilloseste Reuter=Jung, der nichts thut als fouragiren, ist dem Feld=Herrn nützer, als 1000. Merode=Brüder, die ein Handwerck drauß machen, und ohn Noth auff der Bernhaut ligen, sie werden vom Gegentheil hinweg gefangen, und von den Baurn an theils Orten auff die Finger geklopfft, dadurch wird die Armee gemindert, und der Feind gestärckt, und wangleich ein so liederlicher Schlingel (ich meyne nicht die arme Krancke, sondern die unberittene Reuter, die unachtsamer weise ihre Pferde verderben lassen, und sich auff Merode begeben, damit sie ihre Haut schonen können) durch den Sommer davon komt, so hat man nichts anders von ihm, als daß man ihn auff den Winter mit grossem Kosten wieder mondiren muß, damit er künfftigen Feldzug wieder etwas zuverlieren habe, man solte sie zusammen kuppeln wie die Windhunde, und sie in den Guarnisonen kriegen lernen, oder gar auff die Galleern schmieden, wan sie nicht auch zu Fuß im Feld das ihrige thun wolten, biß sie gleichwol wieder Pferde kriegten. Ich geschweige hier, wie manches Dorff durch sie so wol unachtsamer als vor=setzlicher weise verbrennt wird, wie manchen Kerl sie von ihrer eigenen Armee absetzen, plündern, heimlich bestehlen, und wol gar nider machen, auch wie mancher Spion sich unter ihnen auffhalten kan, wan er nemlich nur ein Regi=

ment und Com=[434]pagni auß der Armada zunennen
weiß. Ein solcher ehrbarer Bruder nun war ich damals
auch, und verbliebs biß den Tag vor der Wittenweyrer
Schlacht, zu welcher Zeit das Haupt=Quartier in Schuttern
war, dan als ich damals mit meinen Cameraden in das
Geroltzeckische ging, Kühe oder Ochsen zustehlen, wie unsre
Gewonheit war, ward ich von den Weymarischen gefangen,
die uns viel besser zu tractiren wusten, dan sie luden uns
Mußqueten auff, und stiessen uns hin und wieder unter
die Regimenter, ich zwar kam unter das Hattsteinische.

Das XIV. Capitel.
Ein gefährlicher Zwey=kampff um Leib und Leben, in welchem doch
jeder dem Tod entrinnet.

Ich konte damals greiffen, daß ich nur zum Unglück
geboren, dan ungefähr 4. Wochen zuvor, eh das ge=
dachte Treffen geschahe, hörete ich etliche Götzische
gemeine Officier von ihrem Krieg discuriren, da sagte einer:
Ungeschlagen gehets diesen Sommer nicht ab! Schlagen
wir dan den Feind, so müssen wir den künfftigen Winter
Freyburg und die Waldstäte einnehmen; kriegen wir aber
Stösse, so kriegen wir auch Winter=Quartier. Auff diese
Prophezey machte ich meinen richtigen Schluß, und sagte
bey mir selbst: Nun freue dich Simplici, du wirst künff=
tigen Früling guten See= und Neckerwein trincken, und
geniessen, was die Weymarische verdienen werden. Aber
ich betrog mich weit, dan weil ich nunmehr Weymarisch
war, so war ich auch prädestinirt, Breysach belägern zu=
helffen, massen solche Belägerung gleich nach mehrbemelter
Wittenweyer Schlacht völlig ins Werck gesetzt ward, da ich
dan wie [435] andere Mußquetier Tag und Nacht wachen und
schantzen muste, und nichts davon hatte, als daß ich lernete,
wie man mit den Approchen einer Vestung zusetzen muß,
darauff ich vor Magdeburg wenig Achtung geben. Jm
übrigen aber war es lausig bey mir bestellt, weil je zwo oder
drey auffeinander sassen, der Beutel war läer, Wein, Bier und
Fleisch eine Rarität, Aepffel und hart schimlich Brot (jedoch
kümmerlich genug) mein bestes Wildpret.

Solches war mir saur zuertragen, Ursache, wan ich

zurück an die Egyptische Fleischtöpffe, das ist, an die Westphälischen Schincken und Knackwürste zu L. gedachte. Ich gedachte niemal mehr an mein Weib, als wan ich in meinem Zelt lag, und vor Frost halb erstarrt war, da sagte ich dan offt zu mir selber; Huy Simplici, meynest du auch wol, es geschehe dir unrecht, wan dir einer wieder Wett spielte, was du zu Pariß begangen? Und mit solchen Gedancken quälte ich mich wie ein ander eyfersichtiger Hanrey, da ich doch meinem Weib nichts als Ehre und Tugend zutrauen konte; Zuletzt ward ich so ungedultig, daß ich meinem Capitain eröffnete, wie meine Sachen bestellet wären, schrieb auch auff der Post nach L. und erhielt vom Obristen de S. A. und meinem Schwehr=Vater, daß sie durch ihre Schreiben bey dem Fürsten von Weymar zuwege brachten, daß mich mein Capitain mit einem Paß muste lauffen lassen.

Ungefähr eine Woche oder vier vor Weyhnachten, marchirte ich mit einem guten Feur-rohr vom Láger ab, das Brißgäu hinunter, der Meynung, selbige Weyhnacht-Messe zu Straßburg 20. Thaler, von meinem Schwehr übermacht, zuempfahen, und mich [436] mit Kauffleuten den Rhein hinunter zubegeben, da es doch unterwegs viel Käiserliche Guarnisonen hatte: Als ich aber bey Endingen vorbey passirt, und zu einem einigen Hauß kam, geschah ein Schuß nach mir, so daß mir die Kugel den Rand am Hut verletzt, und gleich darauff sprang ein starcker vierschrötiger Kerl auß dem Hauß auff mich loß, der schrye, ich solte das Gewehr ablegen; Ich antwortete, bey Gott Landsmann dir zu gefallen nicht, und zog den Hanen über, Er aber wischte mit einem Ding von Leder, das mehr einem Henckers=Schwert als Degen gleichete, und eilete damit auff mich zu: Wie ich nun seinen Ernst spürete, schlug ich an, und traff ihn dergestalt an die Stirn, daß er herum durmelte, und endlich zu boden fiel; dieses mir zunutz zumachen, rang ich ihm geschwind sein Schwerd auß der Faust, und wolts ihm in Leib stossen; da es aber nicht durch gehen wolte, sprang er wieder unversehens auff die Füsse, erwischte mich beym Haar, und ich ihn auch, sein Schwert aber hatte ich schon weg geworffen.

darauff fingen wir ein solch ernstlich Spiel miteinander an, so eines jeden verbitterte Stärck genugsam zuerkennen gab, und kont doch keiner deß andern Meister werden, bald lag ich, bald er oben, und im Huy kamen wir wieder auff die Füsse, so aber nicht lang dauerte, weil je einer deß andern Tod suchte; das Blut, so mir häuffig zu Nas und Mund herauß lieff, speyte ich meinem Feind ins Gesicht, weil ers so hitzig begehrte, das war mir gut, dan es hinderte ihn am sehen. Also zogen wir einander bey anderthalb Stund im Schnee herum, davon wurden wir so matt, daß allem Ansehen nach deß einen Unkrafften deß andern Müdig=[437]keit, allein mit den Fäusten nicht völlig überwinden, noch einer den andern auß eigenen Kräfften und ohne Waffen vollends zum Tod hätte bringen mögen.

Die Ring=Kunst, darin ich mich zu L. offt übte, kam mir damals wol zustatten, sonst hätte ich ohn Zweiffel eingebüst, dan mein Feind war viel stärcker als ich, und über das Eisenfest. Als wir einander fast tödlich abge= mattet, sagte er endlich: Bruder, höre auff, ich ergebe mich dir zu eigen! Ich sagte, du soltest mich anfänglich haben passiren lassen; Was hast du mehr, antwortete jener, wan= gleich ich sterbe; Und was hättest du gehabt, sagte ich, wan du mich hättest nider geschossen, sintemal ich keinen Heller Geld bey mir habe! Darauff bat er um Verzeihung, und ich ließ mich erweichen, und ihn auffstehen, nachdem er mir zuvor theur geschworen, daß er nicht allein Friede halten, sondern auch mein treuer Freund und Diener seyn wolte. Ich hätte ihm aber weder geglaubt noch getraut, wan mir seine verübte leichtfertige Handlungen bekant gewesen wären.

Da wir nun beyde auffwaren, gaben wir einander die Hände, daß alles was geschehen, vergessen seyn solte, und verwunderte sich einer über den andern, daß er seinen Meister gefunden, dan jener meynte, ich sey auch mit einer solchen Schelmenhaut, wie er, überzogen gewesen; ich ließ ihn auch dabey bleiben, damit, wan er sein Gewehr bekäme, sich nicht noch einmal an mich reiben dörffte. Er hatte von meinem Schuß eine grosse Beule an der Stirn, und ich hatte mich sehr verblutet, doch klagte keiner mehr als den Hals, welcher so zugerichtet, daß keiner den Kopff auffrecht tragen konte.

[438] Weil es dan gegen Abend war, und mir mein Gegentheil erzehlete, daß ich biß an die Kintzig weder Hund noch Katze, vielweniger einen Menschen antreffen würde, er aber hingegen unweit von der Straße in einem abgelegenen Häußlein ein gut stück Fleisch und einen Trunck zum besten hätte. Also ließ ich mich überreden, und ging mit ihm, da er dan unterwegs offt mit Senfftzen bezeugte, wie leid ihm sey, daß er mich beleidigt habe.

Das XV. Capitel.
Wie Olivier seine Busch=Klöpfferische Ubelthaten noch wol zuentschuldigen vermeynte.

Ein resoluter Soldat, der sich darein ergeben, sein Leben zuwagen, und gering zuachten, ist wol ein dummes Vieh! Man hätte tausend Kerl gefunden, darunter kein einziger das Hertz gehabt hätte, mit einem solchen, der ihn erst als ein Mörder angegriffen, an ein unbekant Ort zu Gast zugehen: Ich fragte ihn auff dem Weg, weß Volcks er sey? da sagte er, er hätte vor dißmal keinen Herrn, sondern kriege vor sich selbst, und fragte zugleich, weß Volcks dan ich sey? Ich sagte, daß ich Weymarisch gewesen, nunmehr aber meinen Abschied hätte, und gesinnet wäre, mich nach Hauß zubegeben; Darauff fragte er, wie ich hieße? und da ich antwortete, Simplicius, kehrete er sich um (dan ich ließ ihn voran gehen, weil ich ihm nit traute) und sahe mir steiff ins Gesicht; Heistu nicht auch Simplicissimus? Ja, antwortete ich, der ist ein Schelm der seinen Namen verläugnet: Wie heist aber du? Ach Bruder, antwortete er, so bin ich Olivier, den du wol vor Magdeburg wirst gekant haben; Warff damit sein Rohr von sich, und fiel auff die [439] Knye nider, mich um Verzeihung zubitten, daß er mich so übel gemeynt hätte, sagend, er könte sich wol einbilden, daß er keinen bessern Freund in der Welt bekomme, als er an mir einen haben würde, weil ich nach deß Alten Hertzbruders Prophecey seinen Tod so dapffer rächen solte: Ich hingegen wolte mich über eine so seltzame Zusammen=

kunfft verwundern, Er aber sagte, das ist nichts neues,
Berg und Thal komt nicht zusammen, das ist mir aber
seltzam, daß wir beyde uns so verändert haben, sintemal
ich auß einem Secretario ein Waldfischer, du aber auß
einem Narrn zu einem so dapffern Soldaten worden! Sey
versichert Bruder, wan unserer zehentausend wären, daß wir
morgenden Tags Breysach entsetzen, und endlich zu Herrn
der gantzen Welt machen wolten.

In solchem Discurs passirten wir, da es eben Nacht
worden, in ein klein abgelegen Taglöhner=häußlein; und
obzwar mir solche Praleren nit gefiel, so gab ich ihm doch
recht, vornemlich weil mir sein schelmisch falsch Gemüth
bekant war, und obzwar ich ihm im geringsten nichts
Gutes zutrauete, so ging ich doch mit ihm in besagtes
Häußlein, in welchem ein Baur eben die Stube einhitzte,
zu dem sagte er: Hast du etwas gekocht? Nein, sagte der
Baur, ich habe ja den gebratenen Kalbsschlegel noch, den
ich heute von Waldkirch brachte; Nun dan, antwortete
Olivier, so gehe, und lang her was du hast, und bringe
zugleich das Fäßlein Wein mit.

Als der Baur fort war, sagte ich zu Olivier: Bruder,
(ich nante ihn so, damit ich desto sicherer vor ihm wäre)
du hast einen willigen Wirth! Das danck (sagte er) dem
Schelmen der Teuffel, ich ernähre ihn [440] ja mit Weib
und Kindern, und er machet noch darzu vor sich selbst
gute Beuten, ich lasse ihm alle Kleider, die ich erobere,
solche zu seinem Nutzen anzuwenden: Ich fragte, wo er
dan sein Weib und Kinder hätte? da sagte Olivier, daß
er sie nach Freyburg gestehnet, die er alle Wochen zweymal
besuchte, und ihm von dortauß sowol die Victualia als
Kraut und Loth zubringe. Ferner berichtete er mich, daß
er diese Freybeuterey schon lang getrieben, und ihm besser
zuschlage, als wan er einem Herrn biene, er gedächte auch
nit auffzuhören, biß er seinen Beutel rechtschaffen gespickt
hätte. Ich sagte, Bruder, du lebest in einem gefährlichen
Stand, und wan du über solcher Rauberey ergriffen
würdest, wie meynstu wol, daß man mit dir umging?
Ha, sagte er, ich höre wol, daß du noch der alte Sim=
plicius bist; ich weiß wol, daß derjenige so kegeln will,

auch auffsetzen muß, du must aber das wissen, daß die Herrn von Nürnberg keinen hengen lassen, sie haben ihn dan: Ich antwortete, gesetzt aber Bruder, du werdest nicht erdappt, das doch sehr mißlich stehet, dan der Krug gehet so lang zum Brunnen, biß er einmal zerbricht, so ist dannoch ein solch Leben, wie du führest, das aller= schändlichste von der Welt, daß ich also nicht glaube, daß du darin zusterben begehrest; Was, (sagte er) das schänd= lichste? Mein dapfferer Simplici, ich versichere dich, daß die Rauberey das aller=Adelichste Exercitium ist, das man dieser Zeit auff der Welt haben kan! Sage mir, wie viel Königreiche und Fürstenthümer sind nicht mit Gewalt er= raubt und zuwege gebracht worden? Oder wo wird einem König oder Fürsten auff dem gantzen Erdboden vor übel auffgenommen, wan er seiner [441] Länder Intraden ge= neust, die doch gemeinlich durch ihrer Vorfahren verübte Gewalt zuwegen gebracht worden? Was könte doch Adelicher genennet werden, als eben das Handwerck, dessen ich mich jetzt bediene? Ich merke dir an, daß du mir gern vor= halten woltest, das ihrer viel wegen Mordens, Raubens, und Stelens seyn gerädert, gehängt und geköpfft worden? das weiß ich zuvor wol, dan das befehlen die Gesetze, du wirst aber keine andere als arme und geringe Diebe haben hängen sehen, welches auch billich ist, weil sie sich dieser vortrefflichen Ubung haben unterfangen dörffen, die doch niemanden als hertzhafften Gemütern gebührt und vor= behalten ist: Wo hast du jemals eine vornehme Standes= Person durch die Justitiam straffen sehen, um daß sie ihr Land zuviel beschwert habe? Ja was noch mehr ist, wird doch kein Wucherer gestrafft, der diese herrliche Kunst heim= lich treibet, und zwar unter dem Deckmantel der Christ= lichen Liebe, warum wolte dan ich straffbar seyn, der ich solche offentlich, auff gut Alt=Teutsch, ohn einzige Bemän= telung und Gleißnerey übe? Mein lieber Simplici, du hast den Machiavellum noch nicht gelesen; Ich bin eines recht auffrichtigen Gemüts, und treibe diese Manier zu= leben, frey offentlich ohn alle Scheu; Ich fechte, und wage mein Leben darüber, wie die Alte Helden, weiß auch, daß diejenige Handtierungen, dabey der so sie treibt, in

Gefahr stehen muß, zugelassen sind; weil ich dan mein Leben in Gefahr setze, so folgt unwidersprechlich, daß mirs billich und erlaubt sey, diese Kunst zuüben.

Hierauff antwortete ich, gesetzt, Rauben und Stelen sey dir erlaubt oder nicht, so weiß ich gleichwol, [442] daß es wider das Gesetz der Natur ist, das da nicht will, daß einer einem andern thun solle, das er nicht will, daß es ihm geschehe; So ist solche Unbilligkeit auch wider die Weltliche Gesetz, welche befehlen, daß die Dieb gehängt, die Räuber geköpfft, und die Mörder gerabbrecht werden sollen; Und letztlich, so ist es auch wider Gott, so das fürnehmste ist, weil er keine Sünde ungestrafft läst. Es ist, wie ich vor gesagt, (antwort Olivier) du bist noch Simplicius, der den Machiavellum noch nicht studiret hat, könte ich aber auff solche Art eine Monarchiam auffrichten, so wolte ich sehen, wer mir alsdan viel darwider predigte. Wir hätten noch mehr miteinander disputirt, weil aber der Baur mit dem Essen und Trincken kam, sassen wir zusammen, und stilleten unsere Mägen, dessen ich dan trefflich hoch vonnöthen hatte.

Das XVI. Capitel.
Wie er Hertzbruders Weissagung zu seinem Vortheil außleget, und beßwegen seinen ärgsten Feind liebet.

UNser Essen war weiß Brot, und ein gebratener kalter Kalbsschlegel, dabey hatten wir einen guten Trunck Wein, und eine warme Stube; Gelt Simplici, sagte Olivier, hier ist es besser, als vor Breysach in den Lauffgräben? Ich sagte, das wol, wan man solch Leben mit gewisser Sicherheit und bessern Ehren zugeniessen hätte; Darüber lachte er über laut, und sagte, sind ban die arme Teuffel in den Lauffgräben sicherer als wir, die sich alle Augenblicke eines Außfalls besorgen müssen? Mein lieber Simplici, ich sehe zwar wol, daß du deine Narrnkappe abgeleget, hingegen aber deinen närrischen Kopff noch behalten hast, der nit begreiffen kan, was gut oder böß ist, und wan [443] du ein anderer, als derjenige Simplicius wärest, der nach deß alten Hertzbruders Waarsagung meinen Tod rächen solle, so wolte ich dich bekennen lernen, daß ich ein edler Leben führe, als ein Freyherr. Ich gedachte, was will das werden, du must andere Worte hervorsuchen, als bißher, sonst möchte dich dieser Unmensch, so jetzt den Baurn sein zuhülff hat, erst caput machen, sagte derhalben: Wo ist sein tag je erhört worden, daß der Lehrjung das Handwerck besser verstehe, als der Lehrmeister? Bruder, hastu ein so edel glückselig Leben wie du vorgibst, so mache mich deiner Glückseeligkeit auch theilhafftig, sintemal ich eines guten Glücks hoch vonnöten. Darauff antwortete Olivier, Bruder sey versichert, daß ich dich so hoch liebe als mich selbsten, und daß mir die Beleidigung, so ich dir heut zugefüget, viel weher thut, als die Kugel, damit du mich an meine Stirn getroffen, als du dich meiner wie ein dapfferer rechtschaffener Kerl erwehrtest, warum wolte ich dir dan etwas versagen können? wan dirs beliebet, so bleib bey mir, ich will vor dich sorgen, als vor mich selbsten, hastu aber keine Lust bey mir zuseyn, so will ich dir ein gut stück Geld geben, und begleiten, wohin du wilt: Damit du aber glaubest, daß mir diese Worte von Hertzen gehen, so will ich dir die Ursache sagen, warum ich dich so hoch halte: Du weist dich zuerinnern, wie richtig der Alte Hertzbruder mit seinen Propheceihungen zugetroffen, schaue, derselbe hat mir vor Magdeburg diese Worte geweissaget, die ich bißhero fleissig im Gedächtnüß behalten: „Olivier, sihe unsern Narrn an wie du wilt, so wird er dannoch durch seine Dapfferkeit dich erschröcken, und dir den grösten Possen erwei=[444]sen, der dir dein Lebtag je geschehen wird, weil du ihn darzu verursachest in einer Zeit, darin ihr beyde einander nicht erkant gehabt, doch wird er dir nicht allein dein Leben schencken, so in seinen Händen gestanden, sondern er wird auch über eine Zeitlang hernach an dasjenige Ort kommen, da du erschlagen wirst, daselbst wird er glückseelig deinen Tod rächen." Dieser Weissagung halber, liebster Simplici, bin ich bereit, mit dir das Hertz im Leib zutheilen, dan gleichwie schon ein Theil davon erfüllet, indem ich dir Ursache gegeben, daß du mich als ein dapfferer Soldat vor den Kopff geschossen, und mir mein Schwert genommen, (das mir freylich noch keiner gethan) mir auch das Leben gelassen, da ich unter dir lag, und gleichsam im Blut erstickte; Also zweiffle ich nicht, daß das übrige von meinem Tod auch im wenigsten fehl schlagen werde. Auß solcher Rache nun, liebster Bruder, muß ich schliessen, daß du mein getreuer Freund seyst, dan dafern du es nicht wärest, so würdestu solche Rache auch nicht über dich nehmen; da hastu nun die concepta meines Hertzens, jetzt sage mir auch, was du zuthun gesinnet seyst? Ich gedachte, traue dir der Teuffel, ich nicht! nehme ich Geld von dir auff den Weg, so mögtestu mich erst nidermachen, bleib ich dan bey dir, so muß ich sorgen, ich dörffte mit dir geviertheilt werden; satzte mir demnach vor, ich wolte ihm eine Nase brähen, bey ihm zubleiben, biß ich mit Gelegenheit von ihm kommen könte, sagte derhalben, so er mich leiden mögte, wolte ich mich ein Tag oder acht bey ihm auffhalten, zusehen, ob ich solche Art zuleben gewohnen könte, gefiele mirs, so solte er beydes einen getreuen [445] Freund und guten Soldaten an mir haben, gefiele mirs nicht, so sey allezeit gut voneinander scheiden. Darauff satzte er mir mit dem Trunck zu, ich getraute aber auch nicht, und stellete mich voll eh ichs war, zusehen, ob er vielleicht an mich wolte, wan ich mich nicht mehr defendiren könte.

Indessen plagten mich die Müllerflöhe trefflich, deren ich eine zimliche Quantität von Breysach mit mir gebracht hatte, dan sie wolten sich in der Wärme nicht mehr in meinen Lumpen behelffen, sondern spazierten herauß, sich auch lustig zumachen. Dieses nam Olivier an mir gewahr, und fragte, ob ich Läuse hätte? Ich sagte, ja freylich, mehr als ich mein Lebtag Ducaten zubekommen getraue; So mustu nit reden, sagte Olivier, wan du bey mir bleibest, so kanst du noch wol mehr Ducaten kriegen, als du jetzt Läuse hast; Ich antwortete, das ist so unmüglich, als ich jetzt meine Läuse abschaffen kan: O ja, sagte er, es ist beydes müglich, und befahl gleich dem Baur, mir ein Kleid zuholen, das unfern vom Hauß in einem holen Baum stack, das war ein grauer Hut, ein Koller von Elend, ein paar rothe scharlachne Hosen, und ein grauer Rock, Strümpfe und Schuhe wolte er mir morgen geben. Da ich solche Gutthat von ihm sahe, getraute ich ihm schon etwas bessers zu, als zuvor, und ging frölich schlaffen.

Das XVII. Capitel.
Simplicii Gedancken sind anbächtiger, wan er auf die Rauberey gehet, als beß Oliviers in der Kirche.

AM Morgen gegen Tag sagte Olivier: Auf Simplici, wir wollen in Gottes Namen hinauß, zusehen, was etwan zubekommen seyn mögte: Ach Gott, gedachte ich, soll ich dan nun in deinem hoch=[446]heiligen Namen auff die Rauberey gehen? und bin hiebevor, nachdem ich von meinem Einsidel kam, nit so kühn gewesen, ohn Erstaunen zuzuhören, wan einer zum andern sagte: Komm Bruder, wir wollen in Gottes Namen ein Maß Wein miteinander sauffen; weil ichs vor eine doppelte Sünde hielt, wan einer in deinem Namen sich voll söffe. O himmlischer Vater, wie habe ich mich verändert! O getreuer Gott, was wird endlich auß mir werden, wan ich nicht wieder umkehre? Ach hemme meinen Lauff, der mich so richtig zur Hölle bringet, da ich nicht Busse thue! Mit dergleichen Worten und Gedancken folgete ich Olivier in ein Dorff, darin keine lebendige Creatur war, da stiegen wir beß fernen Außsehens halber auff den Kirchthurn; Auff demselben hatte er die Strümpffe und Schuhe verborgen, die er mir den Abend zuvor versprochen, darneben 2. Laib Brot, etliche Stücke gesotten dörr Fleisch, und ein Fäßlein halb voll Wein im Vorrath, mit welchem er sich allein gern 8. Tag hätte behelffen können. Indem ich nun meine Verehrung anzog, erzehlete er mir, daß er an diesem Ort pflege auffzupassen, wan er eine gute Beute zuholen gedächte, beßwegen er sich dan sowol proviantiret, mit dem Anhang, daß er noch etliche solcher Oerter hätte, die mit Speiß und Tranck versehen wären, damit wan Bläsy an einem Ort nicht zu Hauß wäre, er ihn am andern finden könte. Ich muste zwar seine Klugheit loben, gab ihm aber zuverstehen, daß es doch nicht schön stünde, einen so heiligen Ort, der Gott gewidmet sey, dergestalt zubeflecken; Was, sagte er, beflecken? die Kirchen, da sie reben könten, würden gestehen, daß sie dasjenige, [447] was ich in ihnen begehe, gegen denen Lastern, so hiebevor in ihnen begangen worden, noch vor gar gering auffnehmen müsten; Wie mancher und wie manche meynestu wol, die sint Erbauung dieser Kirche hereingetreten seyn, unter dem Schein, GOtt zudienen, da sie doch nur herkommen, ihre neue Kleider, ihre schöne Gestalt, ihre Præeminenz und sonst so etwas sehen zulassen? da komt einer zur Kirche wie ein Pfau, und stellet sich vor den Altar, als ob er den Heiligen die Füsse abbeten wolte; dort stehet einer in einer Ecke zuseufftzen wie der Zöllner im Tempel, welche Seufftzer aber nur zu seiner Liebsten gehen, in deren Angesicht er seine Augen weydet, um derent willen er sich auch eingestellet: Ein ander komt vor, oder wans wolgeráth, in die Kirche mit einem Gebund Brieffen, wie einer der eine Brandsteur samlet, mehr seine Zinsleute zumahnen, als zubeten; hätte er aber nicht gewust, daß seine Debitores zur Kirche kommen müsten, so wäre er fein daheim über seinen Registern sitzen blieben: Ja es geschiehet zuzeiten, wan theils Obrigkeiten einer Gemeinde im Dorff etwas anzudeuten hat, so muß es der Bote am Sonntag bey der Kirche thun, daher sich mancher Baur vor der Kirche årger, als ein armer Sünder vor dem Richthauß förchtet: Meynestu nicht, es werden auch von benenjenigen in die Kirche begraben, die Schwert, Galgen, Feur, und Rad verdienet hätten? Mancher könte seine Bulerey nicht zu Ende bringen, da ihm die Kirche nicht beförderlich wäre; Ist etwas zuverkauffen oder zuverleihen, so wird es an theils Orten an die Kirchthür geschlagen; Wan mancher Wucherer die gantze Woche keine Zeit nimt, [448] seiner Schinderey nachzusinnen, so sitzt er unter währendem Gottesdienst in der Kirche und dichtet, wie der Judenspieß zuführen sey; da sitzen sie hier und dort unter der Messe und Predigt miteinander zudiscuriren, gerad als ob die Kirche nur zu dem Ende gebauet wäre, da werden dan offt Sachen berathschlaget, deren man an Privat=Oertern nicht gedencken dörffte; theils sitzen dort, und schlaffen, als ob sie es verdingt hätten; Etliche thun nichts anders als Leute außrichten, und

sagen: Ach wie hat der Pfarrer diesen oder jenen so art=
lich in seiner Predigt getroffen! Andere geben fleissig
Achtung auff deß Pfarrers Vorbringen, aber nicht zu dem
Ende, daß sie sich darauß bessern, sondern damit sie ihren
Seelsorger, wan er nur im geringsten anstösst (wie sie es
verstehen) durchziehen und tablen mögten; Ich geschweige
hier derjenigen Historien, so ich gelesen, was vor Bul=
schafften durch Kupplerey in den Kirchen hin und wieder
ihren Anfang und Ende genommen, so fället mir auch,
was ich von dieser Materi noch zureden hätte, jetzt nicht
alles ein: Diß mustu doch noch wissen, daß die Menschen
nicht allein in ihrem Leben die Kirchen mit Lastern be=
schmitzen, sondern auch nach ihrem Tod dieselbe mit Eitel=
keit und Torheit erfüllen, sobald du in die Kirche kommest,
so wirstu an den Grabsteinen und Epitaphien sehen, wie
diejenige noch prangen, die doch die Würme schon längst
gefressen, sihest du dan in die Höhe, so kommen dir mehr
Schilde, Helme, Waffen, Degen, Fahnen, Stifeln, Sporn
und dergleichen Dinge ins Gesicht, als in mancher Rüst=
kammer, daß also kein Wunder, daß sich die Bauren diesen
Krieg über an etlichen [449] Orten auß den Kirchen, wie
auß Vestungen, um das Jhrige gewehret: Warum solte
mir nicht erlaubt seyn, mir sage ich, als einem Soldaten,
daß ich mein Handwerck in der Kirche treibe? da doch
hiebevor zween Geistliche Väter in einer Kirche nur deß
Vorsitzes halber ein solch Blutbad angestellet, daß die
Kirche mehr einem Schlacht=Hauß der Metzger, als hei=
ligen Ort gleich gesehen: Ich zwar liesse es noch unter=
wegen, wan man nur den Gottesdienst zuverrichten her=
käme, da ich doch ein Weltmensch bin; jene aber, als
Geistliche, respectiren doch die Hohe Majestät deß Römi=
schen Käisers nicht. Warum solte mir verboten seyn, meine
Nahrung vermittelst der Kirche zusuchen, da sich doch sonst
soviel Menschen von derselben ernähren? Ist es billich,
daß mancher Reicher um ein Stück Geld in die Kirche
begraben wird, seine und seiner Freundschafft Hoffart zu=
bezeugen, und daß hingegen der Arme (der doch sowol ein
Christ als jener, ja vielleicht ein frömmer Mensch gewesen)
so nichts zugeben hat, ausserhalb in einem Winckel ver=

scharret werden muß; es ist ein Ding, wie man es machet, wan ich hätte gewust, daß du Bedencken trügest, in der Kirche auffzupaſſen, ſo hätte ich mich bedacht, dir anderſt zuantworten, indeſſen nim eine Weile mit dieſem vorlieb, biß ich dich einmal eines andern berede.

Ich hätte dem Olivier gern geantwortet, daß ſolches auch liederliche Leute wären, ſo wol als er, welche die Kirchen verunehren, und daß dieſelbige ihren Lohn ſchon drum finden würden; Weil ich ihm aber ohn das nicht trauete, und ungern noch einmal mit ihm geſtritten hätte. Hernach begehrte er, ich wolte ihm [450] erzehlen, wie mirs ergangen, ſint wir vor Witſtock voneinander kommen, und dan warum ich Narrnkleider angehabt, als ich im Magdeburgiſchen Läger angelanget? Weil ich aber wegen Halsſchmertzen gar zu unluſtig, ent‍ſchuldigte ich mich, mit Bitte, er wolte mir doch zuvor ſeinen Lebenslauff erzehlen, der vielleicht poſſier‍liche Schnitzer genug in ſich hielte; Diß ſagte er mir zu, und fing an, ſein ruchloſes Leben nachfolgender geſtalt zuerzehlen.

Das XVIII. Capitel.
Olivier erzehlt ſein Herkommen, und wie er ſich in ſeiner Jugend, vornemlich aber in der Schule gehalten.

Ein Vater, ſagte Olivier, iſt unweit der Stat Aach von geringen Leuten geboren worden, derowegen er dan bey einem reichen Kauffmann, der mit dem Kupffer=Handel ſchacherte, in ſeiner Jugend dienen muſte, bey demſelben hielt er ſich ſo fein, daß er ihn ſchreiben, leſen und rechnen lernen ließ, und ihn über ſeinen gantzen Handel ſatzte, wie eherzeiten Potiphar den Joſeph über alle Haußgeſchäffte; Diß ſchlug auch beyden Theilen wol zu, dan der Kauffmann ward wegen meines Vaters Fleiß und Vorſichtigkeit jelänger jereicher, mein Vater ſelbſt aber, der guten Tage halber, jelänger jeſtöltzer, ſogar, daß er ſich auch ſeiner Eltern ſchämete, und ſolche verachtete, das ſie offt vergeblich beklagten. Wie nun mein Vater das 25. Jahr ſeines Alters erreichte, ſtarb der Kauffmann, und verließ ſeine alte Witwe ſamt deren einzigen Tochter,

die kürtzlich in eine Pfanne getreten, und ihr von einem
Gaben = Hengst ein Junges zweigen lassen, selbiges aber
folgte seinem Großvater am Toben=Reihen bald [451]
nach: Da nun mein Vater sahe, daß die Tochter Vater=
und Kinder= aber nicht Geld=loß worden, achtete er nicht,
daß sie keinen Krantz mehr tragen dorffte, sondern erwug
ihren Reichthum, und machte sich bey ihr zutäppisch, so
ihre Mutter gern zuließ, nit allein, damit ihre Tochter
wieder zu Ehren käme, sondern weil mein Vater um den
gantzen Handel alle Wissenschafft hatte, zumalen auch sonst
mit dem Judenspieß trefflich fechten konte. Also ward
mein Vater durch solche Heurath unversehens ein reicher
Kauffmann, ich aber sein erster Erbe, den er wegen seines
Überflusses zärtlich auffziehen ließ, ich ward in Kleidungen
gehalten wie ein Edelmann, in Essen wie ein Freyherr,
und in der übrigen Wartung wie ein Graf, welches ich
alles mehr dem Kupffer und Galmey, als dem Silber
und Gold zubancken.

Eh ich das sibende Jahr völlig überlebte, erzeigte sich
schon, was auß mir werden wolte, dan was zur Nessel
werden soll, brennt beyzeiten; kein Schelmstücke war mir
zuviel, und wo ich einem konte einen Possen reissen, unter=
ließ ichs nicht, dan mich weder Vater noch Mutter hierum
straffte; ich terminirte mit meines gleichen bösen Buben
durch dünn und dick auff der Gasse herum, und hatte schon
das Hertz, mit stärckern als ich war, herum zuschlagen,
kriegte ich dan Stösse, so sagten meine Eltern, was ist
das? soll so ein grosser Flegel sich mit einem Kind
schlagen? überwand dan ich (massen ich kratzte, biß und
warff) so sagten sie, unser Oliviergen wird ein braver
Kerl werden! Davon wuchs mir der Muth, zum beten
war ich noch zu klein, wan ich aber fluchte wie ein Fuhr=
mann, so hieß, ich verstünde es nicht: Also ward [452]
ich immer ärger, biß man mich zur Schule schickte, was
dan andere böse Buben auß Boßheit ersannen, und nicht
practiciren dorfften, das satzte ich ins Werck. Wan ich
meine Bücher verkletterte, oder zerriß, so schaffte mir die
Mutter wieder andere, damit mein geitziger Vater sich
nicht erzörnte. Meinem Schulmeister thät ich grossen

Dampff an, dan er dorffte mich nicht hart halten, weil
er zimliche Verehrungen von meinen Eltern bekam, als
deren unzimliche Affen=Liebe gegen mir ihm wol bekant
war; Im Sommer fing ich Feldgrillen, und satzte sie
fein heimlich in die Schule, die uns ein lieblich Gesang
machten, im Winter aber stahl ich Nießwurtz, und stäubte
sie an den Ort, da man die Knaben zu castigiren pflegte,
wan sich dan etwan ein Halsstarriger wehrete, so stob
mein Pulver herum, und machte mir eine angenehme
Kurtzweile, weil alles niesen muste. Hernach düncke ich
mich viel zugut seyn, nur so gemeine Schelmstücke
anzustellen, sondern all mein Thun ging auff obigen
Schlag; ich stahl offt dem einen etwas, und steckte es
einem andern in Sack, dem ich gern Stösse angerichtet,
und mit solchen Griffen konte ich so behutsam umgehen,
daß ich fast niemals darüber erdappt ward. Von den
Kriegen, die wir damals geführet, bey denen ich gemeinig=
lich ein Obrister gewesen, item von den Stössen die ich
offt bekommen, (dan ich hatte stets ein zerkratzt Gesicht,
und den Kopff voll Beulen) mag ich jetzt nichts sagen, es
weiß ja jederman ohn das wol, was die Buben offt
anstellen. So kanst du auch an oberzehlten Stücken leicht
abnehmen, wie ich mich sonst in meiner Jugend ange=
lassen [453].

Das XIX. Capitel.
Wie er zu Lüttig stubiret, und sich daselbst gehalten habe.

WEilen sich meines Vaters Reichthum täglich mehrete,
als bekam er auch desto mehr Schmarotzer und
Fuchsschwäntzer, die meinen guten Kopff zum Studiren
trefflich lobten, sonsten aber alle meine Untugenden ver=
schwiegen, oder auffs wenigste zuentschulbigen wusten, dan
sie spürten wol, daß derjenige so solches nicht thät, weder
bey Vater noch Mutter wol bran seyn könte, derowegen
hatten meine Eltern eine grössere Freude über ihren Sohn,
als die Grasmücke, die einen Gucuck auffzeucht. Sie bingten
mir einen eigenen Præceptorem, und schickten mich mit
demselben nach Lüttich, mehr, daß ich dort Welsch lernen,
als studiren solte, weilen sie keinen Theologum, sondern

einen Handelsmann auß mir ziehen wolten; Dieser hatte
Befelch, mich beyleib nicht streng zuhalten, daß ich kein
forchtsam knechtisch Gemüt überkäme, Er solte mich fein
unter die Bursch lassen, damit ich nicht Leut=scheu würde,
und gedencken, daß sie keinen Mönch, sondern einen Welt=
mann auß mir machen wolten, der wissen müsse, was
Schwartz oder Weiß sey.

Ermelter mein Præceptor aber war dieser Instruction
unbedürffig, sondern von sich selbsten auff alle Büberey
geneigt, was hätte er mir dan solche verbieten, oder mich
um meine geringe Fehler harthalten sollen, da er selbst
gröbere beging; Auffs Bulen und Sauffen war er am
meisten geneigt, ich aber von Natur auffs Balgen und
Schlagen, daher ging ich schon bey Nacht mit ihm und
seines gleichen gassatim, und lernete ihm in Kürtze mehr
Untugenden [454] ab als Latein. Soviel das Studiren
anbelanget, verließ ich mich auf mein gut Gedächtnüß und
scharffen Verstand, und war deßwegen desto fahrlässiger,
im übrigen aber in allen Lastern, Bubenstücken und Muth=
willen ersoffen, mein Gewissen war bereits so weit, daß
ein grosser Heu=Wagen hindurch hätte fahren mögen: Ich
fragte nichts darnach, wan ich in der Kirche unter der
Predigt den Bernium Burchiellum oder den Aretinum
lase, und hörte nichts liebers vom gantzen Gottesdienst,
als wan man sagete: Ite missa est. Darneben dünckte
ich mich keine Sau zu seyn, sondern hielt mich recht
Stutzerisch, alle Tage war mirs Martins=Abend oder
Faßnacht, und weil ich mich dergestalt hielte wie ein ge=
machter Herr, und nicht nur das, so mein Vater zur
Nothburfft reichlich schickte, sondern auch meiner Mutter
fette Milchpfennige dapffer durchgehen liesse, lockte uns
auch das Frauenzimmer an sich, sonderlich meinen Præceptorem, bey diesen Schleppsäcken lernete ich leffeln, bulen
und spielen; hadern, balgen und schlagen konte ich zuvor,
und mein Præceptor wehrte mir das Fressen und Sauffen
auch nicht, weil er selbsten gern mit machte. Es währete
dieses herrliche Leben anderthalb Jahr, eh es mein Vater
erfuhr, welches ihn sein Factor zu Lüttich, bey dem wir
auch anfangs zu Kost gingen, berichtet; der bekam hingegen

Befelch, auff uns genauer Achtung zugeben, den Præceptorn abzuschaffen, mir den Zügel fürterhin nicht mehr solang zulassen, und mich ferner mit Geldgeben genauer zuhalten. Solches verdroß uns alle beyde, und obschon er Præceptor geurlaubt ward, so stacken wir jedoch ein als den andern Weg [455] Tag und Nacht beyeinander, demnach wir aber nicht mehr wie hiebevor spendiren konten, gesellleten wir uns zu einer Bursch, die den Leuten beß Nachts auff der Gasse die Mäntel abzwacken, oder sie gar in der Maaß ersäufften, was wir dan solcher gestalt mit höchster Gefahr eroberten, verschlemmeten wir mit unsern Huren, und liessen das Studiren beynahe gantz unterwegen.

Als wir nun einsmals, unsrer Gewonheit nach, bey der Nacht herum schlingelten, den Studenten ihre Mäntel hinweg zuvulpiniren, wurden wir überwunden, mein Præceptor erstochen, und ich neben andern fünffen, die rechte Spitzbuben waren, erdappt und eingezogen: Als wir nun den folgenden Tag examinirt wurden, und ich meines Vaters Factor nannte, der ein ansehnlicher Mann war, ward derselbe beschickt, meinetwegen befragt, und auff seine Verbürgung loßgelassen, doch daß ich biß auff weitern Bescheid in seinem Hauß im Arrest verbleiben solte; indessen ward mein Præceptor begraben, jene fünff als Spitzbuben, Räuber und Mörder gestrafft, mein Vater aber berichtet, wie mein Handel stünde, der kam eiligst selbst auff Lüttich, richtete meine Sache mit Geld auß, hielt mir eine scharffe Predigt, und verwiese mir, was ich ihm vor Creutz und Unglück machte, item, daß sich meine Mutter stelle, als ob sie wegen meines Ubelverhaltens verzweiffeln wolte, bedrohete mich auch, dafern ich mich nicht bessere, daß er mich enterben, und vorn Teuffel hinweg jagen wolte. Ich versprach Besserung, und ritte mit ihm nach Hauß; und also hat mein studiren ein Ende genommen. [456]

Das XX. Capitel.
Heimkunfft und Abschied beß ehrbaren Studiosi, und wie er im Krieg seine Beförderung gesuchet.

DA mich mein Vater heimbrachte, befand er, daß ich in Grund verderbt wäre; Ich war kein ehrbarer Domine worden, als er wol gehofft hatte, sondern ein Disputirer und Schnarcher, der sich einbildete, er verstehe trefflich viel! Ich war kaum einwenig daheim erwarmet, als er zu mir sagte: Höre Olivier, ich sehe deine Esels=Ohren jelänger jemehr herfür ragen, du bist eine unnütze Last der Erden, ein Schlingel, der nirgends zu mehr taug! ein Handwerck zulernen bistu zugroß, einem Herrn zubienen, bistu zu Flegelhafftig, und meine Handtierung zubegreiffen und zutreiben, bistu nichts nutz. Ach was habe ich doch mit meinem grossen Kosten, den ich an dich gewendet, außgericht? Ich habe gehofft, Freude an dir zuerleben, und dich zum Mann zumachen, so habe ich dich hingegen jetzt auß deß Henckers Händen kauffen müssen: Pfuy der Schande! Das beste wird es seyn, daß ich dich in eine Kelmüß=Mühl thue, und Miseriam cum aceto schmeltzen lasse, biß dir ohn das ein besser Glück auffstöst, wan du dein übel Verhalten abgebüst haben würdest.

Solche und dergleichen Lectiones muste ich täglich hören, biß ich zuletzt auch ungedultig ward, und zu meinem Vater sagte: Ich wäre an allem nicht schuldig, sondern er und mein Præceptor, der mich verführet hätte; daß er keine Freude an mir erlebe, wäre billich, sintemal seine Eltern sich auch seiner nicht zuerfreuen, als die er gleichsam im Bettel verhungern lasse: Er aber erdappte einen Prügel, und [457] wolte mir um meine Waarsagung lohnen, hoch und theur sich verschwörend, er wolte mich nach Amsterdam ins Zuchthauß thun. Da ging ich durch, und verfügte mich selbige Nacht auff seinen unlängst erkaufften Meyerhoff, sahe meinen Vorthel auß, und ritte seinem Meyer den besten Hengst den er im Stall hatte, auff Cöln zu.

Denselben versilberte ich, und kam abermal in eine Gesellschafft der Spitzbuben und Diebe, wie ich zu Lüttich eine verlassen hatte, diese erkanten mich gleich am Spielen, und ich sie hinwieder, weil wirs beyderseits so wol konten; Ich verfügte mich gleich in ihre Zunfft, und halff bey Nacht einfahren wo ich zukommen mögte, demnach aber kurtz hernach einer auß uns erdappt ward, als er einer vornehmen Frau auff dem Alten Marckt ihren schweren Beutel doll machen wolte, zumal ich ihn einen halben Tag mit einem eisern Hals=Kragen am Pranger stehen, ihm auch ein Ohr abschneiden, und mit Ruthen außhauen sahe, erleidet mir das Handwerck, ließ mich derowegen vor einen Soldaten unterhalten, weil eben damals unser Obrister, bey dem wir vor Magdeburg gewesen, sein Regiment zuverstärcken, Knechte annam. Indessen hatte mein Vater erfahren, wo ich hinkommen, schrieb derhalben seinem Factor zu, daß er mich außkundigen solte, biß geschahe eben als ich bereits Geld auff die Hand empfangen hatte; der Factor berichtete solches meinem Vater wieder, der befahl, er solte mich wieder lebig kauffen, es koste auch was es wolle; da ich solches hörete, förchtete ich das Zucht=hauß, und wolte einmal nicht lebig seyn. Hierdurch vernam mein Obrister, daß ich eines reichen Kauff=[458]herrn Sohn wäre, spannete derhalben den Bogen gar zuhoch, daß mich also mein Vater liesse wie ich war, der Meynung, mich im Krieg eine Weile zappeln zulassen, ob ich mich bessern mögte.

Nachgehends stund es nicht lang an, daß meinem Obristen sein Schreiber mit tod abging, an dessen stat er mich zu sich nam, massen dir bewust: Damal fing ich an hohe Gedancken zumachen, der Hoffnung, von einer Staffel zur andern höher zusteigen, und endlich gar zu einem General zuwerden: Ich lernete von unserm Secretario, wie ich mich halten solte, und mein Vorsatz groß zuwerden verursachete, daß ich mich ehrbar und reputirlich einstellete, und nit mehr, wie hiebevor meiner Art nach, mich mit Lumpenpossen schleppete; Es wolte aber gleichwol nicht hotten, biß unser Secretarius starb, da gedachte ich, du must sehen, daß du dessen Stelle bekommst; ich spendirte wo ich konte, dan als meine Mutter erfuhr, daß ich anfinge gut zuthun, schickte sie mir noch immer Geld. Weil aber der junge Hertzbruder meinem Obristen gar ins Hemb gebacken war, und mir vorgezogen ward, trachtete ich, ihn auß dem Weg zuräumen, vornemlich da ich inward, daß der Obrister gäntzlich gewillet, ihm die Secretariat-stelle zugeben. In Verzögerung solcher meiner Beförderung, die ich so hefftig suchte, ward ich so ungedultig, daß ich mich von unserm Provos so vest als Stahl machen ließ, deß Willens mit

dem Hertzbruder zu duelliſiren, und durch die Klinge
hinzurichten; Aber ich konte niemals mit Manier an ihn
kommen; So wehrete mir auch unſer Provos mein Vor=
haben, und ſagte, wangleich du ihn auffopfferſt, ſo wird
es dir doch mehr [459] ſchäd= als nützlich ſeyn, weil du
deß Obriſten liebſten Diener würdeſt ermordet haben, gab
mir aber den Rath, daß ich etwas in Gegenwart deß
Hertzbruders ſtehlen, und ihm ſolches zuſtellen ſolte, ſo
wolte er ſchon zuwege bringen, daß er deß Obriſten Gnade
verliere. Ich folgte, nam bey deß Obriſten Kindtauff ſeinen
übergöldten Becher, und gab ihn dem Provos, mit welchem
er dan den jungen Hertzbruder abgeſchafft hat; Als du
dich deſſen noch wol wirſt zuerinnern wiſſen, als er dir
in deß Obriſten groſſen Zelt die Kleider auch voll junger
Hündlein gauckelte.

Das XXI. Capitel.
Wie deß Hertzbruders Prophecey Simplicius dem Olivier erfüllt, als keiner den andern kante.

ES ward mir grün und gelb vor den Augen, als ich
auß Olivier eigenem Maul hören muſte, wie er mit
meinem allerwertheſten Freund umgangen, und gleich=
wol keine Rache vornehmen dorffte, ich muſte noch darzu
mein Anligen verbeiſſen, damit ers nicht merckte, ſagte
derowegen, er ſolte mir auch erzehlen, wie es ihm nach
der Schlacht vor Wittſtock ferner ergangen wäre?

In demſelben Treffen (ſagte Olivier) hielt ich mich
nicht wie ein Federſpitzer, der nur auff das Dintenfaß
beſtellt iſt, ſondern wie ein rechtſchaffener Soldat, dan ich
war wol beritten, und ſo veſt als Eiſen, zumal in keine
Squadron eingeſchloſſen, ließ derhalben meinen Valor
ſehen, als einer der durch den Degen hoch zukommen oder
zuſterben gedencket, ich vagirte um unſre Brigade herum
wie eine Windsbraut, mich zu exerciren, und den Unſern
zuweiſen, daß ich beſſer zu den Waffen als zu der Feder
tauge; [460] Aber es halff nichts, das Glück der Schweden
überwand, und ich muſte der unſern Unglückſeeligkeit theil=
hafftig werden, allermaſſen ich Quartier nehmen muſte,
wiewol ich es kurtz zuvor keinem geben wolte.

Also ward ich nun wie andere Gefangene unter ein Regiment zu Fuß gestoßen, welches sich wieder zuerholen in Pommern gelegt ward, und demnach es viel neugeworbene Bursche gab, ich aber eine treffliche Courage verspüren ließ, ward ich zum Corporal gemacht; Aber ich gedachte da nicht lang Mist zumachen, sondern bald wieder unter die Käiserl. zukommen, als deren Partey ich besser affectioniret war, da ich doch ohn Zweifel bey den Schweden bessere Beförderung gefunden hätte. Mein Außreissen satzte ich folgender gestalt ins Werck: Ich ward mit sieben Mußquetierern außgeschickt, in unsern abgelegenen Quartieren die außständige Contribution zuerpressen, als ich nun über 800. Gülden zuwegen gebracht, zeigte ich meinen Burschen das Geld, und machte ihre Augen nach demselben lüsterend, also daß wir deß Handels miteinander einig wurden, solches unter uns zutheilen, und damit durchzugehen; Als solches geschehen, persuadirte ich ihrer drey, daß sie mir halffen die andere vier tod schiessen, und nach solcher Verrichtung theilten wir das Geld, nemlich jedem 200. Gülden, damit marchirten wir gegen Westphalen; unterwegs überredete ich noch einen auß denselben dreyen, daß er auch die zween übrige niderschiessen halff, und als wir das Geld abermal miteinander theilen solten, erwürgte ich den letzten auch, und kam mit dem Geld glücklich nach Werle, allwo [461] ich mich unterhalten ließ, und mit diesem Geld zimlich lustig machte.

Als solches auff die Neige ging, und ich ein als den andern Weg gern banquetirt hätte, zumaln viel von einem jungen Soldaten in Soest hörte rühmen, was treffliche Beuten, und grossen Namen er ihm damit machte, ward ich angefrischt, ihm nachzufolgen; Man nante ihn wegen seiner grünen Kleidung den Jäger, derhalben ich auch eins machen ließ, und stal auff ihn in seinen und unsern eignen Quartiren, mit verübung sonst allerhand Exorbitantien dermassen, daß uns beyden das Partey gehen niedergelegt werden wolte; jener zwar blieb daheim, ich aber mausete noch immerfort in seinem Namen, soviel ich konte, also daß besagter Jäger um solcher Ursache willen mich auch herauß fodern ließ, aber der Teuffel hätte mit ihm fechten mögen, den er auch, wie mir gesagt ward, in Haaren sitzen hatte, er würde mir meine Vestigkeit schön auffgethan haben.

Doch konte ich seiner List nicht entgehen, dan er practicirte mich mit Hülffe seines Knechts in eine Schäferey, samt meinem Cameraden, und wolte mich zwingen, ich solte daselbst beym Mondenschein, in Gegenwart zweyer leibhaffter Teuffel, die er als Secundanten bey sich hatte, mit ihm rauffen; Weil ichs aber nicht thun wolte, zwangen sie mich zu der spöttlichsten Sache von der Welt, so mein Camerad unter die Leute brachte, davon ich mich dergestalt schämte, daß ich von dort hinweg auff Lippstat lieff, und bey den Hessen Dienst annam, verblieb aber auch daselbst nicht lang, weil man mir nit trauete, sondern trabete fürters in Holland. Dienste, allwo ich zwar [462] richtigere Bezahlung: aber einen langweiligen Krieg vor meinen Humor fand, dan da wurden wir eingehalten wie die Mönche, und solten züchtig leben als die Nonnen.

Weil ich mich dan nun weder unter Käiserlich=Schwedisch= noch Hessischen nicht mehr dorffte sehen lassen, ich hätte mich dan muthwillig in Gefahr geben wollen, indem ich bey allen dreyen außgerissen, zumal unter den Holländern nicht länger zubleiben hatte, weil ich ein Mägblein mit Gewalt entunehrt hatte, welches allem Ansehen nach in Bälde seinen Außbruch nemen würde, gedachte ich meine Zuflucht bey den Spanischen zuhaben, der Hoffnung, von denselben heimzugehen, und zusehen, was meine Eltern machten. Aber als ich solches ins Werck zusetzen außging, ward mir der Compaß so verruckt, daß ich unversehens unter die Bayrische gerieth, mit denselben marchirte ich unter den Merode=Brüdern auß Westphalen biß ins Brißgäu, und ernährte mich mit spielen und stehlen, hatte ich etwas, so lag ich bey Tags damit auff dem Spielplatz, und bey Nacht bey den Marquetentern, hatte ich aber nichts, so stal ich hinweg was ich kriegen konte, ich stal offt auff einen Tag zwey oder drey Pferde, beydes von der Waid und auß den Quartieren, verkauffte und verspielte hinwieder, was ich löste, und minirte alsdan bey Nacht den Leuten in die Zelten, und

zwackte ihnen ihr bestes unter den Köpffen herfür. War es
aber auff dem March, so hatte ich an den engen Pässen
ein wachtsames Auge auff die Felleisen, so die Weiber
hinter sich führeten, die schnitte ich ab, und brachte mich
also durch, biß das Treffen vor Wittenweyer [463] vorüber
ging, in welchem ich gefangen, abermal unter ein Regi=
ment zufuß gestossen, und also zu einem Weymarischen
Soldaten gemacht ward, es wolte mir aber im Läger vor
Breysach nicht gefallen, darum quitirte ichs auch beyzeiten,
und ging davon, vor mich selbst zukriegen, wie du dan
sihest, daß ich thue. Und sey versichert Bruder, daß ich
seithero manchen stoltzen Kerl nidergelegt, und ein herrlich
Stück Geld prosperiret habe, gedencke auch nicht auffzu=
hören, biß daß ich sehe, daß ich nichts mehr bekommen
kan. Jetzund nun wird es an dir seyn, daß du mir auch
deinen Lebenslauff erzählest.

Das XXII. Capitel.
Wie es einem gehet, und was es sey, wan es ihm
Hund= und Katzen=übel gehet.

Als Olivier seinen Discurs dergestalt vollführete, konte
ich mich nicht gnugsam über die Göttliche Vorsehung
verwundern! Ich konte greiffen, wie mich der liebe
Gott hiebevor in Westphalen vor diesem Unmenschen nicht
allein väterlich bewahret, sondern noch darzu versehen
hatte, daß er sich vor mir entsetzt: Damals sahe ich erst,
was ich dem Olivier vor einen Possen erwiesen, davon ihm
der Alte Hertzbruder prophezeyet, welches er Olivier aber
selbst, wie hiervon im 16. Capitel zusehen, zu meinem
grossen Vortel anders außgeleget, dan solte diese Bestia
gewust haben, daß ich der Jäger von Soest gewesen wäre,
so hätte er mir gewißlich wieder eingetränckt, was ich ihm
hiebevor auff der Schäfferey gethan; ich betrachtete auch,
wie weißlich und obscur Hertzbruder seine Weissagungen
geben, und gedachte bey mir selber, obzwar seine Waar=
sagungen gemeinlich un=[464]fehlbar einzutreffen pflegten,
daß es dannoch schwer fallen würde, und seltzam her=
gehen müste, da ich eines solchen Tod, der Galgen und
Rad verdient hätte, rächen solte; ich befand auch, daß

mirs trefflich gesund gewesen, daß ich ihm meinen Lebens=
lauff nicht zuerst erzehlt, dan mit der Weise hätte ich ihm
ja selber gesagt, womit ich ihn hiebevor beleidiget. Indem
ich nun solche Gedancken machte, ward ich in Oliviers
Angesicht etlicher Ritze gewahr, die er vor Magdeburg
noch nicht gehabt, bildete mir derhalben ein, dieselbe
Narben seyn noch die Waarzeichen deß Spring=ins=feld,
als er ihm hiebevor in Gestalt eines Teuffels das Ange=
sicht so zerkratzte, fragte ihn derhalben: Woher ihm solche
Zeichen kämen? mit dem Anhang, ob er mir gleichwol seinen
gantzen Lebenslauff erzehle, daß ich jedoch unschwer ab=
nehmen müsse, er verschweige mir das beste Theil, weil
er mir noch nicht gesagt, wer ihn so gezeichnet hätte;
Ach Bruder, antwortete er, wan ich dir alle meine Buben=
stücke und Schelmerey erzehlen solte, so würde beydes mir
und dir die Zeit zulang werden, damit du aber gleichwol
sehest, daß ich dir von meinen Begegnussen nichts verhele,
so wil ich dir hievon auch die Warheit sagen, obschon es
scheinet, als gereiche es mir zum Spott.

Ich glaube gäntzlich, daß ich von Mutterleib an zu
einem gezeichneten Angesicht prädestiniret gewesen sey, dan
gleich in meiner Jugend ward ich von meines gleichen
Schüler=Jungen so zerkratzt, wan ich mit ihnen ropffte;
so hielt mich auch einer von denen Teuffeln, die dem
Jäger von Soest auffwarteten, überauß hart, massen man
seine Klauen wol 6. [465] Wochen in meinem Gesicht
spürete, aber solches heilete ich wieder alles sauber hinweg,
die Striemen aber, die du jetzt noch in meinem Angesicht
sihest, haben einen andern, und zwar diesen Ursprung:
Als ich noch unter den Schweden in Pommern in dem
Quartier lag, und eine schöne Matresse hatte, muste mein
Wirth auß seinem Bette weichen, und uns hinein ligen
lassen, seine Katze die auch alle Abend in demselbigen
Bette zuschlaffen gewohnt war, kam alle Nacht, und machte
uns grosse Ungelegenheit indem sie ihre ordentliche Liger=
stat nicht so schlechtlich entberen wolte, wie ihr Herr und
Frau gethan; solches verdroß meine Matresse (die ohn
das keine Katze leiden konte) so sehr, daß sie sich hoch ver=
schwur, sie wolte mir in keinem Fall mehr Liebes erweisen,

biß ich ihr zuvor die Katze hätte abgeschafft; Wolte ich
nun ihrer Freundlichkeit länger geniessen, so gedachte ich
ihr nicht allein zuwillfahren, sondern mich auch dergestalt
an der Katze zuråchen, daß ich auch eine Lust daran haben
mögte, steckte sie derhalben in einen Sack, nam meines
Wirths beyde starcke Bauren-Hunde (die den Katzen ohn
das zimlich grämisch, bey mir aber wol gewohnt waren)
mit mir, und die Katze im Sack auff eine breite lustige
Wiese, und gedachte da meinen Spaß zuhaben, dan ich
vermeynte, weil kein Baum in der Nähe war, auff den
sich die Katze retiriren konte, würden sie die Hunde eine
Weile auff der Ebne hin und wieder jagen, wie einen
Hasen raumen, und mir eine treffliche Kurtzweile anrich=
ten; Aber potz Stern! es ging mir nit allein Hunds=
übel, wie man zusagen pfleget, sondern auch Katzen-übel
(welches Ubel wenig erfahren ha=[466]ben werden, dan
man hätte sonst ohn Zweiffel vorlängsten auch ein Sprüch=
wort darauß gemacht) massen die Katze, sobald ich den
Sack auffthäte, nur ein weites Feld, und auff demselbigen
ihre zwey starcke Feinde, und nichts hohes vor ihr sahe,
dahin sie ihre Zuflucht hätte nehmen können: Derowegen
wolte sie sich nicht so schlechtlich in die Nidere begeben,
und ihr das Fell zerreissen lassen, sondern sie begab sich
auff meinen eigenen Kopff, weil sie keinen höhern Ort
wuste, und als ich ihr wehrte, fiel mir der Hut herunter;
jemehr ich sie nun herunter zuzerren trachtete, je vester
schlug sie ihre Nägel ein, sich zuhalten: Solch unserm
Gefecht konten beyde Hunde nicht lang zusehen, sondern
mengten sich mit ins Spiel, sie sprangen mit offenem
Rachen hinden, vorne und zur Seite nach der Katze,
die sich aber gleichwol von meinem Kopff nicht hin=
weg begeben wolte, sondern sich beydes sowol in meinem
Angesicht als sonsten auff dem Kopff, mit Einschlagung
ihrer Klauen hielt so gut sie konte, thät sie aber mit ihrem
Dorn=Handschuh einen Fehlstreich nach den Hunden, so traff
mich derselbe gewiß, weil sie aber auch bißweilen die Hunde
auff die Nase schlug, beflissen sich dieselbige, sie mit ihren
Talpen herunter zubringen, und gaben mir damit manchen
unfreundlichen Griff ins Gesicht, wan ich aber selbst mit

beyden Händen nach der Katze tastete, sie herab zureissen,
biß und kratzte sie nach ihrem besten Vermügen: Also
ward ich beydes von den Hunden und von der Katze zu=
gleich betriegt, zerkratzt und dergestalt schröcklich zugerichtet,
daß ich schwerlich einem Menschen mehr gleich sahe, und
was das al=[467]lerschlimste war, muste ich noch darzu in
der Gefahr stehen, wan sie so nach der Katze schnappten, es
mögte mir etwan einer ungefähr die Nase, oder ein Ohr
erwischen, und gantz hinweg beissen; Mein Kragen und
Koller sahe so blutig auß, als wie vor eines Schmids
Nothstall an S. Steffanstag, wan man den Pferden zur
Ader läst; und muste ich gantz kein Mittel zuersinnen,
mich auß diesen Aengsten zuerretten; zuletzt so muste ich
von freyen Stücken auff die Erde nider fallen, damit beyde
Hunde die Katze erwischen könten, wolte ich anderst nicht,
daß mein Capitolium noch länger ihr Fechtplatz seyn solte,
die Hunde erwürgten zwar die Katze, ich hatte aber bey=
weitem keinen so herrlichen Spaß davon als ich gehofft,
sondern nur Spott, und ein solch Angesicht, wie du noch
vor Augen sihest. Dessentwegen ward ich so ergrimmt,
daß ich nachgehends beyde Hunde todschoß, und mein
Matress, die mir zu dieser Torheit Anlaß geben, dergestalt
abprügelte, daß sie hätte Oel geben mögen, und darüber
von mir hinweg lieff, weil sie ohn Zweiffel keine so ab=
scheuliche Larve länger lieben konte.

Das XXIII. Capitel.
Ein Stücklein, zum Exempel deß jenigen Handwercks das Olivier
trieb, worin er ein Meister war, und Simplicius ein Lehr=
Jung seyn solte.

JCh hätte über dieser deß Oliviers Erzehlung gern
gelacht, und muste mich doch mitleidentlich erzeigen;
und als ich eben auch anfing meines Lebens=Lauff
zuerzehlen, sahen wir eine Kutsche samt zweyen Reutern
das Land herauff kommen, derohalben stiegen wir vom
Kirchthurn, und satzten uns in ein Hauß das an der
Strasse lag, und sehr bequem war die vor=[468]über
Reisende anzugreiffen, mein Rohr muste ich zum Vorrath
geladen behalten, Olivier aber legte mit seinem Schuß

gleich den einen Reuter und das Pferd, eh sie unsrer inwurden, weßwegen dan der ander gleich durchging, und indem ich mit übergezognem Hahn den Kutscher halten, und absteigen gemachet, sprang Olivier auff ihn dar, und spaltete ihm mit seinem breiten Schwert den Kopff von einander biß auff die Zähne hinunter, wolte auch gleich darauff das Frauenzimmer und die Kinder metzgen, die in der Kutschen sassen, und bereits mehr den toden Leichen, als den Lebenden gleich sahen; ich aber wolte es rund nicht gestatten, sondern sagte, wofern er solches ja ins Werck setzen wolte, müste er mich zuvor erwürgen, Ach! sagte er, du närrischer Simplici, ich hätte mein Tage nicht gemeinet, daß du so ein heiloser Kerl wärest, wie du dich anläst: Ich antwortete, Bruder, was wilst du die unschuldige Kinder zeihen, wan es Kerl wären die sich wehren könten, so wäre es ein anders. Was, antwortete er, Eyer in die Pfannen, so werden keine Junge drauß; Ich kenne diese junge Blutsauger wol, ihr Vater der Major ist ein rechter Schindhund, und der ärgste Wamsklopffer von der Welt? und mit solchen Worten wolte er immer fortwürgen, doch enthielt ich ihn so lang, biß er sich endlich erweichen liesse; es waren aber eines Majors Weib, ihre Mägde, und drey schöne Kinder, die mich von Hertzen daureten, diese sperreten wir in einen Keller, auff daß sie uns so bald nicht verrathen solten, in welchem sie sonst nichts als Obs und weisse Rüben zubeissen hatten, biß sie gleichwol wiederum von jemanden erlößt würden; Dem=[469]nach plünderten wir die Kutschen, und ritten mit 7. schönen Pferden in Wald wo er zum dicksten war.

Als wir solche angebunden hatten, und ich mich einwenig umschauete, sahe ich unweit von uns einen Kerl stockstill an einem Baum stehen, solchen wiese ich dem Olivier, und vermeinte es wäre sich vorzusehen. Ha Narr! antwortete er, es ist ein Jud, den hab ich hingebunden, der Schelm ist aber vorlängst erfroren und verreckt, und indem ging er zu ihm, klopffte ihm mit der Hand unten ans Kinn, und sagte, Ha! du Hund hast mir auch viel schöne Ducaten gebracht, und als er ihm dergestalt das Kinn bewegte, rolleten ihm noch etliche

Duplonen zum Maul herauß, welche der arme Schelm noch biß in seinen Tod davon bracht hatte, Olivier griff ihm darauff in das Maul, und brachte zwölff Duplonen und einen köstlichen Rubin zusammen, diese Beute (sagte er) habe ich dir Simplici zubancken, schenckte mir darauff den Rubin, stieß das Geld zu sich, und ging hin seinen Baurn zuholen, mit Befelch, ich solte indessen bey den Pferden verbleiben, solte aber wol zusehen, daß mich der tobe Jud nicht beisse, womit er mir verwiese, daß ich keine solche Courage hätte wie er.

Als er nun nach dem Baur auß war, machte ich indessen sorgsame Gedancken, und betrachtete, in was vor einem gefährlichen Stand ich lebe; Ich nam mir vor, auff ein Pferd zusitzen und durchzugehen, besorgte aber, Olivier mögte mich über der Arbeit erdappen, und erst nider schiessen, dan ich argwähnte, daß er meine Beständigkeit vor bißmal nur probire, und irgends stehe mir auffzupassen; bald gedachte ich zufuß davon zulauffen, muste aber doch [470] sorgen, wan ich dem Olivier gleich entkäme, daß ich nichts desto weniger den Bauren auff dem Schwartzwald, die damals im Ruff waren, daß sie den Soldaten auff die Hauben klopfften, nicht würde entrinnen können; nimstu aber, gedachte ich, alle Pferde mit dir, auff daß Olivier kein Mittel hat, dir nachzujagen, und würdest von den Weymarischen erwischt, so wirstu als ein überzeugter Mörder auffs Rad gelegt. Kurtzab, ich konte kein sicher Mittel zu meiner Flucht ersinnen, vornemlich da ich mich in einem wilden Wald befand, und weder Weg noch Steg wuste; über das wachte mir mein Gewissen auch auff, und quälete mich, weil ich die Gutsche auffgehalten, und ein Ursacher gewesen, daß der Gutscher so erbärmlich ums Leben kommen, und beyde Weibsbilder und unschuldige Kinder in Keller versperret worden, worin sie vielleicht, wie dieser Jude, auch sterben und verderben müsten; bald wolte ich mich meiner Unschuld getrösten, weil ich wider Willen angehalten würde, aber mein Gewissen hielt mir vor, ich hätte vorlängsten mit meinen andern begangenen bösen Stücken verdienet, daß ich in Gesellschafft dieses Ertz-Mörders in die Händ der Justiz gerathe, und meinen billichen Lohn empfange, und vielleicht hätte der gerechte Gott versehen, daß ich solcher gestalt gestrafft werden solte: Zuletzt fing ich an, ein bessers zu hoffen, und bat die Güte Gottes, daß sie mich auß diesem Stand erretten wolte, und als mich so eine Andacht ankam, sagte ich zu mir selber: Du Narr, du bist ja nicht eingesperrt oder angebunden, die gantze weite Welt stehet dir ja offen, hastu jetzt nicht Pferde genug, zu deiner Flucht zugreiffen? oder da du nicht reuten wilt, [471] so seyn deine Füsse ja schnell genug, dich davon zutragen? Indem ich mich nun selbst so marterte und quälete, und doch nichts entschliessen konte, kam Olivier mit unserm Baur daher, der führte uns mit den Pferden auff einen Hof, da wir fütterten, und einer um den andern ein paar Stunden schliessen, nach Mitternacht ritten wir weiters, und kamen gegen Mittag an die äusserste Grenzen der Schweitzer, allwo Olivier wol bekant war, und uns stattlich aufftragen ließ, und dieweil wir uns lustig machten, schickte der Wirth nach zweyen Juden, die uns die Pferde gleichsam nur um halb Geld abhandelten: Es war alles so nett und just bestellet, daß es wenig Wortwechselns brauchte, der Juden gröste Frage war, ob die Pferde Käiserisch oder Schwedisch gewesen? und als sie vernamen, daß sie von den Weymarischen herkämen, sagten sie, so müssen wir solche nicht nach Basel, sondern in das Schwabenland zu den Bayrischen reuten. Uber welche grosse Kundschafft und Verträulichkeit ich mich verwundern muste.

Wir banquetirten Edelmännisch, und ich ließ mir die gute Wald-Forellen und köstliche Krebs daselbst wol schmäcken; Wie es nun Abend ward, so machten wir uns wieder auff den Weg, hatten unsern Baur mit Gebratens und andern Victualien wie einen Esel beladen, damit kamen wir den andern Tag auff einen einzeln Baurnhof, allwo wir freundlich bewillkomt und auffgenommen wurden, und uns wegen ungestümen Wetters ein paar Tage auffhielten, folgends kamen wir durch lauter Wald und Abwege, wieder in eben dasjenige Häußlein, dahin mich Olivier anfänglich führte, als er mich zu sich bekam. [472]

Das XXIV. Capitel.

Olivier beist in das Gras, und nimt noch ihrer sechs mit sich.

Je wir nun so da saffen, unserer Leiber zupflegen und außzuruhen, schickte Olivier den Baur auß, Essenspeise samt etwas von Kraut und Loth einzukauffen; Als selbiger hinweg, zog er seinen Rock auß, und sagte zu mir: Bruder, ich mag das Teufels=Geld nicht mehr allein so herum schleppen, band demnach ein paar Würste oder Wülste, die er auff blossem Leib trug, herunter, warff sie auff den Tisch, und sagte ferner: Du wirst dich hiemit bemühen müssen, biß ich einmal Feyrabend mache, und wir beyde gnug haben, das Donner=Geld hat mir Beulen gedruckt! Ich antwortete: Bruder, hättest du so wenig als ich, so würde es dich nicht drücken; Was? fiel er mir in die Rede, was mein ist, das ist auch dein, und was wir ferner miteinander erobern, sol gleiche Part gelten. Ich ergriff beyde Wülste, und befand sie trefflich gewichtig, weil es lauter Goldsorten waren, Ich sagte, es sey alles gar unbequem gepackt, da es ihm gefiele, wolte ichs also einnähen, daß einen das Tragen nicht halb so saur ankäme. Als er mirs heimstellete, ging ich mit ihm in einen holen Eichbaum, allda er Scheere, Nadeln, und Faden brachte, da machte ich mir und ihm ein Scapulier oder Schulterkleid auß einem paar Hosen, und versteppte manchen schönen rothen Batzen darein, demnach wir nun solche unter die Hemden anzogen, war es nicht anders, als ob wir vorn und hinten mit Gold bewaffnet gewesen wären: Und demnach mich Wunder nam, und fragte, warum er kein Silber=Geld hätte? bekam ich zur Antwort, daß er mehr als 1000. Thaler in einem [473] Baum ligen hätte, auß welchem er den Baur hausen liesse, und um solches nie keine Rechnung begehret, weil er solchen Schafmist nicht hoch achte.

Als diß geschehen, und das Geld eingepackt war, gingen wir nach unserm Logiment, darin wir dieselbe Nacht über kochten, und uns beym Ofen außbäheten: Und demnach es eine Stunde Tag war, kamen, als wir uns dessen am wenigsten versahen, sechs Mußquetierer samt einem Corporal, mit fertigem Gewehr und auffgepaßten

Lunden ins Häußlein, stiessen die Stubenthür auff, und schryen: Wir solten uns gefangen geben! Aber Olivier (der sowol als ich, jederzeit seine gespannte Mußquet neben sich ligen, und sein scharf Schwert allzeit an der Seite hatte, und damals eben hinterm Tisch saß, gleichwie ich hinter der Thür beym Ofen stund) antwortete ihnen mit einem paar Kuglen, durch welche er gleich zween zuboden fällete, ich aber erlegte den dritten, und beschädigte den vierten durch einen gleichmässigen Schuß; darauff wischte Olivier mit seinem nothvesten Schwert, welches Haare schure, (und wol deß Königs Arturi in England Caliburn verglichen werden mögte) von Leder, und hieb den fünfften von der Achsel an biß auff den Bauch hinunter, daß ihme das Eingeweid herauß, und er neben demselben darnieder fiel, indessen schlug ich den sechsten mit meinem umgekehrten Feur=Rohr auff den Kopff, daß er alle vier von sich streckte; Einen solchen Streich kriegte Olivier von dem siebenden, und zwar mit solcher Gewalt, daß ihm das Hirn herauß spritzte, ich aber traff denselben, ders ihm gethan, wiederum dermassen, daß er gleich seinen Camera=[474]den am Toden=Reyhen Gesellschafft leisten muste; Als der Beschädigte, den ich anfänglich durch meinen Schuß getroffen, dieser Püffe gewahr ward, und sahe daß ich ihm mit umgekehrten Rohr auch ans Leder wolte, warff er sein Gewehr hinweg, und fing an zu lauffen, als ob ihn der Teuffel selbst gejagt hätte. Und dieses Gefecht währte nicht länger, als eines Vater unsers Länge, in welcher kurtzen Zeit diese siben dapffere Sol=daten ins Gras bissen.

Da ich nun solcher gestalt allein Meister auff dem Platz blieb, beschaute ich den Olivier, ob er vielleicht noch einen lebendigen Athem in sich hätte, da ich ihn aber gantz entseelet befand, dünckte mich ungereimt zusehn, einem toden Cörper soviel Gelds zulassen, dessen er nicht vonnöthen, zog ihm derwegen das gülden Fell ab, so ich erst gestern gemacht hatte, und hing es auch an Hals zu dem andern. Und demnach ich mein Rohr zerschlagen hatte, nam ich Oliviers Mußquete und Schwert zu mir, mit demselben versahe ich mich auff allen Nothfall, und machte mich auß dem Staub, und zwar auff den Weg, da ich wuste, daß unser Baur darauff herkommen múste, ich satzte mich bey= seit an ein Ort, seiner zuerwarten, und mich zugleich zu= bedencken, was ich ferner anfangen wolte.

Das XXV. Capitel.
Simplicius komt reich davon, hingegen zeucht Hertzbruder sehr elend auff.

Ich saß kaum eine halbe Stunde in meinen Gedancken, so kam unser Baur daher, und schnaubte wie ein Bär, er lieff von allen Krãfften, und ward meiner nicht gewahr, biß ich ihm auff den Leib kam; Warum so schnell (sagte ich) was neues? Er antwor=[475]tete, geschwind machet euch abwegs! es komt ein Corporal mit 6. Muß= quetierern, die sollen euch und den Olivier auffheben, und entweder tob oder lebendig nach Liechteneck liefern, sie haben mich gefangen gehabt, daß ich sie zu euch führen solte, bin ihnen aber glücklich entronnen, und hieher kom= men, euch zuwarnen: Ich gedachte, O Schelm, du hast uns verrathen, damit dir Oliviers Geld, so im Baum liegt, zu theil werden möge, liesse mich aber doch nichts mercken, weil ich mich seiner als eines Wegweisers ge= brauchen wolte, sondern sagte ihm, daß beydes Olivier und diejenige so ihn hätten fangen sollen, tob wären; da es aber der Baur nicht glauben wolte, war ich noch so gut, und ging mit ihm hin, daß er das Elend an den sieben Cörpern sehen konte, den siebenden, die uns fangen sollen, sagte ich, habe ich lauffen lassen, und wolte Gott, ich kõnte auch diese wieder lebendig machen, so wolte ichs nicht unterlassen! Der Baur erstaunte vor Schröcken, und sagte, was Raths? Ich antwortete, der Rath ist schon beschlossen, unter dreyen Dingen geb ich dir die Wahl, entweder führe mich alsbald durch sichere Abwege über den Wald hinauß nach Villingen, oder zeige mir Oliviers Geld, das in Baum ligt, oder stirb hier, und leiste gegen= wärtigen Toden Gesellschafft! Führestu mich nach Villingen, so bleibt dir Oliviers Geld allein, wirstu mirs aber weisen, so will ichs mit dir theilen, thustu aber deren keines, so schieß ich dich tob, und gehe gleichwol meines

Wegs. Der Baur wäre gern entloffen, aber er forchte die Mußquete, fiele derhalben auff die Knye nider, und erbot sich, mich über Wald zuführen: Also wanderten wir eylend fort, gingen denselben [476] Tag und folgende gantze Nacht, weil es zu allem Glück trefflich hell war, ohn Essen, Trincken und einzige Ruhe immer hin, biß wir gegen Tag die Stat Villingen vor uns ligen sahen, allwo ich meinen Baur wieder von mir ließ. Auff diesem Weg trieb den Baur die Todesforcht, mich aber die Begierde, mich selbst und mein Geld davon zubringen, und muß fast glauben, daß einem Menschen das Gold grosse Krüfften mittheilet, dan obzwar ich schwer genug daran trug, so empfand ich jedoch keine sonderbare Müdigkeit.

Ich hielt es vor ein glücklich Omen, daß man die Pforte eben öffnete, als ich vor Villingen kam, der Officier von der Wacht examinirte mich, und als er vernam, daß ich mich vor einen Freyreuter außgab, von demjenigen Regiment, wobey mich Hertzbruder gethan, als er mich zu Philipsburg von der Mußquete erlöste, wie auch, daß ich auß dem Läger vor Breysach von den Weymarischen her käme, unter welche ich vor Wittenweyr gefangen und untergestossen worden, und nunmehr wieder zu meinem Regiment unter die Bayrische begehrte, gab er mir einen Mußquetierer zu, der mich zum Commandanten führte. Derselbe lag noch in seiner Ruhe, weil er wegen seiner Geschäfften mehr als die halbe Nacht wachend zugebracht hatte, also daß ich wol anderthalbe Stunde vor seinem Quartier auffwarten muste, und weil eben die Leute auß der Frühmeß gingen, einen grossen Umstand von Bürgern und Soldaten bekam, die alle wissen wolten, wie es vor Breysach stünde? Von welchem Geschrey der Commandant erwachte, und mich vor ihn kommen ließ:

Er fing an mich zu examiniren, und meine Auß-[477]sage war wie unterm Thor; Hernach fragte er mich sonderliche Particularitäten, von der Belägerung und sonsten, und damit bekante ich alles, wie daß ich nemlich ein Tag oder vierzehn mich bey einem Kerl auffgehalten, der auch durchgangen, und mit demselben eine Gutsche angegriffen und geplündert hätte, der Meynung, von den

Weymarischen so viel Beuten zuholen, daß wir uns darauß beritten machen, und rechtschaffen mondiert wieder zu unsern Regimentern kommen mögten, wir seyn aber erst gestern von einem Corporal mit noch sechs andern Kerlen, die uns auffheben sollen, überfallen worden, dadurch mein Camerad mit noch sechsen vom Gegentheil auff dem Platz geblieben, der siebende aber sowol als ich, und zwar jeder zu seiner Partey, entloffen sey; von dem aber, daß ich nacher L. in Westphalen zu meinem Weib gewolt, und daß ich zwey so wolgefütterte Hinder= und Vorderstücke au hatte, schwieg ich stockstill, und zwar so machte ich mir auch kein Gewissen darum, daß ichs verhelete, dan was ging es ihn an? Er fragte mich auch nicht einmal darum, sondern verwunderte sich vielmehr, und wolte es fast nicht glauben, daß ich und Olivier solten 6. Mann nider gemachet und den siebenden verjagt haben, obzwar mein Camerad mit eingebüst. Mit solchem Gespräch gab es Gelegenheit von Oliviers Schwert zureden, so ich lobte, und an der Seite hatte, das gefiel ihm sowol, daß ichs ihm, wolte ich anders mit guter Manier von ihm kommen, und Paß erlangen, gegen einem andern Degen, den er mir gab, überlassen muste; in Warheit aber, so war dasselbe trefflich schön und gut, es war ein gantzer ewig= währender Calender dar=[478]auff geetzet, und laß ich mir nicht außreden, daß es nicht in Hora Martis von Vulcano selbst geschmiedet, und allerdings zugerichtet worden sey, wie im Heldenschatz eins beschrieben wird, wovon alle andere Klingen entzwey springen, und die behertzteste Feinde und Löwen=Gemüter, wie forchtsame Hasen entlauffen müssen. Nachdem er mich nun entließ, und befohlen, einen Paß vor mich zuschreiben, ging ich den nächsten Weg ins Wirthshauß, und wuste nicht, ob ich am ersten schlaffen oder essen solle? dan es war mir beydes nöthig; doch wolte ich zuvor meinen Magen stillen, ließ mir derhalben etwas zuessen, und einen Trunck langen, und machte Ge= dancken, wie ich meine Sachen anstellen, daß ich mit meinem Geld sicher nach L. zu meinem Weib kommen mögte, dan ich hatte so wenig im Sinn zu meinem Regiment zugehen, als den Hals abzufallen.

Indem ich nun so speculirte, hinckte ein Kerl an
einem Stecken in der Hand, in die Stube, der hatte einen
verbundenen Kopff, einen Arm in der Schlinge, und so
elende Kleider an, daß ich ihm keinen Heller darum geben
hätte; sobald ihn der Haußknecht sahe, wolte er ihn auß=
treiben, weil er übel stanck, und so voll Läuse war, daß
man die gantze Schwabenhäide damit besetzen könte; er
aber bat, wan wolte ihm doch um Gottes willen zulassen,
sich nur einwenig zuwärmen, so aber nichts halff; dem=
nach ich mich aber seiner erbarmete, und vor ihn bat, warb
er kümmerlich zum Ofen gelassen: Er sahe mir, wie mich
dünckte, mit begierigem Appetit und grosser Andacht zu,
wie ich drauff hieb, und ließ etliche Seufftzer lauffen, und
als der Haußknecht ging, mir ein stück Gebra=[479]tens
zuholen, ging er gegen mir zum Tisch zu, und reichte ein
irden Pfennig=Häfelein in der Hand bar, als ich mir
wol einbilden konte, warum er käme? nam derhalben die
Kanne, und goß ihm seinen Hafen voll, eh er hiesch;
Ach Freund, sagte er, um Hertzbruders willen
gebet mir auch zuessen! Da er solches sagte, ging
mirs durchs Hertz, und befand, daß es Hertzbruder selbsten
war, ich wäre beynahe in Ohnmacht gesuncken, da ich ihn
in einem so elenden Stand sahe, doch erhielt ich mich, fiel
ihm um den Hals, und satzte ihn zu mir, da uns dan
beyden, mir auß Mitleiden und ihm auß Freude, die
Augen übergiengen.

Das XXVI. Capitel.
Hertzbruders elenden Lebens Zustandes Begebenheit.

Unsre unversehene Zusammenkunfft machte, daß wir
fast weder essen noch trincken konten, nur fragte einer
den andern, wie es ihm ergangen, sint wir das letzte
mal beysammen gewesen, bieweil aber der Wirth und
Haußknecht stets ab= und zugiengen, konten wir einander
nichts vertrauliches erzehlen, der Wirth wunderte, daß ich
einen so lausigen Kerl bey mir litte, Ich aber sagte, solches
sey im Krieg unter rechtschaffenen Soldaten, die Came=
raden wären, der Brauch. Da ich auch verstund, daß sich
Hertzbruder bißher im Spital auffgehalten, vom Almosen

sich ernähret, und seine Wunden liederlich verbunden worden, dingte ich dem Wirth ein sonderlich Stüblein ab, legte Hertzbrudern in ein Bette, und ließ ihm den besten Wund=Artzt kommen, den ich haben konte, wie auch einen Schneider und eine Näherin, ihn zukleiden, und den Läusen auß den Zähnen zuziehen; ich hatte [480] eben diejenige Duplonen, so Olivier einem todten Juden auß dem Maul bekommen, bey mir in einem Säckel, dieselbe schlug ich auff den Tisch, und sagte, dem Wirth zu Gehör, zu Hertzbrudern: Schau Bruder, das ist mein Geld, das will ich an dich wenden, und mit dir verzehren; davon der Wirth uns wol auffwartete, dem Barbier aber wieß ich den Rubin, der auch deß bedeuten Juden gewesen, und ungefähr 20. Thaler werth war, und sagte: Weil ich mein wenig Geld, so ich hätte, vor uns zur Zehrung, und meinem Camerad zur Kleidung auffwenden müste, so wolte ich ihm denselben Ring geben, wan er besagten meinen Camerad in Bälde von Grund auß davor curiren wolte, dessen er dan wol zufrieden, und seinen besten Fleiß zur Cur anwante.

Also pflegte ich Hertzbrudern, wie meinem andern Ich, und ließ ihm ein schlecht Kleidlein von grauem Tuch machen, zuvor aber ging ich zum Commandanten wegen deß Passes, und zeigte ihm an, daß ich einen übel=beschädigten Camerad angetroffen hätte, auff den wolte ich warten, biß er vollend heilete, dan ihn hinter mir zulassen, getraue ich bey meinem Regiment nicht zuverantworten; der Commandant lobte meinen Fürsatz, und gönnete mir zubleiben, solang ich wolte, mit fernerm Anerbieten, wan mir mein Camerad würde folgen können, daß er uns beyde alsdan mit genugsamen Paß versehen wolte.

Demnach ich nun wieder zu Hertzbrudern kam, und allein neben seinem Bette bey ihm saß, bat ich ihn, er wolte mir unbeschwert erzehlen, wie er in einen so arm=seeligen Stand gerathen wäre? dan ich bildete mir ein, er mögte vielleicht wichtiger Ursachen, [481] oder sonst eines Ubersehens halber, von seiner vorigen Dignität ver=stossen, unredlich gemachet, und in gegenwärtig Elend ge=setzt worden seyn; Er aber sagte: Bruder du weist, daß ich deß Grafen von Götz sac totum und allerliebster geheimster Freund gewesen, hingegen ist dir auch gnugsam bekant, was die verwichene Campagne unser Generalat und Commando vor eine unglückliche Endschafft erreichet, indem wir nicht allein die Schlacht bey Wittenweyer verloren, sondern noch darzu das belägerte Breysach zuentsetzen nicht vermögt haben: Weil dan nun beßwegen hin und wieder vor aller Welt sehr ungleich geredet wird, zumalen wol=ermelter Graf, sich zuverantworten, nach Wien citiret worden, so lebe ich beydes vor Scham und Forcht, freywillig in dieser Nidere, und wünsche mir offt, entweder in diesem Elend zusterben, oder doch wenigst mich solang verborgen zuhalten, biß mehr=wolbesagter Graf seine Unschuld an Tag gebracht, dan soviel ich weiß, ist er dem Röm. Käiser allezeit getreu gewesen, daß er aber diesen verwichenen Sommer so gar kein Glück gehabt, ist meines Erachtens mehr der Göttlichen Vorsehung (als welcher die Siege gibet wem er will) als deß Grafen Übersehen beyzumessen.

Da wir Breysach zuentsetzen im Werck waren, und ich sahe, daß es unserseits so schläfferig herging, armirte ich mich selbst, und ging dergestalt auff die Schiffbrücke mit an, als ob ichs allein hätte vollenden wollen, da es doch damals weder meine Profession noch Schuldigkeit war; ich thäts aber den andern zum Exempel, und weil wir den vergangenen Sommer so gar nichts außgerichtet hatten, wolte mir das Glück, oder vielmehr das Unglück, daß ich unter den [482] ersten Angängern dem Feind auch am ersten auff der Brücke das Weise in Augen sahe, da es dan scharff herging, und gleichwie ich im Angriff der erste gewesen, also ward ich, da wir der Franzosen ungestümmen Ansetzen nicht mehr widerstunden, der allerletzte, und kam dem Feind am ersten in die Hände: ich empfing zugleich einen Schuß in meinen rechten Arm, und den andern in Schenckel, also daß ich weder außreissen, noch meinen Degen mehr gebrauchen konte, und als die Enge deß Orts und der grosse Ernst nicht zuließ, viel vom Quartier geben und nehmen zuparlementiren, kriegte ich einen Hieb in Kopff, davon ich zuboden fiel, und weil

ich sein gekleidet war, von etlichen in der Furi außgezogen, und vor tob in Rhein geworffen warb. In solchen
Nöthen schrye ich zu Gott, und stellete alles seinem heiligen Willen · heim, und indem ich unterschiedliche Ge-
lübbe thät, spürete ich auch seine Hülffe, der Rhein warff
mich an Land, allwo ich meine Wunden mit Moß ver-
stopffte, und obzwar ich beynahe erfror, so verspürte ich
jedoch eine absonderliche Krafft davon zukrichen, massen
mir Gott halff, daß ich (zwar jämmerlich verwundet) zu
etlichen Marode=Brüdern und Soldaten Weibern kam,
die sämtlich ein Mitleiden mit mir hatten, obzwar sie
mich nicht kanten. Diese verzweiffelten bereits an einem
glücklichen Entsatz der Vestung, das mir weher thät als
meine Wunden, sie erquickten und bekleideten mich bey
ihrem Feur, und eh ich einwenig meine Wunden verband,
muste ich sehen, daß sich die Unserige zu einem spött-
lichen Abzug rüsteten, und die Sache vor verloren gaben,
so mich trefflich schmertzete, resolvirte derhalben bey mir
selbsten, mich nie=[483]manb zuoffenbaren, damit ich mich
keinen Spotts theilhafftig machte, massen ich mich zu
etlichen Beschädigten von unsrer Armee gesellet, welche
einen eigenen Feldscherer bey sich hatten, denen gab ich
ein gölden Creutzlein, das ich noch am Hals davon gebracht, vor welches er mir biß hieher meine Wunden
verbunden. In solchem Elend nun, werther Simplici,
hab ich mich bißher beholffen, gedencke mich auch keinem
Menschen zuoffenbaren, biß ich zuvor sehe, wie deß Grafen
von Götz seine Sache einen Außgang gewinnet. Und
bennach ich deine Gutherzigkeit und Treue sehe, gibt mir
solches einen grossen Trost, daß der liebe GOtt mich
noch nicht verlassen, massen ich heut morgen, als ich
auß der Frühmesse kam, und dich vor deß Commandanten
Quartier stehen sahe, mir eingebildet, GOtt hätte dich
anstat eines Engels zu mir geschickt, der mir in meiner
Armseeligkeit zuhülff kommen solte. Ich tröstete Hertzbrudern so gut ich konte, und vertraute ihm, daß ich
noch mehr Geld hätte als biejenige Duplonen bie er gesehen, welches alles zu seinen Diensten stünde; und indem
erzehlete ich ihm auch Oliviers Untergang, und was ge-

stalt ich seinen Tod rächen müssen. Welches sein Gemüt dermassen erquickte, also daß es ihm auch an seinem Leib wol zustatten kam, gestalt es sich an allen Wunden täglich mit ihm besserte.

Das fünffte Buch.

Einhalt deß V. Buchs.

1. Wie Simplicius ein Pilger wird, und mit dem Hertzbruder wallen gehet.
2. Simplicius bekehrt sich, nachdem er zuvor von dem Teuffel erschröckt worden. [484]
3. Wie beyde Freunde den Winter hinbringen.
4. Wasmassen Hertzbruder und Simplicius abermal in Krieg, und wieder darauß kommen.
5. Simplicius laufft Boten-weiß, und vernimt in Gestalt Mercurii von dem Jove, was er eigentlich wegen des Kriegs und Friedens im Sinn habe.
6. Erzehlung eines Possen, den Simplicius im Saurbrunn angestellet.
7. Hertzbruder stirbt, und Simplicius fängt wieder an zubulen.
8. Simplicius gibt sich in die zweyte Ehe, hat deren bald satt, trifft seinen Knän an, und erfähret, wer seine Eltern gewesen.
9. Welcher gestalt ihn die Kindswehe angestossen, und wie er wieder zu einem Wittwer wird.
10. Relation etlicher Baursleute, von der wunderbarn Mummel-See.
11. Eine unerhörte Dancksagung eines Patienten, die bey Simplicio fast heilige Gedancken verursachet.
12. Wie Simplicius mit den Sylphis in das Centrum Terrä fähret.
13. Der Printz über den Mummel-See erzehlet die Art und das Herkommen der Sylphorum.
14. Was Simplicius ferner mit diesem Fürsten unterwegs discurirt, und was er vor verwunderliche und abentheurliche Sachen vernommen.
15. Was der König mit Simplicio, und Simplicius mit dem König geredet.
16. Etliche neue Zeitungen auß der Tieffe deß unergründlichen Meers Mar del Zur, oder das friedsame stille Meer genant.

17. Zurückräise auß dem Mitteltheil der Erden, seltzame Grillen, Lufftgebäu, Calender, und gemachte Zechen ohn den Wirth.
18. Simplicius verzettet seinen Saurbrunn an einem unrechten Ort.
19. Etwas wenigs von den Ungarischen Wiedertäuffern, und ihrer Art zuleben.
20. Hält in sich einen kurtzweiligen Spazirweg, vom Schwartzwald biß nach Moscau in Reussen.
21. Wie es Simplicio weiters in der Moscau erging.
22. Durch was vor einen nahen und lustigen Weg er wiederum heim zu seinem Knán kommen. [485]
23. Simplicius gehet in sich selbst, betrachtet sein böses und mühsames Leben, und bessert sich.
24. Warum und welcher gestalt Simplicius die Welt wieder verlassen, ihr abgesaget, und Urlaub gegeben habe.

Das I. Capitel.
Wie Simplicius ein Pilger wird, und mit dem Hertzbruder wallen gehet.

NAchdem Hertzbruder wieder allerdings erstärckt, und an seinen Wunden geheilet war, vertrauete er mir, daß er in den höchsten Nöthen eine Wallfahrt nach Einsiedlen zuthun gelobt; Weil er dan jetzt ohn das so nahe am Schweitzerland wäre, so wolte er solche verrichten, und solte er auch dahin bettlen! Das war mir sehr angenehm zuhören, derhalben bot ich ihm Geld und meine Gesellschafft an, ja ich wolte gleich zween Klepper lauffen, auff selbigen die Reise zuverrichten; nicht zwar der Ursache, daß mich die Andacht darzu getrieben, sondern die Aydgnoßschafft, als das einzige Land, darin der liebe Friede noch grünete, zubesehen: So freuete mich auch nicht wenig, daß ich die Gelegenheit hatte, Hertzbrudern auff solcher Räise zudienen, massen ich ihn fast höher als mich selbst liebte; Er aber schlug beydes meine Hülffe und meine Gesellschafft ab, mit Vorwand, seine Wallfahrt müste zufuß, und darzu auff Erbsen geschehen; Solte ich nun in seiner Gesellschafft seyn, so würde ich ihn nicht allein an seiner Andacht verhindern, sondern auch mir selbst wegen seines langsamen mühseeligen Gangs grosse Ungelegenheit auffladen. Das redete er aber mich [486] von ihm zu schieben, weil er sich ein Gewissen machte, auff einer so heiligen Räise von demjenigen Geld zuzehren, das mit Morden und Rauben erobert worden; über das wolte er mich auch nicht in allzugrosse Unkosten bringen, und sagte unverholen, daß ich bereits mehr bey ihm gethan, weder ich schuldig gewesen, und er zuerwidern getraue, hierüber geriethen wir in ein freundlich Gezäncke, das war so lieblich, daß ich dergleichen noch niemals habe hören habern, dan wir brachten nichts anders vor, als daß jeder sagte, er hätte gegen dem andern noch nicht gethan, was ein Freund dem andern thun solte, ja bey weitem die Gutthaten, so er vom andern empfangen, noch nit wett gemachet. Solches alles aber wolte ihn noch nit bewegen, mich vor einen Räisgeferten zugedulden, biß ich endlich merckte, daß er beydes an Oliviers Geld und meinem gottlosen Leben ein Ekel hatte, derhalben behalff ich mich mit Lügen, und überredete ihn, daß mich mein Bekehrungs-Vorsatz nach Einsiblen triebe, solte er mich nun von einem so guten Werck abhalten, und ich darüber sterben, so würde ers schwerlich verantworten können. Hierdurch persuadirte ich ihn, daß er zuließ, den heiligen Ort mit ihm zubesuchen, sonderlich weil ich (wiewol alles erlogen war) eine grosse Reue über mein böses Leben von mir scheinen ließ, als ich ihn dan auch überredete, daß ich mir selbst zur Busse auffgelegt hätte, sowol als er auff Erbsen nach Einsiblen zugehen.

Dieser Zanck war kaum vorbey, da geriethen wir schon in einen andern, dan Hertzbruder war gar zu gewissenhafft; er wolte kaum zugeben, daß ich einen Paß vom Commandanten nam, der nach meinem [487] Regiment lautete: Was, (sagte er) haben wir nit im Sinn, unser Leben zubessern, und nach Einsiblen zugehen? und nun sihe um Gottes willen, du wilst den Anfang mit Betrug machen, und den Leuten mit Falschheit die Augen verkleiben, wer mich vor der Welt verläugnet, den will ich auch vor meinem himlischen Vater verläugnen, saget Christus! Was seynd wir vor verzagte Maulaffen? Wan alle Märtyrer und Bekenner Christi so gethan hätten, so wären wenig Heilige im Himmel! Laß uns in Gottes Namen und Schutzempfehlung gehen wohin uns unser heiliger Vorsatz und Begierden hintreiben, und im übrigen GOtt walten, so wird uns GOtt schon hinführen wo unsere Seelen Ruhe finden; Als ich ihm aber vorhielt, man müste GOtt nicht versuchen, sondern sich in die Zeit schicken, und die Mittel gebrauchen, deren wir nicht entbehren könten, vornemlich weil das Wallfahrten gehen bey der Soldatesca ein ungewöhnlich Ding sey, und wan wir unser Vorhaben entdeckten, eher vor Außreisser als Pilger gehalten würden, das uns dan grosse Ungelegenheit und Gefahr bringen könte, zumalen auch der heilige Apostel Paulus, dem wir noch bey weitem nicht zuvergleichen, sich wunderlich in die Zeit und Gebräuche dieser Welt geschicket; Ließ er endlich zu, daß ich einen Paß bekam, nach meinem Regiment zugehen, mit demselben gingen wir bey Beschliessung deß Thors samt einem getreuen Wegweiser auß der Stat, als wolten wir nach Rotweil, wandten uns aber kurtz durch Neben=Wege, und kamen noch dieselbige Nacht über die Schweitzerische Grentze, und den folgenden Morgen in ein Dorff, allda wir uns [488] mit schwartzen langen Röcken, Pilgerstäben und Rosenkräntzen mondirten, und den Boten mit guter Bezahlung wieder zurück schickten.

Das Land kam mir so fremd vor gegen andern Teutschen Ländern, als wan ich in Brasilia oder in China gewesen wäre, da sahe ich die Leute in dem Frieden handlen und wandlen, die Ställe stunden voll Viehe, die Baurn=Höfe lieffen voll Hüner, Gäns und Enten, die Strassen wurden sicher von den Räisenden gebrauchet, die Wirthshäuser sassen voll Leute die sich lustig machten, da war gantz keine Forcht vor dem Feind, keine Sorge vor der Plünderung, und keine Angst, sein Gut, Leib noch Leben zuverlieren, einjeder lebte sicher unter seinem Weinstock und Feigenbaum, und zwar gegen andern Teutschen Ländern zurechnen, in lauter Wolluft und Freude, also, daß ich dieses Land vor ein irdisch Paradis hielt, wiewoln es von Art rauh genug zusein schiene. Das machte, daß ich auff dem gantzen Weg nur hin und her gaffte, wan hingegen Hertzbruder an seinem Rosenkrantz betete, deßwegen ich manchen Filtz bekam, dan er wolte haben, ich solte, wie er, an einem Stück beten, welches ich aber nicht gewohnen konte.

Zu Zürch kam er mir recht hinter die Briefe, und dahero sagte er mir die Warheit auch am trocknesten herauß, dan als wir zu Schafhausen (allwo mir die Füsse von den Erbsen sehr weh thäten) die vorige Nacht geherberget, und ich mich den künfftigen Tag wieder auff den Erbsen zugehen förchtete, ließ ich sie kochen, und thät sie wieder in die Schuhe, deßwegen ich dan wol zufuß nach Zürch gelangte, er aber gehub sich gar übel, und sagte zu mir: Bruder, du hast grosse [489] Gnade von Gott, daß du unangesen der Erbsen in den Schuhen, dannoch so wol fortkommen kanst; Ja, sagte ich, liebster Hertzbruder, ich habe sie gekocht, sonst hätte ich so weit nicht brauff gehen können; Ach daß Gott erbarme, antwortete er, was hastu gethan? du hättest sie lieber gar auß den Schuhen gelassen, wan du nur dein Gespötte damit treiben wilt, ich muß sorgen, daß Gott dich und mich zugleich straffe; halt mir nichts vor ungut Bruder, wan ich dir auß brüderlicher Liebe Teutsch herauß sage, wie mirs ums Hertz ist, nemlich diß, daß ich besorge, wofern du dich nicht anderst gegen Gott schickest, es stehe deine Seeligkeit in höchster gefahr, ich versichere dich, daß ich keinen Menschen mehr liebe, als eben dich, läugne aber auch nit, daß, wofern du dich nit bessern würdest, ich mir ein Gewissen machen muß, solche Liebe zu continuiren. Ich verstumte vor Schröcken, daß ich mich schier nit wieder erholen konte, zuletzt bekante ich ihm frey, daß ich die Erbsen nit auß Andacht, sondern allein ihm zu gefallen in die Schuhe gethan, damit er mich mit ihm auff die Räise genommen hätte. Ach Bruder, antwortete er, ich sehe, daß du weit vom Weg der Seeligkeit bist, wangleich die Erbsen nit wären, GOtt verleihe dir Besserung, dan ohn dieselbe kan unsre Freundschafft nicht bestehen.

Von dieser Zeit an, folgte ich ihm traurig nach, als einer den man zum Galgen führet, mein Gewissen fing an mich zudrucken, und indem ich allerley Gedancken machte, stelleten sich alle meine Bubenstücke vor Augen, die ich mein Lebtag je begangen, da beklagte ich erst die verlorne

Unschuld, die ich auß dem Wald gebracht, und in der Welt so vielfältig ver-[490]schertzt hatte, und was meinen Jammer vermehrete, war dieses, daß Hertzbruder nicht vielmehr mit mir redete, und mich nur mit Seufftzen anschauete, welches mir nicht anders vorkam, als hätte er meine Verdamnus gewust, und an mir bejammert.

Das II. Capitel.
Simplicius bekehrt sich, nachdem er zuvor von dem Teufel erschröckt worden.

Solcher gestalt langten wir zu Einsidlen an, und kamen eben in die Kirche, als ein Priester einen Besessenen exorcisiret, das war mir nun auch etwas neues und seltzams, derowegen ließ ich Hertzbrudern knyen und beten, so lang er mogte, und ging hin, diesem Spectacul auß Fürwitz zuzusehen; Aber ich hatte mich kaum einwenig genähert, da schrie der böse Geist auß dem armen Menschen: Oho, du Kerl, schlägt dich der Hagel auch her? ich habe vermeynt, dich zu meiner Heimkunfft bey dem Olivier in unsrer höllischen Wohnung anzutreffen, so sehe ich wol, du läst dich hier finden, du ehebrecherischer mörderischer Huren-Jäger, darffst du dir wol einbilden, uns zuentrinnen? O ihr Pfaffen, nemet ihn nur nicht an, er ist ein Gleißner und ärger Lügner als ich, er soppt sich nur, und spottet beydes GOtt und der Religion! Der Exorcist befahl dem Geist zuschweigen, weil man ihm als einen Ertz-Lügner ohn das nicht glaube; Ja ja, antwortete er, fraget dieses außgesprungenen Mönchs Räisgesellen, der wird euch wol erzehlen können, daß dieser Atheist sich nit gescheuet, die Erbsen zukochen, auf welchen er hieher zugehen versprochen. Ich wuste nit, ob ich auf dem Kopff oder Füssen stund, da ich dieses alles hörete, und mich jederman ansahe; Aber [491] der Priester straffte den Geist, und machte ihn stillschweigen, konte ihn aber denselben Tag nicht außtreiben. Indessen kam Hertzbruder auch herzu, als ich eben vor Angst mehr einem Toden als Lebendigen gleich sahe, und zwischen Hoffnung und Furcht nicht wuste, was ich thun solte, dieser tröstete mich sogut als er konte, versicherte darneben die Umstehende, und sonderlich die Patres, daß ich mein Tage nie kein Mönch gewesen, aber wol ein Soldat, der vielleicht mehr Böses als Gutes gethan haben mögte, sagte darneben, der Teuffel wäre ein Lügner, wie er dan auch das von den Erbsen viel ärger gemachet hätte, als es an sich selbst wäre; ich aber war in meinem Gemüt dermassen verwirret, daß mir nicht anders war, als ob ich allbereit die höllische Pein selbst empfände; Also daß die Geistlichen genug an mir zutrösten hatten, sie vermahnten mich zur Beichte und Communion, aber der Geist schrie abermal auß dem Besessenen: Ja ja, er wird fein beichten, er weiß nicht einmal was beichten ist, und zwar was wollet ihr mit ihm machen, er ist einer Ketzerischen Art, und uns zuständig, seine Eltern seyn mehr Widertäufferisch als Calvinisch gewesen ꝛc. Der Exorcist befahl dem Geist abermal still zuschweigen, und sagte zu ihm: So wird dichs nur desto mehr verdriessen, wan dir das arme verlorne Schäfflein wieder auß dem Rachen gezogen, und der Herde Christi einverleibet wird; darauff fing der Geist so grausam an zubrüllen, daß es schröcklich zuhören war. Auß welchem greulichen Gesang ich meinen grösten Trost schöpffte, dan ich gedachte, wan ich keine Gnade von Gott mehr erlangen könte, so würde sich der Teuffel nicht so übel geheben. [492]

Wiewol ich mich damals auff die Beichte nicht gefaßt gemachet, auch mein Lebtag nie in Sinn genommen zubeichten, sondern mich jederzeit auß Scham davor gefürchtet, wie der Teufel vorm heil. Creutz, so empfand ich jedoch in selbigem Augenblick in mir eine solche Reue über meine Sünden, und eine solche Begierde zur Busse und mein Leben zubessern, daß ich alsobald einen Beichtvater begehrte, über welcher gehlingen Bekehrung und Besserung sich Hertzbruder höchlich erfreuete, weil er wargenommen und wol gewust, daß ich bißher noch keiner Religion beygethan gewesen, demnach bekante ich mich öffentlich zu der Catholischen Kirche, ging zur Beichte, und communicirte nach empfangener Absolution; Worauff mir dan so leicht und wol ums Hertz ward, daß ichs nicht außsprechen kan, und was das verwunderlichste war, ist dieses, daß mich der Geist in dem Besessenen fürterhin zufrieden ließ, da er mir doch vor der Beichte und Absolution unterschiedliche Bubenstücke die ich begangen gehabt, so eigentlich vorgeworffen, als wan er auff sonst nichts, als meine Sünden anzumercken, bestellet gewesen wäre; doch glaubten ihm als einem Lügner die Zuhörer nichts, sonderlich weil mein erbarer Pilgerhabit ein anders vor die Augen stellete.

Wir verblieben vierzehen gantzer Tage an diesem gnadenreichen Ort, allwo ich Gott um meine Bekehrung danckte, und die Wunder so allda geschehen, betrachtete; welches alles mich zu zimlicher Andacht und Gottseeligkeit reitzete, doch währete solches auch so lang als es mogte; dan gleichwie meine Bekehrung ihren Ursprung nicht auß Liebe zu [493] Gott, genommen: sondern auß Angst und Furcht verdamt zuwerden; also ward ich auch nach und nach wieder gantz lau und träg, weil ich allmählich deß Schreckens vergaß, den mir der böse Feind eingejaget hatte; und nachdem wir die Reliquien der Heiligen, die Ornat, und andere sehenswürdige Sachen deß Gotteshauses gnungsam beschauet, begaben wir uns nach Baden, allhorten vollends außzuwintern.

Das III. Capitel.
Wie beyde Freunde den Winter hinbringen.

Jch bingete daselbst eine lustige Stube und Kammer vor uns, deren sich sonsten, sonderlich Sommerszeit, die Bad=Gäste zugebrauchen pflegen; welches gemeiniglich reiche Schweitzer seyn, die mehr hinziehen sich zuerlustiren und zuprangen, als einiger Gebrechen halber zu baden; so verdingte ich uns auch zugleich in die Kost, und als Hertzbruder sahe, daß ichs so herrlich angriff, vermahnete er mich zur Gesparsamkeit, und erinnerte mich deß langen rauhen Winters, den wir noch zuüberstehen hätten; massen er nicht getraue, daß mein Gelt soweit hinauß langen würde, ich würde meinen Vorrath, sagte er auff den Frühling wol brauchen, wan wir wieder von hinnen wollen, viel Gelt sey bald verthan, wann man nur davon, und nichts darzu thue: Es stäube hinauß wie der

Rauch, und verspreche nimmermehr wieder zukommen, ꝛc.
Auff solche treuhertzige Erinnerung konte ich Hertzbrudern nicht länger verbergen wie reich mein Seckel wäre, und daß ich bedacht uns beyden gutes davon zuthun, sintemal dessen An-[494]kunfft und Erwerbung ohn das alles Segens so unwürdig wäre, daß ich keinen Mäyerhof darauß zuerkauffen gedächte, und wanschon ichs nicht anlegen wolte, meinen liebsten Freund auff Erden damit zuunterhalten, so wäre doch billich, daß er Hertzbruder auß Oliviers Geld vergnügt würde, um diejenige Schmach, die er hiebevor von ihm vor Magdeburg empfangen. Und demnach ich mich in aller Sicherheit zuseyn wuste, zog ich meine beyde Scapulier ab, trennete die Ducaten und Pistoletten herauß, und sagte zu Hertzbrudern, er möge nun mit diesem Geld nach seinem Belieben disponiren, und solches anlegen und außtheilen, wie er vermeyne, daß es uns beyden am nützlichsten wäre.

Da er neben meinem Vertrauen das ich zu ihm trug, soviel Geld sahe, mit welchem ich auch ohn ihn wol ein zimlicher Herr hätte seyn können, sagte er: Bruder, du thust nichts so lang ich dich kenne, als deine gegen mir habende Liebe und Treue zubezeugen! Aber sage mir, womit vermeynstu wol, daß ichs wieder um dich werbe beschulden können? es ist nicht nur um das Geld zuthun, dan solches ist vielleicht mit der Zeit wieder zubezahlen, sondern umb deine Liebe und Treue, vornemlich aber um dein zu mir habendes hohes Vertrauen, so nicht zuschätzen ist, Bruder mit einem Wort, dein tugendhafft Gemüt machet mich zu deinem Sclaven, und was du gegen mir thust, ist mehr zuverwundern, als zuwidergelten müglich. O ehrlicher Simplici, dem bey diesen gottlosen Zeiten, in welchen die Welt voll Untreue stecket, nicht in Sinn komt, der arme und hochbedörfftige Hertzbruder mögte mit einem so ansehnlichen Stück [495] Geld fortgehen, und ihn anstat seiner in Mangel setzen; versichert Bruder, dieser Beweißthum beiner waaren Freundschafft verbindet mich mehr gegen bir, als ein reicher Herr, der mir viel tausend verehrete: Allein bitte ich mein Bruder, bleib selber Herr, Verwahrer und Außtheiler über dein Geld, mir ist genug, daß du mein Freund bist! Ich antwortete, was wunderliche Reden seyn das, hochgeehrter Hertzbruder, er gibt mündlich zuvernehmen, daß er mir verbunden sey, und will doch nicht davor seyn, daß ich unser Geld, beydes ihm und mir zu Schaden, nicht unnütz verschwende. Also redeten wir beyderseits gegeneinander läppisch genug, weil je einer in beß andern Liebe trunken war. Also ward Hertzbruder zugleich mein Hoffmeister, mein Seckelmeister, mein Diener und mein Herr, und in solcher müssigen Zeit erzehlete er mir seinen Lebenslauff, und durch was Mittel er bey dem Grafen von Götz bekant und befördert worden, worauff ich ihm auch erzehlete, wie mirs ergangen, sint sein Vater seel. gestorben, dan wir uns bißher noch niemal soviel Zeit genommen, und da er hörete, daß ich ein junges Weib zu L. hatte, verwiese er mir, daß ich mich nicht ehender zu derselbigen, als mit ihm in das Schweitzerland begeben, dan solches wäre mir anständiger, und auch meine Schuldigkeit gewesen. Demnach ich mich aber entschuldiget, daß ich ihn als meinen allerliebsten Freund in seinem Elend zuverlassen, nicht übers Hertz bringen können, beredete er mich, daß ich meinem Weib schrieb, und ihr meine Gelegenheit zuwissen machte, mit Versprechen, mich mit ehistem wieder zu ihr zubegeben, that auch [496] meines langen Außbleibens halber meine Entschuldigungen, daß ich nemlich allerhand widriger Begegnüssen halber, wie gern ich auch gewolt, mich nicht ehender bey ihr hätte einfinden können.

Dieweil dan Hertzbruder auß den gemeinen Zeitungen erfuhr, daß es um den Grafen von Götz wol stünde, sonderlich daß er mit seiner Verantwortung bey der Käiserl. Majestät hinauß langen, wieder auf freyen Fuß kommen, und gar wiederum das Commando über eine Armee kriegen würde, berichtete er demselben seinen Zustand nach Wien, schrieb auch nach der Chur Bayrischen Armee wegen seiner Bagage, die er noch dort hatte, und fing an zuhoffen, sein Glück würde wieder grünen, derhalben machten wir den Schluß, künfftigen Frühling voneinander zuscheiden, indem er sich zu bemeltem Grafen, ich aber mich nach L. zu meinem Weib begeben wolte. Damit wir aber denselben Winter nicht müssig zubrächten, lerneten wir von einem Ingenieur auff dem Papier mehr fortificiren, als die Könige in Hispanien und Franckreich ins Werck setzen können, darneben kam ich mit etlichen Alchymisten in Kundschafft, die wolten mich, weil sie Geld hinter mir merckten, Gold machen lernen, da ich nur den Verlag darzu hergeben wolte, und ich glaube, sie hätten mich überredet, wan ihnen Hertzbruder nicht abgedanckt hätte, dan er sagte: Wer solche Kunst könte, würde nicht so bettelhafftig daher gehen, noch andere um Geld ansprechen.

Gleichwie nun Hertzbruder von hochermeltem Grafen eine angenehme Wieder=Antwort und treffliche Promessen von Wien auß erhielt, also bekam [497] ich von L. keinen einzigen Buchstaben, unangesehen ich unterschiedliche Posttäge in duplo hinschriebe: Das machte mich unwillig, und verursachete, daß ich denselben Frühling meinen Weg nicht nach Westphalen antrat, sondern von Hertzbrudern erhielt, daß er mich mit ihm nach Wien nam, mich seines verhoffenden Glücks geniessen zulassen; Also mondirten wir uns auß meinem Geld wie 2. Cavalliers, beydes mit Kleidungen, Pferden, Dienern und Gewehr, gingen durch Costantz auff Ulm, allda wir uns auff die Donau satzten, und von dort auß in 8. Tagen zu Wien glücklich anlangeten. Auff demselben Weg observirte ich sonst nichts, als daß die Weibsbilder, so an dem Strand wohnen, den Vorüberfahrenden, so ihnen zuschryen, nicht mündlich, sondern schlechthin mit dem Beweisthum selbst antworten, davon ein Kerl manch feines Einsehen haben kan.

Das IV. Capitel.
Was massen Hertzbruder und Simplicius abermal in Krieg, und wieder darauß kommen.

ES gehet wol seltzam in der veränderlichen Welt her! Man pfleget zusagen: Wer alles wüste, der würde bald reich; Ich aber sage: Wer sich allweg in die Zeit schicken könte, der würde bald groß und mächtig. Mancher Schindhund oder Schabhals (dan diese beyde Ehren=Titul werden den Geitzigen gegeben) wird wol bald reich, weil er einen und andern Vorthel weiß.

und gebrauchet, er ist aber darum nicht groß, sondern ist und verbleibet vielmals von geringrer æstimation, als er zuvor in seiner Armuth war; Wer sich aber weiß groß und mächtig zu=[498]machen, dem folget der Reichthum auff dem Fuß nach. Das Glück, so Macht und Reichthum zugeben pfleget, blickte mich trefflich holdseelig an, und gab mir, nachdem ich ein Tag oder acht zu Wien gewesen, Gelegenheit genug an die Hand, ohn einzige Verhinderungen auff die Staffeln der Hoheit zusteigen, ich thäts aber nicht, Warum? Ich halte, weil mein fatum ein anders beschlossen, nemlich dasjenige, dahin mich meine fatuitas leitete.

Der Graf von der Wahl, unter dessen Commando ich mich hiebevor in Westphalen bekant gemacht, war eben auch zu Wien, als ich mit Hertzbrudern hinkam; dieser ward bey einem Banquet, da sich verschiedene Käiserliche Kriegsräthe neben dem Grafen von Götz und andern mehr befanden, als man von allerhand seltzamen Köpffen, unterschiedlichen Soldaten, und berühmten Parteygängern redete, auch deß Jägers von Soest eingedenck, und erzehlete etliche Stücklein von ihm so rühmlich, daß sich theils über einen so jungen Kerl verwunderten, und bedaureten, daß der listige Hessische Obrister S. A. ihm ein Weh=Bengel angehengt, damit er entweder den Degen beyseits legen, oder doch Schwedische Waffen tragen solte; Dan wolbesagter Graff von der Wahl hatte alles erkündiget, wie derselbige Obrister zu L. mit mir gespielet; Hertzbruder, der eben dort stund, und mir meine Wolfahrt gern befördert hätte, bate um Verzeihung und Erlaubnüß zureden, und sagte, daß er den Jäger von Soest besser kenne, als sonst einen Menschen in der Welt, er sey nicht allein ein guter Soldat, der Pulver riechen könte, sondern auch ein zimlicher Reuter, ein perfecter [499] Fechter, ein trefflicher Büchsenmeister und Feurwercker, und über diß alles einer der einem Ingenieur nichts nachgeben würde, er hätte nicht nur sein Weib weil er mit ihr so schimpfflich hintergangen worden, sondern auch alles was er gehabt, zu L. hinterlassen, und wiederum Käiserl. Dienste gesuchet, massen er in verwichener Campagne sich unter dem Grafen von

Götz befunden, und als er von den Weymarischen gefangen worden, und von denselben sich wieder zu den Käiserl. begeben wollen, neben seinem Camerad einen Corporal samt sechs Mußquetierern die ihnen nachgesetzet, und sie wieder zurück führen sollen, niedergemacht, und ansehenliche Beuten davon gebracht, massen er mit ihm selbsten nach Wien kommen, deß Willens, sich abermal wider der Röm. Käiserl. May. Feinde gebrauchen zulassen, doch sofern er solche Conditiones haben künte, die ihm anständig seyn, dan keinen gemeinen Knecht begehre er mehr zuagiren.

Damals war diese ansehnliche Compagni mit dem lieben Trunck schon dergestalt begeistert, daß sie ihre Curiosität den Jäger zusehen, contentirt haben wolte, massen Hertzbruder geschickt ward, mich in einer Gutsche zuholen; derselbe instruirte mich unterwegs, wie ich mich bey diesen ansehnlichen Leuten halten solte, weil mein künfftig Glück daran gelegen wäre; Ich antwortete derhalben als ich hinkam, auff alles sehr kurtz und apophthegmatisch, also daß man sich über mich zuverwundern anfing, dan ich redete nichts, es müste dan einen klugen Nachdruck haben; in Summa, ich erschien dergestalt, daß ich jedem angenehm war, weil ich ohn das vom Herrn [500] Grafen von der Wahl auch das Lob eines guten Soldaten hatte; Mithin kriegte ich auch einen Rausch, und glaube wol, daß ich alsdan auch habe scheinen lassen, wiewenig ich bey Hof gewesen; endlich war dieses das Ende, daß mir ein Obrister zufuß eine Compagni unter seinem Regiment versprochen, welches ich dan gar nicht außschlug, dan ich dachte, ein Hauptmann zusehn, ist fürwar kein Kinderspiel! Aber Hertzbruder verwiese mir den andern Tag meine Leichtfertigkeit, und sagte, wan ich nur noch länger gehalten hätte, so wäre ich noch wol höher ankommen.

Also ward ich einer Compagni vor einen Hauptmann vorgestellet, welche obzwar sie samt mir in prima plana gantz complet, aber nicht mehr als siben Schillergäste hatte, zudem meine Unter=Officierer mehrentheils alte Krachwebel, darüber ich mich hintern Ohren kratzte, als ward ich mit ihnen bey der unlängst hernach vorgangenen

scharffen Occasion desto leichter gemartscht, in welcher
der Graf von Götz das Leben, Hertzbruder aber seine
Testiculos einbüste, die er durch einen Schuß verlor; ich
bekam meinen Theil in einen Schenckel, so aber gar eine
geringe Wunde war. Dannenhero begaben wir uns auff
Wien, um sich curiren zulassen, weil wir ohn das unser
Vermögen dort hatten, ohn diese Wunden, so zwar bald
geheilet, ereignete sich an Hertzbrudern ein ander gefährlicher Zustand, den die Medici anfänglich nicht gleich erkennen konten, dan er ward lahm an allen vieren, wie
ein Cholericus den die Galle verderbt, und war doch am
wenigsten selbiger Complexion noch dem Zorn beygethan,
nichts desto weniger ward ihm die Saurbrunnen-Cur gerathen, [501] und hierzu der Grießbacher an dem Schwartzwald vorgeschlagen.

Also veränderte sich das Glück unversehens, Hertzbruder hatte kurtz zuvor den Willen gehabt, sich mit einem
vornehmen Fräulein zuverheuraten, und zu solchem Ende
sich zu einem Freyherrn, mich aber zu einem Edelmann
machen zulassen; nunmehr aber muste er andere Gedancken
concipiren, dan weil er dasjenige verloren, damit er ein
neues Geschlecht propagiren wollen, zumalen von seiner
Lähme mit einer langwierigen Kranckheit bedrohet ward,
in deren er guter Freunde vonnöthen, machte er sein
Testament, und satzte mich zum einzigen Erben aller seiner
Verlassenschafft, vornemlich weil er sahe, daß ich seinetwegen mein Glück in Wind schlug, und meine Compagni
quitirt, damit ich ihn in Saurbrunn begleiten, und daselbsten, biß er seine Gesundheit wieder erlangen mögte,
außwarten könte.

Das V. Capitel.
Simplicius läufft Botenweiß, und vernimt in gestalt Mercurij
von dem Jove, was er eigentlich wegen des Kriegs und
Friedens im Sinn habe.

Als nun Hertzbruder wieder reuten konte, übermachten
wir unsre Paarschafft (dan wir hatten nunmehr nur
einen Seckel miteinander) per Wexel nach Basel, mondirten uns mit Pferden und Dienern, und begaben uns

die Donau hinauff nacher Ulm, und von dannen in den obbesagten Saurbrunn, weil es eben im Mäy und lustig zurdisen war; daselbst dingten wir ein Losament, ich aber ritte nach Straßburg, unser Gelt, welches wir von [502] Basel auß dorthin übermachet, nicht allein zum theil zuempfangen, sondern auch mich um erfahrne Medicos umzusehen, die Hertzbrudern Recepta und Bad=Ordnung vorschreiben solten, dieselben begaben sich mit mir, und befanden, daß Hertzbrudern vergeben worden, und weil das Gifft nicht starck genug gewesen, ihn gleich hinzurichten, daß solches ihm in die Glieder geschlagen wäre, welches wieder durch Pharmaca, Antidota, Schweißbäder evacuiret werden müste, und würde sich solche Cur auff ungefehr eine Woche oder acht belauffen, da erinnerte sich Hertzbruder gleich, wan und durch wen ihm wäre vergeben worden, nemlich durch diejenige, die gern seine Stelle im Krieg betreten hätten, und weil er auch von den Medicis verstunde, daß seine Cur eben keinen Saurbrunn erfodert hätte, glaubte er festiglich, daß sein Medicus im Feld durch eben dieselbe seine Æmulos mit Gelt bestochen worden, ihn soweit hinweg zuweisen; jedoch resolvirte er sich im Saurbrunn seine Cur zuvollenden, weil es nicht allein eine gesunde Lufft, sondern auch allerhand anmuthige Gesellschafften unter den Bad= Gästen hatte.

Solche Zeit mogte ich nicht vergeblich hinbringen weil ich eine Begierde hatte, dermalen eins mein Weib auch wiederum zusehen, und weil Hertzbruder meiner nicht sonderlich vonnöthen, eröffnete ich ihm mein Anligen, der lobte meine Gedancken, und gab mir den Rath, ich solte sie besuchen, gab mir auch etliche kostbare Kleinobien, die ich ihr seinetwegen verehren, und sie damit um Verzeihung bitten solte, daß er ein Ursache gewesen sey, daß ich sie [503] nicht ehender besuchet; Also ritt ich nach Straßburg, und machte mich nicht allein mit Gelt gefast, sondern erkundigte auch, wie ich meine Räise anstellen mögte, daß ich am sichersten fortkäme, befand aber daß es so alleinzig zupferd nicht geschehen könne, weilen es zwischen so vielen Guarnisonen, der beyderseits kriegenden Theilen von den Partheyen zimlich unsicher war; Erhielt derowegen einen

Paß, vor einen Straßburger Bottenläuffer, und machte etliche Schreiben an mein Weib, ihre Schwester und Eltern, als wan ich ihn damit nach L. schicken wolte, stellete mich aber als wan ich wieder andern Sinns wäre worden, erpracticirte also den Paß vom Boten, schickte mein Pferd und Diener wieder zuruck, verkleidete mich in eine weisse und rothe Lieberey, und fuhr also in einem Schiff hin und biß nach Cöln, welche Stat damals zwischen den kriegenden Partheyen Neutral war.

Ich ging zuforderst hin meinen Jovem zubesuchen, der mich hiebevor zu seinem Ganymede erkläret hatte, um zu erkundigen, wie es mit meinen hinterlegten Sachen eine Bewandnüß hätte, der war aber damals wiederum gantz hirnschellig und unwillig über das Menschliche Geschlecht; O Mercuri sagte er zu mir, als er mich sahe, was bringst du neues von Münster? vermeynen die Menschen wol ohn meinen Willen Friede zumachen? Nimmermehr! Sie hatten ihn, warum haben sie ihn nicht behalten? Gingen nicht alle Laster im schwang, als sie mich bewegten ihnen den Krieg zu senden? womit haben sie seithero verdienet, daß ich ihnen den Frieden wiedergeben solte? haben sie sich dan selbi=[504]ger Zeit her bekehrt? seynd sie nicht ärger worden, und selbst mit in Krieg geloffen wie zu einer Kirmeß? oder haben sie sich vielleicht wegen der Theurung bekehret, die ich ihnen zugesandt, darin soviel tausend Seelen Hungers gestorben; Oder hat sie vielleicht das grausame Sterben erschröcket, (das soviel Millionen hin= gerafft) daß sie sich gebessert? Nein, nein Mercuri, die übrig verbliebene, die den elenden Jammer mit ihren Augen angesehen, haben sich nicht allein nicht gebessert, sondern seynd viel ärger worden als sie zuvor jemals gewesen! haben sie sich nun, wegen so vieler scharffen Heimsuchungen nicht bekehret, sondern unter so schwerem Creutz und Trübsal gottloß zuleben nicht auffgehöret, was werden sie dan erst thun, wan ich ihnen den wol=lustbarlichen gölbenen Frieden wieder zusendete? Ich müste sorgen, daß sie mir wie hiebevor die Risen gethan, den Himmel abzustürmen unter= stehen würden; aber ich will solchem Muthwillen wol beyzeit steuren, und sie im Krieg hocken lassen.

Weil ich nun wuste, wie man diesem Gott lausen muste, wan man ihn recht stimmen wolte, sagte ich: Ach grosser Gott, es seufszet aber alle Welt nach dem Friede, und versprechen eine grosse Besserung, warum woltest du ihnen dan solchen noch länger verweigern können? Ja, antwortete Jupiter, sie seufftzen wol, aber nicht meinet- sondern üm ihrentwillen; Nicht, daß jeder unter seinem Weinstock und Feigenbaum Gott loben, sondern daß sie deren edle Früchte mit guter Ruhe, und in aller Wollust geniessen mögten; Ich fragte neulich einen grindigen Schneider, ob ich den Frieden geben solte? Aber er ant=wor-[505]tete mir, was er sich darum gehetze, er müsse sowol zu Kriegs- als Friedenszeiten mit der stählernen Stange fechten: Eine solche Antwort kriegte ich auch von einem Rothgiesser, der sagte, wan er im Friede keine Glocken zugiessen hätte, so hätte er im Krieg genug mit Stücken und Feuermörseln zuthun. Also antwortete mir auch ein Schmid, und sagte, habe ich keine Pflüge und Bauren=Wägen zubeschlagen, so kommen mir jedoch im Krieg genug Reuterpferde und Heerwägen unter die Hände, also daß ich beß Friedens wol entberen kan. Sihe nun lieber Mercuri, warum solte ich ihnen dan den Frieden verleihen? Ja, es sind zwar etliche die ihn wünschen, aber nur wie gesagt, um ihres Bauchs und Wollust willen; hingegen aber sind auch andere, die den Krieg behalten wollen, nicht zwar weil es mein Wille ist, sondern weil er ihnen einträget; Und gleichwie die Mäurer und Zimmerleute den Frieden wünschen, damit sie in Auff=erbauung der eingeäscherten Häuser Geld verdienen, also verlangen andere, die sich im Friede mit ihrer Hand=Arbeit nicht zuernehren getrauen, die Continuation beß Kriegs, in selbigem zustehlen.

Weilen dan nun mein Jupiter mit diesen Sachen um=ging, konte ich mir leicht einbilden, daß er mir in solchem verwirrten Stand von dem Meinigen wenig Nachricht würde geben können, entdeckte mich ihm derhalben nicht, sondern nam meinen Kopff zwischen die Ohren, und ging durch Abwege, die mir dan alle wol bekant waren, nach L. fragte daselbst nach meinem Schwehervater, allerdings wie

ein frembder Bote, und erfuhr gleich, daß er samt mei-
[506]ner Schwieger bereits vor einem halben Jahr diese
Welt gesegnet, und dan daß meine Liebste, nachdem sie
mit einem jungen Sohn niederkommen, den ihre Schwester
bey sich hätte, gleichfalls stracks nach ihrem Kindbette diese
Zeitlichkeit verlassen; Darauff lieferte ich meinem Schwager
diejenige Schreiben, die ich selbst an meinen Schweher,
an meine Liebste, und an ihn meinen Schwager geschrieben;
derselbe nun wolte mich selbst herbergen, damit er von
mir als einem Boten erfahren könte, was Standes Simplicius sey, und wie ich mich verhielte? zu dem Ende
discurirte meine Schwägerin lang mit mir von mir selbsten,
und ich redete auch von mir, was ich nur löbliches von
mir wuste, dan die Urschlechten hatten mich dergestalt verderbt und verändert, daß mich kein Mensch mehr kante,
auffer der von Schönstein, welcher aber als mein getreuster
Freund, reinen Mund hielt.

Als ich ihr nun nach der Länge erzehlete, daß Herr
Simplicius viel schöner Pferde und Diener hätte, und in einem
schwartzen sammeten Mutzen auffzöge, der überall mit
Gold verbremt wäre, sagte sie: Ja, ich habe mir jederzeit
eingebildet, daß er keines so schlechten Herkommens sey,
als er sich davor außgeben, der hiesige Commandant hat
meine Eltern seel. mit grossen Verheissungen versuadirt,
daß sie ihm meine Schwester seel. die wol eine fromme
Jungfer gewesen, gantz vortelhafftiger Weise auffgesattelt,
davon ich niemalen ein gutes Ende habe hoffen können,
nichts bestoweniger hat er sich wol angelassen, und resolvirt,
in hiesiger Guarnison Schwedische, oder vielmehr Hessische
Dienste anzunehmen, massen er zu sol-[507]chem Ende
seinen Vorrath, was er zu Cöln gehabt, hieher holen
wollen, das sich aber gesteckt, und er darüber gantz schelmischer Weise in Franckreich practicirt worden, meine
Schwester, die ihn noch kaum vier Wochen gehabt, und
sonst noch wol ein halb dutzet Bürgers Töchter, schwanger
hinterlassend; wie dan eine nach der andern (und zwar
meine Schwester am allerletzten) mit lauter jungen Söhnen
niederkommen. Weil dan nunmehr mein Vater und Mutter
tod, ich und mein Mann aber keine Kinder miteinander

zuhoffen, haben wir meiner Schwester Kind zum Erben aller unser Verlassenschafft angenommen, und mit Hülffe deß hiesigen Herrn Commandanten seines Vaters Haab zu Cöln erhoben, welches sich ungefähr auff 3000. fl. belauffen möchte, daß also dieser junge Knab, wan er einmal zu seinen Jahren komt, sich unter die Arme zurechnen keine Ursache haben wird; Ich und mein Mann lieben das Kind auch so sehr, daß wirs seinem Vater nicht liessen, wanschon er selbst käme, und ihn abholen wolte, über das so ist er der Schönste unter allen seinen Stieffbrüdern, und sihet seinem Vater so gleich, als wann er ihm auß den Augen geschnitten wäre; und ich weiß, wan mein Schwager wüste, was er vor einen schönen Sohn hier hätte, daß er ihm nicht abbrechen könte hieher zukommen (da er schon seine übrige Hurenkinder scheuen mögte) nur das liebe Hertzgen zusehen.

Solche und dergleichen Sachen brachte mir meine Schwägerin vor, worauß ich ihre Liebe gegen meinem Kind leicht spüren können, welches dan dort in seinen ersten Hosen herumlieff, und mich im Her=[508]tzen erfreuete, derhalben suchte ich die Kleinodien herfür, die mir Hertzbruder geben, solche seinetwegen meinem Weib zuverehren, dieselbige (sagte ich) hätte mir Herr Simplicius mitgeben, seiner Liebsten zum Gruß einzuhändigen, weil aber selbige tod wäre, schätzte ich, es wäre billich, daß ich sie seinem Kind hinterliesse, welche mein Schwager und seine Frau mit Freuden empfingen, und darauß schlossen, daß ich an Mitteln keinen Mangel haben, sondern viel ein ander Gesell seyn müste, als sie sich hiebevor von mir eingebildet. Mithin trang ich auff meine Abfertigung, und als ich dieselbe bekam, begehrete ich im Namen Simplicij den jungen Simplicium zuküssen, damit ich seinem Vater solches als ein Warzeichen erzehlen könte; Als es nun auff Vergünstigung meiner Schwägerin geschahe, fing beydes mir und dem Kind die Nase an zubluten, darüber mir das Hertz hätte brechen mögen, doch verbarg ich meine Affecten, und damit man nicht Zeit haben mögte, der Ursache dieser Sympathiæ nachzudencken, machte ich mich stracks auß dem Staub, und kam nach 14. Tagen durch viel Mühe und Gefahr wieder in Bettlers Gestalt in Saurbrunn, weil ich unterwegs außgeschälet worden.

Das VI. Capitel.
Erzehlung eines Possen, den Simplicius im Saurbrunn angestellet.

Nach meiner Ankunfft ward ich gewahr, daß es sich mit Hertzbrudern mehr gebösert als gebessert hatte, wiewol ihn die Doctores und Apothecker strenger als eine fette Gans gerupfft; über das kam [509] er mir auch gantz kindisch vor, und konte kümmerlich mehr recht gehen, ich ermunterte ihn zwar so gut ich konte, aber es war schlecht bestellt, er selbst merckte an Abnehmung seiner Krafften wol, daß er nicht lang mehr würde dauren können, sein gröster Trost war, daß ich bey ihm seyn solte, wan er die Augen würde zuthun.

Hingegen machte ich mich lustig, und suchte meine Freude, wo ich solche zufinden vermeynete, doch solcher gestalt, daß meinem Hertzbruder an seiner Pflege nichts manglete. Und weil ich mich einen Witwer zuseyn wuste, reitzten mich die guten Täge und meine Jugend wiederum zur Bulerey, deren ich dan trefflich nachhing, weil mir der zu Einsiblen eingenommene Schröcken allerdings wieder vergessen war. Es befand sich im Saurbrunn eine schöne Dame, die sich vor eine von Adel außgab, und meines Erachtens doch mehr mobilis als nobilis war, derselben Mannsfallen wartete ich trefflich auf den Dienst, weil sie zimlich glatthärig zuseyn schiene, erhielt auch in kurtzer Zeit nicht allein einen freyen Zutritt, sondern auch alle Vergnügung, die ich hätte wünschen und begehren mögen, aber ich hatte gleich ein Abscheuen ab ihrer Leichtfertigkeit, trachtete derhalben, wie ich ihrer wieder mit Manier loß werden könte, dan wie mich dünckte, so ging sie mehr darauff um, meinen Seckel zuscheren, als mich zur Ehe zubekommen, zu dem übertrieb sie mich mit liebreitzenden feurigen Blicken und andern Bezeugungen ihrer brennenden Affection, wo ich ging und stund, daß ich mich beydes vor mich und sie schämen muste. [510]

Neben dem befand sich auch ein vornehmer reicher

Schweitzer im Bad, dem ward nicht nur sein Geld, sondern auch seines Weibs Geschmuck, der in Gold, Silber, Perlen und Edelgesteinen bestund, entfremdet; Weil dan nun solche Sachen eben so ungern verloren werden, als schwer sie zuerobern seyn, derhalben suchte bemelter Schweitzer allerhand Rath und Mittel, dadurch er selbige wieder zur Hand bringen mögte, massen er den berühmten Teuffels= banner auß der Geißhaut kommen ließ, der durch seinen Bann, den Dieb dergestalt tribulirte, daß er das gestolene Gut in eigener Person wieder an seine gehörige Oerter liefern muste, deßwegen der Hexenmeister dan 10. Reichs= thaler zur Verehrung bekam.

Diesen Schwartzkünstler hätte ich gern gesehen, und mit ihm conferirt, es mogte aber, wie ich davor hielt, ohn Schmälerung meines Ansehens (dan ich dünckte mich damals keine Saue seyn) nicht geschehen, derhalben stellete ich meinen Knecht an, mit ihm denselben Abend zusauffen, weil ich vernommen, daß er ein Außbund eines Wein= beissers seyn solte, um zusehen, ob ich vielleicht hierdurch mit ihm in Kundschafft kommen mögte, dan es wurden mir soviel seltzame Sachen von ihm erzehlet, die ich nicht glauben konte, ich hätte sie dan selbst von ihm vernommen; ich verkleidete mich wie ein Landfahrer, der Salben feil hat, satzte mich zu ihm an Tisch, und wolte vernehmen, ob er errathen, oder ihm der Teuffel eingeben würde, wer ich wäre? aber ich konte nit das geringste an ihm spüren, dan er soff immer hin, und hielt mich vor einen, wie meine Kleider anzeigten, also daß er mir auch etliche Gläser zubrachte, [511] und doch meinen Knecht höher als mich respectirte, demselben erzehlte er vertraulich, wan der= jenige so den Schweitzer bestolen, nur das geringste davon in ein fliessend Wasser geworffen, und also dem leidigen Teuffel auch Partem geben hätte, so wäre unmüglich ge= wesen, weder den Dieb zunennen, noch das verlorne wieder zur Hand zubringen.

Diese närrische Possen hörete ich an, und verwunderte mich, daß der heimtückische und tausendlistige Feind den armen Menschen durch so geringe Sachen in seine Klauen bringet. Ich konte leicht ermässen, daß dieses Stücklein

ein Theil deß Pacts sey, den er mit dem Teufel getroffen, und konte wol gedencken, daß solche Kunst den Dieb nichts helffen würde, wan ein anber Teuffelsbanner geholt würde den Diebstal zuoffenbaren, in dessen Pact diese Clausul nicht stünde; befahl demnach meinem Knecht, (welcher árger stelen konte als ein Böhme) daß er ihn gar voll sauffen, und ihm hernach seine zehen Reichsthaler stelen, alsobalden aber ein paar Batzen davon in die Rench werffen solte. Diß thát mein Kerl gar fleissig; Als nun dem Teuffelsbanner am Morgen frühe sein Geld mangelte, begab er sich gegen der Wüsten Rench in einen Busch, ohnzweiffel seinen Spiritum familiarem deßwegen zubesprechen, er ward aber so übel abgefertigt, daß er mit einem blauen und zerkratzten Angesicht wieder zurück kam; Weßwegen mich dan der arme alte Schelm dergestalt daurte, daß ich ihm sein Geld wieder geben, und darbey sagen liesse, weil er nunmehr sehe, was vor ein betrüglicher böser Gast der Teufel sey, könte er hinfort dessen Dienst und Gesellschaft wol auffkünden, und sich wieder zu [512] GOtt bekehren. Aber solche Vermahnung bekam mir wie dem Hund das Gras, dan ich hatte von dieser Zeit an weder Glück noch Stern mehr, massen mir gleich hernach meine schöne Pferde durch Zauberey hinfielen? und zwar was hätte davor seyn sollen? ich lebte gottloß wie ein Epicurer, und befahl das meinige niemal in Gottes Schutz, warum hätte sich dan dieser Zauberer nicht wiederum an mir sollen rächen können.

Das VII. Capitel.
Hertzbruder stirbt, und Simplicius fángt an, wieder zubulen.

DEr Saurbrunn schlug mir jelánger je besser zu, weil sich nicht allein die Bad=Gáste gleichsam táglich mehreten, sondern weil der Ort selbst und die Manier zuleben, mich anmutig seyn dunckte: Ich machte mit den Lustigsten Kundschafft, die dahin kamen, und fing an courtoise Reden und Complimenten zulernen, deren ich mein Tage sonst niemal viel geachtet hatte. Ich ward vor einen vom Abel gehalten, weil mich meine Leute Herr Hauptmann nanten, sintemal dergleichen Stellen kein Soldat von Fortun so leichtlich in einem solchen Alter erlanget, darin ich mich damals befand; Dannenhero machten die reichen Stutzer mit mir, und hingegen ich hinwiederum mit ihnen nicht allein Kund- sondern auch gar Brüderschafft, und war alle Kurtzweile, Spielen, Fressen und Sauffen meine allergröste Arbeit und Sorge, welches aber manchen schönen Ducaten hinweg nam, ohn daß ich es sonderlich wargenommen und geachtet hätte, dan mein [513] Seckel von dem Olivierischen Erbgut war noch trefflich schwer.

Unterdessen ward es mit Hertzbrudern je länger je ärger, also daß er endlich die Schuld der Natur bezahlen muste, nachdem ihn die Medici und Aertzte verlassen, als sie sich zuvor genugsam an ihm begraset hatten; Er bestetigte nachmalen sein Testament und letzten Willen, und machte mich zum Erben über dasjenige, so er von seines Vaters seel. Verlassenschafft zuempfangen, hingegen ließ ich ihn gantz herrlich begraben, und seine Diener mit Traur-Kleidern und einem Stück Geld ihres Wegs lauffen.

Sein Abschied thät mir schmertzlich weh, vornemlich weil ihm vergeben worden, und obzwar ich solches nicht endern konte, so endert es doch mich, dan ich flohe alle Gesellschafften, und suchte nur die Einsamkeit, meinen betrübten Gedancken Audientz zugeben, zu dem Ende verbarg ich mich etwan irgends in einen Busch, und betrachtete nicht allein was ich vor einen Freund verloren, sondern auch daß ich mein Lebtag seines gleichen nicht mehr bekommen würde; Mithin machte ich auch von Anstellung meines künfftigen Lebens allerhand Anschläge, und beschloß doch nichts gewisses; bald wolte ich wieder in Krieg, und unversehens gedachte ich, es hättens die geringste Baurn in selbiger Gegend besser, als ein Obrister, dan in dasselbe Gebürg kamen keine Partehen, so konte ich mir auch nit einbilden, was eine Armee darin zuschaffen haben müste, dieselbe Lands-Art zuruiniren, massen noch alle Bauren-Höfe, gleich als zu Friedenszeiten in treflichem Bau, und alle Ställe voll Viehe waren, [514] unangesehen auff dem ebenen Land in den Dörffern weder Hund noch Katze anzutreffen.

Als ich mich nun mit Anhörung deß lieblichsten Vogelgesangs ergetzte, und mir einbildete, daß die Nachtigal durch ihre Lieblichkeit andere Vögel banne still zuschweigen, und ihnen zuzuhören, entweder auß Scham, oder ihr etwas von solchem anmuthigen Klang abzustelen; da näherte sich jenseit dem Wasser eine Schönheit an das Gestad, die mich mehr bewegte, (weil sie nur den Habit einer Baurn=Dirne antrug) als eine stattliche Damoiselle sonst nicht hätte thun mögen, diese hub einen Korb vom Kopff, darin sie einen Ballen frische Butter trug, solchen im Saurbrunn zuverkauffen, denselben erfrischte sie im Wasser, damit er wegen der grossen Hitze nicht schmeltzen solte, unterdessen satzte sie sich nieder ins Gras, warff ihren Schleyer und Baurn=Hut von sich, und wischte den Schweiß vom Angesicht, also daß ich sie genug betrachten, und meine vorwitzige Augen an ihr weyden konte, da dünckte mich, ich hätte die Tage meines Lebens kein schöner Mensch gesehen, die Proportion deß Leibes schien vollkommen und ohn Tabel, Arme und Hände Schneeweiß, das Angesicht frisch und lieblich, die schwartze Augen aber voller Feur und Liebreitzender Blicke; Als sie nun ihre Butter wieder einpackte, schrye ich hinüber: Ach Jungfer, ihr habt zwar mit euren schönen Händen eure Butter im Wasser abgekühlt, hingegen aber mein Hertz durch eure klare Augen ins Feur gesetzt! Sobald sie mich sahe und hörete, lieff sie davon, als ob man sie gejagt hätte, ohn daß sie mir ein Wörtlein geantwortet hätte, mich mit all denjenigen Torhei=[515]ten beladen hinterlassend, damit die verliebte Phantasten gepeinigt zuwerden pflegen.

Aber meine Begierden, von dieser Sonne mehr beschienen zuwerden, liessen mich nicht in meiner Einsamkeit, die ich mir außerwehlt, sondern machten, daß ich den Gesang der Nachtigallen nicht höher achtete, als ein Geheul der Wölffe; derhalben trollete ich auch dem Saurbrunn zu, und schickte meinen Jungen voran, die Butter=Verkäufferin anzupacken, und mit ihr zumarchen, biß ich hernach käme; dieser thät das seinige, und ich nach meiner Ankunfft auch das meinige; aber ich fand ein steinern Hertz, und eine solche Kaltsinnigkeit, dergleichen ich hinter einem Baurn=Mägdlein nimmermehr zufinden getrauet hätte, welches mich aber viel verliebter machte, unangesehen ich, als einer der mehr in solchen Schulen gewesen, mir die Rechnung leicht machen können, daß sie sich nicht so leicht würde bethören lassen.

Damals hätte ich entweder einen strengen Feind, oder einen guten Freund haben sollen; einen Feind, damit ich meine Gedancken gegen demselbigen hätte richten, und der närrischen Liebe vergessen müssen, oder einen Freund, der mir ein anders gerathen, und mich von meiner Torheit, die ich vornam, hätte abmahnen mögen: Aber, Ach leider, ich hatte nichts als mein Geld das mich verblendete, meine blinde Begierden die mich verführeten, weil ich ihnen den Zaum schiessen ließ, und meine grobe Unbesonnenheit, die mich verderbete, und in alles Unglück stürtzete, ich Narr hätte ja auß unsern Kleidungen, als auß einem bösen Omen judiciren sollen, daß mir ihre Liebe nicht wol auß=schlagen würde, dan weil mir Hertzbruder, die=[516]sem Mägdlein aber ihre Eltern gestorben, und wir dahero alle beyde in Traur=Kleidern auffzogen, als wir einander das erste mal sahen, was hätte unsre Bulschafft vor eine Frö=lichkeit bedeuten sollen? Mit einem Wort, ich war mit dem Narrnsail rechtschaffen verstrickt, und derhalben gantz blind und ohn Verstand, wie das Kind Cupido selbsten, und weil ich meine viehische Begierden nicht anders zusättigen getrauete, entschloß ich, sie zuheuraten. Was, gedachte ich, du bist deines Herkommens doch nur ein Baurn=Sohn, und wirst deine Tage kein Schloß besitzen, diese Revier ist ein edel Land, das sich gleichwol diß grausame Kriegs=wesen hindurch gegen andern Orten zurechnen, im Wol=stand und Flor befunden; über das hast du noch Geld genug, auch den besten Baurn=Hof in dieser Gegend zu=bezahlen, du wilst diß ehrliche Baurn=Gretlein heuraten, und dir einen geruhigen Herrn=Handel mitten unter den Bauren schaffen, wo woltest du dir eine lustigere Woh=nung außsehen können als bey dem Saurbrunn, da du wegen der zu= und abräisenden Badgäste, gleichsam alle 6. Wochen eine neue Welt sehen, und dir dabey einbilden kanst, wie sich der Erdkräis von einem Sæculo zum andern verändert. Solche und dergleichen mehr tausendfältige Gedancken machte ich, biß ich endlich meine Geliebte zur Ehe begehrete, und (wiewol nicht ohn Mühe) das Jawort erhielt.

Das VIII. Capitel.
Simplicius giebt sich in die zweyte Ehe, hat deren bald satt, trifft seinen Knän an, und erfährt, wer seine Eltern gewesen.

Jch ließ trefflich zur Hochzeit zurüsten, dan der Himmel hing mir voller Geigen; das Bauren=[517]Gut, darauff meine Braut geboren worden, lösete ich nicht allein gantz an mich, sondern fing noch darzu einen schönen neuen Bau an, gleich als ob ich daselbst mehr Hof= als Haußhalten hätte wollen, und eh ich die Hochzeit voll= zogen, hatte ich bereits über dreissig Stücke Viehe da stehen, weil man soviel das Jahr hindurch auff demselben Gut erhalten konte, in Summa, ich bestellete alles auff das beste, auch so gar mit köstlichem Haußrath, wie es mir nur meine Torheit eingab. Aber die Pfeiffe fiel mir bald in Dreck, dan da ich nunmehr vermeynete mit gutem Wind in Engeland zuschiffen, kam ich wider alle Zuver= sicht in Holland, und damals, aber viel zuspat, ward ich erst gewar, was Ursache mich meine Braut so ungern nemen wollen, das mich aber am allermeisten schmertzete, war, daß ich mein spöttlich Anligen keinem Menschen klagen dorffte. Ich konte zwar wol erkennen, daß ich nach dem Maaß der Billigkeit Schulden bezahlen muste, aber solche Erkantnus machte mich darum nichts desto gedultiger, viel weniger frömmer, sondern weil ich mich so betrogen be= fand, gedachte ich meine Betrügerin wieder zubetrügen, massen ich anfing grasen zugehen, wo ich zukommen konte, über das stack ich mehr bey guter Gesellschafft im Saurbrun, als zu Hauß; Jn Summa, ich ließ meine Haußhaltung allerdings ein gut Jahr haben, andern theils war meine Frau eben so liederlich, sie hatte einen Ochsen, den ich ins Hauß schlagen lassen, in etliche Körbe eingesaltzen; und als sie mir auff eine Zeit eine Spänsau zurichten solte, unterstund sie solche wie einen

Vogel zuropffen, wie sie mir dan auch Krebse auff dem
Rost, und Forellen an einem Spieß braten wolten; [518]
Bey diesen paar Exempeln kan man unschwer abnehmen,
wie ich im übrigen mit ihr bin versorgt gewesen, nicht
weniger tranck sie auch das liebe Weingen gern, und theilete
andern guten Leuten auch mit, das mir dan mein künfftig
Verderben prognosticirte.

Einsmals spazirete ich mit etlichen Stutzern das Thal
hinunter, eine Gesellschafft im untern Bad zubesuchen, da
begegnete uns ein alter Baur, mit einer Geiß am Strick,
die er verkauffen wolte, und weil mich dünckte, ich hätte
dieselbe Person mehr gesehen, fragte ich ihn, wo er mit
dieser Geiß herkäme? Er aber zog sein Hütlein ab, und
sagte: Gnädiger Hearr, eich darffs ouch werli neit sän;
ich sagte, du wirst sie ja nicht gestolen haben? Nein, ant=
wortete der Baur, sondern ich bringe sie auß dem Státegen
unten im Thal, welches ich eben gegen dem Herrn nicht
nennen darff, dieweil wir von einer Geiß reden: Solches
bewegte meine Gesellschafft zum lachen, und weil ich mich
im Angesicht entfärbte, gedachten sie, ich hätte einen Ver=
druß, oder schämte mich, weil mir der Baur so artlich
eingeschenckt; Aber ich hatte andere Gedancken, dan an
der grossen Wartze, die der Baur gleichsam wie das Ein=
horn mitten auff der Stirn stehen hatte, ward ich eigentlich
versichert, daß es mein Knän auß dem Spessert war, wolte
derhalben zuvor einen Waarsager agiren, eh ich mich ihm
offenbaren, und mit einem so statlichen Sohn, als damals
meine Kleider außwiesen, erfreuen wolte, sagte derhalben
zu ihm: Mein lieber alter Vater, seyd ihr nicht im Spessert
zuhauß? Ja Hearr, antwortete der Baur; da sagte ich,
haben euch nicht vor ungefähr 18. Jahren die Reuter
euer Hauß und Hof geplündert und verbrant? [519] Ja,
Gott erbarms, antwortete der Baur, es ist aber noch nicht
solang; Ich fragte weiter, habet ihr nicht damals zwey
Kinder, nemlich eine erwachsene Tochter, und einen jungen
Knaben gehabt, der euch der Schaf gehütet? Hearr, ant=
wortete mein Knän, die Tochter war mein Kind, aber der
Bub nicht, ich habe ihn aber an Kindes=stat auffziehen
wollen; Herauß verstund ich wol, daß ich dieses groben

Knollfincken Sohn nicht sey, welches mich einen theils er=
freuete, hingegen aber auch betrübete, weil mir zugefallen,
ich müste sonsten ein Banckert oder Findling seyn; fragte
derowegen meinen Knán, wo er dan denselben Buben auff=
getrieben? oder was vor Ursache er gehabt, denselben an
Kindes stat zuerziehen? Ach, sagte er, es ist mir seltzam
mit ihm gangen, der Krieg hat mir ihn geben, und der
Krieg hat mir ihn wieder genommen. Weil ich dan be=
sorgte, es dörffte wol ein facit herauß kommen, das mir
wegen meiner Geburt nachtheilig seyn mögte, verwante ich
meinen Discurs wieder auff die Geiß, und fragte, ob er
sie der Wirthin in die Küche verkaufft hätte? das mich
befremde, weil die Saurbrunn Gäste kein alt Geissenfleisch
zugeniessen pflegten; Ach nein Hearr, antwortete der Baur,
die Wirthin hat selber Geissen genug, und gibt auch nichts
vor ein Ding, ich bringe sie der Gräfin die im Saurbrunn
babet, und [hat] ihr der Doctor Hans in allen Gassen
etliche Kräuter geordnet, so die Geiß essen muß, und was
sie dan vor Milch davon gibt, die nimt der Doctor, und
machet der Gräfin noch so ein Ertzney drüber, so muß sie
die Milch trincken, und wieder gesund davon werden, man
sáit, es mangle der Gräfin am Geheng, nnd [520] wan
ihr die Geiß hilfft, so vermag sie mehr als der Doctor
und seine Abdecker miteinander. Unter währender solcher
Relation besann ich, auff was weise ich mehr mit dem
Baur reden mögte, bot ihm derhalben einen Thaler mehr
um die Geiß, als der Doctor oder die Gräfin darum geben
wolten; solches ging er gleich ein (dan ein geringer Ge=
win persuadiret die Leute bald anders) doch mit dem
Beding, er solte der Gräfin zuvor anzeigen, daß ich ihm
einen Thaler mehr darauff geboten, wolte sie dan soviel
darum geben als ich, so solte sie den Vorkauff haben, wo
nicht, so wolte er mir die Geiß zukommen lassen, und wie
der Handel stünde, auff dem Abend anzeigen.

Also ging mein Knán seines Wegs, und ich mit
meiner Gesellschafft den unserigen auch, doch konte und
mogte ich nicht länger bey der Compagni bleiben, sondern
drehete mich ab, und ging hin, wo ich meinen Knán wieder
fand, der hatte seine Geiß noch, weil ihm andere nicht

soviel als ich darum geben wolten, welches mich an so reichen Leuten wunderte, und doch nicht kärger machte; Ich führte ihn auff meinen neu=erkaufften Hof, bezahlte ihm seine Geiß, und nachdem ich ihm einen halben Rausch angehengt, fragte ich ihn, woher ihm derjenige Knab zu= gestanden wäre, von dem wir heut geredet? Ach Herr, sagte er, der Mansfelder Krieg hat mir ihn beschert, und die Nördlinger Schlacht hat mir ihn wieder genommen; Ich sagte, das muß wol eine lustige Histori seyn, mit Bitte, weil wir doch sonst nichts zureden hätten, er wolte mirs doch vor die lange Weile erzehlen: Darauff fing er an, und sagte, als der Mansfelder bey Höchst die Schlacht verlor, zerstreuete sich [521] sein flüchtig Volck weit und breit herum, weil sie nicht alle wusten, wohin sie sich retiriren solten, viel kamen in Spessert, weil sie die Büsche suchten, sich zuverbergen, aber indem sie dem Tod auff der Ebne entgingen, fanden sie ihn bey uns in den Bergen, und weil beyde kriegende Theile vor billich achteten, einander auff unserm Grund und Boden zurauben und niber zumachen, griffen wir ihnen auch auff die Hauben, damals ging selten ein Baur in den Büschen ohn Feur= rohr, weil wir zu Hauß bey unsern Hauen und Pflügen nicht bleiben konten; In demselben Tumult bekam ich nicht weit von meinem Hof in einem wilden ungeheuren Wald eine schöne junge Edelfrau, samt einem statlichen Pferd, als ich zuvor nicht weit davon etliche Büchsenschüsse gehöret hatte, ich sahe sie anfänglich vor einen Kerl an, weil sie so mannlich daher ritt, aber indem ich sie beydes Händ und Augen gegen dem Himmel auffheben sahe, und auff Welsch mit einer erbärmlichen Stimme zu Gott ruffen hörete, ließ ich mein Rohr, damit ich Feur auff sie geben wolte, sincken, und zog den Hahn wieder zurück, weil mich ihr Geschrey und Geberden versicherten, daß sie ein be= trübtes Weibsbild wäre; mithin näherten wir uns einander, und da sie mich sahe, sagte sie: Ach! wan ihr ein ehrlicher Christen=Mensch seyd, so bitte ich euch um Gottes und seiner Barmhertzigkeit, ja um deß Jüngsten Gerichts willen, vor welchem wir alle um unser Thun und Lassen Rechen= schafft geben müssen, ihr wollet mich zu ehrlichen Weibern führen, die mich durch Göttliche Hülffe von meiner Leibes-Bürde entledigen helffen! Diese Worte, die mich so grosser Dinge erinnerten, [522] samt der holdseeligen Außsprache, und zwar betrübten doch überauß schönen und anmuthigen Gestalt der Frau, zwangen mich zu solcher Erbärmde, daß ich ihr Pferd beym Ziegel nam, und sie durch Hecken und Stauden, an den allerdicksten Ort deß Gesträuchs führete, da ich selbst mein Weib, Kind, Gesind und Viehe hin geflehnt hatte, daselbst genaß sie ehender als in einer halben Stunde, deßjenigen jungen Knaben, von dem wir heut miteinander geredet haben.

Hiermit beschloß mein Knân seine Erzehlung, weil er eins tranck, dan ich sprach ihm gar gütlich zu, da er aber das Glaß außgeleeret hatte, fragte ich, und wie ist es darnach weiter mit der Frau gangen? Er antwortete, als sie dergestalt Kindbetterin worden, bat sie mich zu Gevattern, und daß ich das Kind ehistens zu der Tauffe fördern wolte, sagte mir auch ihres Manns und ihren Namen, damit sie mögten in das Tauffbuch geschrieben werden, und indem that sie ihr Felleysen auff, darin sie wol köstliche Sachen hatte, und schenckte mir, meinem Weib und Kind, der Magd und sonst noch einer Frau soviel, daß wir wol mit ihr zufrieden seyn können, aber indem sie so damit umging, und uns von ihrem Mann erzehlete, starb sie uns unter den Händen, als sie uns ihr Kind zuvor wol befohlen hatte: weil es dan nun so gar ein grosser Lermen im Land war, daß niemand bey Hauß bleiben kunte, vermogten wir kaum ein Pfarr-Herrn, der bey der Begräbnus war, und das Kind tauffte, da aber endlich beydes geschehen, ward mir von unserm Schultzen und Pfarrherrn befohlen, ich solte das Kind auffziehen biß es groß würde, und vor [523] meine Mühe und Kosten der Frauen gantze Verlassenschafft behalten, außgenommen etliche Pater Noster, Edelgesteine und so Geschmeiß, welches ich vor das Kind auffbehalten solte: Also ernährte mein Frau das Kind mit Gaißmilch, und wir behielten den Buben gar gern, und dachten, wir wolten ihm, wan er groß würde, unser Mädgen zur Frau geben, aber nach der Nördlinger Schlacht habe ich beyde

das Mägdlein und den Buben verloren, samt allem dem,
was wir vermogten.

Ihr habet mir, sagte ich zu meinem Knán, eine art=
liche Geschicht erzehlet, und doch das beste vergessen, dan
ihr habet nicht gesagt weder wie die Frau, noch ihr
Mann oder das Kind geheissen: Herr, antwortete er,
ich habe nicht gemeint, daß ihrs auch gern hättet wissen
mögen; die Edelfrau hiesse Susanna Ramsi, ihr Mann
Capitáin Sternselß von Fuchsheim, und weil ich Melchior
hieß, so ließ ich den Buben bey der Tauffe auch Melchior
Sternfels von Fuchsheim nennen, und ins Tauffbuch
schreiben.

Hierauß vernam ich umständlich, daß ich meines
Einsidlers und deß Gubernators Ramsay Schwester leib=
licher Sohn gewesen, aber ach leider viel zuspat, dan meine
Eltern waren beyde tod, und von meinem Vetter Ramsay
konte ich anders nichts erfahren, als daß die Hanauer
ihn mit samt der Schwedischen Guarnison außgeschafft
hätten, weßwegen er dan vor Zorn und Ungedult gantz
unsinnig worden wäre.

Ich deckte meinen Vetter vollends mit Wein zu, und
ließ den andern Tag sein Weib auch holen, da ich mich
ihnen nun offenbarete, wolten sie es nicht [524] eher
glauben, biß ich ihnen zuvor einen schwartzen haarigen
Flecken auffgewiesen, den ich forn auff der Brust hatte.

Das IX. Capitel.
Welcher gestalt ihn die Kindeswehen angestossen, und wie er
wieder zu einem Wittwer wird.

Ohnlängst hernach nahm ich meinen Vetter zu mir,
und thät mit ihm einen Ritt hinunter in Spessert,
glaubwürdigen Schein und Urkund meines Herkom=
mens und ehelicher Geburt halber zuwege zubringen,
welches ich ohnschwer auß dem Tauff=Buch und meines
Vetters Zeugnus erhielt. Ich kehrte auch gleich bey dem
Pfarrer ein, der sich zu Hanau auffgehalten, und meiner
angenommen, derselbe gab mir einen schrifftlichen Beweiß
mit, wo mein Vater seel. gestorben, und daß ich bey dem=
selben biß in seinen Tod, und endlich unter dem Namen

Simplicii eine Zeitlang bey Herrn Ramsay dem Gubernator in Hanau gewesen wäre, ja ich ließ über meine gantze Histori auß der Zeugen Mund durch einen Notarium ein Instrument auffrichten, dan ich gedachte, wer weiß, wo du es noch einmal brauchest, solche Rdise kostete mich über 400. Thaler, dan auff dem Zurück-Weg ward ich von einer Partey erhascht, abgesetzt, und geplündert, also daß ich und mein Knän oder Petter allerdings nackend, und kaum mit dem Leben davon kamen.

Indessen ging es daheim auch schlim zu, dan nachdem mein Weib vernommen, daß ihr Mann ein Juncker sey, spielte sie nicht allein der grossen Frau, sondern verliederlichte auch alles in der Haußhaltung, welches ich, weil sie grossen Leibes war, stillschwei=[525]gend übertrug, über das war mir ein Unglück in den Stall kommen, so mir das meiste und beste Viehe hingerafft.

Dieses alles wäre noch zuverschmertzen gewesen, aber ô mirum! kein Unglück allein, in der Stunde, darin mein Weib genase, ward die Magd auch Kindbetterin, das Kind zwar so sie brachte, sahe mir allerdings ähnlich, das aber so mein Weib gebar, sahe dem Knecht so gleich, als wan es ihm auß dem Gesicht wäre geschnitten worden; Zudem hatte diejenige Dame, deren oben gedacht, in eben derselben Nacht auch eins vor meine Thür legen lassen, mit schrifftlichem Bericht, daß ich der Vater wäre, also daß ich auff einmal drey Kinder zusammen brachte, und war mir nicht anders zu Sinn, als es würde auß jedem Winckel noch eins herfürkriechen, welches mir nicht wenig graue Haare machte! Aber es gehet nit anders her, wan man in einem so gottlosen und verruchten Leben, wie ich eins geführet, seinen viehischen Begierden folget.

Nun was halffs? Ich muste tauffen, und mich noch darzu von der Obrigkeit rechtschaffen straffen lassen, und weil die Herrschafft damals eben Schwedisch war, ich aber hiebevor dem Käiser gedienet, ward mir die Zeche desto höher gemachet, welches lauter Præludia meines abermaligen gäntzlichen Verderbens waren. Gleichwie mich nun so vielerley unglückliche Zufälle höchlich betrübten, also nam es andern theils mein Weibgen nur auff die

leichte Achsel, ja sie trillete mich noch bar zu Tag und
Nacht, wegen deß schönen Fundes, der mir vor die Thür
geleget, und daß ich um soviel Geldes wäre gestrafft worden;
hätte sie aber gewust, wie es mit mir und der Magd
[526] beschaffen gewesen, so würde sie mich noch wol
ärger gequälet haben, aber das gute Mensch war so auff=
richtig, daß sie sich durch so viel Geld, als ich sonst ihrent=
wegen hätte Straffe geben müssen, bereden ließ, ihr Kind
einem Stutzer zuzuschreiben, der mich das Jahr zuvor
unterweilen besuchet, und bey meiner Hochzeit gewesen, den
sie aber sonst weiters nicht gekant, doch muste sie auß dem
Hauß, dan mein Weib argwähnete, was ich ihrentwegen
vom Knecht gedachte, und dorffte doch nichts anden, dan
ich hätte ihr sonst vorgehalten, daß ich in einer Stunde
nicht zugleich bey ihr und der Magd seyn können. Indessen
ward ich mit dieser Anfechtung häfftig gepeiniget, daß ich
meinem Knecht ein Kind auffziehen, und die Meinige nicht
meine Erben seyn solten, und daß ich noch darzu still
schweigen, und froh sein muste, daß gleichwol sonst niemand
nichts davon wuste.

Mit solchen Gedancken marterte ich mich täglich, aber
mein Weib delectirte sich stündlich mit Wein, dan sie hatte
ihr das Kånngen sint unsrer Hochzeit dergestalt angewehnt,
daß es ihr selten vom Maul, und sie selbsten gleich=
sam keine Nacht ohn einen zimlichen Rausch schlaffen
ging, davon soff sie ihrem Kind zeitlich das Leben ab, und
entzündete ihr selbsten das Geheng dergestalt, daß es ihr
auch bald hernach entfiel, und mich wiederum zu einem
Witwer machte, welches mir so zuhertzen ging, daß ich
mich fast kranck hierüber gelachet hätte.

Das X. Capitel.
Relation etlicher Baursleute, von der wunderbarn Mummel=See.

DA ich mich nun solcher gestalt wieder in meine erste
Freyheit gesetzt befand, mein Beutel aber [527] von
Geld zimlich geläeret, hingegen meine grosse Hauß=
haltung mit vielem Viehe und Gesind beladen, nam ich
meinen Petter Melchior vor einen Vater, meine Göth,
seine Frau, vor meine Mutter, und den Banckert Sim=

plicium, der mir vor die Thüre geleget worden, vor meinen Erben an, und übergab diesen beyden Alten Hauß und Hof, samt meinem gantzen Vermögen, biß auff gar wenig gelbe Batzen und Cleinodien, die ich noch auff die äusserste Noth gesparet, und hinterhalten: dan ich hatte einen Ekel ab aller Weiber Beywohnung und Gemeinschafft gefast, daß ich mir vornam, weil mirs so übel mit ihnen gangen, mich nicht mehr zuverheuraten, diese beyde alte Eheleute, welche in re rusticorum nicht wol ihres gleichen mehr hatten, gossen meine Haußhaltung gleich in ein ander Model, sie schafften von Gesind und Viehe ab, was nichts nutzte, und bekamen hingegen auff den Hof, was etwas eintrug; Mein alter Knän samt meiner alten Meuder vertrösteten mich alles Guten, und versprachen, wan ich sie nur hausen liesse, so wolten sie mir allweg ein gut Pferd auff der Streu halten, und soviel verschaffen, daß ich je zuzeiten mit einem ehrlichen Bidermann ein Maaß Wein trincken könte: Ich spürete auch gleich, was vor Leute meinem Hof vorstunden, mein Petter bestellete mit dem Gesind den Feldbau, schacherte mit Viehe und mit dem Holtz= und Hartzhandel ärger als ein Jud, und meine Göthin legte sich auff die Viehzucht, und wuste die Milch= pfennige besser zugewinnen und zusammen zuhalten, als zehen solcher Weiber, wie ich eins gehabt hatte. Auff solche Weise ward mein Bauren=Hof in kurtzer Zeit [528] mit allerhand nothwendigem Vorrath, auch groß und kleinem Viehe genugsam versehen, also, daß er in Bälde vor den Besten in der gantzen Gegend geschätzet ward, ich aber ging dabey spaziren, und wartete allerhand Contem= plationen ab, dan weil ich sahe, daß meine Göthin mehr auß den Immen an Wax und Honig vorschlug, als mein Weib hiebevor auß Rindviehe, Schweinen und anderm eroberte, konte ich mir leicht einbilden, daß sie im übrigen nichts verschlaffen würde.

Einsmals spazirte ich in Saurbrunn, mehr einen Trunck frisch Wasser zuthun, als mich meiner vorigen Gewonheit nach, mit den Stutzern bekant zumachen, dan ich fing an meiner Alten Kargheit nachzuöhmen, welche mir nicht riethen, daß ich mit den Leuten viel um=

gehen solte, die ihre und ihrer Eltern Haab so un=
nützlich verschwendeten: Gleichwol aber gerieth ich zu
einer Geselschafft mittelmässigen Standes, weil sie von
einer seltenen Sache, nemlich von dem Mummel=See
discurirten, welcher unergründlich, und in der Nachbar=
schafft auff einem von den höchsten Bergen gelegen sey;
sie hatten auch unterschiedliche alte Bauersleute beschickt,
die erzehlen musten, was einer oder der ander von dieser
wunderbarlichen See gehöret hätte, deren Relation ich dan
mit grosser Lust zuhörete, wiewol ichs vor eitel Fabuln
hielt, dan es lautete also lügenhafftig, als etliche Schwencke
deß Plinii.

Einer sagte, wan man ungerad, es seyn gleich Erbsen,
Steinlein oder etwas anders, in ein Nastüchlein binde,
und hinein henge, so verändere es sich in gerad; also
auch, wan man gerad hinein henge, [529] so finde man un=
gerad. Ein anderer, und zwar die meiste gaben vor, und
bestetigten es auch mit Exempeln, wan man einen oder
mehr Steine hinein würffe, so erhebe sich gleich, GOtt
gebe wie schön auch der Himmel zuvor gewesen, ein
grausam Ungewitter, mit schröcklichem Regen, Schlossen
und Sturmwinde. Von diesem kamen sie auch auff aller=
hand seltzame Historien, so sich darbey zugetragen, und
was sich vor wunderbarliche Spectra von Erd= und Wasser=
männlein darbey hätten sehen lassen, und was sie mit den
Leuten geredet. Einer erzehlete, daß auff eine Zeit, da
etliche Hirten ihr Viehe bey der See gehütet, ein brauner
Stier herauß gestiegen, welcher sich zu dem andern Rind=
viehe gesellet, dem aber gleich ein kleines Männlein nach=
gefolget, ihn wieder zurück in See zutreiben, er hätte aber
nicht pariren wollen, biß ihm das Männlein gewünscht
hätte, es solte ihn aller Menschen Leiden ankommen, wan
er nicht wieder zurück kehre! Auff welche Worte er und
das Männlein sich wieder in die See begeben hätten.
Ein ander sagte, es sey auff eine Zeit, als die See über=
froren gewesen, ein Baursmann mit seinen Ochsen und
etlichen Plöchern, darauß man Tihlen schneidet, über die
See gefahren ohn einzigen Schaden, als ihm aber sein
Hund nachkommen, sey das Eiß mit ihm gebrochen, und

der arme Hund allein hinunter gefallen, und nicht mehr gesehen worden. Noch ein ander behauptete bey grosser Warheit, es sey ein Schütze auff der Spur deß Wildes bey der See vorüber gangen, der hätte auff demselben ein Wassermännlein sitzen sehen, das einen gantzen Schos voll gemüntzte Goldsorten gehabt, und gleichsam damit [530] gespielet hätte; und als er nach demselbigen Feur geben wollen, hätte sich das Männlein gebuckt, und diese Stimme hören lassen: Wan du mich gebeten, deiner Armuth zuhülff zukommen, so wolte ich dich und die deinige reich genug gemachet haben.

Solche und dergleichen mehr Historien, die mir alle als Mårlein vorkamen, damit man die Kinder auffhält, hörete ich an, verlachte sie, und glaubte nicht einmal, daß eine solche unergründliche See auff einem hohen Berge seyn könte; Aber es fanden sich noch andere Baursleute, und zwar alte glaubwürdige Männer, die erzehleten, daß noch bey ihrem und ihrer Våter Gedencken Hohe Fürstl. Personen die besagte See zubeschauen sich erhoben, wie dan ein regirender Hertzog zu Würtemberg, ꝛc. einen Floß machen, und mit demselbigen darauff hinein fahren lassen, seine Tieffe abzumessen, nachdem die Messer aber bereits neun Zwirn-Netz (ist ein Maß, das die Schwartzwålder Bauren-Weiber besser als ich oder ein ander Geometra verstehen) mit einem Senckel hinunter gelassen, und gleichwol noch keinen Boden gefunden, hätte das Floß, wider die Natur deß Holtzes, anfahen zusincken, also daß die so sich darauff befunden, von ihrem Vornehmen abstehen, und sich ans Land salviren müssen, massen man noch heut zutag die Stücken deß Flosses am Ufer der See, und zum Gedächtnus dieser Geschicht das Fürstl. Würtemberg. Wappen und andere Sachen mehr, in Stein gehauen vor Augen sehe. Andere bewiesen mit vielen Zeugen, daß ein Ertz-Hertzog von Oesterreich, ꝛc. die See gar hätte wollen abgraben lassen, es sey Jhm aber von vielen Leuten widerrathen, und durch Bitte [531] der Landleute sein Vornehmen hintertrieben worden, auß Forcht, das gantze Land mögte unter gehen und ersauffen: Uber das hätten Höchstgedachte Fürsten etliche Legeln voll Forellen in die See setzen laſſen, die ſeyn aber alle, eh als in einer Stunde, in ihrer Gegenwart abgeſtanden, und zum Außlauff der See hinauß gefloſſen, unangeſehen das Waſſer, ſo unter dem Gebürg, darauff die See lige, durch das Thal (ſo von der See den Namen habe) hinfleuſt, von Natur ſolche Fiſche hervorbringe, da doch der Außlauff beß Sees in daſſelbige Waſſer ſich ergieſſe.

Das XI. Capitel.
Eine unerhörte Danckſagung eines Patienten, die bey Simplicio faſt heilige Gedancken verurſachet.

Dieſer letztern Außſage machte, daß ich denen zuerſt beynahe völligen Glauben zuſtellete, und bewog meinen Fürwitz, daß ich mich entſchloß, die wunderbare See zubeſchauen; Von denen, ſo neben mir alle Erzehlung gehöret, gab einer diß, der ander jenes Urtheil darüber, darauß dan ihre unterſchiedliche und widereinander lauffende Meynungen gnugſam erhelleten; Ich zwar ſagte, der Teutſche Name Mummel=See gebe gnugſam zuverſtehen, daß es um ihn, wie um eine Mascarade, ein verkapptes Weſen ſey, alſo daß nicht jeder ſeine Art ſowol als ſeine Tieffe ergründen könne, die doch auch noch nicht wäre er= funden worden, da doch ſo Hohe Perſonen ſich beſſen unterfangen hätten; ging damit an denjenigen Ort, allwo ich vorm Jahr mein verſtorbenes Weib das erſte mal ſahe, und das ſüſſe Gifft der Liebe einſoff. [532]

Daſelbſten legte ich mich auff das grüne Gras in Schatten nider, ich achtete aber nicht mehr als hiebevor, was die Nachtigallen daher pfiffen, ſondern ich betrachtete, was vor Veränderung ich ſeithero erduldet; Da ſtellete ich mir vor Augen, daß ich an eben demſelbigen Ort den Anfang gemachet, auß einem freyen Kerl zu einem Knecht der Liebe zuwerden, daß ich ſeithero auß einem Officier ein Baur, auß einem reichen Baur ein armer Edelmann, auß einem Simplicio ein Melchior, auß einem Witwer ein Ehemann, auß einem Ehemann ein Gauch, und auß einem Gauch wieder ein Witwer worden wäre; Item, daß ich auß eines Baurs Sohn, zu einem Sohn eines rechtſchaffenen Soldaten, und gleichwol wieder zu einem

Sohn meines Knáns worden. Da führete ich zu Gemüt,
wie mich seithero mein fatum deß Hertzbruders beraubet,
und hingegen vor ihn mit zweyen alten Eheleuten ver=
sorget hätte; Ich gedachte an das gottselige Leben und
Absterben meines Vaters, an den erbärmlichen Tod meiner
Mutter, und darneben auch an die vielfältige Verände=
rungen, deren ich mein Lebtag unterworffen gewesen, also
daß ich mich beß weynens nicht enthalten konte. Und
indem ich zu Gemüth führete, wieviel schön Geld ich die
Tage meines Lebens gehabt und verschwendet, zumal solches
zubebauren anfing, kamen zween gute Schlucker oder Wein=
beisser, (denen die Cholica in die Glieder geschlagen, deß=
wegen sie dan erlahmet, und das Bad samt dem Saur=
brunn brauchten) die satzten sich zunächst bey mir niber,
weil es eine gute Ruhestat hatte, und klagte je einer dem
andern seine Noth, weil sie vermeyneten allein zuseyn,
der eine sagte: Mein [533] Doctor hat mich hieher ge=
wiesen, als einen, an dessen Gesundheit er verzweiffelt,
oder als einen, der neben andern dem Wirth um das
Fäßlein mit Butter so er ihm neulich geschickt, Satisfaction
thun solle, ich wolte, daß ich ihn entweder die Tage
meines Lebens niemals gesehen, oder daß er mir gleich
Anfangs in Saurbrunn gerathen hätte, so würde ich ent=
weder mehr Geld haben, oder gesünder seyn, als jetzt,
dan der Saurbrunn schlägt mir wol zu. Ach! antwortete
der ander, ich dancke meinem GOtt, daß er mir nicht mehr
überflüssig Geld beschehret hat, als ich vermag, dan hätte
mein Doctor noch mehr hinter mir gewust, so hätte er
mir noch lang nicht in Saurbrunn gerathen, sondern ich
hätte zuvor mit ihm und seinen Apotheckern, die ihn deß=
wegen alle Jahre schmieren, theilen müssen, und hätte ich
darüber sterben und verderben sollen; Die Schabhälse
rathen unser einem nicht eher an ein so heilsam Ort, sie
getrauen dan nit mehr zuhelffen, oder wissen nichts mehr
an einem zuropffen; Wan man die Warheit bekennen
will, so muß ihnen derjenige so sich hinter sie läst, und
hinter welchem sie Geld wissen, nur lohnen, daß sie einen
kranck erhalten.

Diese zween hatten noch viel schmähens über ihre

Doctores, aber ich mags darum nicht alles erzehlen, dan die Herren Medici mögten mir sonst feind werden, und künfftig eine Purgation eingeben, die mir die Seele außtreiben mögte: Ich melde diß allein deßwegen, weil mich der letztere Patient mit seiner Danckfagung, daß ihm Gott nicht mehr Geld bescheret, dergestalt tröstete, daß ich alle Anfechtungen und schwere Gedancken, die ich damals deß Geldes halber [534] hatte, auß dem Sinn schlug. Ich resolvirte mich, weder mehr nach Ehren, noch Geld, noch nach etwas anders das die Welt liebet, zutrachten; Ja ich nam mir vor zuphilosophiren, und mich eines gottseligen Lebens zubefleissen, zumalen meine Unbußfertigkeit zubereuen, und mich zuerkühnen (gleich meinem Vater sel.) auff die höchste Staffeln der Tugenden zusteigen.

Das XII. Capitel.
Wie Simplicius mit den Sylphis in das Centrum Terræ fähret.

DJe Begierde die Mummelsee zubeschauen vermehrete sich bey mir, als ich von meinem Petter verstund, daß er auch dabey gewesen, und den Weg darzu wisse, da er aber hörete, daß ich überein auch darzu wolte, sagte er, und was werdet ihr dan davon tragen, wan ihr gleich hinkomt? der Herr Sohn und Petter wird nichts anders sehen als ein Ebenbild eines Weyers, der mitten in einem grossen Wald ligt, und wan er seine jetzige Lust mit beschwerlicher Unlust gebüsset, so wird er nichts anders als Reue, müde Füsse, (dan man kan schwerlich hinreuten) und den Hergang vor den Hingang davon haben; Es solte mich kein Mensch hingebracht haben, wan ich nicht hätte hinfliehen müssen, als der Doctor Daniel (er wolte Duc d'Angnin sagen) mit seinen Kriegern das Land hinunter vor Philipsburg zog; hingegen kehrete sich mein Fürwitz nicht an seine Abmahnung, sondern ich bestellete einen Kerl der mich hinführen solte; da er nun meinen Ernst sahe, sagte er, weil die Habersaat fürüber, und auff dem Hof weder zuhauen noch zu ernten, wolte er selbst mit mir gehen, [535] und den Weg weisen; dan er hatte mich so lieb, daß er mich ungern auß dem Gesicht ließ, und weil die Leute im Land glaubten, daß ich sein leiblicher

Sohn sey, prangte er mit mir, und thät gegen mir und jederman, wie etwan ein gemeiner armer Mann gegen seinem Sohn thun mögte, den das Glück ohn sein zuthun und Befürderung zu einem grossen Herrn gemachet hätte.

Also wanderten wir miteinander über Berg und Thal, und kamen zu der Mummelsee, eh wir 6. Stunden gegangen hatten, dan mein Petter war noch so kefermäßig und sowol zufuß als ein Junger; Wir verzehreten daselbst was wir von Speiß und Tranck mit uns genommen, dan der weite Weg und die Höhe deß Bergs, auff welchem die See ligt, hatte uns hungerig und hellig gemacht: Nachdem wir sich aber erquickt, beschauete ich die See, und fand gleich etliche gezimmerte Hölher darin ligen, die ich und mein Knán vor rudera deß Würtenbergischen Flosses hielten; ich nam oder maß die Länge und Breite deß Wassers vermittelst der Geometriæ, weil gar beschwerlich war um die See zugehen, und dieselbe mit Schritten und Schuhen zumessen, und brachte seine Beschaffenheit vermittelst deß verjüngten Maaßstabs in mein Schreibtäfelein, und als ich damit fertig, zumaln der Himmel durchauß hell, und die Lufft gantz windstill, und wol temperirt war, wolte ich auch probiren was Warheit an der Sagmehr wäre, daß ein Ungewitter entstehe, wan man einen Stein in die See werffe; sintemal ich allbereit die Hörsage, daß die See keine Forellen leide, am Mineralischen Geschmack des Wassers waar zuseyn befunden. [536]

Solche Probe nun ins Werck zusetzen, ging ich gegen der lincken Hand an der See hin, an denjenigen Ort, da das Wasser (welches sonst so hell ist als ein Crystall) wegen der abscheulichen Tieffe deß Sees gleichsam kohlschwartz zuseyn scheinet, und deßwegen so forchterlich außsihet, daß man sich auch nur vor dem Anblick entsetzet, daselbst fing ich an so grosse Steine hinein zuwerffen, als ich sie immermehr erheben und ertragen konte; mein Petter oder Knán wolte mir nicht allein nicht helffen, sondern warnete und bat mich davon abzustehen soviel ihm immer müglich, ich aber continuirete meine Arbeit emsig fort, und was ich von Steinen ihrer Grösse und Schwere halben nicht fünfften Buchs, 12. Cap.

ertragen mogte, das walgerte ich herbey, biß ich deren über 30. in die See brachte; Da fing die Lufft an, den Himmel mit schwartzen Wolcken zubedecken, in welchen ein grausames Donnern gehöret ward; Also daß mein Petter, welcher jenseit der See bey dem Außlauff stund, und über meine Arbeit lamentirte, mir zuschrie, ich solte mich doch salviren, damit uns der Regen und das schröckliche Wetter nicht ergreiffe, oder noch wol ein grösser Unglück betreffe; Ich aber antwortete ihm hingegen, Vater ich will bleiben und deß Endes erwarten, und solte es auch Helleparten regnen; Ja, antwortete mein Knán, ihr macht es wie alle verwegene Buben, die sich nichts darum geheyen, wangleich die gantze Welt unterginge.

Indem ich nun diesem seinem Schmelen so zuhörete, verwante ich die Augen nicht von der Tieffe der See, in Meynung, etwan etliche Blattern oder Blasen vom Grund desselbigen auffsteigen zusehen, [537] wie zugeschehen pfleget, wan man in andere Tieffe, so stillstehende als fliessende Wasser Steine wirfft; aber ich ward nichts dergleichen gewahr, sondern sahe sehr weit gegen den abyssum etliche Creaturen im Wasser herum sladern, die mich der Gestalt nach an Frösche ermahneten, und gleichsam wie Schwermerlein auß einer auffgestiegenen Ratquet, die in der Lufft ihre Würckung der Gebühr nach vollbringet, herum vagirten; und gleichwie sich dieselbige mir jelänger jemehr näherten, also schienen sie auch in meinen Augen je länger je grösser, und an ihrer Gestalt den Menschen desto ähnlicher; weßwegen mich dan erstlich eine grosse Verwunderung, und endlich weil ich sie so nahe bey mir hatte, ein Grausen und Entsetzen ankam: Ach! sagte ich damal vor Schrecken und Verwunderung zu mir selber, und doch so laut, daß es mein Knán, der jenseit der See stund, wol hören konte (wiewol es schröcklich donnerte) wie seynd die Wunderwercke deß Schöpffers auch so gar im Bauch der Erden, und in der Tieffe deß Wassers so groß! Kaum hatte ich diese Worte recht außgesprochen, da war schon eins von diesen Sylphis oben auff dem Wasser, das antwortete, Sihe: das bekennest du, eh du etwas davon gesehen hast; was würdest du wol sagen, wan du erst selbsten im centro terræ wärest, und

unſre Wohnung, die dein Fürwitz beunruhiget, beſchaueteſt?
Unterdeſſen kamen noch mehr dergleichen Waſſer-Männlein
hier und dort, gleichſam wie die Tauch-Entlein hervor,
die mich alle anſahen, und die Steine wieder herauff
brachten, die ich hinein geworffen, worüber ich gantz er-
ſtaunete; Der erſte und vornehmſte aber unter ih-[538]
nen, deſſen Kleidung wie lauter Gold und Silber glänzete,
warff mir einen leuchtenden Stein zu, ſo groß als ein
Dauben-Ey, und ſo grün und durchſichtig als ein Schmaragd,
mit dieſen Worten: Nim hin diß Cleinod, damit du
etwas von uns und dieſer See zuſagen wiſſeſt! Ich hatte
ihn aber kaum auffgehoben und zu mir geſteckt, da ward
mir nicht anderſt, als ob mich die Lufft hätte erſticken
oder erſäuffen wollen, derhalben ich mich dan nicht länger
auffrecht behalten konte, ſondern herum baumelte wie eine
Garnwinde, und endlich gar in die See hinunter fiel:
Sobald ich aber ins Waſſer kam, erholete ich mich wieder,
und brauchte auß Krafft deß Steins den ich bey mir
hatte, im Athmen das Waſſer, anſtat der Lufft, ich konte
auch gleich ſowol als die Waſſermännlein mit geringer
Mühe in der See herum webern, maſſen ich mich mit
denſelben in Abgrund hinab thät, ſo mich an nichts anders
ermahnete, als wan ſich eine Schaar Vögel mit Umſchweiffen
auß dem oberſten Theil der temperirten Lufft gegen der
Erde nider läſſet.

Da mein Knán diß Wunder zum theil (nehmlich ſoviel
oberhalb deß Waſſers geſchehen) ſamt meiner gählingen
Verzuckung geſehen, trollete er ſich von der See hinweg,
und heim zu, als ob ihm der Kopff brennte, daſelbſt erzehlete er allen Verlauff, vornemlich aber, daß die Waſſer-
männlein diejenige Steine, ſo ich in die See geworffen,
wieder in vollem Donnerwetter herauff getragen, und an
ihre vorige ſtat gelegt, hingegen aber mich mit ihnen
hinunter genommen hätten: Etliche glaubten ihm, die meiſte
aber hielten es vor eine Fabel; Andere bildeten ſich ein,
[539] ich hätte mich wie ein anderer Empedocles Agri-
gentinus (welcher ſich in den Berg Ætnam geſtürtzt, damit
jederman gedencken ſolte, wan man ihn nirgend finde, er
wäre gen Himmel gefahren) ſelbſt in der See ertränckt,

und meinem Vater befohlen, solche Fabuln von mir auß=
zugeben, um mir einen unsterblichen Namen zumachen;
man hätte eine Zeitlang an meinem melancholischen Humor
wol gesehen, daß ich halber desperat gewesen wäre, ꝛc.
Andere hätten gern geglaubt, wan sie meine Leibskrähsten
nicht gewust, mein angenommener Vater hätte mich selbst
ermordet, damit er als ein geitziger alter Mann meiner
loß würde, und allein Herr auff meinem Hof seyn mögte;
Also daß man um diese Zeit von sonsten nichts, als von
der Mummel See, von mir und meiner Hinfahrt und von
meinem Vetter, beydes im Saurbrunn und auff dem Land
zusagen und zurahten wuste.

Das XIII. Capitel.
Der Printz über die Mummel=See erzehlet die Art und
das Herkommen der Sylphorum.

PLinius schreibet im Ende deß zweyten Buchs vom
Geometra Dionysio Doro, daß dessen Freunde einen
Brieff in seinem Grab gefunden, den er Dionysius
geschrieben, und darin berichtet, daß er auß seinem Grab
biß in das mittelste Centrum der Erden sey kommen, und
befunden, daß 42000. Stadia biß dahin seyn; Der Fürst
über die Mummel=See aber, so mich begleitet, und obiger
gestalt vom Erdboden hinweg geholet hatte, sagte mir vor
gewiß, daß sie auß dem Centro Terræ biß an die Lufft
[540] durch die halbe Erde, just 900. Teutscher Meilen
hätten, sie wolten gleich in Teutschland, oder zu benen
Antipodibus, und solche Räisen müsten sie alle durch der=
gleichen See nehmen, deren hin und wieder soviel in der
Welt, als Tag im Jahr seyn, welcher Ende oder Abgründe
alle bey ihres Königs Wohnung zusammen stiessen. Diese
grosse Weite nun passirten wir eh als in einer Stunde,
also daß wir mit unsrer schnellen Räise deß Monden
Lauff sehr wenig, oder gar nichts bevor gaben, und dannoch
geschahe solches so gar ohn alle Beschwerung, daß ich
nicht allein keine Müdigkeit empfand, sondern auch in
solchem sanfften Abfahren mit obgemelten Mummelseer=
Printz allerhand bicuriren konte, dan da ich seine Freund=
lichkeit vermerckte, fragte ich ihn, zu was Ende sie mich

einen so weiten, gefährlichen, und allen Menschen ungewöhnlichen Weg mit sich nehmen? Da antwortete er mir gar bescheiden, der Weg sey nicht weit, den man in einer Stunde spaziren könte, und nicht gefährlich, dieweil ich ihn und seine Gesellschafft mit dem überreichten Stein bey mir hätte, daß er mir aber ungewöhnlich vorkomme, sey sich nichts zuverwundern; sonst hätte er mich nicht allein auß seines Königs Befelch, der etwas mit mir zureden, abgeholt, sondern daß ich auch gleich die seltzame Wunder der Natur unter der Erde und in Wassern beschauen solte, deren ich mich zwar bereits auff dem Erdboden verwunderte, eh ich noch kaum einen Schatten davon gesehen. Darauff bat ich ihn ferner, er wolte mich doch berichten, zu was Ende der gütige Schöpffer soviel wunderbarliche Seen erschaffen, sintemal sie, wie mich [541] dünckte, keinem Menschen nichts nutzten, sondern viel ehender Schaden bringen könten? Er antwortete, du fragst billich um dasjenige, was du nicht weist oder verstehest, diese Seen sind dreyerley Ursachen willen erschaffen: Dan erstlich werden durch sie alle Meere, wie die Namen haben, und sonderlich der grosse Oceanus, gleichsam wie mit Nägeln an die Erde gehefftet; Zweytens werden von uns durch diese See (gleichsam als wie durch Teichel, Schläuche oder Stiefeln bey einer Wasser-Kunst, deren ihr Menschen euch gebrauchet) die Wasser auß dem abysso deß Oceani in alle Quellen deß Erdbodens getrieben, (welches dan unser Geschäfft ist) wovon alsdan alle Brünnen in der gantzen Welt fliessen, die grossen und kleinen Wasserflüsse entstehen, der Erdboden befeuchtiget, die Gewächse erquicket, und beydes Menschen und Viehe geträncket werden; Drittens, daß wir als vernünfftige Creaturen Gottes hierin leben, unsere Geschäffte verrichten, und Gott den Schöpffer in seinen grossen Wunderwercken loben sollen! Hierzu nun seynd wir und solche Seen erschaffen, und werden auch biß an den Jüngsten Tag bestehen; Wan wir aber gegen derselben letzten Zeit unsere Geschäffte, darzu wir von Gott und der Natur erschaffen und verordnet sind, auß einer oder andern Ursache unterlassen müssen, so muß auch nothwendig die Welt durchs Feur untergehen, so aber vermuthlich nicht ehender geschehen kan, es sey dan, daß ihr den Mond, (donec auferatur luna, Psal. 71.), Venerem oder Martem, als Morgen und Abendstern verlieret, dan es müsten die generationes fructu- & animalium erst [542] vergehen, und alle Wasser verschwinden, eh sich die Erde von sich selbst durch der Sonnen Hitze entzünde, calcinire, und wiederum regenerire; Solches aber gebühret uns nicht zuwissen, ist auch allein Gott bekant, auffer was wir etwan muthmassen, und eure Chymici auß ihrer Kunst daher lallen.

Da ich ihn so reden, und die H. Schrifft anziehen hörete, fragte ich, ob sie sterbliche Creaturen wären, die nach der jetzigen Welt auch ein künfftiges Leben zuhoffen hätten? oder ob sie Geister seyn, welche solang die Welt stünde, nur ihre anbefohlene Geschäffte verrichten? Darauff antwortete er, wir sind keine Geister, sondern sterbliche Leutlein, die zwar mit vernünfftigen Seelen begabet, welche aber samt den Leibern dahin sterben und vergehen; Gott ist zwar so wunderbar in seinen Wercken, daß sie keine Creatur außzusprechen vermag, doch will ich dir, soviel unsre Art anbelanget, simpliciter erzehlen, daß du darauß fassen kanst, wieweit wir von den andern Creaturen GOttes zuunterscheiden seyn: Die heilige Engel sind Geister, zum Ebenbild Gottes gerecht, verständig, frey, keusch, hell, schön, klar, geschwind und unsterblich, zu dem Ende erschaffen, daß sie in ewiger Freude GOtt loben, rühmen, ehren und preisen, in dieser Zeitlichkeit aber der Kirche Gottes hier auff Erden auf den Dienst warten, und die Allerheiligste Göttliche Befelche verrichten sollen, deßwegen sie dan auch zuzeiten Nuncii gennenet werden, und ihrer seynd auff einmal so viel hundert tausend mal tausend Millionen erschaffen worden, als der Göttlichen Weißheit wolgefällig gewesen; nachdem aber auß ihrer grossen Anzahl unaußsprech=[543]lich viel, die sich ihres hohen Adels überhoben, auß Hoffart gefallen, seynd erst euere erste Eltern von GOtt mit einer vernünfftigen und unsterblichen Seele zu seinem Ebenbild erschaffen, und deßwegen mit Leibern begabet worden, daß sie sich auß sich selbsten vermehren solten, biß ihr Geschlecht die Zahl der gefallenen

Engel wiederum erfülle; zu solchem Ende nun ward die Welt erschaffen, mit allen andern Creaturen, daß der irdische Mensch, biß sich sein Geschlecht soweit vermehrete, [daß] die angeregte Zahl der gefallenen Engel damit ersetzt werden könte, darauff wohnen, GOtt loben, und sich aller anderer erschaffenen Dinge auff der gantzen Erdkugel (als worüber ihn GOtt zum Herrn gemachet) zu GOttes Ehren, und zu seines Nahrung=bedörffigen Leibes Auffenthaltung bedienen solte; damals hatte der Mensch diesen Unter= scheid zwischen ihm und den heil. Engeln, daß er mit der irdischen Bürde seines Leibes beladen, und nicht wuste was gut und böse war, und dahero auch nicht so starck und geschwind als ein Engel seyn konte; hatte hingegen aber auch nichts gemeines mit den unvernünfftigen Thieren, demnach er aber durch den Sündenfall im Parabeis seinen Leib dem Tod unterwarff, schätzten wir ihn das Mittel zuseyn zwischen den heiligen Engeln und den unvernünff= tigen Thieren, dan gleichwie eine heilige entleibte Seele eines zwar irdischen doch himmlisch=gesinnten Menschen alle gute Eigenschaft eines heiligen Engels an sich hat, also ist der entseelte Leib eines irdischen Menschen (der Verwesung nach) gleich einem andern Aaß eines unver= nünfftigen Thiers, uns selbsten aber schätzen wir vor das Mittel [544] zwischen euch und allen andern lebendigen Creaturen der Welt, sintemal, obgleich wir wie ihr, ver= nünfftige Seelen haben, so sterben jedoch dieselbige mit unsern Leibern gleich hinweg, gleichsam als wie die leb= haffte Geister der unvernünfftigen Thiere in ihrem Tod verschwinden. Zwar ist uns kundbar, daß ihr durch den Ewigen Sohn Gottes, durch welchen wir dan auch er= schaffen, auffs allerhöchste geadelt worden, indem er euer Geschlecht angenommen, der göttlichen Gerechtigkeit genug gethan, den Zorn Gottes gestillet, und euch die ewige Seeligkeit wiederum erworben, welches alles euer Ge= schlecht dem unserigen weit vorziehet; Aber ich rede und verstehe hier nichts von der Ewigkeit, weil wir deren zu= geniessen nicht fähig seyn, sondern allein von dieser Zeit= lichkeit, in welcher der Allergütigste Schöpffer uns gnugsam beseeligt, als mit einer guten gesunden Vernunfft, mit

Erkåntnuß deß Allerheiligsten Willens Gottes, soviel uns vonnöthen, mit gesunden Leibern, mit langem Leben, mit der edlen Freyheit, mit gnugsamer Wissenschafft, Kunst und Verstand aller natürlichen Dinge, und endlich, so das allermeiste ist, sind wir keiner Sünde, und dannenhero auch keiner Straffe, noch dem Zorn Gottes, ja nicht einmal der geringsten Kranckheit unterworffen: Welches alles ich dir darum so weitläuffig erzehlet, und auch deßwegen der H. Engel, irdischen Menschen, und unvernünfftigen Thieren gedacht, damit du mich desto besser verstehen könnest. Ich antwortete, es wolte mir dannoch nicht in Kopff; da sie keiner Missethat, und also auch keiner Straffe unterworffen, worzu sie dan eines Königs bedörffig? item, wie sie sich der Freyheit rüh=[545]men könten, wan sie einem König unterworffen? item, wie sie geboren werden, und wieder sterben könten, wan sie gar keinen Schmertzen oder Kranckheit zuleiden geartet wären? Darauff antwortete mir das Printzlein, sie hätten ihren König nicht, daß er Justitiam administriren, noch daß sie ihm dienen solten, sondern daß er wie der König oder Weissel in einem Immenstock, ihre Geschäffte dirigire; und gleichwie ihre Weiber in coitu keine Wollust empfånden, also seyn sie hingegen auch in ihren Geburten keinen Schmertzen unterworffen, welches ich etlicher massen am Exempel der Katzen abnehmen und glauben könte, die zwar mit Schmertzen empfahen, aber mit Wollust gebåren; So stürben sie auch nicht mit Schmertzen, oder auß hohem gebrechlichem Alter, weniger auß Kranckheit, sondern gleichsam als ein Liecht verlösche, wan es seine Zeit geleuchtet habe, also verschwinden auch ihre Leiber samt der Seelen; gegen der Freyheit, deren er sich gerühmt, sey die Freyheit deß allergrösten Monarchen unter uns irdischen Menschen gar nichts, ja nicht soviel als ein Schatten zurechnen, dan sie könten weder von uns noch andern Creaturen getödet, noch zu etwas unbeliebigem genötiget, vielweniger befängnüst werden, weil sie Feur, Wasser, Lufft und Erde ohn einzige Mühe und Müdigkeit (von deren sie gar nichts wüsten) durchgehen könten. Darauff sagte ich, wan es mit euch so beschaffen, so ist euer Geschlecht von unserm Schöpffer weit höher geadelt und beseeligt, als das unserige; Ach nein, antwortete der Fürst, ihr sündiget wan ihr diß glaubet, indem ihr die Güte Gottes einer Sache beschuldiget, die nicht [546] so ist, dan ihr seyd weit mehrers beseeligt als wir, indem ihr zu der seeligen Ewigkeit, und das Angesicht GOttes unauffhörlich anzuschauen erschaffen, in welchem seeligen Leben eurer einer der seelig wird, in einem einzigen Augenblick mehr Freude und Wonne, als unser gantzes Geschlecht von Anfang der Erschaffung biß an den Jüngsten Tag, geneust. Ich sagte, was haben darum die Verdammte davon? Er antwortete mir mit einer Wieder=Frage, und sagte: Was kan die Güte Gottes davor, wan euer einer sein selbst vergisset, sich der Creaturen der Welt, und deren schändlichen Wollüsten ergibet, seinen viehischen Begierden den Zügel schiessen lässet, sich dadurch dem unvernünfftigen Viehe, ja durch solchen Ungehorsam gegen Gott, mehr den höllischen als seeligen Geistern gleich machet? Solcher Verdammten ewiger Jammer, worein sie sich selbst gestürtzt haben, benimt darum der Hoheit und dem Adel ihres Geschlechtes nichts, sintemal sie sowol als andere, in ihrem zeitlichen Leben die ewige Seeligkeit hätten erlangen mögen, da sie nur auff dem darzu verordneten Weg hätten wandlen wollen.

Das XIV. Capitel.
Was Simplicius ferner mit diesem Fürsten unterwegs discurirt, und was er vor verwunderliche und abentheurliche Sachen vernommen.

ICh sagte zu dem Fürstlein, weil ich auff dem Erdboden ohn das mehr Gelegenheit hätte, von dieser Materia zuhören, als ich mir zunutz machte, so wolte ich ihn gebeten haben, er wolte mir doch davor die Ursache erzehlen, warum zuzeiten ein so groß [547] Ungewitter entstehe, wan man Steine in solche See werffe? dan ich erinnerte mich von dem Pilatus=See im Schweitzerland eben dergleichen gehört, und vom See Camarina in Sicilia ein solches gelesen zuhaben, von welchem die Phrasis enstanden, Camarinam movere; Er antwortete, weil alles das schwer ist, nicht eher gegen dem centro terræ

zufallen auffhöret, wan es in ein Wasser geworffen wird,
es treffe dan einen Boden an, darauff es unterwegs
ligen verbleibe, hingegen diese Seen alle mit einander biß
auff das centrum gantz Bodenloß und offen seynd, also
daß die Steine so hinein geworffen werden, nothwendig
und natürlicher Weise in unsere Wohnung fallen, und
ligen bleiben müsten, wan wir sie nicht wieder zu eben
dem Ort, da sie her kommen, von uns hinauß schafften,
als thun wir solches mit einer Ungestüme, damit der
Muthwille derjenigen, so sie hinein zuwerffen pflegen, ab=
geschreckt, und im Zaum gehalten werden möge, so dan
eins von den vornehmsten Stücken unsers Geschäffts ist,
darzu wir erschaffen. Solten wir aber gestatten, daß ohn
dergleichen Ungewitter die Steine eingeschmissen, und
wieder außgeschafft würden, so käme es endlich darzu, daß
wir nur mit denen muthwilligen Leuten zuthun hätten,
die uns täglich von allen Orten der Welt her auß Kurtz=
weile Steine zusendeten. Und an dieser einzigen Ver=
richtung die wir zuthun haben, kanstu die Nothwendigkeit
unsers Geschlechts abnehmen, sintemal da obiger gestalt
die Steine von uns nicht außgetragen, und doch täglich
durch soviel dergleichen unterschiedliche Seen, die sich hin
und wieder in der Welt befinden, dem centro [548] terræ,
darin wir wohnen, soviel zugeschickt würden, so müsten
endlich zugleich die Gebäude, damit das Meer an die
Erde gehefftet und bevestiget, zerstöret, und die Gänge,
dadurch die Quellen auß dem Abgrund deß Meers hin
und wieder auff die Erde geleitet, verstopfft werden, das
dan nichts anders als eine schädliche Confusion, und der
gantzen Welt Untergang mit sich bringen könte.

Ich bedanckte mich dieser Communication, und sagte:
Weil ich verstehe, daß euer Geschlecht durch solche See
alle Quellen und Flüsse auff dem gantzen Erdboden mit
Wasser versihet, so werdet ihr auch Bericht geben können,
warum sich die Wasser nicht alle gleich befinden, beydes
an Geruch, Geschmack, ꝛc. und der Krafft und Würckung,
da sie doch ihre Wiederkehrung (wie ich verstanden) ur=
sprünglich alle auß dem Abgrund deß grossen Oceani
hernehmen, darein sich alle Wasser wiederum ergiessen;

Dan etliche Quellen seynd liebliche Saurbrunnen, und taugen zu der Gesundheit, etliche sind zwar saur, aber unfreundlich und schädlich zutrincken; und andere seynd gar tödlich und vergifft, wie derjenige Brunn in Arcadia, damit Jollæ dem Alexandro Magno vergeben haben solle; etliche Brunnenquellen seynd laulicht, etliche siebent-haiß, und andere Eißkalt; etliche fressen durch Eisen, als Aqua fort, wie einer in Zepusio oder der Graffschafft Zips in Ungarn; Andere hingegen heilen alle Wunden, als sich dan einer in Thessalia befinden solle; etliche Wasser werden zu Stein, andere zu Saltz, und etliche zu Victriol; Der See bey Zircknitz in Kärnten hat nur Winterszeit Wasser, und im Sommer ligt er allerdings [549] trocken; der Brunn bey Aengstlen laufft nur Sommerszeit, und zwar nur zu gewissen Stunden, wan man das Viehe träncket; der Schändlebach bey Ober-Nähenheim laufft nicht eher, als wan ein Unglück übers Land kommen solle. Und der Fluvius Sabbathicus in Syria bleibet allezeit den siebenden Tag gar auß. Worüber ich mich offtermal, wan ich der Sache nachgedacht, und die Ursache nicht ersinnen können, zum allerhöchsten verwundern müste.

Hierauff antwortete der Fürst: Diese Dinge alle miteinander hätten ihre natürliche Ursachen, welche dan von den Naturkündigern unsers Geschlechtes mehrentheils auß denen unterschiedlichen Geruchen, Geschmacken, Krafften und Würckungen der Wasser genugsam errathen, abgenommen, und auff dem Erdboden wären offenbaret worden. Wan ein Wasser von ihrer Wohnung an biß zu seinem Außlauff, welchen wir die Quelle nenneten, nur durch allerhand Steine lauffe, so verbleibe es allerdings kalt und süß, dafern es aber auff solchem Weg durch und zwischen die Metalla passire, (dan der grosse Bauch der Erben sey innerlich nicht an einem Ort wie am andern beschaffen) als da sey Gold, Silber, Kupffer, Zinn, Bley, Eisen, Quecksilber, ꝛc. oder durch die halbe Mineralia, nemlich Schwefel, Saltz mit allen seinen Gattungen, als naturale, sal gemmæ, sal nativum, sal radicum, sal nitrum, sal armoniacum, sal petræ, &c. weisse, rothe, gelbe und grüne Farben, Victril, marchasita aurea, argentea, plumbea, terrea, lapis lazuli, alumen, arsenicum, antimonium, risigallum, Electrum naturale, Chrisocolla. Sublimatum &c. so nehme es deren Geschmack, Geruch, [550] Art, Krafft und Würckung an sich, also daß es den Menschen entweder heilsam oder schädlich werde. Und eben daher hätten wir so unterschiedlich Saltz, dan etliches sey gut, und etliches schlecht; zu Cervia und Comachio ist es zimlich schwartz, zu Memphis röthlich, in Sicilia Schneeweiß, das Centaropische ist Purpurfärbig, und das Cappadocische gelblecht. Betreffend aber die warme Wasser, sagte er, so nehmen dieselbe ihre Hitze von dem Feur an sich, das in der Erde brennet, welches sowol als unsre See, hin und wieder seine Lufftlöcher und Camine hat, wie man am berühmten Berg Ætna in Sicilia, Hecla in Jßland, Gumapi in Banda und andern mehr abnehmen mag. Was aber den Zirckniter See anlanget, so wird dessen Wasser Sommerszeit bey der Kärntner Antipodibus gesehen, und der Aengstler=Brunn an andern Orten deß Erdbodens zu gewissen Stunden und Zeiten deß Jahrs und Tags anzutreffen seyn, eben dasjenige zuthun, was er bey den Schweitzern verrichtet. Gleiche Beschaffenheit hat es mit der Ober=Näheimer Schänblibach, welche Quellen alle durch unsers Geschlechtes Leutlein nach dem Willen und Ordnung Gottes, um sein Lob dadurch bey euch zuvermehren, solcher gestalt geleitet und geführet werden: Was den Fluvium Sabbathicum in Syria betrifft, pflegen wir in unsrer Wohnung, wan wir den siebenden Tag feyern, uns in dessen Ursprung und Canal, als das lustigste Ort unsers gantzen Aquætori, sich zulägern und zuruhen, deßwegen dan ermelter Fluß nicht lauffen mag, solang wir daselbst dem Schöpffer zu Ehren feyerlich verharren. [551]

Nach solchem Gespräch fragte ich den Printz, ob auch müglich seyn könte, daß er mich wieder durch einen andern als den Mummelsee, auch an ein anber Ort der Erden auff die Welt bringen könte? Freylich, antwortete er, warum das nicht, wan es nur Gottes Wille ist; dan auf solche Weise haben unsere Vor=Eltern vor alten Zeiten etliche Cananeer, die dem Schwert Josuä entronnen, und sich auß Desperation in einen solchen See gesprenget, in Americam geführet, massen deren Nachkömmlinge noch auff den heutigen Tag den See zuweisen wissen, auß welchem ihre Ur=Eltern anfänglich entsprungen. Als ich nun sahe, daß er sich über meine Verwunderung verwunderte, gleichsam als ob seine Erzehlung nicht verwunderns würdig wäre, sagte ich zu ihm: Ob sie sich dan nicht auch verwunderten, da sie etwas seltenes und ungewöhnliches von uns Men=schen sehen? Hierauff antwortete er: Wir verwundern uns an euch nichts mehrers, als daß ihr euch, da ihr doch zum ewigen seeligen Leben, und den unendlichen himm=lischen Freuden erschaffen, durch die zeitliche und irdische Wollüste, die doch sowenig ohn Unlust und Schmertzen, als die Rosen ohn Dörner sind, dergestalt bethören lassen, daß ihr dadurch eure Gerechtigkeit am Himmel verlieret, euch der frölichen Anschauung deß Allerheiligsten Angesichtes GOttes beraubet, und zu den verstossenen Engeln in die ewige Verdamnuß stürtzet! Ach mögte unser Geschlecht an eurer Stelle seyn, wie würde sich jeder befleissen, in dem Augenblick eurer nichtigen und flüchtigen Zeitlichkeit die Probe besser zuhalten, als ihr, dan das Leben so ihr habet, ist nicht euer Leben, sondern euer Le=[552]ben oder der Tod wird euch erst gegeben, wan ihr die Zeit=lichkeit verlasset; das aber was ihr das Leben nennet, ist gleichsam nur ein Moment und Augenblick, so euch ver=liehen ist, GOtt darin zuerkennen, und ihm euch zunähern, damit er euch zu sich nehmen möge, dannenhero halten wir die Welt vor einen Probierstein Gottes, auff welchem der Allmächtige die Menschen, gleichwie sonst ein reicher Mann das Gold und Silber probiret, und nachdem er ihren Valor am Strich befindet, oder nachdem sie sich durchs Feur läutern lassen, die gute und feine Gold= und Silber=sorten in seinen himmlischen Schatz leget, die böse und falsche aber ins ewige Feur wirfft, welches euch dan euer Heiland und unser Schöpffer mit dem Exempel vom Weitzen und Unkraut gnugsam vorgesaget und offenbaret hat.

Das XV. Capitel.
Was der König mit Simplicio, und Simplicius mit dem König geredet.

Diß war das Ende unsers Gesprächs, weil wir uns dem Sitz deß Königs näherten, vor welchen ich ohn Ceremonien oder Verlust einziger Zeit hingebracht ward: Da hatte ich nun wol Ursache, mich über seine Majestät zuverwundern, da ich doch weder eine wolbestelte Hoffhaltung noch einziges Gepräng, ja auffs wenigste keinen Cantzler oder geheime Räthe, noch einzigen Dolmetschen, oder Trabanten und Leibguardi, ja so gar keinen Schalcksnarrn, noch Koch, Keller, Page, noch einzigen Favoriten oder Dellerlecker nicht sahe, sondern rings um ihn her schwebten die Fürsten über alle Seen, die sich in der [556] gantzen Welt befinden, einjedweder in derjenigen Landes-Art auffziehend, in welches sich ihre unterhabende See von dem Centro Terræ auß erstreckte, dannenhero sahe ich zugleich die Ebenbilder der Chineser und Africaner, Troglodyten und Novazembler, Tartarn und Mexicaner, Samogeden und Moluccenser, ja auch von denen, so unter den Polis arctico und antarctico wohnen, das wol ein seltzames Spectacul war; die zween, so über der wilden und schwartzen See die Inspection trugen, waren allerdings bekleidet, wie der so mich convojirt, weil ihre See zunächst am Mummelsee gelegen, zog also derjenige, so über den Pilatus-see die Obsicht trug, mit einem breiten ehrbaren Bart und einem par Bloderhosen auf, wie ein reputierlicher Schweitzer, und derjenige so über die obgemelte See Camarina die Auffsicht hatte, sahe beydes mit Kleidern und Geberden einem Sicilianer so ähnlich, daß einer tausend Ayde geschworen hätte, er wäre noch niemaln auß Sicilia kommen, und könte kein Teutsches Wort; Also sahe ich auch, wie in einem Trachten-Buch, die Gestalten der Perser, Japonier, Moscowiter, Finnen, Lappen, und aller andern Nationen in der gantzen Welt.

Ich bedorffte nicht viel Complimenten zumachen, dan der König fing selbst an sein gut Teutsch mit mir zureden, indem sein erstes Wort war, daß er fragte: Auß was Ursach hastu dich unterfangen, uns gleichsam gantz muthwilliger Weise so einen Hauffen Steine zuzuschicken? Ich antwortete kurtz, weil bey uns einemjeden erlaubt ist, an einer verschlossenen Thüre anzuklopffen; Darauff sagte er: Wie, wan du aber den Lohn deiner fürwitzigen Importunität [557] empfingest? Ich antwortete, ich kan mit keiner grössern Straffe beleget werden, als daß ich sterbe, sintemal ich aber seithero soviel Wunder erfahren und gesehen, die unter soviel Millionen Menschen keiner das Glück nicht hat, würde mir mein Sterben ein geringes, und mein Tod vor gar keine Straffe zurechnen seyn; Ach elende Blindheit! sagte hierauff der König, und hub damit die Augen auff, gleichwie einer der auß Verwunderung gen Himmel schauet, ferner sagende: Ihr Menschen könt nur einmal sterben, und ihr Christen soltet den Tod nicht eher getrost zuüberstehen wissen, ihr wäret dan vermittelst euers Glaubens und Liebe gegen Gott durch eine unzweiffelhaffte Hoffnung versichert, daß euere Seelen das Angesicht deß Höchsten eigentlich anschauen würden, sobald der sterbende Leib die Augen zuthäte: Aber ich habe vor dieses mal weit anders mit dir zureden.

Darauff sagte er, es ist mir referirt worden, daß sich die irdische Menschen, und sonderlich ihr Christen deß jüngsten Tags ehistes versehen, weilen nicht allein alle Weissagung, sonderlich was die Sybillen hinterlassen, erfüllet, sondern auch alles was auff Erden lebet, den Lastern so schröcklich ergeben sey: also daß der Allmächtige GOtt nicht länger verziehen werde, der Welt ihr Endschafft zugeben; Weilen dan nun unser Geschlecht mit samt der Welt untergehen, und im Feur (wiewol wir deß Wassers gewohnt seyn) verderben muß, als entsetzen wir sich nicht wenig wegen Zunahung solcher erschröcklichen Zeit; haben dich derowegen zu uns holen lassen, um zuvernehmen, was etwan deßwegen vor Sorge, oder [555] Hoffnung zumachen seyn mögte? wir zwar können auß dem Gestirn noch nichts dergleichen abnehmen, auch nichts an der Erbkugel vermerken, daß eine so nahe Veränderung obhanden sey; müssen sich derowegen von denen benachrichtigen lassen, welchen hiebevor ihr Heyland selbsten etliche

Warzeichen seiner Zukunfft hinterlassen, ersuchen dich derowegen gantz holdseelig, du wollest uns bekennen, ob derjenige Glaube noch auff Erden sey oder nicht, welchen der zukünfftige Richter bey seiner Ankunfft schwerlich mehr finden wird? Ich antwortete dem König, er hätte mich Sachen gefraget, die mir zubeantworten viel zuhoch seyn, zumaln künfftigs zuwissen: und sonderlich die Ankunfft deß HErrn allein GOtt bekant; Nun wolan dan, antwortete der König hinwiederum, so sage mir dan, wie sich die Stände der Welt in ihrem Beruff halten, damit ich darauß entweder der Welt und unsers Geschlechtes Untergang: Oder gleich meinen Worten mir und den meinigen ein langes Leben und glückseelige Regirung conjecturiren könne, hingegen will ich dich sehen lassen was noch wenig zusehen bekommen, und hernach mit einer solchen Verehrung abfertigen, deren du dich dein lebtag wirst zuerfreuen haben, wan du mir nur die Warheit bekennest; Als ich nun hierauff still schwieg und mich bedachte, fuhr der König ferner fort und sagte, nun dran, dran, fang am höchsten an und beschließ es am nidersten, es muß doch seyn, wan du anders wieder auf den Erdboden wilst.

Ich antwortete, wan ich an dem höchsten anfahen soll, so mache ich billich den Anfang an den Geistlichen, dieselbe nun seynd gemeiniglich alle, sie [556] seyn auch gleich was vor Religion sie immer wollen, wie sie Eusebius in einer Sermon beschriben; nemlich rechtschaffene Verächter der Ruhe, Vermeider der Wollüste, in ihrem Beruff begierig zur Arbeit, gebultig in Verachtung, ungebultig zur Ehre, arm an Haab und Geld, reich am Gewissen, demütig gegen ihren Verdiensten, und hochmüthig gegen den Lastern; und gleichwie sie sich allein befleissen GOtt zudienen, und auch andere Menschen mehr durch ihr Exempel als ihre Worte zum Reich Gottes zubringen; Also haben die Weltliche hohe Häupter und Vorsteher allein ihr Absehen auff die liebe Justitiam, welche sie dan ohn Ansehen der Person einemjedwedern, Armen und Reichen, durch die Banck hinauß schnur-gerad ertheilen und widerfahren lassen: Die Theologi sind gleichsam lauter Hieronymi und Bedæ, die Cardinäle eitel Borromæi, die Bischöffe Augustini, die Aebte andere Hylariones und Pachomi, und die übrige Religiosen miteinander wie die Congregation der Eremiten in der Thebanischen Wildnüß! Die Kauffleute handlen nicht auß Geitz, oder um Gewins willen, sondern damit sie ihren Nebenmenschen mit ihrer Wahre, die sie zu solchem Ende auß fernen Landen herbringen, bedient seyn können: Die Wirthe treiben nicht deßwegen ihre Wirthschaften, reich zuwerden, sondern damit sich der Hungerige, Durstige und Räisende bey ihnen erquicken, und sie die Bewirthung als ein Werck der Barmhertzigkeit an den müden und krafftlosen Menschen üben können: Also suchet der Medicus nicht seinen Nutz, sondern die Gesundheit seines Patienten, wohin dan auch die Apothecker zielen: Die Handwercker wis=[557]sen von keinen Vörteln, Lügen und Betrug, sondern befleissigen sich, ihre Kunden mit daurhaffter und rechtschaffener Arbeit am besten zuversehen: Den Schneidern thut nichts gestolenes im Aug wehe, und die Weber bleiben auß Redlichkeit so arm, daß sich auch keine Mäuß bey ihnen ernähren können, denen sie etwan ein Knául Garn nachwerffen müsten: Man weiß von keinem Wucher, sondern der Wolhábige hilfft dem Dürfftigen auß Christlicher Liebe gantz ungebeten: Und wan ein Armer nicht zube=zahlen hat, ohn merckliche Schaden und Abgang seiner Nahrung, so schenckt ihm der Reiche die Schuld von freyen Stücken: Man spüret keine Hoffart, dan jeder weiß und bedenckt, daß er sterblich ist: Man merckt keinen Neid, dan es weiß und erkennet je einer den andern vor ein Ebenbild GOttes, das von seinem Schöpffer geliebet wird: Keiner erzörnt sich über den andern, weil sie wissen, daß Christus vor alle gelitten und gestorben: Man höret von keiner Unkeuschheit, oder unordentlichen fleischlichen Begierden, sondern was so vorgehet, das geschiehet auß Begierde und Liebe zur Kinderzucht: Da findet man keine Trunckenbolde oder Vollsáuffer, sondern wan einer den andern mit einem Trunck ehret, so lassen sich beyde nur mit einem Christl. Ráuschlein benügen: Da ist keine Trág=heit im Gottesdienst, dan einjeder erzeiget einen emsigen Fleiß und Eyfer, wie er vor allen andern GOtt recht=schaffen dienen möge, und eben beßwegen sind jetzund so schwere Kriege auff Erden, weil je ein Theil vermeynet, das andere diene Gott nicht recht: Es gibet keine Geitzige mehr, sondern Gesparsame; keine Verschwender, sondern [658] Freygebige; keine Kriegsgurgeln, so die Leute berauben und verderben, sondern Soldaten, die das Vaterland beschirmen; keine muthwillige faule Bettler, sondern Verächter der Reichthümer, und Liebhaber der freywilligen Armuth; keine Korn- und Wein-Juden, sondern vorsichtige Leute, die den überflüssigen Vorrath auff den besorgenden künfftigen Nothfall vor das Volck auffheben und fein zusammen halten.

Das XVI. Capitel.
Etliche neue Zeitungen auß der Tieffe deß unergründlichen Meers Mare del Zur, oder das friedsame stille Meer genant.

JCh pausirte einwenig, und bedachte mich was ich noch ferners vorbringen wolte, aber der König sagte, er hätte bereits soviel gehöret, daß er nicht mehrers zuwissen begehre; wan ich wolte, so solten mich dieseinige gleich wieder an den Ort bringen wo sie mich genommen; wolte ich aber (dan ich sehe wol, sagte er, daß du zimlich curiös bist) in seinem Reich eins und anders beschauen, daß meines gleichen ohnzweifel seltzam seyn würde, so solte ich in seiner Jurisdiction sicher hin begleitet werden, wohin ich nur wolte, und alsban so wolte er mich mit einer Verehrung abfertigen, daß ich damit zufrieden seyn könte; da ich mich aber nichts entschliessen, und ihm nicht antworten konte, wante er sich zu etlichen die eben in den Abgrund deß Mare del Zur, sich begeben: und dorten beydes wie auß einem Garten, und wie von einer Jagd, Nahrung holen solten, zu denen sagte er, nemet ihn mit, und bringet ihn bald wieder her, damit er noch heut wieder auf den Erdboden ge-[559]stellet werde; zu mir aber sagte er, ich könte mich indessen auff etwas besinnen, das in seiner Macht stünde, um solches mir zum Recompens und einer ewigen Gedächtnuß mit auff den Erdboden zugeben; Also wischte ich mit den Sylphis davon durch ein Loch welches etliche hundert Meilen lang war, eh wir auff den Grund deß obgedachten friedsamen Meers kamen, darauff stunden Corallenzincken so groß als die Eichbäume, von welchen sie zur Speise mit sich nahmen, was noch nicht erhartet und gefärbet war, dan sie pflegen sie zueßen, wie wir die junge Hirschgeweihe, da sahe man Schnecken-Häußlein so hoch als ein zimlich Rondel, und so breit als ein Scheuerthor; Item Perlen so dick als Fäuste, welche sie anstat der Eyer assen, und andere viel seltzamere Meerwunder die ich nicht alle erzehlen kan, der Boden lag überall mit Smaragden, Türckis, Rubinen, Diamanten, Saphiren und andern dergleichen Steinen überstreuet, gemeiniglich in der grösse, wie bey uns Wackensteine, so hin und wieder in den fliessenden Bächen ligen; da sahe man hier und dort gewaltige Schröffen viel Meilwegs hoch in die Höhe ragen, welche vor das Wasser hinauß gingen und lustige Insulen trugen; diese waren rund herum mit allerhand lustigen und wunderbarlichen Meergewächsen gezieret, und von mancherley seltzamen kriechenden, stehenden und gehenden Creaturen bewohnet; gleichsam als wie der Erdboden mit Menschen und Thieren, die Fische aber deren wir groß und klein und von unzahlbarer Art eine grosse Menge hin und wieder über uns im Wasser herum vagiren sahen, ermahneten mich allerdings an so vielerley Vö=[560]gel, die sich Frühlingszeit und im Herbst bey uns in der Lufft erlustiren; und weil es eben Vollmond und eine helle Zeit war (dan die Sonne [war] damals über unserm Horizont, also, daß ich damals mit unsern antipodibus Nacht, die Europeer aber Tag hatten) konte ich durch das Wasser hinauff den Mond und das Gestirn samt dem Polo antarctico sehen, dessen ich mich wol verwundern muste; Aber der, dem ich in seine Obhut befohlen war, sagte mir, wan wir sowol den Tag hätten als die Nacht, so würde mir alles noch verwunderlicher vorkommen, dan man könte alsdan von weitem sehen, wie es sowol in Abgrund deß Meers als auf dem Land schöne Berge und Thäler abgebe, welches schöner schiene, als die schönste Landschafften auff dem Erdboden; Als er auch sahe, daß ich mich über ihn und alle die so mit ihm waren, verwunderte, daß sie als Peruaner, Brasilianer, Mexicaner und Insulaner de los latronos auffgezogen und dannoch so gut teutsch redeten, da sagte er, daß sie nicht mehr als eine Sprache könten, die aber alle Völcker auff dem gantzen Umkreiß der Erden in ihrer Sprache verstünden, und sie hingegen dieselbe hinwiederum: welches daher komme, dieweil ihr Geschlecht mit der Torheit so bey dem Babylonischen Thurn vorgangen, nichts zuschaffen hätte.

Als sich nun meine Convoy genugsam proviantirt hatte, kehreten wir wiederum durch eine andere Höle auß dem Meer in das Centrum terræ, unterwegs erzehlete ich ihrer etlichen, daß ich vermeint hätte, das Centrum der Erden wäre inwendig hol, in welchem holen Theil die Pigmei wie in einem Kranrad her-[561]umlieffen, und also die gantze Erdkugel herum trilleten, damit sie überall von der Sonne, welche nach Aristarchi und Copernici Meynung mitten am Himmel unbeweglich still stünde, beschienen würde; Welcher Einfalt wegen ich schröcklich außgelachet ward, mit Bericht, ich solte sowol deren obigen beyden Gelehrten Meynung, als meine gehabte Einbildung mir einen eitelen Traum seyn lassen; Ich solte mich sagten sie, anstat dieser Gedancken besinnen, was ich von ihrem König vor eine Gabe begehren wolte, damit ich nicht mit leerer Hand wiederum auff den Erdboden dörffe; Ich antwortete, die Wunder die ich seithero gesehen, hätten mich so gar auß mir selbst gebracht, daß ich mich auff nichts bedencken könte, mit Bitte, sie wolten mir doch rathen, was ich von dem König begehren solte; Meine Meynung wäre (sintemal er alle Brunnenquellen in der Welt zu dirigiren hätte) von ihm einen Gesund-Brunn auff meinen Hof zubegehren, wie derjenige wäre, der neulich von sich selbst in Teutschland entsprungen, der gleichwol doch nur Süßwasser führe, der Fürst oder Regent über das stille Meer und dessen Hülen, antwortete, solches würde in seines Königs Macht nicht stehen, und wangleich es bey ihm stünde, und er mir gern gratificiren wolte, so hätten jedoch dergleichen Heilbrunnen in die Länge keinen Bestand, ꝛc. Ich bat ihn er wolte mir doch unbeschwert die Ursache erzehlen; da antwortete er, es befinden sich hin und wieder in der Erden läre Stätte, die sich nach und nach mit allerhand Metallen außfüllen, weil sie daselbst auß einer exhalatione humida, viscosa & crassa generiret werden, indem nun solche Generation ge=[562]schihet, schläget sich zuzeiten durch die Spälte der Marchasitæ aureæ vel argenteæ auß dem centro, davon alle Quellen getrieben werden, Wasser darzu, welches dan um und zwischen den Metallis viel hundert Jahr sich enthält, und der Metallen edle Art und heilsame Eigenschafften an sich nimt, wan sich dan das Wasser auß dem centro jelänger jemehr vermehret, und durch seinen starcken Trieb, einen Außlauff auff dem Erdboden suchet und findet, so wird das Wasser, welches soviel hundert oder tausend Jahre zwischen den Metallen verschlossen gewesen, und dessen Kräffte an sich genommen, zum allererſten außgeſtoſſen, und thut alsdan an denen Menſchlichen Cörpern diejenige wunderbarliche Würckung, die man an solchen neuen Heilbrünnen sihet, sobald nun solches Waſſer, das sich solang zwiſchen den Metallen enthalten, verfloſſen, so folget gemein Waſſer hernach, welches zwar auch durch dieselbige Gänge paſſiret, in seinem schnellen Lauff aber keine Tugenden oder Kräfften von den Metallen an sich nehmen, und also auch nicht wie das erste heilsam seyn kan; Wan ich (sagte er) die Gesundheit so sehr affectire, so solte ich seinen König ersuchen, daß er mich dem König der Salamandræ, mit welchem er in guter Correspondenz stünde, in eine Cur recommendire; derselbe könne die Menschliche corpora zurichten, und durch ein Edelgestein begaben, daß sie in keinem Feur verbrennen mögen, wie eine sonderbare Leinwat die wir auff Erden hätten, und im Feur zureinigen pflegten, wan sie schmutzig worden wäre; alsdan setze man einen solchen Menschen wie eine schleimige alte stinckende Tabackpfeiffe mitten [563] ins Feur, da verzehreten sich dan alle böse Humores und schädliche Feuchtigkeiten, und komme der Patient wieder so jung, frisch, gesund und neugeschaffen hervor, als wan er das Elixier Theophrasti eingenommen hätte; Ich wuſte nicht ob mich der Kerl foppete oder ob es ihm ernst war, doch bedanckte ich mich der vertraulichen Communication, und sagte, ich besorge, diese Chur sey mir

als einem Colerico, zuhitzig; mir würde nichts liebers
seyn, als wan ich meinen Mit=Menschen eine heilsame
rare Quelle mit mir auff den Erdboden bringen könte,
welches ihnen zunutz, ihrem König aber zur Ehre: mir
aber zu einem unsterblichen Namen, und ewigem Gedächt=
nus gereichen würde; Darauff antwortete mir der Fürst,
wan ich solches suche, so wolle er mir schon ein gut Wort
verleihen, wiewol ihr König so beschaffen, daß er der Ehre
oder Schande so ihm auff Erden zugeleget werde, gleich
viel achte; Mithin kamen wir wiederum in den Mittel=
punct der Erden, und vor deß Königs Angesicht, als er
und seine Printzen sich eben speisen wolten; Es war ein
Imbiß wie die Griechische Nephalia, da man weder Wein
noch starck Getränke brauchte, aber anstat dessen, trancken
sie Perlen wie rohe oder weichgesottene Eyer auß, als
welche noch nicht erhartet waren, und treffliche Stärcke
gaben, oder (wie die Bauren sagen) füterten.

Da observirte ich, wie die Sonne eine See nach der
andern beschiene, und ihre Stralen durch dieselbige biß in
diese schröckliche Tieffe hinunter warff, also daß es diesen
Sylphis niemal an keinem Liecht nicht mangelte: Man
sahe sie in diesem Abgrund so heiter [564] wie auff dem
Erdboden leuchten, also daß sie auch einen Schatten warff:
So daß ihnen den Sylphis die See wie Taglöcher oder
Fenster taugten, durch welche sie beydes Helle und Wärme
empfingen, und wan sich solches nicht überall schickte, weil
etliche Seen gar krum hinum gingen, ward solches durch
die reflexion ersetzt, weil die Natur hin und wieder in
die Winckel gantze Felsen von Crystall, Diamanten und
Carfunckeln geordnet, so die Helling hinunter fertigten.

Das XVII. Capitel.
Zurückräise auß dem Mitteltheil der Erden, seltzame Grillen,
Lufftgebäu, Calender, und gemachte Zechen ohn den Wirth.

Indessen hatte sich die Zeit genähert, daß ich wieder
heim solte, derhalben befahl der König, ich solte mich
vernehmen lassen, womit ich vermeyne, daß er mir
einen Gefallen thun könte? Da sagte ich, es könte mir
keine grössere Gnade wiederfahren, als wan er mir einen

rechtschaffenen Medicinalischen Saurbrunn auff meinen Hof würde zukommen lassen; Jst es nur das? antwortete der König, Jch hätte vermeynt, du würdest etliche grosse Smaragden auß dem Americanischen Meer mit dir genommen, und gebeten haben, dir solche auff den Erdboden passiren zulassen? Jetzt sehe ich, daß kein Geitz bey euch Christen ist; Mithin reichte er mir einen Stein von seltzamen varirenden Farben, und sagte: Diesen stecke zu dir, und wo du ihn hin auff den Erdboden legen wirst, daselbst wird er anfahen das Centrum wieder zusuchen, und die bequemste Mineralia durchgehen, biß er wieder zu uns komt, und dir unsertwe-[565]gen eine herrliche Saurbrunnquelle zuschicket, die dir so wol bekommen und zuschlagen sol, als du mit Eröffnung der Warheit um uns verdienet hast. Darauff nam mich der Fürst von der Mummel-See alsbald wieder in sein Geleit, und passirte mit mir den Weg und See wieder zurück, durch welchen wir herkommen waren, ꝛc.

Diese Heimfahrt dünckte mich viel weiter, als die Hinfahrt, also daß ich auff britthalb-tausend wolgemässener Teutscher Schweitzer-Meilen rechnete; es war aber gewiß die Ursache, daß mir die Zeit solang ward, weil ich nichts mit meiner Convoy redete, als blößlich, daß ich von ihnen vernam, sie würden biß auff 3. 4. oder 500. Jahre alt, und solche Zeit lebten sie ohn einzige Kranckheit. Jm übrigen war ich im Sinn mit meinem Saurbrunn so reich, daß alle meine Gedancken und Witz genug zuthun hatten, zuberathschlagen, wo ich ihn hinsetzen, und wie ich mir ihn zunutz machen wolte; Da hatte ich allbereit meine Anschläge wegen der ansehnlichen Gebäue, die ich darzu setzen müste, damit die Badgäste auch rechtschaffen accommodirt seyn, und ich hingegen ein grosses Losament-gelt auffheben mögte; Jch ersan schon, durch was vor Schmiralia ich die Medicos persuadiren wolte, daß sie meinen neuen Wunder-Saurbrunn allen andern, ja gar dem Schwalbacher vorziehen, und mir einen Hauffen reiche Badgäste zuschaffen solten; Jch machte schon gantze Berge eben, damit sich die Ab- und Zufahrende über keinen mühesamen Weg beschwereten; Jch dingete schon verschmitzte

Haußknechte, geitzige Köchinnen, vorsichtige Bett=Mägde, wachtsame Stallknechte, saubere Bad= und Brunnen=Verwalter, und [566] san auch allbereits einen Platz auß, auff welchen ich mitten im wilden Gebürge, bey meinem Hof, einen schönen ebenen Lust=Garten pflantzen, und allerley rare Gewächse darinn zielen wolte, damit sich die frembe Herren Badgäste und ihre Frauen darin erspaziren, die Krancke erfrischen, und die Gesunde mit allerhand kurtzweiligen spielen ergetzen und erramlen können. Da musten mir die Medici, doch um die Gebühr, einen herrlichen Tractat von meinem Brunn und dessen köstlichen Qualitäten zu Papier bringen, welchen ich alsdan neben einem schönen Kupfferstück, darein mein Baurnhof im Grundriß entworffen, wolte drucken lassen, auß welchem einjeder abwesender Krancker sich gleichsam halb gesund lesen und hoffen mögte; Ich ließ alle meine Kinder von L. holen, sie allerhand lernen zulassen, das sich zu meinem neuen Bad schickte, doch dorffte mir keiner kein Bader werden, dan ich hatte mir vorgenommen, meinen Gästen, obzwar nicht den Rücken, doch aber ihren Beutel dapffer zuschrepffen.

Mit solchen reichen Gedancken und über=glückseeligem Sinn=Handel erreichte ich wiederum die Lufft, massen mich der vielgedachte Printz allerdings mit trockenen Kleidern auß seiner Mummel=see ans Land satzte, doch muste ich das Cleinob, so er mir anfänglich geben, als er mich abgeholet, stracks von mir thun, dan ich hätte sonst in der Lufft entweder ersauffen, oder Athem zuholen den Kopff wieder ins Wasser stecken müssen, weil gedachter Stein solche Würckung vermogte. Da nun solches geschehen, und er denselben wieder zu sich genommen, beschirmten wir einander als Leute, die einander nimmermehr wie= [567] der zusehen würden bekommen, er duckte sich, und fuhr wieder mit den Seinigen in seinen Abgrund, ich aber ging mit meinem Lapide, den mir der König geben hatte, so voller Freuden davon, als wan ich das Gölbene Fell auß der Insul Colchis davon gebracht hätte.

Aber Ach! meine Freude, die sich selbst vergeblich auff eine immerwährende Beständigkeit gründete, wärete gar nicht lang, dan ich war kaum von dieser Wunder-See hinweg, als ich bereits anfing in dem ungeheuren Wald zuverirren, weil ich nicht Achtung geben hatte, von wannen her mein Knán mich zur See gebracht; Ich ging ein gut stück Wegs fort, eh ich meiner Verirrung gewahr ward, und machte noch immerfort Calender, wie ich den köstlichen Saurbrunn auff meinen Hof setzen, wol anlegen, und mir dabey einen geruhigen Herrnhandel schaffen mögte. Dergestalt kam ich unvermerckt jelánger jeweiter von dem Ort, wohin ich am allermeisten begehrete, und was das schlimste war, ward ichs nicht eher inn, biß sich die Sonne neigete, und ich mir nicht mehr zuhelffen wuste, da stund ich mitten in einer Wildnus wie Matz von Dreßden, beydes ohn Speiß und Gewehr, dessen ich gegen die bevorstehende Nacht wol bedörffig gewesen wäre; Doch tröstete mich mein Stein, den ich mit mir auß dem innersten Eingeweide der Erden herauß gebracht hatte: Gedult, Gedult! sagte ich zu mir selber, dieser wird dich aller überstandenen Noth wiederum ergetzen, gut Ding will Weile haben, und vortreffliche Sachen werden ohn grosse Mühe und Arbeit nicht erworben, sonst würde jeder Narr ohn Schnauffens und Bart=[568]wischens einen solchen edlen Saurbrunn, wie du einen bey dir in der Dasche hast, seines Gefallens zuwege bringen.

Da ich mir nun solcher gestalt zugesprochen, faßte ich zugleich mit der neuen Resolution auch neue Kräffte, massen ich weit dapfferer als zuvor auff die Solen trat, obgleich mich die Nacht darüber ereilete; Der Vollmond leuchtete mir zwar fein, aber die hohe Dannen liessen mir sein Liecht nicht sowol gedeyen, als denselben Tag das tieffe Meer gethan hatte, doch kam ich so weit fort, biß ich um Mitternacht von weitem ein Feur gewahr ward, auff welches ich den geraden Weg zuging, und von fern sahe, daß sich etliche Wald=Bauren darbey befanden, die mit dem Hartz zuthun hatten: Wiewol nun solchen Gesellen nicht allzeit zutrauen, so zwang mich doch die Noth, und rieth mir meine eigne Courage ihnen zuzusprechen. Ich hinterschlich sie unversehens, und sagte: Gute Nacht, oder guten Tag, oder guten Morgen, oder guten Abend ihr Herren! Saget mir zuvor, um welche Zeit es sey, damit ich euch darnach zugrüssen wisse? Da stunden und sassen sie alle sechse vor Schröcken zitternd, und wusten nicht was sie mir antworten solten, dan weil ich einer von den Längsten bin, und eben damals noch wegen meines jüngstverstorbenen Weibleins seel. ein schwartz Traur=Kleid anhatte, zumalen einen schrödlichen Prügel in Händen trug, auff welchen ich mich wie ein wilder Mann steurete, kam ihnen meine Gestalt entsetzlich vor; Wie? sagte ich, will mir dan keiner antworten? Sie verblieben aber noch eine gute Weile erstaunt, biß sich endlich einer erholete, und sagte: Wear ischt [569] dan der Hair? Da hörete ich, daß es eine Schwäbische Nation seyn müste, die man zwar (aber vergeblich) vor einfältig schätzet, sagte derowegen, ich sey ein fahrender Schüler, der jetzo erst auß dem Venus=Berg komme, und einen gantzen Hauffen wunderliche Künste gelernet hätte; Oho! antwortete der älteste Baur, jetzt glaube ich GOtt Lob, daß ich den Frieden wieder erleben werde, weil die fahrende Schüler wieder anfangen zuräisen.

Das XVIII. Capitel.
Simplicius verzettet seinen Saurbrunn an einem unrechten Ort.

Also kamen wir miteinander ins Gespräch, und ich genoß so vieler Höfflichkeit von ihnen, daß sie mich hiessen zum Feur nidersitzen, und mir ein Stück schwartz Brot und magern Küh=Käß anboten, welches ich dan alle beyde acceptirte; Endlich wurden sie so vertraulich, daß sie mir zumutheten, ich solte ihnen als ein fahrender Schüler gute Warheit sagen: Und weil ich mich sowol auff die Physiognomiam als Chiromantiam um etwas verstund, fing ich an einem nach dem andern auffzuschneiden, was ich meinete daß sie contentiren würde, damit ich bey ihnen meinen Credit nicht verliere, dan es war mir bey dieser wilden Waldbursche nicht allerdings heimlich. Sie begehreten allerhand fürwitzige Künste von mir zulernen, ich aber vertröstete sie auff den künfftigen Tag, und begehrete, daß sie mich einwenig wolten ruhen lassen. Und demnach ich solcher gestalt einen Zigeiner agirt hatte, legte ich mich einwenig beyseits, mehr zu horchen und zuvernehmen, [570] wie sie gesinnet, als daß ich grossen Willen (wiewol es am Appetit nicht mangelte) zuschlaffen gehabt hätte; jemehr ich nun schnarchte, je wachtsamer sie sich erzeigeten, sie stiessen die Köpffe zusammen, und fingen an um die Wette zurathen, wer ich doch seyn mögte? vor keinen Soldaten wolten sie mich halten, weil ich ein schwartz Kleid antrug, und vor keinen Burgers=Kerl konten sie mich nicht schätzen, weil ich zu einer solchen ungewöhnlichen Zeit so fern von den Leuten in das Mücken=Loch (so heisset der Wald) angestochen käme. Zuletzt beschlossen sie, ich müste ein Lateinischer Handwercks=Geselle seyn, der verirret wäre, oder meinem eigenen Vorgeben nach, ein fahrender Schüler, weil ich so trefflich waarsagen könte; Ja, fing dan ein ander an, und sagte, Er hat darum nicht alles gewust, er ist etwan ein loser Krieger, und hat sich so verkleidet, unser Viehe und die Schliche im Wald außzukündigen, Ach daß wir es wüsten, wir wolten ihn schlaffen legen, daß er das Auffwachen vergessen solte! Geschwind war ein ander da, der diesem Widerstand hielt, und mich vor etwas anders ansahe. Indessen lag ich dort, und spitzte die Ohren, ich gedachte, werden mich diese Knollfincken angreiffen, so muß mir zuvor einer oder drey ins Gras beissen, eh sie mich auffopffern.

Demnach nun diese so rathschlagten, und ich mich mit Sorgen ängstigte, ward mir gehling, als ob einer bey mir lege, der ins Bette brunzte, dan ich lag unversehens gantz naß, ô mirum! da war Troja verloren, und alle meine treffliche Anschläge waren dahin, dan ich merckte am Geruch, daß es mein Saurbrunn war; da gerieth ich vor Zorn und Un=[571]willen in eine solche Raserey, daß ich mich beynahe allein hinter die sechs Baurn gelassen, und mit ihnen herum geschlagen hätte: Ihr gottlose Flegel, (sagte ich zu ihnen, als ich mit meinem schröcklichen Prügel auffgesprungen war) an diesem Saurbrunn der auff meiner Lägerstat hervorquillet, könnet ihr mercken, wer ich sey, es wäre kein Wunder, ich straffte euch alle, daß euch der Teuffel holen mögte! weil ihr so böse Gedancken in Sinn nehmen dörffen, machte darauff so be-

drohliche und erschröckliche Minen, daß sie sich alle vor
mir entsatzten: Doch kam ich gleich wieder zu mir selber,
und merckte, was ich vor eine Torheit beging, Nein, (ge=
dachte ich) besser ist es den Saurbrunn, als das Leben
verloren, das du leicht einbüssen kanst, wan du dich hinter
diese Limmel machest: Gab ihnen derhalben wieder gute
Worte, und sagte, eh sie sich etwas anders entsinnen
konten: Stehet auff, und versuchet den herrlichen Saur=
brunn, den ihr und alle Hartz= und Holtzmacher hinfort
in dieser Wildnus meinetwegen zugeniessen haben werdet!
Sie konten sich in mein Gespräch nicht richten, sondern
sahen einander an, wie lebendige Stockfische, biß sie sahen,
daß ich fein nüchtern auß meinem Hut den ersten Trunck
thät, da stunden sie nacheinander vom Feur auff, darum
sie gesessen, besahen das Wunder, und versuchten das
Wasser, und anstat daß sie mir darum hätten danckbar
seyn sollen, fingen sie an zulästern, und sagten: Sie wolten,
daß ich mit meinem Saurbrunn an ein ander Ort ge=
rathen wäre, dan solte ihre Herrschafft dessen inwerden,
so müste das gantze Amt Dornstet fröhnen, und Wege
darzu machen, welches ihnen dan eine grosse Be=[572]
schwerlichkeit seyn würde. Hingegen (sagte ich) habet ihr
dessen alle zugeniessen, euere Hüner, Eyer, Butter, Viehe
und anders, könnet ihr besser ans Geld bringen; Nein,
nein, sagten sie, Nein! die Herrschafft setzt einen Wirth
hin, der wird allein reich, und wir müssen seine Narren
seyn, ihm Wege und Stege erhalten, und werden noch
keinen Danck darzu davon haben! Zuletzt entzweyten sie
sich, zween wolten den Saurbrunn behalten, und ihrer
vier mutheten mir zu, ich solte ihn wieder abschaffen;
welches, da es in meiner Macht gestanden wäre, ich wol
ohn sie wolte gethan haben, es wäre ihnen gleich lieb
oder leid gewesen.

Weil dan nunmehr der Tag vorhanden war, und ich
nichts mehr da zuthun hatte, zumalen besorgen muste, wir
würden, da es noch lang herumging, einander endlich in
die Haare gerathen, sagte ich: Wan sie nicht wolten, daß
alle Kühe im gantzen Bayersbrunner Thal rothe Milch
geben solten, so lang der Brunn lieffe, so solten sie mir

alsobald den Weg in Seebach weisen, dessen sie dan wol
zufrieden, und mir zu solchem Ende zwey mitgaben, weil
sich einer allein bey mir förchtete.

Also schied ich von dannen, und obzwar dieselbe
gantze Gegend unfruchtbar war, und nichts als Tann=
zapffen trug, so hätte ich sie doch noch elender verfluchen
mögen, weil ich alle meine Hoffnung daselbst verloren;
doch ging ich stillschweigend mit meinen Wegweisern fort,
biß ich auff die Höhe deß Gebürgs kam, allwo ich mich
dem Geländer nach wieder einwenig erkennen konte. Da
sagte ich zu ihnen: Ihr Herren könnet euch euren neuen
Saur=[573]brunn trefflich zunutz machen, wan ihr nemlich
hingehet, und eurer Obrigkeit dessen Ursprung anzeiget,
dan da würde es eine treffliche Verehrung setzen, weil
alsdan der Fürst selbigen zur Zierde und Nutz deß Landes
auffbauen, und zu Vermehrung seines Interesse aller Welt
wird bekant machen lassen; Ja, sagten sie, da wären wir
wol Narren, daß wir uns eine Ruthe auff unsern eigenen
Hindern machten, wir wolten lieber, daß dich der Teuffel
mit samt deinem Saurbrunn holete, du hast genug gehört,
warum wir ihn nicht gern sehen! Ich antwortete, Ach
ihr heillose Tropffen, solte ich euch nicht meineybige
Schelmen schelten, daß ihr auß der Art euerer frommen
Vor=Eltern so fern abtretet! dieselbige waren ihrem
Fürsten so getreu, daß er sich ihrer rühmen dorffte, Er
getraue in einesjeden seiner Unterthanen Schos seinen
Kopff zulegen, und darin sicherlich zuschlaffen; und ihr
Mausköpffe seyd nicht so ehrlich, einer besorgenden geringen Arbeit willen, darum ihr doch mit der Zeit wieder
ergetzt würdet, und deren all eure Nachkömmlinge reichlich
zugeniessen hätten, beydes eurem Hochlöblichen Fürsten
zu Nutz, und manchem elenden Krancken zur Wolfahrt
und Gesundheit diesen heilsamen Saurbrunn zuoffenbaren;
was solte es seyn, wangleich etwan jeder ein paar Tage
darzu fröhnte? Was, sagten sie, wir wolten dich, damit
dein Saurbrunn verborgen bleibe, ehender im Frohn tod
schlagen; Ihr Vögel, (sagte ich) es müsten eurer mehr
seyn! zuckte darauff meinen Prügel, und jagte sie damit
für alle Sanct Velten hinweg, ging folgends gegen Nider=

gang und Mittag Berg abwerts, und kam [574] nach vieler Mühe und Arbeit gegen Abend wieder heim auff meinen Bauren=Hof, im Werck war zuseyn befindende, was mir mein Knán zuvor gesaget hatte, daß ich nemlich von dieser Wallfahrt nichts als müde Beine, und den Hergang vor den Hingang haben würde.

Das XIX. Capitel.
Etwas wenigs von denen Ungarischen Widertäuffern, und ihrer Art zuleben.

Nach meiner Heimkunfft hielt ich mich gar eingezogen, meine grösseste Freude und Ergetzung war, hinter den Büchern zusitzen, deren ich mir dan viel beyschaffte, die von allerhand Sachen tractirten, sonderlich solche, die eines grossen Nachsinnens bedörffen; das was die Grammatici und Schulfüchse wissen müßten, war mir bald erleidet, und eben also ward ich der Arithmeticæ auch gleich überdrüssig, was aber die Musicam anbelanget, hassete ich dieselbe vorlängst wie die Pestilentze, wie ich dan meine Laute zu tausend Stücken schmieß; die Mathematica und Geometria fand noch platz bey mir, sobald ich aber von diesen einwenig zu der Astronomia geleitet ward, gab ich ihnen auch Feyrabend und hing dieser samt der Astrologia eine zeitlang an, welche mich dan trefflich belectireten, endlich kamen sie mir auch falsch und ungewiß vor, also daß ich mich auch nicht länger mit ihnen schleppen mogte, sondern griff nach der Kunst Raymundi Lullii, fand aber viel Geschrey und wenig Wolle, und weil ich sie vor eine Topicam hielt, ließ ich sie fahren und machte mich hinter die Cabalam der Hebreer, und Hieroglyphicas der Egyptier, fand aber die allerletzte und auß [575] allen meinen Künsten und Wissenschafften, daß keine bessere Kunst sey, als die Theologia, wan man vermittelst derselbigen GOtt liebet und ihm bienet! Nach der Richtschnure derselbigen erfand ich vor die Menschen eine Art zuleben die mehr Englisch als Menschlich seyn könte, wan sich nemlich eine Gesellschafft zusammen thäte, beydes von verehelichten und ledigen, so Manns= als Weibspersonen, die auff Manier der Widertäuffer allein sich beflissen,

unter einem verständigen Vorsteher durch ihrer Hände
Arbeit ihren leiblichen Unterhalt zugewinnen, und sich die
übrige Zeiten mit dem Lob und Dienst Gottes und ihrer
Seelen Seeligkeit zubemühen; dan ich hatte hiebevor in
Ungarn auff den Widertäufferischen Höfen ein solches
Leben gesehen, also daß ich, wofern dieselbe gute Leute
mit andern falschen, und der allgemeinen Christlichen
Kirchen widerwertigen ketzerischen Meynung nicht wären
verwickelt und vertiefft gewesen, ich mich von freyen stücken
zu ihnen geschlagen, oder wenigst ihr Leben vor das
seeligste in der gantzen Welt geschätzet hätte, dan sie kamen
mir in ihrem Thun und Leben allerdings für wie Josephus
und andere mehr, die Jüdische Esseer beschrieben; Sie
hatten erstlich grosse Schätze und überflüssige Nahrung, die
sie aber keines Wegs verschwendeten, kein Fluch, Mur=
melung noch Ungedult ward bey ihnen gespüret, ja man
hörete kein unnützes Wort, da sahe ich die Handwercker
in ihren Werckstäten arbeiten, als wan sie es verdingt
hätten, ihr Schulmeister unterrichtete die Jugend, als
wan sie alle seine leibliche Kinder gewesen wären, nirgends
sahe ich Manns= und Weibsbilder untereinander vermischt,
[576] sondern an jedem bestimten Ort auch jedes Geschlecht
absonderlich seine obliegende Arbeit verrichten; Ich fand
Zimmer, in welchen nur Kindbetterinnen waren, die ohn
Obsorge ihrer Männer durch ihre Mit=Schwestern mit
aller nothwendigen Pflege samt ihren Kindern reichlich
versehen wurden, andere sonderbare Säle hatten nichts
anders in sicht, als viele Wiegen mit Säuglingen, die von
hierzu bestimten Weibern mit Wischen und Speisen beobachtet
wurden, daß sich deren Mütter ferners nicht um sie be=
kümmern dorfften, als wan sie täglich zu dreyen gewissen
Zeiten kamen, ihnen ihre milchreiche Brüste zubieten:
und dieses Geschäffte den Kindbetterinnen und Kindern
abzuwarten, war allein den Witwen anbefohlen, anderswo
sahe ich das weibliche Geschlecht sonst nichts thun als
spinnen, also daß man über die hundert Kuncklen oder
Spinnrocken in einem Zimmer beyeinander antraff, da
war eine eine Wäscherin, die andre eine Bettmacherin, die
dritte Vieh=Magd, die vierte Schüsselwäscherin, die fünffte

Kellerin, die sechste hatte das weisse Zeug zuverwalten, und also auch die übrige alle, wuste eine jedwedre was sie thun solte; und gleichwie die Aemter unter dem weiblichen Geschlecht ordentlich außgetheilet waren, also wuste auch unter den Männern und Jünglingen jeder sein Geschäffte, warb einer oder eine kranck, so hatte er oder dieselbe einen sonderbaren Kranckenwarter oder Warterin, auch beyde Theile einen allgemeinen Medicum und Apoteker; wiewol sie wegen löbl. Diät und guter Ordnung selten erkrancken, wie ich dan manchen feinen Mann in hohem gesundem und geruhigem Alter bey ihnen [577] sahe, dergleichen anderswo wenig anzutreffen, sie hatten ihre gewisse Stunden zum Essen, ihre gewisse Stunden zum Schlaffen, aber keine einzige Minute zum spielen noch spatziren, ausserhalb die Jugend, welche mit ihrem Præceptor jedesmal nach dem essen der Gesundheit halber eine Stunde spatziereten: mithin aber beten, und geistliche Gesänge singen muste, da war kein Zorn, kein Eifer, keine Rachgier, kein Neid, keine Feindschafft, keine Sorge um Zeitliches, keine Hoffart, keine Reue! In summa, es war durchauß eine solche liebliche Harmonia, die auff nichts anders angestimt zuseyn schien, als das menschliche Geschlecht und das Reich Gottes in aller Erbarkeit zuvermehren, kein Mann sahe sein Weib, als wan er auff die bestimte Zeit sich mit derselbigen in seiner Schlaffkammer befant, in welcher er sein zugerichtes Bette, und sonst nichts darbey als sein Nachtgeschirr neben einem Wasserkrug und weissen Handzwel fand, damit er mit gewaschenen Händen beydes schlaffen gehen, und den Morgen wieder an seine Arbeit auffstehen mögte; Uber das hiessen sie alle einander Schwestern und Brüder, und war doch eine solche ehrbare Verträulichkeit keine Ursache unkeusch zuseyn. Ein solch seeliges Leben, wie diese Widertäufferische Ketzer führen, hätte ich gern auch auffgebracht, dan soviel mich düncte, so übertraff es auch das Clösterliche: Ich gedachte, köntestu ein solches ehrbares Christliches Thun auffbringen unter dem Schutz deiner Obrigkeit, so wärest du ein ander Dominicus oder Franciscus; Ach, sagte ich offt, köntest du doch die Widertäuffer bekehren, daß sie unsere Glaubensgenossen ihre Manier [578] zuleben lerneten, wie wärest du doch so ein seeliger Mensch! Oder wan du nur deine Mit=Christen bereden köntest, daß sie wie diese Widertäuffer ein solches (dem Schein nach) Christ=liches und ehrbares Leben führeten, was hättestu nicht außgerichtet? Ich sagte zwar zu mir selber: Narr, was gehen dich andere Leute an, werde ein Capucciner, dir sind ohn das alle Weibsbilder erleidet; Aber bald gedachte ich, du bist morgen nicht wie heut, und wer weiß, was du künfftig vor Mittel bedörffig, den Weg Christi recht zugehen? Heut bistu geneigt zur Keuschheit, morgen aber kanstu brennen.

Mit solchen und dergleichen Gedancken ging ich lang um, und hätte gern so einer vereinigten Christlichen Ge=sellschafft meinen Hof und gantzes Vermögen zum besten gegeben, unter derselben ein Mitglied zu seyn. Aber mein Knán prophecente mir stracks, daß ich wol nimmermehr solche Bursche zusammen bringen würde.

Das XX. Capitel.
Hält in sich einen kurtzweiligen Spazierweg, vom Schwartzwald biß nach Moscau im Reussen.

DEnselbigen Herbst näherten sich Frantzösische, Schwedische und Hessische Völcker, sich bey uns zuerfrischen, und zugleich die Reichs=Stat in unsrer Nachbarschafft, die von einem Engländischen König erbauet, und nach seinem Namen genennet worden, blocquirt zuhalten, deßwegen dan jederman sich selbst samt seinem Viehe und besten Sachen in die hohe Wälder flehnte; Ich machte es wie meine Nachbarn, und ließ das Hauß zimlich lär stehen, [579] in welches ein Reformirter Schwedischer Obrister logiret ward; Derselbige fand in meinem Cabinet noch etliche Bücher, dan ich in der Eyl nicht alles hinweg bringen konte, und unter andern einzige Mathematische und Geome=trische Abrisse, auch etwas vom Fortification=Wesen, womit vornemlich die Ingenieurs umgehen, schloß derhalben gleich, daß sein Quartier keinem gemeinen Baur zuständig seyn müste, fing derowegen an, sich um meine Beschaffen=heit zuerkündigen, und meiner Person selbsten nachzutrachten,

maſſen er ſelbſten durch courtoiſe Zu=entbietungen und
untermiſchte Drohworte mich dahin brachte, daß ich mich
zu ihm auff meinen Hof begab, daſelbſt tractirte er mich
gar höflich, und hielt ſeine Leute dahin, daß ſie mir nichts
unnützlich verderben oder umbringen ſolten. Mit ſolcher
Freundlichkeit brachte er zuwege, daß ich ihm alle meine
Beſchaffenheit, vornemlich aber mein Geſchlecht und Her=
kommen vertraute. Darauff verwunderte er ſich, daß ich
mitten im Krieg ſo unter den Bauren wohnen, und zuſehen
mögte, daß ein ander ſein Pferd an meinen Zaun binde,
da ich doch mit beſſern Ehren das Meinige an eines
andern binden könte, ich ſolte (ſagte er) den Degen wieder
anhengen, und meine Gaben die mir Gott verliehen hätte,
nicht ſo hinter dem Ofen und bey dem Pflug verſchimlen
laſſen, er wüſte, wan ich Schwediſche Dienſte annehmen
würde, daß mich meine Qualitäten und Kriegs=Wiſſen=
ſchafften bald hoch anbringen würden: Ich ließ mich hierzu
gar kaltſinnig an, und ſagte, daß die Beförderung in
weitem Feld ſtünde, wan einer keine Freunde hätte, die
einem unter die Arme griffen; hingegen [580] replicirte
er, meine Beſchaffenheit[en] würden mir ſchon beydes Freunde
und Beförderung ſchaffen, über das zweiffle er nicht, daß
ich nicht Verwante bey der Schwediſchen Haupt=Armee
antreffen würde, die auch etwas gelten, dan bey derſelben
viel vornehme Schottiſche von Adel ſich befänden, ihm
zwar (ſagte er ferner) ſey vom Torſtenſohn ein Regiment
verſprochen, wan ſolches gehalten würde, woran er dan
gar nicht zweifele, ſo wolte er mich alsbald zu ſeinem
Obriſt=Leutenant machen. Mit ſolchen und dergleichen
Worten machte er mir das Maul gantz wäſſerig, und
weilen noch ſchlechte Hoffnung auff den Frieden zumachen
war, und ich beßwegen ſowol ferner[er] Einquartierung als
gäntzlichen Ruins unterworffen, als reſolvirete ich mich
wiederum mit zumachen, und verſprach dem Obriſten, mich
mit ihm zubegeben, woferm er mir ſeine Parola halten,
und die Obriſt=Leutenantſtelle bey ſeinem künfftigen Re=
giment geben wolte.

Alſo ward die Glocke gegoſſen, ich ließ meinen Knán
oder Petter holen, derſelbe war noch mit meinem Viehe

zu Bayrischbrunn, dem und seinem Weib verschrieb ich meinen Hof vor Eygenthum, doch daß ihn nach seinem Tod mein Bastart Simplicius, der mir vor die Thüre geleget worden, samt aller Zugehörde erben solte, weil keine eheliche Erben vorhanden; folgends holete ich mein Pferd, und waß ich noch vor Geld und Cleinodien hatte, und nachdem ich alle meine Sachen richtig, und wegen Aufferziehung erstermelten meines wilden Sohns Anstalt gemachet, ward angeregte Blocquada unversehens aufgehoben, also daß wir auffbrechen, und zu der Haupt-[581]Armee marchiren musten, eh wir sichs versahen; Ich agirte bey diesem Obristen einen Hofmeister, und erhielt mit seinen Knechten und Pferden ihn und seine gantze Haußhaltung mit stehlen und rauben, welches man auff Soldatisch souragiren nennet.

Die Torstensohnische Promessen, mit denen er sich auff meinem Hof so breit gemachet, waren bey weitem nicht so groß als er vorgeben, sondern wie mich bedünckte, ward er vielmehr nur über die Achsel angesehen: Ach! sagte er dan gegen mir, was vor ein schlimmer Hund hat mich bey der Generalität eingehauen, da wird meines Verbleibens nicht lang seyn. Und demnach er argwähnete, daß ich mich bey ihm in die länge nicht gedulden würde, dichtete er Brieffe, als wan er in Lissland, allwo er dan zu Hauß war, ein frisch Regiment zuwerben hätte, und überredete mich damit, daß ich gleich ihm, zu Wißmar auffsaß, und mit ihm in Lissland fuhr. Da war es nun auch nobis, dan er hatte nicht allein kein Regiment zuwerben, sondern war auch sonsten ein Blut-armer Edelmann, und was er hatte, war seines Weibes Haabe und zugebrachtes Gut.

Obzwar nun ich mich zweymal betrügen, und soweit hinweg führen lassen, so ging ich doch auch das dritte mal an, dan er wiese mir Schreiben vor, die er auß der Moscau bekommen, in welchen ihm (seinem Vorgeben nach) hohe Kriegs-Chargen angetragen wurden, massen er mir dieselbige Schreiben so verteutschte, und von richtiger und guter Bezahlung trefflich auffschnitte: Und weiln er gleich mit Weib und Kindern auffbrach, dachte ich, er wird ja [582] um der Gänse willen nicht hinziehen; begab mich derowegen voll guter Hoffnung mit ihm auff den Weg, weil ich ohn das kein Mittel und Gelegenheit sahe, vor dißmal wieder zurück in Teutschland zukehren; Sobald wir aber über die Reussische Grentze kamen, und uns unterschiedliche abgedanckte Teutsche Soldaten, vornemlich Officierer begegneten, fing mir an zugrauen, und sagte zu meinem Obristen; Was Teuffels machen wir? wo Krieg ist, da ziehen wir hinweg, und wo es Friede, und die Soldaten unwerth und abgedanckt worden, da kommen wir hin! Er aber gab mir noch immer gute Worte, und sagte: Ich solte ihn nur sorgen lassen, er wisse besser was zuthun sey, als diese Kerles, an denen nicht viel gelegen.

Nachdem wir nun sicher in der Stat Moscau ankommen, sahe ich gleich daß es gefehlet hatte, mein Obrister conferirte zwar täglich mit den Magnaten, aber vielmehr mit den Metropoliten als den Knesen, welches mir gar nicht Spanisch, aber viel zupfäffisch vorkam; so mir auch allerhand Grillen und Nachdenckens erweckte, wiewol ich nicht ersinnen konte, nach was vor einem Zweck er zielete; endlich notificirete er mir, daß es nichts mehr mit dem Krieg wäre, und daß ihn sein Gewissen treibe die Griechische Religion anzunehmen; Sein treuhertziger Rath wäre, weil er mir ohn das nunmehr nicht helffen könte, wie er versprochen, ich solte ihm nachfolgen; Deß Zaarn Majestät hätte bereits gute Nachricht von meiner Person und guten Qualitäten, die würden gnädigst belieben, wofern ich mich accommodiren wolte, mich als einen Cavallier mit einem statli=[583]chen Adeligen Gut und vielen Unterthanen zubegnädigen; Welches allergnädigste Anerbieten nicht außzuschlagen wäre, indem einemjedwedern rathsamer wäre, an einem solchen grossen Monarchen mehr einen allergnädigsten Herrn, als einen ungeneigten Groß=Fürsten zuhaben; Ich ward hierüber gantz bestürtzt, und wuste nichts zuantworten, weil ich dem Obristen, wan ich ihn an einem andern Ort gehabt, die Antwort lieber im Gefühl als im Gehör zuverstehen geben hätte; muste aber meine Leyre anders stimmen, und mich nach demjenigen Ort richten, darin ich mich gleichsam wie ein Gefangener befand, weßwegen ich dan, eh ich mich auff eine Antwort resolviren konte, solang stillschwieg: Endlich sagte ich zu ihm, ich wäre zwar der Meynung kommen, Ihrer Zaarischen Majestät, als ein Soldat zudienen, worzu er der Herr Obrister mich daselbst veranlaßt hätte, seyn nun Dieselbe meiner Kriegsdienste nicht bedörffig, so könte ichs nicht ändern, viel weniger Derselben Schuld zumessen, daß ich Ihrentwegen einen so weiten Weg vergeblich gezogen, weil sie mich nicht zu Ihro zukommen beschrieben, daß aber Dieselbe mir eine so hohe Zaarische Gnade allergnädigst wiederfahren zulassen geruheten, wäre mir mehr rühmlich aller Welt zurühmen, als solche alleruntertänigst zu acceptiren und zuverdienen, weil ich mich meine Religion zu mutiren noch zur Zeit nicht entschliessen könne, wünschende, daß ich wiederum am Schwartzwald auff meinem Baurenhof säße, um niemanden einziges Anligen noch Ungelegenheiten zumachen; Hierauff antwortete er, [584] der Herr thue nach seinem Belieben, allein hätte ich vermeinet, wan ihn GOtt und das Glück grüssete, so solte er beyden billich dancken, wan er ihm aber ja nicht helffen lassen, noch gleichsam wie ein Printz leben will, so verhoffe ich gleichwol, er werde davorhalten, ich habe an ihm das meinige nach äusserstem Vermögen zuthun keinen Fleiß gesparet, darauff hin machte er einen tieffen Bückling, ging seines Wegs und ließ mich dort sitzen, ohn daß er zulassen wolte, ihm nur biß vor die Thüre das Geleite zugeben.

Als ich nun gantz perplex dort saß, und meinen damaligen Zustand betrachtete, hörete ich zween Reussische Wägen vor unserm Losament, sahe darauff zum Fenster hinauß, und wie mein guter Herr Obrister mit seinen Söhnen in den einen, und die Frau Obristin mit ihren Töchtern in den andern einstieg, es waren deß Groß-Fürsten Fuhren und Liberey, zumalen etliche Geistliche dabey, so diesem Ehevolck gleichsam auffwarteten, und allen guten geneigten Willen erzeigeten.

Das XXI. Capitel.
Wie es Simplicio weiters in der Moscau erging.

Von dieser Zeit an ward ich zwar nicht offentlich, sondern heimlich durch etliche Strelitzen verwachet, ohn daß ichs einmal gewust hätte, und mein Obrister oder dieseinige wurden mir nicht einmal mehr zusehen, also daß ichs nicht wissen konte wo er hinkommen, damals satzte es, wie leicht zuerachten, seltzame Grillen, und ohn Zweiffel auch viele graue Haare auff meinem Kopff. Ich machte Kundschafft [585] mit den Teutschen, die sich beydes von Kauff= und Handwercksleuten in der Moscau ordinari auffhalten, und klagte denselben mein Anligen, und welcher gestalt ich mit Gefährten hintergangen worden, die gaben mir Trost und Anleitung, wie ich wieder mit guter Ge= legenheit in Teutschland kommen könte: Sobald sie aber Wind bekamen, daß der Zaar mich im Land zubehalten entschlossen, und mich hierzu bringen wolte, wurden sie alle zu Stummen an mir, ja sie dusserten sich auch meiner, und ward mir schwer, auch nur vor meinen Leib Herberge zubekommen, dan ich hatte mein Pferd samt Sattel und Zeug bereits verzehret, und trennete heut einen, und morgen den andern Ducaten auß, die ich hiebevor zum Vorrath so weißlich in meine Kleider vernähet hatte. Zuletzt fing ich auch an, meine Ringe und Cleinodien zuversilbern, als der Hoffnung, mich solang zuenthalten, biß ich eine gute Gelegenheit wieder in Teutschland zukommen, erharren mögte. Indessen lieff ein Viertel=Jahr herum, nach welchem offtgemelter Obrister samt seinem Haußgesind wieder umgetaufft, und mit einem ansehenlichen Adelichen Gut und vielen Unterthanen wieder versehen ward.

Damals ging ein Mandat auß, daß man gleichwie unter den Einheimischen, also auch unter den Fembden keine Müssiggänger bey hoher unaußbleiblicher Straffe mehr leiden solte, als die den Arbeitenden nur das Brot vor dem Maul weg fressen, und was von Fremden nicht arbeiten wolte, das solte das Land in einem Monat, die Stat aber in vier und zwantzig Stunden raumen. Also schlugen sich un=[586]serer bey fünfftzig zusammen, der Meynung, unsern Weg in Gottes Namen durch Poboliam nacher

Teutschland miteinander zunehmen, wir wurden aber nicht
gar zwo Stunden weit von der Stat von etlichen Reussischen
Reutern wieder eingeholet, mit dem Vorwand, daß Ihre
Zaarische Majestät ein groß Mißfallen hätte, daß wir uns
frevelhaffter Weise unterstanden, in so starcker Anzahl sich
zusammen zurotten, und ohn Paß unsers Gefallens Dero
Landen zudurchziehen, mit fernerm Anhang, daß Ihre
Majestät nicht unbefügt wären, uns unsers groben Be=
ginnens halber nach Syberien zuschicken. Auff demselbigen
Zurückweg erfuhr ich, wie mein Handel beschaffen war,
dan derjenige so den Troppen Reuter führete, sagte mir
außdrücklich, daß Ihre Zaarische Majestät mich nicht auß
dem Land lassen würden, seine treuhertziger Rath wäre,
ich solte mich nach Dero Allergnädigstem Willen accom=
modiren, zu ihrer Religion verfügen, und wie der Obrister
gethan, ein solch ansehenlich Adelich Gut nicht verachten,
mit Versicherung, wo ich dieses außschlagen, und bey ihnen
nicht als ein Herr leben wolte, daß ich wider meinen
Willen als ein Knecht dienen müste; Und würden auch
ihre Zaarische Majestät nicht zuverdencken seyn, daß Sie
einen solchen wol=erfahrnen Mann, wie mich der offtgemelte
Obrister beschaffen zuseyn beschrieben, nicht auß dem Land
lassen wolten. Ich verringerte mich hierauff, und sagte:
Der Herr Obrister würde mir vielleicht mehr Künste,
Tugenden und Wissenschafften zugeschrieben haben, als ich
vermögte; zwar [587] wäre ich darum ins Land kommen,
Ihrer Zaarischen Majestät und der Löblichen Reussischen
Nation, auch mit Darsetzung meines Bluts, wider Dero
Feinde zudienen, daß ich aber meine Religion ändern
solte, könte ich mich noch nicht entschliessen, wofern ich
aber in einzigerley Wege Ihrer Zaarischen Majestät
ohn Beschwerung meines Gewissens würde dienen können,
würde ich an meinem äussersten Vermögen nichts er=
winden lassen.

 Ich ward von den andern abgesondert, und zu einem
Kauffherrn logiret, allwo ich nunmehr offentlich verwachet,
hingegen aber täglich mit herrlichen Speisen und köstlichem
Getränck von Hoff auß versehen; hatte auch täglich Leute
die mir zusprachen, und mich hin und wieder zu Gast

luden, sonderlich war einer, dem ich ohnzweiffel insonderheit
befohlen war (ein schlauer Mann) der unterhielt mich
täglich mit freundlichem Gespräch, dan ich konte schon
zimlich Reussisch reden, dieser discurirte mehrentheils mit
mir von allerhand Mechanischen Künsten, item von Kriegs-
und andern Machinen, vom Fortification-Wesen, und der
Artollerey, ꝛc. zuletzt als er unterschiedlich mal auff den
Busch geklopfft, um zuvernehmen, ob ich mich endlich nicht
ihres Zaaren Intention nach bequemen wolte, und keine
Hoffnung fassen konte, daß ich mich im geringsten ändern
würde, begehrete er, wan ich ja nicht Reussisch werden
wolte, so solte ich doch dem Grossen Zaar zu Ehren,
ihrer Nation etwas von meinen Wissenschafften communiciren und mittheilen, ihr Zaar würde meine Willfährigkeit
mit hohen Käiserlichen Gnaden erkennen; Darauff antwortete ich, meine Affection [588] wäre jederzeit dahin
gestanden, Ihrer Zaarischen Majestät unterthänigst zudienen, massen ich zu solchem Ende in Dero Land kommen
wäre, sey auch noch solcher gestalt intentioniret, wiewol
ich sehe, daß man mich gleichsam wie einen Gefangenen
aufhalte: Ey nicht so Herr, antwortete er, ihr seyd nicht
gefangen, sondern Ihre Zaarische Majestät lieben euch so
hoch, daß Sie eurer Person schier nicht wissen zuentberen;
Warum (sagte ich) werde ich dan verwachet? darum antwortete er, weil Ihre Zaarische Majestät besorgen, es mögte
euch etwas Leids widerfahren.

Als er nun meine Offerten verstund, sagte er, daß
Ihre Zaarische Majestät Allergnädigst bedacht wären, in
Dero Landen selber Salpeter graben, und Pulver zurichten zulassen, weil aber niemand unter ihnen wäre, der
damit umgehen könte, würde ich der Zaarischen Majestät
einen angenehmen Dienst erweisen, wan ich mich deß
Werck's unterfinge, Sie würden mir hierzu Leute und
Mittel genug an die Hand schaffen, und er vor seine
Person wolte mich auffs treuhertzigste gebeten haben, ich
wolte solches Allergnädigstes Ansinnen nicht abschlagen,
biemeilen sie bereits gnugsame Nachricht hätten, daß ich
mich auff diese Sachen trefflich wol verstünde. Darauff
antwortete ich, Herr, ich sage vor, wie nach, wan der

Zaarischen Majestät ich in etwas dienen kan, ausser daß Sie gnädigst geruhen, mich in meiner Religion passiren zulassen, so soll an meinem Fleiß nichts erwinden. Hierauff ward dieser Reusse (welcher einer von [589] den vornehmsten Knesen war) trefflich lustig, also daß er mir mit dem Trunck mehr zusprach, als ein Teutscher.

Den andern Tag kamen vom Zaar zween Knesen und ein Dolmetsch, die ein endliches mit mir beschlossen, und von wegen deß Zaaren mir ein köstliches Reussisches Kleid verehreten. Also fing ich gleich etliche Tage hernach an Salpeter=Erde zusuchen, und diejenige Reussen, so mir zugegeben waren, zulernen, wie sie denselben von der Erde separiren und läutern solten, und mithin verfertigte ich die Abrisse zu einer Pulver=Mühle, und lehrete andere die Kohlen brennen, daß wir also in gar kurzer Zeit sowol deß besten Bürsch= als deß groben Stück=Pulvers eine zimliche Quantität verfertigten, dan ich hatte Leute genug, und darneben auch meine sonderbare Diener, die mir auffwarten, oder besser zusagen, die mich hüten und verwahren solten.

Als ich mich nun so wol anließ, kam der vielgemelte Obrister zu mir, in Reussischen Kleidern, und mit vielen Dienern ganz prächtig auffgezogen, ohn Zweiffel durch solche scheinbarliche Herrlichkeit mich zupersuadiren, daß ich mich auch solte umtauffen lassen; Aber ich wuste wol, daß die Kleider auß deß Zaars Kleider=Kasten, und ihm nur angeliehen waren, mir die Zähne wässerig zumachen, weil solches an dem Zaarischen Hof der allergewöhnlichste Brauch ist.

Und damit der Leser verstehe, wie es damit pfleget herzugehen, wil ich ein Exempel von mir selbst [590] erzehlen: Ich war einsmals geschäfftig auff den Pulver=Mühlen, die ich ausserhalb Moscau an den Fluß bauen lassen, Verordnung zuthun, was einer und ander von meinen zugegebenen Leuten denselben und folgenden Tag vor Arbeit verrichten solte, da ward unversehens Alarm, weilen sich die Tartarn bereits vier Meilen weit auff 100000. Pferde starck befanden, das Land plünderten, und also immerhin fort avancirten, da musten ich und meine Leute sich alsobald nach Hoff begeben, allwo wir auß deß Zaars Rüst=Kammer und Marstall mondirt wurden; Ich zwar ward anstat deß Kürisses mit einem gestöpfften seidenen Pantzer angethan, welcher einenjeden Pfeil auffhielt, aber vor keiner Kugel Schußfrey seyn konte, Stieffeln, Sporen, und eine Fürstliche Hauptzierde mit einem Reigerbusch, samt einem Sebel der Haare schur, mit lauter Gold beschlagen, und mit Edelgesteinen ver= setzt, wurden mir dargegeben, und von deß Zaaren Pferden ein solches untergezogen, dergleichen ich zuvor mein Lebtag keins gesehen, geschweige beritten; ich und das Pferdgezeug glänßten von Gold, Silber, Edelgesteinen und Perlen, ich hatte eine stählerne Streitkolbe anhangen, die glitzerte wie ein Spiegel, und war so wol gemacht und so gewichtig, daß ich einenjeden dem ich eins damit versatzte, gar leicht todschlug, also daß der Zaar selbst besser mondirt daher nicht reiten können, mir folgete eine weisse Fahne mit einem doppelten Adler, welcher von allen Orten und Winckeln gleichsam Volck zuschnie, also daß wir eher zwey Stunden vergiengen, bey [591] viertzig= und nach vier Stun= den bey sechtzigtausend Pferde starck waren, mit welchen wir gegen die Tartarn fortruckten; Ich hatte alle Viertel= stunden neue mündliche Ordre von dem Groß=Fürsten, die nichts anders in sich hielten, als: Ich solte mich heut als ein Soldat erzeigen, weil ich mich vor einen außgegeben, damit Seine Majestät mich auch vor einen halten und erkennen könten: Alle Augenblicke vermehrete sich unser Hauffe beydes von Kleinen und Grossen, so Troppen als Personen, und ich konte doch in solcher Eile keinen einzigen erkennen, der das gantze Corpus commandiren, und die Battaglia anordnen solte.

Ich mag eben nicht alles erzehlen, dan es ist meiner Histori an diesem Treffen nicht viel gelegen; ich will allein diß sagen, daß wir die Tartarn, so mit müden Pferden und vielen Beuten beladen, urplötzlich in einem Thal oder zimlich tieffen Geländer antraffen, als sie sich dessen am allerwenigsten versahen, und von allen Orten mit solcher Furi darein gingen, daß wir sie gleich im ersten Anfang trenneten; Im ersten Angriff sagte ich zu

meinen Nachfolgern auff Reussische Sprache: Nun wolan!
es thue jeder wie ich! Solches schryen sie einander
alle zu, und damit rante ich mit verhängtem Zaum an
die Feinde, und schlug dem ersten den ich antraff, welcher
ein Mirsa war, den Kopff entzwey, also daß sein Hirn
an meiner stählernen Kolbe hängen blieb. Die Reussen
folgeten meinem heroischen Exempel, so daß die Tartarn
ihren Angriff nicht [592] erleiden mogten, sondern sich
in eine allgemeine Flucht wanten: Ich thät wie ein
Rasender, oder vielmehr wie einer der auß Desperation
den Tod suchte, und nicht finden kan; Ich schlug alles
niber was mir vorkam, es wäre gleich Tartar oder Reusse
gewesen. Und die so vom Zaar auff mich bestellet waren,
trangen mir so fleissig nach, daß ich allezeit einen sichern
Rücken behielt, die Lufft flog so voller Pfeile, als wan
Immen oder Bienen geschwermt hätten, wovon mir dan
einer in Arm zutheil ward, dan ich hatte meine Ermel
hintersich gestreifft, damit ich mit meinem Sebel und
Streit=Kolbe desto unverhinderlicher metzlen und tod schlagen
könte. Eh ich den Pfeil auffing, lachte mirs Hertz in
meinem Leib an solcher Blutvergiessung, da ich aber mein
eigen Blut fliessen sahe, verkehrete sich das Lachen in eine
unsinnige Wuth. Demnach sich aber diese grimmige Feinde
in eine hauptsächliche Flucht wanten, ward mir von etlichen
Knesen im Namen deß Zaars befohlen, ihrem Käiser die
Bottschafft zubringen, was gestalt wir die Tartarn über=
wunden; Also kehrete ich auff ihr Wort zurück, und hatte
ungefehr hundert Pferde zur Nachfolge. Ich ritte durch
die Stat der Zaarischen Wohnung zu, und ward von allen
Menschen mit Frolocken und Glückwünschung empfangen,
sobald ich aber von dem Treffen Relation gethan hatte,
obzwar der Groß=Fürst von allem Verlauff schon Nachricht
hatte, muste ich meine Fürstliche Kleider wieder ablegen,
welche wiederum in deß Zaars Kleider=Behaltnüß auffge=
haben wurden, wiewol [593] sie samt dem Pferd=Gezeug
über und über mit Blut besprengt und besudelt, und also
fast gar zunicht gemachet waren, und ich also nicht anders
vermeynt hätte, weil ich mich so ritterlich in diesem Treffen
gehalten, sie solten mir zum wenigsten samt dem Pferd

zum Recompens überlaſſen worden ſeyn: Konte demnach hierauß wol abnehmen, wie es mit der Reuſſen Kleider=Pracht beſchaffen, deren ſich mein Obriſter bedient, weil es lauter gelehnte Wahre iſt, die dem Zaar, wie auch alle andere Sachen in gantz Reuſſen, allein zuſtändig.

Das XXII. Capitel.
Durch was vor einen nahen und luſtigen Weg er wiederum heim zu ſeinem Knän kommen.

Solang meine Wunde zuheilen hatte, ward ich allerdings Fürſtlich tractiret, ich ging allezeit in einem Schlaffbeltz von gůldenem Stück mit Zobeln gefüttert, wiewol der Schade weder tödlich noch gefährlich war, und ich habe die Tage meines Lebens niemals keiner ſolchen fetten Küchen genoſſen als eben damals; ſolches waren aber alle meine Beuten, die ich von meiner Arbeit hatte, ohn das Lob, ſo mir der Zaar verliehe, welches mir aber auß Neid etlicher Kneſen verbittert ward.

Als ich aber gäntzlich heil war, ward ich mit einem Schiff die Walga hinunter nach Aſtrachan geſchickt, daſelbſten wie in der Moſcau eine Pulvermacherey anzuordnen, weil dem Zaar unmüglich war, dieſelbe Grentz=Veſtungen allezeit von Moſcau auß mit friſchem und gerechtem Pulver, das man einen [594] ſo weiten Weg auff dem Waſſer durch viel Gefährligkeit hinführen muſte, zuverſehen. Ich ließ mich gern gebrauchen, weil ich Promeſſen hatte, der Zaar würde mich nach Verrichtung ſolches Geſchäffts wiederum in Holland fertigen, und mir ſeiner Hochheit, und meinen Verdienſten gemäß, ein namhafftes Stück Geld mitgeben; Aber ach! wan wir in unſeren Hoffnungen und gemachten Concepten am allerſicherſten und gewiſſeſten zuſtehen vermeinen, ſo komt unverſehens ein Wind der allen Bettel auff einmal übern hauffen wehet, woran wir ſo lange Zeit gebauet: Der Gubernator in Astrachan tractirte mich wie ſeinen Zaar, und ich ſtellete alles in Kürtze auff einen guten Fuß, ſeine verlegene Munition, die allerdings faul und verſport war, und keinen Effect mehr thun konte, goß ich gleichſam wieder von neuem um, wie ein Spengler auß dem alten= neue zinnerne Löffel machet, so bey den Reussen damals ein unerhörtes Ding war, weßwegen und anderer Wissenschafften mehr mich dan theils vor einen Zauberer, andere vor einen neuen Heiligen oder Propheten: und aber andere vor einen andern Empedoclem oder Georgiam Leontinum hielten; Als ich aber im besten Thun war, und mich ausserhalb der Vestung über Nacht in einer Pulvermühle befand, ward ich von einer Schaar Tartarn diebischer weise gestohlen und auffgehoben, welche mich samt andern mehr, so weit in ihr Land hinein führeten, daß ich auch das Schafgewächs Borametz nicht allein wachsen sehen konte, sondern auch davon essen dorffte; diese vertauschten mich mit den [595] Niuchischen Tartarn, um etliche Chincsische Kauffmanns= Wahren, welche mich hernach dem König in Corea, mit welchem sie eben Stillstand der Waffen gemachet hatten, vor ein sonderbares Präsent verehreten, daselbst ward ich werth gehalten, weil keiner meines gleichen in Duseken sich befinden ließ, und ich den König lernete, wie er mit dem Rohr auff der Achsel ligend, und den Rucken gegen der Scheibe kehrende, dannoch das Schwartze treffen könte, weßwegen er mir dan auch auff mein unterthäniges Anhalten die Freyheit wieder schenckte, und mich durch Japonia nach Macao zu den Portugesen gefertigt, die aber meiner wenig achteten, ging berowegen bey ihnen herum, wie ein Schaf das sich von seiner Heerde verirret, biß ich endlich wunderbarlicher weise von etlichen Turckischen oder Mahometanischen Meer=Raubern gefangen, und (nachdem sie mich wol ein gantzes Jahr auff dem Meer bey seltzamen fremden Völckern, so die Ost= Indianische Insulen bewohnen, herumgeschleppet) von denselben etlichen Kaufleuten von Alexandria in Egypten verhandelt ward, dieselbe namen mich mit ihren Kauffmanns= Wahren mit sich nach Constantinopel, und weil der Turckische Käiser, eben damaln etliche Galleren wider die Venediger außrüstete, und Mangel an Ruderern erschien, musten viel Turckische Kauffleute, ihre Christliche Sclaven jedoch um bahre Bezahlung, hergeben, worunter ich mich dan, als ein junger starcker Kerl auch befand, also muste ich lernen rudern, aber solche schwere Dienstbarkeit währete nicht über zween Monat, dan unsre Gallera [596] ward in Levante von den Venetianern Ritterlich übermannet, und ich samt allen meinen Gespanen auß der Türcken Gewalt erlediget. Als nun besagte Gallera zu Venedig mit reicher Beute und etlichen vornehmen Türckischen Gefangenen auffgebracht ward, war ich auff freyen Fuß gestellet, weil ich nach Rom und Loretta Pilgersweiß wolte, selbige Oerter zubeschauen, und Gott um meine Erledigung zudancken, zu solchem Ende bekam ich gar leichtlich einen Paß, und von ehrlichen Leuten, sonderlich etlichen Teutschen, eine zimliche Steur, also daß ich mich mit einem langen Pilgerkleid versehen und meine Räise antreten kÖnte.

Demnach begab ich mich den nächsten Weg auff Rom, allwo mirs trefflich zuschlug, weil ich beydes von Grossen und Kleinen viel erbettelte, und nachdem ich mich ungefehr 6. Wochen daselbst auffgehalten, nam ich meinen Weg mit andern Pilgern darunter auch Teutsche, und sonderlich etliche Schweitzer waren, die wieder nach Hauß wolten, auff Loretta; von bannen kam ich über den Gottart durchs Schweitzerland wieder auff den Schwartzwald zu meinem Knän, welcher meinen Hoff bewahret, und brachte nichts besonders mit heim, als einen Bart, der mir in der Frembde gewachsen war.

Ich war drey Jahre und etliche Monaten außgewesen, in welcher Zeit ich etliche unterschiedliche Meere überfahren, und vielerley Völcker gesehen, aber bey denenselben gemeiniglich mehr böses als gutes empfangen, von welchem allem ein grosses Buch zuschreiben wäre; Indessen war der Teutsche [597] Friede geschlossen worden, also daß ich bey meinem Knän in sichrer Ruhe leben konte, denselben ließ ich sorgen und hausen, ich aber satzte mich hinter die Bücher, welches dan beydes meine Arbeit und Ergetzung war.

Das XXIII. Capitel.

Simplicius gehet in sich selbst, betrachtet sein böses und mühsames Leben, und bessert sich.

Jch lase einsmals, was massen das Oraculum Apollinis den Römischen Abgesanten, als sie fragten was sie thun müsten, damit ihre Unterthanen friedlich regieret würden, zur Antwort geben, Nosce teipsum. das ist, es solte sich jeder selbst erkennen: Solches machte daß ich mich hintersann, und von mir selbst Rechnung über mein geführtes Leben begehrete, weil ich ohn das müssig war, da sagte ich zu mir selber, dein Leben ist kein Leben gewesen, sondern ein Tod; deine Tage ein schwerer Schatten, deine Jahre ein schwerer Traum, deine Wollüste schwere Sünden, deine Jugend eine Phantasey, und deine Wolfart ein Alchimisten Schatz, der zum Schornstein hinauß fähret, und dich verläst, eh du dich dessen versihest! du bist durch viel Gefährligkeiten dem Krieg nachgezogen, und hast in demselbigen viel Glück und Unglück eingenommen, bist bald hoch bald nieder, bald groß bald klein, bald reich bald arm, bald frölich bald betrübt, bald beliebt bald verhaßt, bald geehrt und bald veracht gewesen: Aber [598] nun du, O meine arme Seele, was hastu von dieser gantzen Räise zuwege gebracht? diß hast du gewonnen: Ich bin arm an Gut, mein Hertz ist beschwert mit Sorgen, zu allem Guten bin ich faul, träg und verderbt, und was das allerelendeste, so ist mein Gewissen ängstig und beschwert, du selbsten aber bist mit vielen Sünden überhäufft und abscheulich besudelt! der Leib ist müde, der Verstand verwirrt, die Unschuld ist hin, meine beste Jugend verschlissen, die edle Zeit verlohren, nichts ist das mich erfreuet, und über diß alles, bin ich mir selber feind; Als ich nach meines Vaters seeligen Tod in diese Welt kam, da war ich einfältig und rein, auffrecht und redlich, warhafftig, bemütig, eingezogen, mässig, keusch, schamhafftig, fromm und andächtig; bin aber bald boßhafftig, falsch, verlogen, hoffärtig, unruhig, und überall gantz gottloß worden, welche Laster ich alle ohn einen Lehrmeister gelernet; Ich nam meine Ehre in acht, nicht ihrer selbst, sondern meiner Erhöhung wegen; Ich beobachtete die Zeit, nicht solche zu meiner Seeligkeit wol anzulegen, sondern meinem Leib zunutz zumachen; Ich habe mein Leben vielmal in Gefahr geben, und habe mich doch niemal beflissen solches zubessern, damit ich auch getrost und seelig sterben könte; Ich sahe nur auff das Gegenwertige und meinen zeitlichen Nutz, und gedachte nicht einmal an das Zukünfftige, vielweniger, daß ich dermaleins vor Gottes Angesicht müsse Rechenschafft geben! Mit solchen Gedancken quälete ich mich täglich, und eben damals kamen mir etliche Schrifften deß Guevaræ unter die [599] Hände, davon ich etwas hieher setzen muß, weil sie so krafftig waren, mir die Welt vollends zuverleiten. Diese lauten also:

Das XXIV. Capitel.
Simplicius saget der Welt ab.

ADieu Welt, dan auff dich ist nicht zutrauen, noch von dir nichts zu hoffen, in deinem Hauß ist das Vergangene schon verschwunden, das Gegenwärtige verschwindet uns unter den Händen, das Zukünfftige hat nie angefangen, das Allerbeständigste fällt, das Allerstärckste zerbricht, und das Allerewigste nimt ein Ende; also, daß du ein Tober bist unter den Toben, und in hundert Jahren läßtu uns nicht eine Stunde leben.

Adjen Welt, dan du nimst uns gefangen, und läst uns nicht wieder lebig, du bindest uns, und lösest uns nicht wieder auff; du betrübest, und tröstest nicht, du raubest, und gibest nichts wieder, du verklagest uns, und hast keine Ursache, du verurtheilest, und hörest keine Partey; Also daß du uns tödest ohn Urtheil, und begräbest uns ohn Sterben! Bey dir ist keine Freude ohn Kummer, kein Fried ohn Uneinigkeit, keine Liebe ohn Argwohn, keine Ruhe ohn Forcht, keine Fülle ohn Mängel, keine Ehre ohn Mackel, kein Gut ohn böß Gewissen, kein Stand ohn Klage, und keine Freundschafft ohne Falschheit.

Adjen Welt, dan in deinem Pallast verheisset man ohn Willen zugeben, man dienet ohn Bezahlen, man liebkoset, um zutöten, man erhöhet, [600] um zustürtzen, man hilfft, um zufällen, man ehret, um zuschänden, man entlehnet, um nicht wieder zugeben, man strafft, ohn verzeihen.

Behüte dich GOtt Welt, dan in deinem Hauß werden die grosse Herren und Favoriten gestürtzet, die Unwürdige herfürgezogen, die Verräther mit Gnaden angesehen, die Getreue in Winckel gestellet, die Boßhafftige ledig gelassen, und die Unschuldige verurtheilt, den Weisen und Qualificirten gibt man Urlaub, und den Ungeschickten grosse Besoldung, den Hinterlistigen wird geglaubet, und die Auffrichtige und Redliche haben keinen Credit, einjeder thut was er will, und keiner was er thun soll.

Adjeu Welt, dan in dir wird niemand mit seinem rechten Namen genennet, den Vermessenen nennet man kühn, den Verzagten fürsichtig, den Ungestümen emsig, und den Nachlässigen friedsam; Einen Verschwender nennet man herrlich, und einen Kargen eingezogen; einen hinterlistigen Schwätzer und Plauderer nennet man beredt, und den Stillen einen Narrn oder Phantasten; einen Ehebrecher und Jungferschänder nennet man einen Buler; einen Unflat nennet man einen Hofmann, einen Rachgierigen nennet man einen Eyferigen, und einen Sanfftmütigen einen Phantasten, also daß du uns das gäbige vor das ungäbige, und das ungäbige vor das gäbige verkauffest.

Adjeu Welt, dan du verführest jederman, den Ehrgeitzigen verheissest du Ehre, den Unruhigen Veränderung, den Hochtragenden Gnade bey Fürsten, den Nachlässigen Aemter, den Geitzhälsen viel [601] Schätze, den Fressern und Unkeuschen Freude und Wollust, den Feinden Rache, den Dieben Heimlichkeit, den Jungen langes Leben, und den Favoriten verheissestu beständige Fürstliche Hulde.

Adjeu Welt, dan in deinem Pallast findet weder Warheit noch Treue ihre Herberge! wer mit dir redet wird verschamt, wer dir trauet wird betrogen, wer dir folget wird verführet, wer dich förchtet wird am allerübelsten gehalten, wer dich liebet wird übel belohnet, und wer sich am allermeisten auff dich verläst, wird auch am allermeisten zuschanden gemachet; an dir hilfft kein Geschencke so man dir gibet, kein Dienst so man dir erweiset, keine liebliche Worte so man dir zuredet, keine Treue so man dir hält, und keine Freundschafft so man dir erzeiget, sondern du betreugst, stürtzest, schåndest, besudelst, drohest, verzehrest und vergist jederman; dannenhero weynet, seufftzet, jammert, klaget und verdirbt jederman, und jederman nimt ein Ende; bey dir sihet und lernet man nichts, als einander hassen biß zum würgen, reden biß zum lügen, lieben biß zum verzweifeln, handlen biß zum stehlen, bitten biß zum betrügen, und sündigen biß zum sterben.

Behüte dich GOtt Welt, dan dieweil man dir nachgehet, verzehret man die Zeit in Vergessenheit, die Jugend mit rennen, lauffen und springen über Zaun und Steige, über Weg und Stege, über Berg und Thal, durch Wald und Wildnus, über See- und Wasser, in Regen und Schnee, in Hitze und Kälte, in Wind und Ungewitter; die Mannheit wird [602] verzehret mit Ertz schneiden und schmältzen, mit Stein hauen und schneiden, hacken und zimmern, pflantzen und bauen, in Gedancken dichten und trachten, in Rathschlägen ordnen, Sorgen und Klagen, in Kauffen und Verkauffen, Zancken, Habern, Kriegen, Lügen und Betrügen; Das Alter verzehret man in Jammer und Elend, der Geist wird schwach, der Athem übelrüchend, das Angesicht runtzlicht, die Länge krumm, und die Augen werden dunckel, die Glieder zittern, die Nase trieft, der Kopff wird kahl, das Gehör verfällt, der Geruch verliert sich, der Geschmack gehet hinweg, er seufftzet und ächzet, ist faul und schwach, und hat in Summa nichts als Mühe und Arbeit biß in Tod.

Adjeu Welt, dan niemand will in dir fromm seyn, täglich richtet man die Mörder, viertheilt die Verråther, hänget die Diebe, Strassenräuber und Freybeuter, köpfft Todschläger, verbrennet Zauberer, strafft Meineydige, und verjaget Auffrührer.

Behüte dich GOtt Welt, dan beine Diener haben keine andre Arbeit noch Kurtzweile, als faullentzen, einander vexiren und außrichten, den Jungfern hoffiren, den schönen Frauen auffwarten, mit denselben liebäuglen, mit Würffeln und Karten spielen, mit Kupplern tractiren, mit den Nachbarn kriegen, neue Zeitungen erzehlen, neue Fünde erdencken, mit dem Judenspieß rennen, neue

Trachten ersinnen, neue List auffbringen, und neue Laster einführen.

Adjeu Welt, dan niemand ist mit dir content oder zufrieden, ist er arm, so will er haben; ist er reich, [603] so will er viel gelten; ist er veracht, so will er hoch steigen; ist er injurirt, so will er sich rächen; ist er in Gnaden, so wil er viel gebieten; ist er lasterhafftig, so wil er nur bey gutem Muth seyn.

Adjeu Welt dan bey dir ist nichts Beständiges, die hohe Thürne werden vom Blitz erschlagen, die Mühlen vom Wasser hinweg geführet, das Holtz wird von den Würmen, das Korn von Mäusen, die Früchte von Raupen, und die Kleider von Schaben gefressen, das Viehe verdirbt vor Alter, und der arme Mensch vor Kranckheit: Der eine hat den Grind, der ander den Krebs, der dritte den Wolff, der vierte die Frantzosen, der fünffte das Podagram, der sechste die Gicht, der siebende die Wassersucht, der achte den Stein, der neunte das Gries, der zehende die Lungensucht, der eilffte das Fieber, der zwölfste den Außsatz, der dreyzehende das Hinfallen, und der vierzehende die Torheit! In bir O Welt, thut nicht einer was der ander thut, ban wan einer weinet, so lachet der ander, einer seufftzet, der ander ist frölich; einer fastet, der ander zechet; einer banquetirt, der ander leidet Hunger; einer reitet, der ander gehet; einer redet, der ander schweiget; einer spielet, der ander arbeitet; und wan der eine geboren wird, so stirbt der ander. Also lebet auch nicht einer wie der ander, der eine herrschet, der ander dienet; einer weydet die Menschen, ein ander hütet der Schweine; einer folget dem Hof, der ander dem Pflug; einer räist auf dem Meer, der ander fährt über Land auf die Jahr- und Wochen-Märckte; einer arbeitet im Feur, der ander in der Erde, einer fischt im Wasser, und der ander fängt Vögel in der Lufft, einer arbeitet [604] härtiglich, und der ander stilet und beraubet das Land.

O Welt behüte dich GOtt, ban in deinem Hauß führet man weder ein heilig Leben, noch einen gleichmässigen Tod, der eine stirbt in der Wiege, der ander in der Jugend auff dem Bette, der dritte am Strick, der vierte am Schwert, der fünffte auff dem Rad, der sechste auff dem Scheiterhauffen, der siebende im Weinglas, der achte in einem Wasserfluß, der neunte erstickt im Freß=Hafen, der zehende erworgt am Gifft, der eilffte stirbt gähling, der zwölffte in einer Schlacht, der dreyzehende durch Zauberey, und der vierzehende erträndt seine arme Seele im Dintenfaß.

Behüte dich GOtt Welt, dan mich verdreußt deine Conversation, das Leben so du uns gibest, ist eine elende Pilgerfahrt, ein unbeständiges, ungewisses, hartes, rauhes, hinflüchtiges und unreines Leben, voll Armseeligkeit und Irrthum, welches vielmehr ein Tod als ein Leben zu=nennen; in welchem wir alle Augenblicke sterben durch viel Gebrechen der Unbeständigkeit und durch mancherley Wege deß Todes! Du lässest dich der Bitterkeit deß Todes mit deren du umgeben und durchsalzen bist, nicht genügen, sondern betreugst noch darzu die meiste mit deinem Schmeicheln, Anreizung und falschen Verheissungen, du gibest auß dem goldenen Kelch, den du in deiner Hand hast, Bitterkeit und Falschheit zutrincken, und machest sie blind, taub, toll, voll, und sinnloß, Ach! wiewol denen, die deine Gemeinschafft außschlagen: deine schnelle augen=[605]lich hinfahrende Freude verachten, deine Gesell=schafft verwerffen, und nicht mit einer solchen arglistigen verlornen Betriegerin zu Grund gehen; dan du machest auß uns einen finstern Abgrund, ein elendes Erdreich, ein Kind deß Zorns, ein stinckendes Aas, ein unreines Geschirr in der Mistgrube, ein Geschirr der Verwesung voller Gestanck und Greuel, dan wan du uns lang mit Schmeicheln, Liebkosen, Drohen, Schlagen, Plagen, Martern und Pei=nigen umgezogen und gequälet hast, so überantwortest du den außgemergelten Cörper dem Grab, und setzest die Seele in eine ungewisse Schantze. Dan obwol nichts ge=wissers ist als der Tod, so ist doch der Mensch nicht ver=sichert, wie, wan und wo er sterben, und (welches das erbärmlichste ist) wo seine Seele hinfahren, und wie es derselben ergehen wird: Wehe aber alsban der armen Seele, welche dir, O Welt, hat gedienet, gehorsamt, und deinen Lüsten und Uppigkeiten gefolget, dan nachdem eine solche sündige und unbekehrte arme Seele mit einem schnellen und unversehenen Schröcken auß dem armseeligen Leib ist geschieden, wird sie nicht wie der Leib im Leben mit Dienern und Befreunden umgeben seyn, sondern von der Schaar ihrer allergreulichsten Feinde für den sonderbaren Richterstul Christi geführet werden; Darum, O Welt, behüte dich Gott, weil ich versichert bin, daß du dermal eins von mir wirst außsetzen und mich verlassen, nicht allein zwar, wan meine arme Seele vor dem Angesicht deß strengen Richters erscheinen, sondern auch wan das allerschröcklichste Urtheil, Gehet hin ihr Ver-[606]fluchten ins ewige Feur, ꝛc. gefällt und außgesprochen wird

Adieu O Welt, O schnöde arge Welt, O stinckendes elendes Fleisch, dan von deinetwegen und um daß man dir gefolget, gedienet und gehorsamet hat, wird der gottlose Unbußfertige zur ewigen Verdamnus verurtheilt, in welcher in Ewigkeit anders nichts zugewarten, als anstat der verbrachten Freude, Leid ohn Trost, anstat deß Zechens, Durst ohn Labung, anstat deß Fressens, Hunger ohn Fülle, anstat der Herrligkeit und Prachts, Finsternus ohn Liecht; anstat der Wollüste, Schmertzen ohn Linderung, anstat deß Dominirens und Triumphirens, Heulen, Weinen und Weheklagen ohn Auffhören, Hitze ohn Kühlung, Feur ohn Leschung, Kälte ohn Maaß, und Elend ohn Ende.

Behüte dich Gott O Welt, dan anstat deiner verheissenen Freude und Wollüste, werden die böse Geister an die unbußfertige verdamte Seele Hand anlegen, und sie in einem Augenblick in Abgrund der Höllen reissen, daselbst wird sie anders nichts sehen und hören, als lauter erschröckliche Gestalten der Teuffel und Verdamten, eitele Finsternuß und Dampff, Feur ohn Glantz, Schreyen, Heulen, Zähnklappern und Gottslästern; Alsdan ist alle Hoffnung der Gnade und Milterung auß, kein Ansehen der Person ist verhanden, je höher einer gestiegen, und je schwerer einer gesündiget, je tieffer er wird gestürtzt, und je härtere Pein er muß leiden; dem viel geben ist, von dem wird viel gefodert, und je mehr einer sich bey dir, O arge schnöde [607] Welt! hat herrlich gemachet, je mehr schencket man ihm Qual und Leiden ein, dan also erfoderts die göttliche Gerechtigkeit.

Behüte dich GOtt O Welt, dan obwol der Leib bey dir eine Zeitlang in der Erde ligen bleibet und verfaulet, so wird er doch am Jüngsten Tag wieder auffstehen, und nach dem letzten Urtheil mit der Seele ein ewiger Höllenbrand seyn müssen; Alsdan wird die arme Seele sagen: Verflucht seyst du Welt! weil ich durch dein Anstifften Gottes und meiner selbst vergessen, und dir in aller Uppigkeit, Boßheit, Sünde und Schande die Tage meines Lebens gefolget habe; Verflucht sey die Stunde, in deren mich Gott erschuff! Verflucht sey der Tag, darin ich in dir, O arge böse Welt, geboren bin! O ihr Berge, Hügel und Felsen fallet auff mich, und verberget mich vor dem grimmigen Zorn deß Lamms, vor dem Angesicht dessen, der auff dem Stul sitzet; Ach Wehe und aber Wehe in Ewigkeit!

O Welt! du unreine Welt, derhalben beschwöre ich dich, ich bitte dich, ich ersuche dich, ich ermahne und protestire wider dich, du wollest kein Theil mehr an mir haben; Und hingegen begehre ich auch nicht mehr in dich zu hoffen, dan du weist, daß ich mir habe fürgenommen, nemlich dieses: Posui finem curis, spes & fortuna valete.

Alle diese Worte erwog ich mit Fleiß und stetigem Nachdencken, und bewogen mich dermassen, daß ich die Welt verließ, und wieder ein Einsidel ward: Ich hätte gern bey meinem Saurbrunn im Muckenloch gewohnet, aber die Bauren in der Nachbarschafft [608] wolten es nicht leiden, wiewol es vor mich eine angenehme Wildnus war; Sie besorgten, ich würde den Brunn verrathen, und ihre Obrigkeit dahin vermögen, daß sie wegen nunmehr erlangten Friedens Weg und Steg darzu machen müsten. Begab mich derhalben in eine andere Wildnus, und fing mein Spefferter Leben wieder an; ob ich aber wie mein Vater seel. biß an mein Ende darin verharren werde, stehet dahin. GOtt verleihe uns allen seine Gnade, daß wir allesamt dasjenige von ihm erlangen, woran uns am meisten gelegen, nemlich ein seeliges

E N D E.

Des neueingerichten und vielverbesserten
Abentheurlichen
SIMPLICISSIMI
Fortsetzung und Schluß,
oder sechstes Buch,

Durch

GERMAN SCHLEIFHEIM
von Sulsfort.

Mompelgart,
Bey Johann Fillion 1669.

O Wunderbahres thun! O unbeständigs stehen
Wan einer wähnt er steh, so muß er fürter gehen,
   O schlüpfferigster Stand! dem vor vermeinte Ruh
   Schnell und zugleich der Fall sich nähert jmmer zu,
Gleich wie der Tod selbst thut; was solch hinflüchtig Wesen
Mir habe zugefügt, wird hierin auch gelesen;
   Worauß zusehen ist daß Unbeständigkeit
   Allein beständig sey, sowohl in Freud als Leid.

[606e]   Das 1. Capitel.

Ist eine kleine Vorrede und kurtze Erzehlung wie dem neuen Einsidler sein Stand zuschlug.

Das 2. Capitel.

Wie sich Lucifer verhielt, als er frische Zeitung vom geschloßnen Teutschen Frieden kriegte.

Das 3. Capitel.

Seltzame Auffzüge etlichen höllischen Hofgesindes und dergleichen Bursche.

Das 4. Capitel.

Wettstreit zwischen der Verschwendung und dem Geitz, ziemlich weitläuffig außgeführt.

Das 5. Capitel.

Der Einsidel wird auß seiner Wildnuß zwischen Engelland und Franckreich auff das Meer in ein Schiff versetzet.

Das 6. Capitel.

Wie Iulus und Avarus nach Paris raisen, und dort ihre Zeit vertreiben.

Das 7. Capitel.

Avarus findet auff ungefehrter Banck, und Iulus hingegen machet Schulden, dessen Vater aber raiset in die andre Welt.

Das 8. Capitel.

Iulus nimt seinen Abschied in Engeland auff Edelmännisch, Avarus aber wird zwischen Himmel und Erde arrestirt.

Das 9. Capitel.

Balbanders komt zu Simplicissimo, und lehret ihn mit mobilien und immobilien reden und selbige verstehen.

Das 10. Capitel.

Der Eremit wird auß einem Wald= ein Wall=Bruder.

[606f]   Das 11. Capitel.

Simplicii seltzamer Discurs mit einem Schermesser.

Das 12. Capitel.

Obige Materia wird continuirt und das Urthel exequirt.

Das 13. Capitel.

Was Simplicius seinen Gast-Herrn für das Nacht-Läger vor eine Kunst gelehret.

Das 14. Capitel.

Allerhand Auffschnidereyen deß Pilgers, die einem auch in einem hitzigen Fieber nicht seltzamer vorkommen können.

Das 15. Capitel.

Wie es Simplicio in etlichen Nachtherbergen ergangen.

Das 16. Capitel.

Wie der Pilger wiederum auß dem Schloß abscheidet.

Das 17. Capitel.

Was massen er über das Mare mediterraneum in Egypten führt, und an das rohte Meer verführet wird.

Das 18. Capitel.

Der wilde Mann komt mit grossem Glück und vielem Geld wiederum auff freyen Fuß.

Das 19. Capitel.

Simplicius und der Zimmermann kommen mit dem Leben davon, und werden nach dem erlittenen Schiffbruch mit einem eignen Land versehen.

Das 20. Capitel.

Was sie vor eine schöne Köchin bingen, und wie sie ihrer mit Gottes Hülffe wieder loßwerden.

Das 21. Capitel.

Wie sie beyde nach der Hand miteinander hausen, und sich in den Handel schicken.

Das 22. Capitel.

Fernere folge der obigen Erzehlung, und wie Simon Meron das Leben samt der Insul quitirt, darin Simplicius allein Herr verbleibet.

Das 23. Capitel.

Der Monachus beschlüst seine Histori und machet diesen 6. Büchern das Ende.

Das 24. Capitel.

Iean Cornelisen ein Holländischer Schiff-Capitain komt auff die Insul, und machet mit seiner Relation diesem Buch einen Anhang.

Das 25. Capitel.

Die Holländer empfinden eine possirliche Veränderung, als sich Simplicius in seiner Vestung enthielte.

Das 26. Capitel.
Nach dem Simplicius mit seinen Belägerern accordirt, kommen seine Gäste wieder zu ihrer Vernunfft.

Das 27. Capitel.
Beschluß dieses gantzen Werckes, und Abscheid der Holländer.

Das I. Capitel.
Ist eine Vorrede und kurtze Erzehlung, wie dem neuen Einsiedler sein Stand zuschlug.

WAn ihm jemand einbildet, ich erzehle nur darum meinen Lebens=Lauff, damit ich einem andern die Zeit kürtzen: oder wie die Schalcks=Narren und Possen=Reisser zuthun pflegen, die Leute zum lachen bewägen mögte; so findet sich derselbe weit betrogen! dan viel lachen ist mir selbst ein Ekel, und wer die eble unwiederbringliche Zeit vergeblich hinstreichen lässet, der verschwendet diejenige Göttliche Gabe unnützlich, die uns verliehen wird, unsrer [610] Seelen Hail in: und vermittelst derselbigen zu würcken: Warum solte ich dan zu solcher eitelen Thorheit verhelffen: und ohn Ursache vergebens anderer Leute kurtzweiliger Raht seyn? Gleichsam als ob ich nicht wüste, daß ich mich hierdurch fremder Sünden theilhafftig machte; mein lieber Leser, ich bedüncke mich gleichwohl zu solcher Profession um etwas zugut zusehn, wer derowegen einen Narren haben will, der kauffe ihm zween, so hat er einen zum besten; daß ich aber zuzeiten etwas possierlich auffziehe, geschiehet der Bärtlinge halber, die keine heilsame Pillulen können verschlucken, sie seyn dan zuvor überzuckert und vergöldt: geschweige daß auch etwan die aller gravitetischte Männer, wan sie lauter ernstliche Schrifften lesen sollen, das Buch ehender hinweg zulegen pflegen, als ein anders, das bey ihnen bißweilen ein kleines Lächlen herauß presset; Ich mögte vielleicht auch beschuldiget werden, ob ging ich zuviel Satyricè darein; dessen bin ich aber gar nicht zuverdencken, weil männiglich lieber gedultet, daß die allgemeine Laster Generaliter durchgehechlet und gestraffet: als die eigne Untugenden freundlich corrigiret werden; So ist der Theologische Stylus bey Herrn Omnes (dem ich aber diese meine Histori erzehle) zu jetzigen Zeiten leyder auch nicht so gar angenehm, daß ich mich dessen gebrauchen solte; solches kan man an einem Marckschreyer oder Quackfalber (welche sich selbst vornehme Aertzte, Oculisten, Brüch- und Steinschneider nennen, auch ihre gute pergamentine Briefe und Siegel darüber haben) augenscheinlich abnehmen, wan er am offnen Marckt mit seinem Hanß Wurst oder Hanß Supp [611] auftritt, und auf den ersten Schrey und phantastischen krummen Sprung seines Narrn mehr Zulauffs und Anhörer bekomt, als der eyferigste Seelen-Hirt, der mit allen Glocken dreymahl zusammen läuten lassen, seinen anvertrauten Schäfflein eine fruchtbare heilsame Predig zuthun.

Dem sey nun wie ihm wolle, ich protestire hiemit vor aller Welt, keine schuld zuhaben, wan sich jemand deßwegen ärgert, daß ich den Simplicissimum auf diejenige mode außstaffirt, welche die Leute selbst erfodern, wan man ihnen etwas nutzliches beybringen will; lässet sich aber in dessen ein und anderer der Hülsen genügen und achtet der Kern nicht, die darin verborgen stecken, so wird er zwar als von einer kurtzweiligen Histori seine Zufriedenheit: Aber gleichwohl dasjenige bey weitem nicht erlangen, was ich ihn zuberichten eigentlich bedacht gewesen; sahe darnach wiederum an, wo ich's im End deß fünfften Buchs bewenden lassen.

Daselbst hat der geliebte Leser verstanden, daß ich widerum ein Einsidler worden, auch warum solches geschehen; gebühret mir derowegen nunmehr zuerzehlen, wie ich mich in solchem Standt verhalten; die erste baar Monat allbieweil auch die erste Hitze noch dauret, gings trefflich wol ab, die Begierde der fleischlichen Wollüste oder besser zusagen, Unlüste, denen ich sonst trefflich ergeben gewesen, dämpffte ich gleich anfangs mit zimlicher geringer Mühe, dan weil ich dem Baccho und der Cereri nicht mehr dienete, wolte Venus auch nicht mehr bey mir einkehren; aber darmit war ich darum bey weitem nicht vollkommen, sondern hatte stündlich tausendfältige [612]

Anfechtungen, wan ich etwan an meine alte begangene
losse Stücklein gedachte, um eine Reue dadurch zuerwecken,
so kamen mir zugleich die Wollüste mit ins Gedächtnuß,
deren ich etwan da und dort genossen, welches mir nit
allemal gesund war, noch zu meinem geistlichen Fortgang
auferbaulich; wie ich mich seithero erinnert, und der Sache
nachgedacht, ist der Müssiggang mein gröster Feind: Und
die Freyheit (weil ich keinem Geistlichen unterworffen, der
meiner gepflegt und wargenommen hätte) die Ursach ge=
wesen, daß ich nicht in meinem angefangenen Leben be=
ständig verharret; ich wohnete auff einem hohen Gebürg
die Moß genant, so ein stück vom Schwartzwald: und
überal mit einem finstern Dannen=Wald überwachsen ist,
von demselben hatte ich ein schönes Außsehen gegen Auff=
gang in das Oppenauer Thal und dessen Neben=Zincken;
gegen Mittag in das Kintzinger Thal und die Graffschafft
Geroltzeck, alwo dasselbe hohe Schloß zwischen seinen be=
nachbarten Bergen das Ansehen hat, wie der König in
einem auffgesetzten Kegel=Spill; gegen Nidergang konte
ich das Ober und Unter Elsaß übersehen, und gegen Mit=
ternacht der Nidern Marggraffschafft Baaden zu, den
Rheinstrom hinunter; in welcher Gegend die Statt Straß=
burg mit ihrem hohen Münster=Thurn gleichsam wie das
Hertz mitten mit einem Leib beschlossen hervorpranget;
mit solchem Außsehen und Betrachtungen so schöner Landes=
Gegend delectirte ich mich mehr als ich eyferig bettete;
worzu mich mein Perspectiv dem ich noch nit resignirt,
treflich anfrischte; wan ich mich aber desselbigen wegen
der [613] dunklen Nacht nicht mehr gebrauchen konte,
so nahm ich mein Instrument, welches ich zu Stärckung
des Gehörs erfunden, zuhanden, und horchte dadurch, wie
etwan uff etliche Stunden Wegs weit von mir die Bauren
Hunde bellen, oder sich ein Gewild in meiner Nachbar=
schafft regte; mit solcher Thorheit ging ich um, und ließ
mit der Zeit zugleich arbeiten und beten bleiben, wodurch
sich hiebevor die alte Egyptische Einsidel beydes Leib und
Geistlicher Weise erhalten; Anfänglich als ich noch neu
war, ging ich von Hauß zu Hauß in den nächsten Thälern
herum, und suchte zu Auffenthaltung meines Lebens das

Allmosen, nahm auch nit mehr als was ich plötzlich be=
dorffte, und sonderlich verachtete ich das Gelt, welches die
umligende Nachbaren vor ein groß Wunder: ja für eine
sonderbare Apostolische Heiligkeit an mir schätzten; sobald
aber meine Wohnung bekant ward, kam kein Waldgenoß
mehr in Wald, der mir nit etwas von Essen=Speisen mit
sich gebracht hette; diese rühmeten meine Heiligkeit und
ungewöhnliches Einsiblerisches Leben auch anderwerts, also
daß auch die etwas weiters wohnende Leute entweder
auß Fürwitz oder Andacht getriben, mit grosser Mühe
zu mir kamen, und mich mit ihren Verehrungen besuchten,
da hatte ich an Brot, Butter, Saltz, Käß, Speck, Eyern
und der gleichen nicht allein keinen Mangel, sondern auch
einen Uberfluß; ward aber darum nicht desto gottseliger,
sondern je länger je kälter, saumseliger und schlimmer,
also daß man mich beynahe einen Heuchler oder heiligen
Schalck hette nennen mögen; doch unterließ ich nicht, die
Tugenden und Laster zubetrachten, und [614] zugedencken
was mir zuthun seyn mögte, wan ich in Himmel wolte;
Es geschahe aber alles unordenlich, ohn rechtschaffenen
Raht und einen vesten Vorsatz, hierzu einen Ernst anzu=
legen, welchen mein Stand und dessen Verbesserung von
mir erfoderte.

Das II. Capitel.
Wie sich Lucifer verhielt, als er frische Zeitung vom geschlossenen
Teutschen Frieden kriegte.

WJr lesen daß vorzeiten bey denen GOtt ergebenen
heiligen Gliedern der Christlichen Kirche die Mor-
tification oder Abtödung deß Fleisches, vornem=
lich in beten, fasten und wachen bestanden; gleichwie nun
aber ich mich der ersten beyden Stücke wenig befliesse;
also liese ich mich auch die süste Betöberung des Schlaffs
stracks überwinden, soofft mir nur zugemuthet ward, solche
Schuldigkeit (daß wir dan mit allen Thieren gemein
haben) der Natur abzulegen; einsmahls faullentzte ich
unter einer Thanne im Schatten, und gab meinen unnützen
Gedancken gehör, die mich fragten, ob der Geitz oder die
Verschwendung das gröste oder ärgste Laster sehe? ich

habe gesagt meinen unnützen Gedancken! und das sage
ich noch! dan lieber was hatte ich mich um die Ver=
schwendung zubekümmern, da ich doch nichts zuverschwenden
vermochte? und was ging mich der Geitz an, in dem mein
Stand, den ich mir selbst freywillig erwählet, von mir
erfoderte, in Armuth und Dürfftigkeit zuleben? aber O
Thorheit, ich war dannoch so hart verbaist, solches zu=
wissen, daß ich mir dieselbige Gedancken nicht mehr auß=
schlagen konte, sondern darüber einschlummerte! [615]
womit einer wachend handiret, damit pfleget einer ge=
meiniglich auch traumend betrirt zuwerden, und solches
wiederfuhr mir damals auch! dan sobald ich die Augen
zugethan hatte, sahe ich in einer tieffen abscheulichen Grufft
das klingende höllische Heer, und unter denenselben den
Groß=Fürsten Lucifer zwar auff seinem Regiments=Stul
sitzen, aber mit einer Ketten angebunden, daß er seines
Gefallens in der Welt nicht wüten könte; die viele der
höllischen Geister mit denen er umgeben, begnügten durch
ihr fleissiges auffwarten, die grösse seiner höllischen Macht,
als ich nun dieses Hoff=Gesind betrachtete, kam unver=
sehens ein schneller Postillion durch die Lufft geflogen,
der ließ sich vorm Lucifer niber und sagte, O grosser
Fürst, der geschlossene teutsche Friede hat beynahe gantz
Europam wiederum in Ruhe gesetzt; das Gloria in ex-
celsis und Te Deum Laudamus erschallet aller Orten
gen Himmel, und jedermann wird sich befleissen unter
seinem Weinstock und Feigenbaum hinförder GOTT zu=
bienen.

So bald Lucifer diese Zeitung kriegte, erschrack er
anfänglich ja so sehr, als hefftig er den Menschen solche
Glückseeligkeit mißgönnet; indem er sich aber wieder ein=
wenig erholete, und bey ihm selbst erwug, was vor Nach=
theil und Schaden sein höllisches Reich am bißhero ge=
wohnten interesse leyden müste, grießgramete er schröcklich!
er knarpelte mit den Zähnen so greulich, daß er weit und
breit förchterlich zuhören war, und seine Augen funckelten
so grausam vor Zorn und Ungedult, daß ihm schwefelichte
Feurflammen gleichsam wie der Plitz her=[616]auß schlugen
und seine gantze Wohnung erfülleten; also daß sich nicht

allein die arme verdamte Menschen und geringe höllische Geister; sondern auch seine vornemste Fürsten und gehaimste Räthe selbst davor entsatzten; zuletzt lief er mit den Hörnern wider die Felsen daß die gantze Hölle davon zitterte, und fing dergestalt an zuwüten und toben, daß die seinige sich nichts anders einbilden konten, als er würde entweder gar abreissen, oder gantz toll und thöricht werden: massen sich eine Zeitlang niemand erkühnen dorfte zu ihm zunahen, weniger ein einziges Wörtlein mit ihm zusprechen.

Endlich ward Belial so keck und sagte, großmächtiger Fürst was seynd das vor Gebärden von einer solchen unvergleichlichen Hochheit? wie? hat der gröste Herr seiner selbsten vergessen? oder was soll uns doch diese ungewöhnliche Weise bedeuten, die eurer herrlichen Majestät weder nutzlich noch rühmlich seyn kan? Ach! antwortete Lucifer, ach! ach wir haben allesamt verschlaffen und durch unsere eigene Faulheit zugelassen, das lerna malorum unser liebstes Gewächs, das wir auf dem gantzen Erdboden hatten, und mit so grosser Mühe gepflantzet: Mit so grossem Fleiß erhalten, und die Früchte davon jeweils mit so grossem Wucher eingesamlet, nunmehr auß den teutschen Gräntzen gereutet: Auch wan wir nicht anders darzu thun, besorglich auß gantz Europa geworffen wird! und gleichwohl ist keiner unter euch allen der solches recht behertzige! Ist es uns nicht allen eine Schande, daß wir die wenige Täglin welche die Welt noch vor sich hat, so li=[617[derlich verstreichen lassen? ihr schläfferige Maulaffen, wisset ihr nicht, daß wir in dieser letzten Zeit unsre reicheste Ernte haben sollen? das ist mir gegen dem Ende der Welt auff Erden schön dominiret, wan wir wie die alten Hunde zur Jagt vertrossen und untüchtig werden wollen; der Anfang und Fortgang deß Kriegs sahe unserm verhofften Fettenschnitt zwar gleich, was haben wir aber jetzt zuhoffen? da Mars Europam biß auff Poln quitirt, dem lerna malorum auff dem Fuß nachzufolgen pfleget.

Als er diese Meynung vor Boßheit und Zorn mehr herauß gedonnert: Als geredet hatte, wolte er die vorige

Wut wieder angehen; aber Belial machte daß er sichs noch enthielt, da er sagte, wir müssen beßwegen den Muht nicht sincken lassen, noch sich gleich stellen wie die schwachen Menschen, die ein widerwertiger Wind anbläset, weist du nit, O grosser Fürst, daß mehr durch den Wein als durchs Schwert fallen? solte dem Menschen, und zwar den Christen, ein ungeruhiger Friede, welcher die Wollust auff dem Rucken mit sich bringet, nicht schädlicher seyn als der Mars? ist nicht gnug bekant, daß die Tugenden der Braut Christi nie heller leuchten als mitten in höchstem Trübsal? Mein Wunsch und Wille aber ist, antwortete Lucifer, daß die Menschen sowohl in ihrem zeitlichen Leben in lauter Unglück: als nach ihrem Hinsterben in ewiger Qual seyn sollen; dahingegen unsere Saumsahl endlich zugeben wird, daß sie zeitliche Wohlfart geniessen: Und endlich darzu die ewige Seeligkeit besitzen werden; ha! antwortete Belial, wir wissen ja beyde meine profession, vermittelst deren ich wenig Feyertäge [618] halten: Sondern mich dergestalt thumlen werde, deinen Willen und Wunsch zuerlangen, das lerna malorum noch länger bey Europa verbleiben; oder doch diese Dam andere Kletten ins Haar kriegen soll; allein wird deine Hochheit auch bedencken, daß ich nichts erzwingen kan, wan ihr das Numen ein anders gönnet.

Das III. Capitel.
Seltzame Auffzüge etlichen höllischen Hoffgesindes, und dergleichen Bursche.

DAs freundliche Gespräche dieser zweyen höllischen Geister war so ungestüm und schröcklich, daß es einen Haubt-Lermen in der gantzen Höllen erregte, massen in einer geschwinde das gantze höllische Heer zusammen kam, um zuvernemen, was etwan zuthun seyn mögte; da erschien Lucifers erstes Kind, die Hoffart mit ihren Töchtern; der Geitz mit seinen Kindern; der Zorn samt Neid und Haß, Rachgier, Mißgunst, Verleumbung, und was ihnen weiters verwant war, so dan auch Wollust mit seinem Anhang, als Geilheit, Fraß, Müssiggang und dergleichen, item die Faulheit, die Untreue, der Muthwill, die Lügen, der Fürwitz so Jungfern theur machet, die Falschheit mit ihrem lieblichen Töchterlein der Schmeicheley, die anstat der Windsach einen Fuxschwantz trug, welches alles einen seltzamen Auffzug abgab, und verwunderlich zusehen war, dan jedes kam in sonderbarer eigner Lieberey daher; ein theil war auffs prächtigste herauß gebutzt, das ander gantz bettelhafftig angethan, und das dritte, als die Unschamhafftigkeit und dergleichen, ging beynahe überall nackend, ein [619] theil war so fett und wohl leibig wie ein Bachus, das ander so gelb plaich und mager wie eine alte dürre Ackermäre, ein theil schien so lieblich und anmuthig wie eine Venus, das ander sahe so saur wie Saturnus, das dritte so grimmig wie Mars, das vierte so tückisch und bockmäusig wie Mercurius, ein theil war starck wie Hercules, oder so gerad und schnell wie Hippomenes, das ander Lahm und hinckend wie Vulcanus; also daß man so unterschiedlicher seltzamen Arten und Auffzüge halber vermeynen hätte mögen, es wäre das wütende Heer gewesen, davon uns die alte soviel wunderlichen Dings erzehlet haben; und ohne diese obgenante erschienen noch viel die ich nicht kante, noch zunennen weiß, massen auch etliche gantz vermummet und verkappt auffgezogen.

Zu diesem ungeheuren Schwarm thät Lucifer eine scharffe Rede, in welcher er den gantzen Hauffen in genere und einerjeden Person insonderheit ihre Nachlässigkeit verwise, und allen auffrupffte, daß durch ihre Saumsal lerna malorum Europam raumen müssen; er musterte auch gleich die Faulheit auß, als einen untüchtigen Banckert, der ihm die seinige verderbe, ja er verwise ihr sein höllisches Reich auff ewig, mit Befelch daß sie gleichwohl ihren unterschleiff auff dem Erdboden suchen solte.

Demnach hetzte er die übrige alles Ernstes zu grösserm fleiß, als sie bißhero bezeuget, sich bey den Menschen einzunisteln; betrohete darbeneben schröcklich, mit was vor Straffen er diejenige ansehen wolte, von welcher er künfftig im geringsten verspüre, daß durch deren Amts-Geschäffte seiner intention gemäß nicht eyferig genug verfahren [620] worden wäre; er theilete jhnen benebens auch neue instructiones und memorial auß, und that stattliche promessen gegen denen die sich tapffer gebrauchen würden.

Da es nun sahe, als wan diese Reichs Versamlung sich endigen: Und alle höllische Stände widerum an jhre Geschäffte gehen wolten, ritt ein zerlumpter: und von Angesicht sehr bleicher Kerl auff einem alten schäbigen Wolff hervor, Roß und Mann sahe so verhungert, mager, matt und hinfällig auß, als wan beydes schon lange Zeit in einem Grab oder auff der Schintgrube gelegen wäre! dieser beklagte sich über eine ansehenliche Dame, die sich auff einem neapolitanischen Pferd von 100. Pistoletten werht, tapffer vor jhm tumlete; alles an jhren und des Pferdes Kleibungen und Zierden glänzte von Perlen und ebelgesteinen, die Stegreiffen, die Buckeln, die Stangen, alle Rincken, das Mundstück oder Gebiß samt der Kinketten war von klarem Gold, die Huffbeschläge aber an deß Pferdes Füssen von feinem Silber: Dahero man sie auch keine Huffeisen nennen kan; sie selbst sahe gantz herrlich, prächtig und trotzig auff, blühete darneben im Angesicht wie eine Rose am Stock, oder war doch wenigst anzusehen, als wan sie einen halben Rausch gehabt hette, massen sie sich auch sonst in allen jhren Gebärden so frisch stellete; es roch um sie herum so starck nach Haarpulver, Balsam, Bisam, Ambra und andern Aromaten, daß wohl einer andern als sie war, die Mutter hette rebellisch werden mögen. In Summa es war alles so kostbarlich um sie bestelt, daß ich sie vor die allermächtigste Königin gehalten hette, wan [621] sie nur auch wäre gekrönet gewesen, wie sie dan auch eine seyn muß, weil man von jhr saget, sie allein herrsche über das Gelde und das Geld nit über sie: Gab mich derowegen anfänglich wunder, daß obengedachter elender Schindhund auff dem Wolff wider sie mutzen dorffte, aber er machte sich mausiger, als ich ihm zugetraut.

Das 4. Capitel.
Wettstreit zwischen der Verschwendung, und dem Geitz, ziemlich weitläuffig außgeführet.

DAn er trang sich vor den Lucifer selbsten und sagte, großmächtiger Fürst! beynahe auff dem gantzen Erdboden ist mir niemand mehr zuwider, als eben gegenwertige Brädin, die sich bey den Menschen vor die Freygebigkeit außgibet, um unter solchem Namen mit Hülffe der Hoffart: Deß wollustes und deß Frasses mich allerdings in Verachtung zubringen und zuunterdrucken; diese ist, die sich überal wie das gebröse in einer Wanne hervor wirfft, mich in meinen Wercken und Geschäfften zuverhindern, und wieder niber zureissen, was ich zu Auffnehmung und Nutzen deines Reichs mit grosser Mühe und Arbeit aufferbaue! ist nicht dem gantzen höllischen Reich bekant, daß mich die Menschen=Kinder selbst eine Wurtzel alles Ubels nennen; was vor Freude oder was vor Ehre habe ich mich aber von einem solchen herrlichen Titul zugetrösten, wan mir diese junge Rotz=Nase will vorgezogen werden? soll ich erleben daß ich! ich sage ich! ich! der wohlverbientesten Rahts=Personen und vornemesten Diener einer! oder grössester Beförderer deines Staats und höllischen interesse, dieser Jungen [622] in Wollust und Hoffart erzeugten müste, von meinem Gedencken und thun jetzt erst in meinem Alter weichen: Und ihr den Vorzug lassen? nimmermehr nit! Großmächtiger Fürst, würde es deiner Hochheit anstehen, noch deiner intention nach gelebet seyn, die du hast, das Menschliche Geschlecht sowol hie als dort zuquälen, wan du dieser allemode Närrin gewonnen gebest, daß sie in ihrer Verfahrung wider mich recht handele; ich habe zwar mißgeredet, indem ich gesagt, recht handele; dan mir ist recht und unrecht eines wie das ander; ich wolte soviel damit sagen, es gereiche zu Schmählerung deines reichs, wan mein Fleiß, den ich von unvordencklichen Jahren hero biß auff diese Stunde so unverdrossen vorgespannet, mit solcher Verachtung belohnet: Mein Ansehen, æstimation und Valor bey den Menschen dadurch verringert: Und endlich ich selbsten auff solche weise auß ihrer aller Hertzen gar außgelöschet

und vertrieben werden solte; befiehl derohalben dieser
jungen unverständigen Landläufferin, daß sie mir als einem
Aeltern weichen: Forthin meinem Beginnen nachgeben:
Und mich in deinen Reichs=Geschäfften unverhindert für=
fahren lassen solle, in aller Maß und Form als vor
diesem beschehen, da man in der gantzen Welt von ihr
nichts wuste.

Demnach der Geitz diese Meinung mit noch weit
mehrern Umbständen vorgebracht hatte; antwortete die
Verschwendung, es verwundere sie nichts mehrers, als daß
ihr Großvater so unverschämt in sein eigen Geschlecht
hinein gleichwie ein anderer Herodes Ascalonita in das
seinige wühten [623] dörffe; er nennet mich (sagt sie)
eine Bräcin; solcher Titul gebühret mir zwar weil ich
seine Encklin bin, meiner eignen Qualitäten halber aber
wird mir derselbe nimmermehr zugeschrieben werden können;
Er rucket mir auff, daß ich mich bißweilen vor die Frey=
gebigkeit außgebe, und unter solchem Schein meine Ge=
schäffte verrichte; ach einfältiges Anbringen eines alten
Gecken! welches mehr zuverlachen, als meine Handlungen
zubestraffen; weiß der alte Narr nicht, daß keiner unter
allen höllischen Geistern ist, der sich zuzeiten nit nach ge=
staltsam der Sache und erheischender Nohtburfft nach in
einen Engel deß Liechts verstelle? zwar mein ehrbarer
Herr Aehne nehme sich bey der Nasen; überredet er nicht
die Menschen wan er anklopfft Herberge bey jhnen zu=
suchen, er sey die Gesparsamkeit? solte ich jhn darum
deßwegen tadeln oder gar verklagen? Nein mit nichten:
ich bin jhm deßwegen nit einmal gehässig! sintemaln wir
sich alle mit dergleichen Vortheln und Betrügereyen be=
helffen müssen, biß wir bey den Menschen einen Zutritt
bekommen, und sich unvermerckt eingeschleichet haben; und
mögte ich mir wol einen rechtschaffenen frommen Menschen
(die wir aber allein zuhintergehen haben, dan die Gottlose
werden uns ohn das nit entlauffen) hören was er sagte,
wan einer von uns angestochen käme, und sagte ich bin
der Geitz, ich will dich zur Höllen bringen! ich bin die
Verschwendung, ich will dich verderben; Ich bin der Neid,
folge mir so komstu in die ewige Verdamnuß; ich bin die

Hoffart, laß mich bey dir einkehren, so mache ich dich dem Teufel gleich, der von Gottes Angesicht verstossen wor=[624]den; ich bin dieser oder der, wan du mir nach=ähmest, so wird es dich viel zuspat reuen, weil du alsdan der ewigen Pein nimmermehr wirst entrinnen können: meinestu nit, sagte sie zum Lucifer, groß mächtiger Fürst, ein solcher Mensch werde sagen, trolle dich geschwind in aller hunderten tausenden Namen in Abgrund der Höllen, zu deinem Großvater hinunter, der dich gesant hat? und laß mich zufrieden; wer ist unter euch allen, sprach sie darauff zum gantzen Umstand, dem nit solcher Gestalt ab=gedanckt worden, wan er mit der Warheit, die ohn das überall verhafft ist, auffzuziehen sich unterstanden? Solte ich dan allein der Narr seyn, mich mit der Warheit schleppen? und unser aller Großvater nicht nachfolgen dörffen? dessen grössefte Arcana die Lügen seynd.

Eben so kahl komt es, wan der alte Pfetzpfenning zu meiner Verkleinerung vor geben will, die Hoffart und die Wollust seyn meine Beyständer; und zwar wan sie es seyn, so thun sie erst was ihre Schuldigkeit und die Vermehrung deß höllischen Reichs von ihnen erfodert; das gibet mich aber wunder, daß er mir mißgönnen will, was er selbst nit entberen kan! weiset es nit das höllische Protocoll auß, daß diese beyde manchem armen Tropffen ins Hertz gestiegen und dem Geitz den Weg bereitet, eh er, der Geitz, einmahl gedachte oder sich erkühnen dörffte, einen solchen Menschen zu attaquiren? Man schlage nur nach, so wird man finden, daß denen so der Geitz ver=führt, entweder zuvor die Hoffart eingeblasen, sie müssen zuvor etwas haben, eh sie sich sehen lassen zuprangen: oder daß ihnen die Rei=[625]zung deß Wollusts gerathen, sie müssen zuvor etwas zusamen schachern, eh sie in Freude und Wollust leben können; warum will mir dan nun dieser mein schöner Großvater diejenige nit helffen lassen, die ihm doch selbst so manchen guten Dienst ge=than, was aber den Fraß und die Füllerey anbelangt, kan ich nichts davor, daß der Geitz seine Untersassen so hart hält, daß sie sich ihrer wie die meinige nit eben so wohl auch annehmen dörffen; ich zwar halte sie darzu, weil es meiner Profession ist; und er läst sie die seinige auch nit außschlagen, wan es nur nit über jhren Seckel gehet; und ich sage dannoch nicht, daß er etwas ungereimtes daran begehe, sintemahl es in unserm höllischen Reich ein altes Herkommen, daß je ein Mitglied dem andern die Hand bieten: und wir allesamt gleichsam wie eine Kette aneinander hangen sollen; betreffende meines Anherrn Titul, daß er nemlich je und allwege, wie dan auch noch, die Wurtzel alles übels genennet worden, und daß ich besorglich jhn durch mein Aufnemen verkleinern: oder jhm gar vorgezogen werden mögte: darüber ist meine Antwort, daß ich jhm seine gebührende und wolhergebrachte Ehre, die jhm die Menschenkinder selbst geben, weder mißgönne noch jhm solche abzurauben trachte; allein wird mich auch niemand unter allen höllischen Geistern verdencken, wan ich mich befleisse, durch meine eigene Qualitäten meinen Großvater zuübertreffen oder jhm doch wenigst gleich geschätzt zuwerden: welches jhm dan mehr zu Ehre als Schande gereichen wird, weil ich auß ihm meinen Ursprung zuhaben bekenne; zwar hat er meines Herkommens halber etwas irriges auff die Bahne [626] gebracht, weil er sich meiner schämet: in dem ich nicht wie er vorgibet, deß Wollustes, sondern eigentlich seines Sohns deß Uberflusses Tochter bin: welcher mich auß der Hoffart deß allergrösten Fürsten ältisten Tochter: und eben damals die Wollust auß der Torheit erzeuget: dieweil dan nun Geschlechtes und Herkommens halber ich eben so Edel bin, als Mammon immer seyn mag, zumahlen durch meine Beschaffenheiten (obzwar ich nit so gar klug zusetyn scheine) eben soviel ja noch wol mehr als dieser alter Kracher zunutzen getraue? als gedencke ich jhm nicht zuweichen, sondern noch gar den Vorzug zubehaupten: versehe mich auch gäntzlich der Groß=Fürst und das gantze Höllische Heer werde mir Beyfall geben, und jhm aufferlegen, daß er die wider mich außgegossene Schmäheworte widerruffen: mich hinfort in meinem thun unmolestiret: und als einen hohen Stand und vornehmstes Mitglied deß höllischen Reichs passiren lassen solle.

Welchen wolte es nicht schmertzen, antwortete der Geitz

auff dem Wolff, wan einer so widerwertige Kinder erzeuget, die so gar auß seiner Art schlagen: und ich soll mich noch darzu verkriechen und stillschweigen, wan dieser Schlepsack mir nit allein alles, was er nur erdencken kan, zuwider thut, sondern was mehr ist, noch drüberhin durch solche Widerspänstigkeit mein ansehenlich Alter zuvernitzen: und über mich selbst zusteigen gedencket: O Alter antwortete die Verschwendung es hat wol eher ein Vater Kinder erzeuget, die besser gewesen als er! aber noch öffter, antwortete Mammon, ha-[627]ben die Eltern über ihre ungerahtene Kinder zuklagen gehabt!

Worzu dienet diß gezänck, sagte Lucifer, jedes Theil erweise was es vor dem andern unserm Reich vor nutzen schaffe, so wollen wir darauß judiciren, welchem unter euch der Vorzug gebühre, als um welchen es vornemlich zuthun: und in solchem unserm Urtheil wollen wir weder Alter noch Jugend, noch geschlecht noch ichtwas anders ansehen: dan wer dem grossen Numen am allermeisten zuwider und den Menschen am schädlichsten zusein befunden wird, soll unserm alten Gebrauch, und herkommen nach auch der vornemste Haan im Korb seyn.

Seintemahl grosser Fürst, mir zugelassen ist, antwortete Mammon, meine Qualitäten und auff wie vielerley weise ich mich dadurch bey dem höllischen Staat verdient mache, an Tag zulegen: so zweifelt mir nicht wan ich anders recht gehöret: Und alles umbständlich und glücklich genug vorbringen würde, daß mir nit allein das gantze höllische Reich den Vorzug vor der Verschwendung zusprechen: sondern noch darzu die Ehre und den Sitz des alten abgangnen Plutonis, unter welchem Namen ich ehemalen vor das höchste Oberhaupt allhier respectirt worden, widerum gönnen und einraumen werde, als welcher Stand mir billich gebühret: Zwar will ich nit rühmen, daß mich die Menschen selbst die Wurtzel alles übels: das ist einen Ursprung, Cloac und Grundsuppe nennen, alles deßjenigen was jhnen an Leib und Seele schädlich, und hingegen unserm höllischen Reich nutz seyn mag: dan solches seynd nun allbereit so bekante Sachen, daß sie auch [628] die Kinder wissen! will auch nicht herauß streichen, wie mich deßwegen die so dem grossen Numen beygethan seyn, täglich loben, und wie das saure Bier außschreyen, mich bey allen Menschen verhast zumachen; wiewol mirs zu nicht geringer Ehre gereichet, wan hierauß erscheinet, daß ich unangesehen aller solchen Numinalischen Verfolgungen, dannoch bey denn Menschen meinen Zugang expracticire; mir einen vesten Sitz stelle; und auch endlich wider alle solche Sturmwinde behaubte; wäre mir dieses allein nit Ehre genug, daß ich diejenige gleichwol behersche, denen das Numen selbst treuhertziger Warnungs weise sagte, sie könten ihm und mir nit zugleich dienen; und daß sein Wort unter mir wie der gute Samen unter den Dörnen erstickt; hiervon aber, will ich durchauß stillschweigen, weil es wie gemeldet, schon so alte Possen seyn, die bereits gar zubekant! aber dessen! dessen, sage ich, will ich mich rühmen, daß keiner unter allen Geistern und Mitgliedern deß höllischen Reichs die Intention unsers Groß-Fürsten besser ins Werck setze als eben ich, dan derselbe will und wünschet nichts anders, als daß die Menschen sowohl in jhrer Zeitlichkeit kein geruhiges vergnügsames und fridliches: als auch in der Ewigkeit kein seeliges Leben haben und geniessen sollen;

Sehet doch alle euren planten wunder; wie sich diejenige anfahen zuquelen, bey denen ich nur einen geringen Zutrit bekomme; wie unablässig sich diejenige ängstigen, die mir jhr hertz zum Quartier beginnen einzuraumen; und betrachtet nur einwenig, die, wegen dessen, den ich gantz besitze und einge-[629]nommen; darnach saget mir, ob auch eine elendre Creatur auff Erden lebe, oder ob jemahlen ein einziger höllischer Geist einen grössern oder standhafftigern Martyrer vermögt und zugerichtet habe, als eben derselbige einer ist, den ich zu unserm Reich ziehe; ich beneme ihm continuirlich den Schlaff, welchen doch seine eigne Natur selbst so ernstlich von ihm erfodert, und wangleich er solche Schuldigkeit nach Nothdurfft abzulegen gezwungen wird, so tribulire und vexire ich ihn jedoch hingegen dergestalt mit allerhand sorgsamen und beschwerlichen Träumen, daß er nit allein nicht ruhen kan, sondern auch schlaffend vielmehr: Als mancher wachend sündiget;

mit Speise und Tranck auch allen andern angenehmen
Leibesverpflegungen tractire ich die wohlhabige viel=
schmäler, als andere dürfftigste zugeniesen pflegen; und
wan ich der Hoffart zugefallen nicht bißweilen ein Auge
zuthäte, so müsten sie sich auch elender bekleiden, als die
armseeligste Bettler; ich gönne ihnen keine Freude, keine
Ruhe, keinen Friden, keine Lust, und in Summa nichts
das gut genennet: Und ihren Leibern, geschweige denen
Seelen zum besten gedeyen mag: ja auch auffs eusserste
diejenige Wollüste nicht, die andere Welt=Kinder suchen
und sich dadurch zu uns stürtzen; die fleischliche Wollüste
selbst, denen doch alles von Natur nachhänget, was sich
nur auff Erden reget, versaltze ich ihnen mit Bitterkeit:
indem ich die blühende Jünglinge mit alten abgelebten
unfruchtbaren garstigen Vetteln: Die allerholdseeligste Jung=
fern aber mit Eißgrauen eyfersichtigen Hanreyern verkuppele
und beunseelige: ihre grösseste Ergötzung [630] muß seyn,
sich mit Sorg und Bekümmernuß zugrämen, und ihr höchstes
Contentament. wan sie ihr Leben mit schwerer saurer Mühe
und Arbeit verschleissen, sich bemühen um einwenig rothe
Erde, die sie doch nicht mitnehmen können, die Hölle härtiglich
zuerarnen.

Ich gestatte ihnen kein rechtschaffenes Gebet, noch
weniger daß sie auß guter Meinung Allmosen geben, und
obzwar sie offt fasten oder besser zureden Hunger leiden,
so geschihet jedoch solches nicht Andacht halber, sondern
mir zugefallen etwas zuersparen; ich jage sie in Gefähr=
ligkeit Leibes und Lebens, nicht allein mit Schiffen über
Meer, sondern auch gar unter die Wellen in desselbigen
Abgrund hinunter, ja sie müssen mir das innerste Einge=
weid der Erde durchwühlen, und wan etwas in der Lufft
zufischen wäre, so müsten sie mir auch fischen lernen, ich
will nicht sagen von den Kriegen die ich anstiffte, noch
von dem Ubel das darauß entstehet, dan solches ist aller
Welt bekant! will auch nicht erzehlen, wievil Wucherer,
Beutelschneider, Diebe, Rauber und Mörder ich mache;
weil ich mich dessen zum höchsten rühme, daß sich alles
was mir beygethan ist, mit bitterer Sorge, Angst, Noht,
Mühe und Arbeit schläppen muß; und gleichwie ich sie

am Leib so greulich martere, daß sie keines andern Henckers bedörffen, also peinige ich sie auch in ihrem Gemüht daß kein anderer höllischer Geist weiters vonnöthen, sie den Vorgeschmack der Hölle empfinden zulassen, geschweige in unsrer Andacht zubehalten; ich ängstige den Reichen! ich unterdrucke den Armen! ich verblände die Iustitiam, [631] ich verjage die Christliche Liebe, ohn welche niemand seelig wird, die Barmhertzigkeit findet bey mir keine statt!

Das V. Capitel.
Der Einsibel wird auß seiner Wildnüß, zwischen Engeland und Franckreich auff das Meer in ein Schiff versetzet.

INdem der Geitz so daher plauderte sich selbst zuloben, und der Verschwendung vorzuziehen, kam ein höllischer Gast daher geflabert, der vor Alter gleichsam hinfällig, außgemergelt, lahm und buckelt zusehn schiene, er schnauffte wie ein Bär, oder als wan er einen Hasen erloffen hätte; weßwegen dan alle Anwesende die Ohren spitzeten, zuvernehmen was er Neues brächte, oder vor ein Wildprät gefangen hätte, dan er hatte hierzu vor andern Geistern den Ruhm einer sonderbaren dexterität; da sie es aber bey Liecht besahen, war es nihil, und ein nisi dahinter, das ihn an seiner Verrichtung verhindert, dan da ihm statt geben ward, relation zuthun, verstunde man gleich, daß er Iulo einem Edelmann auß England und seinem Diener Avaro (die miteinander auß ihrem Vaterland in Franckreich räiseten) vergeblich auffgewartet, entweder beyde: oder einen allein zuberücken; dem ersten hätte er wegen seiner edlen Art und tugendlichen Aufferziehung: Dem andern aber wegen seiner einfältigen Frömmigkeit nicht beykommen mögen, bat derowegen den Lucifer daß er ihm mehr Succurs zuordnen wolte.

Eben damals hatte es das Ansehen als wan Mammon seinen Discurs beschliessen: Und die Ver-[632]schwendung den ihrigen hätte anfahen wollen: Aber Lucifer sagte, es bedarff nicht vieler Worte, das Werck lobet den Meister, einemjeden von euch beyden Gegentheilen sey aufferlegt, einen von diesen Engländern vor die Hand zunehmen, ihn anzuwenden, zuversuchen, zuhetzen, und durch seine

Kunst und Geschicklichkeit anzufechten, solang und soviel, biß daß ein und ander Theil den seinigen angefesselt, in seine Stricke gebracht, und unserm höllischen Reich einverleibt habe: und welches Theil den seinigen alsdan am gewissesten und festesten anherschaffet, oder heimbringet, der soll den Preiß gewonnen: und die Präeminentz vor den andern haben: diesen Bescheid lobten alle höllische Geister und die beyde streitige Partheyen verglichen sich selbst gütlich, auß Raht der Hoffart, daß Mammon den Avarum und die Verschwendung den Iulum vor die Hand nehmen solten, mit dem außdrücklichen Geding und Vorbehalt, daß kein Theil dem andern bey dem seinigen dem geringsten Eintrag nicht thun: noch sich unterstehen solte, solchen auff seine anderwertige Art zuneigen, es sey dan Sache, daß des höllischen Reichs interesse dasselbige außdrücklich erfodere. Da solte man wunder gesehen haben, wie die andere Laster diesen beyden Glück wünschten, und ihnen ihre Gesellschafft, Hilfe und Dienst anboten: mit hin schied die gantze höllische Versamlung von einander, worauff sich ein starcker Wind erhub, der mich mit samt der Verschwendung und dem Geitz samt ihren Anhängern und Beyständern in einem nun zwischen Engeland und Franckreich führete, und in dasjenige Schiff niederließ, worin [633] beyde Engeländer überfuhren und gleich außsteigen wolten.

Die Hoffart machte sich den geraden Weg zum Iulo und sagte, tapfferer Cavallier ich bin die Reputation, und weil ihr jetzt ein fremb Land betretet, wird mir nicht übel anstehen, wan ihr mich zur Hoffmeisterin behaltet: hier könnt ihr die Einwohner durch eine sonderbare perelegans sehen lassen, daß ihr kein schlechter Edelmann; sondern auß dem Stamm der alten Könige entsprossen seyd! und wangleich solches nicht wäre, so würde euch jedoch gebüren, eurer Nation zu ehren den Frantzosen zuweisen, was Engeland vor wackere Leute trage:

Darauff ließ Iulus durch Avarum seinen Diener dem Schiff-Patron die Fracht in lauter wiewol groben: jedoch anmüthig- und holdseeligen Goldsorten entrichten, weßwegen dan der Schiff-Herr dem Iulo einen demüthigen

Bückling machte, und ihn gar vielmahl einen gnädigen Herrn nante: solches machte ihm die Hoffart zu nutz, und sagte zum Avaro, schaue wie einer geehret wird, der dieser Gesellen viel herberget! der Geitz aber sagte zu ihm, hättestu solcher Gäste soviel besessen, als dein Herr nur jetzt außgibet, du soltest sie wol anders angelegt haben: dan weit besser ist es, der Vorraht und Uberfluß werde zuhauß auff ein gewisses interesse angeleget, damit man künfftig etwas davon zugeniessen habe, als daß man denselbigen auff einer Reise, die ohn das voller Mühe, Sorge und Gefahr stecket, so unnuzlich durchjaget.

Sobald betraten beyde Jünglinge das veste Land nicht, als Hoffart die Verschwendung vertreulich [634] accisirte, daß sie nicht allein einen Zutritt: sondern allem Vermuhten nach, einen unbeweglichen Sitz auff ihr erstes anklopffen in deß Iuli Hertzen bekommen; mit angehengter Erinnerung, sie mögte noch mehrer anderwerthlichen assistentz sich bewerben, damit sie desto sicherer und gewisser ihr Vorhaben ins Werck stellen könte: sie wolle ihr zwar nicht weit von der Hand gehen, aber gleichwol müste sie ihrem Gegentheil dem Geitz eben so grosse Hilffe leisten, als sie (die Verschwendung) von ihr zuhoffen:

Mein großgünstiger hochgeehrter Leser wan ich eine Histori zuerzählen hätte, so wolte ichs kürtzer begreiffen, und hier nicht soviel Umbstände machen: ich muß selbst gestehen daß mein eigner Vorwitz von jedem Geschicht-Schreiber stracks erfodert, mit seinen Schrifften niemand lang auffzuhalten: aber dieses was ich vortrage ist eine Vision oder Traum, und also weit ein anders: ich darff nit so geschwind zum Ende eilen, sondern muß etliche geringe Particularitäten, und Umstände mit einbringen, damit ich etwas vollkomner erzehlen möge, was ich den Leuten dieses Orts zu communiciren vorhabens: welches dan nichts anders ist, als ein Exempel zuweisen, wie auß einem geringen Füncklein allgemach ein groß Feur werde. wan man die Vorsichtigkeit nit beobachtet: dan gleichwie selten jemand in dieser Welt auff einmal den höchsten Gradum der Heiligkeit erlanget, also wird auch keiner gehling und so zusagen in einem Augenblick auß einem

Frommen zu einem Schelmien, sondern jeder theil steiget allgemach, sacht und sacht sein Staffel weise hinan: [635] welche Staffeln deß Verderbens dan in diesem meinem Gesicht billich nicht ausser Acht zulassen, damit sich ein= jeder zeitlich davor zuhüten wisse; zu welchem ende ich dan vornemlich solche beschreibe; massen es diesen beyden Jünglingen gangen wie einem jungen Stück Wild, welches, wan es den Jäger siehet, anfänglich nicht weiß ob es fliehen oder stehen soll, oder doch ehender gefället wird, als es den Schützen erkennet; zwar gingen sie etwas geschwinder als gewöhnlich, ins Netz, aber solches war die Ursache, daß bey jedem der Zunder bequem war, die Funcken deß einen und andern Lasters also gleich zufangen; dan wie das junge Viehe, wan es wol außgewintert ist, und im Früling auß dem verdrüßlichen Stall auff die lustige Waide gelassen wird, anfähet zugumpen, und solte es auch zu seinem Verderben in eine Spalte oder Zaun= stecken springen, also machet es auch die unbesonnen Jugend, wan sie sich nicht mehr unter der Ruthe der väterlichen Zucht: Sondern auß der Eltern Augen in der lang erwünschten Freyheit befindet: Als deren gemeiniglich Erfahrenheit und Vorsichtigkeit manglet.

Das obgemelte sagte die Hoffart nicht nur vor die lange Weile, zu der Verschwendung, sondern wante sich gleich zu dem Avaro selbsten, bey dem sie den Neid und Mißgunst fand, welche Cammerraden der Geitz geschickt hatte, ihm den Weg zubereiten; derowegen richtete sie ihren Discurs darnach ein, und sagte zu ihm: Höre du Avare, bist du nicht sowohl ein Mensch als dein Herr? bist du nicht sowohl ein Engeländer als Iulus? was ist dan das? [636] daß man ihn einen gnädigen Herrn: und dich seinen Knecht nennet? hat euch beyde dan nicht Engeland: und zwar den einen wie den andern geboren und auff die Welt gebracht? wo komt es her, daß er hier im Land, da er so wenig eignes hat als du, vor einen gnädigen Herrn gehalten: du aber als ein Sclav tractiret würdest! seyd nicht ihr beyde einer wie der ander über Meer herkommen? hätte er nicht sowohl als du und ihr beyde als Menschen, zugleich ersauffen müssen, wan euer

Schiff unter Weges gescheitert? oder wäre er, weil er ein
Edelmann ist, etwan wie ein Delphin unter den Wellen
der Ungestüme in einen sichern Port entrunnen? oder
hätte er sich vielleicht als ein Adler über die Wolcken
(darin sich der Anfang und die grausame Ursache euers
Schiffbruchs enthalten) schwingen: und also dem Unter=
gang entgehen können? nein Avare! Iulus ist sowohl ein
Mensch als du, und du bist sowohl ein Mensch als er!
warum aber wird er dir so weit vorgezogen? mit dem fiel
Mammon der Hoffart in die Rede und sagte, was ist das
vor ein Handel einen zum fliegen anzuspornen eh ihm die
Federn gewachsen? gleichsam als wan man nicht wüste,
daß solches das Gelt sey was Iulus ist! sein Geld: sein
Geld ist es, was er ist; und sonst ist er nichts! nichts
sage ich, ist er; als was sein Gelt auß ihm machet; der
gute Geselle harre nur einwenig, und lasse mich gewären,
ob ich dem Avaro durch Fleiß und Gehorsamkeit nicht
eben so viel Geld, als Iulus verschwendet, zuwege bringen:
und ihn dadurch zu einem solchen Stutzer, wie Iulus einer
ist, gleich machen möchte.

[637] So hatten deß Avari erste Anfechtungen eine
Gestalt, denen er nicht allein fleissig Gehör gab, sondern
sich auch entschloß, denselben nach zuhängen; so unterließ
Iulus auch nicht demjenigen mit allem fleiß nach zuleben,
was ihm die Hoffart eingab.

Das VI. Capitel.
Wie Iulus und Avarus nach Paris reisen, nnd dort ihre Zeit vertreiben.

Der gnädige Herr, das ist Herr Iulus, übernachtete
an demjenigen Ort da wir angeländet, und ver=
blieb den andern Tag und die folgende Nacht noch
darzu daselbsten, damit er außruhen, seinen Wechsel
empfangen, und Anstalt machen mögte, von dar durch
die Spanische Niderlande in Holland zupassiren, welche
vereinigte Provintzen er nicht allein zubesehen verlangte,
sondern auch, daß er solches thun solte, von seinem Herrn
Vater außdrücklichen Befelch hatte; hierzu bingte er eine

sonderbare Land=Kutsche, zwar nur allein vor sich und
seinen Diener Avarum, aber beydes Hoffart und Ver=
schwendung samt dem Geitz und ihrer aller Anhänger,
wolten gleichwol nicht zuruck verbleiben, sondern einjeder
Theil satzte sich wohin er konte, Hofart oben an die Decke,
Verschwendung an deß Iuli Seiten, der Geitz in deß Avari
Hertz, und ich hockte und behalff mich auff dem Narren=
Kistlein, weil Demuht nicht vorhanden war, denselbigen
Platz einzunehmen.

Also hatte ich das Glück im Schlaff viel schöne Stäte
zubeschauen, die unter tausenden kaum einem wachend ins
Gesicht kommen, oder zusehen werden; [638] die Reise
ging glücklich ab, und wanschon gefährliche Ungelegenheiten
sich ereigneten, so überwand jedoch des Iulii schwerer Säckel
solche alle; weil er sich kein Geld tauren liesse, und sich
um solches (weil wir durch unterschiedliche widerwertige
Guarnisonen reisen musten) aller Orten mit nohtwendigen
Convoyen und Paß=Brieffen versehen liesse; ich achtete
der jenigen Sachen so sonst in diesen Landen sehens würdig
seyn, nicht sonderlich, sondern betrachtete nur, wie beyde
Jüngelinge nach und nach von den obgemelten Lastern je
mehr und mehr eingenomen würden, zu welchen sich je
länger je mehr samleten; da sahe ich wie Iulus auch von
dem Vorwitz und der Unkeuschheit (welche davor gehalten
wird, daß sie eine Sünde sey, damit die Hoffart gestrafft
werde) angerennet und eingenommen ward, weßwegen wir
dan offt an den Oertern da sich die leichte Dirnen befanden,
länger still liegen musten und mehr Geldes verthäten, als
sonst wol die Nohtburfft erfoderte; andern theils quälete
sich Avarus Geld zusammen zuschrapen wie er mogte, er
bezwackte nicht allein seinen Herrn, sonder auch die Wirthe
und Gastgeber wo er zukommen mogte; gab mithin einen
trefflichen Cuppler ab, und scheuete sich nicht hie und da
unterwegs unsere Herberger zubestehlen, und hätte es auch
nur ein silberner Leffel seyn sollen, solcher gestalt passirten
wir durch Flandern, Brabant, Hennegau, Holland, Seeland,
Zütphen, Geltern, Mecheln, und folgends an die Französische
Gräntze, endlich gar auff Pariß, allwo Iulus das lustigste
und bequemste Losament bestellete, das er haben konte;

seinen Avarum [639] kleidete er Edelmännisch und nennete
ihn einen Juncker damit jederman ihn selbst desto höher
halten und gedencken solt, er müste kein kleiner Hanß
seyn, weil ihm einer von Adel auffwartete, der ihn einen
gnädigen Herrn hieß; massen er auch vor einen Grafen
gehalten ward; er verdingte sich gleich einem Lautenisten,
einem Fechter, einem Tantzmeister, einem Bereiter und
einem Ballmeister, mehr sich sehen zulassen, als ihnen ihre
Künste und Wissenschafften abzulernen; diese waren lauter
solche Kautzen die dergleichen neu außgeflogenen Gästen das
ihrige abzulausen vor Meister passirten; sie machten ihn
bald beym Frauenzimmer bekant, da es ohn spendiren
nicht abging, und brachten ihn auch sonst zu allerley
Gesellschafften, da man dem Beutel zuschräpffen pflegte,
und er allein den Riemen ziehen muste; dan die Ver=
schwendung hatte bereits die Wolluft mit allen ihren
Töchtern eingeladen, diesen Iulum bestreiten: und caput
machen zuhelffen;

Anfänglich zwar ließ er sich nur mit den Ballen
schlagen, Ringel rennen, den Comœdien, Balleten und der=
gleichen zulässigen und ehrlichen Ubungen, denen er bey=
wohnete, und selbst mitmachte, genügen; da er aber er=
warmete und bekant ward, kam er auch an diejenige Oerter,
da man seinem Geld mit Würffeln und Karten zusatzte;
biß er endlich auch die vornemste Huren=Häuser durch=
schwermte; in seinem Losament aber, ging es zu, wie
bey deß Königs Arturi Hof=Haltung, da er täglich viel
Schmarotzer nicht schlecht hinweg mit Kraut oder Rüben:
Sondern mit theuren [640] frantzischen Bottagien und
spanischen Olla Battriden köstlich tractirte; massen ihn
offt ein eintziger Imbis über 25. Pistoletten gestund, son=
derlich wan man die Spilleut rechnete, die er gemeiniglich
dabey zuhaben pflegte; über dieses brachten ihn die neue
Moden der Kleidungen, welche geschwind nach einander
folgten und auffstunden, und sich bald wider veränderten,
um ein grosses Geld, mit welcher Thorheit er desto mehr
prangte, weil ihm als einem fremden Cavalier keine Trachte
verboten war; da muste alles mit Gold gestickt und ver=
prämt seyn, und verging kein Monat in dem er nicht ein

neues Kleid angezogen: und kein Tag daran er nicht seine Barucke etliche mal gepudert hätte; dan wiewol er von Natur ein schönes Haar hatte, so beredete ihn doch die Hoffart, daß er solches abschneiden: und sich mit frembdem ziehren lassen, weil es so der Brauch war; dan sie sagte, die Sönderlinge, so sich mit ihrem natürlichen Haar behelffen, wan solches gleichwol schön sey, geben damit nichts anders zuverstehen, als daß sie arme Schurchen seyn, die nit sovil vermögten, ein kal hundert Dukaten an ein bar schöne Barucken zuverwenden. In Summa es muste alles so kostbarlich hergehen und bestellet seyn, als es die Hoffart immermehr ersinnen: und ihm die Verschwendung eingeben konte.

Obzwar nun dem Geitz, welcher den Avarum schon gantz besaß, eine solche Art zuleben durchauß widerwertig zuseyn erschien; so ließ er Avarus ihm jedoch solche wolgefallen, weil er sie ihm wol zunutz zumachen gedachte; dann Mammon hatte ihn allbereit beweget, sich der untreu zuergeben, wan er [641] anders etwas prosperiren wolte: weßwegen er dann keine Gelegenheit vorüber lauffen ließ, seinem Herrn, der ohn das sein Geld so unnützlich hinauß schlauberte, abzuzwacken was er konte: im wenigsten bezahlete er keine Näherin oder Wäscherin, deren er ihren gewöhnlichen Lohn nicht allein ringerte, und was er denen abbrach, heimlich in seine Beutel steckte: kein Kleidflicker: oder Schuhschmirerlohn war so klein den er seinem Herrn nicht vergrösserte und den Überfluß zu sich schob: geschweige wie er in grossen Außgaben per fas & nefas zu sich rapte und sackte, wo er nur konte und möchte: die Säffelträger, mit denen sein Herr vil Geld hinrichtete, veränderte er gleich, wan sie ihm nit Part an ihren Verdienst gaben, der Pastetenbecker, der Garkoch, der Weinschäncker, der Holtzhändler, der Fischverkauffer, der Becker und also andere Victualisten musten beynahe ihren Gewinn mit ihm theilen, wolten sie anders an dem Iulo länger einen guten Kunden behalten: dan er war dergestalt eingenommen, seinem Herrn durch besitzung vilen Geldes und Guts gleich zuwerden, als etwan hiebevor Lucifer, da er wegen seiner vom allerhöchsten verliehenen Gaben erkühnete, seinen Stul an den

mächtigen Thron des grossen Gottes zusetzen: also lebten
beyde Jünglinge ohn alle andere Anfechtungen zwar
dahin, eh sie warnamen wie sie lebeten: dan Iulus war
an zeitlicher Habe ja so reich als Avarus bedörffig, und
deßwegen vermeinte jeder er verfuhre seinem Stand nach
gar recht und wol, ich wil sagen, wie es einesjeden
Stand und Gelegenheit erfodere: jener zwar seinem Reich=
thum gemäß sich herrlich und prächtig zuer=[642]zeigen,
dieser aber seiner Armuht zuhülffe zukommen, und etwas
zuprosperiren, und sich der gegenwertigen Gelegenheit zu=
bedienen, die ihm sein verthunlicher Herr an die Hand
gab; jedoch unterließ der innerliche Wächter das Liecht
der Vernunfft, der Zeuge der nimmer gar stillschweiget,
nemlich das Gewissen in dessen nicht, einemjeden seine
Fehler zeitlich genug vorzuhalten, und ihn eines andern
zuerinnern.

Gemach! gemach! ward zu dem Iulo gesprochen, halt
ein dasjenige so unnützlich zuverschwenden, welches deine
vorderen villeicht mit saurer Mühe und Arbeit: Ja villeicht
mit Verlust ihrer Seeligkeit erworben: und dir so ge=
treulich vorgesparet haben; vielmehr lege es also an,
damit du künfftig deßwegen beydes vor Gott, der erbarn
Welt: und deinen nachkommen bestehen und rechenschafft
darum geben mögest! 2c. Aber diesen und dergleichen
heylsamen Erinnerungen oder innerlichen guten Ein=
sprechungen die Iulum zur Mässigkeit reitzen wolten, ward
geantwortet, was! ich bin kein Bernheuter noch Schimmel=
Jud, sondern ein Cavalier, solte ich meine adeliche
Exercitia in Gestalt eines Bettelhundes oder Schurcken
begreiffen? nein das ist nicht der Gebrauch noch her=
kommens! ich bin nit hier Hunger und Durst zuleiden
vilweniger wie ein alter karger Filtz zuschachern, sondern
als ein rechtschaffener Kerl von meinen Renten zuleben!
wan aber die gute Einfälle, die er melancholische Ge=
dancken zunennen pflegte, auff solche Gegenwürffe dannoch
nicht ablassen wolten, ihn auffs beste zuermahnen; so ließ
er ihm das Lied, Last uns [643] unser Tag geniessen,
Gott weiß wo wir Morgen seyn 2c. auffspilen, oder be=
suchte das Frauenzimmer, oder sonst eine lustige Gesell=

schafft, mit deren er einen Rausch soff, wovon er je länger je ärger: und endlich gar zu einem Epicurer ward.

Nicht weniger ward andern Theils Avarus von innerlichen zusprechen erinnert, daß dieser Weg, den er zum Besitz der Reichthüm zugehen antrette, die allergröste Untreu von der Welt sey; mit fernerer Ermahnung, er sey seinem Herrn nit allein mitgeben worden ihm zubienen, sondern auch durchauß seinen Schaden zuwenden, seinen nutzen zufödern, ihn zu allen ehrlichen Tugenden anzureitzen, vor allen schändlichen Lastern zuwarnen und vornemlich seine zeitliche Habe nach müglichsten Fleiß zusammen zuheben und beobachten: welche er aber im Gegentheil selbst zu sich reisse und ihn Iulum noch darzu in allerhand Laster stürtzen helffe: item auff was weise er wol vermeine, daß er solches gegen Gott, dem er um alles rechenschafft geben müste: gegen deß Iuli frommen Eltern, die ihm ihren einzigen Sohn anvertrauet und getreulich zubeobachten befohlen: und endlich gegen dem Iulo selbsten zuverantworten getraue: wan derselbe zu seinen Tagen kommen: und heut oder morgen verstehen werde, daß auß seiner Verwahrlosung und Untreue beydes seine Person zu allen guten verderbt: und sein Reichthum unnützlich verschwendet worden? hiemit zwar, O Avare ist es noch nicht genung! dan über solche schwere Verantwortung, die du dir deß Iuli Person und Geldes wegen auffbürdest, besudelstu dich selbst auch mit dem schändlichen Laster deß [644] Diebstals und machest dich deß Strangs und Galgens würdig; du unterwirffst deine vernünfftige ja himmlische Seele dem Schlam der jrdischen Güter die du ungetreuer und hochsträfflicher Weise zusammen zuscharren gedenckest, welche doch der Heide Crates Thebanus ins Meer warff, damit sie ihn nit verderben solten, wiewol er solche rechtmässig besaß; wievilmehr, kanstu wol erachten, werden sie dein Untergang seyn, indem du solche im Gegenspil auß dem grossen Meer deiner Untreue erfischen wilst! soltestu dir wol einbilden dörffen, sie werden dir wol gedeyen?

Solche und dergleichen mehr guter Ermahnungen beydes von der gesunden Vernunfft und seinem Gewissen

empfand zwar Avarus in sich selbsten; aber es mangelte
ihm hingegen mitnichten an Entschuldigungen, sein böses
Beginnen zubeschönen und gut zusprechen; was? sagte
er mit Salomone Proverbior: 26. Wegen deß Iuli Person,
was soll dem Narrn Ehre, Geld und gute Tage? sie
könnens doch nicht brauchen! zudem hat er ohn das genug!
und wer weiß wie es seine Eltern gewonnen haben? ist
es nicht besser, ich packe selbst dasjenige an, das er doch
sonst ohn mich verschwendet, als daß ichs unter frembde
kommen lasse?

Dergestalt folgten beyde Jünglinge ihren verblänndeten
Begierden, und ersäufften sich mithin in Abgrund der
Wollust, biß entlich Iulus die liebe Frantzosen bekam, und
eine Woche oder 4. Schwitzen: und beydes seinen Leib
und Beutel purgiren lassen muste, welches ihn darumb nit
besser machte, [645] oder ihm zur Warnung gedige; dan
er machte das gemeine Sprichwort war,

ba der Krancke genaß, je ärger er was.

Das 7. Capitel.

**Avarus findet auf ungelehrter Banck, und hingegen machet Iulus
Schulden, dessen Vater aber reiset in die andre Welt.**

AVarus stahl soviel Geld zusammen, daß ihm angst
dabey war, massen er nicht wuste wo er damit
hin solte, damit bem Iulo seine Untreue verborgen
bliebe; ersonn derowegen diese List ihm ein Auge zuver=
kleiben, er verwechselte zum theil sein Gold in grobe
teutsche silberne Sorten, thät solche in ein grosses Vell=
eisen, und kam damit bey nächtlicher Weile vor seines
Herrn Bette geloffen, mit gelehrten Worten daher lügende,
oder höflicher zureden, daher erzehlende, was ihm vor ein
Fund gerahten wäre; gnädiger Herr, sagte er, ich stolperte
über diese Beute, als ich von etlichen von dero Liebsten
Losament gejagt ward, und wan der Thon des gemünzten
Metals nit einen andern Klang von sich geben hätte, als
das Eingewaid eines Abgestorbenen nicht thut, so hätte ich
geschworen, ich wäre über einen Toden geloffen; damit
schüttete er das Geld auß, und sagte ferner, was geben

mir Eur. Gn. wol für einen Raht, daß diß Geld seinem rechtmässigen Herrn wieder zukomt; ich verhoffe derselbe solte mir wol ein stattlich Trinckgeld davon zukommen lassen; Narr, Antwortete Iulus, hast du was so behalts: was bringst du aber vor eine resolution von der Jungfer? ich konte, antwortete Avarus diesen Abend mit ihr nicht zusprechen kommen, [646] weil ich wie gehört, etlichen mit grosser Gefahr entrinnen müssen, und mir dieses Geld unversehens zugestanden; also behalff sich Avarus mit Lugen so gut er konte, wie es alle junge angehende Diebe zumachen pflegen, wan sie vorgeben, sie haben gefunden was sie gestolen.

Eben damal bekam Iulus von seinem Vater Briefe, und in denselbigen einen scharffen Verweiß, daß er so ärgerlich lebe, und so schrecklich viel Geldes verschwende; dan er hatte von denen Englischen Kauffherren die mit ihm Correspondireten, und dem Iulo jeweils seine Wechsel entrichteten, alles deß Iuli und seines Avari Thun erfahren, ohn daß dieser seinen Herrn bestahl, jener aber solches nit merckte; weßwegen er sich dan solcher Gestalt bekümmerte, daß er darüber in eine schwere Kranckheit fiel; er schriebe bemelten Kauffherren, daß sie forthin seinem Sohn mehrers nicht geben solten, als die blosse Nohtdurfft, die ein gemeiner Edelmann haben müste, sich in Paris zubehelffen; mit dem Anhang, wofern sie ihm mehr reichen würden, daß er ihnen solches nit wieder gutmachen wolte: Den Iulum aber bedrohete er, wofern er sich nit bessern und ein ander Leben anstellen würde, daß er ihn alsdan gar enterben und nimmermehr vor seinen Sohn halten wolte.

Iulus ward zwar darüber trefflich bestürtzt, fassete aber darum keinen Vorsatz gesparsamer zuleben; und wan gleich er seinen Vater zubenügen vor den gewöhnlichen grossen Außgaben hätte seyn wollen, so wäre es ihm vor dißmal doch unmüglich gewesen, weil er schon allbereit viel zutieff in den Schulden stack; er hätte dan seinen Credit erstlich bey seinen Creditoren: und con-[647]sequenter auch bey jedermann verlieren wollen, welches ihm aber die Hoffart mächtig widerrieht, weil es wider seine Reputation war, die er mit vielen spendiren erworben; derowegen redete er seine Lands=Leute an, und sagte: Ihr Herren wisset, daß mein Herr Vater an vielen Schiffen die beydes nach Ost= und West=Indien gehen, nicht allein part; sonder auch in unsrer Heimat auff seinen Gütern jährlich bey 4. biß 5000. Schafe zuschären hat, also daß es ihm auch kein Cavallir im Land gleich, noch weniger vorzuthun vermag; ich geschweige jetzt der Barschafft und der liegenden Güter so er besitzet! auch wisset ihr, daß ich alles seines Vermögens heut oder morgen eineiniger Erbe bin, und das gedachter mein HErr Vater allerdings auff der Grube gehet; wer wolte mir dan nun zumuhten, daß ich hier als ein Vernheuter leben solte? wäre solches, wan ich es thäte, nicht unserer gantzen Nation eine Schande? ihr HErren ich bitte, lasset mich in solche Schande nicht gerahten, sondern helffet mir auß, wie bißher, mit einem stück Geld, welches ich euch wider danckbarlich ersetzen: und biß zur Bezahlung mit Kauffmanns Interesse verpensioniren: Auch einemjeden insonderheit mit einer solcher Verehrung begegnen will, daß er mit mir zufrieden seyn wird:

Hierüber zogen etlichen die Achsel ein und entschuldigten sich, sie hetten der Zeit nicht übrige Mittel; in warheit aber waren sie ehrlich gesinnet, und wolten des Juli Vater nit erzörnen; die andere aber gedachten was sie vor einen Vogel zurupffen bekämen, wan sie den Julum in die Klauen krieg=[648]ten; wer weiß sagten sie zu sich selbsten, wielang der alte lebet, zudem will ein Sparer einen Verzehrer haben; will ihn der Vater gleich enterben, so kan er ihm doch das Mütterliche nicht benehmen; In Summa diese schossen dem Julo noch 1000. Ducaten bar, wovor er ihnen verpfändete was sie selbst begehrten, und ihnen jährlich acht pro cento versprach, welches dan alles in bester Form verschriben ward; damit reichte Julus nit weit hinauß, dan biß er seine Schulden bezahlete und Avarus sein Part hinweg zwackte, verbleib wenig mehr übrig; massen er in bälde wider entlehnen: und neue Unterpfande geben muste; welches seinem Vater von andern Engeländern die nit interessirt waren, zeitlich avisirt ward, darüber sich der Alte dergestalt erzörnete, daß er denen so seinem Sohn über seine Ordre Geld geben hetten, eine Protestation insinuiren: und sie seines vorigen Schreibens erinnern: benebens andeuten liesse, daß er jhnen keinen Häller wiederum darvor gutmachen: sondern sie noch darzu, wan sie wieder in Engeland anlangen würden, als Verberber der Jugend: und die seinem Sohn zu solcher Verschwendung verholffen gewesen, vorm Parlament verklagen wolte; dem Iulo selbst aber schrieb er mit eigner Hand, daß er sich hinfüro nit seinen Sohn mehr nennen: noch vor sein Angesicht kommen solte.

Als solche Zeitungen einlieffen, fing deß Iuli Sache abermal an zuhincken, er hatte zwar noch einwenig Geld, aber viel zuwenig, weder seinen verschwenderischen Pracht hinauß zuführen, noch sich auff eine Reise zu mondiren, irgends einem Herrn [649] mit einem baar Pferden im Krieg zubienen, worzu jhn beydes Hoffart und Verschwendung anhetzte; und weil jhm auch hierzu niemand nichts vorsetzen wolte; flehete er seinen getreuen Avarum an, jhm von dem was er gefunden, die Nohtburfft vorzustrecken; Avarus antwortete, Eure Gnaden wissen wohl, daß ich ein armer Schüler bin gewesen, und sonst nichts vermag, als was mir neulich Gott bescheret (ach heuchlerischer Schalck gedachte ich, hette dir das nun Gott bescheret, was du deinem HErrn abgestolen hast, soltestu jhm in seinen Nöhten nit mit dem seinigen zuhülffe kommen? und das um sovil desto ehender, dieweil du, so lang er etwas hatte, mitgemachet, und das seinige hast verfressen, versauffen, verhuren, verbuben, verspielen und verpancketiren helffen? O Vogel gedachte ich, du bist zwar auß Engeland kommen wie ein Schaf, aber seither dich der Geitz besessen, in Franckreich zu einem Fuchs: ja gar zu einem Wolff worden.) Solte ich nun, sagte er weiter, solche Gaben Gottes nit in acht nehmen, und zu meines künfftigen Lebens Auffenthalt anlegen, so müste ich sorgen, ich mögte mich dadurch alles meines künftigen Glücks unwürdig machen, das ich noch etwan zuhoffen; wen Gott grüsset, der soll ihm dancken, es dörffte mir villeicht mein Lebenslang kein solcher Fund wider gerahten; soll ich nun dieses an ein Ort hingeben, dahin auch reiche Engelländer nichts mehr lehnen wollen, weil sie die beste Unterpfande bereits hinweg haben, wer wolte mir solches rahten? Zudem haben mir Euer Gnaden selbst gesagt wan ich etwas habe, so solte ichs behalten; und über diß alles liget [650] mein Geld auff der Wechselbanck, welches ich nit triegen kan wan ich will, ich wolte mich dan eines grossen Interesse verzeihen.

Diese Worte waren dem Iulo zwar schwer zuverdauen, als deren er sich weder von seinem getreuen Diener versehen; noch von andern zuhören gewohnet war: aber der Schuh, den ihm Hoffart und Verschwendung angeleget, druckte ihn so hart, daß er sie leichtlich verschmertzete, vor billich hielt: und durch bitten soviel vom Avaro brachte: daß er ihm alles sein erschundenes und abgestohlenes Geld vorliehe: mit dem Geding, daß sein deß Avari Liblohn samt demjenigen so er noch in 4. Wochen an interesse davon haben können, zur Haubt Summa geschlagen: mit 8. procento jährlich verzinset: und, damit er um Haubt Summa und Pension versichert seyn mögte, ihm ein frey adelich Gut, so Iulo von seiner Mutter Schwester vermachet worden verpfendet werden solte, welches auch alsobalden in Gegenwart der andern Engeländer als erbetene Zeugen in der allerbesten Form geschahe, und belieff sich die Summa allerdings auff sechshundert Pfund Sterling: welches nach unsrer Müntze ein nahmhafftes stück Geldes machet.

Kaum war obiger Contract geschlossen, die Verschreibung verfertiget, und das Geld bargezehlet, da kam Iulo die Verkündigung eines erfreulichen Leides, daß nemlich sein Herr Vater die Schuld der Natur bezahlet hette: weßwegen er dan gleichsam eine Fürstliche Traur anlegte, und sich gefast machte, ehistens nach Engeland zuverreisen, mehr die Erbschafft anzutretten als seine Mutter zutrösten: [651] da sahe ich meinen Wunder wie Iulus wider einen Hauffen Freunde bekam, weder er vor etlichen Tagen gehabt: auch ward ich gewahr, wie er heuchlen konte, dan wan er bey den Leuten war, so stellete er sich um seinen Vater gar leidig; aber bey dem Avaro

allein sagte er, wäre der Alte noch länger lebendig bliben,
so hette ich endlich heim bettlen müssen; sonderlich wan
du Avare mir mit deinem Geld nit wärest zuhülffe
kommen.

Das 8. Capitel.
Iulus nimt seinen Abschied, auf Edelmännisch in Engeland zu=
reisen; Avarus aber wird zwischen Himmel und Erde arrestiret.

DEmnach machte sich Iulus mit Avaro schleinig auff
dem Weg; nachdem er zuvor sein ander Gesinde,
als Laquayen, Pagen und dergleichen unnützer ge=
fräßiger oder verthunlicher Leute mit guten Ehren abge=
schaffet, wolte ich nun der Histori ein Ende sehen, so
müste ich wol mit, aber wir reiseten mit gar ungleicher
Commoditet: Iulus ritt auff einem ansehenlichen Hengst,
weil er nunmehr nichts bessers als das Reuten gelernet
hatte, und hinter ihm sasse die Verschwendung, gleichsam
als ob sie seine Hochzeiterin oder Liebste gewesen wäre:
Avarus saß uff einen Minchen oder Wallachen, wie man
sie nennet, und führete hintersich den Geitz, das hatte eben
ein Ansehen, als wan ein Marckschreyer oder Storger mit
seinem Affen auff eine Kirchmeße geritten wäre; die
Hoffart hingegen flog hoch in der Lufft daher, eben als
wan sie die Reise nit sonderlich an=[652]gangen hätte;
die übrige assistirende Laster aber marchireten neben
her, wie die Beyläuffer zuthun pflegen, ich aber hielt mich
bald da, bald dort einem Pferd an den Schwantz, damit
ich auch mit fortkommen, und Engeland beschauen mögte,
dieweil ich mir einbildete, ich hette bereits vil Länder
gesehen, dagegen mir dieses Enge ein seltener Anblick seyn
würde; wir erlangten bald den Orth der Schifflände, alwo
wir hiebevor auch außgestigen waren, und segelten in
kurtzer Zeit mit gutem Wind glücklich über.

Iulus fand seine Frau Mutter zu seiner Ankunfft
auch in letzten Zügen, massen sie noch gleich denselben Tag
ihren Abschied nam, also daß er als ein eintziger Erbe
der nunmehr auß seinen vogtbaren Jahren getreten, zu
einem mahl Herr und Meister über seiner Eltern Ver=
lassenschafft ward; da ging nun das gute Leben wider

beffer an als zu Paris, weil er eine namhaffte Paarschafft ererbet; er lebete wie der reiche Mann Luce am 16. Ja wie ein Printz, bald hatte er Gäste, und bald ward er wider zu Gast geladen; und nam seine conversation fast täglich zu, er führete zu Wasser und Land anderer Leut Töchter und Weiber nach Engeländischem Gebrauch spatziren, hielte einen eignen Trompetter, Bereiter, Cammerdiener, Schalcksnarrn, Reitknecht, Kutscher, zween Laquayen, einen Page, Jäger, Koch und dergleichen Hoffgesind, gegen solchen (insonderheit aber gegen dem Avaro, den er als seinen getreuen Reiß=Gesellen zu seinem Hoffmeister und Factor oder Fac totum gemachet hatte) erzeigte er sich gar mild, wie er dan auch gedachtem Avaro dasjenige [653] adeliche Guht so er ihm zuvor in Franckreich verhypotheciret, vor Haupt Summa, interesse und seinen Lieblohn vor freyledig und eigen gab, und verschreiben ließ, wiewol es viel einmehrers wehrt war; in Summa er verhielt sich gegen jederman, daß ich nicht allein glaubte er müste auß dem Geschlecht der alten Könige seyn geboren worden, wie er sich dessen in Franckreich offt gerühmet, sondern ich hielt vestiglich davor, er wäre auß dem Stamm Arturi entsprossen, welcher das Lob seiner Freygebigkeit biß an das End der Welt behalten wird.

Andern theils unterliesse Avarus nicht in solchem Wasser zufischen, und seine Schantze in acht zunehmen, er bestahl seinen Herrn mehr als zuvor, und schacherte darneben ärger als ein 50 jähriger Jud; das loseste Stücklein aber das er dem Iulo thät, war dises, daß er sich mit einer Dame von ehrlichem Geschlecht verplemperte, folgends selbige seinem Herrn kupplete, und demselben über drey viertel Jahr den jungen Balg zuschreiben ließ den er ihr doch selbst angehengt hatte, und weil sich Inlus gar nicht entschliessen konte, selbige zu ehelichen, gleichwol aber ihrer Befreunden halber in Gefahr stehen muste, trat der auffrichtige Avarus ins Mittel, ließ sich bereden diejenige wider zu Ehren zubringen deren er ehender und mehr als Iulus genossen, und sie selbst zu Fall gebracht, wodurch er abermahlen ein namhaffts von des Iuli Gütern zu sich zwackte, und durch solche Treue seines Herrn Gunst verdoppelte; und dannoch unterließ er nicht da und dort zurupffen, solang Pflaumfedern vorhanden, und als es auff die Stupfflen loß ging, verschonete er deren auch nicht. [654]

Einsmahls fuhr Iulus auff der Tems in einem Lust=Schiff mit seinen näheften Verwanten spatziren, unter welchen sich seines Vaters Bruder ein sehr weiser und verständiger Herr, auch befand; diser redete damahl etwas vertreulicher mit ihm als sonsten, und führete ihm mit höflichen Worten und glimpflicher Strafe zu Gemüht, daß er keinen guten Haußhalter abgeben werde, er solte sich und das seinige besser beobachten, als er bißhero gethan 2c. wann die Jugend wüste, was das Alter brauchet, so würde sie einen Ducaten eher 100. mahl umkehren als einmal außgeben 2c. Iulus lachte darüber, zog einen Ring vom Finger warff ihn in die Tems und sagte, Herr Vetter sowenig als mir diser Ring wider zuhanden kommen mag, so wenig werde ich das meinige verthun können; aber der Alte seufftzete und antwortete, gemach Herr Vetter, es lässet sich wol eines Königs Gut verthun, und ein Brunn erschöpffen, sehet was ihr thuet: aber Iulus kehrete sich von ihm, und hassete ihn solcher getreuen Vermahnung wegen mehr als er ihn darum solte geliebet haben.

Unlängst hernach kamen etliche Kauffherren auß Franck=reich, die wolten um das Haubtgut so sie ihm zu Pariß vorgesetzet, samt dem Interesse bezahlt seyn, weil sie ge=wisse Zeitung hatten wie Iulus lebte, und daß ihm ein reich beladenes Schiff, so seine Eltern nach Alexandriam geschicket hatten, von den Seeraubern auff dem Mittel=ländischen Meer wäre hinweggenommen worden: er be=zahlete sie mit lauter Kleinodien, welches eine gewisse An=zeigung war, daß es mit der Baarschafft an die Neige ging: [655] über das kam die gewisse Nachricht ein, daß ihm ein ander Schiff am Gestad von Brasilien gescheitert, und eine Englische Flotte an deren beß Iuli Eltern am allermeisten interessirt gewesen, unweit den Moluccischen Insulen von den Holländern zum theil ruinirt, und der Rest gefangen worden: solches alles ward bald landkündig, dannenhero einjeder der etwas an Iulum zuprætentiren, sich umb die Bezahlung anmeldete, also daß es das Ansehen hatte, alswan ihn das Unglück von allen Enden der Welt her bestreiten wolte: Aber alle solche Stürme erschröckten ihn nicht so sehr als sein Koch, der ihm wunders wegen einen gôldenen Ring wiese, den er in einem Fisch gefunden, weil er denselbigen gleich vor den seinigen erkante, und sich noch nur zuwol zuerinnern wuste, mit was vor Worten er denselbigen in die Tems geworffen.

Er war zwar gantz betrübt und beynahe desperat, schämte sich aber doch vor den Leuten scheinen zulassen wie es ihm ums Hertz war: indem vernimt er daß deß enthaubten Königs ältister Printz mit einer Armee in Schottland ankommen wäre, hette auch glücklichen Success und gute Hoffnung seines Herrn Vaters Königreich widerum zuerobern! solche Occasion gedachte ihm Iulus zunutz zumachen, und seine Reputation dadurch zuerhalten: derowegen mondirte er sich und seine Leute mit demjenigen so er noch übrig hatte, und brachte eine schöne Compagnie Reuter zusammen, über welche er Avarum zum Leutenant machte, und ihm gôldene Berge verhieß, daß er mit ging, alles unter dem Vorwand, dem Protector zubienen: als er aber sich [656] reißfertig befand, ging er mit seiner Compagnia in schnellem March dem jungen schottischen König entgegen und conjungirte sich mit dessen Corpo, hette auch wol gehandelt gehabt, wan es dem König bamahls geglückt; als aber Crommel dieselbe Kriegsmacht zerstöberte, entrannen Iulus und Avarus kaum mit dem Leben, und dorfften sich doch beyde nirgends mehr sehen lassen: derowegen musten sie sich wie die wilden Thiere in den Wäldern behelffen, und sich mit rauben und stehlen ernchren, biß sie endlich darüber erbapt und gerichtet wurden: Iulus zwar mit dem Bail, und Avarus mit dem Strang, welchen er schon längst verdient hatte.

Hierüber kam ich wider zu mir selber, oder erwachte auffs wenigste auß dem Schlaff, und bachte meinem Traum oder Geschichte nach: hielt endlich dafür, daß die Freygebigkeit leichtlich zu einer Verschwendung: und die Gesparsamkeit leicht zum Geitz werden könne, wan die Weißheit nicht vorhanden, welche Freygebigkeit und Gesparsamkeit durch Mässigkeit regire und im Zaum halte. Ob aber der Geitz oder die Verschwendung den Preiß davon getragen, kan ich nicht sagen, glaube aber wol daß sie noch täglich miteinander zu Feld ligen, und um den Vorzug streiten.

Das IX. Capitel.
Balbanders komt zu Simplicissimo, und lehrt ihn mit mobilien und immobilien zureden, und selbige zuverstehen.

JCh spatzirte einsmahls im Wald herum meinen eitelen Gedancken Gehör zugeben, da fand ich ein steinern Bildnuß ligen in Lebens Grösse, [657] die hatte das Ansehen als wan sie jrgends eine Statua eines alten teutschen Helden gewesen wäre, dan sie hatte eine Altfränckische Tracht von Romanischer Soldaten Kleidung, vorn mit einem grossen Schwaben=Latz, und war meinem bedüncken nach überauß künstlich und natürlich außgehauen: wie ich nun so da stund, das Bild betrachtete, und mich verwunderte, wie es doch in diese Wildnuß kommen seyn mögte, kam mir in Sinn, es müste jrgends auff disem Gebürg vor langen Jahren ein Heidnischer Tempel gestanden: und dises der Abgott darin gewesen seyn: sahe mich derowegen um, ob ich nichts mehr von dessen Fundament sehen kunte, ward aber nichts dergleichen gewahr, sondern, bieweil ich einen Hebel fand, den etwan ein Holtzbaur ligen lassen, nahm ich denselben und trat an dise Bildnuß, sie umzukehren, umzusehen, wie sie auff der andern Seite eine Beschaffenheit hette; ich hatte aber derselben den Hebel kaum untern Halß gesteckt, und zulupffen angefangen, da fing sie selbst an sich zuregen und zusagen, laß mich mit frieden ich bin Balbanders, ich erschrack zwar hefftig, doch erholte ich mich gleich widerum, und sagte, ich sehe wol daß du bald anders bist; dan erst warestu ein tober Stein, jetzt aber bist du ein beweglicher Leib, wer bist du aber sonst, der Teuffel oder seine Mutter? Nein antwortete er, ich bin deren keins, sondern Balbanders, massen du mich selbst so genant und davor erkant hast; und könte es auch wol müglich seyn, daß du mich nit kennen soltest, da ich doch alle Zeit und Täge deines Lebens bin bey dir gewesen? daß ich aber niemahl mit dir mündlich geredet habe wie etwan Anno [658] 1534. den letzten Julij mit Hanß Sachsen dem Schuster von Nürnberg, ist die Ursache, das du meiner niemahlen geachtet hast; unangesehen ich dich mehr als andere Leute bald groß, bald klein, bald reich, bald arm, bald hoch, bald niber, bald lustig, bald traurig, bald böß, bald gut, und in summa bald so und bald anders gemachet habe; ich sagte, wan du sonst nichts kanst als biß, so wärestu wohl vor dißmahl auch von mir bliben; Baldanders antwortete, gleichwie mein Ursprung auß dem Parabeiß ist, und mein Thun und Wesen bestehet so lang die Welt bleibet, also werde ich dich auch nimmermehr gar verlassen, biß du wider zur Erde wirst davon du herkommen, es sey dir gleich lieb oder laid: ich fragte ihn ob er dan den Menschen zu sonst nichts tauge, als sie und alle ihre Händel so manigfaltig zuverändern? O ja, antwortete Baldanders, ich kan sie eine Kunst lehren, dadurch sie mit allen Sachen so sonst von Natur stumm seyn, als mit Stühlen und Bäncken, Kesseln und Häfen, ꝛc. reden können, massen ich solches Hanß Sachsen auch unterwisen, wie dan in seinem Buch zusehen, darinn er ein baar Gespräche erzählet, die er mit einem Ducaten und einer Roßhaut gehalten: auch sagte ich, lieber Baldanders, wan du mich dise Kunst mit GOttes hülffe auch lernen köntest, so wolte ich dich mein Lebtag lieb haben, ja freylich, antwortete er, das will ich gern thun: nahm darauff mein Buch so ich eben bey mir hatte, und nachdem er sich in einen Schreiber verwandelt, schrib er mir nachfolgende Worte darein.

Ich bin der Anfang und das Ende, und gelte an allen Orten.

[659] Manoha, gilos, timad, isaser, salc, lacob, salet, enni nacob idil dadele nenavv ide eges Eli neme meodi eledid cmonatan desi negogag editor goga naneg eriden, hohe ritatan avilac, hohe ilamen eriden diledi sisac usur sodaled avar, amu salif ononor macheli retoran; Vlidon dad amu ossosson, Gedal amu bede neuavv, alijs, dilede ronodavv agnoh regnoh eni tatæ

hyn lamini celotah, isis tolostabas oronatah assis tobulu, VViera saladid egrivi nanon ægar rimini sisac, heliosole Ramelu ononor vvindelishi timinitur, bagoge gagoe hananor elimitat.

Alß er biß geschrieben, warb er zu einem grossen Aichbaum, bald darauff zu einer Sau, geschwind zu einer Bratwurst, und unversehens zu einem grossen Baurendreck (mit Gunst) er machte sich zu einem schönen Kleewasen, und eh ich mich versahe, zu einem Küheflaben; item zu einer schönen Blume oder Zweig, zu einem Maulbeerbaum, und darauff in einen schönen seidenen Teppich ꝛc. biß er sich endlich wiber in menschliche Gestalten veränderte, und dieselbe öffter verwechselte, als solche gedachter Hanß Sachs von ihm beschriben; und weil ich von so unterschiblichen schnellen Verwandlungen weder im Ovidio noch sonsten nirgends gelesen (dan den mehrgedachten Hanß Sachsen hatte ich damahls noch nit gesehen) gedachte ich der alte Proteus sey wider von den Toben aufferstanden, mich mit seiner Gauckeley zuäffen; ober es sey vielleicht der Teufel selbst, mich als einen Einsidler zuversuchen, und zubetrügen; nachdem ich aber von ihm verstanden, daß er mit bessern Ehren den Mond in seinem Wap-[660]pen führe, als der Türckische Käiser, item daß die Unbeständigkeit sein Auffenthalt: die Beständigkeit aber seine ärgste Feindin sey, um welche er sich gleichwol keine Schnalle schere, weil er mehrentheils sie flüchtig mache; veränderte er sich in einen Vogel, flohe schnell davon, und ließ mir das nachsehen.

Darauff satzte ich mich niber in das Graß, und fing an diejenigen Worte zubetrachten, die mir Baldanders hinterlassen, die Kunst so ich von ihm zulernen hatte, darauß zubegreiffen, ich hatte aber nicht das Hertz selbige außzusprechen, weil sie mir vorkamen, wie diejenige damit die Teufelsbanner die höllischen Geister beschweren, und andere Zauberey treiben, massen sie dan auch eben so seltzam, unteutsch und unverständlich scheinen; ich sagte zu mir selber, wirstu sie anfahen zureden, wer weiß was du alßban vor Hexengespenst damit herbey lockest; villeicht ist dieser Baldanders der Satan gewesen, der dich hierburch

verführen will; weistu nicht wie es den alten Einsiblern
ergangen? Aber gleichwol unterließ mein Vorwitz nicht,
die geschriebene Worte stetig anzuschauen und zubetrachten,
weil ich gern mit stummen Dingen hätte reden können,
sintemahlen auch andere die unvernünfftige Thiere ver=
standen haben sollen; warb demnach je länger je verpichter
darauff, und weil ich ohn Ruhm zumelden, ein zimlicher
Zifferant bin, und meine geringste Kunst ist, einen Brieff
auff einen Faden: oder wohl gar auff ein Haar zuschreiben,
den wohl kein Mensch wird außsinnen oder errathen können,
zumahlen auch vor längsten wohl andere verborgene Schrifften
außspeculiret, als die Steganographiæ Trythemii seyn
mag; als [661] sahe ich auch diese Schrifft mit andern
Augen an, und fand gleich daß Baldanders mir die Kunst
nicht allein mit Exempeln: sondern auch in obiger Schrifft
mit guten teutschen Worten viel auffrichtiger communiciret,
als ich ihm zugetrauet, damit war ich nun wol zufrieden,
und achtete meiner neuen Wissenschafft nit sonderlich, son=
dern ging zu meiner Wohnung, und laß die Legenden der
alten Heiligen, nicht allein durch gute Beyspiele mich in
meinem abgesonderten Leben geistlich zuerbauen, sondern
auch die Zeit zupassiren.

Das X. Capitel.
Der Eremit wird auß einem Wald= ein Walfarts=Bruber.

Das Leben deß heiligen Alexii kam mir im ersten
Griff unter die Augen, als ich das Buch auff=
schlug; da fand ich mit was vor einer Verachtung der
Ruhe er das reiche Hauß seines Vatters verlassen, die
heiligen Oerter hin und wieder mit grosser Andacht be=
suchet, und endlich beydes seine Pilgerschafft und Leben
unter einer Stiegen in höchster Armut: mit unvergleich=
licher Gedult und wunderbaren Beständigkeit seliglich be=
schlossen hätte; ach! sagte ich zu mir selbst, Simplici was
thust du? du liegst hier auff der faulen Bärenhaut und
dienest weder GOtt noch Menschen! wer allein ist, wan
derselbe fället, wer wird ihm wieder auffhelffen? ist es
nicht besser du dienest deinen Neben=Menschen und sie

dir hingegen hinwiederum, als daß du hier ohn alle Leut=
seeligkeit in der Einsame sitzest wie eine Nacht=Eule? bist
du nicht ein todes Glied deß Menschlichen Geschlechtes,
wan du hier verhar=[662]rest? und zwar wie wirstu den
Winter außbauren können, wan diß Gebirge mit Schnee
bedeckt: und dir nicht mehr wie jetzt von den Nachbarn
dein Unterhalt gebracht wird? zwar diese ehren dich
jetzunder wie ein Oracul, wan du aber verneujahren hast,
werden sie dich nicht mehr würdigen über eine Achsel an=
zuschauen, sondern an stat dessen das sie dir jetzt her=
tragen, dich vor ihren Thüren mit helff dir GOtt ab=
speisen; villeicht ist dir Balbanders darum persönlich
erschinen, damit du dich beyzeiten vorsehen: und in die
Unbeständigkeit dieser Welt schicken sollest, mit solchen und
dergleichen Anfechtungen und Gedancken ward ich gequälet,
biß ich mich entschloß auß einem Wald= ein Wallbruder
oder Pilger zuwerden:

Demnach erdapte ich unversehens meine Schere, und
stutzte meinen langen Rock der mir allerdings auff die
Füsse ging (und solang ich ein Einsidel gewesen, anstat
eines Kleides auch unter und Oberbetts gedienet hatte)
die abgeschnittene Stücke aber satzte ich darauff und darunter,
wie es sich schickte, doch also, daß es mir zugleich Säcke
und Taschen abgab, dasjenige so ich etwan erbettlen mögte
darin zuverwahren; und weil ich keinen proportionirlichen
Jacobs Stabs mit seinen getreheten Knöpffen haben konte,
überkam ich einen wilden Aepffel=Stamm, damit ich einen,
wangleich er seinen Degen in der Faust gehabt, gar wol
schlaffen zulegen getrauet; welchen böhmischen Ohrleffel
mir folgends ein frommer Schlosser auf meiner Wander=
schafft mit einer starcken Spitze trefflich versehen, damit ich
mich vor den Wölffen die mir etwan unterwegs begegnen
mögten, erwöhren konte:

[663] Solcher gestalt außstaffirt, machte ich mich in
das wilde Schappach, und erbettlete von selbigem Pastor
einen Schein oder Urkunt, daß ich mich unweit seiner Pfarr
als ein Eremit erzeiget und gelebet hätte, nunmehr aber
Willens wäre, die heilige Oerter hin und wider andächtig
zubesuchen; unangesehen mir derselbe vorhielte, daß er mir

nicht recht traue; ich schätze, mein Freund, sagte er, du habest entweder ein schlim Stück begangen, daß du deine Wohnung so urplötzlich verlässest, oder habest im Sinn einen andern Empedoclem Agrigentinum abzugeben, welcher sich in den Feurberg Ætnam stürtzete, damit man glauben solte, er wäre, weil man ihn sonst nirgends finden könte gen Himmel gefahren; wie wäre es, wan es mit dir eine von solchen Meinungen hätte, und ich dir mit Ertheilung meiner bessern Zeugnus darin hülffe? ich wuste ihm aber mit meinen guten Maul-Leder unter dem Schein frommer einfalt und heiliger auffrichtiger Meinung dergestalt zubegegnen, daß er mir gleichwol angeregte Urkund mittheilete, und bedünckte mich, ich spürete einen heiligen Neid oder Eyfer an ihm, und daß er meine Weg-Kunfft gern sehe, weil der gemeine Mann wegen eines so ungewöhnlichen strengen und exemplarischen Lebens mehr von mir hielt, als von etlichen Geistlichen in der Nachbarschafft, unangesehen ich ein schlimmer liederlicher Kund war, wan man mich gegen den rechten waaren Geistlichen und Dienern GOttes hätte abschätzen sollen.

Damals war ich zwar noch nicht so gar gottloß wie ich hernach ward, sondern hätte mich noch [664] wol vor einen solchen vergangen, der eine gute Meinung und Vorsatz [hat]; sobald ich aber mit andern alten Landstörtzern bekant ward, und mit denselben vielfältig umging und conversirte, ward ich je länger je ärger; also daß ich zuletzt gar wol vor einen Vorsteher, Zunfftmeister und Præceptor derjenigen Gesellschafft hätte passiren mögen, die auß der Landfahrerey zu keinem andern ende ein profession machen, als ihre Nahrung damit zugewinnen; hierzu war mein Habit und Leibes-Gestalt fast bequem und beförderlich, sonderlich die Leute zur Freygebigkeit zubewegen; wan ich dan in einen Flecken kam, oder in eine Stat gelassen ward, vornemlich an den Sonn: und Feyertägen, so kriegte ich gleich von Jungen und Alten einen grössern Umstand als der beste Marckschreyer, der ein par Narren, Affen und Meerkatzen mit sich führet; alsdan hielten [sie] mich theils wegen meines langen Haars und wilden Barts vor einen alten Propheten, weil ich, es war gleich Wetter wie es wolte, barhäubtig ging, andere vor sonst einen seltzamen Wundermann, die allermeiste aber vor den ewigen Juden, der biß an den jüngsten Tag in der Welt herum lauffen soll; ich nam kein Geld zum Allmosen an, weil ich wuste was mir solche Gewohnheit in meiner eremitage genutzt, und wan mich jemand dessen etwas zunemen tringen wolte, sagte ich, die Bettler sollen kein Geld haben; damit brachte ich zuwege, wo ich etwan ein par Heller verschmähete, daß mir hingegen beydes an Speise und Tranck mehrers geben ward, weder ich sonst um ein par Kopffstucke hätte lauffen mögen.

[665] Also marchirte ich die Gutach hinauff über den Schwartzwald auff Villingen dem Schweitzerland zu, auff welchem Weg mir nichts notabels oder ungewöhnlichs begegnete, als was ich allererst gemeldet: von dannen wuste ich den Weg selbst auff Einsidlen daß ich deßwegen niemand fragen dorffte: und da ich Schaffhausen erlangte, ward ich nicht allein eingelassen, sondern auch nach vielem Fatzwerck so das Volck mit mir hatte, von einem ehrlichen wolhäbigen Burger freundlich zur Herberge auffgenommen: und zwar so war es Zeit daß er kam und sich meiner, als ein wolgereister Juncker (der ohn zweifel in der Frembde auff seinen Raisen viel saurs und süsses erfahren) erbarmete, weil gegen Abend etlich böse Buben anfingen mich mit Gassen-Koht zuwerffen.

Das 11. Capitel.
Simplicii seltsamer Discurs, mit einem Scheermesser.

MEin Gast-Herr hatte ein halbes Tümmelgen da er mich heimbrachte, dahero wolte er desto genauer von mir wissen, woher, wohin, was profession und dergleichen: und da er hörete, daß ich jhm von so vielen unterschiedlichen Ländern die ich mein Tage durchstrichen, zusagen wuste, welche sonst nicht bald einem jeden zusehen werden, als von der Moscau, Tartarey, Persien, China, Türckey, und unsern Antipodibus, verwunderte er sich trefflich und tractirte mich mit lauter

Veltliner und Oetsch-Wein, er hatte selbst Rom, Venedig, Ragusa, Constantinopel und Alexandriam gese-[666]hen, als derowegen ich ihm viel Warzeichen und Gebräuche von solchen Oertern zusagen wuste, glaubte er mir auch was ich ihm von fernern Ländern und Stätten auffschnidt, dan ich regulirete mich nach Samuel von Golau Reym, wan er spricht:

> Wer lügen will der lüg von fern!
> Wer zieht dahin erfährets gern?

Und da ich sahe, daß es mir so wol gelung, kam ich mit meiner Erzehlung fast in der gantzen Welt herum; da war ich selbst in deß Plinij dicken Wald gewesen, welchen man bißweilen bey den Aquis Curiliis antreffe, denselben aber hernach, wan man ihn mit hochstem Fleiß suche, gleichwol weder bey Tag und Nacht mehr finden könne; ich hatte selbst von dem lieblichen Wunder-Gewächs Borametz in der Tartarey gessen; und wiewol ich dasselbe mein Tage nicht gesehen, so konte ich jedoch meinem Wirht von dessen anmuthigem Geschmack dermassen discuriren, daß ihm das Maul wässerig davon ward; ich sagte, es hat ein Fleischlein wie ein Krebs, das hat eine Farbe wie ein Rubin oder rohter Pfersig und einen Geruch der sich beydes den Melonen und Pomerantzen vergleichet; benebens erzehlete ich ihm auch in was Schlachten, Scharmützlen und Beldgerungen ich mein Tage gewesen wäre, log aber auch etwas mehrers darzu, weil ich sahe daß ers so haben wolte; massen er sich mit solchen und dergleichen Geschwätz wie die Kinder mit den Mährlein auffziehen ließ, biß er darüber entschlieff, und ich in eine wohl accomodirte Cammer zu Bett geführet ward, da ich dan in ei-[667]nem sanfften Beth uneingewigt einschlieffe, welches mir lange nit widerfahren war.

Ich erwachte viel früher als die Hauß-Genossen selbst, kunte aber darum nicht auß der Cammer kommen, eine Last abzulegen, die zwar nicht groß, aber doch sehr beschwerlich war sie über die bestimte Zeit zutragen; fand mich aber hinter einer Tapezerey mit einem herzu bestimten Ort, welchen etliche eine Cantzeley zunennen pflegen,

viel besser versehen, als ich in solcher Noht hätte hoffen
dörffen; daselbst hinsatzte ich mich eilends zu Gericht, und
bedachte wie weit meine edle Wildnus dieser wohlgezierten
Cammer vorzuziehen wäre, als in welcher beydes fremb
und heimisch an jeden Orten und Enden ohn Erbultung
einer solchen Angst und Trangsal, die ich dazumal überstanden hatte, stracks niderhocken könte; nach Erörterung
der Sache, als ich eben an des Baldanders Lehre und
Kunst gedachte, langte ich auß einem neben mir hangenden
Garvier ein Octav von einem Bogen Papier, an demselbigen zuexequiren worzu es, neben andern mehr seinen
Cammeraben, condemniret, und daselbst gefangen war; ach!
sagte dasselbige, so muß ich dan nun auch, vor meine
treue geleiste Dienste und lange Zeit überstandene viel-
faltige Peinigungen, zugenöthigte Gefahren, Arbeiten,
Aengsten, Elend und Jammer, nun ererst, den allgemeinen
Danck der ungetreuen Welt erfahren und einnehmen? ach
warum hat mich nit gleich in meiner Jugend ein Funck
oder Goll auffgefressen, und alsobald Dreck auß mir gemachet, so hette ich doch meiner Mutter der Erden gleich
widerum dienen: und durch mei-[668]ne angeborne Feistigkeit
ihro ein liebliches Waldblümlein oder Kräutlein herfür
bringen helffen können, eh daß ich einem solchen Landfahrer den Hindern hette wischen: und meinen endlichen
Untergang im Scheißhauß nehmen müssen; oder warum
werde ich nicht in eines Königs von Franckreich Secret
gebrauchet, dem der von Navara den Arsch wischet? wo
von ich dan viel grössere Ehre gehabt hette, als einem
entlauffenen Monacho zu Dienst zustehen? Ich antwortete,
ich höre an deinen Reden wol, daß du ein nichtswertiger
Gesell: und keiner andern Begräbnuß würdig seyst, als
eben derjenigen, darin ich dich jetzunder senden werde;
und wird gleich gelten, ob du durch einen König oder
Bettler an einen solchen stinckenden Orht begraben wirst,
davon du so grob und unhöflich sprechen darffst, dessen
aber ich mich hingegen hertzlich gefreuet; hastu aber etwas
deiner Unschuld: und dem Menschlichen Geschlecht treuge-
leister Dienste wegen vorzubringen, so magstu es thun,
ich will bir gern, weil noch jederman im Hausse schläfft,

Audienz geben, und dich nach befindenden Dingen von deinem gegenwertigen Untergang und Verderben conserviren.

Hierauff antwortete das Scheermesser, meine Voreltern seynd erstlich nach Plinii Zeugnuß lib. 10. cap. 23 in einem Wald, da sie auff jhrem eignen Erdreich in erster Freyheit wohneten, und jhr Geschlecht außbreiteten, gefunden: in Menschliche Dienste als ein wildes Gewächs gezwungen und samentlich Hanff genennet worden; von denselbigen bin ich zu Zeiten Wenceslai in dem Dorff Goldscheur als ein Samen entsprossen und erziehlt: von wel=[669]chem Ort man sagt, daß der beste Hanfssamen in der Welt wachse; daselbst nahm mich mein Erzihler von den Stengeln meiner Eltern, und verkauffte mich gegen dem Frühling einem Kramer der mich unter andern fremden Hanfssamen mischte und mit uns schacherte; derselbe Kramer gab mich folgends einem Baur in der Nachbarschafft zukauffen, und gewann an jedem Sester einen halben Goldgülden, weil wir unversehens auffschlugen und theur wurden; war also gemelter Kramer der zweyte so an mir gewann, weil mein Erzihler der mich anfänglich verkauffte, den ersten Gewinn schon hinweg hatte; der Baur aber so mich vom Kramer erhandelt, warff mich in einen wolgebauten fruchtbarn Acker, alwo ich im Gestanck des Roß= Schwein= Kühe= und andern Mists vermodern und ersterben muste; doch brachte ich auß mir selbsten einen hohen stolzen Hanffstengel hervor, in welchen ich mich nach und nach veränderte, und stracks zu mir selbst in meiner Jugend sagte, nun wirstu gleich deinen Urahnen ein fruchtbarer Vermehrer deines Geschlechts werden, und mehr Körnlein Samen hervorbringen, als jemahls einer auß jhnen nicht gethan; aber kaum hatte sich meine Freiheit mit solcher eingebildeten Hoffnung ein wenig gekitzelt, da muste ich von vilen Vorübergehenden hören: Schauet: was vor ein grosser Acker voll Galgenkraut! welches ich und meine Brüder alsobalden vor kein gut Omen vor uns hielten, doch trösteten uns hinwiderum, etlicher ehrbaren alten Bauren Reden, wan sie sagten, Sehet! was vor ein schöner treflicher Hanff ist das? aber leider! wir [670] wurden bald hernach gewahr, daß wir von den Menschen beydes wegen jhres Geitzes und ihrer armseligen Bedörfftigkeit, nit dagelassen würden, unser Geschlecht ferners zupropagiren; Allermassen als wir bald Samen zubringen vermeynten, wir von unterschiedlichen starcken Gesellen gantz unbarmhertzigerweise auß dem Erdreich gezogen: und als gefangene Ubelthäter in grosse Gebund zusamen gekuppelt worden, vor welche Arbeit sie dan ihren Lohn: und also den dritten Gewinn empfingen so die Menschen von uns einzuziehen pflegen.

Damit aber war es noch lang nit genug, sondern unser Leiden und der Menschen Tirannen fing ererst an; auß uns, einem nahmhafften Gewächs! ein pures Menschen-Gedicht (wie etliche das liebe Bier nennen) zuverkünstlen; dan man schleppte uns in eine tieffe Grube, packte uns übereinander und beschwerte uns dermassen mit Steinen, gleichsam als wan wir in einer Presse gestecket wären; und hiervon kam der vierte Gewinn denjenigen zu, die solche Arbeit verrichteten; folgends ließ man die Gruben voll Wasser lauffen, also daß wir überal überschwemt würden, gleichsam als ob man uns ererst hette erträncken wollen! unangesehen allbereit schwache Kräfften mehr bey uns waren; in solcher Peisse ließ man uns sitzen biß die Zierde unserer ohn das bereits verwelckten Blätter folgends verfaulte, und wir selbst beynahe erstickten und verdurben: alsban ließ man ererst das Wasser wider ablauffen, trug uns auß, und setzte uns auff einen grünen Wasen, allwo uns bald Sonne, bald Regen, bald Wind zusetzte, also daß sich die liebliche Lufft [671] selbsten ob unserm Elend und Jammer entsatzte, veränderte, und alles um uns herum verstenckerte, daß schier niemand bey uns vorüber ging, der nit die Nase zuhielt, oder doch wenigst sagte pfuy Teufel; Aber gleichwol bekamen diejenige so mit uns umgingen den fünfften Gewinn zu Lohn: In solchem Stand musten wir verharren, biß beydes Sonne und Wind uns unserer letzteren Feuchtigkeit beraubet: und uns mit samt dem Regen wol gebleicht hatten: darauff wurden wir von unseren Bauren einem Hänffer oder Hanffbereiter um den sechsten Gewinn verkaufft. Also bekamen wir den vierten Herrn, seit ich nur ein Samkörnlein gewesen war; derselbe legte uns unter einen Schopff in eine kurtze Ruhe, nemlich so lang biß er anderer Geschäfften halber der weil hatte und Taglöhner haben könte, uns ferners zuquälen; da dan der Herbst und alle andere Feldarbeiten vorbey waren, nahm er uns nach einander hervor, stellete uns zweybutzet weiß in ein kleines Stübel hinter dem Ofen, und heitzte dermassen ein, als wan wir die Frantzosen hetten außschwitzen sollen, in welcher Höllischen Noht und Gefahr ich offt gedachte, wir würden dermal eins samt dem Hauß in Flammen gen Himmel fahren, wie dan auch offt geschihet: wan wir dann durch solche Hitze viel feur-fähiger wurden, als die beste Schwebel-Höltzlein, überantwortete er uns noch einem strengen Hencker, welcher uns handvollweiß unter die Preche nahm, und alle unsere innerliche Gliedmassen hundert tausendmal kleiner zerstiesse, als man dem ärgsten Ertz-Mörder mit dem Rad zuthun pfleget: uns hernach auß allen [672] Kräfften um einen Stock herum schlagende, damit unsere zerbrochene Gliedmassen sauber herauß fallen solten, also daß es ein ansehen hatte, als wann er unsinnig worden wäre, und ihm der Schweiß: und zu Zeiten auch ein Ding so sich dar auff reimet, darüber außging; hierdurch ward bises der sibende, so unsertwegen einen Gewinn hintrug.

Wir gedachten, nunmehr könte nichts mehr ersonnen werden, uns ärger zupeinigen, vornemlich weil wir dergestalt von einander separirt: und hingegen doch mit einander also conjungirt und verwirret waren, daß jeder sich selbst und das seinige nicht mehr kante: sondern jedweder Haar oder Bast gestehen muste, wir wären gebrächter Hanff; aber man brachte uns ererst auff eine Plaul, allda wir solcher massen gestampfft, gestossen, zerquetscht, geschwungen, und mit einem Wort zusagen, zerrieben und abgeplaulet worden, als wan man lauter Amianthum, Asbeston, Bissinum, Seyden, oder wenigst einen zarten Flachs, auß uns hätte machen wollen; und von solcher Arbeit genoß der Plauler den achten Gewinn, den die Menschen von mir und meines gleichen schöpffen. Noch selbigen Tag ward ich als ein wohl geplauleter und geschwungner Hanff ererst etlichen alten Weibern und jungen Lehr=Dirnen übergeben, die mir ererst die allergröste Marter anthäten, als ich noch nie erfahren, dan sie anatomirten mich auff ihren unterschiedlichen Hechlen dermassen, daß es nit auß=zusprechen ist; da hechelte man erstlich den groben Kuder folgends den Spinnhanff, und zuletzt den schlechten Hanff von mir hinweg, biß ich endlich als ein zar=[673]ter Hanff und seines Kauffmans=Gut gelobt: und zum Ver=kauff zierlich gestrichen: eingepackt und in einen feuchten Keller gelegt ward, damit ich im Angriff desto linder: und am Gewicht desto schwerer seyn solte; solcher gestalt erlangte ich abermal eine kurtze Ruhe, und freuete mich daß ich dermaleins durch Uberstehung so vielen Leides und Leidens zu einer Materi worden, die euch Menschen so nöhtig und nützlich wäre: Indessen hatten besagte Weibs=Bilder den neunten Lohn von mir dahin, welches mir einen sonderbahren Trost und Hoffnung gab, wir würden, nunmehr (weil wir die neunte als eine Engelische und allerwunderbarlichste Zahl erlanget und erstriten hätten) aller Marter überhoben seyn.

Das 12. Capitel.
Obige Materia wird continuirt, und das urtel exequiret.

DEn nechsten Marck=Tag trug mich mein HErr in ein Zimmer, welches man eine Faß= oder Pack=Cammer nennet, da ward ich geschauet, vor gerechte Kauffmans=Wahre erkant und abgewogen, folgends einem Fürtäuffler verhandelt, verzollet, auff einen Wagen ver=dingt, nach Straßburg geführet, ins Kauffhauß geliessert abermahls geschauet, vor gut erkant, verzollet und einem Kauffherrn verkaufft, welcher mich durch die Kärchelzieher nach Hauß führen, und in ein sauber Zimmer auffheben ließ; bey welchem Actu mein gewesener Herr der Hänffer, den zehenden: der Hanff=Schauer den elfften: der Wäger den zwölfften: der Zöller den [674] dreyzehenden: der Vorkäuffler den vierzehenden: der Fuhrmann den fünff=zehenden, das Kauffhauß den sechszehenden: und die Kärchel=

zieher die mich dem Kauffmann heimführeten, den siebenzehenden Gewinn bekamen, dieselbe nahmen auch mit jhrem Lohn den achtzehenden Gewinn hin, da sie mich auff jhren Kärchen zu Schiff brachten, auff welchem ich den Rhein hinunter biß nach Zwoll gebracht ward, und ist mir unmöglich alles zuerzehlen, wer als unterwegs sein Gebür an Zöllen und anderen und also auch einen Gewinn von meinetwegen empfangen, dan ich war dergestalt eingepackt, das ichs nicht wissen konte.

Zu Zwoll genoß ich wiederum eine kurtze Ruhe, dan ich ward daselbsten von der Mittlern oder Engeländischen Wahre außgesondert, wiederum von neuem anatomirt und gemartert, in der Mitten von einander gerissen, geklopfft und gehechelt, biß ich so rein und zart ward, daß man wohl reiner Ding als Kloster-Zwirn auß mir hätte spinnen mögen, darnach ward ich nach Amsterdam gefertiget, allborten gekaufft und verkaufft, und dem Weiblichen Geschlecht übergeben, welche mich auch zu zartem Garn machten, und mich unter solcher Arbeit gleichsam alle Augenblicke küsten und leckten; also daß ich mir einbilden müste, alles mein Leiden würde dermal eins seine Endschafft erreichet haben; aber kurtz darnach ward ich gewaschen, gewunden, dem Weber unter die Hände geben, gespult, mit einer Schlicht gestrichen, an Weber-Stul gespannet, gewebet und zu einem feinen Holländischen Leinwad gemachet, folgends gebleicht und einem Kauff-[675]herrn verkaufft, welcher mich wiederum Elenweiß verhandelte, biß ich aber so weit kam, erlitte ich viel Abgang; das erste und gröbste Werck so von mir abging, ward zu Londen gesponnen, in Kuhedreck gesotten und hernach verbrant, auß dem andern Abgang spannen die alte Weiber ein grobes Garn, welches zu Zwilch und Sacktaffel gewebet ward, der dritte Abgang gab ein zimlich grobes Garn, welches man Bärtlen Garn nennet, und doch vor Hänffin verkaufft ward, auß dem vierten Abgang ward zwar ein feiner Garn und Tuch gemachet, es mogte mir aber nit gleichen (geschweige jetzt der gewaltigen Säuler, die auß meinen Cammeraten den anderen Hanffstengelen (darauß man Schleiß-Hanff machte) zugerichtet wurden. Also daß mein Geschlecht den Menschen trefflich nutz, ich auch beynahe nicht erzehlen kan, was ein und anders vor Gewinn von denselbigen schöpffet) den letzten Abgang litte ich selbst, als der Weber ein par Kneul Garn von mir nach den diebischen Mäusen warff.

Von obgemeltem Kauffherrn erhandelte mich eine Edel Frau, welche das gantze stück Tuch zerschnitte und ihrem Gesind zum neuen Jahr verehrete, da ward derjenige Particul davon ich mehrentheils meinen Ursprung habe, der Cammer-Magd zutheil, welche ein Hemd darauß machte, und trefflich mit mir prangte; da erfuhr ich, daß es nicht alle Jungfern seynd die man so nennet, dan nicht allein der Schreiber sondern auch der Herr selbsten wusten sich bey ihr zubehelffen, weil sie nicht häßlich war; solches hatte aber die länge keinen Bestand, dan die Frau sahe einsmals selbsten, wie [676] ihre Magd ihre Stelle vertrat, sie bollerte aber deßwegen darum nit sogar greulich, sondern thät als eine vernünfftige Dame, zahlte ihre Magd auß, und gab ihr einen freundlichen Abschied; dem Juncker aber gefiel es nicht beym besten, daß ihm solch Fleisch auß den Zähnen gezogen ward, sagte derowegen zu seiner Frau, warum sie diese Magd abschaffe, die doch ein so hurtig, geschicktes und fleissiges Mensch sey; sie aber antwortete, lieber Juncker, seyd nur unbekümmert, ich will hinfort ihre Arbeit schon selber versehen.

Hierauff begab sich meine Jungfer mit ihrer Bagage, darunter ich ihr bestes Hemd war, in ihre Heimat nach Cammerich, und brachte einen zimlichen schweren Beutel mit sich, weil sie vom Herrn und der Frau zimlich viel verdienet und solchen ihren Lohn fleissig zusammen gesparet hatte, daselbst fand sie keine so fette Küchen als sie eine verlassen müssen, aber wol etliche Buler die sich in sie vernarreten, und ihr beydes zuwäschen und zunähen brachten, weil sie eine Profession darauß machte, und sich damit zuernähren gedachte; unter solchen war ein junger Schnautzhann dem sie das Seil über die Hörner warff, und sich vor ein Jungfer verkauffte; die Hochzeit ward gehalten; weil aber nach verflossenem Küßmonat gnugsam erschien, daß sich bey jungen Eheleuten das vermügen und ein-

kommen nit so weit erstrecke, sich zuunterhalten, wie sie
bißher bey jhren Herrn gewohnet gewesen, zumahlen eben
damahl im Land von Lützemburg mangel an Soldaten
erschiene; als ward meiner jungen Frau jhr Mann ein
Cornet, villeicht beßwegen, weil jhm [677] ein anderer
den Raum abgehoben, und Hörner auffgesetzet hatte.
Damahl fing ich an zimlich dürr und brechhafftig zuwerden,
derowegen zerschnitte mich meine Frau zu Windeln, weil
sie ehistens eines jungen Erben gewärtig war, von demselbigen Banckart ward ich nachgehends als sie genesen,
täglich verunreinigt, und eben so offt wider außgewaschen,
welches uns dan endlich so blöd machte, daß wir hierzu
auch nichts mehr taugten: Und derowegen von meiner
Frau gar hingeworffen: von der Wirthin im Hauß aber
(welche gar eine gute Haußhalterin war) wider auffgehoben; außgewäschen und zu andern dergleichen alten
Lumpen auff die obere Bühne geleget; daselbst musten
wir verharren biß ein Kerl von Spinal kam, der uns von
allen Orthen und Enden her versamlete, und mit sich heim
in eine Papiermühle führete, daselbst wurden wir etlichen
alten Weibern übergeben, die uns gleichsam zu lauter
Streichpletzen zerrissen, allwo wir dan mit einem rechten
Jammer-Geschrey unser Elend einander klagten; damit
hatte es aber darum noch kein Ende, sondern wir wurden
in der Pappiermühle gleich einem Kinderbrey zerstossen,
daß man uns wohl vor keinen Hanff- oder Flachsgewächs
mehr hette erkennen mögen, ja endlich eingebeitzt in Kalch
und Alaun und gar im Wasser zerflöst, also daß man wohl
von uns mit Warheit hette sagen können, wir seyn gantz
vergangen gewesen; aber unversehens ward ich zu einem
feinen Bogen Schreibpapier creirt, durch andere mehr
arbeiten neben anderen meinen Cameraden mehr erstlich
in ein Buch, endlich in ein Riß, und alßban ererst wider
unter die [678] Presse gefördert, zu letzt zu einen Ballen
gepackt und die einstehende Messe nach Zurzach gebracht,
daselbst einem Kauffmann nach Zürch verhandelt, welcher
uns nach Hauß brachte, und dasjenige Riß darin ich mich
befand, einem Factor, oder Haußhalter eines grossen Herrn
wieder verkauffte, der ein groß Buch oder Journal auß

mir machte: biß aber solches geschahe, ging ich den Leuten wohl sechs und dreyßigmahl durch die Hände, seyther ich ein Lump gewesen.

Dieses Buch nun, worin ich als ein rechtschaffner Bogen Papier auch die Stelle zweyer Blätter vertrat, liebte der Factor so hoch, als Alexander Magnus den Homerum, es war sein Virgilius, darin Augustus so fleissig studirt, sein Oppianus darin Antonius Keysers Severi Sohn so emsig gelesen; seine Commentarii Plinii Iunioris, welche Largius Licinius so werht gehalten: sein Tertullianus, den Cyprianus allezeit in Händen gehabt, seine pædia Cyri, welche ihm Scipio so gemein gemachet: sein Philolaus Pythagoricus daran Plato so grossen Wolgefallen getragen: sein Speusippus den Aristoteles so hoch geliebet: sein Cornelius Tacitus, der Käyser Tacitum so höchlich erfreuet, sein Comminæus den Carolus Quintus vor allen Scribenten hochgeachtet, und in summa summarum seine Bibel, darin er Tag und Nacht studirete, zwar nicht beßwegen, daß die Rechnung auffrichtig und just seyn: sondern daß er seine Diebsgriffe bemänteln: seine Untreue und Bubenstücke bedecken: und alles dergestalt setzen mögte, daß es mit dem Iournale übereinstimme.

[679] Nachdem nun bemeltes Buch überschriben war, ward es hingestellet biß Herr und Frau den Weg aller Welt gingen, und damit genosse ich eine zimliche Ruhe, als aber die Erben getheilet hatten, ward das Buch von denselben zerrissen, und zu allerhand Pack=Papier gebraucht, bey welcher Occasion ich zwischen einen verpremten Rock geleget ward: damit beydes Zeug und Possamenten keinen Schaden litten, und also ward ich hiehergeführet, und nach der wieder Außpackung an diesen Ort condemnirt, den Lohn meiner dem Menschlichen Geschlecht treu geleisten Dienste, mit meinem endlichen Untergang und Verderben zuempfangen: wovor du mich aber wohl erretten köntest.

Ich antwortete, weil dein Wachsthum und Fortzielung auß Feistigkeit der Erde, welche durch die excrementa der animalien erhalten werden muß, ihren Ursprung, Herkommen und Nahrung empfangen, zumahlen du auch

ohn das solcher Materi gewohnet: und von solchen Sachen
zureden ein grober Gesell bist, so ist billich, daß du wieder
zu deinem Ursprung kehrest; worzu dich dan auch dein
eigner Herr verdamt hat, damit exequirte ich das Urthel;
aber das Scheermesser sagte, gleichwie du jetzunder mit mir
procedirest, also wird auch der Tod mit dir verfahren,
wan er dich nemlich wieder zur Erden machen wird, davon
du genommen worden bist; und davor wird dichs nicht
fristen mögen, wie du mich vor dißmahl
hettest erhalten können.

[680] *Das XIII. Capitel.*
*Was Simplicius seinen Gastherrn vor das Nachtlager,
vor eine Kunst gelehret.*

Ich hatte den Abend zuvor eine Specification verloren aller meiner gewissen Künste, die ich etwan hiebevor geübet und auffgeschrieben hatte, damit ich solche nicht so leichtlich vergessen solte, es stund aber darum nit dabey, welcher gestalt und durch was Mittel solche zupracticiren; zum Exempel setze ich den Anfang solcher Verzeichnuß hieher.

Lunten oder Zindstrick zuzurichten, daß sie nicht rieche, als durch welchen Geruch offt die Mußquetirer verrahten: und dero Anschläge zunicht werden:

Lunten zuzurichten, daß sie brenne wangleich sie naß wird.

Pulver zuzurichten, daß es nicht brenne, wangleich man einen gluenden Stahl hinein stecket, welches den Vestungen nützlich, die deß gefährlichen Gastes eine grosse quantität herbergen müssen:

Menschen oder Vögel allein mit Pulver zuschiessen, daß sie eine Zeitlang vor tod liegen bleiben, hernach aber ohn allen Schaden wieder auffstehen.

Einem Menschen eine doppelte Stärcke ohn Ebers-Wurtzel und dergleichen verbottene Sachen zuwegen zubringen.

Wan man in Außfällen verhindert wird, dem Feind seine Stücke zuvernaglen, solche in eil zuzurichten, daß sie zerspringen müssen.

Einem ein Rohr zuverderben, daß er alles Wildbret damit zu Holtz scheust, biß es wiederum mit einer andern gewissen Materi außgebutzt wird.

[681] Das Schwartze in der Scheibe ehender zu= treffen, wan man das Rohr auff die Achsel leget und der Scheibe den Rücken kehret, als wan man gemeinem Ge= brauch nach auffleget und anschläget:

Eine gewisse Kunst, daß dich keine Kugel treffe.

Ein Instrument zuzurichten, vermittelst dessen man, sonderlich bey stiller Nacht, wunderbarlicher Weise alles hören kan, was in unglaublicher Ferne thönet, oder ge= redet wird (so sonst unmenschlich und unmüglich) den Schildwachten: und sonderlich in den Belägerungen sehr nützlich, ꝛc.

Solchergestalt waren in besagter Specification viel Künste beschrieben, welche mein Gast=Herr gefunden und auffgehaben hatte; derowegen trat er selber zu mir in die Cammer, wise mir die Verzeichnus, und fragte, ob wol müglich sey, daß diese Stücke natürlicher Weise verrichtet werden könten; er zwar könte es schwerlich glauben, doch müsse er gestehen, daß in seiner Jugend, als er sich Knabenweise bey dem Feldmarschal von Schauenburg in Ital'a auffgehalten, von etlichen wäre außgeben worden, die Fürsten von Savoya seyn alle vor den Kuglen ver= sichert; solches hätte gedachter Feldmarschall an Printz Thomæ versuchen wollen, den er in einer Vestung belägert gehalten; dan als sie einsmals beyderseits eine Stunde Stillstand beliebet, die Tode zubegraben und Unterredung mit einander zupflegen, hätte er einem Corporal von seinem Regiment, der vor den gewissesten Schützen unter der gantzen Armee gehalten worden, Befelch geben, mit seinem Rohr, damit er auff fünfftzig Schritte eine brennende Kertze unaußgelescht butzen können, [682] gedachtem Printzen, der sich zur conferentz auff die Brustwehre deß Walls begeben, auffzupassen, und so bald die bestimte Stunde deß Stillstandes verflossen ihme eine Kugel zuzuschicken: dieser Corporal nun hatte die Zeit fleissig in acht genommen, und mehr ermeltem Printz die gantze Zeit deß Stillstandes fleissig im Gesicht und vor seinem Absehen behalten: auch, als sich der Stillstand mit dem ersten Glockenstreich geendet, und jeder von beyden theilen sich in Sicherheit rettirirt, auff ihn loß gedruckt; das Rohr hätte ihm aber wider alles Vermuhten versagt, und sey der Printz, biß der Corporal wieder gespannt, hinter die Brustwehre kommen; worauff der Corporal dem Feldmarschall, der sich auch zu ihm in den Lauffgraben begeben gehabt, einen Schweitzer auß des Printzen Quardi gewisen, auff welchen er gezielet, und denselben dergestalt getroffen, daß er über und über geburtzelt: worauß dan handgreifflich abzunehmen gewesen, daß etwas an der Sache sey, daß nemlichen kein Fürst von Savoya von Büchsen=Schüssen getroffen oder beschädiget werden möge: ob nun solches auch durch dergleichen Künste zuging oder ob villeicht dasselbe hohe Fürstl. Hauß eine absonderliche Gnade von GOtt habe, weil es wie man saget, auß dem Geschlecht deß Königlichen Propheten Davids entsprossen, könte er nicht wissen.

Ich antwortete, so weiß ichs auch nicht; aber diß weiß ich gewiß, daß die verzeichnete Künste natürlich und keine Zauberey seyn, und wan er ja solches nicht glauben wolte, so solte er mir nur sagen, welche er vor die wun=derlichste und unmügligste hal=[683]te, so wolte ich ihm dieselbige gleich probiren, doch so fern es eine sey, die nicht längre Zeit und andre Gelegenheit erfodere, als ich übrig hätte solche ins Werck zusetzen weil ich gleich fort wandern: und meine vorhabende Reise befördern müste; darauff sagte er, diß käme ihm am unmüglichsten vor, daß das Büchsen=Pulver nicht brennen soll, wan Feur darzu komme, ich würde dan zuvor das Pulver ins Wasser schütten; wan ich solches natürlicher Weise probiren könne, so wolle er von den andern Künsten allen, deren gleichwol über die 60. waren, glauben was er nicht sehe, und vor solcher Prob nicht glauben könne; ich antwortete, er solte mir nur geschwind einen eintzigen Schuß Pulver und noch eine Materia die ich darzu brauchen müste, sambt Feur herbeybringen, so würde er gleich sehen, daß die Kunst just sey; als solches geschahe, ließ ich ihn der behör nach procediren, folgends anzünden, aber da vermogte er nicht

mehr als etwan nach und nach und ein baar Körnlein zu=
verbrennen, wiewol er eine viertel Stunde damit umging,
und damit nichts anders außrichtete, alß daß er sowol
glüende Eysen als Lunten und Kohlen im Pulver selbst über
solcher Arbeit außlöschete; ja sagte er zuletzt, jetzt ist aber
das Pulver verderbt: ich aber antwortete ihm mit dem
Werck, und machte das Pulver ohn einzigen Kosten ehender
man 16. zehlen konte, daß es hinbrante, da ers mit
dem Feur kaum anrührete; Ach! sagte er, hette Zürch
diese Kunst gewust, so hetten sie verwichen so grossen
Schaden nicht gelibten, als das Wetter in ihren Pulver=
Thurn schlug.

[684] Wie er nun die Gewißheit dieser natürlichen
Kunst gesehen, wolte er kurtzum auch wissen, durch was
Mittel ein Mensch sich vor den Büchsen=Kuglen versichern
könte; aber solches ihm zucommuniciren war mir unge=
legen; er satzte mir zu mit Liebkosungen und Verheissungen,
ich aber sagte, ich bedörffe weder Geld noch Reichthum;
er wante sich zu Bedrohungen, ich aber antwortete, man
müste die Pilger nach einsiblen passiren lassen; er ruckte
mir vor die Unbanckbarkeit vor empfangene freundliche Be=
würthung, hingegen hielt ich ihm vor er hette bereits
genug von mir davor gelernet; demnach er aber gar nicht
von mir ablassen wolte, gedachte ich ihn zubetrügen; dan
wer solche Kunst von mir entweder mit Liebe oder Gewalt
erfahren wöllen, hette eine höhere Person seyn müssen;
und weil ich merckte, daß ers nicht achtete, obs mit
Wörtern oder Creutzen zuging, wan er nur nicht geschossen
würde; beschlug ich ihn auff den Schlag wie mich Bald=
anders beschlagen, damit ich gleichwol nicht zum Lügner
würde, und er doch die rechte Kunst nicht wüste; massen
ich ihm folgenden Zettel davor gab.

Das Mittel folgender Schrifft behütet, daß dich keine
Kugel trifft.

Asa, vitom, rahoremathi, ahe, menalem reuab, oremi,
nasiore ene, nahores, ore, eldit, ita, ardes, inabe, ine, nie,
nei, alomade, sas, ani, ita, ahe, elime, arnam, asa, locre,
rahel, nei, vivet, aroseli, ditan, Veloselas, Herodan, ebi,

menises, asa elitira, eve, harsari erida, sacer, elach:mai, nei elerisa.

Alß ich ihm diesen Zettel zustellete, gab er dem=
selbigen auch glauben, weil es so kauderwelsche Worte
[685] waren, die niemand verstehet, wie er vermeinete;
aber gleichwol würckte ich mich solcher gestalt von ihm
loß, und verdiente die Gnade, daß er mir ein baar Thaler
auff den Weeg zur Zehrung mitgeben wolte, aber ich
schlug die Annehmung ab, und ließ mich mehr als zehen=
mahl gehen, doch endlich nur mit einem Früstuck ab=
fertigen. Also marchirte ich den Rhein hinunter auff
Eglisau zu, unterwegs aber blibe ich sitzen wo er der
Rhein seinen Fall hat, und mit grossen sausen und prausen
theils seines Wassers gleichsam in Staub verwandelt.

Damahls fing ich anzubedencken, ob ich der Sache
nicht zuvil gethan, indem ich meinen Gast=Herrn, der mich
gleichwol so freundlich bewürthet, mit Dargebung der
Kunst hinters Liecht geführet; villeicht, gedachte ich, wird
er dise Schrifft und närrische Wörter künfftig seinen
Kindern oder sonst seinen Freunden als eine gewisse Sache,
communiciren, die sich alßdan darauff verlassen: in un-
nöthige Gefahr geben: und darüber ins Graß beissen
werden, eh sie zeitig, wer wäre alßban an ihrem frühen
Tod anders schuldig als du? wolte derowegen widerum
zurücklauffen, Widerruff zuthun, weil ich aber sorgen muste,
wan ich ihm wider in die Kluppen käme, würde er mich
härter als zuvor halten, oder mir doch wenigst den
Betrug einträncken; als begab ich mich ferners nach
Eglißau, daselbst erbettelte ich Speise, Tranck, Nacht-
herberge und einen halben Bogen Papier, darauff schrieb
ich folgends: Edler und frommer und hochgeehrter Herr,
ich bedancke mich nochmahlen der guten Herberge, und
bitte GOtt daß ers dem HErrn wieder tausendfäl=[686[tig
vergelten wolle, sonst habe ich sorge, der Herr mögte sich
vielleicht künfftig zuweit in Gefahr wagen und GOtt versuchen, weil er so eine treffliche Kunst von mir wider das
Schiessen gelernet: als habe ich den Herrn warnen: und
ihm die Kunst erläutern wollen, damit sie ihm vielleicht
nicht zuunstatten und Schaden gereiche, ich habe geschrieben.

Das Mittel der folgenden Schrifft, behütet, daß dich keine Kugel trifft.

Solches verstehe der Herr recht, und nehme auß jedem unteutschen Wort, als welche weder zauberisch noch sonst von Kräfften seyn, den mitlern Buchstaben herauß, setze sie der Ordnung nach zusammen so wird es heissen, steh an ein Ort da niemand hinscheist, so bistu sicher. Dem folge der Herr, dencke meiner zum besten, und bezeihe mich keines Betrugs, wormit ich uns beyderseits GOttes Schutz befehle, der allein beschützet welchen er will, dat: ꝛc.

Deß andern Tages wolte man mich nicht passiren lassen, weil ich kein Geld hatte, den Zoll zuentrichten, muste derowegen wol zwo Stunden sitzen bleiben, biß ein ehrlicher Mann kam, der die Gebühr um Gotteswillen vor mich darlegte: dasselbe muß mir aber sonst niemand als ein Hencker gewesen seyn: dan der Zöllner sagte zu ihm, wie dunckt euch Meister Christian, getrautet ihr wol an diesem Kerl einen zeitlichen Feyrabend zumachen? ich weiß nicht? antwortete Meister Christian, ich habe meine Kunst noch nie an den Pilgern probiret, wie an euers gleichen Zöllnern: davon kriegte der Zöllner eine lange Nase, ich aber trolte fort Zürch zu: allwo ich auch [687] ererst mein Schreiben zuruck auff Schaffhausen bestellete, weil mir nicht geheur bey der Sache war.

Das XIV. Capitel.
Allerhand Auffschneiberey̆en deß Pilgers, die einen auch in einem hitzigen Fieber nicht seltzamer vorkommen können.

DAmahl erfuhr ich daß einer nicht wol in der Welt fort komt der kein Geld hat, wangleich einer dessen zu seines Lebens auffenthalt gern entbehren wolte: andere Pilger, die Geld hatten und auch nach Einsiblen wolten, sassen zu Schiff und liessen sich die See hinauff führen, da hingegen muste ich durch Umwege zufuß fort tantzen, keiner andern Ursache halber, als weil ich den Fergen nit zubezahlen vermogte: ich ließ mich solches aber mit nichten anfechten, sondern machte besto kürtzere Tagreisen, und nam mit allen Herbergen verlieb, wie sie mir anstunden, und hette ich auch in einen Beinhäusel übernachten sollen; wan mich aber jrgends ein Fürwitziger meiner Seltzamkeit wegen auffnam, um etwas wunderlichs von mir zuhören, so tractirte ich denselben wie ers haben wolte, und erzehlete ihm allerhand storgen, die ich hin und wider auff meinen weiten Reisen gesehen, gehöret und erfahren zuhaben vorgab; schämte mich auch gar nicht, der Einfälle, Lügen und Grillen der alten Scribenten und Poëten vorzubringen, und vor eine Warheit darzugeben, als wan ich selbst überal mit und dabey gewesen, wäre; Exempels weise; ich hatte ein Geschlecht der pontischen Völcker, so Thyby genant, gesehen; die in einem Aug zween Aug=Aepffel: in dem andern die Bildnuß eines Pferdes haben, und beweise solches [688] mit Philarchi Zeugnuß; ich war, bey dem Ursprung deß Flusses Gangis, bey den Astomis gewesen, die weder essen noch Mäuler haben, sondern nach Plinii Zeugnuß allein durch die Nase vom Geruch sich ernähern; item bey den bithinischen Weibern in Scythia, und den Tribalis in Illyria die zween Augen=Aepffel in jedem Aug haben; massen solches Appollonides und Hesigonus bezeugen; ich hatte vor etlichen Jahren mit den Einwohnern deß Berges Mili gute Kundschafft gehabt, welche wie Megastenes saget, Füsse haben wie die Füchse, und an jeden Fuß acht zehen; bey den Troglodytis gegen Nidergang wonhafftig hatte ich mich auch eine weile auffgehalten, welche wie Ctesias bezeuget, weder Kopff noch Halß: sondern Augen, Maul und Nase auff der Brust stehen haben; nicht weniger bey Monoscelis oder Sciopodibus, die nur einen Fuß haben, damit sie den gantzen Leib vor Regen und Sonnenschein beschirmen: und dannoch mit solchem einzigen grossen Fuß einen Hirsch überlauffen können; ich hatte gesehen die Anthropophagi in Scythia und die Caffres in India die Menschen Fleisch Fressen; die Andabati so mit zugethanen Augen streiten und in den Hauffen schlagen; Agriophani, die Löwen und Pantherthier Fleisch fressen; die Arimphei so unter den Bäumen ohn alle Verwahrung sicher hinein schlaffen, die Bactriani, welche so mässig leben, daß bey ihnen kein Laster verhaster ist, als Fressen und Sauffen; die Samogeden die hinter der Moscau unter dem Schnee wohnen, die Insulaner im sinu Persarum als zu Ormus, die wegen grosser Hitze im Wasser schlaffen; die Grünländer, deren Weiber Hosen [689] tragen; die Berbeti, welche alle die so über 50. Jahre leben, schlachten und jhren Göttern opffern; die Indianer hinter der Magellanischen Strasse, am Marc Pacifico, deren Weiber kurtze Haare die Männer selbst aber lange Zöpffe tragen; die Condei, die sich von Schlangen ernähren; die unteutsche hinter Liffland, die sich zu gewissen Zeiten deß Jahrs in Werwölffe verwandlen, die Gapii, welche ihre alte nach erlangtem sibenzigstem Jahr mit Hunger hinrichten: die schwartze Tartern, deren Kinder jhre Zähne mit auff die Welt bringen: die Getæ so alle Dinge, auch die Weiber gemein haben: die Himatopodes, welche auff der Erde kriechen wie die Schlangen, Brasilianer so die frembde mit Weinen: und die Mosineci so jhre Gäste mit Prügeln empfangen: ja ich hatte auch die selenitische Weiber gesehen, welche (wie Herodotus behauptet) Eyer legen und Menschen darauß hecken, die zehenmal grösser werden als wie in Europa.

Also hatte ich auch viel wunderbarliche Brunnen gesehen, als am Ursprung der Weixel einen, dessen Wasser zu Stein wird, darauß man Häuser bauet: jtem den Brunn bey Zepusio in Ungarn, welches Wasser Eisen verzehret, oder besser zureden, in eine Materiam verändert, auß deren hernach durchs Feur Kupffer gemachet wird, da sich der Regen in Victril verändert; mehr daselbst einen gifftigen Brunn, dessen Wasser, wo der Erdboden damit gewässert wird, nichts anders als Wolffskraut herfür bringet, welcher wie der Mond ab= und zunimt; mehr daselbst einen Brunnen, der Winterszeit warm: im Sommer aber nichts als lauter Eiß ist, den Wein [690] damit zukühlen; ich hatte die zween Brünnen in Irrland gesehen, darin das eine Wasser wan es getruncken wird, alt und grau: das ander aber hübsch jung machet; den Brunnen zu Aengstlen im Schweitzerland, welcher nie laufft als wan das Viehe auff der Weide zur Träncke komt: item unterschiedliche Brünnen in Ißland, da einer heiß: der ander kalt Wasser, der dritte Schwefel, der vierte geschmoltzen Wax herfür

bringet: mehr die Waſſer Gruben zu S. Stephen gegen
Sarnen Land in der Eidgnoſſchafft, welche die Leute vor
einen Kalender brauchen, weil das Waſſer trüb wird, wan
es regnen wil, und hingegen ſich klar erzeiget, wan ſchön
Wetter obhanden: nit weniger den Schantlibach bey ober
Nähenheim im Elſaß, welcher nit eh fleuſt, es ſolle dan
ein groß Unglück, als Hunger, Sterben oder Krieg übers
Land gehen: den gifftigen Brunn in Arcadia, der Alexan=
drum Magnum ums Leben brachte: die Waſſer zu Sibaris,
welche die graue Haare wider ſchwartz machen, die Aquæ
Suessanæ die den Weibern die Unfruchtbarkeit benemen:
die Waſſer in der Inſul Enaria welche Grieß und Stein
vertreiben, die zu Clytumno, darin die Ochſen weiß werden,
wan man ſie damit badet, die zu Soleunio, welche die
Wunden der Liebe heilen: den Brunn Alcos da durch das
Feur der Liebe entzündet wird: den Brunn in Persia
darauß lauter Oehl: und einen unfern von Cronweiſſen=
burg darauß nur Karchſalb und Wagenſchmir quillet: die
Waſſer in der Inſul Naxo, darin man ſich kan truncken
trincken: den Brunnen Arethusam, darin lauter Zucker
Waſſer: [691] auch wuſte ich alle berühmte Paludes, Seen,
Sümpffe und Lachen zubeſchreiben, als die See bey
Zirckmiß in Kärnten, deſſen Waſſer fiſch zwo Elen lang
hinderläſt: folgends wan ſolche gefangen, von den Bauren
beſamet, abgemähet und eingeärndet: hernach aber auff
den Herbſt wider von ſich ſelbſt 18. Ellen tieff mit Waſſer
angefüllet wird welches den künfftigen Frühling abermal
eine ſolche Mänge Fiſche zum beſten gibet: das Tode Meer
in Judea! die See Leomondo in der Landſchafft Lemnos,
welche 24. Meilen lang und vil Inſulen: darunter auch
eine ſchwimmende Inſul hat, die mit Viehe und allem
was drauff iſt, vom Wind hin und her getriben wird:
ich wuſte zuſagen vom Feber See in Schwaben, vom
Bodenſee bey Coſtnütz, vom Pilatus See auff dem Berg
Fractmont, vom Camarin in Sicilia, von dem Lacu
Bebeide in Thessalia, vom Gigeo in Tydia: vom Ma-
reote in Ægypten, vom Stymphalide in Arcadia vom
Lasconio in Bythinia, vom Icomede in Æthiopia: vom

Thesprotio in Ambratia: vom Trasimeno in Umbria: vom Meotide in Scythia: und vilen andern mehr.

So hatte ich auch alle namhaffte Flüsse in der Welt gesehen, als Rhein und Thonau in Teutschland, die Elbe in Sachsen, die Moldau in Böhmen: den Jhn in Bayern, die Wolgau in Reussen, die Thems in England, den Tagum in Hispania: den Amphrisum in Thessalia: den Nilum in Ægypten, den Iordan in Iudea: den Hippanim in Scythia: den Bagradam in Africa: den Gangem in India: Rio dela platta in America: den Eurotam in Laconia: den Euphratem in Mesopotamia: die [692] Tyber in Italia; den Cidnum in Cilicia; den Acheloum zwischen Ætolia und Acarnania; den Boristenem in Thracia, und den Sabatsicum in Syria, der nur 6. Tage fleust, und den sibenden verschwindet, item in Sicilia einen Fluß, in welchem nach Aristotelis Zeugnuß die erwürgte und erstückte Vögel und Thiere wider lebendig werden: so dan auch den Gallum in Phrygia welcher nach Ovidii Meinung unsinnig machet, wan man darauß trincket; ich hatte auch deß Plinii Brunnen zu Dodona gesehen, und selbst probiret, daß sich die brennende Kertzen außleschen: die außgeleschte aber anzünden, wan man solche daran hält; so war ich auch bey den Brunn zu Apollonia gewesen, deß Nymphæi Becher genant, welcher denen so darauß trincken, wie Theopompus meldet, alles Unglück zuverstehen gibet, so ihnen noch begegnen wird.

Gleichermassen wuste ich auch von andern wunderbarlichen Dingen in der Welt auffzuschneiden, als von den Calaminischen Wäldern, die sich von einem Ort zum andern treiben lassen, wo man sie nur haben will; so war ich auch in dem Ciminischen Wald gewesen, allwo ich meinen Pilgerstab nicht in die Erde stecken dorffte, weil alles was dort in die Erde komt stracks einwurtzelt, daß man es nicht wider herauß kriegen kan, sondern geschwind zu einen grossen Baum wird: so hatte ich auch die zween Wälder gesehen, deren Plinius gedencket, welche bißweilen dreyeckicht, bißweilen viereckigt und bißweilen stumpff seyn, nicht weniger den Felsen, den man zuzeiten mit einem finger: bißweilen aber mit keiner Gewalt bewegen kan:

[693] In Summa Summarum ich wuste von seltzamen und verwunderungs würdigen Sachen nicht allein etwas daher zulügen, sondern hatte alles selbst mit meinen eignen Augen gesehen, und solten es auch berümte Gebäu, als die sieben Wunder=Wercke der Welt, der Babylonische Thurn, und dergleichen Sachen gewesen seyn, so vor vielen hundert Jahren abgangen: also machte ich es auch, wan ich von Vögeln, Thieren, Fischen und Erdgewächsen zu= reden kam: meinen beherbergern die solches begehrten, die Ohren damit zukrauen, wan ich aber verständige Leute vor mir hatte, so hieb ich bey weitem nicht so weit über die Schnur und also brachte ich mich nach Einsidlen, ver= richtete dort meine Andacht, und begab mich gegen Bern zu nicht allein auch dieselbe Statt zubesehen, sondern von dar durch Savoya in Italia zugehen.

Das XV. Capitel.
Wie es Simplicio in etlichen Nachtherbergen ergangen.

ES glückte mir zimlich auff dem Weg, weil ich treu= hertzige Leute fand die mir von ihrem Uberfluß beydes Herberge und Nahrung gern mittheileten und das um soviel desto lieber, weil sie sahen, daß ich nirgends weder Geld foderte noch annam, wangleich man mir ein Angster oder zween geben wolte: in der Stat sahe ich einen sehr jungen wolgebutzten Menschen stehen, um welchen etliche Kinder lieffen die ihn Vater nenneten, weßwegen ich mich dan verwundern muste, dan ich wuste noch nit, daß solche Söhn darum so jung heyrahten, damit sie desto ehender Stats=Personen abgeben, und desto früher auff die præ= fecturen gesetzet werden mögten, [694] diser sahe mich vor etlichen Thüren bettlen, und da ich mit einem tieffen Bückling (dan ich konte keinen Hut vor ihm abziehen weil ich barhäuptig ging) bey ihm vorüber passiren wolte, ohn daß ich etlicher unverschämten Bettler=Brauch nach ihn auff der Gasse angeloffen hätte, griff er in Sack, und sagte, ha: warum foderstu mir keine Almosen ab, sihe hier, da hast du auch ein Lutzer; ich antwortete Herr, ich konte mir leicht einbilden daß er kein Brot bey sich träget, darum habe ich ihn auch nicht bemühet; so trachte ich auch nicht nach Geld, weil den Bettlern solches zuhaben nicht gebüret; indessen samlete sich ein Umstand von allerhand Personen, dessen ich dan schon wol gewohnet war, er aber antwortete mir, du magst mir wol ein stolzer Bettler seyn, wan du das Geld verschmähest; nein Herr, er beliebe nur zuglauben, sagte ich, daß ich dasselbe darum verachte, damit es mich nicht stolz machen soll; er fragte, wo wilstu aber herbergen, wan du kein Geld hast? ich antwortete, wan mir GOtt und gute Leute gönnen, unter diesem Schopffe meine Ruhe zunehmen, die ich jetzt trefflich wol bedarff, so bin ich schon versorgt und wol content; er sagte, wan ich wüste daß du keine Läuse hättest, so wolte ich dich herbergen und in ein gut Bet legen: ich hingegen antwortete, ich hätte zwar so wenig Läuse als Heller, wüste aber gleichwol nicht, ob mir rahtsam wäre in einem Bette zuschlafen, weil mich solches verleckern: und von meiner Gewohnheit hart zuleben, abziehen mögte: mit dem kam noch ein feiner reputirlicher alter Herr daher, zu dem sagte der Junge, schauet um Gotteswillen einen andern Dio-[695]genem Cynicum! ey: ey: Herr Vetter, sagt der Alte, was redet ihr, hat er dan schon jemand angebollen oder gebissen, gebet ihm davor ein Allmosen und lasset ihn seines Wegs gehn; der Junge antwortete, Herr Vetter er will kein Geld, auch sonst nichts annehmen, was man ihm gutes thun will: erzehlete dem Alten darauff alles was ich geredet und gethan hatte: ha: sagte der Alte viel Köpffe viel Sinne: gab darauff seinen Dienern Befelch, mich in ein Wirthshauß zuführen, und dem Wirt gutzusprechen, vor alles was ich dieselbe Nacht über verzehren würde: der Junge aber schrie mir nach, ich solte bey Leib und Leben morgen frühe wider zu ihm kommen, er wolte mir eine gute kalte Küche mit auff den Weg geben.

Also entran ich auß meinem Umstand, da man mich mehr gehetzt, als ich beschreibe: kam aber auß dem Fegfeuer in die Hölle, dan das Wirtshauß stack voller truncener und toller Leute, die mir mehr Dampfs anthäten, als ich noch nie auff meiner Pilgerschafft erfahren: jeder wolte wissen wer ich wäre: der eine sagte ich wäre ein Spion

ober Kundschaffter, der ander sagte ich sey ein Wider=
tauffer, der dritte hielt mich vor einen Narrn, der vierte
schätzte mich vor einen heiligen Propheten, die allermeiste
aber glaubten ich wäre der ewige Jude, davon ich bereits
oben Meldung gethan: also daß sie mich bey nahe dahin
brachten auffzuweisen, daß ich nicht beschnibten wäre: endlich
erbarmete sich der Wirt über mich, riß mich von ihnen
und sagte, lasset mir den Mann ungehetzet, ich weiß nicht
ob er oder ihr die gröste Narren seind, und damit ließ
er mich schlafen führen.

[696] Den folgenden Tag verfügte ich mich vor deß
jungen Herrn Hauß das versprochene Frühstücke zuempfangen;
aber der Herr war nicht daheim, doch kam seine Frau mit
ihren Kindern herunter, vielleicht meine Seltsamkeit zu=
sehen, davon ihr der Mann gesagt haben mögte; ich ver=
stund gleich auß ihrem Discurs (gleichsam als ob ichs
hätte wissen müssen) daß ihr Mann beym Senat wäre,
und ungezweiffelte Hoffnung hätte, denselben Tag die
Stelle eines Land=Vogts oder Land=Amtmanns zubekommen,
ich solte, sagte sie, nur noch ein wenig verzihen, er würde
balb wieder daheim seyn; wie wir nun so mit einander
redeten, trit er die Gassen dort her, und sahe meinem
bedunken bey weitem so lustig nicht auß als gester=
abend; sobalb er unter die Thüre kam sagte sie zu ihm.
Ach Schatz, was seyt ihr worden, er aber lieff die Stiege
hinauff, und im vorbey gehen sagte er zu ihr, ein Hunds=
futt bin ich worden; da gedachte ich, hie wird es vor
dißmal schlechten guten Willen setzen, schlich derowegen
allgemach von der Thüre hinweg, die Kinder aber folgten
mir nach sich über gnug zuverwundern, dan es gesellten
sich andere zu, welchen sie mit grossen Freuden rühmten
was ihr Vater vor ein Ehren=Amt bekommen; ja: sagten
sie zu jeglichem das zu ihnen kam, unser Vater ist ein
Hundsfutt worden, welcher Einfalt und Thorheit ich wol
lachen muste.

Da ich nun merckte, daß es mir in den Stäten bey
weiten nicht sowol ging als auff dem Land, sätzte ich mir
vor, auch in keine Stat mehr zukommen, wan es anders
müglich seyn könte solche um=[697]zugehen; also behalff

ich mich auff dem Land mit Milch, Käse, Ziger, Butter und etwan einwenig Brot, das mir der Landmann mittheilete, biß ich beynahe die Savoysche Gräntzen überschritten hatte: einsmals wandelte ich in derselben Gegend im Koht daher biß über die Knöchel, gegen einem adelichen Sitz, als es eben regnete, als wan mans mit Kübeln herunter gegossen hätte; da ich mich nun demselben adelichen Hauß näherte, sahe mich zu allem Glück der Schloß=Herr selbsten, dieser verwunderte sich nicht allein über meinen seltsamen Auffzug, sondern auch über meine Gedult; und weil ich in solchem starcken Regenwetter nicht einmal unterzustehen begehrte, unangesehen ich daselbst Gelegenheit genug darzu hatte, hielt er mich beynahe vor einen puren Narrn: doch schickte er einen von seinen Dienern herunter, nicht weiß ich ob es auß Mitleiden oder Fürwitz geschahe, der sagte, sein Herr begere zuwissen, wer ich sey, und was es zubedeuten habe, daß ich so in dem grausamen Regenwetter um sein Hauß daherum gehe.

Ich antwortete, mein Freund, saget euerm Herrn widerum, ich sey ein Ball deß wandelbaren Glücks: ein Exemplar der Veränderung, und ein Spiegel der Unbeständigkeit deß Menschlichen Wesens: daß ich aber so im Ungewitter wandele, bedeute nichts anders, als daß mich seyt es zuregnen angefangen: noch niemand zur Herberge eingenommen; als der Diener solches seinem Herrn wieder hinterbrachte, sagte er, diß seynd keine Worte eines Narrn, zudem ist es gegen Nacht, und so elend Wetter, daß man keinen Hund hinauß jagen solte! ließ mich de=[698]rowegen ins Schloß und in die Gesind Stube führen, allwo ich meine Füsse wusch, und meinen Rock wieder trocknete:

Dieser Cavalier hatte einen Kerl, der war sein Schaffner, seiner Kinder Præceptor und zugleich sein Schreiber, oder wie sie jetzt heissen wollen sein Secretarius der Examinirte mich woher, wohin, was Landes und was Standes? ich aber bekante ihm alles wie meine Sache beschaffen, wo ich nemlich haußhäblich: und auch als Einsidler gewohnet, und daß ich nunmehr Willens wäre, die heilige Oerter hin und wider zubesuchen, solches alles hinterbrachte er seinem Herrn widerum, derowegen ließ mich derselbe bey dem Nachteſſen an ſeine Taffel ſitzen, da ich nicht übel tractirt warb, und auff deß Schloß=Herrn begehren alles wiberholen muſte, was ich zuvor ſeinem Schreiber von meinem Thun und Weſen erzehlet hatte: er fragte auch allen Particularitäten ſo genau nach, als wan er auch dort zuhauß geweſen wäre: und da man mich ſchlafen führete, ging er ſelbſten mit dem Diener der mir vorleüchtete, und führete mich in ein ſolch wol gerüſtetes Gemach, daß auch ein Graff darin hette vorlieb nemen können: über welche allzu groſſe Höffligkeit ich mich verwunderte, und mir nichts anders einbilden konte, als thäte er ſolches gegen mir auß lauterer Andacht, weil ich meiner Einbildung nach das Anſehen eines gottſeeligen Pilgers hätte: aber es ſtack ein ander que darhinter; dan da er mit dem Licht und ſeinem Diener unter die Thüre kam, ich mich auch bereits geleget hatte, ſagte er: nun wolan Herr Simplici! er ſchlafe wol; ich weiß zwar daß [699] er kein Geſpänſt zufôrchten pfleget, aber ich verſichere ihn, daß diejenige ſo in diſem Zimmer gehen, ſich mit keiner Karbatſch verjagen laſſen: damit ſchloß er das Zimmer zu, und ließ mich in Sorg und Angſt ligen.

Ich gedachte hin und her und konte lang nicht erſinnen woher mich diſer Herr erkennen müſte, oder gekant haben mögte, daß er mich ſo eigentlich mit meinen vorigen Namen nante: aber nach langem Nachdencken fiel mir ein, daß ich einsmals, nachdem mein Freund Hertzbruder geſtorben, im Saur=Brunn von den Nachtgeiſtern mit etlichen Cavalieren und Studenten zureden kommen: unter welchen zween Schweitzer, ſo gebrüder geweſen, wunder erzehlet, welcher geſtalt es in ihres Vaters Haus nicht nur bey Nacht ſondern auch offt bey Tag rumore, denen ich aber widerpart gehalten, und mehr als vermeſſen behaubtet, daß derjenige ſo ſich vor Nachtgeiſter förchte, ſonſt ein feiger Tropff ſey: darauff ſich der eine auß ihnen weiß angezogen, ſich bey Nacht in mein Zimmer practicirt, und angefangen zurumpeln, der Meinung mich zu ängſtigen und alsdan, wan ich mich entſetzen: und auß Forcht ſtill ligen bleiben würde, mir die Decke zunemen, nachgehends aber wan der Poſſe ſolcher geſtalt abgehe, mich ſchrecklich

zuvexiren, und also meine Vermessenheit zuftraffen: aber
wie dieser anfing zuagiren, also daß ich darüber er=
wachte, wischte ich auß dem Bette und erdapte ungefehr
eine Karbatsche, kriegte auch gleich den Geist beym Flügel
und sagte, holla Kerl, wan die Geister weiß gehen, so
pflegen die Mägde [700] wie man sagt zu Weibern zu=
werden: aber hier wird der Herr Geist jrr seyn gangen,
schlug damit dapffer zu, biß er sich endlich von mir entriß
und die Thüre traff.

Da ich nun an diese Historj gedachte, und meines
Gast=Herrn letztere Worte betrachtete, konte ich mir un=
schwer einbilden, was die Glocke geschlagen: ich sagte zu
mir selber, haben sie von den förchterlichen Gespänstern in
ihres Vaters Hauß die Warheit gesaget, so ligstu ohn
zweifel in eben dem jenigen Zimmer, darin sie am aller=
ärgsten poldern: haben sie aber nur vor die lange weile
auffgeschniten, so werden sie dich gewißlich wieder Kar=
baitschen lassen, daß du eine weile daran zubauen haben
wirst: in solchen Gedancken stund ich auff, der Meinung
jrgends zum Fenster hinauß zuspringen, es war aber
überall mit Ehsen so wol vergittert, daß mirs unmüglich
ins Werck zusetzen, und was daß ärgste war, so hatte ich
auch kein Gewähr: Ja auffs eusserste auch meinen kräff=
tigen Pilgerstab nit bey mir, mit welchem ich mich auf
den Nohtfall trefflich wolte gewehret haben: legte mich
derowegen wieder ins Bette, wiewol ich nicht schlaffen
konte, mit Sorg und Angst erwartende, wie mir dise herbe
Nacht gedeyen würde.

Als es nun um Mitternacht warb, öffnete sich die
Thüre, wiewol ich sie inwendig wol verrigelt hatte, der
erste so hinein trat, war eine ansehnliche gravitetische
Person, mit einem langen weissen Bart, auff die antiqui-
tetische Manier mit einem langen Talar von weissen Atlas
und goldenen Blumen mit Genet gefütert, bekleidet; ihm
folgten drey auch [701] ansehnliche Männer; und in dem
sie eingingen, ward auch das gantze Zimmer so hell, als
wan sie Fackeln mit sich gebracht hetten, obwol ich eigentlich
kein Liecht oder etwas dergleichen sahe; ich steckte die
Schnauze unter die Decke, und behielt nichts haussen als

die Augen, wie ein erschrockenes und forchtsames Mäußlein, das da in seiner Höle sitzet und auffpasset, zusehen ob es platz sey oder nicht, hervor zukommen; sie hingegen traten vor mein Bette und beschaueten mich wol, und ich sie hingegen auch, als solches eine gar kleine weile gewäret hatte, traten sie mit einander in eine Ecke deß Zimmers, huben eine steinerne Platte auff, damit der Ort besetzt war, und langten dort alle Zugehör herauß, die ein Barbierer zubrauchen pfleget, wan er jemand den Bart butzet; mit solchen Instrumenten kamen sie wider zu mir, satzten einen Stul in die Mitte deß Zimmers, und gaben mit Wincken und Deuten zuverstehen, daß ich mich auß dem Bette begeben: auff den Stul sitzen: und mich von jhnen barbiren lassen solte; weil ich aber still ligen blieb, griff der Vornehmste selbst an das Deckbett, solches auffzuheben, und mich mit Gewalt auff den Stul zusetzen; da kan jeder wol dencken wie mir die Katze den Rucken hinauff geloffen: ich hielt die Decke fest und sagte, jhr Herren was wollet ihr, was habet jhr mich zu scheren? ich bin ein armer Pilger der sonst nichts als seine eigne Haare hat, seinen Kopff beydes vor Regen, Wind und Sonnenschein zubeschirmen; zu dem siehe ich euch auch vor kein scherer Gesindel an? darum lasset mich ungeschoren; darauff antwortete der Vornemste, wir seynd freylich Ertz=Scherer, aber du [702] kanst uns helffen, must uns auch zu helffen versprechen, wan du anderst ungeschoren bleiben wilst; ich antwortete, wan eure Hilffe in meiner Macht stehet, so verspreche ich zuthun, alles was mir müglich und zu eurer Hilffe vonnöthen sey: werdet mir derowegen sagen wie ich euch helffen soll; hierauff sagte der alte, ich bin deß jetzigen Schloß=Herrn Urähne gewesen, und habe mit meinem Vetter von Geschlecht N. um zwey Dörffer N. N. die er rechtmässig inhatte, einen unrechtmässigen Hader angefangen und durch Arglist und Spitzfindigkeit die Sache dahin gebracht, daß dise drey zu unsern wilkührlichen Richtern erwählet wurden, welche ich so wol durch Verheissung als Bedrohung dahin brachte, daß sie mir bemelte beyde Dörffer zuerkanten; darauff fing ich an, dieselbigen Unterthanen dergestalt zuschären, schrepffen und zwagen, daß ich ein merckliches Stück Geld zusammen brachte, solches nun liget in jener Ecke und ist bißher mein Schärzeug gewesen, damit mir meine Schärerey widergolten werde; wan nun biß Geld wieder unter die Menschen komt (dan beyde Dorffschafften seynd gleich nach meinem Tode wider an ihre rechtmässige Herren gelangt) so ist mir so weit geholffen als du mir helffen kanst, wan du nemlich dise Beschaffenheit meinem Uranckel erzehlest, und damit er dir desto bessern Glauben zustelle, so laß dich morgen in den so genanten grünen Saal führen, da wirstu mein Conterfeit finden, vor demselben erzehle ihm, was du von mir gehöret hast; da er solches vorgebracht hatte, streckte er mir die Hand dar, und begerete ich solte ihm mit gegebener Hand-Treue versichern, daß ich sol-[703]ches alles verrichten wolte, weil ich aber vielmal gehöret hatte, daß man keinem Geist die Hand geben solte, streckte ich ihm den Zipfel vom Leylachen dar, das brante alsobald hinweg so weit ers in die Hand kriegte, die Geister aber trugen ihre Schär-Instrumenten wieder an voriges Ort, deckten den Stein wieder darüber, stelleten auch den Stul hin wo er zuvor gestanden, und gingen wieder nach einander zum Zimmer hinauß; indessen schwitzte ich wie ein Braten beym Feur, und war doch noch so kühn in solcher Angst einzuschlaffen.

Das XVI. Capitel.
Wie der Pilgram wiederum auß dem Schloß abscheidet.

ES war schon zimlich lang Tag gewesen, als der Schloß-Herr mit seinem Diener wieder vor mein Bette kam; wohl! Herr Simplici, sagte er, wie hats jhm heint Nacht zugeschlagen, hat er keine Karbatsch vonnöthen gehabt? nein Monsieur, antwortete ich, diese so hierin zuwohnen pflegen, brauchten es nicht wie derjenige so mich im Saurbrunn foppen wolte; wie ist es aber abgangen? fragte er weiters, förchtet er sich noch nicht vor den Geistern? ich antwortete, daß es ein kurtzweilig Ding um die Geister sey, werde ich nimmermehr sagen; daß ich sie darum aber eben förchte, werde ich nimmermehr gestehen; aber wie es abgangen, bezeuget zum Theil diß verbrante

Leylachen, und ich werde es dem Herrn erzehlen, sobald er mich nur in seinen grünen Saal führet, allwo ich jhm deß Principal Geistes, der bißher hierin gangen, wahren Conterfeit weisen soll; er sahe mich mit Verwunderung an, [704] und konte sich leicht einbilden, daß ich mit den Geistern geredet haben müste, weil ich nicht allein vom grünen Saal zu sagen wuste, den ich noch nie sonst von jemand hatte nennen hören, sondern auch weil das verbrante Leylachen solches bezeugte; so glaubet er dan nun, sagte er, was ich ihm hievor im Saur=Brunn erzehlet habe? ich antwortete, was bedarff ich deß Glaubens, wan ich ein Ding selbst weiß und erfahren habe? ja sagte er weiters, tausend Gülden wolte ich darum schulbig seyn, wan ich diß Creutz auß dem Hauß hätte; ich antwortete, der Herr gebe sich nur zu frieden, er wird davon erlediget werden, ohne daß es ihn einen Heller kosten solle; ja er wird noch Geld darzu empfangen.

Mithin stund ich auff, und wir gingen stracks mit einander dem grünen Saal zu, welches zugleich ein Lust=Zimmer und eine Kunst=Kammer war; unterwegs kam deß Schloß=Herrn Bruder an, den ich im Saurbrunn karbeitscht hatte, dan jhn sein Bruder meinetwegen von seinem Sitz, der etwan zwo Stunden von bannen lag, eylends holen lassen, und weil er zimlich mürrisch auß=sahe, besorgte ich mich, er sey etwan auff eine Rache bedacht, doch erzeigte ich im geringsten keine Forcht, sondern als wir in den gedachten Saal kamen, sahe ich unter anderen kunstreichen Gemählden und Antiquitäten eben dasjenige Conterfeit das ich suchte; dieser, sagte ich zu beyden Gebrüdern, ist euer Urähne gewesen, und hat dem Geschlecht von N. zwey Dörffer als N. und N. unrecht=mässiger Weise abgetrungen, welche Dörffer aber jetzunder jhre rechtmässige Herren wider inhaben; von denselbigen Dörffern hat euer Urähne [705] ein namhafftes stück Geld erhoben, und bey seinen Lebzeiten in demjenigen Zimmer darin ich heint gebüsset, was ich hiebevor im Saurbrun mit der Karbeitsch begangen, einmauren lassen, weswegen er dan samt seinen Helffern bißhero an hiesigem Hauß so schröcklich sich erzeiget; wolten sie nun daß er zur Ruhe komme, und das Hauß hinfort geheur sey, so mögten sie das Geld erheben, und anlegen wie sie vermeinten, daß sie es gegen Gott verantworten können, ich zwar wolte jhnen weisen wo es lege, und alsdan in Gottes Namen meinen Weg weiters suchen; weilen ich nun wegen der Person jhres Urähnen und beyder Dörffer die Warheit geredet hatte, gedachten sie wol ich würde deß verborgenen Schatzes halber auch nicht lügen; verfügten sich derowegen mit mir wiederum in mein Schlaff-Zimmer, allwo wir die steinerne Platte erhuben, darauß die Geister den Schärer-Zeug genommen und wieder hingestecket hatten, wir fanden aber anders nichts, als zween irrdene Häfen, so noch gantz neu schienen, davon der eine mit rothem: der ander aber mit weissem Sand gefüllt war, weßwegen beyde Brüder die gefaste Hoffnung biß Orts einen Schatz zufischen, allerdings fallen liessen; ich aber verzagte darum nicht, sondern freuete mich dermaleins die Gelegenheit zu haben, daß ich probiren könte, was der wunderbarliche Theophrastus Paracelsus in seinen Schrifften Tom. 9. in Philosophia occulta von der Transmutation der verborgenen Schätze schreibet; wanderte derowegen mit den beyden Häfen und in sich habenden Materien in die Schmide die der Schloß-Herr im Vor-Hoff deß Schlosses stehen [706] hatte, satzte sie ins Feur, und gab jhnen jhre gebührliche Hitze, wie man sonst zu prodeciren pfleget, wan man Metall schmeltzen will, und nachdem ichs von sich selbsten erkalten ließ, fanden wir in dem einen Hafen eine grosse Massa Ducaten Gold, in dem andern aber einen klumpen vierzehen Löthig Silber, und konten also nicht wissen, was es vor Müntze gewesen war; biß wir nun mit dieser Arbeit fertig wurden, kam der Mittag herbey, bey welchem Imbis mir nicht allein weder Essen noch Trincken schmecken wolte, sondern mir ward auch so übel, daß man mich zu Bette bringen muste, nicht weiß ich, war es die Ursache, daß ich mich etliche Tage zuvor im Regenwetter gar unbescheiden mortificiret oder daß mich die verwichne Nacht die Geister so erschröcket hatten.

Ich muste wohl zwölff Tage deß Bettes hüten, und hätte ohn sterben nicht kräncker werden können; eine eintzige

Aberläſſe bekam mir trefflich neben der Gutwartung die
ich empfing; indeſſen hatten beyde Gebrüder ohn mein
Wiſſen einen Goldſchmid holen: und die zuſammen ge=
ſchmoltzene Maſſaten probiren laſſen, weil ſie ſich eines
Betrugs beſorgeten; nachdem ſie nun dieſelbige juſt be=
funden, zumahlen ſich kein Geſpenſt im gantzen Hauß
mehr mercken ließ, wuſten ſie bey nahe nicht zuerſinnen,
was ſie mir nur vor Ehr und Dienſt erweiſen ſolten,
ja ſie hielten mich allerdings vor einen heiligen Mann,
dem alle Heimlichkeiten unverborgen, und der ihnen von
GOtt inſonderheit wäre zugeſchickt worden, ihr Hauß
wiederum in richtigen Stand zuſetzen; derowegen kam der
Schloß=[707]Herr ſelbſt ſchier nie von meinem Bette, ſon=
dern freuete ſich wan er nur mit mir discuriren konte,
ſolches wehrete, biß ich meine vorige Geſundheit wieder
völlig erlangete.

In ſolcher Zeit erzehlete mir der Schloß=Herr gantz
offenhertzig, daß (als er noch ein junger Knabe geweſen)
ſich ein frevler Landſtörtzer bey ſeinem Herrn Vatter an=
gemeldet, und verſprochen den Geiſt zufragen, und da=
durch das Hauß von ſolchem Ungeheur zuentledigen, wie
er ſich dan auch zu ſolchem Ende in das Zimmer, darin
ich über Nacht liegen müſſen, einſperren laſſen; da ſeyn
aber eben diejenige Geiſter in ſolcher Geſtalt wie ich ſie
beſchrieben hätte, über ihn hergewiſchet; hätten ihn auß
dem Bette gezogen, auff einen Seſſel geſetzet, ihn ſeines
Bedunckens gezwagt, geſchoren und bey etlichen Stunden
dergeſtalt tribuliret und geängſtiget, daß man ihn am
Morgen halb tod dort liegend gefunden; es ſey ihm
auch Bart und Haar dieſelbe Nacht gantz grau worden,
wiewol er den Abend als ein dreiſſig jähriger Mann
mit ſchwartzen Haaren zu Bette gangen ſey; geſtund mir
auch darneben, daß er mich, keiner andern Urſachen halber
in ſolches Zimmer geleget, als ſeinen Bruder an mir zu
revangiren, und mich glauben zu machen, was er vor etlichen
Jahren von dieſen Geiſtern erzehlet, und ich nicht glauben
wollen; bat mich mithin gleich um Verzeihung und obligirte
ſich die Tage ſeines Lebens mein getreuer Freund und
Diener zu ſeyn.

Als ich nun wiederum allerdings gesund worden, und meinen Weg ferner nehmen wolte, offerirte [708] er mir die Pferde, Kleidung und ein stück Geld zur Zehrung; weil ich aber alles rund abschlug, wolte er mich auch nicht hinweg lassen; mit Bitte ich wolte ihn doch nicht zum allerundanckbarsten Menschen in der Welt machen; sondern auffs wenigste ein stück Geld mit auff den Weg annehmen, wan ich je in solchem armseligen Habit meine Wallfart zuvollenden bedacht wäre; wer weiß sagte er, wo es der Herr bedarff? ich muste lachen, und sagte mein Herr, es gibet mich wunder, wie er mich einen Herrn nennen mag, da er doch siehet, daß ich mit Fleiß ein armer Betler zuverbleiben suche; wohl: antwortete er, so verbleibe er dan sein Lebtag bey mir, und nehme sein Allmosen täglich an meiner Tafel; Herr, sagte ich hingegen, wan ich solches thäte, so wäre ich ein grösser Herr als er selbsten? wie würde aber alsdan mein thierischer Leib bestehen, wan er so ohn Sorge wie der Reiche Mann auff den alten Kayser hinein lebte, würden jhn so gute Tag nicht gumpen machen? will mein Herr mir aber je eine Verehrung thun, so bitte ich er lasse mir meinen Rock füttern weil es jetzt auff den Winter loß gehet: Nun Gott lob, antwortete er, daß sich gleichwol etwas findet meine Danckbarkeit zubezeugen, darauff ließ er mir einen Schlaffbeltz geben, biß mein Rock gefütert ward, welches mit wüllenem Tuch geschahe, weil ich kein ander Futer annehmen wolte; Als solches geschehen, ließ er mich passiren, und gab mir etliche Schreiben mit, selbige unterwegs an seine Verwandte zubestellen, mehr mich jhnen zu recommendiren, als daß er viel nöthiges zuberichten gehabt hätte.

[709] Das XVII. Capitel.
Was massen er über Mare Mediterraneum in Egypten fähret, und an das rohte Meer verführet wird.

Also wanderte ich dahin, beß Vorsatzes die allerheiligste und berühmteste Oerter der Welt in solchem armen Stand zubesuchen, dan ich bildete mir ein, daß Gott einen sonderbaren gnädigen Blick auff mich geworffen, ich gedachte er hätte ein Wohlgefallen an meiner Gedult und

freywilligen Armut, und würde mir derowegen wol durch=
helffen, wie ich dan dessen Hilffe und Gnade handgreifflich
verspürt und genossen, in meiner ersten Nacht=Herberge
gesellete sich ein Botenlauffer zu mir, der vorgab, er sey
bedacht eben den Weg zugehen, den ich vor mir hätte,
nemlich nach auff Loretto; weilen ich nun den Weg nicht
wuste noch die Sprache recht verstund, er aber vorgab,
daß er kein sonderlicher schneller Lauffer wäre, wurden
wir eins, beyeinander zubleiben und einander Gesellschafft
zu leisten; dieser hatte gemeiniglich auch an den Enden
zuthun, wo ich meines Schloß=Herrn Schreiben abzulegen
hatte, allwo man uns dan Fürstl. tractirte, wan er aber
in einem Wirthshauß einkehren muste, nöhtigte er mich zu
ihm und zahlte vor mich auß, welches ich die Länge nicht
annehmen wolte, weil mich däuchte ich würde ihm auff
solche Weise seinen Lohn den er so säurlich verdienen
muste, verschwenden helffen; er aber sagte, er geniesse
meiner auch wo ich Schreiben zu bestellen habe, als wo
er meinetwegen schmarotzen: und sein Geld sparen können;
solcher Gestalt überwanden wir das hohe Gebürge, und
kamen miteinander in das fruchtbare [710] Italia, da
mir mein Gefährt ererst erzehlete, daß er von obgedachtem
Schloß=Herren abgefertigt wäre, mich zu begleiten und
zehrfrey zuhalten, bat mich derowegen, daß ich ja bey ihm
verlieb nehmen, und das freywillige Allmosen das mir sein
Herr nachschickte, nicht verschmähen: sondern lieber als das
jenige geniessen wolte, das ich ererst von allerhand un=
willigen Leuten erpressen müste; ich verwunderte mich über
dieses Herrn redlich Gemüht, wolte aber darum nicht, daß
der verstelte Bot länger bey mir bleiben: noch etwas
mehrers vor mich außlegen solte mit Vorwand, daß ich
allbereit mehr als zuviel Ehr und Gutthaten von ihm
empfangen, die ich nicht zuwidergelten getraute; in
Warheit aber hatte ich mir vorgesetzt, allen Menschlichen
Trost zuverschmähen, und in nidrigster Demuht Creutz und
Leiden mich allein an den lieben Gott zuergeben und mich ihm
zugelassen: ich hätte auch von diesem Gefährten weder
Wegweisung noch Zehrung angenommen, wan mir bekant
gewesen, daß er zu solchem End wäre abgefertigt worden.

Als er nun sahe, daß ich kurtz rund seine Beywohnung nicht mehr haben wolte, sondern mich von jhm wandte, mit Bitt seinen Herrn meinetwegen zugrüssen, und jhm nachmahlen vor alle erzeigte Wohlthaten zubancken: nam er einen traurigen Abscheid und sagte, nun dan wolan werther Simplici, ob zwar jhr jetzt nicht glauben mögtet, wie hertzlich gern euch mein Herr gutes thun mögte, so werdet jhrs jedoch erfahren, wan euch das Futer im Rock zerbricht, oder jhr denselben sonst außbessern wollet: [711] und damit ging er davon, als wan jhn der Wind hin jagte.

Ich gedachte was mag der Kerl mit diesen Worten andeuten: ich will ja nimmermehr glauben, daß seinen Herrn diß Futer reuen werde: nein Simplici, sagte ich zu mir selbst, er hat diesen Boten einen so weiten Weg auff seine Kosten nicht geschickt, mir ererst hier auffzurupffen, daß er meinen Rock füttern lassen, es stecket etwas anders darhinder: wie ich nun den Rock visitirte, befand ich daß er unter die Näht einen Ducaten an den andern hatte nehen lassen, also daß ich ohn mein Wissen ein groß stück Geld mit mir davon getragen: davon wurd mir mein Gemüht gantz unruhig, also daß ich gewolt, er hätte das seinige behalten: ich machte allerhand Gedancken, worzu ich solches Geld anlegen und gebrauchen wolte, bald gedachte ichs wieder zuruck zutragen, und bald vermeinte ich wider eine Haußhaltung damit anzustellen, oder mir jrgend eine Pfrundt zu kauffen: aber endlich beschloß ich durch solche Mittel Jerusalem zubeschauen, welche Reyse ohn Geld nicht zu vollbringen.

Demnach begab ich mich den geraden Weg auff Loretto, und von bannen nach Rom: als ich mich daselbst eine zeitlang auffgehalten, meine Andacht verrichtet und Kund= schafft zu etlichen Pilgern gemachet hatte, die auch ge= sinnet waren, das heilige Land zubeschauen, gieng ich mit einem Geneser auß jhnen, in sein Vaterland: daselbst sahen wir sich nach Gelegenheit um, über das mittel= ländische Meer zu kommen: traffen auch [712] auff geringe Nachfrage gleich ein gelaben Schiff an, welches fertig stund mit Kauffmans Gütern nach Alexandriam zu fahren, und nur auff guten Wind wartete; ein wunderliches: ja göttliches Ding ists ums Geld bei den Weltmenschen: der Patron oder Schiffherr hette mich meines elenden auffzugs halber nit angenommen, wan gleich ich eine göldene Andacht: und hingegen nur pleyern Geld gehabt hette, dan da er mich das erste mal sahe und hörete, schlug er mein Begehren rund ab; so bald ich jhm aber eine Handvol Ducaten wiese, die zu meiner Reyse employret werden sollen, war der Handel ohn einziges ferneres Bitten bey ihn schon richtig, ohne daß wir sich um den Schifflohn mit einander verglichen, worauff er mich selber instruirte, mit was vor proviant und andern Notwendigkeiten ich mich auff die Reyse versehen solte, ich folgete jhm wie er mir gerahten, und fuhr also in Gottes Nahmen dahin.

Wir hatten auff der gantzen Fart Ungewitters: oder widerwertigen Windes halber keine eintzige Gefahr; aber den Meerraubern, die sich etliche mal mercken liessen und Minen machten uns anzugreiffen, muste unser Schiffherr offt entgehen, massen er wol wuste daß er wegen seines Schiffs Geschwindigkeit mehr mit der Flucht: als sich zuwehren, gewinnen könte, und also langten wir zu Alexandria an, ehender als sichs alle Seefarer auff unserm Schiff versehen hatten, welches ich vor ein gut Omen hielt, meine Reyse glücklich zuvollenden. Ich bezahlte meine Fracht, und kehrete bey den Frantzosen ein, die alldorten jeweils sich auffzuhalten pfle=[713]gen, von welchen ich erfuhr, daß vor dißmal meine Reyse nach Jerusalem fortzusetzen unmüglich sey, indem der türckische Bassa zu Damasco eben damals in Armis begriffen und gegen seinem Kayser rebellisch war, also daß keine Carawanne sie wäre gleich starck oder schwach gewesen, auß Egypten in Iudeam passiren mögen, sie hette sich dan freventlich alles zu verlieren in Gefahr geben wollen:

Es war damals eben zu Alexandria, welches ohn das ungesunde Lufft zuhaben pfleget, eine gifftige Contagion eingerissen, weßwegen sich viele von dar anderwertlichen hin reterirten, sonderlich Europeische Kauffleuth so das Sterben mehr förchten als Türcken und Araber, mit einer solchen Compagnia begab ich mich über Land auff Rosseten, einem grossen Flecken am Nilo gelegen, daselbst sassen wir zu Schiff und fuhren auff dem Nilo mit völligem Segel auffwerts, biß an ein Ort sehr ungefähr eine Stunde Wegs von der grossen Stat Alkayr gelegen, auch alt Alkayr genennet wird, und nachdem wir allda schir um Mitternacht außgestigen unsere Herbergen genommen, und deß Tags erwartet, begaben wir uns vollends nach Alkayr, der jetzigen rechten Stat, in welcher ich gleichsam allerhand Nationen antraff, daselbst gibet es auch eben so vielerley seltzame Gewächse als Leute, aber was mir am allerseltzamsten vorkam, war dises, daß die Einwohner hin und wider in darzu gemachten Oefen viel hundert junge Hüner außbrüteten, zu welchen Eyern nit einmal die Hennen kamen, seyt sie solches gelegt hatten, und solchem Geschäfft warten gemeiniglich alte Weiber ab.

[714] Ich habe zwar niemalen keine so grosse volckreiche Stat gesehen, da es wohlfeiler zuzehren als eben an diesem Ort: gleich wie aber nichts desto weniger meine übrige Ducaten nach und nach zusammen gingen, wanschon nit teur war, also konte ich mir auch leicht die Rechnung machen, daß ich nit würde erharren können, biß sich der Auffruhr deß Bassæ von Damasco legen: und der Weg sicher werden würde, meinem vorhaben nach, Jerusalem zu besuchen: verhängte derowegen meinen Begirden den Zügel andere Sachen zubeschauen, worzu mich der Vorwitz anreitzete: unter andern war jenseit deß Nili ein Ort da man die Mumia gräbt, das besichtigete ich etlichemal, item an einem Ort die beyde Pyramides Pharaonis und Rodope: machte mir auch den Weg dahin so gemein, daß obschon ich fremd und unkenntlich alleinig dahin führen dorffte: aber es gelung mir zum letzten mal nit beim besten: dan als ich einsmals mit etlichen zu den Egyptischen Gräbern ging, Mumia zu holen, wobey auch funff Pyramides stehen, kamen uns einzige Rauber auff die Haube, welche der Orten die Straussenfänger zu fangen außgangen waren, bise kriegten uns bey den Köpffen und führten uns durch Wildnussen und Abwege an das rohte Meer, allwo sie den einen hier den andern dort verkaufften.

Das XVIII. Capitel.
Der wilde Mann kompt mit grossem Glück und vielem Geld wiederum auff freyen Fuß.

Ich allein blieb übrig, dan als vier vornemste Räuber sahen, daß die närrische Leute [715] sich über meinen großmächtigen Schweitzer= oder Capuciner Bart und langes Haar, dergleichen sie zusehen nicht gewohnt waren, verwunderten, gedachten sie jhnen solches zu nutz zu machen: nahmen mich derowegen vor jhren Part, sonderten sich von jhrer übrigen Gesellschafft, zogen mir meinen Rock auß, und bekleideten mich um die Scham mit einer schönen Art Moß so in Arabia Felice in den Wäldern an etlichen Bäumen zu wachsen pfleget, und weil ich ohne das barfuß= und barhäuptig zu gehen gewohnet war, gab solches ein überauß seltzames und frembdes Ansehen: solcher Gestalt führeten sie mich als einen wilden Mann in den Flecken und Stätten an dem rohten Meer herumer, und liessen mich um Geld sehen, mit vorgeben, sie hätten mich in Arabia deserta fern von aller menschlichen Wohnung gefunden und gefangen bekommen: ich dorffte bey den Leuten kein Wort reden, weil sie mir, wan ich es thun würde, den Tod droheten, welches mich schwer ankam, dieweil ich allbereit etwas wenigs Arabisch lallen konte, hingegen war es mir erlaubt, wan ich mich allein bey jhnen befand: da liesse ich mich dan gegen jhnen vernemen, daß mir jhr Handel wolgefalle, welches ich auch genoß, dan sie unter= hielten mich mit Speise und Tranck, so gut als sie es selbst gebrauchten, welches gemeiniglich Reiß und Schaf= fleisch war: so erhielte ich auch von jhnen, daß ich mich bey Nacht und sonst unter Tags auff der Reise wan es etwas kalt war, mit meinem Rock beschirmen dorffte, in welchem noch etliche Ducaten stacken.

[716] Solcher gestalt fuhr ich über das rothe Meer, weil meine 4. Herren den Stätten und Marckflecken die beyderseits daran gelegen, nachzogen: dise samleten mit mir in kurtzer Zeit ein grosses Geld, biß wir endlich in eine grosse Handelstat kamen, allwo ein türckischer Bassa Hof hält, und sich eine Menge Leute von allerhand Nationen auß der gantzen Welt befinden, weil allborten die Indianische

Kauffmans-Güter außgeladen und von dannen über Land nach Aleppo und Alkayr: von dorten aber fürders auff das Mittelländische Meer geschaffet werden; daselbsten gingen zween von meinen Herren nachdem sie Erlaubnüß von der Obrigkeit bekommen, mit Schalmeyen an die fürnemste Oerter der Stat, und schryen ihrer Gewonheit nach auß, wer einen wilden Mann sehen wolte, der in der Wüstency deß steinigten Arabiæ wäre gefangen worden, der solte sich da und da hin verfügen; indessen sassen die andere beyde bey mir im Losament und zierten mich, das ist, sie kämpelten mir Haare und Bart beim zierlichsten, und hatten grössere Sorge darzu, als ich meine Tage jemal gethan, damit ja kein Härlein davon verloren würde, weil es ihnen sovil eintrug; hernach samlete sich das Volck in unglaublicher Menge mit grossem Gedräng, unter welchem sich auch Herren befanden denen ich an der Kleidung wol ansahe, daß es Europeer waren; Nun, gedachte ich jetz wird deine Erlösung nahen, und deiner Herren Betrug und Buberey sich offenbaren; jedoch schwig ich noch so lang stille, biß ich etliche auß jhnen hoch- und niderteutsch, etliche Frantzisch und andere Italianisch reden hörete; als nun einer diß und der ander jenes [717] Urthel von mir fällete, konte ich mich nicht länger enthalten, sondern brachte noch so vil verlegen Latein (damit mich alle Nationen in Europa auff einmal verstehen sollen) zusammen, daß ich sagen konte, jhr Herren ich bitte euch allesamt um Christi unsers Erlösers willen, daß jhr mich auß den Händen dieser Rauber erretten wollet, die schelmischer Weise ein Spectacul mit mir anstellen; so bald ich solches gesagt, wischte einer von meinen Herren mit dem Sebel herauß, mir das reden zulegen, wiewol er mich nicht verstanden; aber die redliche Europeer verhinderten sein Beginnen; darauff sagte ich ferner auff Frantzisch: ich bin ein Teutscher, und als ich Pilgers Weise nach Jerusalem walfarten wolte, auch mit genugsamen Paßbriefen von denen Bassen zu Alexandria und dem zu Alkayr versehen gewesen, aber wegen deß Damascenischen Kriegs nicht fortkommen mögte, sondern mich eine zeitlang zu Alkayr auffhielt Gelegenheit zu erwarten; meine Reyse zuvollenden, haben mich diſe Kerl unweit beſagter Stat neben andern mehr ehrlichen Leuten diebiſcher Weiſe hinweg geführet, und bißher Geld mit mir zu ſamelen, vil 1000. Menſchen betrogen; folgends bat ich die Teutſche, ſie wolten mich doch der Landsmanſchafft wegen nicht verlaſſen; interim wolten ſich meine unrechtmäſſige Herren nicht zu frieden geben, weilen aber unterm Umſtand Leute von der Obrigkeit von Alkayr hervor traten, die bezeugeten, daß ſie mich vor einem halben Jahr in jhren Vatterland bekleidet geſehen hetten; hierauff berufften ſich die Europeer vor den Baſſa, vor welchem zuerſcheinen meine 4. Herren genöhtiget worden; [718] von demſelben ward nach gehörter Klage und Antwort auch der beyden Zeugen Außſage zu Recht erkant und außgeſprochen, daß ich wider auff freyen Fuß geſtellet: die vier Rauber, weil ſie der Baſſen Paßprieff violieret auff die Galleren im mittelländiſchen Meer verdamt: jhr zuſammen gebrachtes Geld halber dem Fisco verfallen ſeyn: der ander halbe Theil aber in zwey Theile getheilet: mir ein Theil vor mein außgeſtanden Elend zugeſtellet, auß dem andern aber diejenige Perſonen ſo mit mir gefangen und verkaufft worden, wider außgelöſet werden ſolten: diß Urtel ward nicht allein offentlich außgeſprochen, ſondern auch alſobald vollzogen, wodurch mir neben meiner Freyheit mein Rock und eine ſchöne Summa Geldes zuſtund.

Als ich nun meiner Ketten daran mich die Maußköpffe wie einen wilden Mann herum geſchleppet, entledigt: mit meinem alten Rock widerum bekleidet: und mir das Geld das mir der Baſſa zuerkant, eingehändigt worden, wolte mich einer jeden Europeiſchen Nation vorſteher oder Reſident mit ſich heimführen: die Holländer zwar darum weil ſie mich vor jhren Landsmann hielten, die übrige aber, weil ich jhrer Religion zuſeyn ſchiene; ich bedanckte mich gegen allen, vornehmlich aber darumb, daß ſie mich geſampter Hand ſo Chriſtlich auß meiner zwar närriſchen: aber doch gefährlichen Gefangenſchafft entlediget hatten, [bedachte mich anbey] wie ich etwan meine Sache anſtellen mögte, weil ich nunmehr auch wider meinen Willen und Hoffnung widerum vil Geld und Freunde bekommen hatte.

[719] **Das XIX. Capitel.**
Simplicius und der Zimmerman kommen mit dem Leben davon,
und werden nach dem erlittenen Schiffbruch mit einem
eigenen Land versehen.

Meine Landsleut sprachen mir zu, daß ich mich anders kleiden liesse, und weil ich nichts zuthun hatte, machte ich Kundschafft zu allen Europeern, die mich beydes auß Christlicher Liebe und meiner wunderbarlichen Begegnuß halber gern um sich hatten, und offt zu Gast luden: und demnach sich schlechte Hoffnung erzeigte, daß der Damascenische Krieg in Syria und Iudea bald ein Loch gewinnen würde, damit ich meine Reise nach Jerusalem widerum vornehmen und vollenden mögte, ward ich andern Sinnes, und entschloß mich mit einer grossen Portugesischen Krace (so mit grossem Kauffmanschatz nach Hauß zufahren wegfertig stund) in Portugal zubegeben, und an stat der Wallfahrt nach Jerusalem S. Jacob zu Compostel besuchen, nachgehend aber mich irgends in Ruhe zusetzen, und dasjenige so mir Gott bescheret, zuverzehren: und damit solches ohn meinen sondern Kosten (dan so bald ich so viel Geld kriegte fing ich an, zu kargen) beschehen könte, überkam ich mit dem Portugesischen Ober=Kauffmann auff dem Schiff, daß er alles mein Geld annehmen: selbiges in seinen Nutzen verwenden: mir aber solches in Portugal wieder zustellen: und interim an stat interesse mich auff das Schiff an seine Taffel nehmen, und mit sich nach Hauß führen solte: dahingegen solte ich mich zu allen Diensten zu [720] Wasser und Land wie es die Gelegenheit und deß Schiffs Nohtdurfft erfodern würde, unverdrossen gebrauchen lassen; also machte ich die Zeche ohn den Wirth, weil ich nicht wuste was der liebe Gott mit mir zuverschaffen vorhatte; und nahm ich diese weite und gefährliche Reyse um so viel desto begieriger vor, weil die verwichene auff dem Mittelländischen Meer so glücklich abgangen.

Als wir nun zu Schiff gangen, vom Sinu Arabico oder rohten Meer auff den Oceanum kommen und erwünschten Wind hatten, namen wir unsern Lauff das Caput bonæ speranzæ zu passiren, segelten auch etliche

Wochen so glücklich dahin, daß wir uns kein ander Wetter hätten wünschen können; da wir aber vermeinten, nunmehr bald gegen der Insul Madagascar über zusehn, erhub sich gehling solch ein Ungestüm, daß wir kaum Zeit hatten die Segel einzunehmen; solche vermehrete sich je länger je mehr, also daß wir auch die Masst abhauen und das Schiff dem Willen und Gewalt der Wellen lassen musten, dieselbe führten uns in die Höhe gleichsam an die Wolcken, und im Augenblick senckten sie uns widerum biß auff den Abgrund hinunter, welches bey einer halben Stunde wärete, und uns trefflich andächtig beten lernete, endlich warffen sie uns auff eine verborgene Stein=Klippe mit solcher Stärcke, daß das Schiff mit grausamen Krachen zustücken zerbrach, wovon sich ein jämmerlichs und elendes Geschrey erhub, da ward dieselbe Gegend gleichsam in einem Augenblick mit Kisten Ballen und Trümmern vom Schiff überstreuet; da sahe und hörte man hie und dort oben auff den Wellen und unten [721] in der Tieffe die unglückseeligen Leute an denjenigen Sachen hangen, die ihnen in solcher Noht am allerersten in die Hände gerahten waren, [welche] mit elendem Geheul ihren Untergang bejammerten, und ihre Seelen Gott befahlen; ich und ein Zimmerman lagen auff einem grossen Stück vom Schiff, welches etliche Zwerch=höltzer behalten hatte, daran wir sich fest hielten und einander zusprachen; mithin legten sich die grausame Winde allgemach, davon die wütende Wellen deß zornigen Meers sich nach und nach besänfftigten und geringer wurden; hingegen aber folgte die stickfinstere Nacht mit einem schröcklichen Platz=Regen, daß es das Ansehen hatte, als hätten wir mitten im Meer von oben herab ersaufft werden sollen; das währete biß um Mitternacht, in welcher Zeit wir grosse Noht erlitten hatten; darauff ward der Himmel wider klar, also daß wir das Gestirn sehen konten, an welchem wir vermerckten, daß uns der Wind je länger je mehr von der Seiten Africæ in das weite Meer gegen Terram Australem incognitam hinein triebe, welches uns beyde sehr bestürtzt machte, gegen Tag wurd es abermal so dunckel, daß wir einander nicht sehen konten; wiewol wir nahe bey einander lagen; in dieser Finsternuß und erbärmlichen Zustand trieben wir immer fort, biß wir unversehens inwurden, daß wir auff dem Grund sitzen blieben und still hielten; der Zimmerman hatte eine Axt in seinem Gürtel stecken, damit visitirte er die Tieffe deß Wassers, und fand auff der einen Seite nicht wol Schuh tieff Wassers, welches uns hertzlich erfreuete und unzweiffeliche Hoffnung gab, Gott hätte uns jrgends hin an Land ge=[722]holffen, daß uns auch ein lieblicher Geruch zuverstehen gab, den wir empfanden, als wir wieder ein wenig zu uns selbst kamen; weil es aber so finster und wir beyde gantz abgemattet zumahlen deß Tags chistes gewertig waren, hatten wir nicht das Hertz sich ins Wasser zu legen und solches Land zu suchen, unangesehen wir allbereit weit von uns etliche Vögel singen zu hören vermeineten, wie es dan auch nicht anders war; so bald sich aber der liebe Tag im Osten ein wenig erzeigte, sahen wir durch die Düstere ein wenig Land mit Büschen bewachsen, allernechst vor uns liegen, derowegen begaben wir sich alsobald gegen demselbigen ins Wasser, welches je länger je seichter ward, biß wir endlich mit grossen Freuden auff das truckene Land kamen; da fielen wir nider auff die Knie, küsten den Erdboden und dancketen Gott im Himmel, daß er uns so Väterlich erhalten und ans Land gebracht hatte: und solcher gestalt bin ich in diese Jnsul kommen.

Wir konten noch nicht wissen ob wir auff einem bewohnten oder unbewohnten: auff einem festen Land: oder nur auff einer Jnsul waren: aber das merckten wir gleich, daß es ein trefflicher fruchtbarer Erdboden seyn müste, weil alles vor uns gleichsam so dick wie ein Hanff=Acker mit Büschen und Bäumen bewachsen war, also daß wir kaum dadurch kommen konten: als es aber völlig Tag worden, und wir etwan eine viertel Stunde Wegs vom Gestad an durch die Büsche geschloffen, und der Orten nicht allein keine einzige Anzeigung einziger Menschlichen Wohnung verspüren konten, [723] sondern noch darzu hin und wieder viel frembde Vögel, die sich gar nichts vor uns scheueten, ja mit den Händen fangen liessen, antraffen, konten wir unschwer erachten, daß wir auff einer zwar unbekanten: jedoch aber sehr fruchtbarn Insul seyn müsten: wir fanden Citronen, Pomerantzen, und Coquos, mit welchen Früchten wir sich trefflich wohl erquickten, und als die Sonne auffging, kamen wir auff eine Ebne, welche überall mit Palmen (davon man den Vin de Palm hat) bewachsen war: welches mein Cammerad, der denselbigen nur viel zu gern tranck, auch mehr als zuviel erfreuete: daselbst hin satzten wir sich nider an die Sonne, unsere Kleider zu trücknen, welche wir außzogen: und zu solchem Ende an die Bäume auffhängten, vor uns selbst aber in Hembern herum spatzierten: mein Zimmerman hieb mit seiner Axt in einen Palmiten Baum, und befand daß sie reich von Wein waren, wir hatten aber darum kein Geschirr solchen auffzufangen, wie wir dan auch beyde unsere Hüte im Schiffbruch verloren.

Als die liebe Sonne nun unsere Kleider wieder getrücknet, zogen wir selbige an, und stiegen auff das felsichte hohe Gebürge so auff der rechten Hand gegen Mitternacht zwischen dieser Ebne und dem Meer lieget, und sahen sich um: befanden auch gleich daß wir auff keinem festen Land sondern nur in dieser Insul waren welche im Umkraiß über anderthalbe Stunde gehens nicht begriffe: und weil wir weder nahe noch fern keine Landschafft: sondern nur Wasser und Himmel sahen, wurden wir [724] beyde betrübt, und verloren alle Hoffnung ins künftige wiederum Menschen zusehen, doch tröstete uns hinwiederum, daß uns die Güte Gottes an diesen gleichsam sichern: und allerfruchtbarsten: und nicht an einen solchen Ort gesendet hatte, der etwan unfruchtbar: oder mit Menschen-Fressern bewohnet gewesen wäre, darauff fingen wir an zugedencken was uns zuthun oder zulassen seyn mögte, und weil wir gleichsam wie Gefangene in dieser Insul beyeinander leben musten, schwuren wir einander beständige Treue: das besagte Gebürge saß und flog nicht allein voller Vögel von unterschieblichen Geschlechten, sondern es lag auch so voll Nester mit Eyern, daß wir sich nicht gnugsam darüber verwundern konten; wir trancken deren Eyer etliche auß, und namen noch mehr mit uns das Gebürge herunter, an welchem wir die Quelle deß süssen Wassers fanden, welches sich gegen Osten so starck, daß es wol ein geringes Mühl=Rad treiben könte, in das Meer ergeust, darüber wir abermal eine neue Freude empfingen, und miteinander beschlossen, bey derselbigen Quell unsre Wohnung anzustellen.

Zu solcher neuen Haußhaltung hatten wir beyde keinen andern Haußraht als eine Axt, einen Leffel, drey Messer, eine Piron oder Gabel, und eine Scheer, sonst war nichts vorhanden, mein Cammerad hatte zwar ein Ducaten oder dreissig bey sich, welche wir gern vor ein Feurzeug gegeben wan wir nur ein darvor zukauffen gewust hätten: aber sie waren uns nirgends zu nichts nütz, ja weniger werth als mein Pulver=Horn, welches noch mit Zintkraut gefüllet, dasselbe dürrete ich (weil es so weich als ein Brey [725] war) an der Sonne, zettelte davon auff einen Stein, belegte es mit leichtbrennender Materia deren es von Mos und Baumwolle von den Coquos Bäumen gnugsam gab, strich darauf mit einem Messer durch das Pulver, und fing also Feur, welches uns so hoch erfreuete, als die Erlösung auß dem Meer; und wan wir nur Saltz, Brot und Geschirr gehabt hätten, unser Getrancke hinein zu fassen, so hätten wir sich vor die allerglückseeligste Kerl in der Welt geschätzet, obwohl wir vor 24. Stunden unter die unglücklichste gerechnet werden mögen, so gut, getreu und barmhertzig ist GOtt, dem sey Ehre in Ewigkeit, Amen.

Wir fingen gleich etwas von Geflügel, dessen die Mänge bey uns ohn scheu herum ging, rupftens, wuschens, und steckens an ein hölzernen Spiß; da fing ich an Braten zu wenden, mein Camerad aber schaffte mir in dessen Holtz herbey und verfertigte eine Hütte, uns, wan es vielleicht wieder regnen würde, vor demselben zu beschirmen, weil der Indianische Regen gegen Africa sehr ungesund zu seyn pfleget, und was uns an Saltz abging, ersatzten wir mit Citronen=Safft, unsere Speisen geschmacksam zu machen

Das XX. Capitel.
Was sie vor eine schöne Köchin bingen, und wie sie mit Gottes Hülff jhrer wieder loß werden.

Dieses war der erste Imbiß, den wir auff unsrer Insul einnahmen; und nach dem wir solchen vollbracht, thäten wir nichts anders, als dürr Holtz zusammen suchen, unser Feur zu unterhalten; wir hätten gern gleich die gantze Insul vol=[726]ends besichtiget, aber wegen überstandener Abmattung trang uns der Schlaff daß wir sich zur Ruhe legen musten, welche wir auch continuirten biß an den lichten Morgen; als wir solchen erlebet, gingen wir dem Bächlein oder refier nach hinunter, biß an Mund, da es sich ins Meer ergeust, und sahen mit höchster Verwunderung, wie sich eine unsägliche Menge Fische in der grösse als mittelmässige Salmen oder grosse Karpffen dem süssen Wasser nach ins Flüßlein hinauff zog, also daß es schiene, als ob man eine grosse Heerde Schweine mit Gewalt hinein getrieben hätte; und weil wir auch etliche Bonanas Battades antraffen so treffliche gute Früchten seyn, sagten wir zusammen, wir hätten Schlauraffenland genug, (ob zwar kein vierfüssig Thier vorhanden) wan wir nur Gesellschaft hätten, beydes die Fruchtbarkeit: als auch die vorhandene Fische und Vögel dieser edlen Insul geniessen zu helffen; wir konten aber kein eintzig Merckzeichen spüren, daß jemahlen Menschen daselbst gewesen wären.

Als wir derowegen anfingen zu berathschlagen, wie wir unsre Haußhaltung ferner anstellen: und wo wir Geschirr nehmen wolten, sowol darin zu kochen, als den Wein von Palmen hineinzufangen, und seiner Art nach verjären zu lassen, damit wir jhn recht geniessen könten, und in solchem Gespräch so am Ufer herum spatzireten; sahen wir auf der weite des Meers etwas daher treiben welches wir in der fern nicht sehen konten, wiewol es grösser schien als es an sich selbsten war; dan nachdem es sich näherte, und an unsrer Insul gestrandet, war es ein halb todes Weibsbild, welches auff einer Kisten lag, und beyde Hände in die Handhaben an der Kisten eingeschlossen hatte; [727] wir zogen sie auß Christlicher Liebe auff

trucken Land, und demnach wir sie beydes wegen der
Kleidung, und etlicher Zeichen halber die sie im Angesicht
hatte, vor eine Abyssiner Christin hielten, waren wir desto
geschäfftiger sie wider zu sich selbst zubringen; massen wir
sie, jedoch mit aller Erbarkeit, als sich solches mit ehrlichen
Weibsbildern in solchen fällen zu thun gezimet, auf den
Kopf stelleten, biß eine zimliche menge Wasser von ihr
geloffen; und obzwar wir nichts lebhafftiges zu ferner
Erquickung bey uns hatten, als Citronen, so liessen wir
doch nit nach, ihro die spiritualische Feuchtigkeit die sich in
den eussersten Enden der Citronen-Schelffe enthält, unter die
Nase zu trucken, und sie mit schüttlen zubewegen, biß sie sich
endlich von sich selbst regte und Portugesisch anfieng zu reden;
so bald mein Camerad solches hörete, und sich in ihrem
Angesicht widerum eine lebhaffte Farbe erzeigete, sagte er
zu mir, diese Abyssinerin ist einmal auf unserm Schiff
bey einer vornehmen Portugesischen Frau eine Magd ge=
wesen, dan ich habe sie beyde wohl gekant, sie seynd zu
Anacao aufgesessen, und waren willens mit uns in die
Insul Annabon zu schiffen; sobald jene diesen reden
hörete, erzeigete sie sich sehr frölich, nante ihn mit Namen,
und erzehlete nicht allein ihre gantze Reise, sondern auch
wie sie sowol daß sie und er noch im Leben, als auch,
daß sie als bekante einander auff truckenem Land und
ausser aller Gefahr wider angetroffen hätten; hierauff
fragte mein Zimmerman was wol vor Wahren in der
Kiste seyn mögten, darauf antwortete sie, es wären etliche
Chinesische Stücke gewand, etliche Gewehr und Waffen,
und dan unterschiedliche [728] so grosse als kleine Por=
celanen Geschirr so in Portugal einem vornehmen Fürsten
von ihrem Herrn hätten geschickt werden sollen, solches er=
freuete uns trefflich, weil es lauter Sachen, deren wir am
allermeisten bedürfftig waren. Demnach ersuchte sie uns,
wir wolten ihr doch solche Leutseeligkeit erweisen, und sie
bey uns behalten, sie wolte uns gern mit kochen, wäschen
und andern Diensten als eine Magd an die Hand gehen,
und uns als eine leibeigene Sclavin unterthänig seyn, wan
wir sie nur in unserm Schutz behalten: und ihr den
Lebens Unterhalt so gut als es das Glück und die Natur

in dieser gegend beschere, neben uns mit zugeniessen gönnen wolten.

Darauff trugen wir beyde mit grosser Mühe und Arbeit die Kiste an denjenigen Ort, den wir uns zur Wohnung außerkoren hatten; daselbsten öffneten wir sie und fanden so beschaffene Sachen darin, die wir zu unserm damaligen Zustand und Behuff unsrer Haußhaltung nimmer= mehr anders hätten wünschen mögen; wir packten auß und trückneten solche Wahre an der Sonnen, worzu sich unsre neue Köchin gar fleissig und dienstbar erzeigte; folgends fingen wir an Geflügel zu metzgen, zu siden und zu braten, und in dem mein Zimmerman hinging Palm=Wein zu= gewinnen, stieg ich auffs Gebürge vor uns, Eyer auß= zunemmen, solche hart zu siden, und anstatt deß lieben Brots zubrauchen, unterwegs betrachtete ich mit hertzlicher Dancksagung die grosse Gaben und Gnaden Gottes, die uns dessen barmhertzige Vorsehung so Vätermiltiglich mit= getheilet, und ferners zugeniessen vor Augen stellete; ich fiel nider auff das Angesicht, und sagte mit außgestreckten Armen und [729] erhabenem Hertzen ach! ach! du aller= gütigster himlischer Vater, nun empfinde ich im Werck selbsten, daß du williger bist uns zugeben, als wir von dir zubitten? ja allerliebster Herr! du hast uns mit dem Uberfluß deiner Göttlichen Reichthumer ehender und mehrers versehen, als wir arme Creaturen bedacht waren, im ge= ringsten etwas dergleichen von dir zu begehren; Ach ge= treuer Vater deiner unaußsprechlichen Barmhertzigkeit wolle allergnädigst gefallen, uns zuverleihen, daß wir diese deine Gaben und Gnaden nicht anders gebrauchen, als wie es deinem allerheiligsten Willen und Wolgefallen beliebet, und zu deines grossen unaußsprechlichen Namens Ehre ge= reichet, damit wir dich neben allen Außerwehlten hier zeitlich und dort ewiglich, loben, ehren und preisen mögen; mit solchen und vielmehr dergleichen Worten, die alle auß dem innersten Grund meiner Seelen gantz hertzlich und andächtiglich daher flossen, ging ich um, biß ich die Noht= durfft an Eyern hatte, und damit widerum zu unsrer Hütte kam, allwo die Abendmahlzeit auff der Kiste (die wir selbigen Tag samt der Köchin auß dem Meer gefischet, und mein Camerad anstat eines Tisches gebrauchte) bestens bereit stund.

Indessen ich nun umb obige Eyer außgewesen, hatte mein Camerad (welcher ein Kerl von etlich zwantzig Jahren: ich aber über die viertzig Jahr alt) mit unsrer Köchin einen Accord gemachet, der beydes zu seinem und meinem Verderben gereichen solte; dan nach dem sie sich in meiner Abwesenheit allein befanden, und von alten Geschichten: zugleich aber auch von der Fruchtbarkeit und grossen Nutz- [730]niessung dieser überauß gesegneten: ja mehr als glückseligen Insul miteinander gesprochen, wurden sie so verträulich daß sie auch von einer Trauung zwischen jhnen beyden zu reden begunten, von welcher aber die vermeinte Abissinerin nichts hören wolte, es wäre dan Sache daß mein Camerad der Zimmerman sich allein zum Herrn der Insul mache und mich auß dem Weg raume: es wäre, sagte sie, unmüglich daß sie eine friedsame Ehe miteinander haben können, wan noch ein unverheurahter neben jhnen wohnen solte; er bedencke nur selbst, sagte sie ferner zu meinem Camerad, wie jhn Argwahn und Eyfersucht plagen würde, wan er mich heurahtet, und der Alte täglich mit mir conversiret, obgleich er jhn zum Cornuto zumachen niemal in Sinn nehme? zwar weiß ich einen bessern Raht, wan ich mich je vermählen: und auff dieser Insul (die wol 1000. oder mehr Personen ernähren kan) das Menschliche Geschlecht vermehren soll; nemlich disen, daß mich der Alte eheliche; dan wan solches geschehe, so wäre es nur um ein Jahr oder 12. oder längst 14. zuthun, in welcher Zeit wir etwan eine Tochter miteinander erzeugen werden, jhm solche, verstehe den Zimmerman, ehelich beyzulegen; alsdan wird er nicht so bey Jahren seyn, als jetzunder der jetzige Alte ist; und würde interim zwischen euch beyden die unzweiffliche Hoffnung daß der erste deß andern Schwäher-Vatter: und der ander deß ersten Tochtermann werden solte, allen bösen Argwahn, auß dem Weg thun: und mich aller Gefahr, darin ich anderwerts gerahten mögte, befreyen; zwar ist es natürlich, daß ein junges [731] Weibs-Bild wie ich bin, lieber einen jungen als alten Mann nehmen wird; aber wir müssen sich jetzunder miteinander in die Sache schicken, wie es unser gegenwertiger Zustand erfodert um vorzusehen, daß ich und die so auß mir geboren werden mögten, das sichere spielen.

Durch diesen Discurs der sich weit auff ein mehrers erstreckte und auß einander zohe, als ich jetzunder beschreibe, wie auch durch der vermeinten Abissinerin Schönheit (so beym Feur in meines Camerads Augen viel vortrefflicher herum glänzete als zuvor) und durch ihre hurtige Geberden, ward mein guter Zimmerman dergestalt eingenommen und bethöret, daß er sich nicht entblödete zusagen, er wolte eh den Alten (mich vermeinende) ins Meer werffen und die gantze Insul ruiniren, eh er eine solche Dame wie sie wäre, überlassen wolte; und hierauff ward auch obengedachter Accord zwischen ihnen beyden beschlossen; doch dergestalt, daß er mich hinterrucks oder im Schlaff mit seiner Axt erschlagen solte, weil er sich so wohl vor meiner Leibs-Stärcke als meinem Stab den er mir selbst wie einen Böhmischen Ohrleffel verfertiget, entsatzte.

Nach solchem Vergleich zeigte sie meinem Camerad zunähest an unsrer Wohnung eine schöne Art Hafner Erde, auß welchem sie nach Art der Indianischen Weiber so am Guineischen Gestad wohnen, schön irrden Geschirr zumachen getraue, thäte auch allerley Vorschläge wie sie sich und ihr Geschlecht auff dieser Insul außbringen: ernäh=[732]ren: und biß in das hundertste Glied ihnen ein geruhiges und vergnügsames Leben verschaffen wolte; da wuste sie gnugsam zurühmen, was sie vor Nutzen auß den Coquos Bäumen ziehen: und auß der Baumwolle so selbige tragen oder hervor bringen, sich und aller ihrer Nachkömmlingen Nachkömmlinge mit Kleidungen versehen könte.

Ich armer Stern kam und wuste kein Haar von diesem Schluß und Laugen-Guß, sondern satzte mich zugeniessen, was zugerichtet da stund, sprach auch nach Christlichem und hochlöblichem Brauch das Benedicite; so bald ich aber das Creutz beydes über die Speisen und meine Mit-Esser machte, und den Göttlichen Segen anruffte, verschwand beydes unsre Köchin und die Kiste, samt allem dem was in besagter Kisten gewesen war, und ließ einen solchen grausamen Gestanck hinter sich, daß meinem Cammerad gantz unmächtig davon ward.

Das XXI. Capitel.
Wie sie beyde nach der Hand miteinander hausen, und sich in den Handel schicken.

SO bald er sich wiederum erhobert hatte, und zu seinen sieben Sinnen kommen war, kniete er vor mir nider, faltete beyde Händ und sagte wohl eine halbe Viertelstunde nacheinander, sonst nichts, als: ach Vater! ach Bruder; ach Vater! ach Bruder! und fing darauff an mit Wiederholung solcher Worte so inniglich an zu weinen, daß er vor Schlutzen kein verständliches Wort mehr herauß bringen konte; also daß ich mir einbildete, er müste durch Schröcken und Gestanck seines Verstandes seyn beraubt worden; wie er aber mit solcher [733] Weise nicht nachlassen wolte, und mich immerhin um Verzeihung bat; antwortet: ich, liebster Freund, was soll ich euch verzeihen, da jhr mich doch euere Lebetage niemal belaidigt habet? saget mir doch nur wie euch zuhelffen sey? Verzeihung sagte er, bitte ich: dan ich habe wider Gott: [wider euch und] wider mich selbst gesündiget! und damit fing er seine vorige Klage wider an, continuirte sie auch so lang, biß ich sagte, ich wüste nichts böses von jhm, und basern er gleichwol etwas begangen, deßwegen er sich ein Gewissen machen mögte, so wolte ichs jhm nicht allein so viel es mich beträffe, von Grund meines Hertzens verziehen und vergeben haben, sondern auch wan er sich wider Gott vergriffen, neben jhn dessen Barmhertzigkeit um Begnädigung anruffen; auff solche Worte fassete er meine Schenckel in seine Arme: küssete meine Knie: und sahe mich so sähnlich und beweglich darauff an, daß ich darüber gleichsam erstummete, und nicht wissen oder errahten konte, was es doch immermehr mit dem Kerl vor eine Beschaffenheit haben mögte; demnach ich jhn aber freundlich in die Arme nam und an meine Brust druckte, mit Bitte mir zuerzehlen was jhm anlege, und wie jhm zu helffen seyn mögte, beichtete er mir alles haarklein herauß, was er mit der vermeinten Abissinerin vor einen Discurs geführet: und über mich, beydes wider Gott: wider die Natur: wider die Christliche Liebe, und wider das Gesetz treuer Freundschafft, die wir einander solenniter geschworen, bey sich selbst beschlossen gehabt hatte; und solches that er mit solchen Worten und Geberden, dar=[734]auß seine inbrünstige Reue und zerknirschtes Hertz leicht zu muht= massen oder abzunehmen war.

Ich tröstete ihn so gut ich immer konte, und sagte Gott hätte vielleicht solches zur Warnung über uns ver= hängt, damit wir sich künfftig vor deß Teuffels Stricken und Versuchungen desto besser vorsehen: und in stätiger Gottesforcht leben solten; er hätte zwar Ursache seiner bösen Einwilligung halber Gott hertzlich um Verzeihung zu bitten; aber noch eine grössere Schuldigkeit sey es, daß er ihm um seine Hute und Barmhertzigkeit dancke; indem er ihn so väterlich auß deß leidigen Sathans List und Fallstrick gerissen: und ihn vor seinem zeitlichen und ewigen Fall behütet hätte; es würde uns vonnöhten seyn, vorsichtiger zu wandeln, als wan wir mitten in der Welt unter dem Volck wohneten; dan solte einer oder der ander oder wir alle beyde fallen, so würde niemand vor= handen seyn, der uns wiederum auffhülffe, als der liebe Gott, den wir derowegen desto fleissiger vor Augen haben: und ihn ohn unterlaß um Hilffe und Beystand anflehen müsten.

Von solchen und dergleichen zusprechen ward er zwar um etwas getröstet, er wolte sich aber nichts destoweniger nicht allerdings zu friden geben, sondern bat auffs demütigste, ich wolte ihm doch wegen seines Verbrechens eine Busse aufflegen damit ich nun sein nibergeschlagenes Gemüht nach Müglichkeit wiederum etwas auffrichten mögte: sagte ich, dieweil er ohn das ein Zimmerman sey, und seine Axt noch im Vorraht hette, so solte er an dem= jenigen Ort wo sowohl wir als unsere teuffli=[735]sche Köchin gestrandet am Ufer deß Meers ein Creutz auff= richten, damit würde er nicht allein ein Gott wohlgefällig Bußwerck verrichten, sondern auch zu wegen bringen, daß künfftig der böse Geist, welcher das Zeichen deß

H. Creutzes scheue, unsre Insul nicht mehr so leichtlich anfallen würde. Ach: antwortete er, nicht nur ein Creutz in die Nidere, sondern auch zwey auff das Gebürge sollen von mir verfertiget und auffgerichtet werden; wan ich nur o Vater, deine Hulde und Gnade wider habe, und mich der Verzeihung von Gott getrösten darff; er ging in solchem Eyfer auch gleich hin und hörete nicht auff zu arbeiten, biß er die drey Creutze verfertiget hatte, davon wir eins am Strand deß Meers und die andere zwey jedes besonder auff die höchste Gipffel deß Gebürges mit folgender inscription auffrichteten.

Gott dem Allmächtigen zu ehren und dem Feind deß menschlichen Geschlechtes zu Verdruß, hat Simon Meron von Lisabon auß Portugal mit Raht und Hilffe seines getreuen Freundes Simplici Simplicissimi eines hochteutschen, diß Zeichen deß Leidens unsers Erlösers, auß Christlicher Wolmeinung verfertiget und hieher auffgerichtet.

Von dar an, fingen wir an, etwas Gottseeliger zu leben, weder wir zuvor gethan hatten, und damit wir den Sabbath auch heiligen und feyern mögten, schnit ich an stat eines Calenders alle Tage eine Kerbe auf einen Stecken, und am Sontag ein Creutz; alsdan sassen wir zusammen und redeten miteinander von heiligen und göttlichen Sachen; und diese Weise muste ich gebrauchen, weil ich noch nichts [736] ersonnen hatte mich damit an stat Papiers und Dinten zu behelffen, dadurch ich etwas schrifftliches hette zu unsrer Nachricht auffzeichnen mögen.

Hier muß ich zum Beschluß dises Capitels einer artlichen Sache gedencken, die uns den Abend als unsre feine Köchin von uns abschied, gewaltig erschröckte und ängstigte, deren wir die erste Nacht nicht wahr genommen, weil uns der Schlaff wegen überstandener Abmattung und grosser Müdigkeit gleich überwunden, es war aber dises; als wir noch vor Augen hatten durch was vor tausend List uns der laidige Teuffel in Gestalt der Abissinerin verderben wollen, und dannenhero nicht schlaffen konten, sondern lang wachend die Zeit: und zwar mehrentheils im Gebet zubrachten, sahen wir so bald es ein wenig finster ward,

umb uns her einen unzähligen Hauffen der Liechter in
der Lufft herum schweben, welche auch einen solchen hellen
Glantz von sich gaben, daß wir die Früchte an den
Bäumen vor dem Laub unterscheiden konten; da ver=
meineten wir, es wär abermal ein neuer Fund deß Wider=
sachers, uns zu quälen, wurden derowegen gantz still und
ruhsam, befanden aber endlich daß es eine Art der
Johannes Fünklein oder Zintwürmlein (wie man sie in
Teutschland nennet) waren, welche auß einer Art faulen
Holtzes entstehen, so auff dieser Insul wächset; dise
leuchteten so hell, daß man sie gar wol an stat einer
hellbrennenden Kertze gebrauchen kan; massen ich nach=
gehends diß Buch mehrentheils dabey geschriben; und
wan sie in Europa, Asia, und Affrica, so gemein wären
als hier, [737] so würden die Licht=Krämer schlechte Losung
haben.

Das XXII. Capitel.
Fernere Folge der obigen Erzehlung, und wie Simon Meron
das Leben samt der Insul quitiret, darin Sim=
plicius allein Herr verbleibet.

DJeweil wir nun sahen daß wir verbleiben musten wo
wir waren, fingen wir auch unsre Haußhaltung anderst
an: mein Camerad machte von einem schwartzen Holtz,
welches sich beynahe dem Eysen vergleichet wan es dürr
wird, vor uns beyde Hauen und Schauffelen, durch welche
wir erstlich die obgesetzte drey Creutzen eingruben, zweytens
das Meer in Gruben laiteten, da es sich, wie ich zu
Alexandria in Ægypten gesehen, in Saltz verwandelte,
drittens fingen wir an einen lustigen Garten zu machen,
weil wir den Müssiggang vor den Anfang unsers Ver=
derbens schätzten, vierdtens gruben wir das Bächlein ab,
also daß wir dasselbe nach unserm belieben anderwerts
hinwenden: den alten Fluß gantz trucken legen; und Fische
und Krebse so vil wir wolten, gleichsam mit trockenen
Händen und Füssen darauff auffheben konten; fünffstens
befanden wir neben den besagten Flüsslein eine überauß
schöne Haffner Erde; und ob zwar wir weder Scheibe
noch Rad: zumalen auch keinen Bohrer oder andere Ju=

strumenten hatten, uns dergleichen etwas zuzurichten, um uns allerhand Geschirr zu drehen, ob wol wir das Handwerck nicht gelernet; so ersonnen wir doch einen Vortel, durch welchen wir zuwegen brachten was wir wolten, dan nachdem wir die Erde geknettet und zubereitet hatten, [738] wie sie seyn solte, machten wir Würste darauß in der dicke und Länge wie die Englische Tabacks Pfeiffen seyn, solche kleibten wir schneckenweiß auffeinander und formirten Geschirr drauß wie wirs haben wolten, beydes groß und klein, Häfen und Schüsslen, zum kochen und trincken: wie uns nun der erste Brand geriete, hatten wir keine Ursache mehr, uns über einigen Mangel zubeklagen, dan ob wol uns das Brod abging, hatten wir jedoch hingegen dürre Fische vollauff, die wir vor Brod brauchten, mit der Zeit ging uns der Vortel mit dem Saltz auch an, also daß wir endlich gar nichts zu klagen hatten: sondern wie die Leute in der ersten güldenen Zeit lebeten: da lerneten wir nach und nach wie wir auß Ehern, dürren Fischen und Citronen=Schälen, welche beyde letztere Stücke wir zwischen zweyen Steinen zu zartem Meel rieben, in Vögel Schmaltz, so wir von den Walchen so genanten Vögeln bekamen, an stat deß Brods wolgeschmackte Kuchen backen solten: so wuste mein Camerad den Palmwein gar artlich in grosse Häfen zugewinnen, und denselben ein par Tage stehen zu lassen, biß er verjoren, hernach soff er sich so voll darin, daß er bordelte, und solches that er auff die letzte gleichsam alle Tage. Gott gebe was ich darwider redete: dan er sagte, wan man ihn über die Zeit stehen liesse so würde er zu Essig, welches zwar nicht ohn ist; antwortete ich jhm dan, er solte auff einmal nicht so viel, sondern die blosse Nothdurfft gewinnen, so sagte er hingegen, es sey Sünde, wan man die Gaben Gottes verachte: man müsse den Palmen beyzeiten zu aderlassen, damit sie nicht in jh-[739]rem eignem Blut erstickten: also muste ich seinen Begirden den Zaum lassen, wolte ich anderst nicht mehr hören, ich gönne jhm nicht, was wir die völle umsonst hätten.

Also lebten wir, wie obgemeldet, als die erste Menschen in der góldenen Zeit, da der gütige Himmel denselbigen ohn einzige Arbeit alles gutes auß der Erde hervor wachsen lassen: gleich wie aber in diser Welt kein Leben so süß und glückseelig ist, daß nit bißweilen mit Galle deß Leidens verbittert werde, also geschahe uns auch: dan um wievil sich täglich unsre Küche und Keller besserte, um so vil wurden unsere Kleidungen von Tag zu Tag je länger je plöder, biß sie uns endlich gar an den Leibern verfauleten: das beste vor uns war dises, daß wir bißhero noch niemal keinen Winter: ja nicht die geringste Kälte inworden, wiewol wir damal als wir anfingen nackend zu werden, meinen Kerbhölzern nach, bereits über anderthalb Jahr auff diser Insul zugebracht, sondern es war jederzeit Wetter wie es bey den Europeern in Majo und Iunio zuseyn pflegte, ausser daß es ungefähr im Augusto und etwas Zeit zuvor gewaltig starck zuregnen und zuwittern pfleget, so wird auch allhier von einem Solstitio zum andern, Tag und Nacht nicht wol über 5. virtel stunden länger oder kürtzer, als das andermal. Wiewol wir nun allein sich auff der Insul befanden, so wolten wir doch nicht wie das unvernünfftige Vieh nackent: sondern als ehrliche Christen auß Europa bekleidet gehen: hetten wir nun vierfüssige Thiere gehabt, so wäre uns schon geholffen gewesen, jhre Bälge zu Kleidung [740] anzuwenden; in Mangel derselbigen aber, zogen wir dem grossen Geflügel, als den Walchen und Pingwins die Häute ab, und machten uns Niderkleider drauß, weil wir sie aber auß Mangel beydes der Instrumenten und zugehörigen Materialien nit recht auf die Daur bereiten konten, wurden sie hart unbequem und zerstoben uns vom Leib hinweg, eh wir sich dessen versahen; die Coquos Bäume trugen uns zwar Baumwolle genug, wir konten sie aber weder weben noch spinnen, aber mein Camerad, welcher etliche Jahre in Indien gewesen, wieß mir an denen Blättern forn an den Spitzen ein Ding wie ein scharffer Dorn, wan man selbiges abbricht und am Grad deß Blats hinzeucht, gleichsam wie man mit den Bonen-Schelfen, Phascoli genant, umgehet, wan man selbige von jhren Gräthen reiniget, so verbleibet an demselbigen spitzigen Dorn ein Faden hangen, so lang als der Grad oder das Blat ist, also daß man dasselbige an stat Nadel und Faden brauchen kan; solches gab mir Ursache und Gelegenheit an die Hand, daß ich uns auß denselben Blettern Niderkleider machte, und solche mit obgemeldten Faden jhres eigenen Gewächses zusammen stach.

In dem wir nun so miteinander hausen, und unsre Sache so weit gebracht, daß wir keine Ursache mehr hatten, uns über einige Arbeitseeligkeit, Abgang Mangel oder Trübsal zu beschweren, zechte mein Camerad im Palm=Wein jmmerhin täglich fort, wie ers angefangen: und nunmehr gewohnt hatte, biß er endlich Lung und Leber entzündete und eh ich mich recht versahe, mich, die Insul und den Vin de Palm durch einen frühzeitigen Tod zu= gleich [741] quitirte; ich begrub jhn so gut als ich konte, und in dem ich beß Menschlichen Wesens Unbeständigkeit und anders mehr betrachtete, machte ich jhm folgende Grabschrifft.

Daß ich hier: und nicht ins Meer bin worden begraben,
Auch nicht in d' Höll: macht daß um mich gestritten haben,
   Drey Ding! das erste der wütende Ocean!
Das zweit: der grausam Feind! der höllische Sathan;
Diesen entranne ich durch Gottes Hülff auß mein Nöhten
Aber vom Palmwein, dem dritten, ließ ich mich tödten.

Also ward ich allein ein Herr der gantzen Insul, und fing widerum ein einsiblerisches Leben an, worzu ich dan nicht allein mehr als gnugsame Gelegenheit: sondern auch einen steiffen Willen und Vorsatz hatte; ich machte mir die Güter und Gaben dises Orts zwar wol zu nutz, mit hertzlicher Dancksagung gegen Gott, als dessen Güte und Almacht allein mir solche so reichlich bescheret hatte; befliß mich darneben, daß ich deren Uberfluß nicht miß= brauchte, ich wünschte offt daß ehrliche Christen Menschen bey mir wären, die anderwerts Armut und Mangel leiden müssen, sich der gegenwertigen Gaben Gottes zu gebrauchen; weil ich aber wol, wuste, daß Gott dem Allmächtigen mehr als müglich (dafern es anders sein Göttlicher Wille were) mehr Menschen leichtlicher und wunderbarlicher

Weise hieher zuversetzen, als ich hergebracht worden, gab [742] mir solches offt Ursache, ihm um seine Göttliche Vorsehung: und daß er mich so Väterlich vor andern viel 1000. Menschen versorget, und in einen solchen geruhigen und friedsamen Stand gesetzet hatte, demüthig zu dancken.

Das XXIII. Capitel.
Der Monachus beschlüßt seine Histori und machet diesen 6. Büchern das Ende.

MEin Camerad war noch keine Woche tob gewesen als ich ein ungeheur um meine Wohnung herum vermerckte; nun wolan, gedachte ich, Simplici du bist allein, solte dich nicht der böse Geist zu vexiren unterstehen; vermeinestu nicht dieser Schadenfroh werde dir dein Leben saur machen; was fragstu aber nach ihm, wan du Gott zum Freund hast? du must nur etwas haben das dich übet, dan sonst würde dich Müssiggang und Uberfluß zu Fall stürtzen; hast du doch ohn diesen sonst niemand zum Feind als dich selbsten, und dieser Insul Uberfluß und Lustbarkeit, darum mache dich nur gefast zu streiten, mit demjenigen der sich am allerstärcksten zu seyn bedünckt, wird derselbige durch Gottes Hülffe überwunden, so würdestu ja ob Gott will vermittelst dessen Gnade auch dein eigner Meister verbleiben.

Mit solchen Gedancken ging ich ein par Tage um, welche mich um ein zimliches besserten und andächtig machten: weil ich mich einer Roncontra versahe, die ich ohnzweiffel mit dem bösen Geist außstehen müste, aber ich betrog mich vor biß mal selbsten, dan als ich an einem Abend abermal etwas vermerckete, das sich hören ließ, ging ich vor mei=[743]ne Hütte, welche zu nähest an einem Felsen deß Gebürgs stund, worunter die Hauptquelle des süssen Wassers, das vom Gebürg durch diese Insul ins Meer rinnet, da sahe ich meinen Camerad an der steinern Wand stehen, wie er mit den Fingern in deren Spalt grübelte: ich erschrack (wie leicht zu gedencken) doch fassete ich stracks wiber ein Hertz, befahl mich mit Bezeichnung des heiligen Creutzes in GOttes Schutz, und dachte, es muß doch einmahl seyn: besser ist es heut als morgen, ging darauff zum Geist, und brauchte gegen ihm diejenige Worte, die man in solchen Begebenheiten zureden pfleget: da verstund ich alsobald, daß es mein verstorbener Camerad war, welcher bey seinen Lebzeiten seine Ducaten dorthin verborgen hatte, der Meynnng wan etwan über kurtz oder lang ein Schif an die Insul kommen würde, daß er alsban solche wider erheben: und mit sich davon nehmen wolte: er gab mir auch zu verstehen, daß er auf biß wenige Geld, als dadurch er wider nach Hauß zukommen verhoffet, sich mehr als auf Gott verlassen, wessentwegen er dan mit solcher Unruhe nach seinem Tod büssen: und mir auch wider seinen Willen Ungelegenheit machen müssen: ich nahm auf sein begehren das Gold herauß, achtete es aber weniger als nichts: welches man mir desto ehender glauben kan, weil ichs auch zu nichts zu gebrauchen wuste: dieses nun war der erste Schröcken den ich einnahm seither ich mich allein befand: aber nachgehends ward mir wohl von andern Geistern zugesetzt, als dieser einer gewesen: davon ich aber weiter nichts melden, sondern nur noch dieses sagen will, daß ich vermittelst Göttlicher Hülff [744] und Gnade dahin kam, daß ich keinen einzigen Feind mehr spürete, als meine eigene Gedancken, die offt gar variabel stunden, dan bise seynd nicht zollfrey vor Gott, wie man sonst zu sagen pfleget, sondern es wird zu seiner Zeit ihrentwegen auch Rechenschafft gefobert werden.

 Damit mich nun dieselbige destoweniger mit Sünden beflecken solten, befliß ich mich nicht allein außzuschlagen was nichts taugte, sondern ich gab mir selbst alle Tage eine leibliche Arbeit auff, solche neben dem gewöhnlichen Gebet zuverrichten; dan gleich wie der Mensch zur Arbeit wie der Vogel zum fliegen geboren ist, also verursachet hingegen der Müssiggang beydes der Seelen und dem Leib ihre Kranckheiten, und zuletzt wan man es am wenigsten warnimt, das endliche Verderben, derowegen pflantzete ich einen Garten dessen ich doch weniger als der Wagen des fünfften Rads bedorffte, weilen die gantze Insul nichts anders als ein lieblicher Lustgarten hette mögen genant werden; meine Arbeit taugte auch zu sonst nichts, als daß ich eins und anders in eine volständigere Ordnung brachte, obwol manchem die natürliche Unordnung der Gewächse wie sie da untereinander stunden, anmuhtiger vorkommen seyn mögte; und dan daß ich wie obgemeldet, den Müssiggang abschaffte; o wie offt wünschte ich mir, wan ich meinen Leib abgemattet hatte und demselben seine Ruhe geben muste, geistliche Bücher, mich selbst darin zu trösten, zuergetzen und auffzubauen, aber ich hatte solche darum nicht; Demnach ich aber vor diesem von einem heiligen Mann gelesen, daß er gesagt, die gantze weite [745] Welt sey jhm ein grosses Buch, darin er die Wunderwercke Gottes erkennen und zu dessen Lob angefrischet werden mögte. Als gedachte ich demselbigen nachzufolgen, wiewol ich, so zusagen, nicht mehr in der Welt war, die kleine Insul muste mir die gantze Welt seyn, und in derselbigen ein jedes Ding, ja ein jeder Baum! ein Antrieb zur Gottseeligkeit: und eine Erinnerung zu denen Gedancken die ein rechter Christ haben soll; also! sahe ich ein stachelecht Gewächs, so erinnert ich mich der Dörnen Crone Christi, sahe ich einen Apffel oder Granat, so gedachte ich an den Fall unserer ersten Eltern und bejammerte denselbigen; gewane ich Palmwein auß einem Baum, so bildete ich mir vor, wie mildiglich mein Erlöser am Stamm deß H. Creutzes seyn Blut vor mich vergossen; sahe ich das Meer oder die Berge, so erinnerte ich mich des einen oder andern Wunderzeichens und Geschichten, so unser Heyland an dergleichen Orthen begangen, fand ich einen oder mehr Steine so zum werffen bequem waren, so stellete ich mir vor Augen, wie die Juden Christum steinigen wolten; war ich in meinem Garten, so gedachte ich an das ängstige Gebet am Oelberg, oder an das Grab Christi, und wie er nach der Auferstehung Mariä Magdalenä im Garten erschienen, ꝛc. Mit solchen und dergleichen Gedancken handierte ich täglich; ich aß nie daß ich nicht an das letzte Abendmahl Christi gedachte und kochte mir niemahl keine Speise, daß mich das gegenwertige Feur nicht an die ewige Pein der Höllen erinnert hätte.

Endlich erfand ich, daß mit Brasilien Safft bes=[746]sen es unterschiedliche Gattungen auff dieser Insul giebet wan solche mit Citronen=Safft vermischet werden, gar wol auff eine Art grosser Palmblätter zuschreiben seye, welches mich höchlich erfreuete, weil ich nunmehr ordenbliche Gebet concipiren und auffschreiben konte; zuletzt als ich mit hertzlicher Reue meinen gantzen geführten Lebens=Lauff betrachtete, und meine Bubenstücke die ich von Jugend auff begangen, mir selbsten vor Augen stellete, und zu Gemüht führete, daß gleichwol der barmhertzige Gott un= angesehen aller solchen groben Sünden, mich bißher nicht allein vor der ewigen Verdamnuß bewahret, sondern auch Zeit und Gelegenheit geben hatte mich zu bessern, zu bekehren, ihn umb Verzeihung zu bitten, und umb seine Gutthaten zu dancken, beschrieb ich alles, was mir noch eingefallen, in dieses Buch so ich von obgemelten Blättern gemachet, und legte es samt obgedachten meines Camerades hinterlassenen Ducaten an diesen Ort, damit wan vielleicht über kurtz oder lang, Leute hieher kommen solten, sie solches finden und darauß abnehmen können, wer etwan hiebevor diese Insul bewohnet; wird nun heut oder morgen entweder vor oder nach meinem Tod jemand diß finden und lesen, denselben bitte ich, dafern er etwan Wörter darin antrifft, die einem, der sich gern besserte, nicht zu reden, geschweige zu schreiben wohl an= stehen, er wolle sich darum nicht ärgern; sondern ge= dencken, daß die Erzehlung leichter Händel und Ge= schichten auch bequeme Worte erfodere solche an Tag zu= geben; und gleichwie die Maur=Raut von keinem Regen leichtlich naß wird, also kan auch ein rechtschaffenes [747] gottseliges Gemüht nicht so gleich von einem jedwedern Discurs er scheine auch so leichtfertig als er wolle, an= gestedt, vergifftet und verderbet werden; ein ehrlich ge= sinnter Christlicher Leser, wird sich vielmehr verwundern und die Göttliche Barmhertzigkeit preisen, wan er findet, daß so ein schlimmer Geselle wie ich gewesen, dannoch die Gnade von Gott gehabt, der Welt zu resigniren, und in einem solchen Stand zu leben, darin er, ver= mittelst dem heiligen Leiden deß Erlösers zur ewigen

Glory zu kommen, und zu erlangen verhoffet, durch ein seeliges Ende.

Relation Jean Cornelissen von Harlem, eines Holländischen Schiff-Capitäins an German Schleiffheim von Sulsfort seinen guten Freund, vom Simplicissimo.

Das XXIV. Capitel.
Jean Cornelissen ein Holländischer Schiff-Capitain komt auff die Insul, und machet mit seiner Relation diesem Buch einen Anhang.

ES weiß sich ohn zweifel derselbe noch wol zu erinnern, was massen ich bey unsrer Abreise versprochen, ihm die allergröste Rarität mitzubringen, die mir in gantz India, oder auff unsrer Reise zustehe; nun habe ich zwar etliche seltzame Meer- und Erd-Gewächse gesamlet, damit der Herr wohl seine Kunst-Kammer zieren mag; aber was mich am allermeisten Verwunderungs und Auffhebens werth, zu seyn bedüncket, ist gegenwertiges Buch, welches ein hochteutscher Mann in einer Insul [748] gleichsam mitten im Meer allein wohnhafftig, wegen Mangel Papiers auß Palmblättern gemachet, und seinen gantzen Lebens-Lauff darin beschrieben; wie mir aber solches Buch zuhanden kommen, auch was besagter Teutscher vor ein Mann sey, und was er vor ein Leben führe, muß ich dem Herrn ein wenig außführlich erzehlen, obzwar er selbst solches in gemeltem seinem Buch zimlicher massen an Tag gegeben.

Als wir in denen Moluccischen Insulen unsre Ladung völlig bekommen, und unsern Lauff gegen dem Capo bonæ Esperanzæ zunahmen, spüreten wir daß sich unsre Heimreise nicht beschleinigen wolte, wie wir wol anfangs gehoffet, dan die Winde mehrentheils contrari und so variabel gingen, daß wir lang umgetrieben und auffgehalten wurden; wessentwegen dan auff allen Schiffen der

Armada wir mercklich viel Krancken bekamen; unser Admiral thät einen Schuß, steckte eine Flagge auß, und ließ also alle Capitains von der Flotte auff sein Schiff kommen, da ward gerahtschlaget und beschlossen, daß man sich die Insul S. Helenæ zu erlangen, und daselbsten die Krancke zu erfrischen und anständiges Wetter zu erwarten bemühen solte; Item es solten (wan die Armada vielleicht durch Ungewitter dessen wir uns nicht vergebens versahen, zertrennet würde) die erste Schiffe so an bemelte Insul kämen, eine Zeit von 14. Tagen auff die übrige warten, welches dan wol außgesonnen und beschlossen worden; massen es uns erging wie wir besorget hatten, indem durch einen Sturm die Flotte dergestalt zerstreuet ward, daß kein einziges Schiff bey dem [749] andern verblieb; als ich mich nun mit meinem anvertrauten Schiff allein befand, und zugleich mit widerwertigem Wind, Mangel an süssem Wasser und vielen Krancken geplaget ward, muste ich mich kümmerlich mit laviren behelffen, womit ich aber wenig außrichtete, mehrbesagte Insul Helenæ zuerlangen (von deren wir noch 400. Meilen zu seyn schätzeten) es hätte sich dan der Wind geändert.

In solchem umschweiffen und schlechten Zustand, in dem es sich mit den Krancken ärgerte, und ihrer täglich mehr wurden, sahen wir gegen Osten weit im Meer hinein unsers bedünckens einen einzigen Felsen ligen, dahin richteten wir unsern Lauff, der Hoffnung, etwan ein Land deren Enden anzutreffen, wiewol wir nichts dergleichen in unseren Mappen angezeiget fanden, so der Enden gelegen, da wir sich nun demselben Felsen auff der Mitternächtigen Seite näherten, schätzten wir dem Ansehen nach, daß es ein steinächtes hohes, unfruchtbares Gebürge seyn müste, welches so einzig im Meer läge, daß auch an derselben Seite zubesteigen oder daran anzuländen unmüglich schiene; doch empfanden wir am Geruch, daß wir nahe an einem guten Geländ seyn müsten, in bemelden Gebürge saß und flogs voller Vögel, und in dem wir dieselbe betrachteten, wurden wir auff den höchsten Gipffelen zweyer Creutzen gewar, daran wir wohl abnehmen konten, daß solche durch menschliche Händen auffgerichtet worden, und dannenhero das Gebürge wol zu besteigen wäre; derowegen schifften wir offt hinum und fanden auff der andern Seite des gemelten Gebürges ein zwar kleines: aber solches lustiges Geländ, dergleichen ich [750] mein Tag weder in Ost= noch West=Indien nicht gesehen, wir legten sich 10. Klafftern tieff auf den Ancker in gutem Sandgrund, und schickten einen Nachen mit 8. Männern zu Land, umzusehen, ob daselbsten keine Erfrischung zu bekommen.

Diese kamen bald wider und brachten einen grossen Uberfluß von allerhand Früchten, als Citronen, Pomerantzen, Coquos, Bonanos, Batates, und was uns zum höchsten erfreuete, auch die Zeitung mit sich, daß trefflich gut Trinck=Wasser auff der Insul zu bekommen. Item obzwar sie einen Hochteutschen auff der Insul angetroffen, der allem Ansehen nach sich schon lange Zeit allda befunden, so lauffe jedoch der Ort so voller Geflügel, die sich mit den Händen fangen lassen, daß sie den Nachen voll zu bekommen und mit Stecken tod zu schlagen getrauet hätten: von gemeltem Teutschen glaubten sie, daß er irgends auff einem Schiff eine Ubelthat begangen, und dannenhero zur Straffe auff diese Insul gesetzet worden: welches wir dan auch darvor hielten, über das sagten sie vor gewiß, daß der Kerl nicht bey sich selbst: sondern ein purer Narr seyn müste, als von welchem sie keine eintzige richtige Rede und Antwort haben mögen.

Gleich wie nun durch diese Zeitung das gantze Schiff=Volck, insonderheit aber die Krancke hertzlich erfreuet wurden, also verlangete auch jederman auffs Land, sich widerum zu erquicken: ich schickte derowegen einen Nachen voll nach dem andern hin, nicht allein den Krancken jhre Gesundheit wider zu erholen, sondern auch das Schiff mit frischem Wasser zu versehen, welches uns beydes nöhtig [751] war: also daß wir mehrentheils auff die Insul kamen, da fanden wir mehr ein irrdisch Paradeiß als einen öden unbekanten Ort! ich vermerckte auch gleich, daß bemelter Teutscher kein solcher Thor seyn müste, viel weniger ein Ubelthäter, wie die unserige anfangs darvor gehalten, dan alle Bäume, die von Art eine glatte Rinde

trugen, hatte er mit Biblischen und andern schönen
Sprüchen gezeichnet, seinen Christlichen Geist dadurch
auffzumuntern, und das Gemühte zu GOTT zuerheben:
wo aber keine gantze Sprüche stunden, da befanden sich
wenigst die 4. Buchstaben der Uberschrifft Christi am
Creutz, als I N R I oder der Name JESU und Mariä,
als irgends nur ein Instrument des Leidens Christi,
darauß wir muhtmasseten, daß er ohn zweiffel ein Papist
seyn müste, weil uns alles so Päpstisch vorkam, da stund
memento mori, auff Latein, dorten Ieschua Hanosri
Melech Haichudim auff Hebräisch, an einem andern Ort
dergleichen etwas auff Griechisch, Teutsch, Arabisch oder
Moluccisch (welche Sprache durch gantz Indien gehet) zu
keinem andern Ende, als sich der himmlischen Göttlichen
Dinge dabey Christlich zu erinnern: wir fanden auch
seines Camerades Grabmal, davon dieser Teutsche selbst
in seines Lebens Erzehlung meldet, nicht weniger auch
die drey Creutzen, welche sie beyde miteinander am Ufer
des Meers auffgerichtet hatten, wessentwegen dan unser
Schiff-Volck den Ort (vornemlich, weil gleichsam an allen
Bäumen auch Creutzer eingeschnitten stunden) die Creutz
Insul [752] nanten: doch waren uns alle solche kurtze
und sinnreiche Sprüche lauter rätherisch und dunckele
Oracula auß denen wir aber gleichwol abnehmen konten,
daß ihr Author kein Narr: sondern ein sinnreicher Poet:
insonderheit aber ein Gottseliger Christ seyn müsse, der
viel mit Betrachtung himlischer Dinge umbgehe: folgender Rehm den wir auch in einem Baum eingeschnitten
fanden, bedünckte unsern Siechen-Tröster, der mit mir
herum ging, und viel auffschrieb was er fand, der vornehmste zu seyn, vielleicht weil er ihm was neues war,
er lautet also:

Ach allerhöchstes Gut! du wohnst in solchem Liecht!
Daß man vor Klarheit groß, den Glantz kan sehen nicht.

dan er, der Siechen-Tröster, welcher ein überauß gelehrter
Mann war, sagte, so weit komt ein Mensch auff dieser
Welt und nicht höher, es wolle ihm dan Gott das höchste
Gut auß Gnaden mehr offenbaren.

Indessen durchstrichen meine gesunde Schiff-Bursche die gantze Insul, allerhand Erfrischungen vor sich und die Krancke zusammen zu bringen, und bemelten Teutschen zusuchen, den alle Principalen deß Schiffs zu sehen und mit ihm zu conseriren ein grosses Verlangen trugen: sie traffen ihn dannoch nicht an, aber wol eine ungeheure Hôle, voller Wasser im Steinfelsen, darin sie schätzten daß er seyn müste, weil ein zimlicher enger Fußpfad hineinging, in dieselbe konte man aber wegen des darin stehenden Wassers und grosser Finsternus nicht [753] kommen: und wangleich man Fackeln und Pech-Ringe anzündete, sich damit zu behelffen, und die Hôle zu visitiren, so löschte jedoch alles auß, ehe sie einen halben Steinwurf weit hinein kamen mit welcher Arbeit sie viel Zeit umsonst hinbrachten.

Das XXV. Capitel.
Die Holländer empfinden eine possirliche Veränderung, als sich Simplicius in seiner Festung enthielt.

Als mir nun unsere Leute von dieser ihrer vergeblichen Arbeit relation thäten, und ich selber hingehen wolte, den Ort zu besichtigen, und zusehen was etwan zuthun seyn mögte, damit wir den besagten Teutschen zur Hand bringen könten, erregte sich nit allein ein grausames Erdbidem, daß meine Leute vermeineten die gantze Insul würde alle Augenblick untergehen, sondern ich ward auch eiligst zum Schiff-Volck beruffen, welche sich mehrentheils soviel deren auf dem Land waren, in einem fast wunderlichen und sehr sorgsamen Zustand befanden: dan da stund einer mit blossem Degen vor einem Baum, fochte mit demselbigen und gab vor, er hätte den allergrösten Riesen zu bestreiten: an einem andern Ort sahe einer mit frölichem Angesicht gen Himmel, und zeigte den andern vor eine gründliche Warheit an, er sehe Gott und das gantze himlische Heer, in der himlischen Freude beysammen, hingegen sahe ein anderer auff den Erdboden, mit Forcht und Zittern, vorgebende, er sehe in vorsich habender schröcklichen Grube den leidigen Teuffel samt seinem Anhang: die wie in einem Abgrund herum wim-

melten: ein anderer hatte einen Prügel und schlug um
sich, daß ihm niemand nähern dorffte, und schrye doch,
man solte ihm wider [754] die viele Wölffe helffen, die
ihn zerreissen wolten, hier saß einer auf einem Wasser=
Faß (als welche wir zuzurichten und zu füllen an Land
gebracht hatten) gab demselben die Sporen und wolte es
wie ein Pferd tumlen; dort fischte einer auff trockenem
Land mit dem Angel, und zeigete den andern was ihm
vor Fische anbeissen würden: in summa, da hieße es wol
viel Köpffe viel Sinne, dan ein jeder hatte seine sonderbare
Anfechtung, welche sich mit deß andern im wenigsten nicht
vergliche; es kam einer zu mir geloffen, der sagte gantz
ernstlich Herr Capitain ich bitte ihn doch um hundert=
tausend Gottes willen, er wolle Institiam administriren,
und mich vor den greulichen Kerlen beschützen! Als ich
ihn nun fragte, wer ihn dan beleidiget hätte, antwortete
er (und wiese mit der Hand auf die übrige die eben so
närrisch und verbollet in den Köpffen waren als er) diese
Tyrannen wollen mich zwingen, ich sol zwo Tonnen
Häringe: sechs Westphälische Schuncken: und zwölff Hol=
ländische Käse, samt einer Tonne Butter auff einmal auff=
fressen; Herr Capitain sagte er ferner, wie wolte das
Ding seyn können? es ist ja unmüglich und ich müste ja
erworgen oder zerbersten! mit solchen und dergleichen
Grillen gingen sie um, welches recht kurtzweilig gewesen
wäre, dafern man nur gewüst hätte, daß es auch wider
ein Ende nehmen: und ohn Schaden abgehen würde; aber
was mich und die übrige so noch beym Verstand waren,
anbelanget, ward uns rechtschaffen Angst, vornemlichen
weil wir dieser verruckten Leute je länger je mehr kriegten
und selbsten nicht wusten, wie lange wir vor solchem
seltzamen Zustand würden befreyt seyn.

[755] Unser Siechen Tröster der ein sanfftmühtiger
frommer Mann war, und etliche andere hielten darvor, der
offt berührte Teutsche, den die unserige anfänglich auff der
Insul angetroffen, müste ein heiliger Mann: und Gottes
wolgefälliger Diener und Freund seyn: weßwegen wir
dan, weil ihm die unserige mit Abhauung der Bäume:
Erösung der Früchte und Todschlagung deß Geflügels

seine Wohnung ruinirten, mit solcher Straffe vom Himmel herab beleget würden: hingegen aber sagten andere Officianten, er könte auch wol ein Zauberer seyn, welcher uns durch seine Künste mit Erdbidmen und solcher Wahnwitzigkeit plage, um uns widerum desto ehender von der Insul zu bringen, oder uns gar darauff zuverderben, es wäre am besten sagten sie, daß man ihn gefangen kriegt, und zwinge, den unserigen wider zum Verstand zuhelffen, in solchem Zwyspalt behauptete jedes Theil seine Meinung, die mich beyde ängstigten, dan ich gedachte, ist er ein Freund GOttes, und diese Straffe uns seinet halben zukommen, so wird ihn auch Gott wohl vor uns beschützen: ist er aber ein Zauberer, und kan solche Sachen verrichten die wir vor Augen sehen und in den Leibern empfinden, so wird er ohn zweiffel noch mehr können, daß wir ihn nicht erhaschen mögen: und wer weiß! vielleicht stehet er unsichtbar unter uns? endlich beschlossen wir ihn zu suchen und in unsere Gewalt zu bringen, es geschehe gleich mit Güte oder Gewalt; gingen demnach wieder mit Fackeln, Bech=Kräntzen, und Liechtern in Laternen in obgenante Höle, es ging uns aber wider wie es zu=[756]vor den andern ergangen war, daß wir nemlich kein Liecht hinein bringen: und also auch selbst vor Wasser, Finsternuß und scharffen Felsen nicht fürderskommen konten, obzwar wir solches offt probireten; da finge ein Theil auß uns an zu beten, das andere aber vielmehr zu schweren, und wusten wir nicht, was wir zu diesen unsern Aengsten thun oder lassen solten.

Da wir nun so in der finstern Höle stunden, und wusten nicht wo auß noch ein, massen jeder nichts anders thät, als daß er lamentirte; höreten wir noch weit von uns den Teutschen uns folgender gestalt auß der finstern Höle zuschreyen: ihr Herren: sagt er, was bemühet ihr euch umsonst zu mir oder sonst herein zu kommen, sehet ihr dan nit, daß es eine pure Unmüglichkeit ist? wan ihr euch mit denen Erfrischungen die euch Gott auff dem Land bescheret, nicht vergnügen lassen: sondern an mir, einem nackenden armen Mann der nichts als das Leben hat; reich werden wollet, so versichere ich euch, daß ihr

leer Stroh treschet; darum bitte ich euch um Christi
unsers Erlösers Willen, lasset ab von euerm Beginnen,
geniesset gleichwohl die Früchte deß Landes zu eurer Er=
frischung, und lasset mich in dieser meiner Sicherheit,
dahin mich eure beynahe tyrannische und sonst betroh=
liche Reden (die ich gestern in meiner Hütte vernehmen
müssen) zu fliehen verursachet, mit frieden, eh ihr (da der
liebe Gott vor seyn wolle) darüber in Unglück kommet;
da war nun guter Raht theur; aber unser Siechentröster
schrye ihm hinwider zu, und sagte, hat euch gestern
jemand molestiret, so ist es uns von Grund unsers
Hertzens leyd, [757] es ist von grobem Schiff=Volck ge=
schehen, das von keiner Discretion nichts weiß; wir
kommen nicht euch zu plündern, noch Beute zu machen,
sondern nur um Raht zu bitten, wie den unserigen wider
zu helffen sey, die mehrentheils auff dieser Insul ihre
Sinne verloren; ohn daß wir auch gern mit euch als
einem Christen und Landsman reden: euch dem letzten
Gebot unsers Erlösers gemäß, alle Liebe, Ehre, Treue und
Freundschafft erweisen: und wan es euch beliebet, wider
mit uns in euer Vaterland heimführen mögten:

Hierauff kriegten wir zur Antwort, er hätte gestern
zwar wol vernommen, wie wir gegen ihm gesinnet wären;
doch wolte er dem Gesetz unsers Heylandes zu folge böses
mit gutem bezahlen, und uns nicht verhalten, wie den
unserigen wieder von ihrem unsinnigen Wahnwitz zu=
helffen sey; wir solten, sagte er, diejenigen so mit solchem
Zustand behafftet wären, nur von den Pflaumen darin sie
ihren Verstand verfressen, die Kernen essen lassen, so
würde es sich mit allen in einem Augenblick wider bessern,
welches wir ohn seinen Raht an den Pfersigen hätten
abnemen sollen, als an welchen die hitzigen Kern, wan
man sie mit geniesse, die schädliche Kälte des Pfersigs
selbst hintertreiben; dafern wir auch vielleicht, die Bäume,
so solche Pflaumen trugen nicht kennen würden, so solten
wir nur Achtung geben, an welchen geschrieben stunde:

> Verwunder dich über meine Natur,
> Ich mach es wie Circe die zaubrisch Hur.

durch diese Antwort und des Teutschen erste Rede [758] konten wir uns wohl versichert halten, daß er von den unserigen, so wir erstmals auff die Insul gesandt, erschrecket: und gemüssiget worden, in diese Höle sich zu retiriren; item daß er ein Kerl von rechtschafnem teutschen Gemüht seyn müsse, weil er uns, unangesehen er von den unserigen molestiret worden, nichts destoweniger erzeigte, durch was die unserige jhre Sinne verloren und wodurch sie wider zurecht gebracht werden mögten: da bedachten wir ererst mit höchster Reue, was vor böse Gedancken und falsches Urthel wir von jhm gefasset, und dessentwegen zu billiger Straffe in diese gefährliche finstere Höle gerahten wären: auß welcher ohn Liecht zukommen unmüglich zuseyn schiene, weil wir uns viel zuweit hinein vertiefft hatten: derowegen erhub unser Siechentröster seine Stimme wiederum gantz erbärmlich und sagte, ach redlicher Landsman; die jenige so euch gestern mit jhren ungeschliffenen Reden beleidiget haben, seynd grobe: und zwar die ungeschliffneste Leute von unserm Schiff gewesen: hingegen stehet jetzt hier der Capitain sampt denen vornemsten Officirern euch wiederum um Verzeihung zu bitten, auch freundlich zubegrüssen und zu tractiren, auch mitzutheilen was etwan in unserm Vermögen befindlich und euch dienlich seyn mögte; ja wan ihr selber wöllet, euch widerum auß dieser verdrüßlichen Einsamkeit mit uns in Europam zunehmen: aber es ward uns zur Antwort, er bedancke sich zwar deß guten Anerbietens, sey aber gantz nicht bedacht, etwas von unsern offerten anzunehmen: dan gleichwie er vermittelst Göttlicher Gnade nunmehr über fünfzehen Jahr lang mit höch-[759]ster Vergnügung aller Menschlichen Hilff und Beywohnung an diesem Ort entbären können, also begere er auch noch nicht wider in Europam zukehren, um so thörechter Weise seinen jetzigen vergnügsamen Stand durch eine so weite und gefährliche Reise in ein unruhiges immerwehrendes Elend zuverwechslen.

Das XXVI. Capitel.

Nachdem Simplicius mit seinen Belägerern accordiret kommen seine Gäste wieder zu ihrer Vernunfft.

NAch Vernehmung dieser Meynung wäre uns der Teutsche zwar wol gesessen gewesen, wan wir nur wider auß seiner Höle hätten kommen können: aber solches war uns unmüglich: dan gleichwie wir ohn Liechtes nicht vermogten, also dorfften wir auch auff keine Hilffe von den Unserigen hoffen, welche auff der Insul in ihrer Dollerey noch herum raseten. Derowegen stunden wir in grossen Aengsten, und suchten die allerbesten Worte herfür, den Teutschen zu persuadiren, daß er uns auß der Höle helffen solte, welche er aber alle nichts achtete, biß wir endlich (nachdem wir ihm unsern und der unserigen Zustand gar beweglich zu Gemüht geführet, er auch selbst ermaß, daß kein Theil dem andern von uns ohn seinen Beystand nicht helffen würde können) vor Gott dem Allmächtigen protestirten, daß er uns auß Hartnäckigkeit sterben und Verderben liesse, und daß er dessentwegen am jüngsten Gericht wurde Rechenschafft geben müssen: mit dem Anhang, wolte er uns nicht lebendig auß der Höle helffen, so müste er uns doch [760] endlich wan wir darin verdorben und gestorben wären, tod herauß schleppen: wie er dan auch besorglich auff der Insul Tode genug finden würde, die ewige Rache über ihn zu schreyen Ursache hätten, um willen er ihnen nicht zu Hilffe kommen, eh sie einander vielleicht, wie zu förchten, in ihrem unsinnigen Zustand selbsten entleibten; durch biß Zusprechen erlangten wir endlich, daß er versprach uns auß der Höle zuführen, jedoch musten wir ihm zuvor folgende fünff Puncten, wahr, stät, vest und unzerbrüchlichen zuhalten, bey Christlicher Treue und Altteutschem Bidermanns Glauben versprechen.

Erstlich daß wir diejenige so wir anfänglich auff die Insul gesändet, wegen dessen damit sie sich gegen ihm vergriffen, weder mit Worten noch Wercken nicht straffen solten; zweytens daß hingegen auch vergessen tod und abseyn solte, daß er, der Teutsche, sich vor uns verborgen, und so lang nicht in unser Bitten und Begehren verwilligen wollen; drittens, daß wir jhn als eine freye Person die niemand unterworffen, wider seinen Willen nicht müssigen wolten, mit uns wiederum in Europam zuschiffen; viertens, daß wir keinen auß den Unserigen auff der Insul hinterlassen wolten, und fünfftens, daß wir niemand weder schrifft- noch mündlich, vielweniger durch eine Mappa kund- oder offenbar machen wolten, wo und unter welchem Gradu diese Insul gelegen; nachdem wir nun solches zuhalten betheuret, ließ er sich gleich mit vielen Liechtern sehen, welche auß dem Finstern wie die hellen Sterne hervor gläntzeten, wir sahen wol daß es kein Feur war, weil [761] jhm Haar und Bart voll hing, welches auff solchen Fall verbrant wäre; hielten es derowegen vor eitel Carfunckelsteine, die wie man saget im finstern leuchten sollen; da stieg er einen Felsen auff den andern ab, und muste auch an etlichen Orten durchs Wasser waten, also daß er durch seltzame Krümme und Umwege, (welche uns unmüglich zu finden gewesen wären, wan gleich wir wie er mit solchen Liechtern versehen gewesen weren) sich gegen uns nähern muste: es sahe alles mehr einem Traum: als einer waaren Geschichte: der Teutsche selbst aber mehr einem Gespenst: als einem warhafftigen Menschen gleich: also daß sich etliche einbildeten, wir wären auch gleich unseren Leuten auff der Insul mit einer aberwitzigen Wahnsucht behafftet.

Als er nun nach einer halben Stunde (dan solange Zeit muste er mit auff und absteigen zubringen, eh er zu uns kommen konte) bey uns anlangte, gab er jedem nach teutschen Gebrauch die Hand, hieß uns freundlich willkommen, und bat wir wolten jhm verzeihen, daß er auß Mißtrauen so lang verzogen hätte, uns wider an des Tages Licht zubringen: reichte darauff jedem eins von seinen Lichtern, welches aber keine Edelgesteine: sondern schwartze Käfer waren, in der grösse, als die Schröter in Teutschland, dise hatten unten am Hals einen weissen Flecken so groß als ein Pfenning, der leuchtete in der finstere vil heller als eine Kertze, massen wir durch dise wunderbarliche Lichter mit unserm Teutschen wider glücklich auß der grausamen Höle kamen.

Diser war ein langer starcker wol proportionirter [762] Mann mit geraden Glidern, lebhaffter schöner Farbe, Corallenrohten Lefftzen, lieblichen schwartzen Augen, sehr heller Stimme, und einem langen schwartzen Haar und Bart, hier und da mit sehr wenigen grauen Haaren besprenget, die Haupthaare hingen jhm biß über die Hüffte, und der Bart biß über den Nabel hinunter; um die Scham hatte er einen Schurtz von Palm-Blättern, und auff dem Haupt einen breiten Hut, den er auß Bintzen geflochten, und mit Gummi überzogen hatte, der jhn wie ein Thrisol, beydes vor Regen und Sonnenschein beschützen konte; und im übrigen sahe er beynahe auß, wie die Papisten ihren Sanctum Onoffrium abzumahlen pflegen: er wolte in der Höle mit uns nicht reden, aber so bald er herauß kam, sagte er uns die Ursache, nemlich daß sie die Art an sich: wan man darin ein grosses Getöffe hätte, daß alsdan die gantze Insul davon erschüttere, und ein solches Erdbidem erzeige, daß diejenige so darauff seyn, vermeinen sie würde untergehen, so er bey Lebzeiten seines Camerades vilmal probiret hätte, welches uns erinnerte an dasjenige Loch in der Erden unweit der Stat Vieburg in Finnland, davon Johann Rauhe in seiner Cosmographia am 22. Cap. schreibet; er verwise uns darneben daß wir sich so freventlich hinein begeben, und erzehlte zugleich daß er und sein Camerad wol ein gantz Jahr zugebracht, eh sie sich deß Wegs hinein erkündiget, welches jhnen aber gleichwol ohn gedachte Kefer, weil sonst alle Feur darin außlöschen, in vilen Jahren nimmer-[763]mehr müglich gewesen wäre; mithin näherten wir sich zu seiner Hütten, die hatten die unserige spoliret und allerdings ruiniret, welches mich hefftig verdroß, er aber sahe sie kaltsinnig an, und thät nicht dergleichen, daß jhm ein Leid dardurch widerfahren wäre; doch tröstete ich jhn, mit Entschuldigung, daß solches wider meinen Willen und Befelch geschehen, Gott gebe auß was Verhängnuß oder Befelch, vielleicht jhm zu erkennen zu geben, wieweit er sich der Gegenwart und Beywohnung der Menschen, vornemlich aber der Christen und zwar seiner Europeischen Landsleute zu erfreuen; die Beut so die Zerstörer seiner armen Wohnung gemachet hätten, würde über dreissig Ducaten in specie nicht seyn, die er jhnen gern gönne, hingegen wäre der gröste Verlust, den er erlitten, ein Buch das er mit grosser Mühe von seinem gantzen Lebens-Lauff: und wie er in diese Insul kommen, beschrieben; doch könte ers auch leicht verschmertzen, weil er ein anders verfertigen könte, wan wir jhm anders die Palm-Bäume, nicht alle abhauen: und jhm selbst das Leben lassen würden; darauff erinnerte er selbst zueilen, damit wir denen so jhre Vernunft in den Pflaumen verfressen hatten, fein zeitlich wider zu Hilff kommen mögten.

Also gelangten wir zu angeregten Bäumen dabey die unserige beydes krancke und gesunde jhr Läger auffgerichtet; da sahe man nun ein wunderbarliches abenteurliches Wesen; kein eintziger unter allen war noch bey Sinnen; diejenige aber so jhre Vernunfft noch hatten, waren zerstoben, und von [764] den verruckten entweder auff das Schiff oder sonsten hin in die Insul geflohen; der erste der uns auffstieß, war ein Büchsenmeister, der kroch auff allen vieren daher, krächzete wie eine Saue, und sagte immerfort, Maltz, Maltz; der Meinung weil er sich einbildete, er wäre zu einer Sau worden, wir solten jhm Maltz zu fressen geben; derohalben gab ich jhm auß Raht deß Hochteutschen ein par Kernen von denen Pflaumen, darin sie alle jhren Witz verfressen, mit versprechen, wan er solche würde gessen haben, er alsobald gesund werde; da er nun solche zu sich genommen, also daß sie kaum warm bey jhm worden, richtete er sich wider auff, und fing an vernünfftig zureden; und solcher gestalt brachten wir alle ehender als in einer Stunde wider zu recht: da kan sich nun jeder wohl einbilden, wie hoch mich solches erfreuete, und was gestalten ich mich obgedachtem Hochteutschen verbunden zuseyn erkante, sintemal wir ohne seine Hilffe und Raht mit allem Volck sampt dem Schiff und Gütern ohn allen Zweiffel hätten verderben müssen;

Das XXVII. Capitel.
Beschluß dieses gantzen Wercks, und Abscheid der Holländer.

DA ich mich nun widerum in einem solchen guten Stand befand, ließ ich durch den Trompeter dem Volck zusammen blasen, weil die wenige gesunde so noch ihre Witz behalten, wie obgemeldet, hin und wider auff der Insul zerstreut umgingen. Als sie sich nun samleten, fand ich [765] daß in solcher Dollerey kein einziger verloren worden; derowegen thät unser Caplan oder Siechentröster eine schöne Predig, in deren er die Wunder Gottes priese, vornemlich aber vilgemelten Teutschen der zwar alles beynahe mit einem Verdruß anhörete, dergestalt lobete, daß der jenige Matrose, so sein Buch und 30. Ducaten angepacket, solches von freyen Stücken wider hervor brachte und zu seinen Füssen legte; er wolte aber das Geld nicht wider annehmen, sondern bat mich, ich wolte es mit in Holland nehmen, und wegen seines verstorbenen Camerades armen Leuten geben; dan wan gleich ich, sagte er, vil Tonnen Goldes hätte, wüste ichs doch nicht zu brauchen; was aber das gegenwertige Buch, so der Herr hiebey zu empfangen anbelanget, schenckete er mir dasselbige, seiner dabey im besten zugedencken.

Ich liesse vom Schiff Areca, Spanischen Wein, ein par westphälische Schuncken, Reiß und anders bringen, auch darauff siden und braten, diesen teutschen zu gastirn und jhm alle Ehre anzuthun, aber er nam allerdings keine Courtoisie an, sondern behalff sich mit sehr wenigen: und zwar mit der allerschlechtsten Speise, welches wie man saget, wider aller teutschen Art und Gewonheit laufft; die unserigen hatten ihm seinen vorrähtigen Vin de Palm außgesoffen, derowegen betrug er sich mit Wasser, und wolte weder Spanischen noch Rheinischen Wein trincken, doch erzeigte er sich frölich, weil er sahe, daß wir lustig waren! seine grösseste Freude erwieß er mit den Krancken umzugehen, die er alle einer schnellen Gesundheit vertröstete, und [766] sagte, er erfreue sich dermaleins daß er den Menschen: vornemlich aber Christen und sonderlich seinen Landsleuten einmal bienen könte, welcher er schon lange Jahr beraubt gewesen wäre; er war beydes jhr

Koch und Artzt, massen er mit unserm Medico und Barbierer fleissig conferirte, was etwan an dem einen und andern zuthun und zu lassen seyn mögte, weswegen jhn dan beydes die Officianten und das Volck gleichsam wie einen Abgott ehreten.

Ich selbst bedachte mich wie ich jhm dienen mögte; ich behielt jhn bey mir, und ließ ohn sein Wissen durch unsere Zimmerleute, widerum eine neue Hütte auffrichten in der Form wie die lustige Garten=Häuser bey uns ein Ansehen haben; dan ich sahe wol, daß er weit ein mehrers meritirte, als ich jhm anthun könte oder er annehmen wolte; seine Conversation war sehr holdselig, hingegen aber mehr als viel zu kurtz, und wan ich jhm etwas seiner Person halber fragte, wieß er mich in gegenwertiges Buch, und sagte, in demselbigen hätte er nach gnüge beschrieben, davon jhn jetzt zugedencken verdriesse: Als ich jhn aber erinnerte, er solte sich gleichwol wider zu den Leuten begeben, damit er nicht so einsam wie ein unvernünfftig Vieh dahin sterbe, worzu er dan jetzt gute Gelegenheit hätte, sich mit uns wider in sein Vatterland zumachen? antwortete er, mein Gott waß wollet ihr mich zeihen? hier ist Friede, dort ist Krieg: hier weiß ich nichts von Hoffart, vom Geitz, vom Zorn, vom Neyd, vom Eifer, von Falschheit, von Betrug, von allerhand Sorgen beydes um Nahrung und Kleidung, [767] noch um Ehre und Reputation; hier ist eine stille Einsame ohn Zorn, Hader und Zanck: eine Sicherheit vor eitlen Begierden, eine Vestung wider alles unordentliche verlangen: ein Schutz wider die vielfältigen Stricke der Welt und eine stille Ruhe, darin man dem Allerhöchsten allein dienen: seine Wunder betrachten, und jhn loben und preisen kan: als ich noch in Europa lebete, war alles (ach Jammer daß ich solches von Christen zeugen soll) mit Krieg, Brand, Mord, Raub, Plünderung, Frauen und Jungfern schänden ꝛc. erfüllet: Als aber die Güte Gottes solche Plagen sampt der schröcklichen Pestilentz und dem grausamen Hunger hinweg nahm, und dem armen bedrangten Volck zum besten den edlen Frieden wider sandte, da kamen allerhand Laster der Wollust, als Fressen, Sauffen und Spielen: huren,

buben und ehebrechen: welche den gantzen Schwarm der
anderen Laster alle nach sich ziehen, biß es endlich so weit
kommen, daß je einer durch Unterdruckung deß andern
sich groß zumachen, offentlich practiciret, dabey dann keine
List, kein Betrug und keine politische Spitzfindigkeit gesparet wird: und was das allerärgste, ist dieses, daß
keine Besserung zu hoffen, in dem jeder vermeinet, wan
er nur zu acht Tagen wan es wol geräht dem Gottesdienst beywohne, und sich etwan das Jahr einmahl ver-
meintlich mit Gott versühne, er habe es als ein frommer
Christ, nit allein alles wol außgerichtet, sondern Gott
sey ihm noch darzu um solche laue Andacht viel schuldig:
solte ich nun wider zu solchem Volck verlangen: müste ich
nicht besorgen wan ich diese Insul, in welche mich der
liebe Gott gantz [768] wunderbarlicher Weise versetzet,
widerum quitirte, es würde mir auff dem Meer wie dem
Jonæ ergehen? nein! sagte er, vor solchen Beginnen wolle
mich Gott behüten.

Wie ich nun sahe, daß er so gar keine Lust hatte,
mit uns abzufahren, fing ich einen andern Discurs an,
und fragte ihn, wie er sich dan so einzig und allein ernähren und behelffen könte? Item ob er sich, in dem er
so viel hundert und tausend Meilen von andern lieben
Christen-Menschen abgesondert lebe, nicht förchte; sonderlich
ob er nicht bedencke, wan sein Sterbstündlein herbey komme,
wer ihm alsdan mit Trost, Gebet, geschweige der Hand-
reichung, so ihm in seiner Kranckheit vonnöthen seyn
würde, zu Hülffe und statten kommen werde; ob er alsdan
nit von aller Welt verlassen seyn (und wie ein wildes
Thier oder Vieh dahin sterben) müste? darauff antwortete
er mir, was seine Nahrung anlangete, versorge ihn die
Güte Gottes mit mehrerm als seiner tausend geniessen
könten; er hätte gleichsam alle Monate durch das Jahr
eine sondere Art Fische zu geniessen, die in und vor dem
süssen Wasser der Insul zu leichen ankämen; solche Wolthaten Gottes geniesse er auch von dem Geflügel so von
einer Zeit zu der andern sich bey ihm niederliessen, entweder zu ruhen und sich zu speisen, oder Eyer zu legen
und Junge zu hecken, wolte jetzt von der Insul Frucht-

barkeit als die ich selbst vor Augen sehe, nichts melden: betreffende die Hülffe der Menschen deren er bey seinem Abschied beraubt seyn müste, bekümmere ihn solches im geringsten nichts, wan er nur Gott zum Freund habe, so lang er bey den Menschen in [769] der Welt gewesen, hätte er jeweils mehr Verdruß von Feinden als Vergnügungen von Freunden empfangen, und machten einem die Freunde selbst offt mehr Ungelegenheit als einer Freundschafft von ihnen zu hoffen; hätte er hier keine Freunde die ihn liebten und bedienten, so hätte er doch auch keine Feinde die ihn hassen, welche beyde Arten der Menschen einen jeden zum sündigen bringen könten, deren beyden aber er überhoben, und also Gott desto geruhiger dienen könte; zwar hätte er anfänglich viel Versuchungen beydes von ihm selbsten und dem Erbfeind aller Menschen erdulden und überstehen müssen, er hätte aber allwegen durch Göttliche Gnade in den Wunden seines Erlösers (dahin noch seine einzige Zuflucht gestellet sey) Hülffe, Trost und Errettung gefunden und empfangen.

Mit solchem und gleichmässigen mehrerm Gespräch brachte ich meine Zeit mit dem Teutschen zu, indessen ward es mit unsern Krancken von Stund zu Stund besser, so daß wir den vierdten Tag auch keinen einzigen mehr hatten, der sich klagte; wir besserten im Schiff, was zu bessern war, nahmen frisch Wasser und anders von der Insul ein, und fuhren, nach dem wir 6. Tage sich auff der Insul gnugsam ergetzet und erfrischet, den 7. Tag aber gegen der Insul S. Helenæ, allwo wir theils Schiffe von unsrer Armada fanden, die auch der jhren Krancken pflegten, und der übrigen Schiffe erwarteten; von dannen wir nachgehends glücklich allhier in Holland ankamen.

Hierbey hat der Herr auch ein par von den leuchtenden Kefern zu empfangen vermittelst deren ich [770] mit offtgemelten Teutschen in obgesagte Höle kommen, welches wol eine grausame Wunderspelunke ist, sie war zimlich proviantiret mit Eyern, welche sich wie mir der Teutsche sagte, in derselbigen übers Jahr halten, weil das Ort mehr kühl als kalt ist; in dem hintersten Winckel der Höle hatte er viel hundert dieser Kefer, davon es so

hell war, als in einem Zimmer darin überflüssig Liechter
brennen; er berichtete mich, daß sie zu einer gewissen Zeit
deß Jahrs auff der Insul von einer sondern Art Holtz
wachsen, würden aber innerhalb 4. Wochen von einer
Gattung frembder Vögel, die zu derselben Zeit ankommen
und Junge hecken, alle miteinander aufgefressen, alsdan
müsse er die Nohtburfft senden, sich deren das Jahr hin=
durch, anstat der Liechter sonderlich in besagter Höle zu
bedienen, in der Höle behalten sie ihre Krafft übers Jahr,
in der Lufft aber trücknet die leuchtende Feuchtigkeit auß,
daß sie den geringsten Schein nicht mehr von sich geben,
wan sie nur acht Tage tod gewesen; und gleichwie allein
durch diese geringe Kefer der Teutsche sich der Hölen er=
kündiget und ihm selbige zu seinem sichern Auffenthalt zu
nutz gemachet; also hätten wir ihm auch mit keiner
Menschlichen Gewalt, wangleich wir 100000. Mann starck
gewesen wären, ohn seinen Willen nicht herauß bringen
können; wir schenckten ihm bey unsrer Abreise eine Eng=
lische Brille, damit er Feur von der Sonne anzunden
könte, welches auch das eintzige war so er von uns bittlich
begehrete, und obzwar er sonst nichts von uns annehmen
wolte, so hinterliessen wir ihm doch eine [771] Axt, eine
Schauffel, eine Haue, zwey Stücke baumwollene Zeuge von
Bengala, ein halb Dutzet Messer, eine Schäre, zween
küpfferne Häfen und ein par Caninchen, zu probiren ob
sie sich auff der Insul vermehren wolten; womit wir dan
einen sehr freundlichen Abschied voneinander genommen;
und halte ich diese Insul vor den allergesündesten Ort in
der Welt, weil unsere Krancken innerhalb fünff Tagen,
alle mit einander wiederum zu Kräfften kommen, und der
Teutsche selbst die gantze Zeit so er daselbst gewesen, von
Kranckheit nichts gewahr worden.

Beschluß.

Hochgeehrter großgünstiger lieber Leser, ꝛc. dieser Simplicissimus ist ein Werck von Samuel Greiffenson von
Hirschfeld, massen ich nicht allein dieses nach seinem Ab-

sterben unter seinen hinterlassenen Schrifften gefunden, sondern er beziehet sich auch selbst in diesem Buch auff den keuschen Joseph, und in seinem Satyrischen Pilger auff diesen seinen Simplicissimum, welchen er in seiner Jugend zum theil geschrieben, als er noch ein Mußquetirer gewesen; auß was Ursache er aber seinen Namen durch Versetzung der Buchstaben verändert, und German Schleitheim von Sulsfort an stat dessen auff den Titul gesetzet, ist mir unwissend; sonsten hat er noch seine Satyrische Gedichte hinterlassen, welche, wan diß Werck beliebet wird, wol auch durch den Druck an Tag gegeben werden könten; so ich dem Leser zur Nachricht nicht bergen wollen: diesen Schluß ha=[772]be ich nicht hinterhalten mögen, weil er die erste fünff Theile bereits bey seinen Lebzeiten in Druck gegeben. Der Leser lebe wol. Dat. Rheinnec den **22. Aprilis Anno 1669.**

H. I. C. V. G.
P. zu Cernhein.

E N D E.

Anhang.
Vorrede der Ausgabe von 1671.

[3] **Wolgemeinte Vorerinnerung**
An die Großgünstige Leser.

Hochgeehrte, Geneigte und sehr wehrte liebe Lands=Leute!

Hiermit erscheinet meine Neue gantz umbgegoßne, mit schönen von mir, meinem Knan, Meuder, Ursele und Sohn Simplicio inventirten Kupfferstücken ausgezierte, Lust-erweckende und sehr nachdenckliche Lebens=Beschreibung, worzu mich ein kühner und recht=verwegner Nachdrucker veranlasset, in dem er meinem Herrn Verleger seine höchst=ruhmwürdige Mühe und Unkosten, Fleis und Arbeit, die er in erster Einrichtung und annemlicher Vorstellung dieses meines ihme allein mitgetheilten Wercleins, und den daraus erhobenen geringfügigen Gewinn, weiß nicht ob aus selbst eignem neidischen Hertzen, oder, wie ich eher darvor halte, aus tollkühner Anreitzung etlicher Mißgönner verwegner weiß sich unterstanden aus den Händen zu reissen, und gantz unrechtmässig ihme selbst zuzueignen. Welches frevelhafftige beginnen mir, als ichs vernommen, so sehr zu Hertzen gegangen, daß ich darüber in eine höchst=gefährliche Kranckheit gerahten, von welcher ich biß auf diese Stunde noch nicht genesen kan. Nichts desto weniger habe ich meinem geliebten Sohn Simplicio anbefohlen, an Statt meiner ein Tractätgen zu verfertigen, und solches euch hochwehrten Lands=Leuten mit ehisten zuzuschicken, auch euer Judicium darüber zu vernemen, dessen Titul also lautet:

[4] Derer in frembde Aemter greiffenden Frevler rechtmässige Nägelbeschneidung.

Hoffe, solch Wercklein, werde ihnen nicht unangenehm seyn, weil darinnen solche arcana enthalten, welche vortreffliche Mittel an die Hand geben, das Seinige in höchster Zufriedenheit und angenehmster Sicherheit zu besitzen. Indessen lasset euch diese Edition meiner Lebens-Beschreibung, darbey meines Verlegers Nahm befindlich, vor andern lieb seyn, dann die andern Exemplarien, da das Wiederspiel befindlich, werde ich, so wahr ich Simplicissimus heisse, nicht vor meine Geburt erkennen, sondern, weil ich Athem hole, anzufeinden, und wo ichs sehe, aus selben Scharmutzel zu machen, auch dem Nachspicker eine Copi darvon zu übersenden nicht unterlassen. Im übrigen kan ich auch nicht unangedeutet lassen, daß mein Verleger meinen ewig wehrenden Calender vor kurz verwichner Zeit mit grosser Müh und Unkosten auch zu Ende gebracht, ingleichem noch viel annemliche Tractätel, als das schwarz und weiß, oder Satyrische Pilgram; die Landstörzerin Courage, den Abendtheurlichen Springinsfeld, Keuschen Joseph samt seinem getreuen Diener Musai, und die anmuthige Liebs und Leibs-Beschreibung Dietwalds und Amelinden samt den zween-köpffigten Ratio Status ans Tages-Liecht gebracht, dabey auch künfftig in einem kleinen Jahrbuch oder Calender in Quarto die Continuatio. meiner wunderlichen Begebnuß, so ich und mein junger Simpli. leben werden, folgen soll; Nun euch geliebten Lands-Leuten dardurch einigen Gefallen zu erzeigen; Solte sich ein Zudäppischer, und frembdes Gut begehrender Langfinger gleichfalls finden selbigen nachzuspicken und nachzuformen, soll ihme [5] gewiß ein solches Bad oder Vergeltung zugerichtet werden, daß er sein lebtag an Simplicissimum gedencken soll; Dieß bitte ich Ihr Herren Lands-Leuth wollet, wo ihr euch befindet, nicht ungeantet lassen; Diene euch hinwiederum wo ich kan und weiß, und verbleibe

Euer

Stets beharrlich bienender

Simplicius Simplicissimus.